『백범일지』 원본은 국가 **보물 제1245호**로 지정되었습니다.
(지정일자: 1997. 6. 12)

백범 김구 자서전

# 백범일지

도진순 주해

**돌베개**

1997

백범일지

1997년 8월 15일 초판 1쇄 발행
2023년 4월 10일 초판 20쇄 발행

저  자 / 김구
주해자 / 도진순
펴낸이 / 한철희

도서출판 돌베개
등록 1979년 8월 25일 제406-2003-000018호
주소 10881 경기도 파주시 회동길 77-20 (문발동)
전화 (031) 955-5020
팩스 (031) 955-5049
홈페이지 www.dolbegae.co.kr
전자우편 book@dolbegae.co.kr

KDC 814.906
ISBN 89-7199-099-6  03910

주해자와의 협의에 따라 검인은 생략합니다.
책값은 뒤표지에 있습니다.
잘못 만들어진 책은 바꾸어 드립니다.

백범 김구 선생 존영

1920년 1월 1일 대한민국임시정부 신년축하회. 둘째줄 왼쪽 끝이 백범.

1930년대 전후 가장 어려웠던 시기에 힘이 되어 주었던 미주 동포들.
이들은 1940년대 한국독립당 하와이지부의 중심이 되었다.

1932년 4월 26일 선서식을 마친
윤봉길 의사와 백범.

1941년 1월 1일 한국광복군 제5지대.

大韓民國臨時政府返國紀念
大韓民國二十七年十一月三日

1945년 11월 3일 대한민국임시정부 환국 기념.

1945년 12월 19일 서울운동장에서 열린 대한민국 임시정부 개선 환영식.

반탁 집회에서 연설하는 백범

1946년 9월 23일 탈옥 후 숨어 있었던 함평을 50년 만에 찾아와 훈화하는 백범.

1948년 1월 26일 백범은 UN 한국위원단에 통일된 완전 자주적 정부 수립에 관한 구체적 방안을 제출하였다.

1947년 3월 20일 백범은 건국운동의 주력이 될 인재 양성을 위해 건국실천원양성소를 설립하였다.

1949년 1월 27일 금호동에 세운 백범학원 개원식.

踏雪野中去不須胡亂行
今日我行跡遂作後人程

大韓民國三十○年
一月二十六日七十三歲白凡金九

눈오는 벌판을 가로질러 걸어갈 때
발걸음 함부로 하지 말지어다
오늘 내가 남긴 자국은
드디어 뒷사람의 길이 되느니

분단 전후 백범이 가장 즐겨 썼던
서산대사의 선시(禪詩)이다.
눈보라치는 조국의 위기에 당면하여
일신의 안위나 현실 정치의 이해관계보다
후손들에게 남겨줄 역사를 강조하였다.

寵辱不驚閒看庭前花開花落去留無意漫隨天外雲卷雲舒淸堂朗月何
天不可翶翔而飛蛾獨投夜燭淸泉綠芥何物不可飮啄而鷗鷿偏嗜廛噎世之
不爲飛蛾鷗鷿者幾何人哉

大韓民國三十一年──三月二七日安重根義士嗣堂三十九週花辰白凡金九

영욕에 초연하여 그윽이 뜰 앞을 보니
꽃은 피었다 지고
가고 머무름에 얽매이지 않고 하늘가 바라보니
구름은 모였다 흩어지는구나.
맑은 창공 밝은 달 아래
마음껏 날아다닐 수 있어도
불나비는 유독 촛불만 쫓는다.
맑은 물 푸른 숲에 먹을 것 가득하건만
수리는 유난히도 썩은 쥐를 즐긴다.
아! 세상에 불나비와 수리 아닌 자
그 얼마나 될 것인고?

백범이 생을 마치는 1949년에 즐겨 쓴 시로,
불나비와 같이 덧없는 영화를 쫓거나
수리와 같이 눈앞의 이익만 탐하는 무리를
질타하는 내용이다.

1948년 4월 19일 38선에 선 백범

1948년 5월 20일 한국독립당의 간부들이 남북지도자연석회의에 다녀온 대표자들을 환영하며.

1949년 6월 26일 경교장에서 돌아가신 백범.

1949년 7월 5일 국민장 장례 행렬

『백범일지』원본. 백범은 1928~1929년 상권을, 1942년 하권을 집필하고 이후 앞부분을 다시 정비하였다.

『백범일지』 등사본. 1929년 엄항섭이 등사해 미주지역
동지들에게 보낸 것으로, 현재 콜롬비아대학에 소장돼 있다.

『백범일지』 필사본. 해방 이후 장덕수 암살 사건 재판
관련자료로 급히 필사한 것이다.

『백범일지』 추가본. 백범이 구술한 하권 이후의 내용을
기록한 것이다.

1921년으로 추측. 파란만장한 70여 평생 중 가장 단란했던 상해시절. 백범. 인. 부인 최준례.

1947년 경교장 뜰에서.
백범. 손녀 효자. 둘째 아들 신.

백 범 김구 자서전

백범일지

『백범일지』 출간 50주년을 맞이하여
이 책을 삼가 백범 영전에 바칩니다.

# 교감 원칙

## 1. 현대성의 원칙

원본이 영인되어 있고 직해본도 나와 있는 사정을 고려하여, 또 청년들이 많이 읽어주길 원했던 백범의 뜻을 존중하여, 본문에서는 현대성의 원칙을 견지하였다. 즉 청소년과 일반 독자들이 재미있게 읽을 수 있도록, 국한문 혼용의 어렵고 난삽한 고문을 쉬운 현대문으로 교열하였다. 물론 그 과정에서 기존의 잘못된 교열을 수정하였을 뿐만 아니라, 어물쩍 넘긴 용어·개념·경구·문장의 적확한 뜻을 일일이 찾아 번역하였다.

## 2. 순수성의 원칙

그간 현대문으로 교열하는 과정에서 원문의 순수성이 많이 훼손된 경우가 허다하였다. 이 책에서는 원본의 순수성을 보존하는 것, 즉 원문의 감동과 내용을 털끝만큼이라도 손상시켜서는 안된다는 원칙을 현대성의 원칙 이상으로 중요하게 고려하였다. 백범의 호흡이 긴 문체는 살리고, 글자 한자 한자를 원본과 철저하게 대조하였으며, 의역과 수정이 불가피한 경우 원문을 본문이나 각주에 밝혔다. 또한 해방 후 백범이 구술한 추가본을 최초로 발굴하여 이에 의거하였다.

## 3. 비평성의 원칙

『백범일지』는 별다른 자료 없이 기록한 수고(手稿)이기 때문에 백범 특유의 훈훈한 감동에도 불구하고 날짜와 인명의 혼란, 문장의 중복과 선후가 뒤바뀐 것 등 사실관계의 착오가 없을 수 없다. 이 책에서는 이러한 원본의 한계를 수정하였을 뿐만 아니라, 문서·회고록 등 여러 자료들을 광범위하게 사용하여 원문의 내용을 보완하고 비평하였다.

## 4. 현장성의 원칙

『백범일지』의 기록 자체도 매우 생생하지만, 여러 가지 시각 매체를 활용하면 『백범일지』의 현장성을 더욱 높일 수 있다. 이 책에서는 본문의 흐름과 밀접한 관련하에서 사진·문서·지도 등의 자료를 적절하게 활용하였다.

## 5. 보완성의 원칙

이 책에서는 『백범일지』의 효용가치를 높이고 편리하게 사용하기 위해 몇 가지를 추가하였다. 원자료의 추적을 통해 정리된 새로운 내용을 기초로 하여 「백범 연보」를 전면적으로 교정하였고, 원본에 누락되어 있는 「대가족 명부」는 세 가지 방증자료를 통해 가능한 수준에서 복원하였으며, 「인물 색인」 또한 전면적으로 정비하였다. 마지막으로 「백범일지의 판본에 대한 해제」와, 교감에 활용된 「참고문헌」을 첨부하였다.

# 일러두기

1. 이 책은 『백범일지』 원본은 물론, 등사본과 필사본, 여러 가지 출간본 등 여러 저본을 일일이 검토하였을 뿐만 아니라, 다양한 원자료와 회고록 등을 참고하였다.
2. 본문은 한글 전용으로 하고, 필요한 경우 한문은 ( ) 안에 병기하였다. 병기된 한문이 한글과 다른 경우 〔 〕로 표기하였다.
3. 고사성어 등의 간단한 원문이나 연대 및 백범의 나이도 본문 속에 ( )로 처리하였다.
4. 각주의 '원문'은 원본의 원문을 그대로 밝힌 것이다.
5. 각주의 '원주'는 원본의 주석을 원문 그대로 밝힌 것이다.
6. 원문에 착오가 있을 경우 사리에 맞게 수정하고, 각주에서 내력을 설명하였다.
7. 용어와 개념 해설, 상황 보충설명, 특징적인 기술 등도 각주에서 설명하였다.

# 차 례

## 하권

# 백범 출간사

이 책은 내가 상해와 중경에 있을 때 써 놓은 『백범일지』를 한글 철자법에 준하여 국문으로 번역한 것이다. 끝에 본국에 돌아온 뒤의 일을 첨가하였다.

애초에 이 글을 쓸 생각을 낸 것은 내가 상해에서 대한민국 임시정부의 주석이 되어 내 몸에 죽음이 언제 닥칠는지 모르는 위험한 일을 시작할 때, 당시 본국에 들어와 있던 어린 두 아들에게 나의 지난 일을 알리고자 하는 동기에서였다. 이렇게 유서 대신으로 쓴 것이 이 책의 상편이다.

그리고 하편은 윤봉길 의사 사건 이후 중일전쟁의 결과로 우리 독립운동의 기지와 기회를 잃어, 이 목숨을 던질 곳이 없이 살아남아서 다시 오는 기회를 기다리게 되었으나, 그때 내 나이 벌써 칠십을 바라보아 앞날이 많지 않으므로 주로 미주와 하와이에 있는 동포를 염두에 두고, 민족 독립운동에 대한 나의 경륜과 소감을 알리려고 쓴 것이다. 이것 역시 유서라 할 것이었다.

나는 살아서 고국에 돌아와 이 책을 출판할 것은 꿈도 꾸지 아니하였다. 나는 우리의 완전한 독립국가가 선 뒤 이것이 지나간 이야기로 동포들의 눈에 비춰지기를 원하였다. 그런데 행이라 할까 불행이라 할까, 아직 독립의 일은 이루지 못하고 내 죽지 못한 생명만 남아서 고국에 돌아와, 이 책을 동포의 앞에 내놓게 되니 실로 감개무량하다.

나를 사랑하는 몇 친구들이 이 책을 발행하는 것이 동포에게 다소의 이익을 드림이 있다 하기로, 나도 허락하였다. 이 책을 발행하기 위하여 국사원 안에 출판소를 두고 김지림 군과 삼종질 홍두가 편집과 예약·수리의 일을 하고 있는바, 혹은 번역과 한글 철자법 수정으로, 혹은 비용과 용지의 마련으로, 혹은 인쇄로 여러 친구와 여러 기관에서 힘쓰고 수고한 데 대하여 고마운 뜻을 표하여 둔다.

끝에 붙인 「나의 소원」 한 편은 내가 우리 민족에게 하고 싶은 말의 요령을 적은 것이다. 무릇 한 나라가 서서 한 민족이 국민생활을 하려면 반드시 기초가 되는 철학이 있어야 하는 것이니, 이것이 없으면 국민의 사상이 통일되지 못하여 더러는 이 나라의 철학에 쏠리고 더러는 저 민족의 철학에 끌리어, 사상과 정신의 독립을 유지하지 못하고 남을 의뢰하고 저희끼리는 추태를 나타내는 것이다.

오늘날 우리의 현상을 보면 더러는 로크의 철학을 믿으니 이는 워싱턴을 서울로 옮기는 자들이요, 또 더러는 맑스—레닌—스탈린의 철학을 믿으니 이들은 모스크바를 우리의 서울로 삼자는 사람들이다. 워싱턴도 모스크바도 우리의 서울은 될 수 없는 것이요 또 되어서는 안되는 것이니, 만일 그것을 주장하는 자가 있다면 그것은 예전 동경을 우리 서울로 하자는 자와 다름이 없을 것이다.

우리의 서울은 오직 우리의 서울이라야 한다. 우리는 우리의 철학을 찾고, 세우고, 주장해야 한다. 이것을 깨닫는 날이 우리 동포가 진실로 독립정신을 가지는 날이요, 참으로 독립하는 날이다.

「나의 소원」은 이러한 동기, 이러한 의미에서 실린 것이다. 다시 말하면 내가 품은, 내가 믿는 우리 민족철학의 대강령을 적어본 것이다. 그러므로 동포 여러분은 이 한 편을 주의하여 읽어주셔서, 저 마다의 민족철학을 찾아 세우는 데 참고를 삼고 자극을 삼아주시기를 바라는 바이다.

내가 이 책 상편을 쓸 때 열 살 내외이던 두 아들 중에서, 큰아들 인은 그 젊은 아내와 어린 딸 하나를 남기고 중경에서 죽었고, 작은아들 신이가 스물여섯 살이 되어 미국으로부터 돌아와 아직 홀몸으로 내 곁을 들고 있다. 그는 중국의 군인인 동시에 미국의 비행장교다. 그는 장차 우리나라의 군인이 될 날을 기다리고 있다.

이 책에 나오는 동지들 중에 대부분은 생존해서 독립의 일에 헌신하고 있으나 이미 세상을 떠난 이도 많다. 최광옥·안창호·양기탁·현익철·이동녕·차이석, 이들은 모두 이제 없다. 무릇 난 자는 다 죽는 것이니 할 수 없는 일이

14

거니와, 개인이 나고 죽는 중에도 민족의 생명은 늘 있고 늘 젊은 것이다.

우리는 우리의 시체로 성벽을 삼아서 우리의 독립을 지키고, 우리의 시체로 발등상을 삼아서 우리의 자손을 높이고, 우리의 시체로 거름을 삼아서 우리의 문화의 꽃을 피우고 열매를 맺어야 한다. 나보다 앞서 세상을 떠나간 동지들이 다 이 일을 하고 간 것을, 나는 만족하게 생각하고 감사하게 생각한다. 내 비록 늙었으나 이 몸뚱이를 헛되이 썩히지 아니할 것이다.

나라는 내 나라요 남들의 나라가 아니다. 독립은 내가 하는 것이지 따로 어떤 사람이 하는 것이 아니다. 우리 민족 삼천만이 저마다 이 이치를 깨달아 이대로 행한다면, 우리나라가 독립이 아니될 수도 없고, 또 좋은 나라 큰 나라로 이 나라를 보전하지 아니할 수 없는 것이다. 나 김구가 평생에 생각하고 행한 일이 이것이다.

나는 내가 못난 줄 잘 알고 있다. 그러나 아무리 못났더라도 국민의 하나, 민족의 하나라는 사실을 믿음으로, 내가 할 수 있는 일을 쉬지 않고 해온 것이다. 이것이 내 생애요, 내 생애의 기록이 이 책이다.

그러므로 내가 이 책을 발행하는 데 동의한 것은 내가 잘난 사람으로서가 아니라 못난 한 사람이 민족의 한 분자로 살아간 기록으로서이다. 백범(白凡)이라는 내 호가 이것을 의미한다. 내가 만일 민족독립운동에 조금이라도 공헌한 것이 있다면, 그만한 것은 대한사람이라면 누구나 할 수 있는 것이다.

나는 우리 젊은 남녀들 속에서 참으로 크고 훌륭한 애국자와, 엄청나게 빛나는 일을 하는 큰 인물이 쏟아져 나오기를 믿는다. 동시에 그보다도 더 간절히 바라는 것은 저마다 이 나라를 제 나라로 알고 평생 이 나라를 위하여 있는 힘을 다하는 것이니, 나는 이러한 뜻을 가진 동포에게 이 '범인의 자서전'을 보내는 것이다.

단군기원 사천이백팔십년 십일월 십오일(1947. 11. 15) 개천절날.

백범일지

상 권

# 인·신 두 아들에게

　너희들이 아직 어리고 반만리 먼 곳에 있어 수시로 나의 이야기를 말해 줄 수 없구나. 그래서 그간 내가 겪어온 바를 간략히 적어 몇몇 동지에게 맡겨 너희들이 아비의 경력을 알고 싶어할 정도로 성장하거든 보여주라고 부탁하였다.[1] 내가 가장 안타깝게 생각하는 것은 너희들이 장성하였으면 부자간에 서로 따뜻한 사랑의 대화로 족할 것이나, 세상일이란 뜻대로 되는 것이 아니구나. 내 나이는 벌써 쉰셋이건만[2] 너희들은 겨우 열 살, 일곱 살의 어린 아이니,[3] 너희들의 나이와 지식이 더할수록 나의 정신과 기력은 쇠퇴할 따름이다. 또한 나는 이미 왜구(倭仇)에게 선전포고를 하여 언제 죽을지 모르는 사선(死線)에 선 몸이 아니냐.

　지금 일지를 기록하는 것은 너희들로 하여금 나를 본받으라는 것이 결코 아니다. 내가 진심으로 바라는 것은 너희들 또한 대한민국의 한 사람이니, 동서고금의 많은 위인 중 가장 숭배할 만한 사람을 선택하여 배우고 본받게 하려는 것이다. 나를 본받을 필요는 없지만, 너희들이 성장하여 아비의 일생 경력

---

1) 『백범일지』 상권의 집필을 완료하고 난 후인 1929년 7월 7일, 백범은 이러한 부탁의 서신과 더불어 『백범일지』 상권의 '등사본'을 미국에 있는 동지들에게 보냈다. 그중 하나가 현재 미국 콜롬비아대학에 보관되어 있다.

2) 원래는 54세였는데 해방 후 교열하면서 53세로 고쳤다. 발문을 서문으로 옮기면서 집필 종료 시기가 아닌 집필 시작시기(1928년)로 고친 듯하다.

3) 장남 김인(金仁)은 1918년 11월 12일생(음), 차남 김신(金信)은 1922년 8월 1일생(음)이다. 따라서 1929년 당시 김인이 12세, 김신은 8세였다.

을 알 곳이 없기 때문에 이 일지를 쓰는 것이다. 다만 유감스러운 것은 오래
된 사실들이라 잊어버린 것이 많다는 점이다.[4] 그러나 일부러 지어낸 것은 전
혀 없으니 믿어주기 바란다.

대한민국 11년(1929) 5월 3일[5]
상해(上海) 법조계(法租界) 마랑로(馬浪路) 보경리(普慶里) 4호
임시정부 청사[6]에서 집필을 완료하다.

---

4) 이러한 사정으로 본문의 날짜나 인명 등 사실 관계에서 여러 가지 착오가 있을 수 있다.

5) 이것은 집필 종료시점이다. 백범은 1년 2개월 만에 『백범일지』 상권의 집필을 완료하였다.
　따라서 집필을 시작한 시기는 1928년 2월 말에서 3월 초이다.

6) 상해 임시정부 청사는 1919년 4월 10일 김신부로(金神父路)에 자리한 이후, 장안로(長安
　路)·고잉의로(高仍依路)·하비로(霞飛路)·포석로(蒲石路) 등으로 옮겨다니다. 1926년부터 마
　랑로(현재 馬當路) 보경리(普慶里) 4호에 있었다. 이 건물은 상해시대 임시정부의 마지막 청
　사이다.

# 1. 황해도 벽촌의 어린 시절

## 1) 조상과 가정

우리는 안동 김씨 경순왕(敬順王)의 자손이다. 신라의 마지막 임금 경순왕이 어떻게 고려 왕건(王建) 태조의 따님 낙랑공주의 부마가 되셔서 우리들의 조상이 되셨는지는 『삼국사기』나 『안동 김씨 족보』를 보면 알 것이다. 경순왕의 8대손이 충렬공(忠烈公), 충렬공의 현손이 익원공(翼元公)인데, 이 어른이 우리의 시조요, 나는 익원공에서 21대손이다. 충렬공·익원공은 다 고려조의 공신이거니와 조선시대에 들어와서도 우리 조상은 대대로 서울에 살아서 글과 벼슬로 가업을 삼고 있었다.[1]

그러다가 우리 방조 김자점(金自點)[2]이 반역죄를 저질러 전 가족이 멸문의 화를 당할 때 우리 조상은 처음에는 경기도 고양군으로 망명하였다가, 그곳이 서울에서 가까운 지방이라 다시 먼 곳 황해도로 옮기게 되었다. 이리하여 해주읍에서 서쪽으로 80리 떨어진 백운방(白雲坊) 텃골[基洞] 팔봉산 아래 양가봉(楊哥峯) 밑으로 은거하였는데, 이러한 내력은 족보를 살펴보아도 명백하

---

1) '우리는~삼고 있었다'의 내용은 1947년 '국사원본'이 출간될 때 추가된 부분이다.
2) 김자점(金自點, 1588~1651). 조선 중기의 문인·정치인. 인조반정을 주도하여 영의정에 올라 국권을 전횡하였다. 그러나 1649년 효종 즉위 후 탄핵받고 파직당하자 앙심을 품고, 조선이 청나라를 정벌할 계획이라고 밀고하여 청군이 국경선에 배치되는 위기상황을 만들었다. 효종은 이 사태를 수습하고 난 후 김자점을 광양으로 유배보냈다. 이듬해(1651) 역모 사건으로 아들·손자와 함께 사형되었는데, 이것을 '김자점의 옥(獄)'이라고 한다.

다. 뒷개리〔後浦里〕 선산에는 나의 11대조 분묘를 위시하여 조상의 산소가 대대로 이어져 있고 산 아래에는 할머니 묘소도 있다.

우리 조상이 텃골로 들어오던 시기는 조선시대〔李朝時代〕의 전성기로 양반과 상민의 계급 차별이 엄밀하였던 시기이다. 우리 조상들은 멸문의 화를 면하기 위하여 김자점의 족속임을 숨기고 일부러 상놈 노릇을 하였다. 양반의 문화생활을 접어두고[3] 농사 짓고 임야를 개척하며 생계를 유지하다 보니 완전히 '판 박힌 상놈'이 되었다.

조선시대 군제에는 역둔토(驛屯土) 외에 군역전(軍役田)이란 토지가 있었는데, 이는 가난한 사람들이 평상시에는 이 토지를 경작하다가 유사시에는 징병령에 따라 군에 나가는 제도이다. 우리 조상은 텃골 북쪽 고개 넘어 왼쪽에 있는 군역전[4]을 경작한 이후 완전히 '패(牌)를 찬 상놈'이 되었다. 군역전을 경작하다 완전 상놈이 된 것은 문(文)을 존중하고 무(武)를 천하게 여기는 조선시대의 나쁜 풍습 때문이었다.

그후 우리 조상은 지금까지 텃골 주위에서 살고 있는 진주 강씨(晋州 姜氏)·덕수 이씨(德水 李氏) 등 토착양반〔土班〕들에게 천대와 압제를 대대로 받았다. 우리 집안의 처녀가 강·이씨 문중으로 출가하는 것은 영광이지만 두 문중의 처녀가 우리 집안으로 시집오는 것은 보지 못했으니 이것은 혼인의 천대요, 강·이씨들은 대대로 방장(坊長)을 하지만 우리 김가는 존위(尊位)[5] 외에는 한 걸음도 나아갈 수 없으니 이것은 취직 즉 정치적 압제이다. 강·이씨들은 양반의 권세로 우리 집안의 토지를 강점하고 금전을 강탈한 후 농노로 사용하였으니 이것은 경제적 압박이다. 강·이씨들은 비록 머리 땋은 어린 아이라도 70~80세 되는 우리 집안 노인을 만나면 '이랬나' '저랬나' '이리 하게' '저리 하게' 하며 낮춤말을 쓰는 반면, 우리 집안 노인들은 갓 성인이 된 아이[6]에게도 반드시 높임말을 사용하였으니 이것은 언어의 천대이다.

그런데 텃골에 살 때, 우리 집안도 전성시대에는 기와집이 즐비하고 조상의

---

3) 원문: "束之高閣하고". 묶어서 시렁 위에 얹어 둔다는 뜻.
4) 원주: "長尾田". 아마도 이것은 '길게 꼬리처럼 생긴 전답'의 모양새를 표현한 것인 듯하다.
5) 원주: "坊長은 지금의 面長, 尊位는 방장의 명령에 따라 세금을 거두는 자리".
6) 원문: "加冠한 童子". 남자는 15~20세에 상투를 틀어 관을 쓰는 관례(冠禮)를 치른다.

묘소에 석물(石物)이 웅장하며 대대로 내려오는 노비[世傳奴婢]까지 있었다는 것은 좀 이상할 것이다. 내가 열 살 남짓할 때, 우리 문중의 혼사나 장례식에 '해방노'(解放奴)[7] 이정길(李貞吉)이 와서 일하는 것을 목도했는데, 그는 소위 말하는 '종의 종'이었다. 이정길처럼 우리 운명보다도 더 흉악한 운명을 가진 사람도 있었다.

우리 집안의 내력을 살펴보면 문사(文士)도 없진 않았으나 높이 떨친 경우는 찾아볼 수 없고 대체로 불평분자가 많았다. 내 증조부는 가짜 어사질로 체포되어 해주 관아에 구속되었다가, 어느 서울 양반의 청탁 편지로 겨우 형벌을 면하였다고 한다.

내가 대여섯 살 때 우리 가족 상황은 다음과 같다. 증조할아버지 항렬은 네 형제였는데 종증조할아버지 한 분이 살아 계셨고, 할아버지 형제와 아버지 네 형제도 다 살아 계셨다. 그런데 내가 다섯 살 때 큰아버지[伯永]가 할아버지보다 먼저 별세하여 나는 사촌 형들과 같이 곡하였다.

아버님[淳永]은 네 형제 중 둘째로 가정 형편이 빈한하여 장가들지 못하고 노총각으로 지내다가 스물네 살에 삼각혼(三角婚)이라는 괴이한 혼인제도로 결혼하였다. 삼각혼이란 세 성(姓)이 혼기의 자녀를 서로 교환하는 제도[8]로, 내 외삼촌은 내 고모 시누이의 남편[姨妹夫]이 되었고, 어머님은 장연(長淵) 목감방(牧甘坊)[9] 문산촌(文山村) 현풍 곽씨(玄風 郭氏)로 열네 살에 아버님과 결혼하였다.

결혼 후 부모님은 아들 한 분만 있는 종조부 댁에 더부살이를 하였다. 어머님은 어린 나이에 고된 일로 말할 수 없는 고생을 하셨지만, 부모님 내외의 정분은 좋으셨다. 결혼 후 한두 해 지나자 부모님은 독립하여 따로 살림을 차

---

7) 원문: "○○○○(판독불능) 家産이 貧寒하여 自由를 許하였다." 주인이 경제적으로 빈한하여 돈(속전)을 받고 해방시켜 준 노비.

8) 교환혼의 일종. 세 집안이 딸을 바꾸는 것. 즉 갑이 을에게, 을은 병에게, 병은 갑에게 딸을 주는 것이다. 혼비를 절약하고자 하는 경제적인 이유가 가장 크며 주로 하층사회의 혼인 풍속이다. '물레혼인' '물레바꿈' '옷혼인'이라고도 한다. 『백범일지』 원본의 삼각혼 부분은 훼손이 심해 글자가 많이 탈락되어 있다.

9) 현재 장연군 목감면으로, 백범의 아버지가 사는 벽성군 운산면과 접해 있다.

리셨고, 그후 내가 태어났다. 어머님께서는 '푸른 밤송이에서 크고 붉은 밤한 개를 얻어 깊이 감추어 둔 것'이 나의 태몽이라고 늘 말씀하셨다.


## 2) 난산의 개구쟁이

나는 병자년(丙子年: 1876), 할머니의 기일인 7월 11일 자시(子時)에 할아버지와 큰아버님이 사시는 텃골 웅덩이 큰집에서 태어났다. 앞으로 내 일생이 기구할 조짐이었는지 나의 탄생은 유례없는 난산이었다. 산통이 있은 지 근 일주일이 지나도록 아이는 태어나지 않았고 산모의 생명은 위험하였다. 친척들이 모두 모여 온갖 의술 치료와 미신 처방을 다 하였지만 효력이 없었다. 상황이 자못 황급해지자 집안 어른들은 아버님께 소길마를 머리에 쓰고 지붕 용마루로 올라가 소 울음소리를 내라고 했지만[10] 아버님은 선뜻 따르지 않았다. 할아버지 형제분들이 다시 호통을 쳐서 아버님이 시키는 대로 하고 난 후에야 내가 태어났다고 한다.

우리 집안이 극히 빈곤한데 나이 겨우 열일곱에 아이를 얻으니, 어머님은 항상 내가 죽었으면 좋겠다고 한탄하셨다 한다. 어머님은 젖이 부족하여 암죽[11]을 끓여 먹였고, 아버님은 나를 품고 이웃집 산모에게 젖을 구하였다. 먼 친척 할머니 되는 핏개댁[稷浦宅]은 밤늦더라도 조금도 싫어하는 내색 없이 젖을 주었다 한다. 내 나이 열 살 남짓에 그분이 돌아가셔서 텃골 동산에 묻혔는데, 나는 그 묘를 지날 때마다 경의를 표하였다.

나는 서너 살 때 천연두를 앓았는데, 어머님께서 보통 종기를 치료할 때와 같이 대나무침으로 따고 고름을 파내어서 내 얼굴에 마마자국이 많다.

다섯 살 때(1880년) 우리집은 종조부·재종조부·삼종조부 댁 등을 따라 강령군(康翎郡)[12] 삼가리(三街里)로 이사하여 두 해 살았다. 그곳은 앞은 바다요

---

10) 난산의 경우 산모와 고통을 나누기 위한 의식의 하나. 평안·해서 지방에서 볼 수 있다.

11) 원주: "米粉湯". 곡식이나 밤 등의 가루를 밥물에 타서 묽게 끓인 것으로 주로 어린이에게 먹인다. '암' 또는 '암죽'이라 한다.

12) 1909년 강령군은 옹진군에 편입되었다. 백범이 살았던 벽성군 남쪽에 있다.

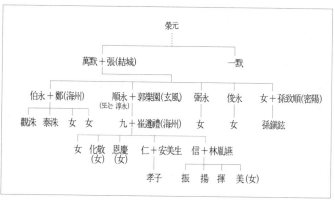

백범 김구 선생 가계도

뒤는 산이었다. 우리집은 적막한 산 입구 호랑이 길목에 있어서 밤에는 종종 호랑이가 사람을 물고 우리집 문 앞으로 지나가므로 문 밖을 나갈 수 없었다. 그러나 낮에는 부모님이 농사일이나 해산물을 채취하러 나가시면 나는 이웃 동네 신풍(新豊) 이생원(李生員) 댁에 가서 그 집 아이들과 놀다 오는 것이 일과였다. 여름철에는 촌아이들 관습대로 아래옷만 걸치고 배꼽 위로는 아무 것도 입지 않은 알몸으로 놀았는데, 그 집 아이들은 나와 동갑도 있고 두세 살 위도 있었다.

하루는 그 집 사랑방에서 놀고 있는데 그 집 아이들이 "해줏놈 때려주자"고 공모하여 이유 없이 매질하였다. 나는 곧 집으로 돌아와 부엌칼을 가지고 아이들을 다 찔러 죽일 결심을 하고 그 집으로 달려갔다. 사랑 앞문으로 들어가면 아이들이 알아채고 미리 대비할까 봐 칼로 울타리를 뜯어 후문으로 돌입할 계획을 세웠다. 울타리를 뜯고 안으로 들어가는데, 마침 안마당에 있던 17, 8세 되는 처녀가 나를 보고 놀라 제 오라비에게 일렀다. 나는 다시 그들에게 실컷 얻어맞고 칼까지 빼앗겼다. 그러나 집에 돌아와서는 칼을 잃어버린 죄로 부모님께 말씀드리지도 못하고 내내 시치미를 떼었다.

또 하루는 집에 혼자 있어 몹시 궁금하던 때, 마침 문 앞으로 엿장수가 지나가면서 "헌 유기나 부러진 숟갈로 엿 사시오" 하고 외쳤다. 나는 엿은 먹고 싶었으나 '엿장수는 아이들 자지 베어간다'고 어른들에게 들었기 때문에 무서

위 방문을 걸어놓고 엿장수를 불렀다. 주먹으로 문구멍을 뚫고, 헌 숟갈이라야 엿을 주는 줄 알고 아버님께서 사용하시는 좋은 숟갈을 짓밟아 분질러, 숟갈의 절반은 방안에 두고 절반은 문구멍으로 내밀었더니, 엿장수는 엿을 한 주먹 뭉쳐서 문구멍으로 들이밀었다. 엿을 맛있게 먹고 있을 즈음 아버님께서 들어오셨는데 나는 반동강 난 숟갈을 그대로 가지고 있었다. 내가 사실 그대로 아뢰자, 아버님께서는 "다시 그런 짓을 하면 엄벌하겠다"고 꾸중하셨다.

그후 어느날 나는 아버님이 엽전 스무 냥을 방 아랫목 이부자리 속에 넣어두고 나가시는 것을 보았다. 혼자서 심심한데다 앞동네 구걸이 집에서 떡 파는 것을 알았기 때문에, 나는 돈을 전부 꺼내 온몸에 감고 떡집으로 갔다. 가는 도중에 삼종조부를 만났다.

"너 이 녀석, 돈 가지고 어디 가느냐."

"떡 사 먹으러 가요."

"네 아비가 보면 큰 매 맞는다. 어서 집으로 돌아가거라."

종조부는 돈을 빼앗아 아버님께 전달하였다. 먹고 싶은 떡도 먹지 못하고 불만스런 마음으로 집에 온 직후 아버님도 돌아오셨다. 아버님은 한마디 말도 없이 빨랫줄로 나를 꽁꽁 동여 들보에 달아매고 매질하기 시작하셨다. 어머님도 들에서 안 돌아오신 때라 말려줄 사람도 없고 나는 아파 죽을 지경이었다.

그때 마침 나를 지극히 사랑하시는 재종조부 장련(長連) 할아버지께서 지나가시다 나의 맹렬한 비명소리를 듣고 우리 방안으로 달려 들어왔다. 할아버지는 아버님과 동갑이시지만 아저씨라는 존친의 권위로 불문곡직하고 나를 풀어주었다. 아버님의 설명을 다 듣지도 않고 할아버지는 "어린것을 그다지 무지하게 때리느냐"고 꾸중하시고, 매를 빼앗아 아버님을 한참 동안 때리셨다.[13]

나는 장련 할아버지가 고마웠고, 아버님이 매 맞으시는 것이 퍽 시원하고 고소하였다. 할아버지는 나를 등에 업고 들로 가서 수박과 참외를 실컷 사 먹이고, 할아버지 댁으로 업고 가셨다. 종증조모 또한 아버님을 책망하시며

"네 아비 밉다. 너희 집에 가지 말고 우리집에서 살자."

---

13) 백범은 가난하지만 사촌들이 일찍 죽어 가문의 각별한 사랑을 받았다. 나중에 치하포 사건으로 투옥되었을 때 백범과 그의 부모는 '7대 독자'라 주장하였다.

하시며 밥과 반찬을 맛있게 해주셨다. 나는 여러 날 할아버지 댁에 묵고 난 뒤 집으로 돌아왔다.

종조부는 그곳에서 돌아가셨다. 해주 본향의 장지로 100여 리나 되는 원거리를 운구할 때 상여에 바퀴를 달고 끌고 가다, 불편하다며 다시 바퀴를 떼고 어깨에 메고 가던 것이 기억난다.

한번은 여름에 장마비가 와서 근처에 샘이 솟아나 작은 내가 흐르게 되었다. 나는 붉은 염색과 푸른 염색을 통에서 꺼내어 샘에다 풀어놓고 푸른 내 붉은 내가 서로 만나며 섞이는 장관을 구경하다가 어머님께 몹시 매를 맞은 적도 있다.

내 나이 일곱 살 때(1882년) 강령군 삼가리로 이주했던 친척들이 한집 두집 텃골 본향으로 돌아왔다. 이때 우리집도 돌아왔는데 나는 아버님과 삼촌의 등에 업혀 돌아왔다. 고향에서 부모님은 농사를 지으셨다. 아버님의 학식은 겨우 이름 석 자 쓸 줄 아는 정도였지만, 기골은 준수하고 성격이 호방하셨다. 음주는 한량이 없고 취하시면 양반 강·이씨를 만나는 대로 때려, 1년에도 여러 번 해주 관아에 구속되는 소동을 일으키셨다.

그런데 사람을 구타하면 맞은 자를 때린 자의 집에 떠메어다가 눕혀두고 생사 여부를 기다리는 것이 그 시대 지방 관습이었다. 때문에 우리집에는 한 달에도 몇 번씩 '거의 죽게 된 사람', '전신이 피투성이 된 사람'이 사랑방에 누워 있을 때가 있었다. 아버님이 사람을 잘 때리셨던 것은 술기운 때문만은 아니고 순전히 불평에서 나온 것이었다. 아버님은 마치 『수호지』(水滸志)에 나오는 영웅처럼 강한 자가 약한 자를 능멸하는 것을 보면 친하고 친하지 않음에 관계 없이 참지 못하는 불 같은 성격이셨다. 이로 인해서 인근 상놈들은 다 아버님을 경외하고 양반들은 피하였다.

해마다 세밑이 되면 우리집에서 닭·계란·연초 등을 다수 준비하여 어디론가 보냈고, 그러고 나면 감사의 표시로 역서(曆書)와 해주먹[海州墨] 등이 들어오는 것을 보았다. 여덟, 아홉 살이 되어서 나는 그 연유를 알았다. 아버님은 한 달에 몇 번씩 소송을 당하여 해주옥에 구속되곤 하셨는데 이럴 때 양반들은 고통을 덜기 위해 감사(監使)나 판관(判官)에게 접근하지만, 아버님은 영리청(營吏廳)·사령청(使令廳)에 계방(稧房)[14]이란 수속을 밟아 해마다 선물을 하였던 것이다.

이렇게 미리 계방을 해두면 영문(營門)이나 본아(本衙)에 잡혀가 옥이나 영청(營廳)에 몇달 몇날을 구속되더라도 실상은 사령·영리들과 같이 먹고 잤으며, 설령 곤장·태장을 맞더라도 시늉만 하는 헐장(歇杖)[15]이었다. 또 옥에서 나와 반대 소송을 제기하여 양반 토호들을 구속시키는 날에는, 그들은 재산을 있는 대로 허비하여 감사·판관에게 뇌물을 바쳐 모면하더라도, 호랑이나 전갈같이 무서운 사령·영속(營屬)들에게 별별 고통을 다 당하게 된다. 해서지방에서 1년 동안에 부호 10여 명이 이렇게 해서 낭패를 당하였다고 한다.

인근 양반들의 회유책이었는지 아버님은 도존위(都尊位)[16]에 천거되셨다. 아버님은 양반들에게 잘 해주던 다른 존위들과 반대로 양반에게는 가혹하게 공전(公錢)을 거두고, 가난하고 천한 사람들에게는 스스로 부담하실지언정 가혹하게 하지 않으셨다. 결국 아버님은 3년이 못 되어 공금유용〔公錢欠逋〕[17]으로 도존위에서 면직되셨다.

이런 이유로 김순영이라면 양반의 아이와 부녀자들까지 손가락질하며 미워하였지만 함부로 대하진 못했다. 아버님이 양반의 사랑방에 가시면 다른 양반들이 같이 앉아 있을 때는 주인이 "하, 김존위 왔는가" 하며 낮춤말〔劣等語〕을 쓰지만, 혼자 조용히 있을 때에는 이따금 '이랬소' '저랬소' 하는, 이른바 '머드레 공대'[18]를 하였다.

아버님의 어렸을 때 별명은 '효자'였다. 할머니가 돌아가실 때 왼손 무명지를 칼로 잘라 할머니 입에 피를 넣어드려 사흘이나 더 사시게 한 적이 있다고 한다. 할머니는 내가 태어나던 날 영원히 돌아가셨다.

아버님 형제는 큰아버지 백영(伯永), 아버님 순영(順永), 셋째 삼촌 필영

---

14) 공역(公役)의 면제나 다른 도움을 얻으려고 미리 관아의 하급 실무 아전에게 돈이나 곡식을 주는 일을 계방이라 한다.
15) 아프지 않도록 형식적으로 때리는 것.
16) 보통 존위는 리 단위인데 도존위는 면 단위 실무를 맡아보는 수석 존위.
17) 흠(欠)은 관물을 사사로이 소비하여 부족을 초래하는 것, 포(逋)는 조세 포탈.
18) 머드레는 곡식을 심은 이랑 사이에 다른 작물을 듬성듬성 심는 것을 말한다. 따라서 '머드레 공대'는 하대하다가 가끔씩 공대하는 것을 의미한다.

(彌永), 넷째 삼촌 준영(俊永) 네 분이시다. 큰아버지와 셋째 삼촌은 별다른 능력이 없는 보통 농군이셨으나, 아버님과 넷째 준영 삼촌은 특이하셨다. 준영 삼촌은 술을 많이 마시고 문자는 국문(한글)을 겨울〔三冬〕 내내 '각' 하고 '갈' 하더니 끝내 못 배우고 말더라.[19] 그런데, 술버릇은 괴팍하여 취하면 큰 풍파를 일으켰다. 삼촌은 아버님과 반대로, 양반에게는 감히 덤비지 못하고 문중 친척에게만은 위아래 없이 욕하고 싸움 걸어, 할아버지와 아버님이 늘 때려주셨다.

내가 아홉 살 때(1884년) 할아버지 장례식이 있었는데,[20] 그날 준영 삼촌이 큰 구경거리를 연출하였다. 삼촌이 술에 취해 장례일을 돌보는 호상인(護喪人)들을 모조리 두들겨 패고서, 급기야는 인근 양반들이 큰 생색을 낸답시고 노복을 한 명씩 보내 상여를 메고 가던 것까지 때려서 모두 쫓아버렸다. 결국 준영 삼촌을 결박하여 집에 가두어 놓고, 집안 식구끼리 운구하여 장례를 치르고, 종증조부 주최로 가족회의를 열어 앉은뱅이로 만들기로 결의하고, 준영 삼촌의 발뒤꿈치를 잘랐다.[21] 홧김에 가족회의에서는 그러한 결정을 내렸지만, 다행히 힘줄이 상하지는 않아 병신은 되지 않았다. 그러나 삼촌이 종증조부 사랑에 누워 범같이 울부짖는 바람에 나는 무서워 근처에도 못 갔다.

지금 생각해 보면 이러한 추태는 상놈의 본색이요 행위라 하겠다. 그때 어머님은 나에게

"너희 집에 허다한 풍파가 모두 술로 해서 생기니 너마저 술을 먹는다면, 나는 단연코 자살하더라도 그 꼴을 안 보겠다."

고 말씀하셨다. 나는 이 말씀을 마음 깊이 새겼다.

---

19) 한글의 첫 부분을 배우다 그만두었다는 의미이다.

20) 안동 김씨 족보에 의하면 백범의 할아버지 김만묵(金萬默)은 1888년 4월 20일(음), 백범이 13세 때 돌아가셨다. 백범이 아홉 살 때(음력 1884년 4월 29일)에는 큰아버지가 돌아가셨다.

21) 발꿈치 힘줄을 자르는 고문을 단근형(斷筋刑)이라고 한다.

## 3) 궁핍한 배움길

당시 나는 국문을 배워 이야기책 정도는 볼 줄 알았고, 한문도 이 사람 저 사람에게 천자문은 배웠다. 하루는 집안 어른들의 이야기를 듣고 나는 큰 충격을 받았다. 몇해 전 집안에 새로 혼인한 집이 있는데, 그 집 할아버지가 새 사돈을 만나려고 서울 갔던 길에 사 두었던 총대우[22]를 밤중에 쓰고 나가셨다가 이웃 동네 양반에게 발각되어 관을 찢기고, 다시는 관을 못 쓰게 되었다는 것이었다. 나는 힘써 물었다.

"그 사람들은 어찌하여 양반이 되었고, 우리집은 어찌하여 상놈이 되었습니까?"

"침산 강씨(砧山 姜氏)의 선조는 우리만 못하나 현재 진사(進士)가 세 사람이나 있지 않으냐. 별담〔鱉潭〕이진사 집도 그렇다."

"진사는 어찌하여 되는가요?"

"진사 급제는 학문을 연마하여 큰 선비가 되면 과거 보아 되는 것이다."

나는 이 말을 들은 후부터 글공부할 마음이 간절하여 아버님께 어서 서당에 보내 달라고 졸랐다. 아버님은 "동네에 서당이 없고, 다른 동네 양반 서당에서는 상놈을 잘 받지도 않거니와 받아주더라도 양반 자제들이 멸시할 터이니 그 꼴은 못 보겠다"며 주저하신다.

결국 아버님은 문중과 인근 상놈 친구의 아동을 몇 명 모아 서당을 새로 하나 만드셨다. 수강료로 쌀과 보리를 가을에 모아주기로 하고 청수리(淸水里) 이생원을 선생으로 모셔왔다. 그분은 양반이지만 글이 넉넉지 못하여 '양반의 선생'으로 고용하는 사람이 없어 우리 같은 '상놈의 선생'이 된 것이다.

선생이 오시는 날, 나는 너무 좋아서 머리 빗고 새옷 입고 마중나갔다. 저 앞에서 키 큰 쉰 살 남짓의 노인이 오신다. 아버님이 먼저 인사하신 후, "창암아,[23] 선생께 절하여라"고 말씀하신다. 공손히 절하고 나서 선생을 바라보

---

22) 원주: "馬尾冠". 일명 마미립(馬尾笠). 말의 갈기로 만든 갓. 원래 당상관 이상 쓰는 것이지만 후대에 양반들이 일반적으로 사용하였다.

23) 창암(昌巖)은 백범의 아명(兒名)이다.

니 마치 신선이나 하느님처럼 거룩해 보였다. 이리하여 우리집은 사랑에 공부방을 열고 선생님 식사까지 봉양하게 되었다.

이때 내 나이 열두 살(1887년)이었다. 나는 개학하던 첫날 '마상봉한식'(馬上逢寒食)[24]이란 다섯 글자를 배웠다. 뜻은 알든 모르든 관계 없이 너무 기뻐서 밤에 어머님의 밀 매갈이[25]를 도와드리면서도 외우고 또 외웠다. 나는 새벽 일찍 일어나 누구보다 먼저 선생님 방에 가서 글을 배우고, 밥구럭을 메고 멀리서 오는 동무들을 내가 가르쳐 주었다.

이렇게 우리집에서 석 달 지낸 뒤 서당은 인근 산동(山洞) 신존위 사랑으로 옮겨갔다. 나는 아침이면 밥구럭을 메고 산 고개를 넘어 집에서 서당까지, 서당에서 집까지 오며 가며 끊임없이 글을 외웠다. 동무들 중에서 나보다 수준이 높은 자도 있었지만, 배운 것을 외우는 시험에서는 늘 내가 최우등이었다.

반 년이 되지 않아 신존위 부친과 선생 사이에 반목이 생겨 결국 선생님을 내보내게 되었다. 표면적인 이유는 그 선생이 밥을 많이 먹는다는 것이었지만, 사실은 자기 손자는 둔재로 공부를 못하는 데 비해 나의 학문이 날로 발전하는 것을 시기한 것이었다. 일전에 매달 보는 시험〔月講〕을 앞두고 선생님은 나에게 은밀하게 "네가 늘 우등하였으니 이번에는 일부러 못 외는 것처럼 모른다고 대답하여라"고 부탁한 적이 있다. 내가 선생님 부탁대로 하였더니, 그날은 신존위 아들이 일등〔壯元〕했다고 닭 잡고 술상 차려 잘 먹었다. 그런데도 결국 그 선생을 해고하였으니 이것은 진실로 소위 '상놈의 짓'이다.

어느날 내가 아침도 먹기 전에 그 선생님이 집에 와서 작별을 고하셨다. 나는 정신이 아득하여 선생님의 품에 매달려 목놓아 울었다. 선생님도 눈물이 비오듯 하였다. 작별하고 나서도 나는 밥도 먹지 않고 울기만 하였다.

---

24) 중국 당나라 시인 송지문(宋之問, 656~712)의 한시 「길거리에서 한식을 만남」(途中寒食)의 첫 구절이다. 시의 전문은 이러하다. '馬上逢寒食 愁中屬暮春 可憐江浦望 不見洛陽人 北極懷明主 南冥作逐臣 故園腸斷處 日夜柳條新'(말 위에서 한식을 만나니/수심 중에 해는 기울고/애잔하게 강나루를 처다보건만/낙양인은 하나도 보이지 않네//북쪽 별은 명군을 그리게 하고/남쪽 바다는 쫓겨난 신하를 생각케 하네/고향 동산 그리워 애끊는 곳에/주야로 버드나무 가지는 새로워지네).

25) 원문: "밀(麥)磨질". 밀을 갈아 껍질을 벗기는 것.

얼마 후 그와 같은 '돌림 선생'을 모셔와 공부를 하였는데, 어느날 갑자기 아버님이 전신불수가 되셨다. 그때부터 나는 공부도 못하고 아버님 심부름만 하였다. 워낙 가난한 살림에 의사와 약을 대야 하니 가산은 곧 탕진되었다. 네댓 달 치료 후 아버님은 반신불수로 다소 호전되었다. 입이 삐뚤어져 발음이 분명치 못하고 한쪽 팔과 다리를 못 쓰셨지만, 반쪽이라도 쓸 수 있는 것이 무척 신기해 보였다. 돈이 없어 훌륭한 의사를 모셔오지 못하자 부모님은 무전여행으로 문전걸식하면서 고명한 의원을 찾아 치료받기로 결정하셨다. 부모님은 집과 밥솥까지 다 팔아버리고 나를 큰어머니 댁에 떼어둔 채 떠나셨다.

나는 사촌들과 같이 송아지 고삐나 끌고 산허리 밭두렁에서 세월을 보내게 되었다. 부모님이 그리워 견딜 수 없자 나는 부모님 따라 신천·안악·장련으로 떠돌아다니기도 하였다. 장련에서 부모님은 나를 재종조의 누이 댁에 떼어두고 할아버지 대상(大祥)[26]을 지낸다며 본향 텃골로 돌아가셨다.

장련의 재종조의 누이 댁도 농사를 지었기 때문에 나는 그 댁 주인과 같이 구월산(九月山)에 나무하러 가곤 했다. 어렸을 때 나는 유달리 키가 작아 나뭇짐을 지고 다니면 마치 나뭇짐이 걸어가는 것 같았다. 나무하는 것도 고통스러웠지만 그 동네 큰 서당에서 밤낮 책 읽는 소리를 들을 때마다 나는 말할 수 없는 비애를 느꼈다. 얼마 후 부모님이 장련으로 오시자 나는 고향으로 돌아가 공부하겠다고 졸랐다. 아버님께서 한쪽 팔과 다리를 좀더 쓰시고 기력도 차차 회복되시는데다 공부하고 싶어하는 나의 열성을 가상히 여기셔서 고향으로 돌아오게 되었다.

고향에 돌아와 보니 의식주 무엇 하나 의지할 데가 없었다. 친척들이 조금씩 추렴하여 겨우 살 곳을 마련하고 나도 곧 서당에 다니게 되었다. 책은 빌려서 읽었으나 먹과 붓이 나올 곳이 없었다. 어머님이 품팔아 김매고 길쌈하여 먹과 붓을 사 주시면 얼마나 감사한지 이루 말할 수 없었다.

그러나 내 나이 열넷이나 되고 보니[27] 만나는 선생이 대개 고루하여 아무

---

26) 돌아가신 지 한 돌 만에 지내는 제사를 소상(小祥)이라 하고, 두 돌 만에 지내는 제사를 대상(大祥)이라 한다. 지방에 따라서는 이때 탈상하기도 한다. 백범 할아버지 대상은 1890년 4월 20일(음)이다.

선생은 '벼 열 섬짜리', 아무 선생은 '다섯 섬짜리' 등 수강료의 다소로 학력을 짐작하게 되었다. 어린 내 소견으로도 선생의 마음 씀이나 일 처리가 남의 사표가 될 자격이 없어 보였다. 그때 아버님은 종종 나에게 이런 훈계를 하셨다.

"밥 벌어먹기는 장타령이 제일이라고, 너도 큰 글 하려고 애쓰지 말고 실용문서〔時行文〕에나 주력하여라."

그래서 나는 「토지문권」(土地文券), 「정소장」(呈訴狀), 「제축문」(祭祝文), 「혼서문」(婚書文), 「서한문」(書翰文) 등을[28] 틈틈이 연습하여 무식한 우리 집안에서는 상당한 명성을 얻었다. 우리 문중에서는 내가 장래 존위의 자격은 있다고 촉망하였지만, 당시 내 한문 실력은 겨우 글자 몇 줄 엮는 정도였다.

그러나 『통감』(通鑑),[29] 『사략』(史略)[30]을 읽을 때 "왕후장상의 씨앗이 어찌 따로 있으리오"라던 진승(陳勝)의 말,[31] "칼을 뽑아 뱀을 베었다"는 유방(劉邦)의 행동,[32] "빨래하는 부인에게 밥을 얻어먹었다"는 한신(韓信)의 사적[33] 등을 볼 때 나도 모르게 양어깨가 들썩거렸다.[34]

---

27) 할아버지 대상 후 고향에 돌아왔을 때 백범의 나이는 열다섯이었다.

28) 원문: "'右明文事段'은 「土地文券」作成하기와, '右謹陳訴旨段'인 「呈訴狀」과, '維歲次敢昭告'인 「祭祝文」과, '僕之第幾子未有伉儷'인 「婚書文」과, '伏未審'인 「書翰文」을'. 즉 원문에는 실용문서의 첫 구절들이 언급되어 있다.

29) 『통감』은 원래 중국 북송(北宋)의 사마광(司馬光)이 지은 역사서인 『자치통감』(資治通鑑)을 말하지만, 여기서는 그것이 아니라 『통감절요』(通鑑節要)이다.

30) 『사략』은 『십팔사략』(十八史略). 원나라 증선지(曾先之)가 지은 중국 역사책.

31) 진나라 말기 진승(陳勝)·오광(吳廣)이 반란을 일으켰는데, 그때 '왕후장상의 씨앗이 어찌 따로 있으리오'(王侯將相 寧有種乎)라고 선동하자 뭇사람들이 모두 따랐다고 한다. 출전: 『통감절요』 권3, 「후진기」.

32) 유방이 술을 먹고 밤길을 가던 중 큰 뱀이 나타나자 칼을 빼어 뱀을 베었다. 그후 뱀이 죽은 곳에 사람들이 도착하니 한 노파가 통곡하면서 내 아들은 백제(白帝)의 아들인데 지금 적제(赤帝)의 아들이 베어버렸다고 말하고 홀연히 사라졌다. 사람들이 이 말을 전하자 유방은 홀로 기뻐하며 대견해 했다. 그후 따르는 이들은 유방을 더욱 우러러보게 되었다. 출전: 『통감절요』 권3, 「후진기」.

33) 한신이 젊었을 때 형편이 어려워 회음성(淮陰城) 밑에서 무명 빨래를 하던 부인으로부터 수십 일 동안 밥을 얻어먹은 적이 있다. 출전: 『사기』(史記), 「회음후열전」.

나는 어찌하든지 공부를 계속하고 싶었다. 가정이 빈한하여 고명한 선생을 찾아가 배울 형편이 되지 못해 아버님은 무척 고민하셨다. 그런데 우리 동네에서 동북 10리 되는 학명동(鶴鳴洞)에 사는 정문재(鄭文哉) 씨는 상민이었지만 지방 굴지의 선비였고 더욱이 큰어머니와 재종 남매간이었다. 그 정씨 집에는 사방에서 선비들이 모여들어 시(詩)와 부(賦)를 지었으며, 다른 한쪽에서는 서당을 열어 아동들을 가르치기도 했다.

아버님이 정씨에게 부탁하셔서 나는 수강료 없이 배우는 '면비학동'(免費學童)이 될 수 있었다. 너무도 만족하여 나는 매일 밥구럭을 메고 험한 고개 깊은 계곡을 쏜살같이 넘나들어 그곳에 기숙하는 학생들이 일어나지도 않았을 때 도착한 적이 한두 번이 아니었다. 시를 짓는 데는 초보적인 '대고풍십팔구'(大古風十八句)[35]를 익혔고, 공부는 한·당시(漢·唐詩)와 『대학』(大學), 『통감』을 배웠으며, 글자 연습은 분판(粉板)[36]만 사용하였다.

---

34) 원문: "不識不知間에 兩肩에 生風하엿다."

35) 운을 달지 않는 7언 18구로 우리나라 특유의 한시체.

36) 분을 기름에 개어서 널조각에 발라 결은 것으로, 옛날 아이들이 글씨 연습할 때 주로 썼다.

## 2. 시련의 사회 진출

### 1) 과거 낙방

이때 임진년(壬辰年: 1892, 17세) 경과(慶科)[1]를 해주에서 거행한다는 공포가 있자, 정선생은 이 사실을 아버님께 알렸다.

"이번 과거에 창암이를 데리고 가면 좋겠는데, 글씨를 분판에 쓰면 창암이 답안지[2]도 쓸 만하지만, 과거 답안지와 같은 종이에 연습하지 않으면 처음이라 잘 쓸 수 없을 것이네. 그러니 장지(狀紙)[3]에 연습하면 좋겠는데, 노형은 빈한하여 주선할 도리가 없겠지?"

"종이는 내가 주선하여 볼 테지만 창암이는 글씨만 쓰면 되겠나?"

"글은 내가 지어줌세."

선생의 이 말에 아버님은 무척 기뻐하시며 장지 다섯 장을 구입하셨다. 나는 기쁘고 감사하여 필사(筆師)의 교법(敎法)대로 정성을 다하여 연습하니 하얀 종이가 온통 검게 변하였다.

---

1) 원주: "科制最後". 경과는 나라에 경사가 있을 때 임시로 보는 과거를 말한다. 해주에서 보는 과거는 황해도 지역의 향시(鄕試)이다. 백범은 임진년 과거를 '최후의 과거'라고 설명하였으나, 과거는 갑오년(1894)까지 실시되고, 갑오개혁 이후 폐지되었다. 아마도 해주에서 보는 향시는 임진년 경과가 마지막이었을 가능성도 있다.

2) 원문: "明紙". 아마도 '名紙'일 것이다. 명지는 과거 시험에 제출하는 답안지이다.

3) 두껍고 질이 좋은 한지(韓紙)의 일종으로 과거 답안지로 사용된다. 과거 답안지는 시험장에서 긁어내면서 수정할 수 있도록 특별히 두껍고 질이 좋다.

과거 비용을 준비하지 못했던 우리 부자는 먹을 좁쌀[粟米]을 등에 지고 선생님을 따라 해주에 도착하여 아버님이 이전부터 잘 알고 있던 계방 집에 기숙하였다. 드디어 시험보는 날, 선화당(宣化堂) 옆 관풍각(觀風閣) 주변 사방에는 새끼줄로 망을 둘러쳤고, 정해진 시간에 과거장의 문을 열었다. 흰 베에 '산동접'(山洞接)이니 '석담접'(石潭接)이니[4] 하는 접의 이름을 써서 장대 끝에 매달고 자기 접의 자리를 먼저 잡으려고 힘있는 자를 앞세워, 큰 종이양산을 들고 도포 입고 유건 쓴 선비들이 접접(接接)이 들어가는 대혼잡의 광경은 참으로 볼 만하였다.[5] 과거장에는 노소 귀천이 없이 무질서한 것이 내려오는 풍습이라 한다.

또 볼 만한 것은 늙은 선비[老儒]들이 걸과(乞科)[6]하는 모습이었다. 관풍각을 향하여 새끼줄망 구멍 사이로 머리를 들이밀고

"소생의 성명은 아무개이옵는데 먼 시골에 살면서 과거 때마다 참석하여 금년 칠십 살입니다. 요다음 다시 과거에 참석하지는 못하겠습니다. 초시(初試)[7]라도 한 번 합격하면 죽어도 한이 없습니다."

며 진정하는 것이다. 어떤 이는 큰소리로 외치고, 어떤 이는 목놓아 우니 비굴하기도 하고 가엾기도 하였다.

본접(本接)에 와서 보니 선생과 접장들이 글을 짓는 자는 짓기만 하고 글씨를 쓰는 자는 쓰기만 하였다.[8] 나는 선생님에게 늙은 선비들의 걸과하는 모습을 말씀드린 후

---

4) 산동, 석담 등은 지역 이름이다. 그런데 여기서 접(接)은 동학의 조직체계인 포접제(包接制)의 접과는 구별되는 것으로, 유교적 의미에서 서당과 유사한 의미이다. 접의 관리자가 접장(接長), 곧 선생이다.

5) 원래 과거장에는 수험생 이외 출입이 엄격하게 금지되었다. 그러나 후기에 문란해지면서 수험생을 따라 여러 사람들이 들어가는 '수종(隨從)의 폐'가 생겼다.

6) 걸과의 원래 뜻은 소과(小科)에서 떨어진 늙은 선비가 자기의 실력을 믿고 시관(試官)의 면전에서 자기 실력을 다시 시험해 달라고 간청하는 것이지만, 여기서는 실력도 없으면서 무조건 합격시켜 달라고 애걸하는 것을 의미한다.

7) 과거의 1차 시험. 이에 합격해야 2차 시험인 복시(覆試)에 응시할 수 있다.

8) 원문: "作者作 書者書하더라." 이것은 응시자가 직접 짓고 쓰는 것이 아니라 대작(代作) 대필(代筆)하는 과거 부정을 묘사한 것이다.

"이번에 제가 아니라 아버님 명의로 과거 답안지를 작성하여 주시면 좋겠습니다. 저는 앞으로도 기회가 많지 않겠습니까?"

하고 부탁하자 선생님은 내 말에 감동하여 흔쾌히 수락하셨다. 이런 대화를 들은 어떤 접장(接長) 한 분이

"네 글씨가 나만은 못할 터, 네 아버님 답안지의 글씨는 내가 써 주마. 너는 후일 과거 공부를 더 해서 직접 짓고 쓰도록 해라."

하고 거들어 주신다. 나는

"예, 고맙습니다."

며 감사하였다. 이렇게 선생님이 짓고 접장이 쓴, 아버님 명의의 과거 답안지를 새끼줄망 사이로 시관(試官) 앞을 향해 쏘아 들여보냈다.[9]

그리고 나서 과거에 얽힌 이런 말 저런 말을 들었다. 시관에 대해 불평하는 말로는 "통인(通引)[10]놈들이 시관에게는 보이지도 않고 과거 답안지 한아름을 도적하여 갔다"는 것이나, "과거장에서 글을 짓고 쓸 때 남에게 보이지 말아야 하는데 그 이유는 글을 지을 줄 모르는 자가 남의 글을 보고 가서 자기 글로 제출한다"는 것이다.[11] 또 괴이한 말은 "돈만 많으면 과거도 벼슬도 다 할 수 있다. 글을 모르는 부자들이 큰 선비의 글을 몇백 냥 몇천 냥씩 주고 사서 진사도 하고 급제도 하였다"고 한다. 그뿐인가. "이번 시관은 누구인즉, 서울 아무 대신에 편지를 부쳤으니까 반드시 된다"고 자신하는 사람, "아무개는 시관의 수청 기생에게 주단 몇 필을 선사하였으니 이번에 꼭 과거를 한다"고 자신하는 자도 있었다.[12]

드디어 나는 과거에 대한 의문이 생기기 시작하였다. 위의 몇 가지 현상만 보아도 과거가 무슨 필요가 있으며 무슨 가치가 있는가? 내가 심혈을 다하여 장래를 개척하기 위해 공부하는 것인데, 선비가 되는 유일한 통로인 과거장의 꼬락서니가 이 모양이니,[13] 내가 시(詩)·부(賦)를 지어 과문6체(科文六體)[14]

---

9) 과거에 응시자가 증가하면서 앞부분의 답안지만 채점하는 폐단이 있어 다투어 답안지를 먼저 내고자 하였다. 이것을 '조정(투묘)의 폐'라고 한다.

10) 수령의 신변에서 사환 일을 하는 하급 구실아치.

11) 과거 비리 중의 하나로 차술(借述)이라 한다.

12) 과거의 대표적인 폐단이 시관과 수험생 측이 결탁하는 것이다.

에 능통하더라도 아무 선생 아무 접장 모양으로 과거장의 대서업자에 불과할 것이니 나도 이제 다른 길을 연구하리라 결심하였다.

나는 이처럼 과거길에서 불쾌한 느낌과 비관적인 생각만 품은 채 집으로 돌아와 아버님과 상의하였다.

"제가 어떻게든 공부로 입신양명(立身揚名)하여 강가·이가에게 당한 압제를 면할까 하였는데, 그 유일한 방법이라는 과거장의 폐해가 이와 같은즉, 제 비록 큰 선비가 되어 학력으로 강·이씨를 압도하더라도 그들에게는 엽전[15]의 마력이 있는데 어찌하오리까. 또한 큰 선비가 되도록 공부를 하려면 다소의 금전이라도 있어야 하는데, 집안이 이같이 가난하니 앞으로 서당 공부를 그만두겠습니다."

아버님 역시 옳게 여기시고 이렇게 말씀하신다.

"너 그러면 풍수공부나 관상공부를 해보아라. 풍수에 능해 명당에 조상을 모시면 자손이 복록을 누리게 되고, 관상을 잘 보면 선한 사람과 군자를 만날 수 있다."

나는 이치에 맞는 말이라 생각되어

"그것을 공부하여 보겠습니다. 서적을 얻어주십시오."

하고 부탁하였다. 아버님이 우선 『마의상서』(麻衣相書)[16] 한 권〔冊〕을 빌려 주셔서 나는 독방에서 이것을 공부하였다. 관상서를 공부하는 방법은 먼저 거울로 자신의 상(相)을 보면서 부위와 개념을 익힌 다음, 다른 사람의 상으로 확대·적용해 나가는 것이 첩경이다. 나는 두문불출하고 석 달 동안이나 내 상을 관상학에 따라 면밀하게 관찰하였다. 그러나 어느 한 군데도 귀격(貴格)·부격(富格)의 좋은 상은 없고, 얼굴과 온몸에 천격(賤格)·빈격(貧格)·흉격

---

13) 매천 황현도 "낫 놓고 ㄱ자도 모르는 사람이 과거 급제자로 선발된다"는 당시의 속담을 소개하면서 과거 부정을 개탄하였다.

14) 문과 과거 때 시험보는 6가지 글의 체. 즉 시(詩)·부(賦)·표(表)·책(策)·의(疑)·의(義).

15) 원문: "孔方". 공방은 네모난 구멍, 즉 엽전으로서 재력을 의미한다.

16) 『마의상서』는 『마의상법』(麻衣相法). 관상학의 2대 경전으로는 달마대사가 지은 『달마상법』(達摩相法)과 마의도사가 지은 『마의상법』이 있다. 『달마상법』은 불교계, 『마의상법』은 도가계의 대표적인 관상학 경전이다.

(凶格)밖에 없다. 과거장에서 얻은 비관에서 벗어나기 위해 관상서를 공부했는데 오히려 과거장 이상의 비관에 빠져버렸다. 짐승과 같이 살기 위해 산다면 모르지만 인간으로서 세상 살고 싶은 마음이 없어졌다. 그런데『상서』중에 이런 구절이 있다.

상 좋은 것이 몸 좋은 것만 못하고 (相好不如身好)
몸 좋은 것이 마음 좋은 것만 못하다. (身好不如心好)

이것을 보고 나는 상 좋은 사람(好相人)보다 마음 좋은 사람(好心人)이 되어야겠다고 결심하였다. 이제부터 밖을 가꾸는 외적 수양에는 무관심하고 마음을 닦는 내적 수양에 힘써 사람 구실을 하겠다고 마음먹으니, 종전에 공부 잘하여 과거하고 벼슬하여 천한 신세에서 벗어나겠다는 생각은 순전히 허영이고 망상이요, 마음 좋은 사람이 취할 바 아니라고 생각되었다. 그러나 마음 좋지 못한 사람이 마음 좋은 사람으로 되는 방법이 있는가 스스로 물어보니 역시 막연하였다.

『상서』를 그만 덮어버리고 지리에 관한 책(地家書)도 좀 보았으나 취미를 얻지 못하고, 병서(兵書)인『손무자』(孫子), [17)] 『오기자』(吳起子), [18)] 『삼략』(三略), [19)]『육도』(六韜) [20)] 등을 보니 이해하지 못할 곳이 많다. 그러나 장수가 될 훌륭한 재질을 논하면서

태산이 앞에서 무너져도 결코 흔들리지 않는다. (泰山覆於前 心不妄動)

---

17)『손무자』또는『손자』(孫子). 중국의 손무(孫武: 孫子)가 지은 병서. 1권 3편으로, 병서로서 가장 유명한 명저이다.

18)『오기자』또는『오자』(吳子). 중국 춘추전국시대에 오기(吳起: 吳子)가 지은 병서. 1권 6편으로,『손자』와 쌍벽을 이루는 명저이다.

19) 중국 한나라 사람 장량(張良)이 황석공(黃石公)에게 받았다는 병서. 상략(上略), 중략(中略), 하략(下略)의 세 권으로 나뉘어진다.

20) 주나라 태공망(太公望)이 편찬한 병법서. 문도(文韜), 무도(武韜), 용도(龍韜), 호도(虎韜), 표도(豹韜), 견도(犬韜)의 6권 60편이다.

병사들과 더불어 고락을 함께 한다. (與士卒 同甘苦)

나아가고 물러섬을 호랑이와 같이 한다. (進退如虎)

적을 알고 나를 알면 백 번 싸워 지지 않는다. (知彼知己 百戰不敗)

등의 구절을 매우 흥미 있게 낭송하였다. 나이 열일곱 살 때 나는 1년간 일가 아이들을 모아 훈장질하면서 의미도 잘 모르는 병서만 읽었다.


## 2) 동학의 세계로

그 즈음 사방에서 괴이한 이야기들이 분분하였다.

"어디에는 이인(異人)이 나타나 바다에 떠다니는 기선(汽船)을 못 가게 딱 붙여놓고 세금을 내야 놓아준다."

"곧 정도령[21]이 계룡산에 도읍을 정하여 이조 국가는 없어질 것이니 밧흔 목[22]에 가서 살아야 다음 세상에 양반이 된다며 아무개는 계룡산으로 이사했다."

그런데 우리 동네에서 남쪽으로 20리 떨어진 포동(浦洞)에 사는 오응선(吳膺善)과 그 옆동네 최유현(崔琉鉉) 등은 충청도에서 최도명(崔道明)[23]이란 동학(東學) 선생에게 입도해서 공부하는데, 방문을 열고 닫음이 없이 홀연히 나타났다 사라지곤 하며 공중으로도 걸어다닌다 한다. 그 선생 최도명은 하룻밤 사이에 능히 충청도를 왔다갔다 한다고 한다. 나는 호기심이 생겨 가서 보고 싶었다. 그런데 그 집을 찾아가는 예절은 고기를 먹지 않고 목욕하고 새 옷으

---

21) 『정감록』(鄭鑑錄) 등 조선 후기 비기(祕記)류의 책에서는 이씨 조선이 멸망하고 정씨 성을 가진 진인(眞人), 즉 정도령이 나타나 계룡산을 새 도읍지로 하여 나라를 일으킨다고 예언하였다.

22) '바른 목' '바깥목' 등 풀이가 구구하다. 정감록 신앙에는 난세에는 풍수설에 입각해 십승지지(十勝之地)처럼 복정(卜定)된 곳에 피난해서 살아야 복을 누릴 수 있다고 한다. '밧흔 목'은 바로 그러한 곳을 말한다.

23) 동학의 2대 교주 최시형이라 짐작된다.

로 갈아입고 가야 접대를 한다고 한다.

내 나이 열여덟이 되는 계사년(癸巳年: 1893) 정초,[24] 나는 고기도 먹지 않고 목욕하고 머리 땋고, 푸른 도포[青袍]에 녹대(綠帶)를 매고[25] 포동 오씨 댁으로 방문하였다. 문에 이르자 방에서는 무슨 글 읽는 소리가 들리는데 시나 경전을 읽는 소리와는 다르고 노래를 합창하는 것 같으나 그 의미를 알 수 없었다. 공경하는 자세로 문에 나아가 주인 면회를 청하였더니 젊은[妙妙] 청년 한 사람이 나와 접대하였다. 나는 그가 양반임을 알고 있었는데, 과연 상투를 짜고 통천관(通天冠)[26]을 쓰고 있었다. 내가 공손히 절을 하니 그 사람도 공손히 맞절을 하고서는

"도령은 어디서 오셨소?"

라고 묻는다. 나는 황공하여 본색을 말하였다.

"어른이 되어도 당신께 공대를 듣지 못하련만 하물며 저는 아직 아이인데 어찌 공대를 하나이까."

그이는 감동하는 빛을 보이면서

"천만의 말씀이오. 나는 다른 사람과 달리 동학 도인이기 때문에 선생의 교훈을 받들어 빈부 귀천에 차별 대우가 없습니다. 조금도 미안해 마시고 찾아오신 뜻이나 말씀하시오."

나는 이 말만 들어도 별세계에 온 것 같았다. 그와의 문답이 시작되었다.

"제가 오기는 선생이 동학을 하신다는 말을 듣고 도리(道理)를 알고 싶어 왔습니다. 이런 아이에게도 말씀하여 주실 수 있습니까?"

"그처럼 알고 싶어 오셨다는데 내가 아는 데까지 말씀드리겠습니다."

"동학이란 어떤 취지[宗旨]이며 어느 선생이 천명하였습니까?"

---

24) 원문: "十八歲 되든 正初". 규장각 자료에서도 백범의 동학 입도시기는 1893년(癸巳年)이다.

25) 일반적으로 평상시에는 흰색 도포를, 특별한 경사일에는 푸른색 도포를 입는다. 백범이 차림에 정성을 다한 모습을 볼 수 있다.

26) 통천관은 원래 임금이 정사를 보거나 조칙을 내릴 때 쓰는 관으로, 옥잠(玉簪)과 홍영(紅纓)을 갖추어 쓴다. 후대에는 양반들도 사용하였다. 여기서는 그가 양반이어서 과연 일반인과는 달리 귀한 통천관을 쓰고 있더라는 의미이다.

"동학은 용담(龍潭) 최수운(崔水雲)[27] 선생이 천명하였으나 이미 순교하셨고, 지금은 그 조카 최해월(崔海月)[28] 선생이 대도주(大道主)가 되어 포교중입니다. 동학의 종지로 말하면 말세의 사악한 인간들로 하여금 개과천선하여 새 백성이 되어 장래 참주인[眞主]을 모시고 계룡산에 신국가(新國家)를 건설하는 것입니다."

설명을 듣고 나는 매우 마음이 흡족하였다. 과거에 낙방하고 난 뒤 관상공부에서 마음 좋은 사람이 되기로 결심한 나에게 하늘님[29]을 모시고 도를 행한다는 말이 가장 마음에 와 닿았다. 또한 상놈된 원한이 골수에 사무친 나에게 동학에 입도만 하면 차별 대우를 철폐한다는 말이나 이조(李朝)의 운수가 다하여 장래 새 국가를 건설한다는 말에서는 작년 과거장에서 품은 비관이 연상되었다.

나는 동학에 입도할 마음이 불길같이 일어났다. 오씨에게 입도 절차를 물어보니 백미(白米) 한 말, 백지(白紙) 세 묶음, 누런 초[黃燭] 한 쌍을 가져오면 입도식을 행해 준다고 한다.[30] 나는 『성경대전』(聖經大全)[31] 『팔편가사』(八編歌辭)[32] 『궁을가』(弓乙歌)[33] 등 동학 경전을 열람한 후 집으로 돌아왔다. 아버

---

27) 수운은 동학의 창시자 즉 교조(敎祖)인 최제우(崔濟愚, 1824~1864)의 호. 용담은 그가 수련한 곳이다. 그는 16세 때 출가한 이후 1860해(37세) 동학을 창시하고, 이듬해부터 동학을 포교하기 시작하였다. 폭발적인 호응으로 당국의 주목을 받아 그는 1863년 경주에서 체포되어, 이듬해 대구에서 사도난정(邪道亂正)의 죄목으로 처형되었다. 그후 동학교도들은 끊임없이 교조신원운동(敎祖伸寃運動)을 전개하였다.

28) 최시형(崔時亨, 1827~1898). 동학의 2대 교주.

29) 원문: "天主". 동학에서는 '하늘님'으로, 그 뒤 천도교에서는 '한울님'으로 불렀다.

30) 동학의 입도식 자체는 청수(淸水)를 모셔놓고 주문을 외는 것이다. 위에 언급된 백미 등은 입도식에 가지고 가는 예물의 일종일 따름이다.

31) 최제우의 『동경대전』(東經大全)을 동학에서는 최고 중요한 경전이란 의미에서 『성경대전』이라고 한다.

32) 최제우가 지은 한글 가사체의 경전인 『용담유사』가 8편으로 구성되어 있어 일명 『팔편가사』라고도 한다.

33) 『용담유사』 이후의 가사체 동학 경전으로 '궁궁을을(弓弓乙乙) 성도(成道)로다'라는 후렴구가 반복된다. 용담대사의 필사본과 김주희의 목각본(1932)에 수록되어 있다. 백범이 1893년에 이미 『궁을가』를 보았다는 위의 언급으로 보아 이 책은 일반적으로 알려진 것보다 상당히

님께 오씨와 나눈 대화를 소상히 보고하니 아버님은 나의 동학 입도를 흔쾌히 승낙하시고 필요한 예물을 준비해 주셨다.

나는 곧바로 예물을 가지고 가서 입도하여 동학을 열심히 공부하기 시작했고, 아버님도 동학에 입도하셨다. 당시 양반들은 동학에 가입하는 자가 드물었던 반면, 내가 상놈인 만큼 상놈들이 동학으로 많이 쏠려 들어왔다. 불과 수개월 만에 나의 연비(連臂)[34]는 수백 명에 이르렀다.

당시 나에 대한 근거 없는 이야기가 인근에 두루 유포되었다. 사람들이 찾아와 "그대가 동학을 해보니 무슨 조화가 생기더냐?"고 물으면, "나쁜 일을 하지 않고 선한 일 하게 되는 것이 동학의 조화이다"라고 정직하게 대답하였다. 그러나 듣는 이들은 내가 자기네들에게 아직 조화를 보여주지 않은 것으로 생각하고 "김창수[35]가 한 길 이상 공중에서 걸어가는 것을 보았다"고 한 것이다. 나의 도력에 대한 근거 없는 소문은 황해도는 물론이고 평안남북도에까지 퍼져 연비가 수천에 달하였다. 나는 황해도·평안도의 동학당 중 나이 어린 자로 가장 많은 연비를 가졌기 때문에 별명이 '아기 접주(接主)'[36]였다.

계사년(癸巳年: 1893)[37] 가을에 오응선·최유현 등이 "충청도 보은(報恩)에 계신 해월 대도주에게 각자 자기 연비를 보고하라"는 경통(敬通)[38]에 따라 황해도에서는 명망 있는 도유(道儒) 열다섯 명을 선발하는데 나도 뽑히게 되었다. 땋은 머리가 여행에 불편하다고 해서 나는 관을 쓰고 출발하였다. 연비들이 여비를 거두어 해주에서 특별히 만든 향먹〔香墨〕[39]을 토산 예품으로 가지

---

오래 전, 최시형 생존시부터 있었다는 것을 알 수 있다.

34) 원주: "部下라 할가 弟子라 할가". 동학에서는 도를 전한 사람〔傳道人〕을 연원(淵源)이라 하고, 도를 받은 사람〔受道人〕을 연비(連臂)라고 한다. 즉 백범의 연원은 오응선이고, 연비는 백범이 포교한 사람들이다.

35) 백범의 아명(兒名)은 창암(昌巖)이었으나, 1893년 동학에 입도하면서 김창수(金昌洙)로 개명하였다.

36) 동학의 조직체계는 포접제(包接制)인데, 접은 접주(接主)를 중심으로 하는 동학 기초조직이다. 포는 여러 접을 포괄하는 큰 조직이다.

37) 원문: "翌 癸巳年". 동학에 입문한 때, 즉 '열여덟 살 되는 정초'도 계사년이기 때문에 연도 기억에 착각이 있다. 다음해 갑오년(甲午年: 1894)으로 수정해야 타당할 듯하다.

38) 원주: "公函". 경통은 동학 지도부에서 각 교도들에게 내리는 통문을 말한다.

고, 육로와 수로를 통해 충청도 보은군 장안(長安)이라는 동네에 도착하였
다.[40] 그 동네의 이집 저집 이 구석 저 구석에서는,

　　"지기금지원위대강"(至氣今至願爲大降)[41]
　　"시천주조화정, 영세불망만사지"(侍天主造化定 永世不忘萬事知)[42]

등 주문 외는 소리가 들렸다. 동네 한쪽에서는 사람들이 떼지어 나가고, 다른
한쪽에서는 떼지어 들어와 집집마다 사람이 가득가득하였다.

　　접대인에게 우리 일행 열다섯의 명단을 주어 해월 선생에게 통지하였다. 시
간이 지나고 나서 황해도 도인들을 부른다는 통지를 받고 우리는 일제히 인도
자의 뒤를 따라 해월 선생이 계시는 처소에 갔다. 집에 들어가 우리 열다섯
명이 해월 선생 앞에 한꺼번에 절하자 선생도 역시 상체를 구부리고 손을 땅
에 짚고 답례로 절을 했다. 그리고는 "멀리서 수고시레 왔다"는 간단한 인사
를 하였다. 우리 일행 중 대표가 열다섯이 각각 만든 명부책을 선생 앞에 드
렸다. 선생은 그 명부책을 문서 책임자에게 맡기면서 "처리하라"고 분부하였
다.

　　다른 사람들도 같은 생각이었겠지만 내가 천리를 멀다 않고 보은에 간 것은
선생이 무슨 조화주머니나 주지 않나 하는 기대와 선생의 도골도풍(道骨道風)

---

39) 해주먹(海州墨). 일명 해먹(海墨). 해주 일원에서 생산되는 먹은 품질이 좋고 향기가 나 전
　　국적으로 유명한 명물이다.

40) 아마도 제3차 교조신원운동 집회가 열린 장내리일 것이다. 1863년 최제우가 체포된 후 최시
　　형은 대구·평해·울진·영양·영해·영월·인제·단양 등을 전전하다 1885년 충청도 보은군 장
　　내리에 근거지를 마련하였다. 그는 1892년 삼례 집회, 1893년 2월 광화문 상소, 1893년 3월 보
　　은의 장내리 집회 등 3차에 걸친 교조신원운동을 벌였다.

41) 동학에서는 이것을 특별히 '초학주문' 또는 '8자 주문'이라고 한다. 동학에 처음 입도한 초
　　심자들이 외는 주문으로, 뜻은 '지극한 기운과 원을 내려주소서'이다.

42) 동학의 본주문으로 '13자 주문'이라고 한다. 뜻은 '하늘님을 모시면 조화의 경지가 이루어
　　지고, 영원히 잊혀지지 않고 만물의 이치를 알 수 있다'로 번역할 수 있다. 본주문 13자와 앞
　　의 초학주문 8자를 합쳐 '21자 주문'이라고 한다. 『백범일지』 원문에는 8자의 초학주문과 13
　　자 본주문의 순서가 바뀌어 있다.

제2대 동학 교주 해월 최시형.
1898년 체포되어 교수형을 당했다.

은 어떠한가 살펴보려는 생각이 간절하였기 때문이다. 선생은 나이가 예순 가까이 되어 보이는데,[43] 수염은 길며 색은 보기 좋을 정도로 약간 검은 가닥이 있었다. 선생의 얼굴은 맑고 여위었으며, 머리에 큰 검은 갓[黑笠][44]을 쓰고, 저고리만 입고 앉아서 일을 보셨다. 방문 앞의 무쇠[水鐵] 화로의 약탕관에서는 독삼탕(獨蔘湯)[45] 달이는 김과 냄새가 나는데, 선생이 잡수신다고 하였다.

선생의 방 안팎에는 많은 제자들이 옹위하고 있는데 그중 측근에서 모시는 자는 손응구(孫應九: 秉熙)[46]·김연국(金演局)[47] 등 선생의 사위 두 사람이고,

---

43) 1894년 갑오농민전쟁 당시 최시형의 나이는 68세였다.

44) 검은 갓의 양태(둘레의 창)는 유행과 규범에 따라 크기가 변하였다. 대원군 집정 후 사회 개혁의 일환으로 큰 갓을 금하여 주로 작은 갓을 사용하였다. 백범의 눈에는 최시형의 큰 갓이 인상적이었던 모양이다.

45) 맹물에 인삼 한 가지만 넣고 끓이는 것으로 더운 약으로 쓰인다.

46) 손병희(孫秉熙, 1861~1922). 초명이 응구. 천도교 3대 교주. 도호 의암(義菴). 1897년 최시형으로부터 도통을 전수받는다. 백범이 만난 당시 손병희의 나이는 우리 나이 33세였다. 그는 3·1운동 때 천도교 대표로 33인 중 한 사람이다.

47) 김연국(金演局, 1857~1944). 도호 구암(龜菴). 의암 손병희, 송암(松菴) 손천민(孫天民)과 더불어 이른바 천도교의 삼암(三菴)이라 불린다. 나중에 손병희와의 불화로 시천교(侍天敎) 대선사가 되고, 1925년에는 신도안에 상제교(上帝敎)를 창시하여 교주가 되었다. 백범이 만난 당시 나이는 우리 식으로 37세였다.

그 외에도 유명한 박인호(朴寅浩)[48] 등 많은 제자들이 있었다. 나의 인상으로는, 김씨는 나이 사십 가까운 순박한 농군 같았고 손씨는 젊은 청년으로 지식도 있어 보이고 부적[符籙]에 '천을천수'(天乙天水)라 쓴 것으로 보아 필재도 있어 보였다.

우리가 그 방에 있을 때 선생께 보고하는 것을 들었다. 그 내용은

"남도지방의 각 관청에서 동학당(東學黨)을 체포하여 압박하는 반면, 고부(古阜)에서는 전봉준(全奉準)이 벌써 병사를 일으켰습니다."[49]

"아무 군수는 도유(道儒)[50]의 전 가족을 체포하고 가산 전부를 강탈하였습니다."

등이었다. 선생은 진노하는 안색에 순 경상도 어조로,

"호랑이가 물러 들어오면 가만히 앉아서 죽을까! 참나무 몽둥이라도 들고 나가서 싸우자!"

선생의 이 말은 곧 '동원령'이다. 각지에서 와서 대령하던 대접주들이 물끓듯이 밀려 나가기 시작하였다. 우리 열다섯 사람에게도 접주로 임명하는 첩지(貼紙)를 내려주는데, 첩지 원형에 전자체[篆字]로 새긴 해월인(海月印)이 찍혀 있었다.

선생에게 하직 인사를 드리고 난 뒤 우리는 속리산을 구경하고 귀로에 접어들었다. 돌아오는 도중 곳곳에서 흰옷을 입고 칼 찬 동학당을 만났다. 광혜원(廣惠院)[51] 장(場)에 도착하니 수만의 동학군이 진영을 차리고 행인들을 검사하였는데, 그곳에서 볼 만한 것은 양반으로 평소 동학당을 학대하던 자들을 잡아와서 길가에서 짚신을 삼게 하는 것이었다.

동학군은 우리 일행의 증명서를 보고는 무사히 통과시켰다. 부근의 촌락에서는 밥을 짐으로 지어서 도소(都所)[52]로 보내는데 그 수를 헤아릴 수 없을 정

---

48) 박인호(朴寅浩, 1855~1940). 도호는 춘암(春菴). 보은 장내리 시위에 많은 교도들을 동원하여 최시형으로부터 대접주에 임명되었고, 그후 동학 제4세 대도주가 된다.
49) 이것은 1894년 9월 전봉준 주도의 동학농민군 제2차 봉기를 의미하는 것으로 보인다.
50) 원주: "道儒는 東學黨人의 自稱 他稱의 名詞". 도유는 동학교도들에 대한 통칭이다.
51) 충북 진천군 만승면 광혜원리. 진천군의 북부지역으로 경기도와 인접한 곳이다.
52) 동학농민전쟁시 그 지역의 사령부를 말한다.

도로 많았다. 한편 동학당이 몰려와 집회하는 것을 보고 놀라 논에서 벼를 베던 농군들이 낫을 버리고 도망가는 것도 보았다. 경성을 지나는데 벌써 경군(京軍)이 삼남지방을 향하여 행군하는 것도 보았다.

## 3) 팔봉 접주

갑오년(甲午年, 1894) 9월경[53] 우리는 고향으로 돌아왔다. 황해도에도 양반과 관리의 압박이 있는데다 삼남에서 향응하라는 경통이 잇따라 도착하여, 우리 15인 접주를 위시하여 회의한 결과 거사하기로 결정하였다. 맨 처음 총집결 장소로는 포동 부근 시장인 죽천장(竹川場)으로 정하고 각지에 경통을 보냈다. 나는 팔봉산 아래 산다고 해서 팔봉이란 접명(接名)을 짓고, 푸른 비단에 '팔봉도소'(八峯都所) 넉 자를 크게 쓰고, 표어로는 '척왜척양'(斥倭斥洋) 넉 자를 써서 높이 걸었다.

우리는 회의 결과 곧바로 거사하면 경군과 왜병이 와서 접전이 될 터이니, 동학 연비 중 무기 가진 자를 모아 우선 군대를 편성하기로 하였다. 나는 본래 산골 출신인데다 상놈이기 때문에 나의 연비에는 산포수가 가장 많았다. 사람들은 인근 부잣집에서 약간의 호신용 무기를 거두어 오기는 하지만 무기는 대부분 산포수들이 자신의 총기를 가져온 것이었다. 부대를 편성하니 나의 접에는 총 가진 군인이 700여 명으로 다른 어느 접보다 우세한 무력을 확보하였다.

최고회의에서는 황해도의 수부인 해주성을 먼저 함락하고 탐관오리와 왜놈을 다 잡아 죽이기로 결정하고, 팔봉 접주 김창수를 선봉으로 임명하였다. 나를 선봉으로 임명한 것은 비록 나이 어리지만 평소에 병법〔武學〕을 연구하였고, 또한 나의 접이 산포수로 잘 무장되어 있다는 것 때문이었다. 그러나 그

---

53) 원문: "同年 九月". 동년(同年)의 연기를 추적하면 백범이 충청도로 떠난 '다음해 계사년'〔翌 癸巳年〕이 되는데, 이것은 '다음해 갑오년'의 착오라고 지적한 바 있다. 따라서 여기서 동년도 갑오년(1894)으로 보는 것이 타당하며, 본문의 내용에도 맞다. 백범이 충청도에서 귀향한 것은 1894년 9월인 것이 확실하다.

러한 결정의 이면에는 자신들이 총알받이가 되기 싫다는 이유도 있었다.

나는 최고회의의 결정을 승낙하였다. 즉시로 출동하여 전군을 후방에 따르도록 하고 나는 선두에서 말을 타고 선봉(先鋒)이라는 사령기를 잡고 해주성으로 달려갔다. 해주성 서문 밖 선녀산(仙女山) 위에 진을 친 후 총사령부는 총공격령을 내리면서 선봉인 나에게 작전계획을 맡겼다. 나는 다음과 같은 계획을 제시하였다.

지금 성내에 아직 경군은 도착하지 못하였고 오합지졸로 편성한 수성군(守城軍) 200여 명과 왜병 7명이 있다. 먼저 선발대가 남문으로 진공하면, 내 지휘하의 선봉부대는 최대의 속력으로 서문을 공격하여 함락할 것이다. 총사령부에서는 정황을 보고 아군이 허약한 곳을 응원한다.

나의 계획은 받아들여졌다. 그런데 작전을 개시할 무렵 왜병들이 성 위에 올라가 공포 네댓 방을 쏘았다. 남문으로 향하던 선발대는 이 총소리에 놀라 도주하기 시작했고, 왜병은 남문 밖으로 나와 도주하는 군중을 향하여 연발로 총을 쏘았다.

나는 전군을 지휘하며 선봉대를 이끌고 서문 아래 도착하여 맹렬하게 공격하였다. 그런데 갑자기 총사령부에서 퇴각을 명령하였다. 선봉대가 퇴각을 위해 머리도 돌리기 전에 사령부 병사들은 산과 들로 도망갔다. 내가 퇴각하는 원인을 물으니 도유(道儒) 서너 명이 남문 밖에서 총에 맞아 죽었기 때문이라 한다. 그러니 선봉군도 퇴각하지 않을 수 없었다. 그래도 우리 접은 비교적 정연하게 퇴각하였다. 나는 해주 서쪽 80리 후방인 회학동(回鶴洞) 곽감역(郭監役)[54] 가(家)에 집결하기로 하고 선발대를 파견하였다. 마지막으로 내가 군사들을 수습하여 회학동에 도착하니 우리 접의 무장군인들은 흩어지지 않고 모두 모였다. 나는 일단 병사들을 정돈시키고 난 뒤 이번 실패에 분개하여 군대 훈련에 주력하기로 하여, 동학교도 여부를 가리지 않고 각 지방에 장교의 경력

---

54) 감역(監役)은 감역관(監役官)의 준말. 선공감(繕工監)에 둔 종9품의 벼슬로 건축에 관한 사무를 관장한다.

이 있는 자를 정중하게 모셔와 병사들에게 총술·행군·체조 등을 교련시켰다.

그러던 어느날 어떤 사람이 면회를 요청하였다. 그들은 문화 구월산 아래 사는 정덕현(鄭德鉉)과 우종서(禹鍾瑞)라 했다. 나이는 나보다 열 살 남짓 많아 보이는데 보고 아는 것이 많은 식견 있는 사람이었다. 내가 찾아온 이유를 묻자, 그들은 태연하게

"동학군이란 한 놈도 쓸 만한 것이 없는데 그대가 좀 낫다는 말을 듣고 한 번 보고 싶어 왔노라."

하고 대답하였다. 그러자 같이 앉아 있던 나의 연비들로부터 '동학을 비방하는 자'니 '무례한 자'니 하는 온갖 비난이 일어났다. 나는 크게 화를 내며

"손님과 면담하는데 이렇게 무례한 것은 나를 돕는 것이 아니라 멸시하는 것이다."

라고 꾸짖고, 좀 나가 달라고 요청하여 우리 세 사람만 회담하게 되었다. 나는 공손히

"선생들이 이와 같이 먼 길을 오신 것은 저에게 좋은 방책을 가르쳐 주고자 하심이 아닙니까?"

라고 물었다. 정씨는 설혹 대책을 말해도 실행할 자격이 있는지 의문이라며

"요새 동학군 접주라는 자들이 호기충천해서 선배를 무시하는 판국에, 군도 동학 접주 아닌가?"

반문하였다. 나는 더욱 공손히 하여

"먼저 가르쳐 주신 후 제가 실천하는 것을 보신 다음에, 다른 접주와 마찬가지인지 아닌지 판단하시는 것은 어떻습니까?"

라고 제안하였다. 이 말에 정씨는 흔쾌히 악수하고 다음의 방책을 말하였다.

1. 군기정숙(軍紀正肅): 병졸에게 서로 절하거나 경어 쓰는 것을 폐지할 것.[55]
2. 민심을 얻을 것: 동학당이 총을 가지고 마을을 다니면서 곡식이나 돈을

---

55) 원본에 '폐지'(廢止)가 초서로 씌어 있어, 출간본의 경우 '절하고 경어를 쓸 것'으로 반대로 해석한 것이 많다. 이것은 '농민적 평등주의' 때문에 동학군의 군기가 문란해진 것을 보고 수습책으로 상하의 엄격한 질서를 강조한 중요한 구절이다.

빼앗는 강도적 행위를 금지할 것.

3. 현자(賢者)를 초빙하는 글을 발포하여 경륜 있는 인사를 다수 구할 것.

4. 전군(全軍)을 구월산 안에 모아 군사 훈련을 실시할 것.

5. 재령·신천 두 군에 왜놈이 무미(貿米) 수천 석을 쌓아두었으니, 그것을 몰수하여 패엽사(貝葉寺)로 옮겨 양식에 충당할 것.

나는 매우 기뻐하며 다섯 방책을 모두 시행하기로 결정하였다. 곧바로 전군을 소집하여 정씨를 모주(謀主), 우씨를 종사(從事)라 선언하고 두 분에게 최고의 예를 표시하게 했다. 이어서 간단한 군령 몇 조를 공포하고 위반자에게는 태(笞)·곤(棍)으로 다스리게 하고, 전군을 구월산으로 옮길 준비를 하였다.

그러던 어느날 밤 신천(信川)의 안진사(安進士)로부터 밀사가 왔다. 안진사 태훈(泰勳)은 회학동에서 동으로 20리 천봉산(千峯山)이란 큰 산 너머에 있는 신천군 청계동(淸溪洞)에 살고 있었다. 그는 문장과 글씨는 물론 지략까지 겸비하여, 명성이 해서지방은 물론 전국에 널리 알려져 조정 대신들도 크게 대접하는 이였다.

그런데 그는 동학이 궐기하는 것을 보고 이를 토벌하기 위하여 동생과 아들로 병사를 담당케 하고 300여 명의 산포수를 모집하여 청계동 자택에 의려소(義旅所)를 세우고, 경성 모(某) 대신의 원조와 황해 감사의 지도 아래 벌써 동학 토벌에 나서 신천지역의 동학 토벌에 좋은 성적을 거두고 있었다.[56] 때문에 동학 각 접은 안태훈을 두려워하고 있었고, 우리 접도 청계동을 경비하였던 터였다.

그러한 안태훈이 우리에게 밀사를 보내온 것이다. 정씨 등이 밀사를 만나본 결과 안진사는 비밀리에 나를 조사하고 난 뒤, "군이 나이 어리지만 대담

---

56) 안태훈은 동학에 맞서 격문을 뿌리고 의병을 일으키고 산포수를 불러모으는 한편 아들과 처자들까지 행렬에 편입시켰다. 안중근은 처음 소집된 병력이 70여 명의 소규모라고 밝히고 있으나, 백범과 비슷한 시기에 안태훈을 찾게 되는 김형진은 의병 총수를 '수천 명'이라고 언급하고 있다. 군대의 규모는 시기별로 차이가 있었을 것이다. 안태훈 부대는 1894년 12월 안중근 등의 활약으로 동학 접주 원용일(元容日) 부대 2,000여 명을 대파한 적이 있다. 안태훈은 당시 갑오정권 김홍집내각에 참여한 김종한(金宗漢)과 가까운 사이였다.

한 인품을 지닌 것을 사랑하여 토벌하지 않을 터이지만, 군이 만일 청계를 침범하다가 패멸당하게 되면 인재가 아깝다"는 후의에서 밀사를 보냈다고 한다. 나는 즉시 참모회의를 열고 논의한 결과 '나를 치지 않으면 나도 치지 않는다', '어느 한쪽이 불행에 빠지면 서로 돕는다'는 밀약이 성립되었다. [57]

우리는 이미 정한 방침대로 구월산 패엽사로 군대를 옮겼다. 패엽사에 본영을 두고 동 어귀에 파수막(把守幕)을 지어 군인의 산 밖 출입을 엄금하였다. 우리는 신천군에 왜놈들이 비치한 백미 천여 석을 몰수하여, 산 아래 마을에 "백미 일 석을 패엽사까지 운반하는 자는 백미 세 말(三斗)을 준다"고 훈령하여 운반하는 비용을 후하게 쳐 주었더니 하루 만에 모두 패엽사로 옮길 수 있었다. 나는 각 동네에 "동학당을 빙자하면서 금전을 강제로 빼앗거나 행패하는 자가 있으면 즉각 보고하라"고 훈령을 보내고, 고발되는 대로 체포하여 무기 있는 자는 무기를 빼앗고 곤장·태장으로 다스리고, 맨손으로 행패를 부리는 자도 엄히 다스렸다. 그러자 사방이 평안해지고 민심이 안정되었다.

나는 날마다 군인들에게 실탄 연습과 전술을 배우게 하는 한편, 현인을 초빙하는 글을 발포하고 또 구월산 주위에 지혜 있다는 인사를 조사하여 혼자 직접 걸어서 방문하기도 하였다. 그러던 중 신천군 월정동(月精洞)의 송종호(宋宗鎬)를 스승으로 삼고 사람과 말을 보내어 산사에 모셔와 자문을 받았다. 송씨는 일찍이 상해 등지에 다녀와 해외 사정에도 정통하고 사람됨이 걸출하여 영웅의 기풍이 있었다. 또한 풍천군(豊川郡)에서는 허곤(許坤)이란 명사(名士)가 찾아와 합류하였다. 허씨는 문필이 뛰어나고 시무(時務)에 밝은 사람이었다. 또한 패엽사에는 도승으로 명성이 자자한 하은당(荷隱堂)이란 스님이 주지였는데,[58] 그 제자와 학인(學人)을 합쳐 수백 명의 남녀 승도가 있었다. 나는 때때로 하은대사에게 도학(道學)을 들었다.

---

57) 앞부분은 불가침협정이라 할 수 있고, 뒷부분은 공동원조계획이다. 동학과 토벌군이 이러한 공수동맹을 맺은 것은 재미있는 사실이다.

58) 1898년 백범은 탈옥 후 남부지방을 전전하다, 공주 마곡사에서 백발노승 하은당(荷隱堂)과 처음 만나 면담한 후 하룻밤 사이에 스님이 되기로 결심한다(152~153쪽). 마곡사의 하은당과 법명이 동일한 것이 기묘하지만, 『신천군지』에 의하면 하은대사라는 분이 패엽사를 중창하고 한산사로 이름을 고쳤다고 한다. (배경식, 2008, 85쪽)

동학 접주 시절, 백범이 동학군을 주둔시켰던 구월산 패엽사

　패엽사에서 우리는 간간이 최고회의를 열어 장래 방침을 의논하였다. 당시 경군과 왜병이 해주성을 점거하고 주위에 흩어진 동학교도를 소탕하고 점차 서쪽으로 옹진(瓮津)·강령(康翎) 등을 평정하고 이제 학령(鶴嶺)으로 넘어온다고 한다. 그런데 구월산 주변에는 이동엽(李東燁)이란 접주가 이끄는 동학군이 큰 세력을 형성하고 있었다. 이 부대의 동학군이 패엽사 부근 촌락을 노략질하다 우리 군인에게 잡혀 총기를 빼앗기고 벌을 받은 후 돌아가기도 하였다. 그런데 나의 부하 가운데 촌락으로 내려가 재물과 보물을 약탈하다 발각되어 엄한 형벌을 받으면 도망가서 이동엽의 부하가 되거나, 아예 도적질을 하고 싶어서 야간에 도주하여 이동엽의 부하가 되는 자들이 증가하여 나의 세력은 나날이 줄어들었다.

　최고회의는 기회를 보아 나에게 동학 접주의 감투를 벗기기로 결정하였는데, 이것은 나에게서 병권(兵權)을 박탈하자는 야심이 아니요, 나의 몸을 보전케 하려는 방책이었다. 회의의 복안은 허곤을 평양에 보내어 장호민(張好民)의 소개로 황주병사(黃州兵使)[59]의 양해를 얻고 난 뒤, 패엽사에 있는 군대를 나 대신 허곤에게 인도한다는 것이었다. 이러한 일로 허곤은 송종호의 편

---

59) 갑오농민전쟁 당시 농민군은 감사(監使)·현감(縣監)·판관(判官)·병사(兵使)·중군(中軍) 등 자체의 통치체계와 군사조직을 정비하였다. 여기서 황주병사는 농민군의 대체권력으로서 황주병사를 의미한다.

지를 지니고 평양으로 출발하였다.

그때 내 나이 열아홉 살, 갑오년(甲午年: 1894) 섣달[臘月]경이었다. 나는 며칠 동안 신열과 두통이 심하여 방에 누워 치료중이었다. 하은당이 문병와서 나를 자세히 보더니 "홍역도 치르지 못한 대장이로구려" 하면서 영장(領將) 이용선(李龍善)에게 나의 방 출입을 금지시키게 하고, 자신이 직접 치료를 전담하고 홍역에 경험이 있는 나이 든 여승으로 하여금 간호케 하였다.

어느날 이동엽이 전군을 이끌고 우리를 침공한다는 급보가 있자마자, 이동엽 군대들은 총 쏘고 칼 휘두르면서 절 안으로 쏟아져 들어왔다. 우리 군인들은 뿔뿔이 도망가거나 육박전을 벌였다. 이동엽은 자신의 부하들에게 "김접주에게 손대는[60] 자는 사형에 처한다"고 호령하였다. 이동엽이 나를 미워하지 않아서 그런 것이 아니라 나를 박해하면 후일 큰 화를 입을까 두려워했기 때문이다. 왜냐하면 나는 해월 선생이 임명한 접주이니 동학의 정통인 반면, 이동엽은 임시 방편으로 임종현(林宗鉉)[61]으로부터 임명장[差帖]을 받은 제2세 접주이기[62] 때문이다.

이동엽은 영장 이용선만 사형에 처하라고 명령하였다. 나는 그 말을 듣고 돌연히 자리를 박차고 나가 "이용선은 나의 지휘명령에 따라 행동한 것뿐이다. 만일 이용선이 죽을죄가 있다면 그것은 곧 나의 죄이니 나를 총살하라"고 큰소리로 호령하였다. 그러나 이동엽은 부하들을 지휘하여 나의 손과 발을 꼭 껴안아 움직이지 못하게 해놓고 이용선만 끌고 갔다.

얼마 후 동네 어귀에서 총소리가 났다. 절 안에 있던 이동엽 부하는 거의 퇴각하였는데 이용선이 총살되었다는 보고가 들어왔다. 즉각 동네 어귀로 달려가 보니 과연 이용선은 총에 맞아 죽었고, 입은 옷이 전부 불타고 있었다. 나는 이용선의 머리를 껴안고 통곡하다 저고리를 벗어 이용선의 머리를 감싸

---

60) 원문: "下手하는". 손을 대서 사람을 죽임.

61) 임종현은 황해도지역 동학농민군 중 가장 과격한 지도자로 유명하며, 농민군의 현지 대체 권력 구상에서 감사로 내정된 바 있다.

62) 원문: "李東燁의 接主는 第二世인데 臨時的으로 林宗鉉의 差帖을 受한 者임으로". 제2세 접주란, 교주 최시형이 아닌 다른 접주로부터 다시 접주로 임명된 것을 의미한다. 임종현이 독자적으로 황해도지역의 접주를 임명하였음을 보여주는 중요한 증거이다.

고 동네사람들을 지휘하여 정성껏 묻어주게 했다. 그 저고리는 어머님이 내가 동학 접주로 지도자 노릇 한다고 처음으로 지어 보내신 명주저고리였다. 내가 눈 속에서 벌거벗은 몸으로 호곡하는 것을 본 이웃사람들이 의복을 갖다 주었다.

이용선은 함경도 정평(定平) 출신인데 장사하러 황해도에 와서 살고 있었다. 그는 사냥하는 총술이 있고 무식하지만 사람을 다스리는 재주가 있어 내가 화포영장(火砲領將)[63]에 임명하였던 것이다. 그후 아들과 조카가 와서 정평 본향으로 이용선의 주검을 이장할 때, 동네사람들로부터 피살 당시의 정황을 설명 듣고 또 시신을 꺼내다가 내 저고리로 얼굴을 싼 것을 보고서 나에게 나쁜 감정을 품지 않고 돌아갔다는 말을 들었다.

이용선이 죽은 날 밤 나는 부산동(缶山洞) 정덕현의 집으로 가서 그간의 사정을 설명하였다. 정씨는

"이용선의 죽음은 불행한 일이지만, 형은 지금부터 일을 마무리지어야 할 장부〔了事丈夫〕이니, 수일간 홍역의 여독을 풀고 난 뒤 나와 함께 풍진을 피하여 유람이나 떠납시다."

"아니오, 이용선의 복수를 해야 합니다."

"복수는 의리에 당연하나 경군과 왜병이 아직 구월산을 소탕하지 못하는 것은 산 밖에 이동엽 부대가 크고, 산속 패엽사의 우리 부대가 험한 산세에 의거하고 또한 정예부대라고 탐문하였기 때문입니다. 이제 두 부대의 싸움 소식을 듣고서 경군과 왜병은 즉각 이동엽 부대를 섬멸하고 즉시 패엽사를 점령할 것이니 복수를 말할 여지가 없습니다."

정씨 집에 2~3일간 요양한 후 나는 난을 피해 장연군(長淵郡) 몽금포(夢金浦) 부근의 동네로 옮겨 세 달간 은거하였다.[64] 들려오는 소문에 의하면 이동엽은 벌써 잡혀가 사형을 당하고 각 군의 동학군은 거의 소탕되었다 한다.

---

63) 여기서 화포는 포가 아니라 화승총이다. 당시에는 화승총을 포(砲), 화포(火砲), 토총(土銃)이라 불렀다. 화포영장은 부대에서 총으로 무장된 자들을 이끄는 직책을 의미한다.

64) 백범은 1894년 12월부터 1895년 2월까지 세 달 동안 몽금포에 은거하였다. 그런데 1895년 청나라에 다녀온 백범은 8월에 김형진과 더불어 다시 몽금포 장산곶 근처 '나는 새도 출입하기 어려운 마을'로 들어와 한 달 이상 머물면서 거사 계획을 도모한다.

## 4) 청계동 안진사

나는 정씨와 같이 텃골 본가에 와서 부모님을 뵈었다. 당시 왜병들이 죽천 장에 진을 치고 동학당을 수색하는 중이라 부모님은 매우 불안해 하셨다. 부모님은 나에게 다시 멀리 가서 화를 피할 것을 권유하였다.

다음날 정씨가 청계동 안진사에게 가 보자고 하나, 나는 주저하였다. 안씨가 받아들인다고 하더라도 패군의 장수인 내가 포로 같은 대우를 받는다면 두고두고 후회될 것이 염려되었다. 그러나 정씨는 "안진사가 밀사를 파견한 진의는 군사적인 원조나 계략이라기보다는 나이 어린 형의 담대한 기개를 아낀 것이니 염려 말고 같이 가자"고 힘써 권고하였다.

나는 정씨와 같이 그날 천봉산을 넘어 청계동 입구에 도착하였다. 청계동은 사면이 험준하고도 수려한 산으로 둘러싸여 있고, 민가는 40~50채로 드문드문 흩어져 있었다. 동네 앞에는 한 줄기 긴 강이 흘러가고 그 옆 암벽에는 안진사의 친필을 새긴 '청계동천'(淸溪洞天)[65]이란 네 글자가 흐르는 물소리에 따라 살아 움직이는 것 같았다.[66]

동네 어귀에는 작은 산이 하나 있었는데, 산꼭대기에는 포대가 설치되어 있었다. 파수병의 질문에 명함(名刺)을 제시하니, "의려장(義旅長)이 허가하였다"며 호위병이 우리를 인도한다. 호위병을 따라 의려소(義旅所: 安進士宅)에 들어가면서 관찰하니, 문 앞에는 자그마한 연못〔蓮塘〕과 그 안에 한 칸의 초가정자가 있었다. 이곳에서 안진사 6형제가 평소 술 마시고 시를 지으면서 소일한다고 한다.

본채의 대청에 올라가니 벽 위에는 안진사가 친필로 가로쓴 '의려소'(義旅所) 세 글자의 현판이 붙어 있었다. 우리의 명함을 본 안진사는 본채(正堂)에서 친절하게 영접하였다. 수인사 후 안진사는

"김석사(金碩士)[67]가 패엽사에서 위험을 벗어난 후 심히 우려되어 애써 탐

---

65) 동천(洞天)은 내가 흐르는 경치 좋은 명산으로, 신선이 사는 곳을 말한다.
66) 신천군 두라면 천봉산 남쪽 기슭에 있는 깊고도 신묘한 오목골. 한말 해서지방의 유명한 문인 유응두는 청계동을 '별천지' '무이구곡' (武夷九曲)에 비유하였다.

색하였으나 계신 곳을 모르던 터에 금일 이처럼 찾아주시니 감사합니다."
라고 말문을 연 뒤 물었다.

"부모님이 모두 계신다고 들었는데 어디 편히 계실 곳이 있습니까?"

"달리 계실 곳이 없어 아직 본동에 계십니다."
고 대답하자, 즉시 오일선(吳日善)에게 총 가진 병사 30명을 지정하게 하여

"오늘 중으로 텃골에 가서 김석사 부모님을 모시고 가까이에서 우마를 잡아
가산 전부를 옮기라."
고 명령하고 인근에 가옥 한 채를 매입해 주었다.

이리하여 그날 바로 청계동 생활이 시작되었다. 이때 내 나이 스무 살 을미
년(乙未年: 1895) 2월이었다. 안진사는 "날마다 사랑에 와서 내가 없을 때라도
내 동생들과 놀고 친구들과도 담화하든지 서적을 보든지 마음대로 안심하여
지내라"고 친절히 부탁하였다.

안진사 여섯 형제는 큰형이 태진(泰鎭), 다음이 태현(泰鉉), 안진사 태훈
(泰勳)은 세번째이고, 넷째는 태건(泰健), 다섯째는 태민(泰民),[68] 여섯째가
태순(泰純)이다. 여섯 형제 모두 학식이 풍부하고 인격이 높았는데, 그중에서
도 안진사는 탁월했다.

안진사는 나를 시험하기 위해 종종 질의도 하고 담론도 하였지만, 당시 나
는 유치한 수준의 행동이 많은 때였다. 화창한 봄날, 안진사는 술과 안주를
차려 포꾼[砲軍]들을 데리고 놀면서 씨름판을 벌였다. 마지막 결승에 오른 두
사람은 재주와 힘이 비등하여 쉽게 승부가 나지 않았다. 안진사는 용맹스럽게
씨름하는 것을 구경하다가 내게 물었다.

"창수가 보기에 어느 사람이 이길 것 같은가?"

"키가 크고 힘이 세 보이는 사람이 질 것 같습니다."
라고 대답하자 안진사는 다시 그 이유를 물었다.

"아까 씨름할 때 키 큰 사람의 바지가 찢어져 볼기가 드러나 그 사람은 기
운을 다 쓰지 못하는 듯하니 단연코 그 사람이 질 것입니다."

---

67) 석사는 벼슬 없는 선비를 높여 부르는 말.

68) 본명은 '泰敏'이다.

안중근 의사의 아버지 안태훈 진사.
동학 접주로서 피신중인 백범을
청계동에 머물게 하고 극진히 대우했다.

내 말이 끝나기도 전에 과연 그 사람이 지는 것을 본 안진사는 나를 더욱 사랑하였다.

진사는 아들이 셋 있었는데 맏아들은 중근(重根)으로 당년 열여섯에 상투를 틀었고[69] 자색 명주수건으로 머리를 동이고서 돔방총[70]을 메고 노인당(老人堂)과 신상동(薪上洞)으로 날마다 사냥을 다녔다. 중근은 영기(英氣)가 넘치고 여러 군인들 중에도 사격술이 제일로, 나는 새 달리는 짐승을 백발백중으로 맞추는 재주가 있었다. 태건 씨와 숙질(叔侄)이 늘 동행했는데, 어떤 때는 하루에 노루와 고라니 등을 여러 마리 잡아와 그것으로 군사들을 위로하기도 하였다.

진사의 여섯 형제는 거의 다 술과 독서를 좋아하여 짐승을 사냥해 오면 형제가 반드시 한데 모였고, 그 외에도 오주부(吳主簿), 고산림(高山林), 최선달(崔先達) 등이 모였다. 나는 술 마시고 시를 읊조리는 데 아무 재주가 없었지만 함께 초청받아 산짐승과 들새 고기의 진미를 같이 맛보고 즐겼다.

안진사는 자기의 아들과 조카들을 위하여 서재를 만들었다. 당시 빨간 두루마기를 입고 머리를 땋아 늘어뜨린 8, 9세의 정근(定根)·공근(恭根)에게는

---

69) 1895년 안중근은 열일곱이었고, 1894년에 이미 결혼하여 상투를 틀었다.

70) 원주: "普通 長銃이 아니고 메고 다니기에 便利하도록 만든 것".

"글을 읽어라" "써라" 독려하면서도, 맏아들 중근에게는 공부 않는다고 질책하는 것을 보지 못하였다.[71]

안진사 여섯 형제는 모두 문사(文士)의 풍모가 있었으나 유약해 보이는 점이 하나도 없었고, 특히 안진사는 눈빛이 찌를 듯 빛나 사람을 압도하는 기운이 있었다. 당시 조정 대관들 중에 글로써 항쟁하던 자들도 처음에는 안진사를 악평하였지만, 얼굴만 마주 대하게 되면 부지불식간에 경외하는 태도를 가지게 되었다고 한다. 나의 관찰로도 그는 퍽 소탈하여 무식한 아랫사람들에게도 교만한 빛 하나 없이 친절하고 정중하여 위아래 모두 더불어 함께 하길 좋아하였다. 안진사는 면모도 맑고 수려하였지만 다만 주량이 과하여 코끝이 빨간 것이 흠이었다.

나는 당시 시객들이 안진사가 지은 명작 율시(律詩)들을 외우는 것을 많이 들었다. 안진사도 종종 나를 청하여 스스로 잘된 작품이라 생각하는 것[得意作]을 많이 들려주었다. 그러나 내 기억에 남는 것으로는 동학당이 창궐할 때 지은 시만 생각난다.

새벽 굼벵이는 살고자 흔적 없이 가버리나 (曉蝎求生無跡去)
저녁 모기는 죽기를 무릅쓰고 소리치며 달려든다. (夕蚊寧死有聲來)[72]

안진사는 또한 황석공(黃石公)의 『소서』(素書)[73] 구절을 자필로 써서 벽장문에 붙이고 술기운이 있을 때마다 낭독하였다.

---

71) 안중근이 어려서부터 사냥을 좋아하여 글공부를 뒷전으로 미루자, 부모와 선생은 꾸중하였다. 그러나 안중근은 초패왕처럼 장부로써 살기로 결심하고 글공부에는 연연하지 않았다. 그 후 아버지는 안중근에게 글공부를 재촉하지 않았다고 한다.

72) '원본'의 별도로 삽입된 부분이라 그런지 '등사본' '필사본' 그리고 대부분의 '출간본'에서 이 시는 누락되어 있다. 시 내용은 아마도 1894년 동학농민전쟁 때 삶을 좇아 소리 없이 피신한 경우와, 곧 죽을 줄 모르고 날뛰는 무리(동학교도?)를 양반적 입장에서 풍자한 것으로 보인다.

73) 중국 진(秦)나라 말엽의 병법가(兵法家). 장량(張良)에게 병서(兵書)를 전해주었다고 한다. 『소서』는 그가 찬한 책이다.

안진사의 아버지 인수(仁壽) 씨는[74] 12, 3세(世) 동안이나 해주 부내에서 살았는데, 진해 현감(鎭海縣監)을 역임한 뒤에 많은 재산을 친척들에게 나눠주고 300여 석 추수할 자본만 남겨가지고, 청계동이 산수가 수려할 뿐 아니라 피난지가 될 만하다고 생각하고, 장손 중근이 두 살 때 청계동으로 이사하였다.[75] 안진사는 과거 수험생〔擧子〕으로 경성의 김종한(金宗漢)[76] 집에 다년간 머무르면서 김종한이 시관일 때 소과에 합격하였다. 그리하여 안진사는 '김종한의 문객'이니 '식구'니 하는 소문이 있었다.

## 5) 스승 고능선

나는 날마다 그 집 사랑에 다니며 놀았다. 나이가 50여 세 되어 보이고 기골이 장대하고 의관이 매우 검소한 노인 한 분이 종종 사랑에 들렸는데, 안진사는 그분을 지극히 공경하여 영접하고 높은 자리로 모시곤 하였다. 하루는 진사가 나를 소개하여 그분께 배알시킨 후 나의 약력을 소개해 드렸다. 그분은 고능선(高能善)[77]이라는 학자로, 사람들은 "고산림(高山林), 고산림"하고

---

74) 원문: "安進士 祖父 仁壽氏는". 원문에서 조부는 부친의 착오. 안인수는 안중근의 할아버지이다.

75) 안중근이 말하는 청계동 이사의 내력은 『백범일지』와 조금 다르다. 안진사는 1884년 갑신정변 당시 경성에 머물면서 박영효가 모집한 해외파견 유학생 70명에 선발되었다. 그런데 갑신정변이 실패하고 박영효가 일본으로 망명하자 안태훈도 몸을 피해 해주로 내려왔다. 안태훈은 출세의 길을 버리고 산속으로 들어가 구름과 달과 더불어 살기로 결심하고, 아버지 인수의 승낙을 받아 가산을 정리하고 70~80명 대가족을 이끌고 청계동으로 피신하였다. 그때 안중근의 나이는 예닐곱 살이었다.

76) 김종한(金宗漢, 1844~1932). 조선 말기 문인·정치가. 홍문관 교리, 승정원 부승지, 성균관 대사성 등을 거쳐 1894년 도승지에 오르고 이어서 김홍집 내각에도 참여하였다. 그는 경술국치를 전후하여 친일의 길을 걸었다.

77) 유인석의 『소의신편』에 의하면 고능선의 이름은 고석로(高錫魯)이다. 한편 김형진의 『노정약기』에서는 그의 이름을 고석규(高錫奎)라고 기록하고 있다. 아마도 『소의신편』의 기록이 정확할 것이다.

불렀다. 고능선은 해주 서문(西門) 밖 비동(飛洞)에서 대대로 살았고, 중암(重菴) 유중교(柳重教)[78]의 제자며 의암(毅菴) 유인석(柳麟錫)[79]과 동문인, 당시 해서지방에서 품행이 방정하기로 이름난 굴지의 학자였다. 안진사는 의병을 일으키던 초기에 고능선을 모사(謀師)로 모셔오고, 그 집안의 세간을 다 옮겨와 청계동에 거주케 했던 터였다.

하루는 역시 안진사 사랑에서 고씨를 만나 종일 함께 논 후 헤어질 즈음에 고씨가 내게 이러한 말을 했다.

"창수, 내 사랑 구경은 좀 아니하겠나?"

나는 감동하여

"선생님 사랑에도 가서 놀겠습니다."

하였다. 다음날 고선생 댁을 방문하였다. 고선생은 노안에 기쁜 빛을 띠고 친절히 맞이하며 맏아들 원명(元明)을 불러서 인사시켰다. 원명은 나이가 서른이 넘었는데 그 됨됨이가 명민하게는 보였으나, 비범하고 너그러운 기질은 부친에게 미치지 못해 보였다. 둘째 아들은 성인이 된 후 사망하여 과부며느리만 거느리고 살고 있었다. 원명은 열대여섯 살 된 맏딸과 네댓 살 된 딸 둘을 두었고, 아직 아들은 없다고 하였다.

고선생이 거처하는 사랑은 작은 방인데, 방안 가득 서적들이 쌓여 있었고, 사면 벽에는 이름난 옛 선비들이 남긴 좌우명(左右銘)들과 선생 자신이 마음 깊이 깨우쳐 얻은 글[心得書] 등을 둘러 붙여 놓았다. 고선생은 무릎을 개고 단정히 앉아[80] 마음을 닦기도 하고, 간간이 『손무자』(孫武子)와 『삼략』(三略) 등의 병서를 읽기도 하였다.

고선생은 대화중에 나를 보고 이런 말을 하였다.

"자네가 매일 안진사 사랑에 다니며 놀지만, 내가 보기에는 자네에게 절실

---

78) 원문: "柳重庵 重教氏". 화서(華西) 이항로(李恒老)의 학맥은 중암(重菴) 김평묵(金平默)—성재(省齋) 유중교(柳重教)로 이어지는데, 백범은 중암 김평묵과 성재 유중교를 구별하지 못하고 중암 유중교라 하여 약간의 착오가 있다.

79) 유인석(柳麟錫, 1842~1915). 한말의 위정척사론자·의병장. 호는 의암(毅菴). 위정척사사상의 원류인 이항로의 문하생으로 1895년 을미의병운동의 핵심 인사이다.

80) 원문: "斂膝危坐". 무릎을 개고 단정히 앉음.

후조 고능선 선생

히 유익한 정신 수양에는 별 도움이 없을 듯하니, 매일 내 사랑에 와서 나와 같이 세상사도 논하고 학문도 토론함이 어떻겠나?"

나는 황공 감사하였다.

"선생님이 이처럼 저를 너그럽게 받아주시지만, 소생이 어찌 감당할 만한 재질이 있겠습니까?"

고선생은 미소를 띠고 명백히 설명은 아니하였으나, 나를 아끼고 사랑하는 마음이 충만한 것을 엿볼 수 있었다.

당시 나의 심리 상태는 매우 절박하였다. 먼저 과거장에서 비관적인 생각을 품었다가 희망을 관상서 공부로 옮겼고, 나 자신의 관상이 너무도 못생긴 것을 슬퍼하다가 마음 좋은 사람이 되리라는 결심을 했었다. 그러나 마음 좋은 사람이 되는 방법 또한 묘연하던 차에 동학당의 수양을 받아 신국가·신국민을 꿈꾸었으나, 이제 와서 보면 그도 역시 바람 잡듯 헛된 일이었다.[81] 이제 패전한 장수의 신세가 되어 안진사의 후의를 입어 생명만은 안전하게 지키게 되었지만, 장래를 생각하면 과연 어떤 곳에다 발을 디뎌야 나아갈 길을 찾을

---

81) 원문: "捕風". 포풍(捕風) 또는 포풍착영(捕風捉影)은 바람과 그림자를 잡는다는 뜻으로 헛된 것을 쫓는 것을 말한다.

수 있을까 하는 생각에 가슴이 답답하던 참이었다.

고선생이 저처럼 나를 사랑하지만, 참으로 내게 저토록 고명한 선생의 사랑을 받을 만한 소질이 있는가? 내가 선생의 과분한 사랑을 받는다 해도 종전에 과거니 관상이니 동학이니 하던 것과 같이 아무 효과도 내지 못한다면, 내 자신이 타락됨은 둘째요, 고선생과 같이 순결한 양반에게까지 누를 끼치게 될지 모른다는 두려움이 생겼다. 나는 고선생을 보고서 마음에 있는 그대로 말을 하였다.

"선생님! 선생님은 저를 분명히 살펴 가르쳐 주십시오. 저는 불과 스무 살에 일생의 진로에 대하여 스스로를 속이고 그르쳐 허다한 실패를 경험한바 민망하기 이를 데 없습니다. 선생님이 저의 자격과 품성을 밝히 보시고 좋은 점〔長就〕이 있다면 사랑도 하여 주시고 교훈도 하여 주십시오. 그렇지 못하다면 저의 발전은 고사하고 선생님 높으신 덕에 누를 끼치고 말 것입니다. 그렇게 되는 것은 원치 않습니다."

모르는 결에 눈물이 앞을 가린다. 고선생은 내 마음에 그러한 고통이 있음을 극히 동정하는 말로 위로해 주셨다.

"사람이 자기를 알기도 쉽지 않거든 하물며 남을 어찌 밝히 알 수 있겠는가? 그러므로 성현을 목표로 하여 발자취를 밟아가도록 하게. 예로부터 성현의 지위까지 도달한 자도 있고, 좀 모자라는 자도 있고, 성현이 되는 길이 너무 높고 멀다 하여 중도에 달아나거나 자포자기하여 금수만도 못한 자리에 몰려 있는 자도 있다네. 자네가 마음 좋은 사람이 되려는 생각을 가졌다면 몇번 길을 잘못 들어서서 실패나 곤란을 경험하였더라도, 그 마음 변치 말고 끊임없이 고치고 나아가게.[82] 목적지에 도달하는 날이 반드시 있을 것이네. 지금은 마음에 고통을 가지는 것보다 행하기에 힘써야 할 것이 아닌가? 실패는 성공의 어머니요 고민은 즐거움의 뿌리이니, 자네, 상심 말게. 나 같은 늙은 이가 자네 앞길에 혹시 보탬이 된다면 그 또한 영광이 아닌가?"

고선생의 말씀은 내게 위안이 되었을 뿐만 아니라, 주리던 아이가 어머니 젖을 빨아먹는 것과 같았다. 나는 고선생에게 다시 물었다.

---

82) 원문: "改之不已 進之不已하노라면".

"그러시면 앞으로 갈 길에 대한 모든 것을 선생님 보시는 대로 교훈하여 주십시오. 마음을 다해 받들어 행하겠습니다."

"자네가 그같이 결심하였으면, 내 눈빛이 미치는 데까지, 자네 역량이 있는 데까지 내 모든 역량을 다할 터이니 젊은 사람이 너무 상심 말고 매일 나와 같이 노세. 갑갑할 때는 우리 원명이와 산 구경도 다니며 놀게."

그날부터 나는 밥을 안 먹어도 배고픈 줄 모르겠고, 고선생이 죽으라면 죽을 수 있을 것 같았다. 그 다음부터는 날마다 고선생 사랑에 가서 놀며 지냈다. 선생은 고금의 위인들을 비평하여 주시고, 자기가 연구하여 깨달은 요체와 『화서아언』(華西雅言)[83]이나 『주자백선』(朱子百選)[84] 중에 나오는 긴요한 절구를 가르쳐 주셨다.

선생은 주로 의리(義理)가 어떤 것인지에 대해 말씀하셨다. 아무리 발군의 뛰어난 재주와 능력 있는 자라도 의리에서 벗어나면 재능이 도리어 화근이 된다는 것과, 사람의 처세는 마땅히 의리에 근본을 두어야 한다는 것, 그리고 일을 할 때에는 판단·실행·계속의 세 단계로 사업을 성취해야 한다는 것 등, 여러 가지 좋은 말씀〔金言〕을 들려주셨다. 가만히 보면 언제나 내게 보여주기 위해 책장을 접어두었다가 들쳐 보이곤 했는데, 그것만 보아도 선생이 얼마나 열심히 나를 가르치고 있는지 알 수 있었다. 고선생은 경서(經書)를 차례로 가르쳐 주는 것보다 나의 정신과 재질을 보아 떨어진 곳을 기워주고 빈 구석을 채워주는 구전심수(口傳心受)[85]의 교법(教法)이 가장 빠른 길이라 여기신 듯하였다.

고선생이 나를 겪어보시고 가장 결점으로 생각한 점은 과단력이 부족한 점인 듯하였다. 항상 무슨 일이나 밝히 보고 잘 판단하여 놓고도 실행의 첫 출발점이 되는 과단성이 없으면 다 쓸데없다는 말을 하시면서

벼랑에서 가지 잡고 오르는 것은 대단한 일 아니고, (得樹攀枝無足奇)

---

83) 조선 말기의 학자 화서 이항로의 저서.
84) 중국 송나라의 대철학자 주자(朱子)가 쓴 글 중에서 100편을 모아 엮은 책.
85) '口傳心受'의 '受'는 '授'. 문헌에 의존하는 것이 아니라, 상대방에 절실히 필요한 바를 파악하여 말과 마음으로 전수하여 주는 것을 말한다.

움켜잡은 그 손마저 놓아야 대장부라 할 수 있으리. (懸崖撒手丈夫兒)

라는 구절을 힘있게 설명하였다.

그리 하기를 몇 달이 지났다. 안진사도 종종 고선생을 방문하였는데, 세 사람이 모여 앉은 자리에서 진사와 고선생이 서로 주거니 받거니 고금의 일을 강론하는 것을 곁에서 듣는 재미가 비할 바 없었다.

청계동에 거주하면서 처음에는 갈 곳도 없고 아는 사람도 없었으므로 주로 안진사 사랑에 가서 놀았다. 그런데 안진사가 자리에 없으면 포군들이 나를 향하여 들리도록 큰소리로 떠들어대곤 했다.

"저 자는 진사님만 아니었으면 벌써 썩어졌을 것이다. 아직도 접주님 소리 들으면서 여러 사람에게 대접받던 생각이 날걸."

"그렇고말고. 저 자는 우리 같은 포군들을 초개같이 볼걸."

어떤 이는 입을 삐죽대며 이렇게 말하기도 했다.

"여보게, 그런 말들 말게. 귀에 담아두었다가 후일 동학이 다시 득세하는 날 원수 갚을지 누가 알겠나!"

이런 말을 들을 때면 당장이라도 청계동 생활을 벗어나고 싶은 생각이 불같이 일어났지만, 주인인 안진사가 그같이 후대하는데 무식한 병졸의 행동을 탓하는 것이 못난 행동이라 여겨져서 꾹 참고 견디며 지냈다.

안진사는 사랑에서 잔치를 벌이고 흥취 있게 놀 때마다 반드시 고선생을 모셨고, 술로나 글로나 나이로나 겉모양으로나 자리에는 전혀 어울리지 않는[86] 나를 초청하곤 하였다. 내가 초청을 받고 조금만 늦어도 포군이나 하인에게 분부하기를,

"너 속히 돼지골 가서 창수 서방님 모셔오너라."

한다. 안진사가 이처럼 나를 대우하니 자연히 포군들의 태도도 내게 공손해져 갔다. 뿐만 아니라, 안진사의 친아우들도 종전과 달리 나를 대하였다. 안진사의 아우들은, 포군들이 나를 대하는 희롱 섞인 말과 행동을 곁에서 보면서도 주의시키지 않았다. 이것은 처음 만나 술 한 잔씩 나누어 보니 내게 별로 볼 것

---

86) 원문: "座席에 光彩를 減損식힐 것밧게 업는".

이 없다고 판단했기 때문인지, 아니면 포꾼들의 언동을 형님에게 보고하여 안진사가 무식한 포꾼들을 직접 질책하는 것은 도리어 나한테 이롭지 못할 것이라 판단해서 그런지는 잘 모르겠다. 어떻든지 군인들의 태도는 점차 공손해졌고, 더욱이 고선생이 나를 친근히 대접하는 것을 본 동네 뭇사람들의 태도까지도 차차 달라졌다.

나는 산증(疝症)[87]이 몇년 전부터 시작되어 종종 고생을 하였다. 그때에도 산기(疝氣)가 생겨나 안진사 사랑에 늘 다니는 오주부에게 물었는데, 그는 사삼(沙蔘)[88]을 많이 먹으면 뿌리뽑을 수 있다고 하였다. 고선생 댁에서 놀다가 원명과 함께 약초 캐는 괭이를 둘러메고 뒷산에 올라가 사삼도 캐고, 바위 위에 앉아서 정담도 나누며 세월을 보냈다. 석 달 동안 사삼을 복용하였더니 과연 산증은 깨끗이 치료되었다. 소문을 들은 당시 신천 군수(信川郡守) 모씨가 안진사에게 청하여, 내가 사삼 한 구럭을 캐어 보낸 일도 있다.

매일 고선생 댁에서 놀다가 밥도 선생과 같이 먹고, 밤 깊고 인적이 고요할 때는 국사를 논의했다. 고선생은 이런 말씀을 하셨다.

"만고 천하에 흥해 보지 못한 나라가 없고 망해 보지 못한 나라가 없네. 종전에는 토지와 백성은 가만두고 군주 자리만 빼앗는 것으로 흥망을 논하였지. 그러나 지금의 망국이란 나라의 토지와 백성과 주권을 모두 강제로 집어삼키는 것이네. 우리나라도 필경은 왜놈에게 망하게 되었네. 소위 조정대관들은 전부 외세에 영합하려는 사상[媚外思想]만 가지고, 러시아를 친하여 자기 지위를 보전할까, 혹은 영국이나 미국을, 혹은 프랑스를, 혹은 일본을 친하여 자기 지위를 견고히 할까, 순전히 이런 생각들뿐이라네. 나라는 망하는데, 국내의 최고 학식을 가졌다는 산림학자(山林學者)[89]들도 한탄하고 혀만 차고 있을 뿐 어떠한 구국의 경륜도 보이지 않으니 큰 유감일세. 나라가 망하는 데도 신성하게 망하는 것과 더럽게 망하는 것이 있는데, 우리나라는 더럽게 망하게 되겠네."

---

87) 고환이나 음낭 따위의 질환으로 일어나는 신경통, 요통, 산기(疝氣) 또는 산병(疝病)이라고도 한다.

88) 더덕의 뿌리. 성질이 차서 가래를 삭이고 음(陰)을 돕고, 폐(肺)가 열한 데 사용한다.

89) 벼슬을 하지 않고 재야에 있는, 지조와 덕망 있는 학자.

내가 놀라 질문하자, 선생은 대답하였다.

"일반 백성들이 의(義)를 붙잡고 끝까지 싸우다가 함께 죽는 것은[90] 신성하게 망하는 것이요, 일반 백성과 신하가 적에게 아부하다 꾐에 빠져 항복하는 것은 더럽게 망하는 것일세. 지금 왜놈 세력은 온 나라에 차고 넘쳐 대궐 안까지 침입하여 대신들을 마음대로 내치니 우리나라를 제2의 왜국(倭國)으로 만든 것 아니겠는가? 만고 천하에 망하지 않은 나라 없고 죽지 않는 사람이 없은즉,[91] 자네나 나나 죽음으로 충성하는 일사보국(一死報國) 한 가지 일만 남아 있네."

선생은 슬픈 낯빛으로 나를 보았다. 나도 울고 또 물었다.

"그런데 망할 것으로 하여금 망치 않게 할 방침은 없습니까?"

"자네 말이 옳네. 기왕 망할 나라라도 망치 않게 힘써 보는 것이 백성된 자의 의무지. 지금 조정 대신과 같이 무조건 외세에 영합하지 말고 청국과 서로 연합할 필요가 있네. 작년 청일전쟁에서 패했으니 청나라도 언젠가 복수전쟁을 한번 벌이려 할 것이네. 적당한 인재가 있으면 청나라에 가서 사정도 조사하고 인물과 연락하여 후일 한 목소리로 대처하는 것이 절대 필요한데, 자네 한번 가 보려나?"

"저같이 무지하고 지각 없는 어린것이 간들 무슨 효과를 얻겠습니까?"

고선생은 반쯤 웃으시면서 이런 말씀을 하셨다.

"자네만으로 생각하면 그렇지. 그렇지만 이런 생각을 하는 동지들이 많으면 청나라의 정계·학계·상계 각 방면으로 들어가서 활동을 할 수 있지 않겠나? 지금은 누가 그런 뜻을 가진 사람인지 알 수 없으니 자네 한 사람이라도 그렇게 하는 것이 유익하겠다 싶으면 그대로 실행하여 보는 것뿐이지."

나는 흔쾌히 약조하였다.

"마음이 항상 울적하니 먼 곳 바람도 쏘일 겸 떠나보겠습니다."

고선생은 심히 만족해 하며 말씀하셨다.

"자네가 떠나고 나면 부모님이 외롭고 쓸쓸할 터이니, 자네 아버님과 내가

---

90) 원문: "覆沒하는 것". 복몰(覆沒)은 배가 뒤집혀 가라앉듯 이탈자 없이 함께 죽는 것.

91) 원문: "萬古天下에 無 長存不亡之國이오, 萬古天下에 無 長生不死之人인즉".

우리 사랑에 모여 이야기나 하고 놀겠네."

나는 고맙게 생각하며 또 물었다.

"안진사와도 상의를 하면 어떻겠습니까?"

고선생은 이러한 말을 한다.

"내가 안진사의 의향을 짐작하는바, 천주학을 해볼 마음이 있으니, 만일 그와 같이 서양 오랑캐를 의뢰할 마음이 있다면 그것은 대의에 위반된 행동이네. 안진사에 대한 태도는 후일 결정할 날이 또 있을 것이니, 출국 문제는 말하지 않는 것이 좋겠네. 다만 안진사는 확실한 인재이니, 자네가 청국에 가서 여러 곳을 다녀보고 그 결과 좋은 기회가 생기게 되면[92] 그때 가서 상의하여도 늦지 않을 것이네. 그러니 이번 일은 비밀에 부치고 떠나는 것이 좋을 것 같네."

나는 고선생의 말씀을 옳게 여기고 출발을 준비하였다.

---

92) 원문: "遊歷한 結果 良好한 動機가 잇을 지경이면".

## 3. 질풍노도의 청년기

### 1) 북행 견문과 청국 시찰

하루는 안진사 사랑에 갔다가 참빗장수 한 사람을 보았다. 말하는 것과 행동하는 것을 가만히 보니 보통 돌아다니는 참빗장수와 달랐다. 내가 먼저 인사를 청하였다. 그 사람은 남원군(南原君) 이동(耳洞)에 사는 김형진(金亨鎭)이었다. 나와는 본이 같고, 나이는 나보다 8, 9세 많았다.[1]

그 사람에게 "내 집에 가면 참빗을 살 터이니 같이 가자"고 청하여, 그가 집에까지 따라왔다. 하룻밤 함께 자면서 이런저런 이야기를 나누어 보니 그는 보통 참빗장수가 아니라, 삼남(三南)지방에서도 신천(信川) 청계동에 있는 안진사가 당대의 대문장이요 대영웅이라는 소문이 있어 찾아온 것이라 한다. 내가 보기에 그 사람됨이 그다지 출중해 보이지 않고 학식도 넉넉하지는 못해 보였으나, 시국에 대한 불평으로 무슨 일을 해보겠다는 결심은 있어 보였다. 다음날 함께 고선생 댁을 방문하고 김형진의 사람됨을 살펴보시게 하였다. 고

---

1) 김형진(金亨鎭, 1861~1898). 본명은 김원명(金元明)이고, 김형모(金炯模)·김형진(金亨振)·김봉회(金鳳會) 등의 다른 이름을 가지고 있으며, 김구보다 15세 연상이다. 그는 갑오농민전쟁을 겪고 난 뒤 1895년 음력 4월 '척양척왜의 대도'를 가기로 결심하고 상경하여 정세를 살피던 중, 같은 해 5월 황해도 신천 청계동 안태훈 의려소에 이르러 김창수(김구)를 만났다. 이들은 곧 의기투합하여 중국으로 구국의 여행을 하게 되는데, 김형진은 그 자세한 행적을 『노정약기』(路程略記)란 여행기로 남기고 있다. 이 책은 『백범일지』의 관련 부분과 좋은 대비가 된다.

선생은 그와 이야기를 나누어 보시더니, 남의 머리가 될 인물은 못 되나 다른 사람을 도와서 일을 성사할 만한 소질은 있어 보인다고 하셨다.[2]

나는 집에서 부리던 말 한 필을 내다 팔아서 200냥의 여비를 준비하여 김형진과 함께 청나라로 출발하였다. 가는 길에 먼저 백두산(白頭山)이나 답파하고 동삼성(東三省)[3]을 거쳐 마지막으로 북경(北京)까지 갈 목적으로 출발하였다.

우리는 평양(平壤)까지 무사히 도착하여[4] 여행 방법을 협의한 결과, 김형진과 같이 참빗장수 행세를 하기로 하고, 여비 전부로 참빗·붓·먹과 기타 산중에서 요긴한 물품을 사서 두 사람이 한 짐씩 짊어졌다. 모란봉·을밀대를 잠시 구경하고, 강동(江東)·양덕(陽德)·맹산(孟山)을 지나 고원(高原)·정평(定平)을 거쳐 함흥(咸興) 감영(監營)에 도착하였다.

평양에서부터 함흥에 도착하기까지 있었던 일 중에 아직까지 기억에 남는 일이 있다. 강동 어떤 시장[5]에서 하룻밤 지내다가 칠십 노인 주정뱅이에게 이유 없이 매를 맞았다. 억울하기는 하였으나, 원대한 목적을 품고 먼 길을 가는 처지에 사소하게 잘못 만난 일을 마음에 둘 바 아니라 하여, 한신(韓信)이 회음(淮陰)의 시정잡배에게 당했던 일[6]을 이야기하고 서로 위로하였다.

고원군(高原郡) 함관령(咸關嶺)[7] 위에서 이태조(李太祖)의 승전비[8]를 구경

---

2) 반면 김형진은 고능선을 보고 '정학군자'(正學君子)라고 높이 평가하였다.

3) 동북 3성. 중국 동부에 위치해 있는 길림성·요녕성·흑룡강성. 만주라 부르던 곳이다.

4) 이들은 청계동에서 출발하여 재령(載寧)→봉산(鳳山)→황주(黃州)→중화(中和)를 거쳐 평양에 도착하였다.

5) 김형진에 의하면 이곳은 강동 열파장(咽派場)이다.

6) 유방을 도와 천하를 통일한 한신이 어릴 때 회음의 부랑배가 시비를 걸어 자기 가랑이 밑을 기어서 지나가라고 하자, 한신은 싸우지 않고 부랑배의 가랑이 밑을 지나갔다. 원대한 이상을 품은 사람은 작은 일에 구애받지 않는다는 고사이다.

7) 함관령은 함주군과 홍원군 사이에 있다.

8) 원주: "戰勝靺鞨之碑". 고려 말 이성계가 원나라 승상 나하추(納哈出)의 침략을 물리친 것을 기념하여 순조 30년(1830)에 세운 달단동승전기적념비(㺚靼洞勝戰紀蹟念碑). 말갈은 달단의 착각일 것이다. 또한 이 비는 고원군이 아니라 홍원군에 있다. 한편 『노정약기』에 의하면, 함흥에서부터 노자가 떨어져 김창수와 김형진은 잠자리를 각각 구하고 다음날도 각자 출발하여, 함관령에서 전승비를 보고 내려와 주막에서 서로 상봉하였다고 한다.

하고, 홍원(洪原) 신포(新浦)의 경치와 북어잡이하는 광경을 보았다. 어떤 튼 튼한 여자가 광주리에 꽃게 한 마리를 힘껏 이고 가는데, 게다리 한 개가 내 팔뚝보다 굵은 것을 보았다.

함경도의 교육제도는 양서지방(평안·황해도)보다 일찍이 발달해 있었다. 아무리 가난해서 게딱지만한 집[9]을 짓고 살더라도 서재는 반드시 기와집으로 지었고, 그외 동네에는 도청(都廳)이 있었다. 도청은 동네 공용가옥으로 비교적 크고 화려하게 지어, 그 집에 모여 놀기도 하고, 이야기책도 보고, 짚신도 삼곤 했다. 동네 뉘 집에나 손님이 오면 식사를 대접하여 도청에서 자고 쉬게 했고, 무전객(無錢客)이 와서 자고 가기를 청하면 도청의 공금[公款]으로 음식을 대접하는 규례가 있었다. 또 오락기구로는 북·장구·꽹과리·퉁소 등을 비치하여 두고, 동네사람들이 종종 모여 즐기기도 하고 손님을 위로하기도 하는 미풍양속이 있었다.

홍원 어떤 큰 동네의 서재를 방문했는데, 건물이 크고 웅장한데다 교사가 세 사람 있었다. 고등교사 한 사람은 학생 가운데 경서반(經書班)을 혼자 맡아 가르치고, 그 다음은 중등과(中等科)를, 그 다음은 유치반(幼稚班)을 분담하여 가르치는데, 대청 좌우에 북과 징[錚]을 매달고, 북을 치면 학생들이 독서를 시작하고, 징을 치면 독서를 파하는 기발한 방법을 쓰고 있었다.

함흥에 도착하여 조선에서 제일 큰 나무다리인 남대천(南大川)다리[10]를 지났다. 남대천의 수심은 장마 때를 제외하고는 대개 옷을 걷어올리고 건너갈 만한 깊이인데, 가장 넓은 곳의 폭은 그 다리와 거의 같은 약 5리 거리였다. 김병연(金炳燕)[11]이 읊었다는 「남대천시」(南大川詩)에 이런 구절이 있는데,

산은 들이 좁을까 저어하여 저 멀리 솟아 있고 (山疑野狹遠遠立)
물은 배 가는 것이 두려워 얕게도 흐르는구나. (水畏舟行淺淺流)[12]

9) 원주: "普通으로도 兩西에 比하면 構造가 整齊하다."
10) 함흥 만세교(萬歲橋)를 말한다.
11) 김병연(金炳燕, 1807~1863)은 조선시대의 방랑시인. 별호는 김삿갓 또는 김립(金笠). 그의 시는 풍자와 해학을 담고 있으며, 전통적인 한시의 권위에 대해 도전하는 파격적인 것이 많다. 『김립시집』(金笠詩集)이 있다.

함흥 남대천의 만세교

사람들이 이 구절을 가리켜 명작이라 하였다.

　그 다리를 지나가니 조선의 4대 큰 물건[四大物] 중 하나인 장승[13] 네 개가 좌우 길가에 마주보고 서 있었다. 조선의 사대물이라 함은 경주의 인경[鐘][14] 과 은진 미륵[石佛],[15] 연산(連山)의 쇠솥[釜], 함흥의 장승을 이르는 것이다. 이태조가 세웠다는 함흥의 낙민루(樂民樓)도 구경하였다.[16]

　북청(北靑)은 산 속에 있는 큰 읍으로, 이곳 사람들은 예로부터 과거에 열 심이었다. 그 결과 군내에 생존해 있는 진사가 30여 명이요, 급제자가 7명이

---

12) 원문: "山疑野窄超超立／水恐舟行淺淺流". 김삿갓 시의 원문과 대비하면 『백범일지』는 '窄 超超' '恐' 등 네 글자가 틀린다.

13) 원주: "木製人像이니 頭에 紗帽를 쓰고, 面에 赤色으로 染하고, 눈을 부릅뜨고 威嚴이겟 製造한 것". 장승에는 인면형(人面形)·귀면괴수형(鬼面怪獸形)·미륵형(彌勒形)·남근형(男根 形)·문무관형(文武官形) 등이 있다. 백범이 본 함흥장승은 인면형 장승이다. 인면형의 경우 남장승은 머리에 관(冠)을 쓰고 눈을 부릅뜨고 덧니와 수염을 달고 있는 형상이며, 더러는 몸 체에 붉은색을 칠하기도 한다. 반면 여장승에는 관이 없으며 얼굴에 연지와 곤지를 찍고 몸 체를 청색으로 칠하기도 한다.

14) 통일신라시대 만들어진 성덕대왕신종(聖德大王神鐘). 속칭 '에밀레종'이라 한다.

15) 충남 논산시 은진면 관촉사에 있는 석조미륵보살입상. 이에 관한 여러 가지 영험담과 설화 가 전한다.

16) 함흥은 조선왕조의 발상지로서, 조선 태조 이성계와 관련된 유적지가 많다.

나 된다고 하였다. 남대천 좌우에 솔대[17]가 무수히 세워져 있는 것을 보았다. 가히 문화향(文華鄕)이라 부를 만했다.

단천(端川) 마운령(摩雲嶺)을 넘어 갑산군(甲山郡)에 이른 때가 을미년(乙未年: 1895) 7월경이었다. 분명히 산중 큰 읍이었음에도 불구하고 이상했던 것은 그 지역내의 관사(官舍)를 제외한 모든 집들의 지붕에 한결같이 푸른 풀이 무성해 있다는 점이었다. 얼른 보기에 사람이 살지 않는 황폐한 빈 마을과 같은 느낌이 들었다. 그것은 거기 말로 '봇껍질'이라 하는 것으로 지붕을 덮고 흙을 씌워놓아 풀씨가 날아와서 흙에 떨어져 무성케 해놓았기 때문이었다. 그렇게 해놓으면 아무리 큰비가 와서 퍼부어도 흙이 씻겨 나가지 않는다고 한다. 그 봇나무는 양서지방에 있는 껍질 붉은 벚나무와는 종류가 아주 다른 것이었다. 색이 희고 탄력성이 강해서 지붕을 덮을 때 반드시 조약돌이나 흙으로 눌러놓는데, 흙기와나 돌기와보다 오래 가고 무너지지 않는다고 한다. 또 그곳에서는 사람이 죽은 후 염습할 때에 봇껍질로 싼다고 하였다. 그렇게 하면 흙 속에서 만 년이 지나도 해골이 흩어지지 않는다고 한다.[18]

혜산진(惠山鎭)에 이르러 제천당(祭天堂)을 구경했다. 그곳은 백두산 줄기가 남쪽으로 내달으며 조선 산맥의 큰 줄기를 이루는 곳이다. 제천당 주련(柱聯)에 이런 글이 있었다.

유월에도 눈 덮인 산, 백두에 운무가 감돌고 (六月雪色山 白頭而雲霧)
만고를 소리쳐 흐르는 물, 압록에 용솟음친다. (萬古流聲水 鴨綠而洶湧)[19]

---

17) 원주: "進士를 한 사람은 大長木柱에 龍의 形像을 圖畵하고 木端에는 橫飛하는 龍體를 木刻하야 冠한 것이라." 솔대는 '솟대'로 긴 나무 장대에 여러 가지 모양을 해서 숭배하는 것을 말한다. 지역에 따라 여러 가지 종류가 있는데, 북청의 솟대는 과거에 급제한 자가 자기 과시와 가문의 행운을 빌기 위해 집 앞이나 조상의 산소에 세우는 것으로, 꼭대기에 용을 새겨서 붉은 칠을 한다.

18) 자작나무를 이 지역에서는 봇나무라고 한다. 질이 좋고 썩지 않으며 벌레가 먹지 않아서 함경도와 평안도 산골에서는 영궤(靈机)를 만들기도 한다.

19) 원문: "六月雪色은 山白頭而雲霧 / 萬古流聲水 鴨而洶湧". 갑산 동인촌(同仁村)에 '백두산령신지위'(白頭山靈神之位)를 모시는 제향당(祭享堂)이 있고, 혜산에서 동남방 2km 지점에 국사당(國師堂)이 있다. 『노정약기』에 의하면 위 주련의 한시는 국사당에 있다. 아마도 백범은

해마다 조정에서는 제천당에 관리를 보내 백두산 신령에게 제사를 올린다고 한다.

혜산진에서는 압록강 건너편의 중국인 민가에서 개 짖는 소리까지 다 들렸고, 압록강도 걸어서 건너다녔다. 거기서 백두산으로 가는 길을 물으니 서대령(西大嶺)을 넘어서 간다 했다. 삼수군(三水郡)으로, 장진군(長津郡)으로, 후창군(厚昌郡)으로, 자성군(慈城郡) 중강(中江)을 건너, 중국땅인 모아산(帽兒山)에 도착하였다.

이상 여러 군(郡)을 지나는 길은 험산준령 아닌 곳이 없고, 어떤 곳은 70~80리나 사람이 살지 않는 곳도 있어, 아침에 미리 점심밥을 싸 가지고 간 적도 있다. 산길이 극히 험악하였으나 맹수는 별로 없었고, 삼림이 빽빽하여 지척을 분별키 어려웠다. 나무들 중에 큰 것은 밑둥 하나를 벤 그루터기 위에 7, 8명이 돌아앉아 밥을 먹을 정도라고 하였다. 내가 보기에도 나무 한 개를 찍어 넘기고, 그 나무를 절단하여 곡식 저장하는 통(筒)을 파는데, 장정이 나무통 안에 서서 도끼질하는 것을 보았다.

또 이편 산꼭대기의 노목이 쓰러져 건너편 산꼭대기에 걸쳐 있는 것을 많이 보았는데, 행인들이 그 나무다리를 타면 굳이 깊은 계곡으로 가지 않고도 건너갈 수 있었다. 우리도 나무를 타고 건너보았다. 마치 신선이 다니는 길인 듯싶었다.

그 지방은 인심이 순후하고 먹을 것이 풍부해서 손님 오는 것을 매우 반가워하고 얼마든지 묵어가도록 해주었다. 양식으로 사용하는 곡식은 대개가 귀리와 감자고, 개천에는 '이면수'라는 물고기가 많이 있는데 맛이 참 좋았다. 사람들이 짐승 가죽으로 의복을 만들어 입는 것을 보면 원시시대 그대로 생활하는 것도 같았다. 삼수읍(三水邑) 성 안팎에는 민가가 30여 호 있다고 하였다.

모아산에서 서북쪽으로 노인치(老人峙)라는 고개를 넘고 또 넘어, 서대령 가는 길로 접어들던 도중에 우리 동포를 100리에 두어 사람씩 만나게 됐다. 대부분 금 캐는 사람들이었는데, 만나는 사람마다 백두산에는 가지 말라고 말린다. 이유는 서대령을 넘는 도중에 향마적(響馬賊)이라는 중국인 도적떼가 숲

---

제향당과 국사당을 혼돈하였던 것 같다. 그리고 원문의 한시 구절에도 약간의 착오가 있다.

속에 숨어 있다가, 지나가는 사람들을 총으로 쏘아 죽인 후에 시체를 뒤져서 소지품을 빼앗아 가는데, 요새도 우리 동포가 그같이 피살되었다는 것이다.

우리 두 사람은 상의 끝에 백두산 가는 것을 그만두고 통화현성(通化縣城)으로 갔다. 통화현성은 세워진 지 오래 되지 않아서 관사와 성루문의 서까래 나무가 아직 흰 빛을 띠고 있었다. 성 안팎에 있는 집이 500여 호 정도 된다고 하였다. 우리 동포는 단 한 집뿐인데, 남자 주인은 변발에 중국 복장으로 통화현 군대에서 복무한다 하고, 아낙네들은 전부 한복 차림이었다. 이 사람은 당시 명칭으로 호통사(胡通辭)[20]였다.

부근 10리쯤 되는 곳에 심생원(沈生員)이라는 동포가 산다고 해서 찾아가 보았다. 겨우 글을 읽을 줄 아는 자로, 정신 없이 아편을 피워대서 몸에 뼈밖에 남지 않은 사람이었다.

이런 곳들을 두루 다니는 중에 가장 밉게 보이는 것은 호통사들이었다. 이곳에 사는 우리 동포들은 대개 갑오년 난리(청일전쟁)를 피해 낯설고 물설은 외국으로 넘어와 중국사람들이 살지 않는 산속 험악한 곳만 택해서 화전을 일구고 조와 강냉이 농사를 지으며 살았다. 그런데 호통사들은 중국어 몇 마디 배워가지고 중국사람에게 붙어서 동포들에게 별별 무리한 학대를 다하는데, 여자들의 정조를 유린하고 돈과 곡식을 억지로 빼앗는 등 차마 입에 담지 못할 악행을 허다히 행하였다. 나는 어떤 중국인의 집에서 우리 한복을 입고 머리를 땋은 처녀 한 명이 살고 있는 것을 보았다. 남들에게 물어보니, 이 처녀의 부모가 사윗감을 구하고 있었는데, 이것을 눈치챈 호통사는 중국인에게 빚을 갚지 못하는 대신 그 처녀를 중매해 주겠다고 약속하고, 처녀의 부모를 위협하여 강제로 그 중국인에게로 보낸 것이라 했다.

내가 돌아다닌 곳은 통화(通化)·환인(桓仁)·관전(寬甸)·임강(臨江)·집안(輯安) 등이었는데, 어디서나 똑같이 호통사의 폐해가 심하였다. 그때에 무논〔水田〕은 보지 못하였다. 본래 땅이 비옥하여 잡곡은 무엇이나 비료를 주지 않아도 잘 되었다. 한 사람이 농사를 지으면 열 사람이 먹어도 족할 정도였다. 단 한 가지 소금이 제일 귀한 물건이었다. 그 지역에 들어오는 소금은 다

---

20) 만주어를 통역하는 사람.

의주(義州) 방면으로부터 물길로 수천 리씩 실려와서 판매되었다.

곳곳에 두세 집 내지 여남은 집까지 모여 산림을 개척하고 오막살이를 짓고 거주하는데, 인심이 극히 순후하여 거기 말로 '앞대 나그네'[21]가 왔다 하면 무척 반가워들 하였다. 한 동네에 들어가면 제각기 맞아들이고, 남녀노소가 모여서 고국 이야기를 하라고 조르기도 하며, 이집 저집에서 다투어 음식을 대접하였다.

그곳에 이주한 사람들은 대부분 생활난을 피하여 간 사람들이 많았다. 갑오년 청일전쟁 때 피난하여 건너간 집이 많았고, 드물게 죄를 저지르고 도망한 자들, 즉 전국 각지에서 민란을 일으켰던 주동자들, 공금을 유용한 평안·함경 양도의 이속(吏屬)들도 간혹 있었다.

지세로 말하면 파저강(婆猪江) 좌우에 설인귀(薛仁貴),[22] 연개소문〔泉蓋蘇文〕[23]의 관루(管壘) 흔적〔遺址〕이 남아 있고, 도처에 천연의 요새가 있었다. 그 천연 요새들은 한 사람이 막으면 만 사람도 들어올 수 없는 곳이므로 여진·금·요·고구려의 발원지라 한다.

아마도 관전에서였던 듯하다. 한 곳에 비각(碑閣)이 있는데 비문에는 '삼국충신 임경업의 비'(三國忠臣 林慶業之碑)라고 새겨져 있었다. 근처에 있는 중국사람들 중 병든 사람이 있으면 이 비각에 와서 낫게 해 달라고 비는 풍속이 있다고 했다.[24]

---

21) 원주: "故國人이란 뜻".

22) 당나라 고종(高宗) 때의 장군. 고구려가 멸망한 뒤 평양에 설치된 안동도호부(安東都護府)의 도호로 부임하였다.

23) 연개소문(淵蓋蘇文, ?~666). 천개소문은 연개소문의 중국문헌식 표현. 중국인들은 당 고조(高祖)의 이름이 '이연'(李淵)이므로 '연'(淵)자를 피해 '천'(泉) 또는 '전'(錢)으로 표기하였는데, 이 영향으로 우리나라에서도 흔히 그렇게 사용하였다. 멀리는 김부식의 『삼국사기』, 가까이는 박은식의 『천개소문전』(泉蓋蘇文傳)이 그러하다.

24) 임경업(林慶業, 1594~1646). 그는 철저한 친명배청 정신으로 일관하다가 명나라와 내통하였다는 죄명으로 인조의 친국을 받고 죽었다. 백범의 선조인 김자점은 임경업의 후원자였으나, 마지막에는 자신이 연루될까 봐 죽일 것을 주장하였다. 임장군에 관한 이야기는 소설이나 전기, 설화의 형태로 다양하게 민간에 유포되었고, 무속에서는 임장군을 가장 위세 있는 신으로 받들고 있다. 사람들은 그가 잡귀를 쫓고 병을 낫게 해주며, 수명장수와 안과태평을

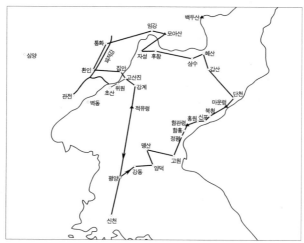

『백범일지』에 기록돼 있는 청국행로

## 2) 김이언 의병

이 지방을 두루 돌면서 수소문하여 들어보니, 벽동(碧潼)사람 김이언(金利彦)이 힘과 용기가 남달리 뛰어나고 학식도 풍부하다 하였다. 일찍이 심양자사(瀋陽刺史)[25]가 그의 용력을 높이 사서 준마 한 필과 『삼국지』(三國志) 한 질을 주었고, 청나라 고급 장교들에게도 융숭한 대우를 받고 있다 하였다. 그가 지금 청나라의 원조를 받아서 의병을 일으키려고 도모하고 있다는 이야기를 들었다.[26]

---

가져다 준다고 믿는다. 중국 관전에서 임장군 숭배는 한국 무속의 영향으로 보여진다.

25) 자사는 중국의 지방관리로 주(洲)의 지사(知事)에 해당하지만, 당시에 이 지역에 자사라는 관직은 없었다. 그런데 당시 심양지역에서는 연왕(燕王) 의극당아(依克唐阿)가 유력자로 반일운동을 후원하였다. 『노정약기』에 의하면 김창수·김형진 등은 중국의 힘을 빌리기 위해 연왕에게 상소를 올렸고, 연왕은 서경장(徐慶璋)과 의논하여 이들에게 진동창의사(鎭東倡義使)라는 직위를 주고 지원을 약속하였다.

26) 여기서부터 『백범일지』와 『노정약기』의 중국 기행은 큰 차이가 있다. 『노정약기』의 1895년 중국 원정은 「6~7월의 1차 원정」과 「9월의 2차 원정」두 번에 걸쳐 있다. 백범과 김형진이 삼도

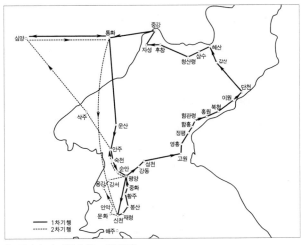

『노정약기』에 기록돼 있는 청국행로

　여하간에 찾아가 보기로 상의하고 두 사람이, 때로는 헤어져서 때로는 함께 다니면서 수소문하여 김이언의 비밀 주소를 알아내게 되었다. 강계군(江界郡) 서문인 인풍루(仁風樓)²⁷⁾ 밖으로 80여 리 더 가서 압록강을 건너면 그곳 사람들이 보통 황성(皇城)이라 부르는 곳이 있는데, 부근 10여 리 되는 곳에 삼도구(三道溝)라는 곳이 있었다. 그곳이 바로 김이언의 비밀 주소지였다.

　김이언을 찾아갈 때에는 두 사람이 같이 가는 것보다 서로 모르는 사람인 것처럼 따로 가기로 뜻을 모았다. 김이언의 사람됨도 각자 알아보고, 참말 의병을 거사할 뜻이 있는지, 혹시 무슨 술책이나 가지고 백성들을 꾀는 것은 아닌지, 각자 자세히 관찰하자는 의도였다. 며칠 먼저 김형진을 유람객 행색으로 꾸며 출발케 하고, 나는 김이언과 그를 따르는 사람들에 대해 탐지할 작정으로 참빗장수의 행색을 하고 네댓새 뒤에 출발하여 남쪽으로 향하였다.

　길을 가던 중, 하루는 압록강을 한 100여 리 앞둔 곳에서 홀연히 청나라 무관(武官) 한 사람을 만나게 되었다. 그는 궁둥이에 관인(官印)이 찍힌 말을

─────────────

구 김이언 부대에 합류하여 11월 초 거사하는 것은 2차 중국 원정에서 돌아올 즈음일 것이다.

27) 관서팔경의 하나로서 강계군의 독로강과 북천이 합수되는 곳에 있다.

타고 머리에는 마라기[28]를 쓰고 옥로(玉鷺)[29]를 꽂고 홍사(紅絲)를 드리우고 있었다.

나는 덮어놓고 앞으로 나가서 말머리를 잡았다. 그 무관은 곧 말에서 내렸다. 나는 청나라 말을 알지 못했기 때문에 항상 품안에 「취지서」(趣旨書) 한 장을 써서 간직하고 다녔다. 어쩌다가 청나라 사람 가운데 문자 아는 사람을 만나면 그 취지서를 내보이곤 했었는데, 청나라 무관에게도 그것을 보여주었다. 그런데, 그 무관은 글을 채 다 읽기도 전에 갑자기 길바닥에 털썩 주저앉더니 크게 소리내어 울음을 터뜨리는 것이었다. 나는 놀라서 붙들고 이유를 물었다. 그 무관은 글 가운데,

통탄할 바, 저 왜적은 나와 함께 같은 세상을 살 수 없는 원수이다.
(痛彼倭敵與我 不共戴天之讐)

라는 구절을 가리키며, 다시 나를 붙들고 통곡했다.

그제야 나는 갖고 있던 필통을 꺼내 필담(筆談)을 시작했다. 먼저 그 사람이 물었다.

"일본이 어찌하여 그대의 원수인가?"

"일본은 임진년부터 대대로 내려오는 국가의 원수일 뿐 아니라, 지난달에는 우리 국모를 불살라 죽였기 때문이오."[30]

나는 반문하였다.

"그대가 초면에 이같이 통곡함은 무엇 때문이오?"

---

28) 만주족 청나라의 군인 모자.

29) 갓머리에 다는 옥으로 만든 장식구. 해오라기 모양이며 높은 벼슬아치나 외국에 가는 사신이 사용했다.

30) 임진년은 임진왜란을, 지난달의 국모 시해는 1895년 8월 20일 명성왕후 시해 사건을 의미한다. 『백범일지』로만 추적하면 백범이 청계동을 떠나 중국에 도착한 뒤 한참 후에 명성왕후가 시해되었다. 그런데도 백범이 이 사건을 잘 알고 있는 것은 약간 어색하다. 『노정약기』의 기록대로 중국 원정이 두 번 있었으며, 명성왕후 시해 사건 이후 제2차 중국 원정이 있었다고 보는 것이 합리적이다.

"나는 지난 갑오년에 평양싸움[31]에서 전사한 서옥생(徐玉生)의 아들[32]이오. 강계 관찰사에게 부탁하여 부친의 시체를 찾아 달라고 의뢰하였는데, 그로부터 전갈이 오기를 부친의 시체를 찾아놓았으니 와서 운구해 가라 하였소. 그런데 가서 보니 부친의 시체가 아니기에 이렇게 빈손으로 되돌아오는 길이오."

자기 집은 금주(錦州)인데, 자기 부친은 집에서 기르던 병사 1,500명 중에 1,000명을 인솔하고 출전하였다고 한다. 그들 1,000명은 모두 부친과 같이 전멸했고, 현재 자기 집에는 군인 500명이 남아 집을 지키고 있다고 했다. 재산은 매우 넉넉하고, 자기 나이는 서른 몇 살이며 부인은 몇 살이고 자녀는 몇 명이라고 상세히 일러주었다.

나는 먼저 그에게 평양 보통문 밖 들녘에서 일본사람들이 세운 '서옥생전망처'(徐玉生戰亡處)란 나무비를 보았다고 말해 주었다.[33] 그는 나의 나이가 자기보다 어리므로 나를 '띠디'(弟弟: 아우)라 부르고, 자기더러는 '꺼거'(哥哥: 형)라 부르라고 써 보였다. 그리고는 내가 짊어지고 있던 봇짐을 자기 말안장에 달아매고 나를 붙들어 말 등에 올려 태우고 금주를 향해 채찍질을 하면서 언제까지든 복수할 때가 오기까지 자기 집에 가서 같이 지내자고 하였다.

나는 미안한 마음에 같이 걸어서 가기를 청하였다. 그러나 그는 걱정 말라고 하며 불과 10리만 가면 관마(官馬)를 잡아탈 수 있다고 하였다. 나는 말 위에서 곰곰이 생각했다. 서씨의 뜻을 보면 장래 교제할 좋은 기회가 되겠으니 같이 지내는 것이 극히 좋겠으나, 먼저 길을 떠난 김형진에게 이 사실을 알릴 길이 없었다. 또 김이언이 의병을 일으킨다고 하니 자세한 내용을 알고 싶은 생각이 앞섰으므로, 기약 없이 금주로 가서 서씨 집에 머물러 있을 마음이 없었다. 말에서 내려 서군에게 물었다.

---

31) 1894년 청일전쟁 때 평양에서는 청일간에 치열한 공방전이 있었다.
32) 원주: "名은 忘却". 이 사람의 이름은 서경장(徐慶璋)일 것이다. 규장각 자료에 의하면 그는 김창수에게 '의병좌통령'(義兵左統領)이란 직함을 주며 일본을 물리치기 위해 연합할 것을 약속한다.
33) 『노정약기』에 의하면 9월 중국 2차 원정시 평양 모란봉의 기자릉 앞에서 「왜적전망공신지비」(倭賊戰亡功臣之碑)를 발견하고 통곡한 내용이 나오는데, 그것을 말하는지도 모르겠다.

"여보, 꺼거. 내가 고국의 부모를 이별한 지 어느덧 1년이 지났지만 소식을 알지 못하고 있고, 또 왕실[34]에서 변을 당한 후에 나라 안의 정치 상황이 어떻게 변했는지도 모르고 있소. 내가 먼저 고국으로 돌아가 부모님께 승낙을 얻어 가지고 와서 떳떳이 꺼거와 함께 지내며 장래를 경영함이 어떻겠소?"

서씨는 대단히 아쉬워하면서,

"동생 사정이 그러하다 하면 어쩔 수 없지. 어서 속히 고국의 부모를 뵌 후 다시 와서 만납시다."

하고는 재삼 눈물로써 부탁하고 서로 작별하였다.

대엿새 후 삼도구에 도착하였다. 이집 저집 방문하여 참빗장수로 행세하면서 김이언의 동정과 그 부하들에 대해 알아보았다. 두령인 김이언은 일 벌이기를 좋아하는 성벽이 있는 만큼, 자신감이 지나쳐 다른 사람의 도모를 너그러이 받아들이는 도량이 부족해 보였다. 용력은 월등히 뛰어나서, 당시 나이 50여 세에 심양(瀋陽)에 있는 500근짜리 화포를 가만히 앉은 자리에서 양손으로 들어올렸다 내렸다고 한다.

그러나 나의 관찰로는 진정한 마음의 용기는 부족하지 않을까 하는 생각이 들었다. 김이언보다는 그의 동지로서 초산(楚山) 이방(吏房)을 지냈다는, 김규현(金奎鉉)이란 사람이 의리도 있고 계책도 잘 세우는 것 같아 보였다.

김이언은 의병 운동의 수령이 되어 당시 많은 의병을 모집하였다. 압록강을 사이에 두고 이쪽 변방으로는 초산(楚山)·강계(江界)·위원(渭原)·벽동(碧潼) 등에서 몰래 포수를 모집하였고, 저쪽 변방으로는 청나라 강 근처 일대에서 이주민 포수[35]를 모집하여 그 수가 근 300명이나 되었다. 의병을 일으킨 대의 명분은 "국모가 왜구에게 피살된 것은 국민 전체의 치욕이니 가만히 앉아서 참고 있을 수 없다"는 것이었다.[36] 글을 잘 쓰는 김규현으로 하여금 격문을 지어 뿌리게 했다.

---

34) 원문: "皇室". 대한제국의 황제로 위호가 격상되는 것이 1897년이기 때문에 당시에는 '왕실'이라고 했을 것이다.

35) 원주: "家家 居半 獵銃이 有함."

36) 명성왕후 시해 사건으로 일어난 의병을 을미의병, 또는 그 동기와 목적을 취하여 '복수(復讐)의병'이라고 한다.

의병을 일으키는 모의에는 우리 두 사람도 참가했다. 나는 비밀히 강계성에 들어가서 화약을 매입하여 등에 지고 압록강을 건너기도 했고, 초산·위원 등지에 몰래 숨어 들어가 포수를 모집하기도 했다.

거사한 때는 을미년 11월 초였다. 압록강은 대부분 빙판으로 얼어붙어 있었다. 삼도구에서 행군하여 얼음 위로 강을 건너 강계성까지 바로 들어갈 계획이었다.

한번은 이런 일도 있었다. 내가 위원에서 일을 마치고 책원지(策源地)인 삼도구로 돌아오던 중 혼자서 얇은 얼음을 밟았다가 강 속에 빠진 적이 있었다. 몸은 물 속으로 빠져들어 가고, 겨우 머리와 양손만 얼음 위에 남아 있는 형편이 되었다. 죽을힘으로 솟아올라 육지에 도달하였으나, 옷이 삽시간에 얼음덩어리로 변하여 한 발자국도 움직이기 어려운 지경이 되었다. 익사는 겨우 면하였으나, 동사를 면하기 어려운 상황이었다. 시간을 다투던 그때 내 고함소리를 들은 산골짜기 동네사람이 나와서 자기 집으로 끌고 가 구호하여 준 덕분에 겨우 살 수 있었다.

김이언에게 강계로 들어갈 계책을 물었더니, 이미 강계 병영에 있는 장교들과 내응해 두었으니 성에 들어가는 것은 문제가 없다 하였다.

"그러면 그 장교들이 순수한 애국심으로 내응하는 것입니까? 아니면 다른 이유가 있습니까?"

김이언은 아래와 같이 답하였다.

"내가 이미 심양에 가서 인명(仁明) 노야(老爺)[37]와 친하고 그가 하사하는 말까지 받은 일을 이 장교들이 알고 있소. 그러니 언제나 청나라 군사들의 응원만 받아오면 그들이 다 같이 행동해 주겠다고 굳게 약속하였소. 그런 까닭에 성에 들어가는 일은 매우 쉬운 일이오."

나는 또 물었다.

"그러면 청나라 군사들을 이번에 다소간이라도 사용케 됩니까?"

"이번에는 안되지만, 우리가 거사하여 강계를 점령하면 원병이 온다고 하였

---

37) 노야는 '어르신' '나리' 라는 뜻의 중국말. 인명(仁明)은 고유명사인지 형용사인지, 또 누구를 가리키는지 불명확하다.

소."

그리고 우리가 모집한 포수들의 복장 문제가 나와서 나는 이런 의견을 주장하였다.

"포수 중에 청나라 말을 잘 하는 사람이 많으니, 그중 몇십 명에게 청병 장관의 옷을 입혀 청나라 장교 혹은 대장으로 꾸밉시다. 그리고 그 나머지는 한복을 입혀 후방에 따르게 합시다. 선두에는 심양 자사로부터 하사받은 말을 타게 하고, 청나라 장교로 꾸민 군인에게 긴 칼을 차게 해서 선두에 입성케 함이 좋은 계책일까 합니다. 이유는, 강계성 장교들이 내응한다는 것을 순전히 믿기 어렵기 때문입니다. 그 사람들은 단지 청나라 군사들이 오면 그것을 보고 내응하겠다는 것이지, 의리상 내응한다는 것이 아닙니다. 그러니 만약 우리에게서 청병의 그림자도 보이지 않으면 정세는 세부득이 반대 방향으로 가고 말 것입니다."

김이언은 제1착으로 고산진(高山鎭)[38]을 쳐서 무기를 탈취한 다음, 제2차로 그 무기를 가지고 강계를 공격한다는 계책을 세웠다. 그러나 나는 그것 역시 불가한 일임을 역설하였다. 이유는 다음과 같았다.

"지금 우리에게 300여 명의 포수가 있으니, 이 병력만 가지고 질풍뇌우의 형세로 힘차게 돌진해 들어가면 충분히 성을 점령할 수 있습니다. 선발대의 수효가 비록 적긴 하여도 저쪽에서는 우리 뒤에 얼마나 많은 병력이 있는지 모를 것이니, 충분히 이길 수 있을 것입니다."

김규현과 경성사람 백진사(白進士) 등은 다 내 의견에 찬동하였다. 그러나 본래 성격이 독단적인 김이언은 두 가지 이유로 반대하였다.

첫째, 청군 복장과 청군 장교로 가장하는 것은 옳지 않은 일이다. 우리가 당당하게 국모 죽인 원수를 갚기로 한 이상 당연히 백의군인으로 입성함이 옳다. 둘째, 아직 군인은 있으나 무기가 부족하니 먼저 고산진을 쳐서 무기를 탈취해 가지고 다음날에 강계를 점령하는 것이 옳다는 것이었다.

우리 두 사람은 김이언이 고집하고 나가는 데 대해 끝까지 반대하고 갈라서지는 말기로 하고 어찌되었든 따라가 보기로 하였다.

---

38) 원주: "거긔 말노 고사리".

제1착으로 야간에 고산진을 침입하여 무기를 탈취하고 빈손으로 종군하는 자들에게 분배하였다. 다음날 강계로 진군하여 전군이 한밤중에 얼음 위를 밟고 건너갔다. 인풍루 밖 10리 가량 되는 곳에 선두가 도착하자 강의 남쪽 기슭에 있는 소나무 숲 속에서 화승총 불빛이 반짝거리고 있었다. 강계대 소속 장교 몇몇이 우리를 맞이하러 나와서 김이언을 찾아서 물었다.

"이번 오는 중에 청병(淸兵)이 있는가?"

김이언은 대답했다.

"우선 강계를 점령하고 통지하면 곧 청병이 올 것이오."

그 장교들은 고개를 설레설레 흔들면서 돌아갔다. 그들이 돌아가자마자 솔숲에서 포성이 울려나오더니, 탄환이 비처럼 쏟아지기 시작했다. 좌우의 산골짜기 험준한 빙판 위에서 근 천여 명의 사람과 말떼가 큰 혼잡을 빚으며 물밀듯이 밀려 나가고 들어오니, 어느새 총알에 맞아 죽는 자, 다쳐서 아우성을 치는 자들이 생겨나기 시작했다.

나는 김형진과 몇 걸음 후퇴하면서 상의하였다.

"김이언의 금번 실패는 영원한 실패라 다시 사람들을 모으지 못할 거요. 그러니 저들과 같이 퇴각할 아무 필요가 없소. 이렇게 낯선 행색으로는 잡히기 쉬울 것이니, 잠시 강계성 부근에서 몸을 피했다가 고향으로 돌아갑시다."

이렇게 결정하고 산언저리로 올라가서, 강계성과 아주 가까운 거리에 있는 촌락으로 들어갔다. 한 동네 전부가 피난하고 집집마다 사람을 찾아볼 수 없었다.

한 집에 들어가니 집 바깥문이나 안문이나 다 열어둔 채였으나, 주인을 불러봐야 역시 한 사람도 없는 빈집이었다. 안방에 들어가니 방구석 화덕[39]에 불이 피어 일렁일렁하고 있었다. 우리 두 사람은 우선 화덕 옆에 앉아 손발을 녹였다. 가만히 앉아 있노라니 방안 가득히 기름 냄새와 술 냄새가 났다. 시렁 위에서 광주리를 꺼내보니 온갖 고기가 가득하였다. 우선 닭다리와 돼지갈

---

39) 원주: "山郡 居民은 房구석에 굿배기 火爐를 備設하야 煖爐로 代用하는 것." '굿배기 火爐'는 이동할 수 있는 '화로'가 아니라, 방 한쪽에 고정되어 있는 '화덕'을 말한다. 화덕은 지역과 시기에 따라 다양한데, 함경도의 '등되', 제주도의 '봉덕', 강원도의 '화투' 등이 있다.

비를 숯불에 쪼여 먹고 있는데, 베두건을 쓴 사람이 문을 가만히 열고 방안을 들여다보았다. 나는 거짓 책망을 했다.

"웬 사람인데 야반에 남의 집을 묻지도 않고 침입하는가?"

그 사람이 놀라고 두려운 빛을 띠고 머뭇거리며 말했다.

"이것은 내 집인데요."

"누가 주인이든지 이렇게 눈 오는 밤인데 들어와 몸이나 녹이시오."

그 사람이 들어오는 것을 보고 나는 물었다.

"그대가 이 집 주인이라면 집을 비우고 어디를 갔던 게요? 내가 보기에 주인 같아 보이지는 않으나 추울 터이니 여기 와서 고기나 자시오."

그 사람도 하도 어이가 없어 이야기를 한다.

"오늘이 내 어머님 대상입니다. 각처에서 조객이 와서 제사를 지내려는데, 갑자기 동구에서 포성이 진동하지 않겠습니까? 조객들은 뿔뿔이 흩어져 도망가고 나도 식구들을 산속으로 피신시켜 두고 잠시 왔던 길이오."

나는 한편으로 실례했다고 말하고 한편으로는 위로를 했다.

"우리도 장사차 성내에 왔는데, 당도하자마자 난리가 났다고 소동을 하기로 촌으로 피난을 나온 것이오. 와서 보니 당신 집 문이 열려 있기로 들어왔고, 들어와 보니 음식물이 있기로 요기를 하던 중이오. 난리 때라 이런 일도 있는 법이니 용서하시오."

주인은 그제야 안심을 했다. 나는 주인을 권하여 산속에 피하여 숨은 식구들을 다시 돌아오게 하라고 일렀다. 주인은 겁이 나서 말했다.

"지금도 보니 동구 밖에 군대가 밀려가던데요."

"군대가 무슨 일로 출발한다는지 들으셨소?"

주인은 청나라 쪽을 가리키며 말했다.

"강 건너 쪽에서 의병이 밀려와 강계를 치려다가 군대에게 몰려간다고 합디다. 그렇지만 멀리서 자꾸 포성이 들리니 알 수 있습니까? 승부가 어찌 될지는 아무도 모르지요."

우리는 이렇게 말했다.

"의병이 오나 군대가 오나 촌사람들에게야 무슨 관계가 있겠소? 부녀자와 어린 아이들이 눈 속에서 밤을 지내다가 무슨 위험이 있을지 모르니 속히 집으로 돌아오게 하시오."

주인은 오히려 자기 집을 우리에게 부탁하였다.

"내 집 식구뿐 아니라 온 마을이 거의 다 산 위에서 밤을 보낼 준비를 하였으니, 손님은 과히 염려치 마시고 이왕 내 집에 오셨으니 집이나 지켜주시오. 나는 산에 있는 식구들을 가서 보고 오리다."

인풍루 밖 길가 첫 동네에 있던 그 집에서 잠을 자고, 다음날 아침 일찌감치 출발하여 강계를 떠나서 적유령(狄踰嶺)을 넘어 수일 만에 신천(信川)에 도착했다.


## 3) 인연 없는 스승의 손자사위

청계동을 향하여 가는 길에 사람들에게 물으니, 고선생 집에 콜레라[虎烈刺病]가 들어 맏아들·맏며느리인 원명 부부가 일시에 함께 죽었다는 놀라운 소식을 들었다.[40]

동네 입구에 들어서서 먼저 고선생 댁에 가서 위문하였다. 고선생은 도리어 침착하고 태연한 빛이 있었으나, 나는 원통하고 가슴이 답답해 아무 말도 할 수가 없었다. 부모님 계신 집으로 가려고 하직을 할 때에 고선생이 이해하기 어려운 말씀을 한마디 하셨다.

"곧 성례(成禮)를 하기로 하세!"

듣기만 하고 집에 가서 부모님과 이야기하는 가운데,

"네가 떠난 뒤에 고선생 손녀(원명의 맏딸)와 너와 약혼이 되었다."

는 말씀을 들었다. 그제야 비로소 고선생이 말씀하신 뜻을 깨달을 수 있었다.

아버님과 어머님은 번갈아가며 약혼하게 된 경과를 설명하셨다. 아버님의 말씀은 이러하였다.

"네가 나간 후 고선생이 집에 찾아오셔서, '요새는 아들도 없고 매우 고적하실 터이니 내 사랑에 오셔서 이야기나 하고 놉시다' 하시더라. 감사하여 그

---

40) 을미년(1895) 윤 5월에 전국에 콜레라가 만연하여 수천 명이 사망하였다.

사랑에 가서 노는데, 고선생이 네가 어렸을 적부터 행동해 온 것을 세밀히 물으시더구나. 그래서 나는 네가 어렸을 때 공부 열심히 하던 것과 해주 과거장에서 극단적인 비관을 품고 돌아온 일, 관상서를 보다가 낙심하던 일, 마음좋은 사람이 되려고 동학에 입도하던 일, 근처 동네의 강씨·이씨들은 조상님의 뼈를 사고 파는 죽은 양반들이지만 너는 스스로 마음을 수양하고 몸으로 실행하여 살아 있는 양반이 되겠다고 하던 것 등을 모두 이야기하였다.”

어머님 말씀은 이러했다.

“어느날 고선생이 우리집에 오셔서 나더러도 네가 곧잘 하던 일을 물으시더구나. 그래서 나는 네가 강령에서 큰 칼을 가지고 신풍 이생원집 아이들을 죽이러 갔다가 칼도 빼앗기고 매만 맞고 왔던 일을 말씀드렸다. 그리고 돈 스무냥을 허리에 차고 떡 사 먹으러 갔다가 제 아버지께 매 맞았던 이야기며, 내가 사둔 청·홍 물감을 전부 가져다가 개천에 풀어놓았던 일, 아침에 울기 시작하면 종일토록 울었다는 이야기를 했다.”

아버님께서 또 말씀하셨다.

“하루는 고선생 댁에 가서 노는데, 선생이 갑자기 ‘노형, 우리집과 혼인하면 어떻겠습니까?’ 하고 물으시더라. 나는 무어라고 대답할지를 몰랐다. 선생이 다시 말씀하시기를 ‘내가 청계동에 온 뒤로 수없이 많은 청년들을 시험하여 왔는데, 당신 아들만한 사람을 아직 보지 못하였소. 불행히 아들 며느리가 갑자기 죽고 보니 내 몸과 마음을 전부 의탁할 사람을 생각하게 되었는데, 노형의 아들과 내 맏손녀와 혼인을 하고 내가 창수에게 의탁하면 어떻겠소?’ 하셨다. 나는 황공하여 ‘선생께서 그처럼 미거한 자식을 사랑하시는 것이 감사하나 반상(班常)의 다름으로나 덕행으로나 제 집의 형편으로나 자식의 처지로 감당할 수 없습니다. 제 자식이 속마음은 어떤지 모르나 저도 스스로 인정하다시피 외모도 하도 못나서 선생 집안에 욕이 될까 두렵습니다’ 하였다. 그러자 고선생은 이런 말을 하시더라. ‘아비만큼 아들을 아는 사람이 없다고 하나 내가 노형보다 아드님에 대해 좀더 알는지 알겠소? 아드님이 못생겼다고 그다지 근심은 마시오. 내가 보건대 창수는 범상〔虎相〕입니다. 인중(人中)이 짧은 것이라든지 이마가 두툼한 것이라든지<sup>41)</sup> 걸음걸이라든지, 장래 두고 보시오. 범의 냄새도 풍기고 범의 소리도 질러서 세상을 크게 놀라게 할는지 알겠소?’

하시더라."

부모님 말씀에 그렇게 해서 약혼을 하였다 한다. 나는 고선생이 그같이 나를 촉망하고 자원하여 손녀를 허락한 일로 인해 더욱 책임감이 무거워지는 느낌을 받았고, 또 그 성의를 감당키 어렵다는 생각을 하였다. 그러나 규수의 자품이 뛰어난 점이나, 상당한 가정교훈을 받은 점을 생각하면 한편으로 만족한 마음도 들었다.

그후로 고선생 댁에 가면 안채에서도 인정하는 빛이 보였고, 예닐곱 살 된 둘째 손녀아이는 나더러 아저씨라고 부르며 "안아주오" "업어주오" 하였다. 또, 그 규수는 조부 밥상에 내 밥을 같이 차려 들고 내가 앉아 있는 자리에도 들어왔다. 나는 마음이 퍽 기뻤다. 원명 부부의 장례도 내가 도와서 지냈다.

고선생에게 청나라 돌아다닌 이야기를 처음부터 끝까지 일일이 보고하였다. 압록강과 두만강 건너편 토지의 비옥함에 대해, 그리고 그곳의 지세와 인심은 어떠한지에 대해 말씀드렸고, 서옥생의 아들과 결의한 일, 돌아오는 길에 김이언을 만나 의병에 동참하였다가 실패한 일 등등을 다 말씀드렸다. 또 장래에 북방에 가서 활동할 지대, 즉 군대를 움직일 만한 곳[用武之地] 등을 두루 소상히 보고하였다.

마침 그때는 단발령(斷髮令)이 내린 때였다.[42] 군대와 경찰은 거의 다 머리를 깎았고, 문관들도 각 군의 면장까지 단발을 실시하던 중이었다. 나는 이 문제를 고선생과 상의하고 안진사와 더불어 의병 일으킬 문제를 회의하였다. 그러나 안진사는 아무 승산 없이 일어났다가는 실패할 수밖에 없으니 그럴 생각이 없고, 천주교를 믿다가 후일 기회를 보겠다는 것이었다. 뿐만 아니라 그는 지금 당장 머리를 깎아야 한다면 깎기까지라도 할 의향을 가졌노라고 하였다. 그 말을 듣자, 고선생은 두말 않고 절교를 표시하였다.

"진사, 오늘부터 끊네."

고선생이 절교를 선언하고 자리에서 물러나는 바람에 나의 심사도 매우 저어하여졌다. 이 일이 안진사의 인격으로 된 것이었든지 아니었든지 간에, 우

---

41) 원문: "이마가 俗 붙은 것으로". '서문당본'이나 '학민사본' 둘 다 '두툼한'으로 해석했다.
42) 단발령이 내려진 때는 1895년 11월 15일(음)이다.

리나라에서 일어난 동학은 토벌하고 서양 오랑캐가 하는 서학(西學)을 한다는 말이 매우 괴이하였다. 모름지기 의리 있는 선비라면, "목을 자를지언정 머리카락은 자를 수 없다" "저승에서 머리 없는 귀신이 될지언정 이승에서 머리 깎는 사람은 되지 않겠다"[43]고 생각할 때였다. 그런데 안진사가 단발할 의향까지 보였다는 것은 그에게 의리가 없다는 말이 아니고 무엇이겠는가?

이런 생각을 하고 고선생과 상의하기를 속히 성혼이나 하고서 청계동을 떠나기로 결정하였다. 부모님께는 다른 자녀가 없었고 단지 나 하나뿐이었으므로, 고선생과 같이 훌륭한 가문 출신인 며느리를 맞게 되는 것이 무엇보다도 기뻐서 온 힘을 다하여 혼수와 혼구를 준비하기에 분주하였다. 그러나 어찌 예상하였으랴? 호사다마(好事多魔)로 괴이한 일이 생겼다.

하루는 10여 리 길 해주 검단(檢丹) 등지에 있는 친구 집에 가서 일을 보고 해가 저물어 그 집에서 잠을 자게 되었다. 겨우 아침에 일어났을 때에 고선생이 나를 찾아와서 천만낙심하여 이렇게 말씀하셨다.

"자네가 어렸을 때 뉘 집에 약혼을 하였다가 자네가 원치 않아서 퇴혼하였다고 했던 것이 지금에 와서 문제가 되네그려. 내가 어제 사랑에 앉았노라니 성이 김가라고 하는 사람이 찾아왔었다네. 나를 보고 '당신이 고아무개[高某]냐?' 묻기로 그러하다 하니 내 앞에다가 칼을 내어놓고 하는 말이 '들으니 당신 손녀를 김창수에게 허혼하였다 하니 첩으로 주는 것이오, 정실이오?' 하고 물었네. 하도 괴상하여 김가를 나무라며 '초면에 그게 무슨 무례한 말이냐?' 하니, 김가가 노기 등등하여 하는 말이 '김창수의 정처는 곧 내 딸인데 이제 들으니 당신 손녀와 결혼을 한다 하기로 첩이라면 가하나 정실이라면 이 칼로 생사를 가름하겠다' 하지 않겠나? 나는 '김창수가 종전에 약혼한 곳이 있었으나 이미 파혼된 줄 알고 허혼을 하였소. 그러나 이제 그대의 말을 듣건대 엄연히 약혼중이라 하니 이 문제는 내가 김창수를 보고 해결할 터, 그대는 물러가오' 하여 돌려보냈네. 이 일을 어찌하겠나? 우리 집안 여자들은 큰 난리가 났네."

나는 이 말을 듣고 시작이 재미없게 된 것으로 보고 고선생에게 말씀드렸다.

---

43) 원문: "頭可斷이언정 髮不可斷(寧爲地下無頭鬼 不作人間斷髮人)".

"제가 선생님을 믿고 따르는 본래 의도는 선생님의 손자사위나 됨에 있지 않습니다. 저는 정녕코 선생님께서 친히 가르쳐 주시는 교훈을 마음속에 아로 새기고 죽을 때까지 그 거룩하신 가르침을 봉행하기로 마음에 맹세하였습니다. 그러니 혼인을 하든 안 하든 무슨 상관이 있겠습니까? 혼사는 서로 단념하고 의리로만 선생님을 받들겠습니다."

이미 혼사가 순조롭게 되지 않을 줄 알고 잘라 말하였으나, 마음속으로는 매우 섭섭하였다.

고선생은 내 말을 듣고 눈물을 흘리며 탄식하였다.

"내가 장래에 몸과 마음을 의탁할 만한 사람을 물색하고자 허다히 마음을 써서 자네를 만났고, 더욱이 미혼이므로 혼사까지 성약한 것인데 이런 괴변이 어디 있겠나? 그러면 혼사는 없었던 일로 치세. 그러나 이제 관리들이 단발을 하고 나면 평민들에게도 실시하려 할 터이니, 자네는 시급히 몸을 빼쳐 달아나 단발의 화를 면하도록 하게. 나는 머리 깎는 화〔髮禍〕가 미치면 죽기로 작정하였네."

여기서 이왕에 기록하면서 제외하였던 사건 한 가지를 추가하여 적는다.

내 나이 네댓 살 때에 아버님이 어떤 술집에서 함경도 정평(定平) 사람인 김치경(金致景)이란 함지박장수를 만나 취중에 말이 오가다가 그에게 8, 9세 된 딸아이가 있음을 보고 농담같이 청혼을 하였다. 김치경은 혼사를 승낙하였고, 사주까지 보내었다.

그후 아버님이 이 여자아이를 집에 종종 데려오셨다. 당시 나는 서당에 다니고 있었는데, 동네 아이들이 그것을 보고 나를 놀려대곤 했다.

"너는 함지박장수의 사위다. 너의 집에 데려온 처녀가 곱더냐?"

이런 조롱을 받을 때에는 심사가 매우 불쾌했다. 하루는 추운 겨울 얼음판 위에서 팽이를 돌리며 놀고 있는데 그 여자아이가 내 곁에 와서 구경하다가 자기에게도 팽이 한 개를 깎아 달라고 하였다. 나는 그 말을 듣고 화가 머리 끝까지 치밀어서 어머님에게 졸라 그 여자아이를 도로 돌려보냈다. 그러나 약혼을 해제한 것은 아니었다.

그랬다가 갑오년에 청일전쟁이 일어났다. 당시는 일반 인심에 대부분의 아들딸 가진 사람들이 자식 혼인시키는 것을 유일한 의무로 알던 때였다. 당시 나는 동학 접주가 되어 동분서주하던 판이었는데, 하루는 집에 들어가니 술과 떡을 마련해 놓고 혼인 준비를 하고 있는 것이었다. 나는 한사코 장가를 가지 않겠다고 부모님께 말씀드렸다. 부모님도 할 수 없다고 여기셨던지, 김치경에게 자식이 원하지 않으니 혼약을 해제할 것을 상의하시고, 그 집 딸도 다른 자리에 출가시키라고 하셨다. 김치경도 무방(無妨)한 일이라 생각했었다.

김치경이 청계동에서 10여 리쯤 되는 곳에 있는 신천 수유령(水踰嶺)에 이사하여 술장사를 하던 때였다. 그때 김치경이 나와 고선생 댁과의 혼약 소문을 듣고서, 이 혼사를 방해하면 돈푼깨나 얻을 수 있을 것이라 생각하여 짐짓 방해를 놓은 것이었다. 아버님이 분기탱천하셔서 곧 김치경의 집에 가서 싸움을 하였으나 이미 다 지나간 일이었다. 김치경은 그때 벌써 자기 딸을 인근 동네에 돈을 받고 혼약해 놓은 상태였다고 한다. 그후 고선생은 비동(飛洞)으로, 우리집은 텃골로, 세간살이를 다 옮겨 이사하였다.


### 4) 복수 의거, 치하포 사건

나는 시급히 청나라 금주에 있는 서옥생의 집으로 가기로 작정하였다. 김형진은 자기 본향으로 가게 되어 동행하지 못하고 단신으로 출발하였다.[44] 평양에 도착하니 관찰사 이하 전부가 단발을 하고, 길목을 막고 서서 지나가는 행인들을 붙들고 머리를 깎고 있었다. 단발령을 피하려고 시골로나 산골로 숨어 들어가는 백성들의 원성이 길을 가득 메운 것을 목격하고, 나는 머리끝까지 분기가 가득하였다.

안주(安州)에 도착했는데, 게시판을 보니 단발정지령(斷髮停止令)이 내려

---

44) 약간의 전후 설명이 필요하다. 1895년 중국에 다녀온 후 김창수·김형진은 김재희·최창조·백낙희·김양근·김계조·백기정·김의순·백낙규 등과 함께 장연에서 산포수를 모아 1896년 구정일에 거병하여 해주부를 공략하고, 청병과 합류하여 경성까지 진격하는 거사를 추진하였다. 그러나 거사 직전에 백낙희 등이 검거되어 거사는 실패하고 김창수와 동료들은 황급히 도피하였다. 이들은 체포의 위험 때문에 각각 흩어졌고, 이후 김창수는 김형진을 만나지 못하였다.

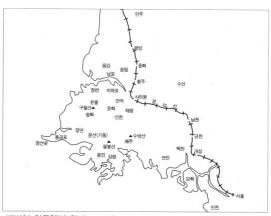

백범이 활동했던 황해도 주변도

있었다. 소문을 들으니, 경성 종로(鍾路)에서 사람들에게 단발을 시켰다가 대소동이 일어났다고 했다. 일본인들의 가옥을 때려부수고 일인을 다수 때려죽이는 등 변란이 나고, 당시 정부 당국자들에게도 큰 변동이 일어났다고 했다. 이야기를 들어보니, 장차 나라 안 사정이 많이 변할 낌새라 굳이 출국할 것이 없다는 생각이 들었다. 또 삼남 방면에서 의병이 봉기한다고도 하니, 다시 돌아가서 시세를 관찰하리라 결심하고 회정하였다.[45]

용강군(龍江郡)에서 안악군(安岳郡) 치하포(鴟河浦)로[46] 배를 타고 건너게 되었는데, 때는 병신년(丙申: 1896, 21세) 2월 하순이었다.[47] 강 위에 빙산이 떠다니는 바람에 열대여섯 명의 남녀 선객이 이 빙산에 포위되고 말았다. 진남포(鎭南浦) 하류까지 빙산에 싸여 내려갔다가 조수를 따라서 다시 상류로

---

45) 을미사변의 참극이 있은 지 3개월 만인 1895년 11월 김홍집내각이 국상중임에도 불구하고 단발령을 선포하자, 전국 각지에서 몸을 지키자는 '보형(保形)의병'이 일어났다. 이어 고종은 러시아 영사관으로 피신하고(아관파천), 김홍집·어윤중 등은 살해되고 갑오내각이 붕괴하였다. 뒤이어 이범진·이완용·윤치호 등을 중심으로 한 친러내각이 등장하여 단발령을 철회하였다. 백범은 안주에서 아관파천, 내각 교체, 단발정지령 등의 소식을 듣고 청나라로 가려던 거사 계획을 바꾸었다.

46) 원주: "安岳郡에서 東北 四十里 許".

47) 당시 보고(규장각 자료)에는 1896년 3월 8일(음력 1월 25일)이다.

오르락내리락 하게 됐는데, 선객들은 물론 뱃사공들까지 모두 얼음귀신이 되는 줄 알고 당황해 했다. 나도 해마다 얼음이 얼었다가 풀리는 때가 되면 사람들이 종종 이런 나루터에서 빙산에 포위되어 참사를 겪게 된다는 것을 들어 알고 있었던바, 이날 불행히도 내가 그런 위태로운 지경에 빠지게 되었던 것이다. 사람들이 살려 달라고 하느님께 부르짖는 소리, 어머니를 부르는 울음소리가 배에 진동하였다.

나는 살아나갈 방도를 찾아보았다. 배 안에는 식량이 없어 얼어죽는 것보다 먼저 굶어 죽을 판이었다. 다행히 나귀 한 필이 있어, 빙산의 포위가 오랫동안 계속될 것 같으면 잔인하나마 부득불 나귀를 잡아서 열대여섯 사람의 생명을 보전하기로 했다. 무작정 소리내어 우는 것이 우리 목숨을 구하는 길이 아니니, 뱃일을 사공에게만 맡길 것이 아니라 선객 모두가 일제히 힘을 합해서 빙산을 밀어내자고 하였다. 빙산이 순식간에 물러가지는 않는다 하더라도, 추위 속에 몸을 움직이면 운동이 될 터이니 유익할 것 같았다. 내가 이런 주장을 맹렬히 내세우고 힘쓸 자를 구하니 선객들과 뱃사공이 일제히 찬성하였다. 나는 몸을 날려 빙산에 올라가서 얼음들이 모여 있는 형세를 살펴보고, 큰 얼음덩이에 의지해서 작은 것을 힘껏 밀어내 보았다. 이렇게 노력하던 중 간신히 한 줄기 살 길을 찾게 되었다.

멀리 떨어진 치하포에는 닿지 못하고 5리 밖 강기슭으로 올라갔다. 서산에 지는 달이 아직 희미하게 빛을 발하고 있었다. 치하포에 도착해서 여관을 겸하고 있는 나루터 주인의 집에 들어갔다. 풍랑으로 인해 유숙하는 손님들이 세 칸 여관방에 가득하였다. 자정[夜午]이 넘은 시각이었으므로 방방마다 코고는 소리만 들렸다. 함께 고생했던 우리 일행들도 방 세 칸에 나뉘어 들어가 잠을 자고 쉬었다.

잠이 막 들자마자 먼저 들어온 여행객들이 일어나 떠들며, 오늘은 날씨가 좋으니 배를 타고 건너게 해 달라고 한바탕 야단을 쳤다.

조금 있다가 아랫방에서부터 아침식사가 시작되어 가운뎃방과 윗방까지 밥상이 들어왔다. 그때 가운뎃방에는 단발을 하고 한복을 입은 사람 한 명이 같이 앉은 나그네와 인사를 나누고 있었다. 성은 정씨(鄭氏)라 하고 장연에 산다고 하는데,[48] 말투는 장연말이 아니고 경성말이었다. 촌 늙은이들은 그를 진짜 조선인으로 알고 이야기를 나누었으나, 내가 보기에는 분명히 왜놈이었다. 자세히 살펴보니 흰 두루마기 밑으로 칼집이 보였다. 가는 길을 물어보니 진남포로 간다 했다.

나는 그놈의 행색에 대해 곰곰이 생각해 보았다.

'이곳은 진남포 맞은편 기슭이므로 매일매일 여러 명의 왜인이 자기들의 본래 행색대로 통행하는 곳이다. 그러니 저놈이 보통 장사치나 기술자 같으면, 굳이 우리 조선사람으로 위장하지 않아도 되었을 것이다. 그렇다면 혹시 저 자가 우리 국모를 시해한 미우라(三浦梧樓)[49]가 아닐까? 경성에서 일어난 분란 때문에 도망하여 당분간 숨으려는 것은 아닌가? 만일 미우라가 아니더라도 미우라의 공범일 것 같다. 여하튼 칼을 차고 숨어다니는 왜인이 우리 국가와 민족의 독버섯인 것은 명백한 사실이다. 내가 저놈 한 명을 죽여서라도 국가의 치욕을 씻어 보리라.'

먼저 주위 환경과 나의 역량을 살펴보았다. 방 3칸에 가득 찬 손님의 수가 40여 명 되어 보였고, 그놈의 패거리[50]가 몇 명 정도 섞여 있을지는 알 수 없었으나, 나이 17, 8세 되어 보이는 총각이 그놈 옆에서 무슨 말인가 하고 있었다.[51]

'나는 혼잣몸에 빈손이 아닌가? 섣불리 손을 썼다가[52] 내 목숨만 저놈의 칼 아래 끊어 보내는 것은 아닐까? 그렇게 되면 내 의지와 목적은 세상에 드러내지도 못하고, 도리어 도적놈의 시체 하나만 남기고 죽고 말 것이다.[53] 또 내가 빈손으로 단번에 저놈을 죽일 수는 없다. 만약 죽을 결심을 하고 대들더라도[54] 방안에 있는 사람들이 만류하면 그 틈을 타서 저놈의 칼이 내 몸에 들어오고

---

48) 원주: "其時에 黃海道에는 長淵이 先次로 斷髮되여 平民들도 斷髮한 者 或 有하엿다."
49) 육군중장 출신으로 을미사변을 주도한 조선주재 일본 공사.
50) 원문: "鷹犬". 응견(鷹犬)은 사냥할 때에 쓰이는 매와 개.
51) 뒤에 밝혀진 바에 의하면 배의 주인은 조응두(趙應斗), 배에 탄 인원은 일본인 외 7명이었다. 총각의 이름은 임학길(林學吉)이며 20세였다.
52) 원문: "動手를 하다가".
53) 실패하고 죽으면 자기가 오히려 도적이나 강도로 오인받을 것을 우려한 말이다.
54) 원문: "下手를 한다손".

말 것이다. 그러니 아무리 생각하여도 이 일은 불가능한 일이다.'

이런 생각을 하니 가슴이 심하게 울렁거렸다.

심신이 자못 혼란한 상태에 빠져 고민하고 있는데, 홀연히 한 가닥 광선이 가슴 속에 비치는 듯하였다. 그것은 바로 후조(後凋) 고능선 선생이 가르쳐 주신 교훈이었다.

> 벼랑에서 가지 잡고 오르는 것은 대단한 일 아니고, (得樹攀枝無足奇)
> 움켜잡은 그 손마저 놓아야 대장부라 할 수 있으리. (懸崖撒手丈夫兒)

나는 곧 자문자답해 보았다.

문, "네가 보기에 저 왜인을 죽여 설욕하는 것이 옳다고 확신하는가?"

답, "그렇다."

문, "네가 어릴 때부터 '마음 좋은 사람' 되기가 소원이 아니었더냐?"

답, "그렇다. 그러나 지금은 원수 왜놈을 죽이려다가 성공하지 못하고 도리어 죽임을 당하면, 한낱 도적의 시체로 남겨질까 그것을 미리 걱정하고 있는 것이다. 그렇다면 내가 이때까지 '마음 좋은 사람' 되고자 했던 것은 다 거짓이고, 사실은 '몸에 이롭고 이름 내는 것을 좋아하는 사람'[55]이 되려는 소원만 가졌던 것이 아닌가."

자문자답 끝에 비로소 죽을 작정을 하고 나니, 가슴 속에서 일렁이던 파도는 어느덧 잔잔해지고 백 가지 계책이 줄지어 떠오르기 시작했다.

우선 방안에 있는 40여 명의 손님들과 동네사람 수백 명을 무형의 노끈으로 꽁꽁 동여 움직이지 못하게 하기로 했다. 그 왜놈이 만약 조금이라도 불안한 상태를 느끼게 되면 거기 대비하게 될 터이니, 일단 아무 눈치도 채지 못하도록 안심을 시키고, 나 한 사람만 자유자재로 연극을 연출하는 방법을 쓰기로 했다.

아랫방에 먼저 도착하여 제일착으로 밥상을 받은 사람이 숟가락질을 시작했다. 그러나 자던 입에 새벽밥이라고 밥이 제대로 넘어갈 리가 없었다. 삼분

---

55) 원문: "好身好名人". 몸에 이익되는 것과 이름 날리는 일을 좋아하는 사람.

의 일도 채 못 먹고 있을 즈음, 나중에 밥상을 받은 나는 네댓 숟갈로 한 그 릇 밥을 다 먹어치웠다. 일어서서 주인을 부르니 골격이 준수하고 나이 약 37, 8세나 되었음직한 사람이 문 앞에 와서 물었다.

"어느 손님이 불렀소?"

나는 주인을 보고 말했다.

"내가 좀 청했소이다. 다름 아니라 내가 오늘 700여 리나 되는 산길을 걸어 서 넘어가야 하는데, 아침을 더 먹고 가야겠으니 밥 일곱 상(7인분)만 더 차 려다 주시오."

주인은 아무 대답 없이 나를 보기만 하더니, 내 말에는 대답도 아니하고 방 안에서 아직 밥을 먹고 있는 다른 손님들을 보고서 이렇게 말했다.

"젊은 사람이 불쌍도 하다. 미친놈이군."

이 말 한마디를 하고는 안방으로 들어가버렸다. 나는 한켠에 드러누워서 방 안 사람들의 평판과 분위기를 보면서 왜놈의 동정을 살펴보았다. 방안에서는 두 갈래 논쟁이 일어나기 시작했다. 그중 유식하게 보이는 청년들은 주인의 말과 같이 나를 미친 사람이라 했고, 식후제일미[56]로 긴 담뱃대를 붙여 물고 앉은 노인들은 이 청년들을 나무라며 말했다.

"여보게, 말을 함부로 말게. 지금인들 이인(異人)이 없으란 법 있겠나? 이 런 말세에는 마땅히 이인이 나는 법일세."

청년들이 대번에 그 말을 받아 대꾸했다.

"이인이 없을 리 없겠지만, 저 사람 생긴 꼴을 보세요. 무슨 이인이 저렇겠 어요?"

그 왜놈은 별로 주의하는 빛도 없이 식사를 마치고 중문 밖에 서서 문기둥 을 의지하고 방안을 들여다보며 총각아이가 밥값 계산하는 것을 지켜보고 있 었다.

나는 서서히 몸을 일으켜 크게 호령하며 그 왜놈을 발길로 차서 거의 한 길 이나 되는 계단 밑으로 떨어뜨렸다. 그리고는 바로 쫓아 내려가서 놈의 목을 힘껏 밟았다.

---

56) 밥 먹고 난 후 피우는 담배의 맛을 '식후제일미'라 표현하였다.

세 칸 객방의 앞쪽 출입문이 아랫방에 한 짝, 가운뎃방의 분합문(分合門)[57] 두 짝, 윗방에 한 짝, 합해서 모두 네 짝인데, 이 방문 네 짝이 일제히 열리면서 문마다 사람머리가 다투어 나왔다.

나는 몰려오는 사람들을 향하여 간단하게 한마디로 선언하였다.

"누구든지 이 왜놈을 위해 내게 달려드는 자는 모두 죽이고 말리라."

선언이 채 끝나기도 전에, 방금 내 발에 채이고 밟혔던 왜놈이 새벽 달빛에 칼빛을 번쩍이며 달려들었다. 얼굴로 떨어지는 칼을 피하면서 발길로 왜놈의 옆구리를 차서 거꾸러뜨리고 칼 잡은 손목을 힘껏 밟으니 칼이 저절로 땅바닥에 떨어졌다.[58]

나는 그 왜놈을 머리로부터 발끝까지 점점이 난도질했다. 아직 2월 날씨라 마당은 빙판이었는데, 피가 샘솟듯 넘쳐서 마당으로 흘러내렸다. 나는 손으로 왜놈의 피를 움켜 마시고, 그 피를 얼굴에 바르고, 피가 떨어지는 칼을 들고 방안으로 들어가 호통을 쳤다.

"아까 왜놈을 위하여 내게 달려들려고 하던 놈이 누구냐?"

방안에 있던 자들 중 미처 도망가지 못한 자들은 모두 엎드려서 빌기 바빴다.

"장군님, 살려주시오. 나는 그놈이 왜놈인 줄 모르고 보통 싸움으로만 알고 말리려고 나갔던 것입니다."

또 어떤 사람은 이렇게 말했다.

"나는 어제 배 위에서 장군님과 같이 고생하던 장사꾼입니다. 왜놈과 같이 오지도 않았습니다."

노인들은 겁이 나서 벌벌 떨면서도 아까 청년들을 책망하며 나를 편들어 준 일로 떳떳이 가슴을 내밀고 말했다.

"장군님, 아직 지각이 없는 청년들을 용서하십시오."

이러는 가운데, 주인 이화보(李和甫)가 왔다. 그는 감히 방안에 들어오지도

---

57) 나뉘었다 합쳐졌다 하는 문.

58) 신문에서 백범은 병기(兵器)도 사용하였다고 진술했다. 즉 처음에는 돌로 치고[石打], 다음에는 나무로 때렸으며[木擊], 도망가자 다시 나무로 때렸다[以木連打].

못하고 방 바깥에 엎드려서 빌었다.

"소인이 눈은 있지만 눈동자가 없어〔有目無珠〕 장군님을 멸시하였으니, 그 죄 죽어도 여한은 없습니다. 그러나 저 왜놈에게는 다만 밥 팔아먹은 죄밖에 없습니다. 아까 장군님을 능욕하였으니 죽어도 마땅합니다."

나는 방안에 꿇어 엎드린 채 떨고 있는 사람들을 향하여 일어나 앉으라고 명하고 주인 이화보에게 물었다.

"네가 그놈이 왜놈인 것은 어떻게 알았느냐?"

"소인이 나루터 객주를 하는 탓에 진남포로 내왕하는 왜인들이 종종 제 집에서 자고 다닙니다. 그러나 한복을 입고 오는 왜인은 오늘 처음 봅니다."

나는 다시 물었다.

"이 왜인은 복색뿐만 아니라 조선말도 능한데 네 어찌 왜인인 줄 알았느냐?"

"몇 시간 전에 황주(黃州)로부터 온 목선 한 척이 포구에 들어왔는데, 뱃사람들의 말이 일본 영감(令監) 한 분을 태워왔다고 하기에 알았습니다."

"그 목선이 아직 포구에 머물러 있느냐?"

"그렇습니다."

나는 그 뱃사람을 데려오라고 하였다.

이와 같이 문답하는 가운데, 눈치 빠른 이화보는 일변 세면도구들을 들여오고, 그런 다음 밥 일곱 그릇을 한 상에 놓고, 다른 한 상에는 반찬을 차려 들여놓고서 먹기를 청하였다. 나는 얼굴을 씻고 밥을 먹게 되었다.

밥 한 그릇을 먹은 지 10분 정도밖에 안되었으나, 과격한 행동을 한 뒤라서 한 두 그릇쯤은 더 먹을 수 있었다. 그러나 일곱 그릇까지 먹는다는 것은 무리였다. 그래도 애시당초 일곱 그릇을 더 요구한 것이 거짓말로 알려져서는 재미없는 일이라 큰 양푼 한 개를 청하여 밥과 반찬을 한 군데에다 붓고 숟가락 한 개를 더 청하였다. 숟가락 두 개를 포개 들고서 밥 한 덩이가 사발통만큼씩 되게 밥을 떠먹었다. 곁에서 보는 사람 생각으로는 몇 번만 더 뜨면 그 밥을 다 먹겠구나 하도록 보기 좋게 한 두어 그릇 분량을 먹다가 숟갈을 던지고 혼잣말로 중얼거렸다.

"오늘은 먹고 싶던 원수의 피를 많이 먹었더니 밥이 들어가지를 않는다."

식사를 마치고 일의 조처에 착수했다.

왜놈을 싣고 온 뱃사람 7명이 문 앞에 엎드려 죄를 청하였다.

"소인들은 황주에 사는 뱃사람들인데 왜놈을 싣고 진남포까지 뱃삯을 작정하여 가던 죄밖에 없습니다."

나는 뱃사람들에게 명하여 왜놈의 소지품 전부를 가지고 오도록 했다. 소지품을 조사해 본 결과, 그 왜인은 쓰치다(土田讓亮)라는 자였고 직위는 육군 중위(中尉)였다.[59] 가진 돈이 엽전 800냥 남짓 되었다. 그 돈으로 뱃삯을 지불하고, 이화보를 시켜 동네의 동장(洞長)을 불러오라 했다. 그러자 이화보가 말하기를,

"소인, 명색(名色)이 동장이올시다."

했다. 동네의 극빈한 집에 그 나머지 돈을 모두 나눠주라고 명령했다.[60]

"왜놈의 시체는 어찌하오리까?"

하고 물으므로 이렇게 분부하였다.

"왜놈들은 우리 조선의 사람들뿐 아니라 모든 생물들의 원수니, 바다 속에 던져서 물고기와 자라들까지 즐겁게 뜯어먹도록 하라."

그런 다음 이화보에게 필기[筆具]를 갖고 오게 해서 몇 줄의 포고문(布告文)을 썼다. 먼저 왜놈 죽인 이유를 "국모보수(國母報讐)의 목적으로 이 왜인을 죽이노라"라고 밝히고, 마지막 줄에 "해주 백운방 텃골 김창수(金昌洙)"라 써서 사람들이 지나다니는 길거리 벽에 붙였다.[61]

그리고 다시 이화보에게 명령하였다.

---

59) 일본 외무성 자료에 의하면 쓰치다(土田)는 나가사키(長崎)현 대마도 이즈하라(嚴原)항 상인으로, 1895년 10월 진남포에 도착한 후 11월 4일 황해도 황주로 가서 활동하였고, 1896년 3월 7일 진남포로 귀환하던 길이었다.

60) 규장각 재판자료에 의하면 백범은 75냥으로 타고 갈 당나귀를 구입하고, 나머지 800냥은 동민에게 나누어 주라고 이화보에게 어음을 받고 맡겼다. 이 800냥은 나중에 일본 영사관 경찰에 의해 거의 전액 회수되었다. 이후 재판에서도 돈 문제는 강도 행위 여부를 판단하는 중요한 쟁점으로 부각되었다.

61) 규장각 자료에 의하면 이때 백범은 1895년 중국행에서 서경장(徐慶璋)으로부터 받은 '의병 좌통령'(義兵左統令)이란 임명장도 내보였다.

"네가 이 동네 동장이니 안악 군수(安岳郡守)에게 사건의 전말을 보고하라. 나는 내 집으로 돌아가서 연락(下回)을 기다리겠다. 기념으로 왜놈의 칼은 내가 가지고 가겠다."

출발하려고 보니, 전신 의복꼴이 말이 아니었다. 흰옷이 피로 물들어 붉은 옷으로 변해 있었다. 다행히도 벗어 걸어두었던 두루마기가 있었으므로 그것을 입고 허리에 칼을 찼다. 한가로워 보이는 태도로 행객들과 동네사람 수백명이 모여 쳐다보는 사이를 지나 귀로에 올랐다. 겉으로는 태연자약하였으나 마음속으로는 매우 조급하였다. 만약 동네사람들이 가지 못하게 막는다면, 사실을 설명할 기회도 없이 왜놈들이 와서 나를 죽이고 말 것이다.

"네가 복수를 하였든지 무엇을 하였든지 우리 동네에서 살인을 하였으니 네 스스로 일을 해결하고 가라."

만약 이렇게 나온다면 어떻게 할 것인가? 물론 이것은 내 생각이었을 뿐이지, 그 사람들 중 아무도 내게 그런 말을 할 자는 없었을 것이다.

발길을 일부러 천천히 옮겨 고개 위에 올라서서 곁눈으로 치하포를 내려다보니, 사람들이 여전히 모여 서서 내가 가는 것을 구경하고 있었다. 시간은 어느덧 흘러 아침해가 높이 올라와 있었다.

고개를 넘은 후에는 빠른 걸음으로 신천읍에 도착하였다. 그날은 신천읍 장날이었다. 시장 이곳 저곳에서 치하포 이야기가 들렸다.

"오늘 새벽 치하포 나루에 어떤 장사가 나타나서 일본사람을 한 주먹으로 때려 죽였다지."

"그래, 그 장사하고 같이 용강에서부터 배를 타고 왔다는 사람을 만났는데, 나이 스물도 채 못 되어 보이는 소년이더라는군. 강 위로 빙산이 몰려와서 배가 그 사이에 끼여 다 죽게 되었는데, 그 소년 장사가 큰 빙산을 손으로 밀어내고 배에 탄 사람들을 다 살렸다던데. 게다가 그 장사는 밥 일곱 그릇을 눈 깜짝할 사이에 다 먹더라는걸."

이런 말을 듣다가 신천 서부(西部)에 사는 동학당 친구 유해순(柳海純)을 찾아갔다. 유씨가 한참 후에 "형의 몸에서 피비린내가 난다" 하며 자세히 보더니, "의복에 웬 피가 이다지 많이 묻었소?" 하고 물었다. 나는 대강 둘러댔다.

"길에 오다가 왜가리 한 마리를 잡아먹었더니 피가 묻었소이다."

그러나 유씨는 다시 물었다.

"그 칼은 웬 것이오?"

"여보. 노형이 동학 접주 노릇할 적에 남의 돈을 많이 강탈하여 두었다는 말을 듣고 내가 강도질하러 왔소."

그러나 유씨는 또다시 물으며, 사실 이야기를 하라고 졸랐다.

"동학 접주가 아니고서 그런 말을 하여야 믿지요. 어서 사실대로 말해보시오."

나는 대강 지난 일을 말해 주었다. 내 이야기를 들은 유해각(柳海珏)·유해순 형제는 크게 놀라면서, 과연 쾌남아다운 행동이라 하였다. 그리고 내게 강권하기를, 본가로는 가지 말고 다른 곳으로 피신하라 하였다. 그러나 나는 절대로 그렇게 할 수 없다고 말하였다.

"사람의 일은 모름지기 밝고 떳떳하여야 하오. 그래야 사나 죽으나 값이 있지, 세상을 속이고 구차히 사는 것은 사나이 대장부가 할 일이 아니오."

곧 떠나서 집으로 돌아왔다. 아버님께 그 동안 있었던 일을 일일이 보고하니 부모님 역시 피신할 것을 애써 권하셨다. 그러나 나는 이번에 내가 왜놈을 죽인 것은 사사로운 감정으로 한 일이 아니라 국가적인 수치를 씻기 위해 행한 일이니 정정당당하게 대처하겠다고 말씀드렸다.

"피신할 마음이 있었다면 애시당초 그런 일을 하지 않았을 것입니다. 이미 실행한 이상 자연히 법사(法司)에서 사법적인 조치가 있을 터이니 그에 따르도록 하겠습니다. 이 한 몸 희생하여 만인을 교훈할 수 있다면 죽더라도 영광된 일입니다. 제 소견으로는 집에 앉아서 마땅히 당할 일을 당하는 것이 의로운 일이라 생각합니다."

아버님도 다시 강권을 아니하시고 이런 말씀을 하셨다.

"내 집이 흥하든 망하든 네가 알아 하여라."


## 5) 첫번째 투옥

그럭저럭 석 달이 넘도록 아무 소식이 없더니, 병신년 5월 11일 아직 잠자리에서 일어나기도 전인데 어머님이 급히 사랑 문을 열고 말씀하셨다.

"얘, 우리집 앞뒤에 전에 보지 못하던 사람들이 와서 수없이 둘러서 있다."

이 말씀이 끝나자마자 수십 명이 쇠채찍[鐵鞭]과 쇠몽둥이[鐵椎]를 가지고 달려들면서 물었다.

"네가 김창수냐?"

"나는 그렇거니와 그대들은 무엇 하는 사람들인데 이같이 요란하게 인가에 침입하는가?"

그들은 그제야 내무부령(內務部令)을 등인(等因)한 체포장[62]을 보여주고, 나를 압송해서 해주로 길을 떠났다. 순검과 사령이 모두 30여 명이요, 내 몸은 쇠사슬로 여러 겹 동여졌다. 몇 사람은 앞뒤에 서서 쇠사슬 끝을 잡았고, 그 나머지는 좌우로 나를 에워싼 채 길을 갔다.

한 동네에 있는 20여 호 전부가 문중사람들이었으나, 두려워하여 한 사람도 감히 내다보지를 못하였다. 인근 동네의 강씨·이씨들은 김창수가 동학한 죄로 붙잡혀 가는 줄 알고 수군거렸다.

이틀 만에 해주옥(海州獄)에 들어갔다. 어머님과 아버님이 다 해주로 오셔서, 어머님은 밥을 빌어다가 먹여 주시는 옥바라지를 하셨고, 아버님은 전에 당신이 늘 그러셨듯이 넉넉지 못한 사령청·영리청·계방 사람들에게 교섭하러 다니시며 나를 풀어주려고 애쓰셨다. 그러나 시세(時勢)가 이전과 달라졌고, 사건이 하도 중대하여 아무 효과가 없었다.

옥에 갇힌 후 한 달여에 신문(訊問)이 시작되었다.[63] 나는 옥에서 쓰던 대전목(大全木) 칼[64]을 목에 걸고 선화당(宣化堂) 뜰에 들어갔다.

감리(監吏) 민영철(閔泳喆)이 물었다.

"네가 안악 치하포에서 일본사람을 살해하고 도적질을 하였다는데, 사실이냐?"

---

62) 내무부에서 온 공문의 내용. 등인(等因)은 공문 내용을 요약할 때 쓰는 말. '……등(等)의 사실에 의한(因)' 체포장.

63) 규장각 자료에 의하면 신문일은 1896년 6월 27일 (음력 5월 16일)이다.

64) 옥구(獄具)의 하나. 마른 나무널판으로 만든 형틀로 죄수의 목에 씌워 보행을 불가능하게 한 것.

"그런 일 없소."

"네 행적의 증거가 분명한데 부인을 하느냐?"

형을 집행하라는 호령이 나자, 사령들이 내 두 발과 두 무릎을 한데 찬찬히 동이고, 다리 사이에 붉은 몽둥이[朱杖] 두 개를 들이밀었다. 한 놈이 몽둥이 한 개씩을 잡고 좌우를 힘껏 누르니 단번에 뼈가 허옇게 드러났다.[65] 내 왼다리 정강마루에 있는 큰 상처자국이 바로 이때 생긴 것이다.

나는 입을 꾹 다물고 아무 말도 하지 않고 있다가, 결국 기절하고 말았다. 그러자 잠시 형을 중지하고 얼굴에 찬물을 끼얹어 회생시키고는 다시 물었다. 나는 감리를 보고 말했다.

"본인의 체포장을 보면 내무부 훈령 등인(等因)이라 되어 있으니, 본관찰부에서 처리할 수 없는 사건이 아니오? 내무부에 보고만 하여 주시오."

그러자 다시는 아무 말도 하지 않고 도로 하옥시켜 버리고 말았다.

그때로부터 근 두 달이 지났다. 7월 초 인천 감리영(監理營)[66]에서 네댓 명의 순검(巡檢)이 해주로 와서 나를 데려갔다. 사태가 이 지경이 되자 아버님은 고향에 있는 집과 세간살이를 다 팔아가지고 인천이든지 서울이든지 내가 가는 대로 따라다니며 일이 되어 가는 상황을 보시기로 하고 일단 고향으로 가셨다. 어머님만 나를 따라서 인천으로 동행하셨다.

그날은 연안읍(延安邑)에서 하룻밤 자고, 다음날 나진포[67]로 향하였다. 가는 도중 연안읍에서 약 5리쯤 되는 길가 무덤 곁에서 잠시 쉬게 되었다. 날씨가 몹시 더웠으므로 순검들은 참외를 사서 먹으며 앉아 다리를 쉬었다. 무덤 곁에 세워 둔 비문을 보니, '효자 이창매의 묘'[孝子李昌梅之墓]라 새겨져 있었다. 비석 뒷면에 새겨진 글자를 보니, 어느 임금이 이창매의 효성에 대해 효자 정문(旌門)[68]을 내렸다고 하였다. 이창매의 묘 옆에는 이창매 부친의 묘

---

65) 속칭 '주리를 튼다'는 고문으로 정식 명칭은 '전도주뢰형'(剪刀朱牢刑). 해주부도 '악형을 하였지만 김창수가 범행을 부인하였다'고 보고하였다.

66) 개항장의 통상·행정 업무는 물론 치안 유지와 재판 업무까지 담당하였다. 1883년 부산·인천·원산 3개 개항장에 설치되었으며 1906년에 폐지되었다. 감리서(監理署)라고도 한다.

67) 연안읍의 남쪽 해안에 있는 항구로 강화도 최북단과 마주보고 있다.

68) 충신·효자·열녀를 기리기 위해 집 앞에 세우는 붉은 문. 홍문(紅門)이라고도 한다.

가 있었다.

이창매는 본시 연안의 통인으로, 그 부친 장례 후에 사시장철 비바람을 맞으면서 지성으로 산소를 모셨다고 한다. 얼마나 극진하게 묘를 모셨던지, 묘 앞의 신 벗은 자리에서부터 절하는 자리[拜墓地]까지 한 발자국 한 발자국 걸어갔던 자국들과 두 무릎을 꿇었던 자국, 그리고 향로와 향합을 놓았던 자리에 영영 풀이 나지 않았다고 한다. 만일 사람이 그 움쑥움쑥 패인 자리를 흙으로 메우면 즉시로 뇌성이 진동하고 큰비가 내려 그 흙들을 씻어내곤 했다는 이야기를 근처 사람과 순검들이 해주었다.

눈으로 그 비문을 보고 귀로 그 이야기를 들으며, 나는 순검들이 알세라 어머님이 알세라, 피 섞인 눈물을 흘리며 이창매에게 대죄(待罪)하였다. 다 같은 사람의 자식으로 태어나, 이창매는 부모 죽은 후까지 저렇듯 효도한 자취를 남겼으니, 그 부모 생전에는 어떠했을지를 알 것 같았다. 나의 뒤를 허둥지둥 따라다니시느라 넋이 다 빠져서 내 옆에 앉아 하염없이 한숨만 짓고 계시는 어머님을 차마 뵐 수가 없었다. 이창매가 무덤 속에서 다시 살아 나와 나를 보고, 너는 "나무는 조용히 있고 싶어하나 바람이 그치지 않는다"[69]는 구절을 읽지 못하였느냐고 책망하는 듯싶었다. 일어나서 출발할 때, 이창매의 무덤을 다시금 되돌아보며 마음속으로 수없이 절을 하였다.

나진포에서 육로는 끝이 나고 배를 타게 되었다. 병신년 7월 25일, 달빛이 없어 천지가 캄캄하고 물소리밖에 들리지 않았다. 강화도를 지날 때쯤, 종일 뜨거운 햇빛 아래를 걸어왔던 순검들이 방심하고 다 잠이 든 것을 보시고, 어머님은 뱃사공도 듣지 못할 입안엣말씀으로 내게 말씀하셨다.

"애, 네가 이제 가서는 왜놈 손에 죽을 터이니, 맑고 맑은 이 물에 너와 나와 같이 죽어서 귀신이라도 모자 같이 다니자."

이 말씀을 하시고는 내 손을 이끄시고 뱃전으로 가까이 나가신다. 나는 황송무지하여 어머님을 위안하였다.

---

69) 원문: "樹欲靜而風不止". 『한시외전』(漢詩外傳)에 나오는 '樹欲靜而風不止 子欲養而親不待'(나무는 잠잠하고자 하나 바람이 그치지 않고, 자식은 모시고자 하나 어버이가 기다려 주지 않는다)의 앞부분. 살아 계실 때 효도하지 못함을 탄식한 구절이다.

"어머님은 자식이 이번에 가서 죽는 줄 아십니까? 결코 죽지 않습니다. 자식이 국가를 위하여 하늘에 사무치게 정성을 다하여 원수를 죽였으니, 하늘이 도우실 테지요. 분명히 죽지 않습니다."

그러나 어머님은 당신을 위안하는 말씀으로만 들으시고, 다시 손을 잡아 끄셨다. 자식의 말을 왜 안 믿으시냐고 강하게 주장하자, 그제야 투신할 결심을 버리시고 다시 말씀하셨다.

"너의 아버지와도 약속하였다. 네가 죽는 날이면 우리 둘도 같이 죽자고."

어머님은 그때 내가 죽지 않을 거라 한 말씀을 어느 정도 믿으셨던 모양이다. 하늘을 향하여 두 손을 비비시면서 알아듣지 못할 낮은 음성으로 축원을 하고 계셨다.

인천옥에 들어갔다. 내가 인천으로 이감된 이유는 갑오경장 이후에 외국인 관련 사건을 재판하는 특별재판소가 있었기 때문이었다. 감옥은 내리(內里)에 있었는데, 내리 마루에 감리서가 있고, 왼편에는 경무청이 있고, 오른편에 순검청이 있었다. 감옥은 순검청 앞에 있고, 그 앞에는 노상을 통제하는 2층 문루가 있었다. 감옥 주위에는 담장을 높이 쌓아올렸고 담 안에는 평옥(平屋) 몇 칸이 있는데, 그 방들을 반으로 나누어서 한편에는 미결수와 강도·절도·살인 등 죄인을 수용하고, 나머지 반쪽에는 민사소송범과 경범위반[違警犯] 등 이른바 잡범[雜囚]을 수용하고 있었다. 형사 피고의 기결수에게는 청색옷을 입혔고, 웃옷 등쪽에 강도·살인·절도 등의 죄명을 먹으로 써놓았다. 감옥 바깥으로 일하러 나갈 때에는 좌우 어깨와 팔꿈치를 아울러 쇠사슬로 동이고, 2인 1조로 등 뒤에 자물쇠를 채워 간수[押牢]가 인솔하고 다녔다.

감옥에 들어가자마자 나는 도적죄수간[賊囚間]의 9인용 장곡(長梏)[70] 중간에 꼼짝없이 묶이게 되었다. 치하포에서는 이화보가 한 달 전에 구속, 압송되어 인천옥으로 들어와 갇혔는데, 그는 나를 보고 자기의 무죄한 증거를 내가 제출해 줄 것으로 알고 매우 반가워하였다. 그의 집 벽에 내가 써 붙여놓았던 포고문은 왜놈들이 조사할 때 떼어 감추고 나를 순전히 살인강도로 꾸며놓았

---

70) 길다란 차꼬. 죄수를 가두어 둘 때 쓰던 옛 형구의 한 가지. 길다란 두 개의 토막나무 사이에 구멍을 파서, 죄인의 두 발목을 그 구멍에 넣고 자물쇠로 채우게 되어 있음.

백범이 치하포 사건으로 투옥되었던 인천감리서

다고 했다.

　어머님은 옥문 앞까지 따라오셔서 내가 옥문 안으로 들어가는 것을 보시고 눈물을 흘리며 서 계셨다. 나는 잠시 고개를 돌려 그 모습을 보았다. 어머님은 비록 농촌에서 생장하셨지만 무슨 일이나 잘 감당해내셨고 특히 바느질에 능하셨다. 무슨 일이 손에 잡히셨을까만, 자식의 목숨을 구하기 위해 감리서 삼문(三門)[71] 밖에 있는 개성사람 박영문(朴永文)의 집에 들어가셔서 이제까지의 일을 잠시 이야기하시고 그 집 동자꾼[72]으로 써 달라 부탁하셨다. 그 집은 당시 항내(港內)의 유명한 물상객주(物商客主)라 안채에서 밥 짓는 일과 옷 만드는 일이 매우 번잡하고 많았다. 덕분에 어머님은 하루 세 끼 감옥에 밥 한 그릇씩을 갖다주기로 하는 조건으로 고용이 되셨다. 압뢰가 밥을 받아 넣어주면서, "네 모친도 의지할 곳이 생겼고, 네 밥도 매일 세 끼를 들여 줄 터이니 안심하라"고 하였다. 함께 갇힌 죄수들도 그것을 매우 부러워하였다.

　옛사람들은 말하기를 "슬프다. 부모님께서 나를 낳으시느라 고생하시었다"[73]

---

71) 대궐이나 공관의 정문(正門)·동협문(東夾門)·서협문(西夾門) 등 세 칸으로 된 문. 중간칸
　　이 정문의 좌우보다 높으면 솟을삼문, 같으면 평삼문이라 한다.

72) 밥 짓는 사람. 식모.

73) 원문: "哀哀父母生我劬勞". 출전: 『시경』(詩經) 「소아」(小雅)편.

라 하였지만, 부모님은 내가 태어날 적에도 많은 고생을 하셨고, 또 나를 먹여 살리시기 위해 천중만금(千重萬金)의 고생을 겪으셨다. 불서(佛書)에 말하기를, "부모와 자녀는 천 번을 태어나고 백 겁이 지나도록 은혜와 사랑을 끼치며 사는 인연"[74]이라고 한 말이 헛말이 아니었다.

감옥 안이 극히 불결한데다가 찌는 듯이 더운 여름철이라, 나는 장티푸스[長窒扶斯]에 걸려 극심한 고통을 겪게 되었다. 짧은 소견에 자살을 하려고 동료 죄수들이 잠든 틈을 타서 이마 위에 손톱으로 '충'(忠)자를 새기고 허리띠로 목을 졸라 드디어 숨이 끊어졌다. 숨이 끊어진 잠깐 동안, 나는 고향으로 가서 평소 친애하던 재종동생 창학(昌學)[75]이와 놀았다. 고시(古詩)에 "고향이 눈앞에 늘 아른거리니, 굳이 부르지 않아도 혼이 먼저 가 있도다"[76]라 하였는데, 실로 헛말이 아니었다.

홀연히 정신이 회복되어 보니, 동료 죄수들이 고함을 치며 죽는다고 소동을 치고 있었다. 그 자들이 내가 죽을까 봐 놀라서 그리 한 것은 아니고, 내가 정신을 잃으면서 몹시 격렬하게 요동을 쳤기 때문에 일어난 소동이었다. 그후로는 여러 사람의 주의로 자살할 기회가 없었다. 또 나 스스로도 그 뒤로는 병마로 죽든지 원수에게 죽든지 저절로 죽는 것은 어쩔 수 없는 일이지만, 자살하는 것은 옳지 않다고 생각하게 되었다. 그러는 사이에 열은 내렸으나,[77] 보름 동안 음식은 입에 대어보지 못하였다.


## 6) 역사적인 심문

그때 마침 신문(訊問)을 한다는 기별이 왔다.[78] 나는 생각했다.

---

74) 원문: "父母與子女는 千生百劫에 恩愛所遺住".
75) 원주: "지금 이름은 泰運".
76) 원문: "故園長在目 魂去不須招".
77) 원문: "就汗은 되었으나". 就汗은 取汗의 오기. 취한 또는 발한(發汗)은 병을 다스리기 위해 땀을 내는 것을 말한다.
78) 인천에서 첫 신문일은 1896년 8월 31일(음력 7월 23일)이다.

'내가 해주에서 다리뼈가 다 드러나는 악형을 당하고 죽는 데까지 이르렀으면서도 사실을 부인했던 것은, 내무부에 가서 대관들을 보고 내 뜻을 이야기하기 위함이었다. 그러나 여기서 불행히 병으로 죽게 되었으니, 부득불 이곳에서라도 왜놈 죽인 취지를 분명히 말하고 죽으리라.'

이처럼 마음을 굳게 먹고, 간수의 등에 업혀 경무청으로 들어갔다. 업혀 들어가면서 살펴보니 도적 신문하는 형구를 삼엄하게 설비해 놓고 있었다. 간수가 나를 업어다가 문 밖에 앉혀 놓자, 당시 경무관 김윤정(金潤晶)[79]이 내 모양을 보고 물었다.

"어찌하여 저 죄수의 형용이 저렇게 되었느냐?"

열병으로 그리 되었다고 간수가 보고하자, 김윤정이 내게 물었다.

"네가 정신이 있어 묻는 말에 족히 대답할 수 있느냐?"

"정신은 있으나 성대가 말라붙어서 말이 나오지 않으니 물을 한 잔 주면 마시고 말을 하겠소."

그러자 곧 청지기더러 물을 가져다가 마시도록 해주었다. 김윤정은 법정 위에 앉아 순서대로 성명과 주소, 연령을 묻고 사실 심리에 들어갔다.

"네가 안악 치하포에서 모월 모일에 일본인을 살해한 일이 있느냐?"

"본인이 그날 그곳에서 국모의 원수를 갚기 위해 왜구 한 명을 때려죽인 사실이 있소."

나의 대답을 들은 경무관(警務官)·총순(總巡)·권임(權任)[80] 등은 일제히 얼굴을 들고서 묵묵히 서로를 쳐다보았고, 법정 안은 비상히 조용해지기 시작했다. 내 옆 의자에는 와타나베(渡邊)라고 하는 왜놈 순사(巡査)가 걸터앉아서 나의 신문 과정을 방청인지 감시인지 하고 있다가, 신문 시작부터 법정 안이 조용해지는 것을 보고 의아해 하며 통역으로 그 이유를 묻는 것 같았다. 나는 그것을 보고서,

---

79) 원주: "尹致昊의 장인". 윤치호(尹致昊)는 윤치오(尹致旿)의 오류. 김윤정은 을사조약 이후 태인 군수·인천 부윤을 지냈고, 1910년 한일합방 이후 친일파의 길을 걸어 중추원 참의·고문이 되었다. 그의 딸 윤고라(尹高麗)는 중추원 찬의(贊議)를 지낸 윤치오의 부인으로 한국 최초의 양장여성으로 전해지고 있다.

80) 일반 경찰인 순검(巡檢)의 우두머리가 권임, 그 위가 총순, 그 위가 경무관이다.

"이놈!"

하고 큰소리로 사력을 다해 호령하였다.

"지금 소위 만국공법(萬國公法)이니, 국제공법(國際公法) 어디에 국가간의 통상·화친조약〔通商通和條約〕을 체결한 후 그 나라 임금을 시해하라는 조문이 있더냐? 이 개 같은 왜놈아. 너희는 어찌하여 우리 국모를 시해하였느냐? 내가 죽으면 귀신이 되어서, 살면 몸으로, 네 임금을 죽이고 왜놈을 씨도 없이 다 죽여 우리 국가의 치욕을 씻으리라!"

통렬히 꾸짖는 서슬에 겁이 났던지 와타나베는 "칙쇼우! 칙쇼우!"[81] 하고 욕을 하며, 대청 뒤쪽으로 도망하여 숨고 말았다. 법정 안의 공기가 긴장되기 시작하였다. 총순인지 주사(主事)인지가 김윤정에게 와서 말했다.

"사건이 중대하니 감리 영감께 말씀드려 신문을 주관하시도록 해야겠습니다."

잠시 후 감리사 이재정(李在正)이 들어와 윗자리에 앉았다. 김윤정은 그때까지 신문하던 진상을 보고하였다. 법정 안에서 참관하던 관리와 근무자〔廳屬〕들이 위로부터 아무 분부가 없었는데도 찻물을 가져다 마시게 해주었다. 나는 법정 맨 윗자리에 앉은 이재정에게 질문하였다.

"본인은 일개 시골의 천민이지만 신하된 백성〔臣民〕의 의리로 국가가 수치를 당하고, 푸른 하늘 밝은 해〔白日靑天〕 아래 내 그림자가 부끄러워서 왜구 한 명을 죽였소. 그러나 나는 아직 우리 동포가 왜인들의 왕을 죽여 복수하였단 말을 듣지 못하였소. 지금 당신들은 몽백(蒙白)[82]을 하고 있는데, 춘추대의 (春秋大義)[83]에 나랏님의 원수를 갚지 못하면 몽백을 아니한다는 구절도 읽어보지 못하였소? 어찌 한갓 부귀영화와 국록을 도적질하는 더러운 마음으로 임

---

81) 원문: "畜生". 일어로 'ちくしょう'이며, 원래는 짐승을 의미하지만 '빌어먹을' '개새끼'라는 뜻의 욕으로 많이 쓴다.

82) 몽백은 국상을 당하여 백립을 쓰고 소복을 입는 것. 당시는 명성왕후 시해 사건으로 국상 중이었다.

83) 『춘추』는 춘추시대 노나라의 역사서. 원래 노나라 사관들이 편년체로 기록한 것을 공자가 윤리적 입장에서 정사선악(正邪善惡)의 가치판단을 가한 것. '춘추대의'란 공자가 『춘추』에서 보여준 엄정한 비판의식과 역사인식을 말한다.

금을 섬기시오?"

이재정, 김윤정을 위시하여 수십 명의 참석 관리들이 내 말을 듣는 광경을 보니, 제각기 얼굴이 달아올라 홍당무 빛을 띠고 있었다. 이재정이 마치 하소연하듯 내게 말했다.

"창수의 지금 하는 말을 들으니, 그 충의와 용기를 흠모하는 반면 내 당황스럽고 부끄러운 마음도 비할 데 없소이다. 그러나 상부의 명령대로 신문하여 위에 보고하려는 것인즉, 사실이나 상세히 말씀하여 주시오."

김윤정은 내 병증이 아직 위험함을 보고 감리와 무슨 말을 수군수군하고서는 간수를 명하여 도로 하옥시키도록 하였다.

어머님께서는 나를 신문한다는 소문을 들으시고 경무청 문 밖에 서 계셨다. 그곳에서 간수의 등에 업혀 들어가는 나를 보시고 '병이 저 지경이 되었으니 무슨 말을 잘못 대답하여 당장에 죽지나 아니할까' 근심이 가득하셨다고 한다.

신문 시작부터 관리 전부가 떠들어대기 시작하니 벌써 감리영 부근 인사들은 회귀한 사건이라고 구경하러 몰려들며 야단이었다. 법정 안은 발 디딜 곳이 없었고, 문 밖까지 사람들이 둘러서서 순검들에게 물어댔다.

"참말 별난 사람이다. 아직 아이인데, 도대체 무슨 사건이냐?"

간수와 순검들이 보고들은 대로 사람들에게 이야기를 해주었다.

"해주 김창수라는 소년인데 민(閔)중전 마마의 복수를 위해 왜놈을 때려죽였다나? 그리고 아까 감리사를 책망하는데 그도 아무 대답을 못하던걸."

이런 이야기가 파다하게 퍼져나갔다. 내가 간수의 등에 업혀 나가면서 어머님의 얼굴을 살펴보니 약간 희색을 띠고 계셨다. 여러 사람이 구경한 이야기를 들으신 까닭인 듯한데, 나를 업고 가는 간수도 어머님을 향하여 말하였다.

"당신, 안심하시오. 어쩌면 이렇게 호랑이 같은 아들을 두셨소?"

나는 감옥에 들어가 옥중에서도 한 번 큰 소동을 일으켰다. 다름이 아니라 그들이 나를 다시 도적죄수간에다가 두고 차꼬를 채워두는 데 대해 크게 분개했기 때문이었다. 나는 소리를 벽력같이 지르며 관리를 보고 호통쳤다.

"전에는 내가 아무 의사를 드러내지 않았으므로 나에 대한 대우를 강도로 하나 무엇으로 하나 잠잠히 입 다물고 있었다. 허나 오늘은 정당하게 내 뜻을 발표하였음에도 아직도 나를 이다지 홀대하느냐? 땅에 금만 그어놓고 그것을 감옥이라 하여도 나는 도망가지 않을 것이다.[84] 내가 당초에 도망하여 살고자 하는 생각이 있었다면, 왜놈을 죽였던 그 자리에 내 주소와 성명을 갖추어서 포고(布告)하고, 또 내 집에 와서 석 달여나 잡으러 오기를 기다리고 있었겠느냐? 너희 관리의 무리들이 왜놈을 기쁘게 하기 위해 내게 이런 나쁜 대우를 하느냐?"

이런 말을 하면서 어찌나 요동을 쳤던지, 한 차꼬 구멍에 같이 발목을 넣고 있던 자들이 좌우로 네 사람씩 도합 아홉 사람이었는데 그들이 말을 더 보태서 과장하여 소리지르기를, 내가 한 다리로 좌우 여덟 사람의 차꼬 전부를 들고 일어서는 바람에 저희들의 발목이 다 부러졌다고 고함고함 야단이었다.

김윤정이 즉시 감옥 안에 들어와 이 광경을 보고 애꿎은 간수를 책하였다.

"그 사람은 다른 죄수들과 다른데 왜 도둑 죄수들과 섞여 있게 하느냐? 하물며 그는 중병에 들어 있지 않느냐? 즉각 좋은 방으로 옮겨 몸을 풀어주고 너희들이 잘 보호하여 드려라."

그때부터 나는 감옥 안의 왕이 되었다. 어머님이 옥문 밖에서 면회를 오시는데, 비록 초조한 얼굴이었으나 희색이 돌았다. 어머님은 말씀하셨다.

"아까 네가 신문을 받고 나온 뒤에 경무관이 돈 150냥[85]을 보내고 네 보약을 먹이라고 하더라. 오늘부터는 주인 내외는 물론이고 사랑 손님들도 나를 매우 존경하며 대하고, 또 옥중에 있는 아드님이 무슨 음식이든지 자시고 싶어하거든 말만 하면 다 해주겠다고 한다. 일전에는 어떤 뚜쟁이 할미가 와서 '그 집에 고용살이하는 것보다는 내가 중매를 서서 돈 많고 권력도 많은 남편을 얻어 줄 터이니 그리 가서 옥에 밥도 맘대로 해 가져가고 일도 주선하여 속히 나오도록 하여 주는 것이 어떠냐' 하기로, 나는 남편이 있어 며칠 안에 이곳에 온다고 말한 일도 있다."

그 말씀을 들으니 천지가 아득하였다.

"그것이 다 이놈의 죄올시다."

이 말씀밖에는 드릴 말씀이 없었다.

---

84) 원문: "劃地爲獄이라도 義不出일라."
85) 원주: "現今 三圓".

이화보는 불려가서 신문을 당할 때나[86] 감옥 안에서나 김창수는 지혜와 용기를 겸비하여 어느 누구도 그를 능히 당할 수 없고, 하룻걸음으로 700리를 가고 한 끼 밥을 일곱 그릇씩 먹는다고 선전하였다. 내가 감옥에서 야단을 할 때나 죄수들이 소동할 때, 이화보는 자기가 전에 했던 말이 다 들어맞은 것처럼 떠들어댔다. 그는 자기 집에서 살인 사건이 일어났는데도 수수방관하였고, 살인 후에라도 살인자를 결박하여 놓고 관청에 고발하지 않았다는 죄목으로 신문을 당한 것이었다.

다음날부터 옥문 앞에 내 얼굴을 보려고 면회를 청하는 사람들이 하나 둘 생기기 시작했다. 감리서·경무청·순검청·사령청 등에 있는 수백 명의 직원들이 각각 자기 친한 사람들에게 "제물포 개항된 지 9년, 즉 감리서 설립된 후 처음 보는 희귀한 사건"이라고 자랑 겸 선전을 했던 까닭이었다. 항구 안에 있는 권력자들은 물론이고 노동자들까지 제각기 아는 관리를 찾아가서 언제 김창수를 다시 신문하는지 미리 알려 달라는 청탁을 많이 한다는 말을 들었다.

그러던 차에 제2차 신문일을 맞게 되었다.[87] 그날도 역시 간수의 등에 업혀 옥문 밖을 나섰다. 사방을 살펴보니 길에는 사람이 가득 찼고 경무청 안에는 각 관청의 관리와 항구의 유력자들이 다 모인 모양이었다. 담장 꼭대기와 지붕 위까지 경무청 뜰이 보이는 곳은 어디나 사람들이 다 올라가 있었다. 법정 안에 들어가 앉으니 김윤정이 슬쩍 내 곁으로 지나가며,

"오늘도 왜놈이 왔으니 기운껏 호령을 하시오."

한다. 그때는 김윤정에게 약간의 양심이 있었던 듯하다. 그러나 오늘까지 소위 경성부의 참여관(參與官) 노릇을 하고 있는 것을 보면, 그때 내가 신문받던 자리를 연극장으로 삼고 나를 배우의 하나로 많은 사람들 앞에 구경시킨 것이었다고 해석할 수도 있다. 그러나 심지가 곧지 못한 사람〔無恒輩〕의 행위로 그 역시 그때는 의협심이 좀 생겼다가 날이 오래지는 대로 마음도 따라 변한 것이라고도 볼 수 있을 것 같다.

다시 신문을 시작한 후 "나는 전에 다 말하였으니 다시 할 말이 없다"고 말

---

86) 이화보도 백범과 마찬가지로 8월 31일 처음 심문받았다.
87) 심문자료에 의하면 그날은 1896년 9월 5일(음력 7월 28일)이다.

을 끝냈다. 그리고는 뒷방에 앉아 나를 넘겨다보고 있던 와타나베를 향해 꾸짖다가 다시 감옥으로 돌아왔다.

그후로는 면회하러 오는 사람의 수가 더욱 많아졌다. 대개 이런 말들을 하였다.

"나는 인천항에 거주하는 아무개올시다. 당신의 의기를 사모하여 신문장에서 얼굴을 뵈었소이다. 설마 오래 고생하려고요. 안심하고 지내십시오. 출옥후에 한 자리에서 반가이 뵙시다."

면회 올 때는 음식을 한 상씩 정성스레 준비하여 들여보내 주었다. 나는 그 사람들의 정에 감동하여 보는 데서 몇 점씩 먹고는 죄수들에게 차례로 나누어 주었다. 그때의 감옥제도는 죄수들에게 음식물을 규칙적으로 날마다 나누어주는 것이 아니라 죄수들이 일을 하여 짚신이라도 삼으면 간수가 인솔하고 길거리에 나가 팔아다가 죽이나 쑤어 먹는 판이었다. 내게 가져오는 음식은 준비하는 사람들이 되도록 정성을 다해 준비한 것이었으므로, 죄수들도 죄수들이지만 나도 처음 먹는 음식이 많은 터였다. 앉은 차례대로 내가 나오는 날까지 그 음식들을 나누어 먹었다.

제3차 신문은 감리서에서 했는데,[88] 그날도 항내 거주자는 다 모인 것 같았다. 그날은 감리사 이재정이 친히 신문을 하였는데, 왜놈은 보이지 않았다. 감리가 매우 친절히 말을 묻고, 나중에 신문서 꾸민 것을 내게 보여 읽게 하고 고칠 것은 고치게 하고 백자(白字)에 서명하였다.[89] 이로써 신문은 끝이 났다.[90]

며칠 후에는 왜놈들이 내 사진을 박는다고 해서 경무청으로 또 업혀 들어갔다. 그날도 법정 안팎에 허다한 구경꾼이 인산인해를 이루었다. 김윤정이 슬쩍 내 귀에 들리게 말하였다.

"오늘 저 사람들이 창수의 사진을 박으러 왔으니, 주먹을 쥐고 눈을 부릅뜨

---

88) 심문자료에 의하면 그날은 1896년 9월 10일(음력 8월 4일)이다.

89) 원문: "白字에 着啣하였다." 착함(着啣)은 착압(着押). 마지막에 아뢴다[白]는 글자에 서명하는 것을 말한다.

90) 신문 과정에서 쟁점은 ① 단독 범행 여부, ② 백범이 의병이라 자칭한 부분, ③ 쓰치다로부터 빼앗은 돈의 액수, ④ 쓰치다를 죽일 때 사용한 병기 등이었다.

고 사진을 찍으시오."

그런데 사진을 찍느니 못 찍느니가 교섭의 문제가 되어 한참 동안 의논이 분분하였다. 결국 청사에서는 허락지 못할 터이니 노상에서나 찍으라 하고 나를 업어서 길거리에 앉혔다. 왜놈이 다시 청하기를 김창수에게 수갑을 채우든지 포승으로 얽든지 하여 죄인된 표를 내어 달라고 하였다. 김윤정은 거절하였다.

"이 사람은 '계하죄인'(階下罪人)[91]이라 대군주(고종) 폐하의 분부가 없는 이상 그 몸에 형구를 댈 수 없소."

왜인은 다시 질문하였다.

"정부에서 형법을 정하여 사용하면, 그것이 곧 대군주의 명령이 아니오?"

김윤정은 갑오경장 후에 형구는 전부 폐하였다고 답했다. 왜인은 다시 말했다.

"귀국의 감옥 죄수들이 쇠사슬 찬 것과 칼 쓴 것을 내가 보았소."

김윤정은 노하여 그 왜놈을 꾸짖으며 야단하였다.

"죄수의 사진에 대해 조약에 정한 의무는 없소. 단지 상호간에 참고자료로 삼으려는 것에 불과한 작은 일로 이같이 내정간섭을 하는 것은 받아들일 수 없소."

구경꾼들은 경무관이 명관이라고 칭찬하였다.

급기야 길거리에서 사진을 찍게 되었다. 왜놈이 다시 구걸하듯 청하니, 내가 앉은 옆자리에 포승을 놓아두고 사진을 찍었다. 나는 며칠 전보다는 기운이 좀 돌아와 있었으므로, 경무청이 들렸다 놓일 정도로 큰소리를 질러 왜놈을 꾸짖고, 일반 관중들을 향하여 고함고함 질러 연설을 하였다.

"이제 왜놈이 국모를 살해하였으니 온 나라 백성에게 크나큰 대치욕이오. 뿐 아니라 왜놈의 독해는 궐내에만 그치지 않을 것이오. 당신들의 아들들과 딸들이 필경은 왜놈의 손에 다 죽을 터이니 나를 본받아서 왜놈을 보는 대로 만나는 대로 다 죽입시다!"

왜놈 와타나베가 직접 나에게 말했다.

---

91) '階下罪人'은 '啓下罪人'. 즉 임금의 재가를 받은 죄인.

"네가 그러한 충의가 있을진댄 어찌 벼슬을 못하였느냐?"

"나는 벼슬을 못하는 상놈이기 때문에 작은 놈밖에 죽이지 못하였다. 그러나 벼슬하는 양반들은 너희 황제의 목을 베어 원수를 갚을 것이다."

그러자 김윤정은 와타나베를 향하여 말했다.

"당신들은 죄수에게 직접 신문할 권리가 없으니 가시오."

그를 물리쳐 보낸 후 나는 김윤정에게 이화보의 석방을 요구했다.

"이화보는 아무런 관계가 없으니 오늘 당장 방면시켜 주시오."

"알아서 처리할 터이니 과히 우려 마시오."

감옥에 돌아온 지 얼마 못 되어 이화보를 호출하더니 석방해 주었다.[92] 이화보는 옥문 밖에서 나를 찾아와 "당신이 말을 잘 해주어 무사히 석방되었소" 하고 치사하고는 작별하였다.


## 7) 사형수의 옥중생활

이때부터의 옥중생활을 대략 들어 쓴다면 다음과 같다.

첫번째, 독서.

아버님이 오셔서 『대학』(大學)[93] 한 질을 사 넣어 주셨으므로 매일 『대학』을 읽고 외었다. 인천항은 우리나라에서 제일 먼저 개항된 곳이었으므로,[94] 구미 각국에서 들어온 거주자와 여행자[遊歷者]들이 있었고 각 종교당도 설립되어 있었다. 우리나라 사람 중에서도 간혹 외국으로 장사하러 나가 다니면서 신문화의 취미를 아는 자가 약간 있던 때였다.

감리서 직원 중에서도 나와 이야기해 본 후 신서적(新書籍)들을 읽어보라고 권하는 사람이 있었다.

"문을 굳게 닫아 걸고 자기 것만 지키려는 구지식·구사상만으로는 나라를

---

92) 이화보가 석방된 것은 김창수의 3차 신문이 끝나고 난 뒤인 10월 3일이다.

93) 유교 경전으로 사서 중의 하나. 공자의 손자 자사(子思)가 지었다고 한다.

94) 백범은 인천이 제일 먼저 개항된 곳이라 하였으나, 1876년 강화도조약 체결 이후 부산(1876년), 원산(1879년), 인천(1880년) 순서로 개항되었다.

구할 수가 없소. 세계 각국의 정치·문화·경제·도덕·교육·산업이 어떠한지를 연구해 보고, 내 것이 남만 못하면 좋은 것을 수입하여 우리 것으로 만들어, 이 나라와 백성의 살림살이를 유익되게 하는 것이 시대 과제〔時務〕를 아는 영웅의 할 일인 것이오. 한갓 배외사상만으로는 이 나라가 멸망하는 것을 구하지 못하오. 그러니 창수와 같이 의기 있는 남자는 마땅히 신지식을 구하여 장래 국가에 큰 일을 하여야 하오."

이같이 말하며, 『세계역사·지지』(世界歷史·地誌) 등 중국에서 발간된 책자와 국한문으로 번역된 것을 갖다주며 읽어보라 권하는 이도 있었다. "아침에 도를 깨우치면 저녁에 죽어도 좋다"[95] 하는 격으로, 내 죽을 날이 당할 때까지 글이나 실컷 보리라 하고 손에서 책 놓을 사이 없이 열심히 글을 읽었다. 감리서 직원들이 종종 와서 내가 신서적에 열심하는 것을 보고는 매우 좋아하는 빛을 보였다.

신서적을 보고 새로 깨달은 것은, 고선생이 전에 조상께 제사지내면서 '유세차 영력 이백 몇 해'[96]라고 쓴 축문을 읽던 것이나, 안진사가 양학(洋學)을 한다고 하여 절교한 일이 그리 잘한 일로 보이지 않는다는 점이었다. 의리는 유학자들에게 배우고, 문화와 제도 일체는 세계 각국에서 채택하여 적용하는 것이 국가의 복리가 되겠다는 생각이 들었다.

전에 청계동에서 오로지 고선생만을 하나님처럼 숭배하고 있던 때는, 나 역시 척왜척양(斥倭斥洋)이 우리의 당연한 천직(天職)이라 생각하였다. 이에 반대하는 자는 사람이 아니고 짐승〔禽獸〕이라고 여겼던 것이다. 그럴 수밖에 없었던 것이, 고선생은 오직 우리나라에만 한 가닥 밝은 맥〔一線陽脈〕이 남아 있고[97] 세계 각국이 대부분 피발좌임(被髮左衽)[98]한 오랑캐들이라고 말씀하셨

---

95) 원문: "朝聞道夕死可矣". 『논어』(論語) 「이인」(里仁)편에 나오는 공자의 말.
96) 원문: "維歲次 永曆 二百 몃해". 영력은 명나라 마지막 연호(1647~1662). 청나라를 만주족으로 멸시하는 존명론(尊明論)에서는 명나라 멸망 이후에도 마지막 연호를 계속 사용하여 '영력'은 '이백 몇 년' 씩이나 계속되었다.
97) 원문: "一線陽脈이 殘存하엿고". 명나라 멸망 이후 청나라는 만주족이므로 우리나라만 유교의 정통이라는 의식이 있었는데, 이것을 소중화(小中華) 의식이라 한다. 그런데 이러한 소중화 의식은 명나라 멸망 후 중국의 다른 변방, 예컨대 월남(베트남) 등에도 있었다.

던 것이다. 그런데 『태서신사』(泰西新史) 한 책만 보아도, 그 눈이 움푹 들어가고 코가 우뚝 선 원숭이에서 멀지 않은 오랑캐들은 도리어 나라를 세우고 백성을 다스리는 좋은 법규가 사람답다는 느낌이 들었다. 그러나 높은 갓을 쓰고 넓은 요대를 두른[99] 선풍도골(仙風道骨)의 우리 탐관오리들은 오히려 그와 같은 오랑캐의 칭호조차 받을 수 없다는 사실을 깨닫게 되었다.

두번째, 교육.

당시 함께 갇혀 있던 자들이 평균 100명 가까이 되었는데, 들락날락하는 민사소송 사건 외에는 대다수가 절도, 강도, 위조범,[100] 사기,[101] 살인 등을 저지른 징역수들로 열에 아홉은 문맹이었다. 내가 문자를 가르쳐 주겠다고 하니, 문자를 배워 자기가 뒷날 긴하게 쓸 마음보다는 내게 날마다 진수성찬을 얻어 먹는 데 대한 감사의 표시로 배우는 체만 하는 자가 많았다.

화개동(花開洞) 기생서방으로 조덕근(曺德根)이라는 자가 있었는데, 창기(娼妓)를 중국에다 팔아넘긴 죄로 10년 징역형을 받았다. 그 자가 『대학』을 배우다가 '인생팔세개입소학'(人生八歲皆入小學)[102]이라는 구절을 소리 높여 크게 읽다가 '개입'(皆入)자를 잊어버리고 '개 아가리 소학'이라고 하는 것을 보고서 기절하여 넘어질 것처럼 웃은 일도 있다.

때는 건양(建陽) 2년쯤이었다. 『황성신문』(皇城新聞)이 창간된 때였다.[103]

---

98) 머리털을 풀어헤치고 옷을 왼섶으로 입는다는 뜻으로 미개함을 이르는 말이다. 유교적 관점에서 볼 때, 상투를 하지 않고 머리털을 풀어헤치는 것은 부모가 돌아갔을 때나 하는 일이며, 옷을 왼섶으로 입는 것은 북방 미개 종족들의 관습이다.

99) 원문: "峨冠博帶".

100) 원문: "私鑄". 사주는 사사로이 돈을 불법으로 만드는 것.

101) 원문: "略人". 약인은 사람을 꾀어 물건을 빼앗는 일종의 사기.

102) 사람이 나서 8세가 되면 모두 『소학』에 입문한다는 뜻.

103) 건양은 양력을 쓰기로 한 연호. 그런데 『황성신문』은 1898년 9월 5일 창간되기 때문에 1898년 3월 탈옥하는 백범이 옥중에서 도저히 볼 수 없는 신문이다. 따라서 여기서 『황성신문』은 1896년 4월 7일 창간된 『독립신문』으로 보는 것이 타당하다. 인천감리서에서 백범에 대한 3차 신문이 끝나는 것은 1896년 9월 10일인데, 『독립신문』은 인천감리 이재정이 재판 결과를 법부대신에게 보고한 사실을 간단히 보도한 바 있다. 따라서 건양 2년(1897)도 『독립신문』이 창간된 해인 건양 1년(1896)일 가능성이 크다.

백범의 치하포 사건을 보도하고 있는
1896년 9월 22일자 독립신문

어느날 신문을 보니 나의 사건을 간략히 게재하고, 김창수가 들어간 후로는 인천감옥이 감옥이 아니라 학교라고 쓴 기사를 보았다.

세번째, 대서(代書).

그 시대에도 이치에 닿지 않는 원통 억울한 송사가 많았다. 내가 감옥에 갇혀 있는 자를 위해 말을 자세히 들어보고서 소장(訴狀)을 지어주면 간혹 소송에서 이길 적도 있었다. 갇혀 있는 사람 중에는 감옥 바깥에 소식을 보내 대서 비용을 써가면서도 곤란을 당하는 경우가 허다하였다. 그러나 내가 대서하면 서로 상의해서 인지[印札紙]만 사다가 써 보내면 되니 편하기도 하고, 또 비용 한 푼 없이 성심껏 소장을 지어주는 탓에 김창수가 쓴 소장은 거의 다 승소한다고 와전이 되어, 옥내에서는 물론이고 심지어 관리의 대서까지도 한 일이 있다. 대서뿐 아니라 백성을 어려움에 빠뜨리고 돈을 강제로 빼앗는 사건이 있으면 상급 관리에게 권계(勸戒)하여 파면시킨 일도 있었다. 그러므로 간수들이 나를 꺼려 죄수들을 함부로 학대하지 못하였다.

네번째, 성악(聲樂).

나는 시골에서 나고 자랐으나 농군들의 '김매는 소리'나 '목동 갈가보다 소리'[104] 한마디 불러 본 적이 없었고, 기껏 한다고 해야 시(詩)나 풍월(風月)을

---

104) 목동은 '목동가' 또는 '목동문답가', 갈가보다는 '갈까보다 갈까보다 임을 따라 갈까보다'

읊조린 적밖에 없었다. 그 당시 감옥 규칙이 낮잠은 허락하는 대신 밤중에는 잠을 자지 못하게 하고, 밤새도록 죄수들에게 소리나 옛이야기를 시키곤 하였는데, 이유는 야간에 잠을 재우면 잠든 틈을 타서 도주하기 때문이라는 것이었다. 물론 내게는 그런 규칙을 시행하지 않았으나, 보통 다들 그렇게 하니까 나도 자연히 밤에 오래 놀다가 잠자리에 들곤 하였다. 덕분에 시조나 타령이나 남이 잘 하는 것을 자주 들어 소리의 운치를 알게 되었다. 조덕근에게 온갖 시조와 여창(女唱)지름[105] · 남창(男唱)지름 · 적벽가(赤壁歌)[106] · 가세타령[107] · 개구리타령[108] 등을 배워서 죄수들과 같이 소리를 하며 지냈다.

하루는 아침에 『황성신문』을 읽어보니, 경성 · 대구 · 평양 · 인천에서 아무 날 강도 누구누구, 살인 누구누구 등과 함께 인천에 있는 살인강도 김창수를 교수형에 처한다는 기사가 나와 있었다.[109] 누구나 그런 기사를 본 다음에는 일부러라도 태연자약한 태도를 가지려고 하겠지만, 어찌된 일인지 내 마음은 조금도 경동되지 않았다. 교수대에 오를 시간이 반일(半日)밖에 남지 않았지만, 음식과 독서와 사람 만나는 일을 평상시처럼 하였다. 그것은 고선생 말씀 중에 박태보(朴泰輔)의 보습 단근질 일화가 있었는데, 그는 보습으로 단근질을 당하면서도 끝까지 굴하지 않고 오히려 "이 쇠가 식었으니 다시 달구어 오너라"[110]고 했다고 한다. 그 일화와 더불어 삼학사(三學士)[111]에 관한 이야기를

---

로 시작하는 춘향가의 한 구절인지도 모르겠다.

105) 지름은 '지른다'는 뜻으로, 창법의 하나.

106) 적벽가는 『삼국지』에서 가장 재미있는 적벽대전을 노래한 것으로, 서울 12잡가에도 있고 판소리에도 있다. 여기서는 잡가 적벽가인 듯하다.

107) 원래 이름은 선유가(船遊歌)로, 경기지방 12잡가 중의 하나. 후렴에 '가세'라는 말이 자주 나와 일명 '가세타령'이라 불린다.

108) 개구리타령은 전라민요에도 있고 경기민요에도 있다. 조덕근이 인천사람인 것으로 미루어 보아 여기서 말하는 개구리타령은 경기민요 쪽인 듯하다.

109) 원문: "지금까지 紀憶되기는 七月 二十七日노 생각한다". 『황성신문』은 『독립신문』의 착오. 그런데 김창수에 대한 3차 심문일이 9월 10일, 법부대신 한규설이 고종에게 김창수의 교수형을 건의한 것은 10월 22일(음력 9월 16일)이다. 따라서 7월 27일자 신문에 교수형에 처한다는 기사가 실릴 수 없다. 11월 7일(음력 10월 3일) 『독립신문』은 김창수 등에 대한 법부의 교수형 건의를 보도한 바 있는데, 7월 27일자 『황성신문』의 교수형 기사란 이것을 말한다.

힘있게 들었는데, 그 효험으로 안다.

그 신문이 배포된 후로 감리서가 술렁술렁하고 인천항 사람들의 '산 조문'[112]이 옥문에 답지하였다. 오는 사람들이 나를 면대하여 "마지막으로 보러 왔소" 하고는 모두 눈물을 흘렸다. 나는 도리어 그 사람들을 위로하여 보내고 『대학』을 외우곤 하였다. 그러나 다시 "아무 나리가 오셨소" "아무 영감께서 오셨소" 하며 나를 마지막으로 보고자 하는 면회자들이 줄을 이었다. 통지를 받고 나가보면 그 사람들도 역시

"우리는 김석사(金碩士)가 살아 나와서 상면할 줄 알았소. 그런데 이것이 웬일이오?"

하고서 눈물을 비오듯 흘렸다.

그런데 어머님은 음식을 손수 들여넣어 주시면서도 평상시와 조금도 다름이 없으셨다. 주위에 있는 사람들이 모르게 한 것이다.

인천옥에서는 사형수 집행을 늘상 오후에 끌고 나가서 우각동(牛角洞)에서 교살하던 터이므로, 아침밥 점심밥도 잘 먹고 죽을 때는 어떻게 할 것인지 준비할 마음도 없이 그냥 있었지만 동료 죄수들의 마음 아파하는 모습은 차마 보기 싫었다. 내게 음식을 얻어먹던 도둑 죄수들과 내게 글을 배우던 감옥 제자들, 그리고 내게 소송에 대한 지도를 받던 여러 죄수들이 얼마나 애통해 하며 울던지, 과연 제 부모 죽을 때에도 그렇게 애통해 하였을지 의문이었다.

이윽고 교수대로 끌려나갈 시간이 되었다. 그때까지 나는 성현의 말씀에 마음을 가라앉혔다가 성현과 동행할 생각으로 『대학』만 읽고 앉아 있었다. 그런데 시간이 지나도록 아무 소식이 없이 그럭저럭 저녁밥을 먹었다. 옆사람들이 창수는 특수죄인이니 야간집행을 하려는가 보다 하였다.

저녁 무렵이 되어서[113] 여러 사람의 발자국 소리가 나더니 옥문 열리는 소

---

110) 원문: "此鐵猶冷更煮來". 박태보(朴泰輔, 1654~1689). 조선 중기의 문신. 호는 정재(定齋). 그는 1689년 기사환국 때 인현왕후의 폐위를 강력히 반대하다 심한 고문을 받고 유배 가는 길목인 노량진에서 옥독(獄毒)으로 죽었다.

111) 병자호란 때 청나라와 화의를 반대한 홍익한(洪翼漢)·윤집(尹集)·오달제(吳達齊) 등 세 사람. 이들은 봉림대군(鳳林大君)과 함께 청나라로 잡혀가 처형당했다.

112) 원문: "산(生)弔問". 살아 있는 사람에게 하는 조문.

리가 들렸다.

'옳지. 지금이 그때로군!'

하고 앉아 있는데, 내 얼굴을 보는 동료 죄수들은 마치 자기가 죽으러 가는 듯 벌벌 떨었다.

안쪽 문[內間門]을 열기도 전에 감옥 뜰에서

"김창수 어느 방에 있소?"

하는 소리가 들렸다. 내 대답은 듣는지 마는지,

"아이구, 이제 김창수는 살았소! 아이구, 우리 감리 영감과 감리서 전직원과 각 청사 직원이 아침부터 지금까지 밥 한 술 먹지 못하고 창수를 어찌 차마 우리 손으로 죽인단 말이냐 하고 서로 말없이 얼굴만 물끄러미 바라보며 한탄하였소. 그랬더니 지금 대군주(고종) 폐하께옵서 집무실[大廳]에서[114] 전화로 감리 영감을 불러 계시옵고, 감리 영감은 김창수의 사형을 정지하라는 친칙(親勅)을 받잡고 밤중에라도 감옥에 내려가 창수에게 알려주라는 분부를 내리셨소. 오늘 하루 얼마나 상심하셨소?"

하는 것이었다.

그때 관청 수속이 어떠했었는지는 모르나, 내 요량으로는 이재정이 그 공문을 받고 상부, 즉 법부(法部)[115]에 전화로 교섭한 것 같았다. 그러나 그후에 대청에서 나오는 소식을 들으면, 사형은 형식적으로라도 임금의 재가를 받아 집행하는 법이므로, 법부대신이 사형수 한 사람 한 사람의 심문서[供件]를 가지고 조회에 들어가서 상감의 친감(親監)을 거친다고 한다.[116] 그런데 그때 입시(入侍)하였던 승지(承旨) 중 한 사람이 각 죄수의 공건을 뒤적이며 보던 중, '국모보수'(國母報讐) 넉 자가 눈에 띄므로 이상하게 여기고,[117] 이미 재

---

113) 원문: "밤이 初更은 하여서". 초경은 저녁 여섯 시 전후.

114) 원문: "大廳에서". 1896년 2월 11일부터 1897년 2월 20일까지 고종은 러시아 공사관에 있었다. 따라서 여기서 대청은 고종의 집무실을 말한다.

115) 고종 32년(1895) 법무아문(法務衙門)을 법부로 개칭하고 사법행정을 담당했다.

116) 당시 법률로 '사형 죄는 세 번 복심하여 왕에게 아뢴다'고 규정하였다. 법부에서 김창수의 교수형을 왕에게 보고한 것은 10월 22일이다.

117) 「김창수 3초」라는 심문서에 '身爲國民 含寃於國母之讐 有此擧'란 구절이 있다.

가(裁可) 수속을 끝낸 안건을 다시 꺼내 임금께 보여드렸다. 그 내용을 보신 대군주께서는 즉시 어전회의를 여셨고, 의결한 결과 국제관계와 관련된 일이니 아직 생명이나 살리고 보자 하여 전화로 친칙하셨다 한다.

여하튼 대군주(李太皇)께서 친히 전화하신 것만은 사실이었다. 이상하게 생각되는 것은, 그때 경성부 안에는 이미 전화가 가설된 지 오래였으나, 경성 외의 지역에 장거리 전화가 설치된 것은 인천이 처음이었다는 사실이다. 인천까지의 전화 가설공사가 완공된 지 3일째 되는 병신년(丙申年, 1896) 8월 26일의 일이었다.[118] 만에 하나 그때까지 전화 준공이 못 되었다면, 바로 사형이 집행되었을 거라고들 하였다.

감리서에서 내려온 주사는 이런 말을 했다.

"우리 관리들뿐 아니라 오늘 전 항구의 객주 32명이 긴급회의를 하고 통지문(通文) 돌리는 것을 보았는데, 항구 안에 있는 집집마다 몇 사람씩이든지 되는 대로 우각현(牛角峴)에 김창수의 교수형을 구경가되, 각 사람이 엽전 한 냥씩 준비하여 가지고 오라 하였소. 사람들이 돈을 가지고 오면 거기서 모인 돈으로 한 사람의 몸값을 쳐주되, 부족한 액수는 32객주가 담당하고 김창수를 살리자고까지 하였소. 그러나 지금은 천행으로 살았고, 아마 며칠이 못 되어 궐내에서 은명(恩命)이 계실 터이니 아무 염려 마시고 계시오."

눈서리가 내리다가 갑자기 봄바람이 부는 듯하였다. 밤에 옥문 열리는 소리를 듣고 벌벌 떨던 동료 죄수들은 이 소식을 듣고서 너무 좋아서 죽을 지경인 모양이었다. 신골방맹이[119]로 차꼬 등을 두들기며 온갖 노래를 다 부르고, 푸른 바지저고리 차림으로 춤도 추고 우스운 짓도 하며 하룻밤을 지내는 양이 마치 청의배우(靑衣俳優)들의 연극장과 같았다.

동료 죄수들은 나를 보고 참말 이인(異人)이라며 경탄하였다. 사형을 당할

---

118) 음력 8월 26일은 양력 10월 2일이다. 이날 인천감리서는 일본영사관의 압력에 의해 김창수에 대한 조속한 판결을 법부에 건의하였다. 그러나 법부는 당일 전보로 왕이 결정할 사항이라며 이를 유보하였다. 따라서 '고종이 전화로 사형을 중단시켰다'는 유명한 이야기에는 약간의 착오가 있다. 즉 전화가 아니라 전보이며, 고종이 아니라 법부이고, 사형을 중지시킨 것이 아니라 고종의 재가를 명분으로 판결을 지연시킨 것이다.

119) 짚신 삼을 때 쓰는 방맹이.

날인데도 평소와 똑같이 말하고 밥 먹고 행동하였으니, 이는 필시 선견지명이 있어 자기가 죽지 않을 것을 미리 알았기 때문이라고들 하였다. 관리들 중에서도 그렇게 아는 사람들이 많았다. 어머님은 그날 밤에야 비로소 그 일을 알게 되셨는데, 감리가 대군주의 친전(親電)을 받고서 어머님께 알려드렸던 것이다. 이 일로 인해 누구보다도 어머님이 당신 아들을 이인(異人)이라 생각하게 되셨다. 배를 타고 강화 갑곶(각구지목)을 지나오면서 강물에 같이 빠져 죽자고 하셨을 때 내가 결코 죽지 않을 거라 했던 일을 기억하시고, "내 아들은 미리 자기가 죽지 않을 줄을 알았다"고 확신하셨던 모양이다. 어머님뿐 아니라 내외분이 다 그런 신념을 갖게 되셨다.

대군주의 친칙으로 김창수의 사형이 정지되었다는 소문이 전파되니, 전날 나를 만나러 와서 영결을 고하던 사람들로부터 치하 면회하러 오는 사람이 옥문에 줄을 이었다. 나는 아예 옥문 안에 자리를 하고 앉아서 며칠 동안 손님 응접을 하였다.

사형 정지 이전에는 순전히 나의 젊은 의기를 애석하게 여기고 뜨겁게 동정하던 사람들이 나를 찾아왔었지만, 이번에는 내가 머지않아 대군주의 소명(召命)을 입어 영귀하게 될 줄 알고, 그때 세도를 얻으면 다른 수가 생기리라 생각하고 와서 아부하는 사람도 있었다. 관리 중에서도 그런 사람이 있었고, 인천 항내 인사들 가운데서도 그런 빛이 보였다.


## 8) 파옥

간수 중 우두머리격인 최덕만(崔德萬)은 강화읍내 김우후(金虞候)[120]의 집에 계집종으로 있던 여자의 서방이었다. 아내가 죽은 다음 인천으로 와서 경무청 사령으로 다년간 봉직하였으므로 사령들의 두목이 되었다. 그 최덕만이 강화에 가서 자기 옛 상전이었던 김우후에게 내 이야기를 하였던 듯하다. 하루는 감리서 주사가 의복 한 벌을 가지고 와서 주며 말하기를,

---

120) 이름은 김주경(金周卿). 우후는 조선시대의 무관 직명.

"강화에서 온 김주경(金周卿)이란 사람이 이 의복을 지어다가 감리 사또에게 드리고 김창수에게 분부하여 입도록 하여 달라는 청원을 하였으니, 이 의복을 입고 김주경이란 친구가 면회하거든 보시오."

하였다. 주사가 가고 나서 얼마 후에 김주경이란 사람이 찾아왔다. 나이는 마흔 가까이 되어 보이고 면목이 단단해 보였는데 만나서 별 말은 없었고,

"고생이나 잘 하시오. 나는 김주경이오."

하고는 물러갔다. 어머님이 저녁밥을 가지고 오셔서 말씀하셨다.

"아까 강화 계신 김우후라는 양반이 네 아버지와 나를 찾아오셨었다. 우리를 보시고 우선은 네 의복만 자기 집에서 지어왔다면서 우리 양주 의복하라고 옷감을 끊어주시고, 또 돈 200냥을 주시면서 필요한 데 쓰라고 하셨다. 그리고는 즉시 가시면서 열흘 후에 다시 찾겠다고 하셨다. 네가 보니 어떻더냐? 밖에서 듣기에는 아주 훌륭한 사람이라고 하더라."

사람을 한 번 보고 어찌 잘 알 수 있을까마는 그 사람의 하는 일은 감사하다고 모자간에 이야기를 하였다.

최덕만에게 김주경의 내력과 인격을 자세히 물어보았다. 김주경의 자는 경득(卿得)이니 원래 강화 관아에 서리배[吏屬]였고 병인양요 이후 운현(雲峴)[121]이 강화도에 3,000명의 별무사(別武士)를 양성하고 섬 주위에 석루(石壘)를 높이 쌓고 진무영(鎭撫營)을 세우던 때, 김주경이 포량고지기[122]의 일을 맡았다.

사람됨이 어렸을 때부터 호방하여 초립둥이[123] 때부터 독서는 아니하고 도박을 일삼아 하였다. 부모가 김주경을 징계하기 위해 곳간에 감금하였는데, 곳간에 들어가면서 투전(套錢)[124] 한 목을 가지고 들어가 갇혀 있는 동안에도 투전의 묘법을 연구하였다. 나와서 서울로 올라가 투전을 몇만 목이나 만들었

---

121) 운현군, 곧 대원군을 가리킨다. 『백범일지』에 자주 나오는 표현이다.

122) 원문: "包糧庫直". '包糧庫直'은 '砲糧庫直'이 맞다. 군수품 창고지기.

123) 초립은 나이 어려서 관례한 남자가 쓰던 누런 풀로 결어 만든 갓. 초립둥이는 초립을 쓴 젊은 사내.

124) 화투와 비슷한 도박 기구의 일종. 투전은 영조 초기부터 크게 퍼져서 사람들에게 큰 폐해를 입혔으며 관아에서 단속해도 별 효과가 없었다고 한다.

는데, 자기만 알 수 있는 표시〔眼票〕를 하여 강화로 가지고 가서 팔았다.

강화는 섬이라서 포구마다 고깃배들이 빽빽이 세워져 있는 곳이다. 김주경은 이 투전을 친구들에게 나누어주고 고깃배마다 들어가 팔게 했다. 그리고 자기는 그 고깃배들을 돌아다니며 투전을 하여 돈을 수십만 냥이나 벌었다. 그 돈으로 각 관청의 하급 관속들을 매수하여 전부 자기의 지휘 명령을 받도록 해놓고, 원근에서 용기와 지략이 있다는 자는 거의 다 망라하여 자기 식구로 만들어 놓고 어떤 양반이든지 비리만 저지르면 직접 간접으로 혼을 내주었다. 설사 경내에 도적이 나서 포교가 출장 체포를 하여도 먼저 김경득에게 보고해야 했다. 김경득이 "잡아가라" 하면 잡아가고, "내게 두고 가거라" 하면 거절을 못하였다고 한다.

당시 강화에 두 사람의 인물이 있었는데, 양반 중에서는 이건창(李健昌)[125]이요 상놈 중에서는 김경득(金卿得)이라 했다. 대원군이 김경득의 인격을 자세히 알아보고 포량감(包糧監)[126]의 중임을 맡겼다 한다.

최덕만의 말을 들어보면 김경득은 자기 집에 와서 음식을 먹으면서 이렇게 이야기하고 돌아갔다 한다.

"김창수를 살려내어야 할 터인데, 지금 정부대관들은 모두 눈에 구리녹〔銅綠〕이 슬어서 돈밖에 보이는 것이 없으니, 불가불 금력을 사용치 아니하면 쉽게 방면치 못할 것 같다. 내가 집에 가서 가산 전부를 팔아 가지고 와서 김창수의 부모님을 모시고 경성에 가서, 어느 때까지든 김창수를 석방시키도록 주선을 하겠다."

열흘 남짓 지난 후에 김경득이 과연 왔다. 부모님 중에 한 분만 서울로 동행하자고 하여 어머님이 서울로 가시고 아버님은 인천에 머무르셨다.

김경득은 서울로 가서 당시 법부대신 한규설(韓圭卨)[127]을 찾아가 이렇게 말했다.

"대감이 책임 있게 김창수의 충의를 표창하고, 조속히 방면하도록 하여야

---

125) 이건창(李健昌, 1852~1898). 조선 말기의 대문장가이자 양명학자. 그는 세 번의 유배 후 만년을 향리 강화에서 보냈다. 대표적인 저작으로 『당의통략』(黨議通略)이 있다.

126) 앞에서는 포량고직(包糧庫直)이라 했다.

127) 한규설(韓圭卨, 1848~1930). 을사조약에 반대하였고, 1896년 법부대신을 담당하고 있었다.

옳지 않겠소? 폐하께 비밀히 주청이라도 하여 장래에 허다한 충의지사가 생기 도록 함이 대감의 직책이 아니겠소?"

한규설도 속으로는 그 말에 경복(敬服)하였다. 그러나 당시 일본 공사였던 하야시 곤스케(林權助)[128]가 벌써 나의 사건이 국제문제로 화하게 될까 염려하여, 각 대신들 중에 이 사건으로 폐하께 아뢰는 자만 있으면 별별 수단을 가리지 않고 위험한 지경으로 떨어뜨릴 흉계를 꾸미고 있었다. 그러니 옳은 일인 줄은 알지만 어떻게 할 방도가 없다고 하였다. 김경득은 사관(舍館)[129]에서 분기탱천하여 대관들에게 욕을 퍼붓고 나왔다.

어떻든지 공식적으로 소장(訴狀)이나 들이자 하여, 제1차 법부에 소지(訴紙)를 올렸다. 그러자 "국모의 원수를 갚는다고 한 말의 뜻은 가상하나, 사건이 중대하여 여기서 마음대로 할 수 없다"라고 쓴 제지(題旨)[130]가 내려왔다. 두번 세번 각 관청에 일일이 소장을 올렸으나 이리 미루고 저리 미루고 결말이 나지 않았다.[131]

소송에 전력하기를 7, 8개월 동안 김경득의 돈은 바닥이 났다. 그 동안 아버님과 어머님이 번갈아 인천과 경성을 오르락내리락 하시다가, 마침내 김경득이 소송을 중단하고 돌아와서 내게 편지 한 통을 보냈다. 내용은 보통 위문 편지였고, 단율(單律)[132] 한 수가 있었다.

---

128) 하야시(林權助)는 백범이 탈옥한 이후인 1899년 6월 부임하기 때문에 백범 구명운동 당시 일본 공사가 아니다. 백범 투옥 시기의 일본 공사는 하라(原敬, 1896)와 가토(加藤增雄, 1897 ~1899)이다.

129) '舍館'은 '私館'. 공관의 반대말. 즉 여기서는 한규설의 집을 말한다.

130) 제지는 제사(題辭). 소장(訴狀)에 대한 관청의 답변. 『백범일지』 원문의 제사는 '報讐爲言이 其義可尙이나 事關重大하야 未可擅便向事'이지만, 소장의 원본의 제사는 '觀此所訴하니 其義可尙이라 雖極矜悶이나 事係法部하니 官不得 擅斷向事'(소장을 보니 그 뜻은 가상하고 동정이 가지만 법부 결정사항이라 본관은 함부로 판단할 수 없음)이다.

131) 백범의 어머니는 인천감리서에 제1차로 소장을 올리고 그 다음(1898년 2월 16일)에 법부에 소장을 올렸다. 이에 대한 제사는 '情雖矜憐 罪關王章 必不可容貸向事'(사정은 비록 안되었지만 죄가 왕의 결정사항에 관계되므로 용서할 수 없다)이다. 이어서 2월 21일 백범 아버지도 법부에 소장을 올렸다. 이에 대한 제사는 '當有參酌矣니 姑爲退待할 事'(마땅히 참작할 것이니 물러가 기다리라)이다.

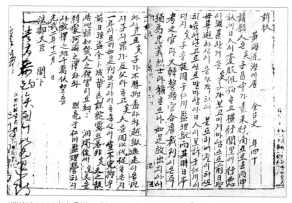

백범의 부모님이 올린 소장. 규장각 자료 17281 『訴狀』 제13책

조롱을 박차고 나가야 진실로 좋은 새이며 (脫籠眞好鳥)
그물을 떨치고 나가야 예사스런 물고기가 아니리. (拔扈豈常鱗)
충은 반드시 효에서 비롯되니 (求忠必於孝)
그대여, 자식 기다리는 어머니를 생각하소서. (請看依閭人)[133]

　이 시를 읽고서 나는 즉시 김주경에게, 그 동안 나를 위하여 있는 힘껏 마음을 써 준 것은 지극히 감사하나, 한때 구차스럽게 사는 것을 위하여 생명보다 중한 광명을 버릴 수 없으니 과히 우려치 말라는 내용으로 회답을 보냈다. 그대로 옥중생활을 계속하며 구서적보다 신학문을 열심으로 공부하였다.
　김경득은 그 길로 집에 가서 재산이 다 탕진되고 없음을 보고 새로이 동지를 규합하였다. 당시 관용선(官用船)[134]으로 청룡환(靑龍丸), 현익호(顯益號), 해룡환(海龍丸) 세 척이 있었는데, 그중 한 척을 탈취하여 대양에서 해적질할

---

132) 형식에 엄격한 율시는 기·승·전·결이 각 2구, 총 8구로 되어 있다. 단율이란 기·승·전·결이 각각 1구씩 총 4구로 된 율시를 말한다.

133) 마지막 구절의 의(依)는 기(倚). 기려(倚閭) 또는 기려지망(倚閭之望)은 문에 기대어 자식을 기다리는 어머니 또는 그 마음.

134) 원주: "輪船". 배의 좌우에 물갈퀴가 달린 수레바퀴를 설치하고, 배 안에서 그 축에 달린 쇠막대를 사람의 힘으로 돌려 가는 배.

준비를 하였다. 그러나 그 모의가 당시 강화 군수 아무개에 의해 미리 염탐되어 도주하고 말았다. 도주할 때에 그 군수가 상경하는 도중에서 실컷 두들겨 패주고, 블라디보스토크(海蔘威) 방면으로 갔다고도 하고 다른 곳에 잠복하였다고도 한다.

그후 아버님은 경성에서 소송 걸었던 문서 전부를 강화로 가지고 오셔서 이건창에게 가서 보여주고 방책을 물으셨다. 이건창 역시 탄식만 하고 별 방법을 지시하지 못했다.

그때 나와 함께 감옥 안에서 고생했던 사람으로는, 장기수로 조덕근(曺德根)이 10년, 양봉구(梁鳳求)가 3년, 김백석(金白石)이 10년 등이었고, 기타 종신수도 있었다. 이 사람들이 내게 감히 말은 못하였으나, 내가 하려는 마음이 없어 그렇지 만일 자기네들을 살리려는 마음만 있으면 자기들을 한 손에 몇 명씩 쥐고 공중에 날아가서라도 족히 구하여 줄 재주가 있는 것처럼 믿고 있는 듯하였다. 종종 내게 그런 식으로 종용하기도 하였고 잠깐씩 그런 말뜻을 비추었다.

어느날 조덕근이 나를 보고 눈물을 흘리며 말했다.

"김서방님이야 언제든지 상감께서 특전(特典)을 내리시기만 하면 나가서 귀하게 되시겠지요. 저도 김서방님을 모시고 근 2년이나 고생을 하였습지요. 그렇지만 김서방님만 특전을 입어 나가시는 날이면 간수의 포학이 비할 데 없이 심해질 것입니다. 그렇게 되면 우리가 어찌 10년 기한을 다 채우고 살아나갈 수 있겠습니까? 우리들이 불쌍치도 않습니까? 그 동안 가르치심을 받아 국문 한 자 모르던 것이 이제는 국한문 편지를 쓰게 되었습니다. 만일 살아 세상에 나간다면 죽을 때까지 보배롭게 쓰겠지만, 여기서 죽는다면 공부한 것을 무엇에 쓰겠습니까?"

나는 근엄한 태도로 말하였다.

"나는 죄수가 아니냐? 피차에 어느날이고 동시 출옥이 안되면 그 섭섭한 마음이야 어찌 말로 표현할 수 있겠나?"

"김서방님이 아직은 우리 더러운 놈들과 함께 계시지만, 내일이라도 영광스럽게 감옥을 나가실 분이 아니십니까? 그러니 부디 저를 살려주시면 결초보은(結草報恩) 하겠습니다."

말의 의미를 확연하지 않게 하였다.[135] 어찌 들으면 내가 대군주의 특별한 은혜를 입어서 나간 후에 권력으로 자기를 구해 달라는 것도 같고, 어찌 들으면 내가 나가기 전에 실력행사[勇力]로 자기를 구해 달라는 말로도 들렸다. 나는 아무 말도 하지 않았다. 그때부터는 부지불식간에 내 마음이 요동을 쳤다.

'나를 무한정 놓아주지 않는데도 옥에서 죽는 것이 옳은가 그른가? 당초에 내가 왜놈을 죽인 것이 우리 국법에 범죄행위로 인정된 것은 아니었다. 왜놈을 죽이고 내가 죽어도 한이 없다고 생각했던 것은 내 힘이 부족해서였다. 왜놈에게 죽든지, 충의를 몰라주는 조선 관리들에게 죄인으로 몰려 죽든지 한이 없다고 결심했던 것이다. 지금 대군주가 나를 죽일 놈이 아니라고 인정하신 것은 윤(閏) 8월 26일 전칙(電勅)한 사형 정지의 일로 족히 증명할 수 있다. 또한 이때 이후 감리서로부터 경성 각 관아에 소송하여 받아낸 제지들만 보아도 나를 죄인이라고 지시한 곳은 한 군데도 없었다. 김경득이 그같이 자기 전 재산을 탕진해 가며 내 한 목숨 살리려 했던 것도 그렇고, 인천항에 사는 사람들 중 한 사람도 내가 옥중에서 죽는 것을 원하는 사람이 없음은 삼척동자도 다 아는 사실이다. 나를 죽이려 애쓰는 놈은 왜구들뿐인데, 내가 그놈들을 즐겁게 하기 위해 옥에서 죽는다는 것은 아무 의미가 없지 않겠는가?'

나는 심사숙고하다가 탈옥[破獄]하기로 결심하였다.

다음날 조덕근을 보고 비밀히 물었다.

"조서방이 내가 하라는 대로만 한다면 살려줄 도리를 연구하여 보겠네."

조덕근은 마음 깊이 감동하고 또 감동하여 무엇이나 하라는 대로 복종하겠다고 했다. 나는 그에게 자기 집에서 밥 가지고 오는 하인 편에 편지를 보내 돈 200냥만 가져다가 은밀히 몸에 감추어 두라고 하였다. 그랬더니 조덕근의 집에서는 그날로 당장 백동전(白銅錢)[136] 200냥을 감옥으로 가져왔다.

그때 감옥에 있던 죄수들 중 가장 세력이 컸던 자는 징역 만기가 다 되어가던 자로 감옥에서는 그에게 죄수 감시를 시키고 있던 터였다. 강화 출신으로

---

135) 원문: "말의 意味를 平平하게 한다."

136) 1891년 은본위제 채택 후 주조된 근대화폐. 본위화폐 은전에 대한 보조화이다. 남발로 인하여 이른바 '백동화 인플레'를 초래하기도 하였다.

황순용(黃順用)이란 자였는데, 절도죄로 3년을 다 살고 출옥일이 15일 남아 있었다. 황가가 옥중에서 여러 가지 일을 맡아 하였다.[137]

황가가 남색(男色)[138]으로 좋아지내는 김백석[139]은 나이 17, 8세의 절도 재범으로 10년형을 받은 지 채 몇 달이 못 되는 자였다. 조덕근에게 은밀히 부탁하여 김백석으로 하여금 황가를 보고 애원하여 살려 달라고 조르게 하였다. 황가가 백석에 대한 애정에 못 이겨 살릴 방도를 물으면, 황가더러 창수 김서방이 도우면 살 도리가 없지 않다고 조르게 하였다. 하루는 황가가 백석의 애원대로 비밀히 나를 찾아왔다. 그 동안 지내던 더러운 정을 못 이겼음인지, 나를 보고 백석이를 살려 달라고 간청했다. 나는 황가를 엄히 꾸짖었다.

"네가 출옥할 기한도 멀지 않았으니 사회에 나가서 좋은 사람이 될 줄 알았는데, 벌써 출옥도 하기 전에 범죄할 생각이나 하느냐? 백석이는 어린것이 중한 형벌을 받았으므로 나도 불쌍히 여기지 않음이 아니나, 피차 죄수 처지로 무슨 도리가 있겠느냐?"

황가는 송연(悚然)해져서 물러갔다. 다시 조덕근으로 하여금 백석을 시켜 재차 삼차 김서방에게서 백석이를 살려주마는 허락을 받아내라고 부추겼다. 다음날 황가는 눈물을 흘리면서 내게 찾아와 말하였다.

"제가 백석의 징역을 대신이라도 지겠습니다. 김서방님은 하지 않으셔서 그렇지 능히 못할 일이 없으시니 백석이를 살려만 주신다면 죽을 데라도 사양치 않겠습니다."

나는 다시 황가를 믿지 못하겠다는 태도로 말했다.

"네가 백석이를 얼마나 사랑하는지 모르나, 너는 단지 더러운 정으로 백석이를 살렸으면 하는 생각이 있을 것이다. 그러나 그 마음이 과연 내가 백석에게 대하여 가지는 마음과 같을지 의문이다. 나는 그 어린것이 필경 옥중 귀신이 될 것을 불쌍히 생각하고 있거니와, 설사 내가 백석이를 불쌍히 여기는 마음으로 살려주마고 허락하고 수속을 시작한다 하여도, 네가 그 일을 순검청에

---

137) 원문: "當道用事를 한다."
138) 남자끼리의 동성연애.
139) 규장각 자료에 의하면 그는 강백석(姜伯石)이다.

고발하여 나를 망신시키지나 않을까 걱정이다. 네가 나와 함께 근 2년이나 이곳에 있으면서 익히 보았던바, 이순보(李順甫)가 탈옥하였을 때 감옥 죄수 전부가 불려가 매를 맞았으나, 관리들 중 누구 한 사람 내게 대하여 감히 말 한 마디 묻는 것을 보았느냐? 만일 내가 백석이를 살리려다가 실패하여 점잖지 못한 모습만 드러나게 되면, 오늘까지 관리들의 경애를 받아왔던 것이 다 헛일이 되지 않겠는가? 또 백석이를 살리려다가 도리어 죽이는 결과만 낳을 터이니, 살고자 하는 백석이보다 살리려는 네 마음을 믿을 수 없다."

황가는 별별 맹세를 다하였다. 그리고 그는 내가 같이 나가지는 않고 자기들만 옥문 밖으로 나가게 해줄 도량이 있는 줄 알았다. 황가에게 절대 복종하겠노라는 서약을 받고서야 비로소 쾌히 승낙하였다.

조덕근·양봉구·황순용·김백석은 다 내가 자기네들을 옥문 밖으로 나가게 해줄 줄 믿었다. 그러나 무슨 방법으로 어떻게 할 것인지는 감히 묻지도 못하고 있었다. 자기들 생각에 나는 결코 도주하지 않을 줄 믿고 자기들만 내보내주고 나는 의연히 감옥에 있을 줄 믿었던 모양이다. 황가가

"우리가 가려면 노잣돈이 있어야지요."

했을 때도 조덕근이 돈을 가지고 있었지, 내게는 한 푼의 돈도 없었다.

무술년(戊戌年: 1898, 23세) 3월 초아흐렛날[140] 오후에 아버님을 옥문 밖으로 오시라 해서 대장장이에게 한 자 길이 삼릉창(三稜槍)[141] 하나를 만들어 달라 해서 새옷 속에 싸 들여 달라고 부탁드렸다. 아버님도 무슨 일을 꾸미는 줄 짐작하시고 즉시 삼릉형(三稜形)으로 만든 쇠창 하나를 의복 속에 넣어주셨다. 받아서 품속에 감추었으나 조덕근 등은 알지 못하였다.

어머님께서 저녁밥을 가지고 오셨을 때 나는,

"오늘 밤 감옥에서 나가오니, 아무 때나 찾을 때를 기다리시고 부모님 두 분은 오늘 저녁으로 배를 타시고 고향으로 가십시오."

하고 말씀드렸다. 어머님은

"네가 나오겠니? 그럼 우리 둘이는 떠나마."

---

140) 규장각 자료에 의하면 탈옥일은 1898년 3월 19일(음력 2월 27일) 밤이다.

141) 모서리가 세 개인 창.

하시고 작별하셨다.

그날 오후에 간수를 불러 돈 150냥을 주고 내가 오늘은 죄수에게 한 턱을 낼 것이니 쌀과 고기와 모주[142] 한 통을 사 오라고 부탁하였다. 전에도 종종 그리하였으므로 별로 이상해 보일 것이 없었다.

"그대가 오늘 밤 당번이니 50전어치 아편[烟土]을 사 가지고 밤에 실컷 먹으라."

하였다. 매일 밤 간수 한 사람씩 감옥 방에서 밤을 보내는 것이 규칙이었다. 그 자는 아편쟁이였고 성품과 행동이 불량하여 죄수들에게 특별히 미움을 받는 자였다. 석식에 50여 명의 징역수와 30여 명의 잡범들까지 주렸던 창자에 고깃국과 모주를 실컷 먹었다. 흥이 오를 즈음, 나는 간수에게 도적죄수간에 가서 소리나 시켜 듣자고 청하였다. 간수는 생색이나 내는 듯이 말하였다.

"김서방님 듣게 너희들 장기대로 노래를 불러라."

명령이 내리자 죄수들이 노래하느라고 야단들이었다. 간수는 자기 방에서 아편을 실컷 피우고 정신이 흐릿하여 까무러져 있었다. 나는 도적 방에서 잡범 방으로, 잡범 방에서 도적 방으로, 죄수들 사이로 왔다갔다 하다가, 틈을 타서 마루 속에 들어가 깔아놓은 벽돌을 창끝으로 들추고 땅속을 파서 감옥 밖으로 나섰다.

감옥 담을 넘을 줄사다리를 매어 놓고나니 문득 딴생각이 들었다.

'조덕근 등을 데려가려다가 무슨 일이 날지 모르니 이 길로 곧 가버리는 것이 좋지 않을까? 그 자들은 결코 나의 동지가 아니다. 기필코 건져내서 무엇하리.'

또 한편으로는 이런 생각도 들었다.

'그렇지 않다. 사람이 현인군자에게 죄인이 되어도 하늘을 이고 땅을 밟고 부끄러운 마음 견디기 어렵거든, 하물며 저와 같이 더러운 죄인의 죄인이 되고서야 죽을 때까지 그 부끄러움을 어찌 견디랴?'

마침내 두번째 생각이 이기고 말았다. 나오던 구멍으로 다시 들어가서 천연

---

142) 모주(母酒). 인목대비의 어머니 노씨 부인이 만든 술이라고 해서 '모주' 또는 '대비모주'라고 한다. 술지게미를 타서 뿌옇게 걸러낸 술.

스럽게 내 자리에 앉아서 눈짓으로 네 명을 하나씩 다 내보내고 다섯번째로 내가 나갔다. 나가서 보니 먼저 내보낸 네 명이 옥담 밑에 앉아 벌벌 떨기만 하고 감히 담을 넘지 못하고 있었다. 내가 한 명씩 담 바깥으로 다 내보내고 마지막으로 담을 넘으려 할 때, 먼저 나간 자들이 감리영과 옥을 통합하여 용동(龍洞) 마루를 송판으로 둘러막은 데를 넘느라고 요란한 소리를 내고 말았다. 밤중에 요란한 소리가 나니 경무청과 순검청에서는 그 즉시 호각을 불어 비상소집을 하는 모양이었다.

옥문 밖에서는 벌써 그들의 발자국 소리가 들려왔다. 나는 아직 담 밑에 서 있었다. 내가 만일 감옥 방안에 있었다면 아무 관계가 없었겠지만, 이미 담 밑에까지 나온 후였으므로 급히 탈주하는 것이 상책이었다. 남을 넘겨주기는 쉬웠으나 혼자서 한 길 반이 넘는 담을 넘기란 극히 곤란한 일이었다. 시기가 급박하지 않으면 줄사다리로라도 넘어볼 터이나, 문 밖에서는 벌써 옥문 여는 소리가 나고 감방에 있던 죄수들도 떠들기 시작했으므로 그럴 겨를이 없었다. 옆에서 약 한 길쯤 되는 몽둥이[143]를 가져와 몸을 솟구쳐 담 꼭대기를 손으로 잡고 내리뛰었다. 그때는 최후 결심을 한 때였으므로 누구든지 내 갈 길을 방해하는 자가 있으면 결단을 내버릴 마음으로 쇠창을 손에 들고 정문인 삼문(三門)으로 바로 나갔다. 삼문을 지키던 파수 순검도 비상소집에 갔는지 인적이 없었다.

---

143) 원주: "役囚들이 水桶을 맛머는 것인데".

## 4. 방랑과 모색

### 1) 서울로 도피

탄탄대로로 나왔다. 봄날인데 밤안개가 자욱한데다가 연전에 서울 구경을 하고 인천을 지나가 본 적은 있으나 길이 생소하였다. 어디가 어디인지 지척을 분간 못할 캄캄한 밤에 밤새도록 해변 모래밭을 헤매다 동쪽 하늘이 훤할 때에야 비로소 살펴보니 감리서 뒷쪽 용동 마루터기에 당도해 있었다. 수십 걸음 밖에서 순검 한 사람이 벌써 군도를 절그럭절그럭거리며 달려왔다. 또 죽었구나 하고 은신할 곳을 찾았다. 서울이나 인천의 길거리 상점에는 방문 밖에 아궁이를 내고 방문 앞에는 아궁이를 가릴 긴 판자 한 개를 놓고 거기에다 신을 벗고 점방 출입을 하게 되어 있다. 선뜻 그 판자 밑에 들어가 누웠다. 순검의 흔들리는 환도집이 내 코끝을 스치는 것같이 지나갔다.

나는 얼른 몸을 일으켰다. 하늘이 밝아오고 천주교당의 뾰죽집이 보였다. 그곳이 동쪽이리라 짐작하고 걸어갔다.

어떤 집에 가서 주인을 부르니, "누구냐?" 묻기로 "아저씨, 나와 보세요" 하였다. 그 사람은 더욱 의심이 나서 "누구란 말이야?" 한다.

"나는 김창수인데 감리가 비밀히 보내주어서 출옥하였으나, 갑자기 갈 수 없으니 댁에서 낮을 지내고 밤에 가면 어떻겠습니까?"
하고 청하였으나, 주인은 불응하였다.

다시 화개동(花開洞)을 향하여 몇 걸음 옮기노라니 어떤 모꾼[1] 하나가 입상투[2] 바람에 두루마기만 입고, 아직 잠에서 덜 깬 성대로 노래를 부르며 지나갔다. 식전 막걸리 집에 가는 모양이었다. 나는 그 사람을 붙잡았다. 그 사람이 깜짝 놀라며 "누구시오?" 하였다. 나는 내 성과 이름을 자백하고 석방된 사유를 말해 준 다음 길을 가르쳐 달라고 부탁했다. 그 사람은 반갑게 승낙하고 이 골목 저 골목 후미진 길로만 해서 화개동 마루터기까지 동행해 주었다. 거기 올라서서 동쪽을 가리키며, 저리로 가면 수원 가는 길이고 저리로 가면 시흥으로 서울 가는 소로(小路)인즉 마음대로 갈 길을 정하라고 하였다. 말을 마치고 작별하였는데, 시기가 급박하여 성명도 묻지를 못하였다.

나는 시흥 가는 길을 택하여 경성으로 갈 작정이었다. 내 행색은 누가 보든지 참 도적놈으로 보였을 것이다. 감옥에서 장티푸스[染病]를 앓은 후 머리털이 전부 다 빠져서 새로 난 머리카락은 소위 솔잎상투[3]로 꼭대기만 노끈으로 졸라매고 수건으로 동인 채였고, 두루마기도 없이 바지저고리 바람이었다. 의복만 본다면 가난한 사람의 옷은 아닌데, 새로 입은 옷에 보기 흉하게 흙이 묻었다. 아무리 스스로 살펴보아도 평범한 사람으로 보이지는 않았다.

인천항 5리 밖에 이르니 아침해가 떠올랐다. 바람결에 들리는 소리는 온통 호각 부는 소리요, 인천 근처 산 위에도 사람이 올라가 있는 것이 희뜩희뜩 보였다. 내가 이런 행색으로 계속 길을 간다면 좋지 못할 것 같았다. 산속에 은신을 한다 하여도 반드시 수색할 터이니, 산에 숨는 것도 불가능했다.

나는 허술한 것이 오히려 실속 있고 실속 있게 한 것이 도리어 허술한 격으로, 큰길가에 숨으리라 작정하고 인천서 시흥 가는 대로변으로 가니 길가에 어린 소나무[童松]를 키워서 드문드문 방석솔[4] 포기가 한 개씩 서 있었다. 나는 그 솔포기 밑으로 두 다리를 들이밀고 반듯이 드러누웠다. 드러난 얼굴은 솔가지를 꺾어서 가렸다. 과연 순검과 간수가 떼를 지어 시흥 대로를 달려갔다. 주거니 받거니 의논들이 분분했다.

"조덕근은 서울로, 양봉구는 윤선(輪船)으로 갔을 테고, 김창수는 어디로

---

1) 모꾼[募軍]은 날품팔이 일꾼.

2) 상투만 틀고 관을 쓰지 아니한 모양.

3) 짧은 머리를 끌어올려 튼 상투.

4) 반송(盤松)과 같이 가지가 옆으로 넓게 퍼져서 자란 소나무.

갔을까? 그중 김창수는 잡기가 어려울걸. 과연 장사야. 창수는 잘했지. 갇혀 있기만 하면 무엇 하나."

바로 나를 보고 들으라고 하는 말 같았다.

부근 산기슭은 다 수색한 모양이었다. 햇빛이 서산에 걸칠 즈음 아침에 지나갔던 순검 누구누구와 간수 김장석(金長石) 등이 도로 몰려와 바로 내 발부리 앞으로 돌아 인천으로 가는 것을 보고서야 비로소 솔포기 속에서 나왔다. 그러나 전날 저녁 해가 높을 때 이른 밥을 먹고, 다시 황혼이 되도록 물 한 모금 못 먹고 있었으니, 하늘이 빙빙 돌고 정신을 차릴 수가 없었다. 밤에 탈옥하느라 힘쓰고 밤새껏 북성고지 모래밭을 헤맨 탓에 더욱 힘이 들었다.

근처 동네에 들어가 한 집을 찾아가서 나는 서울 청파(靑坡) 사람으로 황해도 연안(延安)에 가서 곡식을 옮겨오다가 간밤에 북성포(北城浦)에서 파선을 당하고 서울 가는 길인데 시장하니 밥을 먹여 달라고 청하였다. 그 주인은 죽 한 그릇을 주었다. 나는 호주머니 속에 어떤 사람이 정표로 주었던 화류면경(花柳面鏡)[5] 한 개를 지니고 있었는데, 그것을 꺼내 그 집 아이에게 주었다. 그 면경 하나의 시가가 엽전 한 냥짜리였으므로 밤을 지내고 아침에 가게 해 달라고 청하였으나 소용이 없었다. 죽 한 그릇을 스물닷 냥 주고 사서 먹은 셈이 되었다.[6] 그 주인은 내 모양을 보고서 수상하게 생각했던 것이다.

"저기 저 집 사랑에는 나그네들이 더러 자고 다니니, 그 사랑에나 가서 물어보시오."

이렇게 말하고는 문에서 나가 달라고 하였다. 할 수 없이 그 집에 가서 하룻밤 숙박을 청하였으나 역시 거절을 당하였다. 가만히 살펴보니 동네 가운데에 디딜방앗간이 있고 그 옆에 볏짚단이 있었다. 볏짚을 안아다가 방앗간에 펴고 하룻밤을 보낼 훌륭한 방을 준비하였다. 볏짚을 깔고 볏짚을 덮고 볏짚을 베고 누으니, '인천감옥 특별방에서 2년 동안 지내던 연극의 1막이 내리고

---

5) 꽃과 버드나무 그림이 들어 있는 거울.

6) 본문의 언급대로 하면 '엽전 한 냥=스물닷 냥'으로 잘못된 등식이 성립된다. 당시 우리나라 화폐단위는 공식적으로 통용되는 신식화폐 백동전과, 민간에서 여전히 통용되던 엽전(상평통보), 두 종류였다. 당시 백동전 1냥은 엽전 25냥이었다. 따라서 위의 본문 구절에서는 엽전과 백동전을 서로 착각한 것으로 추정된다.

지금은 방앗간 잠으로 제2막이 열리는구나' 하는 여러 가지 생각이 마음속에 들었다. 『손무자』(孫武子)와 『삼략』(三略)을 낭독하니, 동네사람들이 수군거렸다.

"거지도 글을 읽는다!"

"그 사람 거지가 아닌가 보던데. 아까 큰사랑에 와서 하룻밤 자자고 하던 사람이다."

나는 흥겨운 마음이 생겼으나, 장량이 흙다리 위를 조용히 걸었던 일화에 비하면 보잘것없다고 생각을 하고 미친 사람 모양으로 욕설을 함부로 하다가[7] 잠이 들었다.

나는 새벽 일찍 일어나 좁은 길을 택하여 경성으로 향했다. 벼리고개[8]를 향하여 걸어가다가 한 집 문전에 당도하여 아침밥을 걸식하였다. 전에 고향에 있을 때 들었던 소위 활인소(活人所)[9]의 걸인배(乞人輩)들이 집집마다 10여 명씩 몰려다니며 크고 힘찬 소리로 고함 지르듯이 활발하고 넛출지게는[10] 못하고, 다만

"밥 좀 주시오."

하고 힘껏 소리를 질렀다. 사람은 듣지 못하고 그 집 개가 먼저 집안 식구들

---

7) 장량의 자는 자방(子方). 그는 한(韓)나라의 명신이었는데, 한이 진(秦)에 망하자 무사를 시켜 철퇴로 진시황을 죽이고자 하였으나 실패하였다. 그후 하비(下邳)에 숨어살 때 그는 이교(圯橋: 흙다리)에서 황석공(黃石公)이 떨어뜨린 신을 주워주고 흙다리 위에서 병서(兵書)를 받아, 한고조 유방(劉邦)의 모신(謀臣)이 되어 진나라를 멸망시킨다. 백범은 사람들이 자신을 거지 취급하지 않는 데에 흥겨운 마음이 생겼으나, 이내 자신의 거지 흉내가 장량에 비하면 어림없다고 반성하고 일부러 미친 흉내를 내었다는 이야기이다.

8) 중국의 사신들이 해로(海路)로 귀국할 때 이 고개 위에서 조선의 관리들과 이별하였다 하여 붙여진 '별이현'(別離峴)을 말한다. 현재 인천 북구 부평3동에서 만수동으로 넘어가는 길이다.

9) 활인소는 활인서(活人署). 활인서는 조선시대 병든 사람이나 거지를 구호하는 기관. 조선조 태종 14년(1414) 활인원(活人院)으로 처음 설치되었는데, 세종 12년(1466)에 활인서로 개명하고 확대하였다.

10) '넌출지다'의 고어. '넌출'은 등·다래·칡 따위의 길게 뻗어나가 늘어진 줄기. '넌출지다'는 넌출처럼 치렁치렁 늘어지다는 뜻. 여기서는 소리가 넌출처럼 끊어지지 않고 길게 늘어지는 것을 의미한다.

에게 나를 소개해 주겠다는 듯 어지러이 짖어대는 서슬에, 주인이 머리를 내밀었다.

"걸식을 할 터이면, 미리 시키지 않았으니 무슨 밥이 있겠느냐?" [11]

"여보, 밥 숭늉이라도 좀 주시오."

하인이 갖다주는 밥 숭늉 한 그릇을 먹고 일어났다.

대로를 피해 시골 마을로만 길을 택하여 걸었다. 이 동네에서 저 동네를 가는 마을사람 모양으로 인천·부평 등을 지나갔다. 2, 3년간 우물 안 개구리처럼 좁은 감옥세계에서만 생활하다가 넓은 세상에 나와서 가고 싶은 곳을 활개치며 가노라니 심신이 상쾌하였다. 감옥에서 배운 시조와 타령을 하면서 길을 갔다.

그날로 양화진 나루에 당도하였다. 날도 저물었고 배도 고프고 뱃삯 줄 돈도 없었다. 동네 서당에 들어가 선생과 만나기를 청하였다. 선생은 내 나이가 어린 것과 의관을 못 갖추어 입은 것을 보고는 초면에 경어를 사용치 않고 낮춤말을 사용하였다. 나는 정색하고 선생을 나무랐다.

"남의 사표가 되어야 할 사람의 마음이 그처럼 교만하니, 어찌 아동들을 잘 가르칠 수 있겠소? 내가 일시 운수 불길하여 길에서 도적을 만나 이 모양으로 선생을 대하게는 되었으나, 결코 선생에게 하대를 받을 사람은 아니오."

그 선생은 사과하고 내력을 물었다.

"나는 경성 사는 누구인데 인천에 볼일이 있어 가던 차, 돌아오는 길에 벼리고개에서 도적을 만나 의관과 행장을 다 빼앗겼소. 집으로 가는 길에 날도 저물고 주리기도 하여 예절을 아실 만한 선생을 찾아왔소."

선생은 함께 있는 것을 승낙하고 토론으로 하룻밤을 지냈다. 아침밥을 먹은 후에 선생이 학동 한 명에게 편지를 주어 나루 주인에게 전해주었다. 덕분에 무료로 양화진을 건너 경성에 도착할 수 있었다.

서울로 가는 목적은 별것 없었다. 인천옥에 있는 동안 각처 사람을 많이 만났는데, 그 가운데 경성 남영희궁(南永義宮)[12] 청지기 한 사람이 배오개[13] 유

---

11) 구걸하는 주제에 밥 좀 달라고 미리 부탁도 하지 않았는데 당장 무슨 밥이 있겠느냐는 뜻.

12) 남별전(南別殿)·남별궁(南別宮)이 영희전(永禧殿)·영희궁(永禧宮)으로 명칭이 변하였기

기장[14] 등 대여섯 사람을 모아서 인천 해상에 배를 띄우고 백동전 위조업을 하다가 전부 체포되어 인천감옥에서 1년 남짓 고생한 적이 있다. 그때 그 사람들 말이 내게 죽을 때까지 잊지 못할 은혜를 입었으니 출옥시에 부디 연락해 주면 자기들이 와서 만나보겠다고 간절히 부탁했었다. 출옥은 하였지만 옷 바꿔 입혀 줄 사람도 없었으므로, 나는 경성에 가서 그 사람들도 찾고 조덕근도 좀 만나볼 작정이었다.

남대문을 들어서서 남영희궁을 찾아가니 날은 이미 초저녁 무렵이었다. 청지기 방문 앞에서

"이리 오너라."

하고 불렀다. 청지기 방에서 누가 미닫이를 반쯤 열고서

"어디서 편지를 가져왔으면 두고 가거라."

하였다. 목소리를 들으니 진오위장(陳五衛將)[15]이었다. 나는

"예, 편지를 친히 받아주세요."

하고 뜰 안으로 들어섰다. 진씨가 마루에 나와서 자세히 보더니,

"아이구머니, 이게 누구요."

하고 버선발로 마당에 뛰어나와 내게 매달렸다.

자기 방에 들어가 곡절을 물었다. 나는 바른 대로 말을 하였다. 진오위장은 나를 앉힌 후 자기 식구들을 불러 인사시키는 한편, 그때 같이 감옥에 갇혔던 공범들을 불러모았다. 내 행색이 수상한 것을 보고는 걱정이 되었던지, 제각기 갯[白笠]과 두루마기[周衣]와 망건(網巾)을 하나씩 사다 주고 속히 갖추어 입으라고 하였다. 3~4년 만에 비로소 망건을 쓰니 어쩐된 일인지 저절로 눈물이 떨어졌다.

며칠 동안 그 사람들과 잘 놀다가 청파 조덕근의 집을 찾아갔다. 문 밖에서 "이리 오너라" 하고 불렀다. 조덕근의 큰마누라는 내가 온 줄 알고 꺼리는 빛

---

때문에 백범이 남영희궁이라 하였다. 영희궁전은 조선조 태조·세조·원종·숙종·영조·순조의 영정을 봉안하여 제를 지내는 곳으로, 지금의 소공동 조선호텔 자리에 있었다.

13) 지금의 종로 4가에서 퇴계로 쪽으로 통하는 길.

14) 놋그릇 따위를 만드는 장인.

15) 오위장은 오위(五衛)의 군사를 거느리는 장수이나, 여기서는 그 청지기를 의미하는 듯하다.

이 역력하였다.

"우리집 선달님이 옥에서 나왔다고 인천 집에서 기별은 해주었으나, 혹시 이모 댁에 나와 계신지 내가 오늘 가 보고 내일 오시면 말씀드리겠습니다."

그러려니 여기고 돌아왔다가 다음날 또 그 집에 찾아갔다. 역시 모른다고 말을 하는 눈치가, 조덕근과 상의한 후 나는 조덕근보다 중죄인이니 이미 출옥한 바에는 다시 보아 이익이 없다고 생각하고 잡아떼는 수작이었다. 새삼 내가 퍽도 어리석다는 생각이 들었다.

'나는 먼저 탈옥해서 단신으로 쉽게 달아나려다가, 그의 애걸하던 모습을 떠올리고는 이중의 험지로 다시 들어가 위험지대를 다 면케 해준 것이었는데, 지금 내가 빈손으로 자기를 찾았을 줄 알고 금전상 해를 입게 될까 봐 거절하는구나. 그 사람의 그 행실인즉 깊이 꾸짖을 것도 없다.'

이렇게 생각하고는 돌아와서 다시 그 집에 가지 않았다. 며칠을 두고 이 사람 저 사람들에게 성찬을 잘 대접받고 다리도 쉬었다.[16] 팔도강산 구경이나 하겠다 하고 작별하니, 그 사람들이 추렴하여 노자를 한 짐 지워주었다.


## 2) 삼남견문록

그날로 동적강(銅赤江)을 건너 삼남지방으로 향했다. 그때 내 마음이 매우 울적하여 승방(僧房) 뜰에서부터 폭음을 시작했다. 밤낮으로 계속 술을 마셔대면서 과천을 지나 겨우 수원 오산장(烏山場)에 도착하자 한 짐이나 되었던 노자가 다 떨어지고 말았다.

오산장 서쪽 동네에 김삼척(金三陟)이라는 사람의 집이 있었는데, 주인 영감은 전에 삼척 영장(領將)[17]을 지낸 사람이었다. 아들이 여섯 있었는데, 그중 맏아들이 인천항에서 상업을 경영하다가 실패한 관계로 인천옥에서 한 달 가량 고생한 적이 있었다. 감옥에 있는 동안 나를 몹시 사랑하였는데, 자기가

---

16) 원문: "歇脚도 하엿다."
17) 감영이나 병영에 딸린 진영의 무관직 벼슬.

방면될 때에도 차마 헤어지기 힘든 마음에[18] 뒷날 다시 만날 것을 굳게 약속한 터였다. 그 집에 찾아가서 그들 여섯 형제와 같이 술 마시고 노래 부르며 며칠을 보냈다.

약간의 노자를 얻어가지고 공주(公州)를 지나 은진(恩津) 강경포(江景浦)에 있는 공종열(孔鍾烈)의 집에 찾아 들어갔다. 공종열도 역시 감옥 친구였는데, 자기 부친 공중군(孔中軍)[19]이 작고하여 상중인 몸이었다. 사람됨이 어린 나이에도 영리하고 학문[文學]도 어느 정도 할 줄 알았다. 일찍이 운현궁 청지기를 지냈고, 당시는 조병식(趙秉軾)[20]의 마름[舍音]으로 강경포에서 물상객주를 경영하다가 금전관계로 살인 소송에 걸려들어 여러 달 인천감옥에 갇혀 있었다. 감옥에 있는 동안 나와 매우 절친하게 지냈었다.

강경포에 들어가 공종열의 집에 당도하여 보니 집이 매우 크고 넓었다. 공종열이 나의 손을 끌고 일곱째 대문으로 들어가서 자기 부인 방에 나를 유숙하도록 하였다. 공종열의 어머니도 인천에서 만나 알게 되었으므로 반갑게 절하고 인사하였다. 공군이 나를 이같이 특별히 대우한 것은 옥중 친구로서의 동정 때문이기도 했고, 또 그 포구가 인천에서 아침저녁으로 오갈 수 있는 가까운 곳이기 때문이기도 했다. 각 사랑방마다 동서남북 각지 사람들이 드나들었기 때문에 내 비밀이 탄로될까 염려하였던 것이다.

며칠을 휴양하며 지내던 어느날 밤이었다. 달빛이 뜰에 가득한데, 공군 어머니의 방문 여닫히는 소리가 들렸다. 나는 가만히 일어나 앉아 창문에 댄 유리를 통해 뜨락을 내다보았다. 갑자기 칼빛이 번쩍하였다. 자세히 살펴보니 공종열은 칼을 들고 어머니는 창을 끌며, 모자가 군사를 동원하였다.[21] 행여 뜻밖의 변이 있을까 하여 의복을 정돈하고 앉았노라니, 얼마 후 공군이 어떤 청년의 상투를 끌고 들어왔다. 하인을 불러모아 두레집[22]을 짓고 그 청년을

---

18) 원문: "不忍分手에 情義로".

19) 중군(中軍) 역시 군대의 벼슬 이름.

20) '趙秉軾'은 '趙秉式'. 조병식(趙秉式, 1823~1907)은 조선 말기의 요직을 두루 역임하였고, 충청 감사 재임시에 탐학을 비롯하여 이른바 '5흉'으로 지목될 정도로 횡포가 심하였다.

21) 원문: "動兵을 한다."

22) 여기서 두레는 물을 긷거나 옮기는 데 쓰는 도구. 물을 퍼내는 것은 두레박. 두레집은 두

거꾸로 매달더니 열 살 안팎의 사내아이 둘을 불러 방망이 한 개씩을 주면서

"너희들의 원수니 너희들 손으로 때려죽여라."

고 하였다. 그러다가 공군이 내 방에 들어와 이런 말을 했다.

"형이 매우 놀랐을 터이니 미안하오. 그러나 형과 나 사이에 무슨 숨기고 꺼릴 일이 있겠소. 내 누님 한 분이 과부로 혼자 살면서 수절하다가 내 집 상노(床奴)[23] 놈과 간통하여 얼마 전에 해산을 하고 죽고 말았소. 그놈을 불러 '네 자식을 데리고 먼 곳으로 가서 기르고 내 앞에 보이지 말라'고 하였소. 그런데 그놈이 천주학을 하여 신부의 세력을 믿고 내 집 곁에 유모를 두어 내 집안에 수치를 끼치는 것 아니겠소. 형이 나가서 호령하여 그놈이 멀리 달아나도록 하여 주오."

나는 어디로 보든지 그만한 청을 안 들어주지 못할 처지였다. 승낙하고 나가서 달아맨 것을 풀어 앉히고 그 자의 죄를 하나하나 세어가며 꾸짖었다.

"네가 이 댁에서 길러준 은혜를 생각한들 주인의 면목을 그다지도 무시할 수 있느냐?"

이렇게 호령을 하니, 그 자는 나를 슬쩍 보고서 겁나고 두려운 표정으로

"나리 분부대로 하겠습니다. 살려주십시오."

한다. 공종열은 그 자를 향하여 다그쳤다.

"네가 오늘밤으로 네 자식을 내다버리고 이 지방을 떠날 터이냐?"

그 자는 "예, 예" 대답하고서 물러갔다. 나는 공군에게 물었다.

"그 자가 자식을 데리고 갈 곳이나 있는가?"

"개울 건너 임피(臨陂)[24] 땅에 제 형이 사니까, 그리로 가면 자식도 기를 수 있을 거요."

"아까 내가 보았던 그 두 사내아이는 누군가?"

"내 누님의 아이〔甥姪〕들이오."

---

레를 매달기 위해 긴 나무 3개의 윗부분을 묶고 밑을 넓게 벌려놓은 것으로 도르레틀 비슷한 것이다.

23) 밥상을 나르고 잔심부름하는 하인.

24) 현재는 전북 옥구군 임피면, 1914년 이전은 임피군이었다. 금강과 만경강 사이의 호남평야 지역이다.

나는 날이 밝으면 어느 곳으로나 출발하겠다는 말을 하였다. 그 집 형편이 그러하니, 나 또한 몰래 숨어 있던 것이 탄로났을 것이었다. 공군 역시 그렇게 생각하고, 자기 매부 진선전(陳宣傳)[25]이 무주읍(茂朱邑)에 살고 있는데, 부자일 뿐 아니라 그 읍이 한적하고 깊숙한 곳이니 그리 가서 세월을 기다림이 좋을 것 같다 하며 소개 편지 한 장을 써 주었다. 다음날 아침에 공군과 작별하고 무주로 길을 떠났다.

강경포를 채 벗어나기 전, 거리에서 사람들이 웅성웅성거리는 것을 보았다. 지난 새벽에 갯가에서 어린 아이 우는 소리가 들렸는데, 그 소리가 끊어진 지 이미 오래 됐으니, 아마도 그 아이는 죽은 것이라고 야단들이었다. 그 말을 들으니, 천지가 아득하였다.

'오늘 살인을 하고 가는 길이로구나. 그 자가 밤에 내 얼굴을 대하면서 심히 무서워하더니, 공종열의 말을 곧 내 명령으로 생각하고 제 자식을 안아다가 강변에 버리고 도주한 것 아닌가?'

가뜩이나 가슴 속이 울적한데다가, 세상에 아무 죄 없는 어린 아이를 죽이게 하였으니 얼마나 큰 죄악인가. 일생을 위하여 심히 비관된다.

마침내 무주읍에 있는 진선전의 집에 갔으나, 구구하게 한 곳에 오래 머물러 있는 것은 더욱 우울한 마음만 쌓이게 하였다.

드디어 무전여행(無錢旅行)을 떠났다. 내 걸음이 이왕 삼남지방을 돌아다니는 바에는 남원(南原)에 가서 김형진(金亨鎭)을 만나보리라 하는 생각이 들었다. 평소에 들은 말이 있어, 전주(全州) 남문 안에 있는 한약국 주인 최군선(崔君善)이 김형진의 매형임을 알았으나, 먼저 남원 이동(耳洞)[26]에 찾아가서 김형진이 사는 곳을 물었다. 그 동네사람들이 놀라고 의아해 하며 김형진을 찾는 연유를 물었다. 나는 경성에서 알게 되어 지나는 길에 들렀다고 하였다. 동네사람들의 말에 의하면, 김형진이 이 동네에서 대대로 살기는 하였으나 연전에 동학에 가입했다가 다 망한 후에 식솔을 이끌고 도망간 후로는 다시 소식을 모른다 하였다.

---

25) 선전 또는 선전관은 선전관청에 있던 무관 벼슬.
26) 김형진의 본향은 이동이 아니라 남원군 산동방 이사동(耳寺洞)이다.

나는 듣기에 좀 섭섭하였다. 김형진은 나와 청나라까지 동행하여 많고 적은 위험을 같이 넘긴, 친형제보다 정의가 깊고 간절한 사이였다. 그런 처지로 자기는 나의 일생에 대해 빠짐없이 다 알면서 자기 내력은 나에게 숨기고 비밀로 하였으니 어떻게 이해할 수 있을까?[27]

여하튼 전주까지 가서 그 뒷일을 알아보리라 작정하였다. 전주읍에 있는 최군선을 찾아가 김형진의 친구임을 밝히고 어디에 사는지를 물었다. 최군선은 냉담한 어조로 대답했다.

"김형진 말씀이오? 김형진은 분명 내 처남이지만, 내게 지기 어려운 무거운 짐만 지우고 자기는 벌써 황천객이 되었소."

천신만고를 겪으면서 찾아간 나는 슬픈 감회를 금하기 어려웠다. 그런 중에 최군선의 응접이 너무 불친절한 것을 보고 나니 다시 더 물어볼 생각도 없었다. 곧 작별하고 그날이 전주 장날이었으므로 장터에 나가서 구경을 했다.

이리저리 다니다가 포목점〔白木廛〕에 가서 포목 환매(換買)하는 광경을 보고 있었다. 그러다가 시골 농사꾼으로 보이는 청년 한 사람이 포목을 환매하는 것을 보았는데, 용모가 흡사 김형진 같았다. 김형진보다는 어려 보였지만, 말하는 것과 행동거지가 꼭 김형진 같았다. 다만 김형진에게서는 문사(文士)의 자태가 보였으나, 이 사람은 농사꾼처럼 보이는 것이 다를 뿐이었다. 나는 그 사람이 일을 다 끝내고 돌아가려는 틈을 타서 물었다.

"당신 김서방 아니시오?"

"예, 그렇지라오마는 당신은 뉘시오니까?"

"노형이 김형진 씨 계씨(季氏)[28]가 아니오?"

그 사람이 머뭇머뭇하고 말대답을 못하였다. 나는 계속해서 물었다.

"나는 당신 면모를 보고 김형진 씨 계씨임을 짐작하였소. 나는 황해도 해주에 사는 김창수요. 노형 백씨(伯氏) 생전에 혹시 내 이야기를 들은 적이 있소?"

---

27) 김형진이 최시형으로부터 금구 접주(金溝接主)로 임명된 것은 백범과 헤어지고 난 후인 1897년이기 때문에 굳이 자신의 동학 행적을 비밀로 한 것은 아니었다.

28) 계씨(季氏)는 아우, 백씨(伯氏)는 형.

그 청년은 두 눈에 눈물이 가득 고여 말을 잇지 못하다가 흐느끼며 슬피 울었다.

"과연 그랬습니까? 내 형 생전에 당신께 관한 말씀을 들었을 뿐 아니라, 별세하실 때에도 창수를 생전에 다시 못 보고 죽는 것이 한이 된다고 하였지라오. 제 집으로 가십시다."

금구(金溝) 원평(院坪)으로 가서 조그마한 집으로 들어갔다. 그 사람이 자기 어머니와 형수에게 내가 찾아온 것을 말하자, 그 집에 곡성이 진동하였다. 김형진이 작고한 지 열아흐레 뒤라 하였다.[29] 영전[靈筵]에 들어가 절하였다. 육십 노모는 자기 아들 생각에, 삼십 청상과부는 남편 생각에 눈물을 흘렸지만, 아들 맹문(孟文)은 아직 8, 9세밖에 되지 않아 아무 철이 없었다. 장터에서 만났던 사람이 바로 형진의 둘째 아우니, 아들 맹열(孟悅)이가 있고 농사를 지어서 생활하고 있었다.

그곳에서 수일간 쉬고, 무안(務安)·목포(木浦)로 향했다. 목포에 도착하니 새로 열린 항구로 아직 관사(官舍) 건축도 미처 못하고 모든 일이 다 엉성하여 보였다. 양봉구(梁鳳九)를 만나서 인천 소식을 물었다. 조덕근은 서울에서 잡혀 인천감옥으로 도로 들어갔는데, 눈 한 개가 빠졌고 다리가 부러졌다고 하였다.[30] 그때 간수였던 김가는 아편독이 몰려서 옥중에서 죽었다 하고, 나에 관한 소문은 듣지 못했다 한다. 그리고 인천과 목포간에 순검들이 서로 내왕하고 있으니, 오래 머무를 곳이 못 된다며 약간의 여비를 준비하여 주면서 항구를 떠나라 했다.

목포를 떠나서 해남(海南) 관두(關頭),[31] 강진(康津) 고금도(古今島), 완도(莞島) 등지를 구경하고, 장흥(長興) 보성(寶城) 송곡면(宋谷面)[32]으로, 화순

---

29) 김형진의 사망일이 음력 1898년 2월 27일(양력 3월 19일)이니, 열아흐레 뒤는 양력으로 4월 7일이다.

30) 규장각 자료에 의하면 조덕근은 탈옥 후 열흘 남짓 만인 1898년 4월 초에 붙잡혔다.

31) 관두는 현재 해남군 화산면 관두산 밑의 관동마을 일대이다. 백범은 여기서 해남 이진사가 주선한 배편으로 고금도로 갔다고 한다.

32) 원주: "今 得糧面 得糧里. 宗氏 金廣彦 等 家에서 四十餘日 休息, 離時 同里 宣 夫人의 筆束 制送을 受하엿음." 백범은 사례의 표시로 김광언에게 『동국사기』(東國史記)라는 책을 선

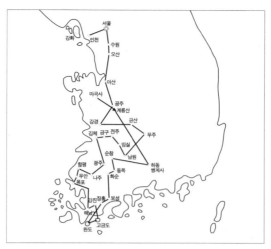

출옥 후 백범의 삼남유력 행로

(和順) 동복(同福)으로, 순창(順昌) 대명(大明)[33]으로, 하동(河東) 쌍계사(雙溪寺)로 칠불아자방(七佛亞字房)[34]도 구경하고 다시 충청도로 들어와 계룡산(溪龍山) 갑사(甲寺)에 도착하니, 시기는 8, 9월이었다. 사찰 부근에 감나무가 숲을 이루고 서 있는데 붉은 감이 익어서 저절로 떨어지곤 했다.

절에서 점심을 사 먹고 앉아 있었더니, 동학사(東鶴寺)로부터 와서 점심을 먹는 유산객(遊山客) 한 사람이 있었다. 인사를 하니 공주 사는 이서방이라 했다. 나이가 마흔이 넘은 선비로, 유산시(遊山詩)를 들려주는데 시로나 말로나 퍽 비관을 품고 있는 듯했다. 초면이라도 이야기가 잘 통했다. 그가 나의

---

물하였다. 백범이 애독하던 이 책의 속표지에는 당시 사용한 가명 김두호(金斗昊) 명의의 서명과 한시 한 수가 있다.

33) '順昌'은 '淳昌'. 그런데 전라남도에 대명(大明)이란 지역은 없고, 담양군에 대면(大面: 현재 대덕면)이란 지역이 있다. 백범이 대명에서 많은 대나무를 보았다는 이후의 내용이나, '국사원본'에서 담양으로 처리한 것 등으로 보아, 대명은 담양지역일 가능성이 크다. 광주·나주·순창·담양은 모두 인접해 있다.

34) 원래는 경남 하동군 지리산 쌍계사 칠불암. 현재 칠불사. 김수로왕의 아들 7형제가 성불한 곳이라고 하여 칠불암이며, 여기에는 아(亞)자 모양의 특이한 온돌방이 있다.

행방을 묻기로, 나는 개성에서 생장하여 상업에 실패하고 홧김에 강산 구경이나 하자고 떠나서 근 1년을 남도에서 지내고 지금은 고향으로 간다고 말하였다. 이서방은 다정하게 내게 청했다.

"노형이 이왕 구경을 떠난 바에는 여기서 40여 리를 더 가면 마곡사(麻谷寺)[35]란 절이 있으니 그 절이나 같이 구경하고 가시는 것이 어떠하오?"

나는 마곡사란 말이 심히 의미심장하게 들렸다. 우리집에 『동국명현록』(東國明賢錄)[36]이란 책이 있었는데, 어렸을 적부터 보아온 그 책에 이런 이야기가 있었다.

화담(花潭) 서경덕(徐敬德)[37] 선생이 동지하례(冬至賀禮)에 참례하여 크게 웃으니, 임금이 물었다.

"경은 무슨 일로 무리 가운데서 혼자 웃느냐?"

화담이 아뢰었다.

"오늘 밤 마곡사 상좌승이 밤중에 죽을 끓이려고 불을 때다가 졸음을 이기지 못해 죽솥에 빠져 익사하였는데 다른 중들은 전혀 알지 못하고 죽을 퍼먹으며 희희낙락하는 것을 생각하니 우습습니다."

임금이 곧 파발마를 놓아 하루 밤낮 쉬지 않고 300여 리를 달려 마곡사로 가서 조사하게 하였더니, 과연 그런 일이 있었다더라는 이야기다. 아버님이 늘 소설로 이야기하시던 것이 연상되었다.

승낙하고 이서방과 같이 마곡사를 향해 출발했다. 한가로운 유람생활은 이로써 끝나게 되었다. 그 사이에 보고 들은 것과 직접 겪은 사실들을 간단히 열거한다.

---

35) 마곡사는 충청남도 공주군 사곡면 운암리 태화산(泰華山) 남쪽 기슭에 있는 사찰. 이곳은 물과 산의 형세가 태극형이라고 하여 『택리지』, 『정감록』 등에서 전란을 피할 수 있는 십승지지(十勝之地)의 하나로 꼽고 있다. 현재 마곡사 대광보전 앞에는 김구가 심은 향나무가 있다.

36) 우리나라 역대 현인들의 인명록. 편찬연대 및 편자 미상이나 영·정조 때의 인명이 나오는 것으로 보아 그 이후인 듯하다.

37) 서경덕(徐敬德, 1489~1546). 조선 초기의 학자. 호는 화담(花潭). 중종 26년(1531)에 생원시에 응시하여 장원 급제하였으나 벼슬을 단념하고 성리학의 연구에 힘썼다. 박연폭포(朴淵瀑布)·황진이(黃眞伊)와 함께 송도삼절(松都三節)로 불린다.

아산(牙山) 배암밭[38] 동네에 들어가 충무공 이순신의 기념비를 우러러 구경하였고,[39] 광주 역말이란 동네에 들어가니 시골 동네에 몇백 호인지는 모르나 동장이 7명이나 일을 본다 하는데, 이는 서북에서는 보지 못하던 일이다.

광주·나주·순천·대명[40] 도처에는 대나무 숲이 있는데, 이 역시 서북지역에는 없는 특산이었다. 나는 열 살 남짓 될 때까지 대나무가 1년에 한 마디씩 자라는 줄 알았고, 실제로 대나무를 본 것은 이때가 처음이었다. 장흥·보성 등 각 군에서는 여름철에 콩잎을 따서 바로 국도 끓여 먹고 또 뜯어 말려서 그것을 삼동(三冬)에 먹기도 하고, 소나 말에 실어서 내다 팔아 장터의 주요 상품이 되기도 하는 것을 보았다.

해남 이진사 집 사랑에 며칠 계속해서 머문 적이 있었는데, 함께 지내던 객이 대여섯 명 되었다. 그중에는 그 집에서 손님 노릇한 지가 8, 9년 된 자도 있었다. 손님이 일을 하면 주인이 가난해진다는 미신이 있어, 손가락 하나 쓰지 않고 주인과 같은 대우를 받았다.

양반이 아니고는 아무리 대재산가라도 감히 밖으로 사랑문을 열지 못한다. 그런 까닭에 과객이 주인을 찾아 숙박을 청하면 첫 대면에 묻는 말이

"간밤에는 어디서 유숙하였소?"

하는 말이다. 만일 유숙한 집이 양반의 집이면 두말없지만, 중인(中人)의 집에서 잔 것 같으면 그 손을 타이르고, 반면에 상인(常人)이 과객을 맞아 재워주게 되면 양반이 사사로이 잡아다가 형벌을 주는 등 별별 괴악한 습속이 많다. 내가 직접 보지는 못하였으나, 그곳 과객으로 유명한 자는 홍초립(洪草笠), 박도포(朴道袍) 등이라 한다. 홍가는 초립둥이 적부터 과객으로 살다 죽었고, 박도포는 늘 도포만 입고 과객질을 했다는데, 그 자들이 어느 집에 들어가든지 주인이 응대를 조금이라도 잘못하면 무수히 발악하였다 한다.

---

38) 현재 지명은 아산시 염치읍 백암리(白巖里)로 현충사 인근에 있다.

39) 충무공에 대한 백범의 추앙은 각별한 것이었다. 삼남행 중 아산 배암밭 마을을 찾은 외에 고금도에 있는 충무공 비각에도 참배했고, 환국 후 삼남순회 때도 한산도 제승당을 찾았다. 친필 휘호 중에도 이순신의 「진중음」(陳中吟)이 많다.

40) 원문: "光羅州順大明". '光羅洲'는 광주와 나주이며, '順大明'은 순창과 담양일 가능성이 크다.

해남은 윤(尹)과 이(李) 두 성이 가장 큰 양반으로 세력을 점유하고 있었다. 윤씨 집안의 사랑에서 유숙하노라니, 밤이 저물었는데 사랑문 앞 말뚝에 어떤 사람을 묶어놓고 가혹한 형벌을 가하고 있었다. 주인의 추상 같은 호령이 들려왔다.

"너 이놈, 죽일 놈, 양반이 작정하여 준 품삯대로 받는 것이 아니라 네 마음대로 올려받느냐?"

벌을 받는 사람은 극구 사죄를 청했다. 나는 주인에게 물었다.

"양반이 작정한 품삯은 얼마이고 상놈이 제 마음대로 올려받은 것은 얼마나 되오?"

"내가 금년에는 동네 품삯을, 년은 두 푼, 놈은 서 푼씩 정하였는데, 저놈이 어느 댁 일을 하고 한 푼 더 받았기 때문에 징계하여 다스리는 것이오."

나는 다시 물었다.

"노상의 행인들이 주막에서 먹는 음식값도 한 끼에 최하가 5, 6푼인데, 하루 품삯이 밥 한 상 값의 반액에도 못 미치면 혼자 살림도 유지해 나가기 어렵거든 하물며 집안 식구들을 데리고 어찌 생활을 하겠소?"

주인은 그래도 할 말이 있다.

"설사 한 집에 장정이 년놈 합하여 두 명이라 하면, 매일 한 사람씩이라도 양반집 일을 안 할 때가 없고, 일을 하는 날은 그놈의 집 식구가 다 같이 와서 밥을 먹소. 그러니 품삯을 많이 지불하여 상놈 집에 의식주가 풍족하게 되면 자연히 양반에게 공손치 못하게 될 것 아니오? 그래서 그같이 품삯을 작정하여 주는 것이오."

나는 이 말을 듣고 깜짝 놀랐다. 내가 상놈으로 해주 서촌에 난 것을 늘 한탄하였으나, 이곳에 와서 보니 양반의 낙원은 삼남이요 상놈의 낙원은 서북이다. 그나마 내가 해서(海西) 상놈으로 난 것이 큰 행복이다. 만일 삼남 상놈이 되었다면 얼마나 불행하였을까?

경상도 지방의 반상(班常) 간에는 다른 지방에 없는 특수한 풍습이 있다. 삼남에서는 소 잡는 백정[屠牛漢]이 망건을 쓰지 못하는 것이 상례로 맨머리에 패랭이[平洋子]⁴¹⁾를 쓰고 드나들게 되어 있다. 패랭이 밑에 대테[竹丸]를 둘러대고 거기다가 끈을 맨 것이 백정놈이다. 백정이 길을 가다가 길에서 남녀노소를 막론하고 사람을 만나게 되면, 반드시 길 아래로 내려서서 "소인 문안드리오" 하고 인사하여야 한다. 행인이 지나가고 나면 그제서야 제 갈 길을 가는 것이다.

삼남 양반의 위엄이나 속박이 심하기는 하지만 그런 중에도 약간의 미풍양속이 없지는 않다. 모내기철에 김제(金堤) 만경(萬頃)[42]을 지나며 보니 농사꾼들이 아침에 일을 시작할 때에 사명기(司命旗)[43]를 들고 장고[箏鼓]를 울리며 들에 나가 농기(農旗)를 세운다. 모를 심을 때에 선소리꾼이 북을 치고 농가(農歌)를 인도하면 남녀 농군들은 손발을 흔들고 춤을 추며 일을 한다. 논 주인은 탁주를 논두렁 여기저기에 동이째 놓아두고 마음대로 먹게 하고, 행인이 지나면 다투어 권한다. 농군이 음식을 먹을 때는 현직 감사[時任監使]나 수령(守令)이라도 말에서 내려 인삿말을 건넨다.

대개의 노동자들에게 조직이 있어, 논 주인이 일꾼을 고용할 때는 그 지방 조직의 우두머리[有司: 廳首]와 교섭하여 일꾼을 결정하게 된다. 일꾼을 결정할 때, 미리 의복·품삯·휴식·질병 등에 대한 조건을 정하고, 실제 감독은 그 우두머리가 맡아 한다. 만일 일꾼이 태만하여도 논 주인이 마음대로 책벌하지 못하고 우두머리에게 고발하여 징계한다.

반상의 구별이 그같이 심하지만, 정월 초승과 팔월 중추에는 동네와 동네 중간에 나무기둥이나 돌기둥을 세우고, 그 기둥에 동아줄을 매고 각기 자기 동네로 향하여 기둥 끝이 눕도록 경쟁을 한다. 이때에는 남녀노소 반상의 구별이 없이 즐겁게 용기를 내어 논다고 한다.

고금도(古今島)[44]에서 충무공의 전적(戰蹟)을 둘러보았고, 금산(錦山)에서는 조중봉(趙重峯)의 패적유지(敗績遺址)[45]를 보았으며, 공주(公州)에서는 승

---

41) 대나무를 가늘게 오린 댓개비로 만든 갓으로 초립보다 굵다. '차양자' '폐양자' '평량자' 라고도 한다.

42) 김제평야와 만경평야를 가리키는 말이다. '김만경평야' 라고도 하는데, 동진강과 만경강 유역에 있는 기름진 김제평야와 만경평야를 합쳐서 부르는 이름이다.

43) '농자천하지대본' (農者天下之大本) 등을 써넣은 농기(農旗)를 뜻함.

44) 완도와 조약도 사이에 있는 섬. 옛것을 숭상한 도덕군자가 많은 곳이라 하여 고금도라 불린다.

(僧) 영규(靈圭)의 비(碑)[46]를 보고 많은 느낌을 받았다.

임실(任實)에서 전주를 향하던 도중, 당현(堂峴)[47]을 넘으려 할 즈음이었다. 풍채가 부잣집 주인 같아 보이는 마흔 남짓의 중늙은이 한 사람을 만나게 되었다. 혼자서 나귀를 몰고 가다가 고개 밑에서부터 나귀에서 내려 걷기 시작했는데, 자연 동행이 되어 인사를 하니 임실 읍내에 사는 문지래(文之來)라는 사람이었다. 같이 이야기를 하다가 고개 위에 당도하였다.

고개 위에는 네댓 채의 주점(酒店)이 있었다. 그날이 전주 장날이었으므로 보부상 수십 명이 장에 갔다가 돌아오는 길인지 고개 위 주점 근처에서 다리를 쉬고 있었다. 문지래가 고개 위에 도착하자 주점 주인이 나와서 오위장(五衛將) 영감 오시느냐고 반가이 나와 영접을 한다. 들어가 술이나 한 잔 자시라고 권하나 문씨는 사양하더니 내게 같이 쉬어가자고 청하였다. 문씨에게 달리 환영하는 사람이 없었다면 동행중에 술이나 한 잔씩 먹자고 청하는데 사양할 이유가 없었을 것이다. 그러나 문씨는 주점 주인에게 환대를 받는 처지인 모양이었으므로 굳이 사양하고 고개 위를 넘었다. 해가 서산 마루에 걸려 뉘엿뉘엿하였다.

급히 걸어 완주군 상관(上關)의 주점에 와서 들었다. 저녁밥을 먹고 앉아 담배를 피울 때쯤 급보가 왔다. 오늘 해 지기 직전에 고개 위에 30여 명의 강도가 나타나서 행상들의 재물을 약탈했는데, 문오위장은 취중에 그 강도들을 보고 호령하다가 강도떼가 내려치는 도끼에 맞아 죽었다고 한다. 한 번 내려칠 때 두골(頭骨)이 두 쪽으로 갈라지고, 두번째 칠 때 머리와 몸이 세 도막 나는 참사가 생겼던 것이다. 만약 그때 내가 문씨의 손에 끌려 술자리를 같이

---

45) 중봉은 조선 선조 때의 학자요 의병장이었던 조헌(趙憲, 1544~1592)의 호. 임진왜란 때 옥천·홍성에서 의병을 일으켜 금산전투에서 싸우다가 700명 의병과 함께 전사하였다. 패적유지는 칠백의총을 말한다.

46) 영규(靈圭, ?~1592)는 조선 선조 때의 고승. 임진왜란 때 승병장이 되어 분전한 끝에 마침내 청주성을 수복하였다. 조헌과 함께 금산전투에 참가하여 전사하였다. 금산 남쪽 진락산 기슭에 그의 영정을 안치한 진영각(眞影閣)과 비가 있다.

47) 원주: "전주와 임실의 중간에 있는 큰 고개". 지금의 임실군 관촌면 슬치재를 가리키는 듯하다.

했으면 내 목숨이 어찌 되었을까? 심히 놀라운 일이었다. 들으니 문씨는 임실 서리배라 한다. 자기 친아우가 민영준(閔泳駿)[48]의 신임을 받는 청지기인데, 그 권위를 가지고 부근의 인심을 잃은 탓에 이번 화를 만났다고들 하였다.

전주에서 본 것은 이런 것이다. 전주에서는 관리와 사령이 서로 원수지간이기 때문에 당시 진위대(鎭衛隊)[49] 병정을 모집하는데 사령이 입영될까 두려워하여 영리의 자식과 조카들을 전부 병정으로 몰아넣었다고 한다. 머리에는 상투를 그대로 두고 그 위에 군모[兵帽]를 높직하게 만들어 쓰고 있었다.


## 3) 출세간(出世間)의 길

다시 공주 이서방과 갑사에서부터 동행하던 중에 있었던 일을 쓰고자 한다. 이서방은 홀아비로 몇 년 동안 사설 글방[私塾]의 훈장으로 지냈고, 지금은 마곡사로 가서 중이나 되어 일생을 편안하게 지내려는 의향을 가지고 있었다. 내게도 그리 하기를 권했는데, 나도 얼마간 뜻이 없는 것은 아니었으나 갑작스레 생긴 문제였으므로 섣불리 결정할 수 없어서 이야기만 하였다. 하루 종일 걸어서 마곡사 남쪽 산꼭대기에 오르니, 해는 황혼인데 온 산에 단풍잎은 누릇누릇 불긋불긋하였다. 가을 바람에 나그네의 마음은 슬프기만 한데,[50] 저녁 안개가 산밑에 있는 마곡사를 마치 자물쇠로 채운 듯이 둘러싸고 있는 풍경을 보니, 나같이 온갖 풍진 속에서 오락가락하는 자의 더러운 발은 싫다고 거절하는 듯하였다. 그러나 또 한편으로는, 저녁 종소리가 안개를 헤치고 나와 내 귀에 와서 모든 번뇌[煩惱]를 해탈하고 입문하라는 권고를 들려주는 듯하였다.

이서방은 결정적으로 다시 내 의사를 물었다.

---

48) 민영휘(閔泳徽, 1852~1935). 초명이 영준(泳駿). 개화기 때 민씨 척당의 중심인물. 1906년 휘문학교를 설립하고 1910년 이후 일본 정부로부터 자작 작위를 받았다.

49) 대한제국 때의 군대 이름. 1895년에 지방대(地方隊)를 고쳐서 진위대라 일컫다가 1907년에 폐지되었다.

50) 원문: "遊子悲秋風인데다가".

"노형, 어찌 하시려오? 세상사를 다 잊고 중이 되십시다."

"이 자리에서 노형과 결정하면 무슨 필요가 있겠소? 일단 절에 들어가 봐서 중이 되려는 자와 중을 만들 자 사이에 의견이 맞아야 할 것 아니오?"

"그건 그렇겠소."

곧 몸을 일으켜서 마곡사를 향해 안개를 헤치고 걸음걸음 들어갔다.

> 한 걸음씩 한 걸음씩,
> 혼탁한 세계에서 청량한 세계로,
> 지옥에서 극락으로,
> 세간(世間)에서 걸음을 옮겨 출세간(出世間)[51]의 길을 간다.

처음 도착한 곳이 매화당(梅花堂)이었다. 큰소리를 내지르면서 산문(山門)[52]으로 세차게 내달리는 시냇물 위로 긴 나무다리를 지나서 심검당(尋劍堂)[53]에 들어가니 머리를 빡빡 깎은 노승(老僧)이 화폭(畵幅)을 펴서 보다가 우리를 보고 인사를 했다. 이서방도 익숙한 얼굴로 인사를 했다.

노승은 자기를 일러 포봉당(抱鳳堂)이라 했다. 이서방은 나를 심검당에 앉혀놓고 자기는 다른 방으로 갔다. 얼마 후 내게도 한 그릇 밥상[客飯]이 나왔다. 저녁밥을 다 먹고 앉아 있으니 어디선가 백발노승이 나와서 공손히 인사를 하였다. 나는 개성 출생으로 일찍이 부모를 여의고 도와줄 만한 가까운 친척 하나 없는 외로운 몸으로 강산 구경이나 하려고 한가롭게 다니는 중이라고 하였다. 그 노승은 속성(俗姓)이 소씨(蘇氏)요 익산(益山)에 살았는데, 삭발한 지는 40~50년 되었다고 하며 은근히 자기의 상좌가 되기를 청하였다. 나는 다소 겸손한 태도로 사양을 했다.

"나는 본래 학식이 모자라고 재질이 둔한 자입니다. 노대사[老師]께 오히려 누가 되는 일이 많을 것 같으니 주저됩니다."

---

51) 세간, 즉 속세를 벗어남.

52) 사찰의 입구에 있는 문. 흔히 일주문인 경우가 많다.

53) 원문: "尋釼堂". '尋釼堂'은 '尋劍堂'의 착오. 공양처나 강원(講院)으로 쓰이던 곳이다.

백범이 한때 머리를 깎고 머물렀던 충남 공주의 마곡사

그러자 노승은 더욱 힘써 권하였다.

"당신이 내 상좌만 되면 고명한 대사에게서 각종 불학(佛學)을 배우고 익힐 수 있을 거요. 장래 큰 강사(講師)가 될지도 모르니 부디 결심하고 삭발하시오."

밤을 지낸 뒤에 보니 이서방은 이미 삭발하고 계란처럼 반질반질해진 머리[鷄卵頭]로 나와서 문안을 한다.

"노형도 주저 마시고 곧 삭발을 하시오. 어제 찾아왔던 하은당(荷隱堂)은 이 절에서 재산이 갑부인 보경대사(寶鏡大師)의 상좌요. 그러니 후일 노형이 공부를 하려 할 때에도 학자금 염려는 없을 것이오. 내 노형의 이야기를 하였더니 자기가 나와 보고서 매우 마음에 든다고 나더러 속히 결정하게 하라고 권합디다."

하룻밤 사이 청정법계(淸淨法界)[54]에서 만 가지 생각이 다 재로 돌아가버린 듯한 터였다. 나는 중이 되기로 승낙하였다. 얼마 뒤에 사제(師弟)[55] 호덕삼(扈德三)이 머리털을 깎는 칼[剃刀]을 가지고 왔다. 냇가로 나가 「삭발진언」

---

54) 죄나 속세의 티끌 없이 깨끗한 불교의 세계.
55) 스님의 상좌(上佐)에 대하여 그보다 나이 어린 중.

(削髮嗔言)을 쏭알쏭알 하더니 내 상투가 모래 위로 툭 떨어졌다. 이미 결심
은 하였지만 머리털과 같이 눈물이 뚝뚝 떨어졌다. 법당에서 종이 울리고, 향
적실(香積室)에서는 공양주(供養主)가 불공밥을 짓고, 각 암자에서 가사(袈
裟)를 입은 스님 수백 명이 모여들었다. 나도 검은 장삼〔黑長衫〕과 붉은 가사
〔紅袈裟〕[56]를 입고서 대웅보전(大雄寶殿)으로 인도되었다. 곁에서 덕삼이가
부처님께 절하는 법을 가르쳐 주고, 은사 하은당이 내 승명(僧名)을 원종(圓
宗)이라 명명하여 불전에 고하였다. 수계사(受戒師)는 용담(龍潭)이란 점잖은
화상(和尙)[57]으로, 경문을 낭독하고 오계(五戒)[58]를 일러주었다. 예불을 마친
후에는 노스님 보경당을 위시하여 절 안에 있는 나이 많은 대사들에게 차례대
로 돌아가면서 절을 하였다. 승배(僧拜)를 연습하고『진언집』(眞言集)[59]과『초
발자경』(初發自警)[60] 등 간단한 규칙을 배웠다.[61]

중이 되려면 제일 먼저 자기 마음을 낮추어야 한다고 하며,[62] 사람에게는
물론이고 심지어는 금수나 곤충에게까지 자기 마음을 낮추지 않으면 지옥의
고통〔地獄苦〕을 받는다고 하였다.

전날 밤 나를 찾아와 자기 상좌가 되어 달라고 할 때에는 지극히 공손하던

---

56) 우리나라의 승려 의복은 중국의 영향으로 검은 장삼과 붉은 가사를 받아들였다. 세종 때부
터 승려의 의복에 검은 색 사용을 금하고 난 후 대체로 시색(회색과 비슷한 거무스레한 색)을
이용하였다. 백범이 말하는 검은 장삼 역시 그와 같은 거무스레한 빛깔의 장삼일 것이다.

57) 중의 경칭. 도를 많이 닦았거나 전수해 주는 스님.

58) 불교 계율 중 가장 근원이 되는 다섯 가지 계목(戒目). ① 생명을 죽이지 말라〔不殺生〕, ②
주지 않는 것을 가지지 말라〔不偸盜〕, ③ 사음하지 말라〔不邪淫〕, ④ 삿된 거짓말을 하지 말
라〔不妄言〕, ⑤ 술을 마시지 말라〔不飮酒〕.

59) 여러 권의 다라니(陀羅尼)를 한글·한문·범자(梵字) 순으로 병기한 책. 2권 1책으로 불교
의 초보적인 경전에 속한다.

60)『초발심자경문』(初發心自警文)의 약칭. 보조국사가 지은『초심』, 원효대사가 지은『발심』,
야운(野雲)이 수행자를 경계하기 위해 지은『자경문』등을 합본한 것으로, 초심자용의 불교서
적이다.

61) 불가에 스님으로 입문하는 의식을 '계(戒)를 주는 법회', 즉 수계회(授戒會)라 한다. 수계
회는 소승불교의 경우 복잡한 큰 의식이고, 대승불교의 경우 비교적 간단하다. 우리나라는
대승불교이지만, 수계회만은 불교의 가장 큰 의식으로 자리잡고 있다.

62) 원문: "僧行은 下心이 第一이라 하야".

하은당부터 "애, 원종아"를 기탄없이 부르고, "생긴 것이 미련스러워서 고명한 중은 되지 못하겠다. 얼굴이 어쩌면 저다지도 밉게 생겼을까? 어서 나가서 물도 긷고 나무도 쪼개거라" 한다.

나는 깜짝 놀랐다. 망명객이 되어 사방을 떠돌아다니던 때에도 내게는 영웅심과 공명심이 있었다. 평생의 한이던 상놈의 껍질을 벗고, 평등하기보다는 월등한 양반이 되어 평범한 양반에게 당해온 오랜 원한을 갚고자 하는 생각이 가슴 속에 가득하였다. 그런데 중놈이 되고 보니, 이상과 같은 생각은 허영과 야욕에 불과한 것이었다. 그런 생각이야말로 불씨(佛氏) 문중에서는 추호도 용납할 수 없는 악마와 같은 생각이었다. 만일 이런 따위의 악한 생각이 계속해서 마음속에 싹트고 자랄 때에는, 곧 호법선신(護法善神)[63]께 의뢰하여 물리쳐내야 하는 것이었다.

'하도 많이 돌아다녔더니 나중에는 별세계 생활을 다 하겠다.'

이런 생각에 혼자서 웃다가 탄식하다가 하였지만 순종하는 수밖에는 다른 도리가 없었다.

장작도 패고 물도 길었다. 하루는 앞내에 가서 물을 지고 오다가 물통 한 개를 깨뜨렸다. 은사 하은당이 어찌나 야단을 쳤던지, 보다못해 노사주(老師主) 보경당이 한탄을 하였다.

"전에도 다른 사람들은 다 괜찮다 하여 상좌로 데려다 주면 못 견디게 굴어서 다 내쫓았는데, 금번 원종이도 잘 가르치고 바로 이끌어만 주면 장래에 제 앞쓸이는 하겠는걸……, 또 저 모양으로 하니 며칠이나 붙어 있을까?"

그 말에 좀 위로가 되었다. 낮 동안에는 일을 하고 밤에는 보통 중의 본래 일인 예불 절차와 『천수심경』(千手心經)[64] 등을 외웠다. 수계사 용담스님은 불학에서 중요한 것들을 모아놓은 「보각서장」(普覺書狀)을 가르쳐 주었다. 용담은 당시 마곡사에서 불가의 학식뿐 아니라 유가의 학문까지도 풍부하게 많이 아는 분이었다. 사람됨이 세상 돌아가는 이치에 밝아서 높이 우러름을 받는

---

63) 호법신. 불법을 수호하는 신. 절의 경우 창건주나 인연이 있는 도력 높은 고승이나 영웅들을 호법신으로 모신다. 고승들을 모시는 경우 조사전(祖師殿)으로 발전하기도 한다.

64) 『천수경』을 말한다. 『천수경』은 관세음보살의 대자대비를 찬양한 다라니경으로 우리나라에서는 가장 많이 독송되는 불교의 기본경전이다.

훌륭한 스님이었다.

　용담을 모시는 상좌로 혜명(慧明)이라는 청년 불자가 있었는데, 내게 깊은 동정심을 보였다. 용담도 하은당의 가풍(家風)이 괴상한 것을 알고서 글을 가르치다가 종종 위로를 하였다. '견월망지'(見月忘指)[65]의 오묘한 이치를 말하고, 칼날 같은 마음을 품으라는 '참을 인'(忍) 자의 해석을 하여 주었다.

　세월은 흘러 어느덧 반년 광음(光陰)이 지나고 기해년(己亥年: 1899, 24세) 정월을 맞이하였다. 절 안에 있는 100여 명의 중들[緇徒][66] 중에는 나를 매우 행복한 사람으로 여기는 자도 있었다.

　"원종대사가 아직은 고생을 하지만, 노사와 은사가 다 칠팔십 노인들이니 그분들만 작고하고 나면 엄청난 재산이 다 원종대사의 차지가 될 거요."

　내가 『추수책』(秋收冊)[67]을 보니 백미로 받는 것만 200여 석인데, 전답을 일구는 경작인들이 해마다 갖다 바치는 것이었다. 금전으로나 기타 상품만도 수십만 냥 재산은 되었다.

　그러나 나는 풍진 세상과의 인연을 다 끊지 못하고 있었다. 망명객의 임시 은신책으로든 어떻든 간에, 오직 청정적멸(淸淨寂滅)[68]의 도법(道法)에만 일생을 희생할 마음은 생기지 아니하였다.


## 4) 장발의 걸시승

　작년 인천옥을 탈출하던 날 작별했던 부모님이 살아 계신지 돌아가셨는지도 모르고 있었다. 그리고 그때 나를 구출하기 위해 가산을 다 기울이고 필경에는 자기 몸까지 망치고 만 김경득의 소식도 알고 싶었다. 해주 비동 고후조(高後凋) 선생도 보고 싶고, 청계동 안진사도 다시 만나고 싶었다. 당시 나는

---

65) 달을 보되 그 달을 가리키는 손가락은 생각지 말라. 어떤 목적을 세웠으면 그 목적을 이루는 동안 생겨나기 마련인 자질구레한 일에 얽매이지 말라는 뜻.

66) 치도(緇徒)는 스님. 스님들이 원래 검은 옷을 입었기 때문에 검은옷 치(緇)자를 쓴다.

67) 그해 추수 상황을 정리한 대장. 전답명, 작인명, 소작료, 수납 여부 등을 기록하고 있다.

68) 일체의 번뇌에서 벗어나 삶도 죽음도 없는, 절대적인 무위적정(無爲寂靜)의 세계.

안진사가 천주학 하려는 것을 대의의 반역으로 생각하고 불평을 품은 채 청계동을 떠났었는데, 다시 만나면 그러한 과거의 오해를 사과해야겠다는 생각이 수시로 가슴 속을 가득 채웠다. 그러니 보경당의 재산을 보고 계속 붙어 있겠다는 생각은 꿈에도 하지 않았다.

하루는 보경 노대사에게 이런 말을 했다.

"소승이 이왕 중이 된 이상, 중이 응당 해야 할 공부를 해야 되지 않겠습니까? 금강산으로 가서 경전의 뜻〔經旨〕이나 연구하고, 일생 충실한 불자가 되겠습니다."

"내가 벌써 추측은 하고 있었다. 어쩔 수 있느냐? 네 원이 그런 데야."

즉시 하은당을 불러 둘이 한참 다투더니 세간을 내어주었다. 백미 열 말과 의발(衣鉢)[69]을 주어 큰방으로 내보냈다.

그날부터 자유였다. 백미 열 말을 팔아서 여비를 해 가지고 경성으로 출발하였다. 며칠 후 경성에 도착하였으나 그때까지는 중이 경성 문 안으로 발을 들이는 것을 나라에서 금하던 중이었다. 성곽 바깥쪽으로 이 절 저 절 다니다가 서문(西門) 밖에 있는 새 절[70]에 가서 하루 묵게 되었는데, 거기서 사형(師兄)[71] 혜명을 만났다. 혜명은 나더러 물었다.

"원종대사께서 어인 일로 이곳에 왔소?"

나 역시 같은 질문을 했다.

"사형은 어찌하여 이곳에 왔소?"

"내 은사가 장단(長湍) 화장사(華藏寺)에 있기로 찾아뵈옵고 얼마 지내려고 오는 길이오."

"나는 금강산으로 공부 가는 길이오."

이렇게 이야기하고는 서로 작별을 하였다.

거기서 경상도 풍기(豊基)에서 온 혜정(慧定)이란 중을 만났는데, 평양 강산이 좋다기에 구경을 간다고 했다. 나는 그와 동행하기로 약조하고, 서쪽으

---

69) 가사와 바리때(나무로 만든 중의 밥그릇). 스님이 지녀야 할 최소한의 생활도구.
70) 서대문구 봉원사.
71) 같은 스승 밑에서 불법을 전수받은 동료나 선배.

로 임진강을 건너 송도(松都)를 구경하고, 해주 감영부터 구경하고 평양으로 가기로 하였다. 수양산(首陽山)에 들어가 신광사(神光寺) 부근 북암(北菴)에 머물면서 혜정에게 내 사정을 약간 이야기하고 부탁하였다.

"텃골 본가에 가서 내 부모님을 비밀히 방문하여 주오. 안부만 물어보고 내 몸이 건재함을 말씀드리되 내가 지금 어느 곳에 있는 것까지는 아직 말하지 마시오."

혜정을 떠나 보내고 소식 돌아오기만 기다리던 중, 4월 29일 저녁 무렵이었다. 혜정의 뒤를 따라 부모님 두 분이 북암으로 들어오셨다. 부모님은 혜정이 전하는 자식의 안부를 듣자,

"네가 내 아들이 있는 곳을 알고 왔을 터이니, 너를 따라가면 내 자식을 볼 수 있을 것이다."

하시고, 바로 혜정을 따라오신 것이었다. 급기야는 아들이 있는 곳까지 따라오셨는데, 와서 보니 돌중놈이 되어 있었다. 세 식구가 다시 만나니 기쁘기도 하고 슬프기도 하여 서로 붙들고 눈물을 흘렸다.

북암에서 5일 동안 휴식하고, 중의 행색 그대로 부모님을 모시고 혜정과 같이 평양 구경을 떠났다. 가는 길에 그 동안 부모님께서 겪으셨던 일을 말씀해 주셨다.

무술년(戊戌年: 1898) 3월 9일에 인천을 떠나 집에 도착하자마자 인천 순검이 곧 뒤를 따라와서 체포되셨다고 한다. 3월 13일에 부모님 두 분 다 인천옥에 갇히게 되셨는데, 거기서 갖은 형벌을 다 당하셨다. 어머님은 곧 석방되시고 아버님은 석 달 뒤에야 석방되셔서, 내외분 같이 고향으로 돌아가셨다.[72]

2년 동안이나 내가 살았는지 죽었는지를 모르고 매일매일 기다리시던 중에 꿈자리만 흉흉하여도 종일 음식을 먹지 못하셨다 한다. 그러다가 혜정이 와서 부모님의 안부를 알아가겠다 하니 그 길로 뒤따라오셨던 것이다.

이야기를 들으면서 계속 평양으로 향했다. 5월 4일 평양성에 도착하여 여관

---

72) 1898년 3월 말 백범이 탈옥하자 법부에서 백범 대신 아버지를 구속하였고, 어머니는 남편의 석방을 소장으로 두 번 탄원하였다. 백범의 아버지는 1년 정도 징역살이를 하였으며 1899년 3월에 석방되었다.

에서 밤을 지냈다. 다음날이 단오날이었으므로, 모란봉[牧丹峯]에 가서 그네 뛰기[秋千]를 구경하였다. 돌아오는 길에 관동(貫洞) 골목을 지나면서 어떤 집을 보니, 머리에는 치포관(緇布冠)[73]을 쓰고 소매가 넓은 옷[深袖衣][74]을 입은 학자가 무릎을 개고 단정히 앉아 있는[斂膝危坐] 것을 보았다. 말이나 좀 주고받아 보리라 하고 "소승 문안드리오" 하였다. 그 학자는 물끄러미 바라보다가 들어와서 앉기를 청하였다. 방안에 들어가 이야기를 시작하였다.

그 학자의 성명은 최재학(崔在學)이고 호는 극암(克菴)인데 간재(艮齋) 전우(田愚)[75]의 제자였다.

"소승은 마곡사의 보잘것없는 한승(寒僧)으로, 이번에 서쪽으로 가던 길에 천안(天安) 금곡(金谷)에 가서 간재 선생을 만나뵙고자 하였습니다. 마침 그때 전선생이 부재중이셨으므로 만나뵙지 못하고 단지 봉(鳳)자를 썼는데,[76] 오늘 선생을 뵙게 되니 매우 반갑습니다."

도리(道理) 연구에 대해 다소간 문답이 있었다.

그때 최재학과 함께 앉은 노인 한 분이 있었는데, 길고 아름다운 수염에 위풍이 당당해 보였다. 최재학은 나를 소개하며 그 영감을 뵈라 하였다. 나는 합장배례했다.

그 노인은 전효순(全孝淳)이라는 사람으로, 당시 평양 진위대의 영관(領官)이었고, 그후로 개천(价川) 군수를 지냈다. 최재학이 전효순에게 청하여 물었다.

"오늘 이 대사는 도리가 고상한 중이니, 영천사(靈泉寺)[77] 방주(房主)[78] 자

---

73) 원본: "紙布冠". 치포관(緇布冠)의 착오. 유생들이 평상시 쓰는 관으로, 검은 베로 만든다.

74) 일명 심의(深衣). 흰 베로 소매를 넓게 하고 검은 비단으로 가장자리를 두른 옷으로 도학을 좋아하는 선비들이 주로 입는다.

75) 전우(田愚, 1841~1922). 호는 간재(艮齋). 조선조 최후의 정통 유학자로서 추앙받고 있으며 많은 제자를 길러냈으나 의병활동에는 거리를 두었다. 간재의 제자 최재학은 안창호·박은식·유동열·이동휘 등과 함께 서북학회라는 계몽단체를 조직하였다.

76) 원문: "未免題鳳이드니". '봉'(鳳)자를 파자하면 '범조'(凡鳥)가 된다. 범조는 '못난 사람'이란 뜻이다. 존경하는 사람을 찾아가 만나지 못하면 못난 사람이 다녀갔다는 의미로 봉자를 쓴다.

리를 내어주시면 자제들과 외손자들의 공부에 매우 유익하겠습니다. 영감의 의견은 어떻습니까?"

전씨는 무척 기뻐하였다.

"내가 지금 곁에서 듣는 바만으로도 대사의 고상함을 공경하고 우러러 사모할 만하오. 대사, 어찌하려오? 내가 최선생님에게 내 자식과 외손자놈들을 부탁하여 영천사란 절에서 공부를 시키고 있는데, 주지승의 성행이 불량하여 술 취해 돌아다니니 음식 마련 등등 곤란이 막심하다오. 대사가 최선생님을 보좌하여 내 자손들의 공부에 힘을 보태주시면 그 은혜 클 것이오."

나는 겸손히 사양하였다.

"소승의 방랑이 원래 있던 스님[原僧]보다 더 심할지 어떻게 아십니까?"

최재학은 즉각 전효순에게 당시 평양 서윤(庶尹)[79]으로 있던 홍순욱(洪淳旭)에게 교섭하여 영천사 방주의 임명장[差帖]을 받아 달라고 간청했다. 전효순은 그 길로 홍순욱을 방문하여 "승 원종으로 영천암 방주를 차정(差定)한다"는 첩지를 가지고 와서, 그날 당장 취임할 것을 청하였다.

내 생각에 그만하면 만족스러웠다. 부모님을 모시고 다니면서 구걸하기도 황송한 일이었고, 더구나 학자와 같이 지내면 내 학식에 많은 도움이 될 것 같았다. 의식주에 대한 근심도 없어지겠고 망명의 본뜻에도 방해가 없을 것이라는 생각이 들었으므로 승낙하고 우선은 혜정과 함께 최재학을 따라 평양 서쪽에 있는 대보산(大寶山) 영천암으로 갔다. 대충 절의 업무를 정돈하고, 방하나를 정하여 부모님을 모시고 지냈다.

학생은 전효순의 아들 병헌(炳憲)·석만(錫萬), 그리고 전씨의 사위 김윤문(金允文)의 아들 형제, 장손·중손(寬浩), 그밖에 몇 명의 학생이 있었다. 전효순은 하루 걸러 진수성찬을 절로 보냈다. 산 아래 신흥동(新興洞)에 있는 푸줏간[肉庫]을 영천암의 용달소(用達所)로 하여, 나는 매일 푸줏간에 가서 고기를 한 짐씩 져 올랐다. 승복을 입은 채 드러내 놓고 고기를 먹었고, 염불

<hr/>

77) 평남 대동군 대보면 대보산에 있는 사찰. 1948년 4월 백범이 평양에서 열린 남북연석회의에 참여하였을 때, 젊을 때 혼담이 있었던 안신호와 함께 대보산의 영천암을 방문한 적이 있다.

78) 절의 업무를 주관하는 스님.

79) 한성부·평양부에서 판윤(判尹)·부윤(府尹)을 보조하는 종4품의 관직.

하는 대신 시(詩)를 외웠다. 종종 최재학과 함께 평양성에 나가 사숭재(四崇齋) 황경환(黃景煥) 등 시객들과 율(律)을 짓고, 밤에는 대동문 옆에 가서 면을 먹었다. 처음에는 주점 주인이 주는 대로 소면을 먹다가 나중에는 육면을 그대로 먹었다. 불가에서 소위 말하는, "손에는 돼지머리를 들고, 입으로는 거룩하게 경전을 읽다"[80]는 구절과 가깝게 되었으니, 평양성에서는 시쳇말로 걸시승(乞詩僧)이라 하였다.

어느날, 최재학과 학자들은 평양에 가고 나 혼자 있노라니, 대보산(大寶山) 앞 태평시(太平市) 내촌(內村)에 있는 서당의 훈장 한 사람이 학동 수십 명과 시인 몇 명을 동반하여 영사시회(靈寺詩會)[81]를 차리고, 술과 안주를 장만해 가지고 절 안으로 집합하였다.

시작하자마자 방주승 호출령이 내렸다. 나는 공손히 합장배례하였다. 시객 한 사람이 오만방자한 태도로 말했다.

"너 이 중놈, 선배님들이 오시는데 거행이 어찌 이처럼 태만하단 말이냐?"

"예, 소승이 선배님들 오시는 줄을 알지 못하여 산 아래까지 내려가서 영접을 못하였으니 매우 죄송하올시다."

"이놈, 그뿐이냐? 네가 이 절의 방주가 된 지 얼마나 되었느냐?"

"예, 서너 달 전에 왔습니다."

"그러면 그 사이에 근처 동네에 계신 양반들을 찾아뵙고 인사드리지 않은 것은 죄가 아니냐?"

"소승이 임무를 맡은 초기에 절의 업무 정리를 하느라 아직 인근에 계신 양반들을 못 찾아뵈었습니다. 그 죄가 막대하나 용서하심을 바라나이다."

이른바, 항복하는 자는 죽이지 못한다는 격으로[82] 훈장이 한편으로는 나를 꾸짖고 또 한편으로는 그 시객을 타일러 근근히 일이 조용하게 해결되었다. 나는 다시 내게 죄를 묻는 일이 생길까 염려하여 그날 일을 시키는 대로 공손히 하며 마음 졸이며 지냈다.

---

80) 원문: "手把猪頭 口誦聖經".
81) 절에서 시를 읊는 모임.
82) 원문: "降者不殺格으로".

술이 반쯤 취하자 훈장 김우석(金愚石)으로부터 시작하여 거기 모인 시인들이 풍축(風軸)[83]을 펼치고 시를 짓거나 쓰면서 큰소리로 낭송하고 있었다. 술 부어 올리고 물 갖다 바치는 동안 주의를 기울여서 살펴보니 글씨부터 촌티가 나는데, 소위 절창(絶唱)이니 득의작(得意作)이니 하고 떠드는 것을 보니 노리고 고린[84] 수작이 많았다. 나는 비록 전에 시를 전공하지 않았으나, 최재학과 만나 같이 다닌 후로 종종 산사에서 호정(湖亭) 노동항(盧東恒)의 시축 글씨를 보았고, 또 왕파(汪波) 황경환(黃景煥)과 김성석(金醒石) 등 당시 평양의 일류 명사들과 몇 달간 사귀게 되어 시나 글씨에 대한 약간의 조예를 터득하고 있었다. 훈장에게 청하였다.

"소승의 글도 더럽다 않으시고 시축의 끝자리에 끼워 주실 수 있겠습니까?"

훈장은 특별히 허락하였다.

"네가 시를 지을 줄 아느냐?"

"예. 소승이 오늘 여러 선배님들에게 불공한 죄를 많이 저질렀으니 겨우 운자(韻字)나 채워서 사죄코자 하나이다."

시의 처음과 끝은 잊어버렸고, 연구(聯句)에 이런 구절이 있었다.

유가 천년이면 불가도 천년이요 (儒傳千歲佛千歲)
내가 보통이면 그대들도 보통이다. (我亦一般君一般)

훈장과 시객이 서로 얼굴을 마주보며, 중놈이 참으로 오만방자하다고 생각하는 듯하였다. 각기 불평하는 빛이 얼굴에 역력히 나타날 즈음, 최재학 일행 몇 명이 도착하였다. 촌객들의 풍축을 구경하다가 제일 끝에 있는 봉연승(奉硯僧)[85] 원종(圓宗)의 글에 와서, '유전천세'(儒傳千歲)로 시작되는 구절을 보고는 마치 일동이 합창하듯이 손뼉을 치고 발을 구르며[86] 산사(山寺)가 들썩하도록 걸작이니 절창이니 야단을 하는 것이었다. 그 바람에 촌객들의 당당하

---

83) 풍(風)은 노래 또는 시. 풍축 또는 시축은 무리 지어 시를 적는 두루마리 종이.

84) 원문: "노리고 고린 수작이 많다." 하는 짓이 잘고(노리다) 치사하다(고리다).

85) 벼루나 갖다 바치는 승려. 여기서는 백범을 뜻한다.

86) 원문: "複音唱歌하듯이 一同이 手舞足蹈하며".

던 호기는 쑥 들어가고 말았다. 나중에 들으니, 이 소식이 평양에 전파되어 기생들의 노래 곡조로 불렸다고 한다. 이런 이유로 평양에서는 나를 '걸시승 원종'이라는 별명으로 불렀다.

어느날 나는 평양성내 전효순의 편지를 맡아 가지고 평양 서촌(西村)에서 60~70리 거리에 있는 갈골〔葛谷〕로 갔다. 갈골에는 당시 평안도에서 고명하기로 유명했던 김강재(金强齋) 선생이 있었는데, 그 선생을 찾아가는 길이었다. 갈골에 못미쳐 10여 리쯤 되는 곳에 주점이 있어 그 앞을 통과하는데, 홀연 주점 안에서 "이놈, 중놈!" 하는 호령이 났다. 고개를 돌려보니, 머리가 쑥대강이처럼 흐트러진〔蓬頭亂髮〕 촌사람 10여 명이 큰 잔으로 술을 마시며 한창 흥이 오르는 즈음이었다.[87] 문 앞에 가서 합장배례하였다. 한 놈이 썩 나서더니 나를 보고 묻는다.

"이 중놈, 너는 어디 사느냐?"

"예, 소승은 충청도 마곡사에 있습니다."

"이놈, 충청도 중놈의 버릇은 그러하냐? 양반님들 앉아 계신 데를 인사도 없이 그저 지나가고. 에이, 고얀 중놈이로군."

"예, 소승이 크게 잘못했습니다. 소승이 갈 길이 바빠서 미처 생각을 못하고 그저 지나쳤습니다. 용서하여 주십시오."

"이놈, 지금 어디를 가는 길이냐?"

"예, 갈골을 찾아갑니다."

"갈골 뉘 집에?"

"김강재 선생 댁으로 갑니다."

"네가 김선생을 알더냐?"

"예, 아직 직접 뵙지는 못하였고, 평양성내 전효순 씨 편지를 가지고 갑니다."

이 자가 이 말을 듣더니 갑자기 두리번두리번하고 말을 잘 못한다. 방안에 앉은 자들도 서로 얼굴만 쳐다보았다. 한 사람이 중재하러 나오더니 내게 시비 걸던 자를 꾸짖었다.

---

87) 원문: "飮大白 大高興한 즈음이라." 대백(大白)은 대배(大杯), 즉 큰 술잔.

"이 사람, 내가 보기에는 저 대사가 잘못한 것이 없네. 길 가는 중이 가게마다 다 찾아다니며 인사하려면 길을 어찌 가겠나? 자네 취하였네. 대사, 어서 가게."

아마도 전효순이 진위대(進衛隊) 영관(領官)임을 알고 겁이 난 모양이었다. 나는 한번 물었다.

"저 양반의 택호(宅號)[88]가 어찌 되시는지요?"

그 중재자가 말했다.

"저 양반은 이 안마을 이군노(李軍奴)[89] 댁 서방님이라네. 물을 것 없이 어서 가게."

속으로 웃으면서 몇 걸음 더 가니, 황혼녘에 농부들이 소를 끌고 집으로 돌아가고 있었다. 한 사람을 붙들고 이군노 댁이 어딘지 물었다. 농부는 손을 들어 산기슭에 있는 집 한 채를 가리켰다. 나는 또 물었다.

"이군노 양반이 지금 계신가요?"

"아니, 이군노는 죽고 지금은 그 손자가 집을 맡아 있다네."

대단히 우습기도 하고 한심하다는 생각도 들었다. 강재 선생을 찾아가서 하룻밤 같이 지내면서 이야기를 나누었다. 강재 선생이 그후 강동 군수(江東郡守)로 부임했다는 관보(官報)는 보았으나, 다시 만나지는 못하였다.

그 절에까지 같이 와서 지냈던 혜정(慧定) 스님은 내 불심이 갈수록 쇠약해지고 속된 마음만 자라나는 것을 보고 심히 애처로워하였다. 자기는 환향할 뜻이 있었으나, 막상 떠나려고 산 입구까지 가서 송별하다가는 차마 떠나지 못하고 울며 다시 절로 돌아오기를 한 달 남짓 되풀이하였다. 결국에는 약간의 노잣돈[行資]을 준비하여 경상도로 돌아가게 하였다.

중의 행색으로 서도(西道)[90]에 내려온 후, 아버님이 다시 삭발하는 것을 허락하지 않으셨으므로 나는 장발승(長髮僧)이 되었다. 9~10월경에 치마다래[91]

---

88) 이름 대신 고향과 벼슬명 등으로 그 사람 집을 부르는 것.

89) 군노는 군아문에 소속된 종.

90) 서도는 황해도와 평안도의 총칭. 양서라고도 한다.

91) 치마다래(혹은 치마머리)는 머리털이 적은 사람이 상투를 짤 때 본 머리에다 덧둘러서 담는 딴 머리를 말한다. 본 머리털이 적어 치마머리를 넣어 짠 상투를 치마상투라 한다.

로 상투를 틀고 신사(紳士) 의관으로 차려 입고 부모님을 모시고 고향인 해주 텃골로 돌아왔다.

근처 양반들과 친척들은 이제 김창수가 돌아왔으니 앞으로 또 무슨 일이 생기지 않을까 하였다. 작은아버지 준영(俊永)은 그 동안 지난 일들을 다 뉘우치고 둘째 형님[仲伯]인 아버님에게 공손히 대하였다. 그러나 내게 대하여는 털끝만큼의 동정심도 없었다. 글 배운 것이 죄[92]라고 내가 파란만 일으키고 농사일 따위에는 전혀 무성의한 것을 미워했기 때문이었다. 게다가 작은아버지는 내게 난봉끼가 있는 줄 알고 계셨던 듯하다. 부모님께 권하여 내게 농사를 짓게 하면 자기가 맡아서 장가도 보내주고 살림도 차려줄 뜻이 있다고 말하였다. 그러나 아버님은 내게 원대한 뜻이 있음을 짐작하시고 이렇게 말씀하셨다.

"이제는 창수가 장성하였으니 스스로 알아서 할 수밖에 없다."

그러나 작은아버지는 계속 부모님께 말씀하셨다.

"형님 내외분은 창수놈 글공부시킨 죄로 온갖 고생을 하셨으면서도 아직 깨닫지 못하시오?"

작은아버지의 관찰이 사실은 바로 본 것이었다. 만일 글을 몰랐다면 동학두령이 되지도 않았을 것이고, 인천 사건도 없었을 것이다. 텃골의 순전한 한 농군으로 땅 갈아먹고 우물 파 마시며[93] 살았을 것이다. 세상을 요란케 할 일은 없었을 것이 명백하다.


## 5) 동지를 찾아서

경자년(庚子年: 1900, 25세) 2월이 되었다. 작은아버지가 농사일을 시작하고 매일 새벽이면 와서 단잠을 깨워 밥을 먹이고 가래질을 시켰다. 며칠 순종하다가 문득 강화도로 가야겠다는 생각이 들어 몰래 떠나버렸다. 고선생이나 안진사를 먼저 찾아갔어야 했지만, 아직도 번듯이 나서서 방문하기는 이르다

---

92) 원문: "識字遇寒". 우한(遇寒)은 우환(憂患)의 착오.
93) 원문: "耕田食 鑿井飮하고".

4. 방랑과 모색 165

는 생각이 들었다. 그리하여 이름을 고쳐 김두래(金斗來)라 하고 낯선 지방으로 길을 떠났다.[94]

강화에 도착하여 김경득의 집을 찾아 강화성의 남문(南門) 안으로 들어갔다. 김경득의 소식은 묘연했고 그의 셋째 동생인 진경(鎭卿)이 나를 맞아주었다. 진경이 나더러 물었다.

"어디 사시는데, 우리 형을 그렇게 친숙히 아십니까?"

나는 그곳을 찾아간 이유를 말했다.

"나는 연안(延安)에서 살았고, 당신 형님과는 막역한 동지인데 수년간 소식을 몰라 궁금하기로 찾아왔소."

진경도 그리 여기고 형에 대해 아는 대로 세세하게 말해 주었다.

"형님〔舍伯〕[95]이 집을 나간 지 벌써 3, 4년이 지났는데, 소식 한 장 없고 집안은 망할 대로 망해 남은 것이 하나도 없습니다. 형님이 계시던 집에 들어와 합쳐 살면서 형수를 모시고 조카아이들을 키우고 있습니다."

비록 초가일망정 처음에는 제법 화려하고 멋지게 잘 지은 집이었으나, 해가 지나도록 수리를 하지 않아 황폐하고 퇴락하였다. 그러나 김경득이 앉았던 포단(蒲團)[96]과 그가 직접 사용하던 나무방망이가 그저 벽 위에 걸려 있었다. 그 나무방망이는 동지 중에 신의를 위배하는 자가 있으면 친히 징벌할 때 쓰던 것이라 했다. 진경이 그 방망이를 가리키면서 지난 일을 이야기해 주었다.

사랑에 나와서 노는 7세 사내아이 윤태(潤泰)가 바로 김경득의 아들이었다. 천신만고로 김경득을 찾아갔는데 집에서도 소식조차 모르니 부득이 그냥 돌아갈 수밖에 없었다. 진경에게 과거의 모든 일을 사실대로 이야기할 수도 없고, 차마 그 집을 떠나기는 섭섭하여 진경에게 이런 말을 했다.

"내가 형님의 소식을 모르고 가기가 매우 섭섭하니, 사랑에서 윤태에게 글자나 가르치고 지내면서 형님 소식을 같이 기다리면 어떻겠는가?"

진경은 매우 감격하여 내게 말했다.

---

94) 삼남 도피생활시의 가명은 김두호(金斗昊)였다.

95) 사백(舍伯)은 남 앞에서 자기 형을 부를 때 쓰는 말.

96) 부들로 만든 둥근 방석. 부들은 사초과에 속하는 초본식물.

"형장(兄丈)⁹⁷⁾께서 그같이 해주시면 오죽 감사하겠습니까? 윤태뿐 아니라 둘째 형〔仲兄〕 무경(武卿)도 두 아이가 있는데, 다 글 배울 나이가 되었지만 촌에서 그대로 놀리고 있습니다. 그러시면 중형께 알려 조카아이들을 데려다가 같이 공부를 시키겠습니다."

근처 마을의 무경에게 가서 전후 사정을 설명하니 그날로 무경이 두 아들을 데리고 진경을 따라와서 반가이 만나 인사하였다. 그날부터 글공부를 시작하였다. 윤태에게는 『동몽선습』(童蒙先習)⁹⁸⁾을, 무경의 아들에게는 『사략』(史略) 초권을, 또 한 아이에게는 『천자』(千字)⁹⁹⁾를 심혈을 다하여 가르쳤다. 그 사랑에 내왕하는 김주경의 친구와 진경의 친구들이 내가 그렇듯 열심히 가르치는 것을 곁에서 보고서 진경에게 청하여 제각기 아이들을 데려왔다. 한 달이 못 되어 그 크나큰 세 칸 사랑에 30여 명의 아이들이 모여들었다. 나도 무한한 흥미를 가지고서 아이들을 가르쳤다.

개학 후 석 달이 지난 어느날, 하루는 주인 진경이 서울서 온 편지 한 장을 보면서 혼잣말로 개탄을 하고 있었다.

"이 사람은 알지도 못하는 내게 자꾸 편지만 하니 어찌하란 말인가? 이런 사실이 없다고 답장을 했는데도 불구하고 또 사람을 보내?"

나는 물었다.

"거, 무엇을 보고 그러는가?"

"부평의 유씨 유인무(柳仁茂), 혹은 완무(完茂)라고 하는 양반이 몇 년 전에 이 섬에서 30리쯤 되는 촌에 상(喪)을 당한 몸으로 한 3년 동안 살다 갔습니다. 그 사람이 여기 살 때, 자기는 양반이었지만 형님을 문수산성(文殊山城)으로 청하여 며칠 함께 있으면서 술도 마시고 이야기도 하며 지낸 적이 있었

---

97) 나이가 엇비슷한 사이에서 상대방을 높여 부르는 말.
98) 조선 명종 때 박세무(朴世茂)가 서당에 처음 입학하는 학동들을 위해 지은 책으로 유교의 오륜(五倫)을 해설하는 내용이다.
99) 천자문. 중국 양(梁)나라의 주홍사(周興嗣)가 무제(武帝)의 명으로 지은 책. 1구 4자로 모두 1,000자의 한문으로 된 고시. 하룻밤 사이에 짓고 머리가 허옇게 세었다고 해서 백수문(白首文)이라고도 한다. 우리나라의 천자문은 뜻 새김과 음을 달아 초보적인 한문 교육에 사용했다.

지요. 그 뒤로는 형님이 유씨 댁을 방문한 일도 있었습니다. 그런 후, 재작년에 해주사람 김창수란 청년이 왜놈을 죽이고 인천감리서에 수감되게 되었는데, 간수 중에 전에 우리집 여종의 서방이었던 최덕만이란 놈이 형님께 찾아와서는 그 김창수에 대한 이야기를 해주었습니다. 김창수가 인천항을 떠들썩하게 들었다가 놓았다는 둥, 감리나 경무관이 꼼짝 못하게 호령을 하였다는 둥, 그러다가 교수형을 받게 된 것을 상감이 살려주어서 죽지는 않고 있다는 둥, 이런 말을 듣고서 형님이 우리집 재산을 있는 대로 톡톡 다 털어가지고 근 1년 동안이나 서울로 가서 김창수를 살리려고 애를 썼지요. 그렇지만, 아무리 애를 써도 될 수 있는가요? 돈만 다 날렸지요. 형님이 돌아오신 후, 무슨 다른 사건으로 피신을 하셨는데,[100] 그후에 들으니 김창수는 감옥을 탈출해서 도주하였다고 합디다. 지금 유완무가 벌써 여러 번 얼굴도 모르는 나에게 해주에서 김창수가 오거든 자기에게 급히 알려 달라고 편지를 하기에, 나는 그런 사람이 왔던 일이 없었다고 회답을 했습니다. 그런데 형님이 평소에 친하던 통진(通津) 사는 이춘백(李春伯)이란 양반이 유씨와도 친한 모양이에요. 유씨 편지에 이춘백을 보내니 의심 말고 자세히 알려 달라는 부탁입니다."

그 이야기를 들으니 모골이 송연하기도 하고 여러 가지 의아심이 생기기도 하였다. 나는 진경에게 물었다.

"김창수란 사람이 와서 다녀는 갔는가?"

"생각해 보시오. 여기서 인천이 지척인데요. 그도 형님이 집에 계시다면 비밀히 올지도 모르지요. 형님도 안 계신데 그런 사람이 어떻게 오겠습니까? 설령 왔다 손 치더라도 내 형님이 계신지 안 계신지 비밀히 조사해 보고 안 계신 줄 알면 내 집에 들어올 리가 있겠습니까? 그 양반이 아무것도 모르고 그러는 것이지요."

"그것은 동생[賢弟][101]의 말이 옳은데, 그 사람은 아마 어떤 왜놈의 부탁이나 관리의 촉탁을 받고 정탐하려는 것이겠지?"

---

100) 본문 126~127쪽에 그 내용이 나와 있다. 즉 김주경은 관용선 한 척을 탈취하여 해적질을 하고자 하였는데 강화 군수에게 탐지되어 실패하였다. 김주경은 강화 군수를 두들겨 패고 블라디보스토크 등지로 잠복하였다.

101) 현제(賢弟)는 아우뻘 되는 사람을 높여 부르는 말.

"그것은 결코 아닐 줄 믿습니다. 내가 유완무 그 양반과 만난 적은 없으나, 형님 말씀에 의하면 지금 보통 벼슬하는[102] 양반과는 판이합니다. 유씨에게는 학자의 기풍이 있는 데다, 제 형님에게 의기남아라 하며 조금도 반상의 구별을 차리지 않고 지극히 공대하더래요."

나는 곰곰 생각하였다. 재앙이 닥쳐오는 것 같기도 하고,[103] 유완무란 사람의 본뜻을 알고 싶기도 했다. 그러나 진경에게 수상스럽게 보일까 봐 더 물을 수도 없었다. 겉으로는 극히 평범한 태도로 지냈지만, 내심 산란해지는 것을 어찌할 수 없었다.

밤을 지내고 다음날 식후에, 어떤 기골이 장대하고 얼굴에 얼금얼금 마마자국이 있는 나이 서른 남짓이나 되었음직한 사람이 서슴없이 사랑으로 들어왔다. 내 앞에서 공부하는 윤태를 보고서 대뜸 이렇게 일렀다.

"이놈 윤태야. 그새 퍽 컸구나. 안에 들어가 작은아버지 좀 나오시래라. 내가 왔다고."

윤태는 곧 안방에 들어가 진경을 앞에 세우고 나왔다.

그 사람은 진경과 간단히 인사를 마치고[104] 바로 김주경의 소식부터 물었다.

"아직 형의 소식은 못 들었지?"

"예, 아직 소식이 없습니다."

"하, 걱정이로군. 유완무의 편지 보았겠지?"

"예, 어제 받았습니다."

그 말을 하고 진경은 내가 앉은 앞의 방을 미닫이로 닫고는 둘이서만 이야기하기 시작했다.

나는 학동들이 '하늘천 따지'를 '하늘소 따갑'이라고 잘못 읽을 때도 바로 고쳐줄 생각조차 들지 않았다. 윗방에서 이춘백과 진경이 하는 이야기에만 관심을 집중하여 듣고 있었다.

진경이 물었다.

---

102) 원문: "入朝하는". 입조(入朝)는 벼슬하여 조정의 조회에 참석하는 것.

103) 원문: "火色이 迫頭한 것도 갓고". '火色'은 '禍色'. 화색박두(禍色迫頭)는 재앙이 닥쳐오는 것.

104) 원문: "寒喧을 畢하고". 한훤(寒喧)은 춥고 더움을 말하는, 절후에 대한 간단한 인사.

"유완무 그 양반, 참으로 지각이 없는 사람 아닙니까? 형님도 안 계신데 김창수가 왜 내 집에 오리라 생각하고 그렇게 여러 번 편지를 합니까?"

"자네 말도 옳지만, 우리가 1년 남짓을 김창수 때문에 별별 애를 다 썼다네. 유완무가 남도(南道)로 이사한 후 서울에 다니러 왔다가, 자네 형님이 김창수를 감옥에서 빼내 주려고 가산을 다 탕진하고 나중에는 피신까지 한 것을 알게 되었네. 유완무는 우리 몇 사람을 모아서 기어이 김창수를 구출해내려고 했다네. 법률적인 사면을 구하는 것이나 뇌물을 바치는 일 등은 자네 형이 다 해보았으니, 이제는 강제로 빼낼 방법밖에 없다고 생각하고 용감한 청년 13명을 뽑았지. 그중에 나도 들었었네. 13명의 모험대를 조직해서 인천항 주요 지점마다 밤중에 석유를 한 통씩 지고 들어가 7, 8곳에 불을 지르고 감옥을 깨고 김창수를 구출하자는 계획을 세웠네. 유씨가 나더러 먼저 두 사람을 데리고 인천항에 들어가 공격할 주요지점, 감옥의 형편, 김창수의 동정을 조사하라 해서, 인천항에 가서 감옥 형편을 조사해 보았네. 그런데 사흘 전에 김창수가 다른 죄수들과 같이 파옥 도주를 하였데그려. 나는 돌아가서 유씨와 함께 김창수의 종적을 탐지할 길을 연구했네. 먼저 생각난 한 길이 해주 본향 쪽이었네. 그러나 아무리 생각해도 김창수가 기필코 고향으로 갈 거라는 확신이 서지 않았네. 설혹 그 부모에게 통기했다 손 치더라도 결코 발설을 않을 것이 아닌가? 게다가 잘못 탐지했다가 도리어 그 부모만 놀라게 할까 염려도 되었다네. 결국 해주 고향 쪽을 제외하고 보니, 다음으로 유력한 곳이 자네 집이었네. 자기가 몸소 이리 오기는 몹시 어려웠을 터이니, 어느 곳에서든 편지 왔던 일도 없었는가?"

말을 다 듣고 진경이 말했다.

"편지도 없었습니다. 편지를 하고 회답을 기다릴 것 같으면, 차라리 자기가 직접 와서 조사했을 터이지요."

두 사람의 이야기는 거기서 끊어졌다. 하던 이야기를 마무리하며, 진경이 물었다.

"언제나 서울을 가시려오?"

"오늘 친구나 좀 찾아보고, 내일은 곧 상경할 참이네."

다음날 아침 작별할 것을 기약하고 이춘백은 돌아갔다.

두 사람이 하는 말을 들으니 유완무란 사람이 참으로 나를 위하여 그처럼 성의를 썼다면 만나주어야 할 것 같았다. 그러나 만약 그것이 나를 찾기 위해 정탐하는 것이라면, 그 또한 묘한 계책이랄 수 있었다. 그러나 나는 그들의 말을 믿을 수 있을 것 같았다. 이춘백이 진경을 보고 하는 말은 서로를 진정한 동지로 믿고 숨김없이 하는 말이 분명했고, 또 유씨가 김주경의 실패를 알고도 계속해서 나를 살리기 위한 모험을 꾸미고 추진했다는 사실도 믿을 만하였다.

"군자는 알고도 속아 줄 수 있다"[105]는 말과 같이 내가 이만치 알고도 끝까지 피하거나 종적을 감춘다면 그 역시 의롭지 못하다는 생각이 들었다. 그날 밤은 그대로 자고, 다음날 아침 진경과 같은 상에서 밥을 먹으며 이렇게 물었다.

"어제 왔던 사람이 이춘백인가?"

"예, 그렇습니다."

"언제 또 오는가?"

"아침 먹고 난 뒤 작별하고 서울로 간다니까 조금 후에 오겠지요."

"이춘백이 오거든 내게 인사 소개나 하여 주게. 자네 형님과 평소 친한 동지라니 나도 반가운 마음이 있네."

"그러시지요."

나는 계속 이어서 말했다.

"진경, 자네를 오늘 작별케 되고 윤태와 종형제 아이들과도 아울러 작별일세. 섭섭한 것은 말로 다 할 수 없네."

그때 내 눈에는 분명히 눈물이 고여 있었을 것이다. 진경은 이 말을 듣고 대경실색하였다.

"형님, 이게 무슨 말씀입니까? 제가 무슨 잘못한 일이 있습니까? 갑자기 작별 말씀이 웬 말씀입니까? 저에게 잘못된 것이 있다면[106] 제 형님을 생각하셔서 용서하시고 책망하여 주세요."

"내가 곧 김창수일세. 유완무란 친구의 추측이 바로 맞았네. 어제 자네가

---

105) 원문: "君子可欺以方". 『맹자』에 나오는 구절.
106) 원문: "제야 미거한 것인즉". 미거(未擧)는 사리에 맞지 않은 행위.

이춘백과 이야기하는 것을 다 들었네. 자네 생각에 나를 정탐하기 위한 유인책만 아닌 줄 믿어지거든 나를 놓아주게. 유완무란 친구를 가서 만나주도록 하여 주게."

진경은 이 말을 듣고 깜짝 놀랐다.

"형님이 과연 그러시다면 제가 어찌 만류를 하겠습니까? 게다가 최덕만은 작년에 죽었다고 하지만, 이곳에는 감리서에 주사로 다니는 자도 있고 순검 다니는 자도 있어 종종 내왕이 있으니, 더욱 형님을 붙잡기가 어렵겠습니다."

그런 다음, 어린 학동들에게 알려 말하기를

"선생님이 오늘 본댁에 다녀오실 터이니 너희들은 집으로 돌아가라."
하였다.

얼마 후, 이춘백이 진경에게 고별 인사차 찾아왔다. 진경은 이춘백을 영접한 후, 나와 인사하게 해주었다. 나는 이씨를 보고 나도 서울 갈 일이 있으니 같이 가기를 청하였다. 이씨는 그저 보통으로 생각하고,

"심심한데 이야기나 하면서 같이 가면 매우 좋겠습니다."
하였다. 진경이 이씨의 소매를 끌고 뒷방에 들어가 두어 마디 말을 수군거리다가 나와서 곧 출발하였다.

학동 30여 명과 부형들이 몰려와서 남문통(南門通) 길이 다 메어지도록 모여 전별(餞別)을 해주었다. 그 동안 나는 성심을 다하여 가르쳤을 뿐 아니라, 단 한 푼의 수업료[訓料]도 받지 않았다. 아마도 그런 까닭에 그들의 나를 향한 동정심은 무척 두터워져 있었을 것이다.

그날로 서울 공덕리(孔德里) 박태병(朴台秉) 진사의 집에 도착하였다. 이춘백이 먼저 안사랑에 들어가서 무슨 말인지를 하였다. 그러자, 키는 중키 이하요 얼굴은 햇빛에 그을려 가무잡잡하게 되었고 망건에 검은 갓[黑笠]을 쓰고 의복을 검소하게 입은 생원 한 분이 나오더니 나를 맞아들였다. 방안에 들어가서 자기 소개를 하였다.

"나는 유완무요. 오시느라 무척 고생하셨소. '남아가 어디에 있든지 만날 수 없으랴'[107]는 말이 오늘 창수 형에게 비유한 말인가 보오."

---

107) 원문: "男兒何處不相逢".

그런 다음 유씨는 이춘백을 보고 이렇게 말하였다.

"무슨 일이고 한두 번 실패하더라도 낙심할 것이 아니니, 구하면 얻게 될 날이 있다고 내 전에 말하지 않던가?"

그 말은 곧 이제서야 나를 만나게 되었다는 의미이기도 했고, 또 나를 만나기 위해 자기네들이 평소에 어떤 식으로 일을 경영해 왔는지, 그 경위에 대해 말하는 것이기도 했다. 나는 유완무를 보고 말했다.

"강화 김씨 댁에 있으면서, 선생이 나 같은 사람을 위해 허다한 노고를 겪으셨다는 사실을 알게 되었습니다. 오늘 비로소 뵙게 되었으나, 세상에는 아주 조그마한 일도 크게 부풀려〔針小棒大〕 전하는 경우가 허다하니 소문과 실물이 용두사미(龍頭蛇尾)인 때가 많고,[108] 저 역시 소문과 달리 졸렬하기 짝이 없으니 매우 낙심될 것입니다."

유씨는 빙그레 웃으면서 말했다.

"뱀의 꼬리를 붙잡고 올라가면 용의 머리를 볼 터이지요."

주인과 손님이 함께 웃었다. 주인 박태병은 유씨의 동서라 한다. 저녁을 먹은 후 성(城) 안 유씨가 머무는 곳으로 가서 잤다. 며칠 동안 쉬면서 간혹 요릿집에 가서 음식을 사 먹기도 하고 구경을 다니기도 했다.

유씨는 내게 편지 한 통과 노자를 주면서 충청도 연산(連山) 광이다리 앞에 있는 도림리(桃林里) 이천경(李天敬)에게 가라고 부탁하였다. 그날로 길을 떠나 이천경의 집에 가서 편지를 전하니, 그 집에서 반가이 영접하고 매일같이 닭 잡고 기장밥 하여[109] 잘 대접하였다. 한가롭게 이런저런 이야기를 나누며 한 달을 지냈다.

하루는 이천경이 편지 한 장을 써 주며 무주(茂朱) 읍내에서 인삼을 재배하는 이시발(李時發)에게로 가라 하였다. 이시발을 찾아가서 편지를 전하니 영접하여 하룻밤을 묵게 하고는, 다음날 또 편지 한 장을 주며 지례군(知禮郡) 천곡(川谷)이란 동네에 있는 성태영(成泰英)을 찾아가라 하였다.

---

108) 용두사미는 원래 '머리는 용이나 꼬리는 뱀'인 경우를 의미하지만, 여기서는 말로 들을 때는 용이지만 만나 보니 뱀이더라는 뜻. 즉 소문에 비해 자신이 대단치 않다는 겸손의 말이다.

109) 원문: "殺鷄爲黍". 손님을 극진히 대접한다는 뜻. 한 노인이 공자의 제자로 자로(子路)를 집에 묵게 하고, 닭을 잡고 기장밥을 하여 대접한 고사에서 유래한 말.

성태영의 집을 찾아가니, 택호가 성원주(成原州)란 집이었다. 태영의 조부가 원주(原州) 목사(牧師)를 지냈다 한다. 사랑에 들어가니 수청방(守廳房)[110] 상노방(床奴房)에 하인이 수십 명이고, 사랑에 앉은 사람들도 거의가 귀족의 풍채와 태도를 가진 자들이었다.

주인 태영이 편지를 보고 환영하여 상객으로 대우하니, 상노 등이 더욱 존경하는 태도로 나를 대하였다. 성태영의 자는 능하(能河)요, 호는 일주(一舟)이다. 그와 함께 산에 올라 나물 캐고 물가에 가서 고기 구경하는[111] 등 여유로운 생활을 해가며, 고금의 역사를 토론하면서[112] 또 한 달여를 지냈다.

하루는 유완무가 성씨 집에 찾아와 만나게 되었다. 다음날 아침, 유씨가 이주해 가는 무주읍내로 함께 돌아가 그 집에서 같이 지내게 되었다. 유씨는 장성한 딸을 이충구(李忠求)의 조카며느리[侄婦]로 시집보냈고, 한경(漢卿) 등 두 아들이 있었고, 당시 무주 군수 이탁(李卓)과도 인척간인 듯하였다.[113]

유완무는 나를 보고 이런 말을 했다.

"창수 당신이 경성으로부터 이곳에 도착하기까지 매우 의아하셨지요? 내 실정을 말해 주리다."

조금 누락된 것이 있다. 창수라는 이름이 쓰기 매우 불편하다 하여 성태영과 유완무가 이름을 고쳐 지어주었다. 이름은 김구(金龜)라 하고, 호는 연하(蓮下), 자는 연상(蓮上)이라 고쳐서 행세하기로 하였다.

"연산(連山) 이천경(李天敬)이나 지례(知禮) 성태영(成泰英)이 다 내 동지인데, 우리는 새로 동지가 생겼을 적에 반드시 몇 군데를 돌아다니며 1개월씩 함께 지낸다오. 그리하여 각자 관찰한 바와 시험한 것을 모두 모아서 어떤 사업에 적당한 자질이 있는지를 판정하여, 벼슬살이에 적당한 자는 자리를 주선하고 상업이나 농사에 적당한 인재는 상·농으로 인도하여 종사케 하는 것이 우리 동지들의 규정이오. 연하(蓮下)는 동지들이 시험한 결과, 아직 학식이

---

110) 수청(守廳)은 분부대로 심부름하는 하인이나 청지기.
111) 원문: "登山採菜 臨水觀魚".
112) 원문: "古今史를 難疑問答하면서".
113) 원문: "苽葛인 듯하더라." 고갈(苽葛)은 과갈(瓜葛)의 오류. 오이(瓜)와 칡(葛)의 덩굴은 서로 어우러져 뻗으므로 친척 관계를 의미한다.

얕고 부족하니 공부를 더 하되, 경성 방면의 동지들이 전적으로 맡아 어느 정도 수준을 이루도록 할 것이오. 연하의 출신이 상인(常人) 계급이니 불가불 신분부터 양반에게 눌리지 않도록 만드는 것을 급선무로 삼아, 지금 연산 이천경이 소유하고 있는 가택과 논밭, 그리고 가구 전부를 그대로 연하의 부모가 생활하는 데 사용할 수 있도록 제공하려 하오. 그 고을의 큰 성씨 몇몇만 잘 단속하면 족히 양반의 생활을 할 수 있을 것이오. 연하는 경성에서 유학하면서 잠깐씩 부모님 얼굴이나 뵙게 할 터이니, 곧 고향으로 가서 오는 2월까지 부모님 몸만 모시고 서울로 오시오. 서울서 연산까지 가는 길은 내가 알아서 하겠소이다."

이렇게 이야기하고는 바로 서울로 동행하였다.

서울에 와서 유완무의 제자인 강화 장곶(長串)[114]에 있는 주윤호(朱潤鎬)[115] 진사를 찾아갔다. 김경득의 집에 들어가기는 여러 가지 염려되는 바가 있어, 비밀히 주진사 집만 내왕하였다. 주진사는 백동전 4,000냥을 유씨에게 보냈는데, 나는 그것을 온몸에 돌려 감고 서울로 왔다. 주진사의 집은 해변이었으므로 11월인데도 아직 감나무에 감이 달려 있었다. 또한 해산물들이 풍족한 곳이었으므로 몇 날을 잘 지내고 왔다.

## 6) 스승과의 논쟁

그 돈으로 노자를 하여 귀향길에 올랐다. 철로가 아직 부설되지 못하여 육로로 출발했다. 출발하기 전날, 꿈에 아버님이 나타나 내게 '황천'(黃泉) 두 자를 쓰라고 하시는 것을 보고 유씨와 꿈 이야기를 하였다. 봄에 병환이 드셨다가 좀 나으시는 것을 보고 집을 떠났었는데, 서울 와서 우편으로 탕약보제(湯藥補劑)를 지어 보내고 마음을 놓지 못하다가 흉몽(凶夢)을 꾸게 된 것이었다.

---

114) 강화도의 서남쪽 화도면에 있는 곳.

115) 원주: "兄은 潤彰".

그날로 길을 떠나 동짓달 날씨에 송도에 일찍 도착하였다. 다음날에도 급한 걸음을 재촉해 4일 만에 해주 비동에 당도하게 되었는데, 비동을 지나다 보니 고선생이 보고 싶어 찾아 들어가게 되었다. 산중턱에 있는 작은 집에서 선생을 배알하였다. 5, 6년 동안에 그다지 심하게 쇠약해지지는 않았으나 돋보기 안경을 쓰지 않고는 글을 못 보는 모양이었다. 내가 고선생을 배알하고 앉아 두어 마디 말을 시작할 때, 사랑 안쪽 문이 방긋이 열리더니 열 살 남짓 먹은 처녀가

"아이구, 아저씨 왔구나!"

하고 뛰어 들어왔다. 청계동에 살 적에 사랑에 가면 늘 나와서 내게 매달리고 업어 달라고 하다 고선생에게 꾸지람을 듣던, 원명의 둘째 딸이었다. 내가 원명의 맏딸과 혼약이 성립된 후로는 고선생이 전과 같이 책망하지 않았을 뿐 아니라 오히려 나를 가리켜 아저씨라 부르라 명하였으므로 더욱 가깝게 되어 흉허물 없이 내게 매달리고 온갖 응석을 부렸었다.

마음속으로는 지극히 반가웠고, 또 부모가 없이 숙모의 손에 자라는 사정을 잘 아는 나로서는 퍽 불쌍도 하여 보였다. 그러나 옛날처럼 아저씨의 칭호를 그대로 받고서 아는 척하기는 더욱 미안한 일이었다. 고선생 역시 그 모습을 보시고는 흉중에 무슨 감회가 있으셨는지, 침묵하고 담벽만 건너보시며 앉아 계셨다. 나도 아무 말대답을 못하고 눈으로만 그 처녀를 보고 반가운 표정을 하였을 뿐이었다.

고선생이 전에 나와 혼약을 파한 후, 집에 돌아가니 과부인 둘째 며느리가 청하였다고 한다.

"아무 댁과 혼인을 하십시다. 또 아무 댁 자제가 학문도 상당하고 문벌도 그만하고 재산도 유족하니 거기다 통혼을 하십시다. 김창수는 상놈이고 게다가 집안이 가난하지 않습니까? 더구나 옛날 혼처에서 그같이 괴악을 부리니 김창수에게 딸을 주었다가는 집안이 망하고 말 것입니다."

이렇게 떠드는 데 화증이 나셨던지, 당장 청계동의 미미한 농부 김사집(金士集)이란 사람에게 자청하여 통혼을 하셨다 한다. 그 아들 역시 일개 농군에 불과한 떠꺼머리 총각이었는데, 고선생 댁에서 자청하여 그날로 약혼을 결정하였다는 것이다.

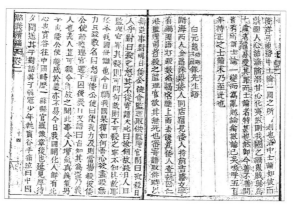

백범의 치하포 사건이 수록돼 있는 『소의신편』의 「백원구병림록선생어」

　한참 동안이나 고선생과 나는 서로 아무 말 없이 과거 혼사 문제를 추억하
고 있었다. 고선생이 서서히 말씀을 시작하셨다.

　"나는 그간에 자네가 왜놈을 죽여 의거하였다는 소식을 듣고 자네를 평소
기대하던 나머지 매우 놀라고 탄복하였네. 내가 유의암(柳毅菴) 선생에게 자
네 말씀을 드렸더니, 선생이 쓰신 『소의신편·속편』(昭義新編·續編)[116]에 '김
창수는 의기남아' 라고 찬(讚)하신 것도 보았네. 자네가 인천으로 간 후, 의암
이 의병에 실패하고 평산(平山)으로 와서 서로 만나 장래 계획을 의논하였는
데, 그때 연전에 자네가 서간도를 보고 관찰한 내용을 선생께 보여드렸네.

　당분간의 형세로는 평안·황해 지방에 발붙일 곳이 없으니, 속히 압록강을
건너서 적당한 지대를 택하여 장래를 꾀함이 상책이라 하였다네. 의암도 심히
좋게 여겨 나와 동행하여 전에 자네가 말했던 곳을 면밀히 조사하였네. 그리
고 그곳에 의암이 몸소 들어가서, 한편으로는 공자(孔子)의 성상(聖像)을 봉
안하여 여러 사람들의 숭모심을 증진케 하고, 한편으로는 조선〔內地〕에서 종

---

116) 유인석의 서간도 망명 후 따라간 김화식이 1899년 의병과 위정척사 관련 자료를 모아 『소
　　의신편』(8권 4책)을 편찬하고, 3년 후인 1902년 유인석의 문인들이 이를 정식으로 간행할 때,
　　『소의신편』 이후의 문헌들을 『소의속편』(2권 1책)으로 편집하였다. 이 책들은 위정척사사상과
　　의병사 연구에 중요한 자료집인데, 『소의신편』 「백원구병림록선생어」(白元龜炳林錄先生語)에
　　백범의 치하포 사건과 청국 기행에 관한 이야기가 수록되어 있다.

군하던 무사들을 소집, 훈련하는 중이라네.[117] 자네도 속히 선생께로 가서 장래의 큰 계획을 함께 꾀함이 어떻겠는가?'

나는 그 사이에 깨달은 세계 사정에 대해 말씀드렸다. 또 선생님께서 평소에 교훈하시던 '존중화양이적'(尊中華攘夷狄)[118]주의가 정당한 주의가 아니라는 것과, 눈이 들어가고 코가 높은 사람이면 덮어놓고 오랑캐라고 배척하는 것이 옳지 않다는 사실을 말하였다.

"어느 나라를 막론하고, 먼저 그 나라 사람들의 경국대강(經國大綱)[119]을 보고 오랑캐의 행실이 있으면 오랑캐로, 사람의 행실이 있으면 사람으로 대우함이 옳을 것입니다. 우리나라의 탐관오리들이 비록 사람의 얼굴을 가졌으나 금수의 행실이 많으니, 이것은 참으로 오랑캐의 소행입니다. 또 지금은 임금이 스스로 벼슬 값을 매겨 팔고 있으니, 그것은 오랑캐 임금의 소행입니다. 내 나라 오랑캐도 배척을 못하면서 어찌 남의 나라 오랑캐를 배척할 수 있겠습니까? 저 대양 건너에 사는 각 나라에는 제법 국가제도가 잘 갖추어져 있고 문명도 발달되어 있습니다. 그들은 공자·맹자의 그림자도 보지 못했지만, 그 이상으로 발달된 법도를 갖고 있습니다. 그럼에도 불구하고 저들을 계속 '오랑캐, 오랑캐' 하면서 배척만 한다면 무슨 소용이 있겠습니까? 제 소견에는 오히려 오랑캐에게서 배울 것이 많고, 공맹에게서는 버릴 것이 많다고 생각됩니다."

내 이야기를 듣고서 고선생은 말하였다.

---

117) 유인석은 양력 1896년 5월 의병운동의 거점인 제천성을 상실하자 서북지역으로 이동하였고, 서북지역마저 사정이 여의치 않자 다시 간도로 망명하였다. 그러나 그해 9월 회인현재(懷仁縣宰)에 의해 무장 해제당하자 파저강(波猪江: 渾江)에서 의병을 해산하였다. 그후 그는 한인들이 많이 살고 있는 통화현 오도구(五道溝)에 정착하였다. 1897년 3월 고종의 명에 의해 일시 귀국하였으나 다시 오도구로 돌아갔는데, 이때 유인석의 문인사우(門人士友)들도 대거 망명하였고, 고능선도 수행하였다. 1898년 10월 그는 오도구에서 인근 팔왕동(八王洞)으로 이동하여 공자·주자·송시열·이항로·류중교 등의 영정을 모신 성묘(聖廟)를 세워 의병들의 정신적인 귀의처(歸依處)로 삼았다. 고능선이 백범의 탐색을 토대로 유인석에게 추천한 지역은 오도구인 듯하다.

118) 중국을 높이 받들고 서양 세력을 물리침.

119) 나라를 다스리는 기본 원칙.

"자네 개화꾼과 많이 상종하였지? 나도 몇몇 개화꾼을 만나보았는데, 자네와 같은 말을 하더군."

"그렇다면 선생님이 보시는 장래 국가대계는 어떠한지 가르쳐 주십시오."

고선생은 계속 말씀하셨다.

"선왕의 법이 아니고 선왕의 도가 아닌 것은 거론할 필요가 없네. 잘못하면 피발좌임(被髮左袵)의 오랑캐가 될 터이니⋯⋯."

"선생님이 피발좌임을 말씀하시니 드리는 말씀입니다. 머리털은 곧 피가 만든 것이요, 피는 곧 음식이 소화되어 만들어진 정액(精液)이니, 음식을 먹지 않으면 머리털도 자라날 수 없습니다. 설사 머리를 천 길이나 길러서 매우 크고 훌륭한 상투를 위에 얹었다 손 치더라도 왜놈이나 양놈이 그 상투를 무서워하지 않는다면 어찌하겠습니까? 또 녹의복건(綠衣卜巾)[120]을 아무리 훌륭하게 입었다 하여도 왜인이나 양인들이 우러러 절하지도 않을 것이고 무릎 꿇지도 않을 것입니다. 지금 이 나라에서는 학문과 도덕을 공부한 상류층 사람들이 백성을 잔인하게 학대하는 최상의 도부수(刀斧手)[121]들입니다. 진실로 온 나라의 백성들은 거의 다 낫 놓고 기역자도 모르는 일자무식이라 물이 아래로 흐르는 것과 같이 이익을 좇으니,[122] 자기의 권리와 의무는 모르고 마땅히 탐관오리와 토호의 업신여김과 학대를 받아야 하는 것으로 알고 있습니다. 만약 탐관오리와 토호들이 자기 백성을 업신여기고 학대함과 같이 왜와 서양을 학대한다면, 왜와 서양은 멸종되고 그네들이 천하를 다 호령하게 될 것입니다. 그러나 그들은 자기 백성의 고혈을 빨아 왜놈과 양놈에 바치고 아첨하면서, 자기가 누구보다 뛰어난 도부수임을 자랑하고 있으니, 필경 우리나라는 망하고야 말 것입니다. 그러므로 이제부터라도 우리는 세계 문명 각국의 교육제도를 본받아서 학교를 세우고 이 나라 백성의 자녀들을 교육하여 그들을 건전한 2세들로 양성해야 합니다. 또한 애국지사들을 규합하여 이 나라 국민으로 하여금 나라 잃는 고통이 어떤 것인지, 나라가 발전하는 복락이 어떤 것인지를

---

120) 녹의(綠衣)는 연두색 저고리. 복건(卜巾)은 복건(幅巾)으로, 어린 아이가 명절 등 경사스러운 날 머리에 덮어쓰는 것. 여기서 녹의복건은 잘 갖춰 입는 의복을 의미한다.
121) 도부수는 큰 칼과 도끼를 쓰는 군사. 여기서는 흉악한 약탈자를 말한다.
122) 원문: "人之就利 水之走下와 如한즉".

알도록 해야 합니다. 이것이 우리나라를 망하는 것으로부터 구할 수 있는 길이라고 제자는 생각합니다."

"박영효(朴泳孝), 서광범(徐光範)[123]과 같은 역적들이 주장하던 것을 자네가 말하고 있네그려. 만고 천하에' 끝없이 존속하는 나라가 없고 만고 천하에 끝없이 장생하는 사람이 없다네. 우리나라도 망할 운명인 바에야 어찌하겠나? 그러나 나라를 구한다면서[124] 왜놈과 양인에게 배우다가는, 나라도 구하지 못하고 절의(節義)까지 배반하고, 죽어 지하에 가게 되면 선왕(先王)·선현(先賢)들을 무슨 면목으로 대하겠나?"

이야기하는 동안 자연히 신구(新舊)의 충돌이 생겼다. 그러나 고선생 가정에서 외국 물건이라고는 당성냥 한 가치도 쓰지 않는 것을 보면 일견 고상하게도 보였다. 하룻밤을 같이 자고, 다음날 하직인사를 하고서 물러나왔다. 어찌 뜻하였으리요? 그때 올렸던 절이 마지막 이별이 될 줄이야. 그후에 전하여 들으니, 고선생은 제천(堤川) 동문의 집에서 객사하였다 한다.

아, 슬프도다! 이 말을 기록하는 오늘까지 30여 년 동안 내 마음을 쓰거나 일을 할 때, 만에 하나라도 아름다이 여기는 점이 있다면 그것은 온전히 당시 청계동에서 고선생이 나를 특히 사랑하시고 심혈을 다 기울여 구전심수(口傳心授)하시던 훈육〔訓炙〕의 덕일 것이다. 다시 이 세상에서 그같이 사랑하시던 위대한 얼굴을 뵙지 못하고, 다시 그 참되고 거룩한 사랑을 받지 못하겠으니, 아, 슬프고도 애통하도다!


## 7) 부친상, 미혼처의 죽음

그날로 텃골 본가에 도착하니 황혼녘이었다. 안마당에 들어서니 부엌에서 어머님이 나오시면서 말씀하신다.

"네 아버지가 병세 위중하여 아까 '이 애는 왔으면 들어오지 않고 왜 뜰에

---

123) 서광범(徐光範, 1859~1897). 조선 말기의 개화파 관료·정치가.
124) 원문: "救亡之道라고 하야".

서 있느냐' 하기에 헛소리로 알았더니 네가 정말 왔구나."

급히 들어가 뵈니 아버님은 매우 반가워하셨지만 병세가 정말 위중하셨다.

약간의 시탕(侍湯)으로는 약효도 내지 못하고, 아버님은 열나흘 동안 내 무릎을 베고 계시다가 경자년(庚子年: 1900, 25세) 12월 9일, 애써 내 손을 잡으시던 힘이 풀리더니 먼 나라로 떠나셨다. 아버님께서 운명하시기 전날까지도 나는 '평생 친구인 유완무나 성태영 등을 만나 그들의 주선으로 연산(連山)으로 이사하였다면, 백발이 성성한 아버님이 이웃 마을 강씨나 이씨에게 늘 상놈 대우를 받아 뼈에 사무치는 아픔을 겪는 일만은 면하게 되셨을 텐데' 하고 아쉬워하였다. 이제 아주 먼 길을 떠나시고 말았으니 천고에 남을 한이 되고 말았다.

산골의 가난한 집에서 고명한 의사를 부른다거나 기사회생의 명약을 드시게 하기에는 형편이 허락하지 않았다. 우리 할머님이 임종하실 때 아버님께서 손가락을 자른 것[斷指]도 이런 절박한 지경에서 하신 일이었는데, 내가 또 단지한다면 어머님의 마음이 상하실 터이다.

그래서 나는 허벅지 살을 베어내기로[割股] 결심하고, 어머님이 계시지 않을 때를 틈타 왼쪽 허벅지에서 살조각 한 점을 떼어내었다. 고기는 불에 구워서 약이라 아뢰고 잡수시게 하고, 흐르는 피는 드시게 하였다. 그래도 양이 적은 듯하여 다시 칼을 들어 그보다 크게 살조각을 떼어내려고 할 때에는, 처음보다 천백 배의 용기를 내어 살을 베었지만 살조각은 떨어지지 않고 고통만 심했다. 두번째는 다리 살을 베어놓기만 하고 손톱만큼도 떼어내지 못했다. 나는 스스로 탄식했다.

'손가락이나 허벅지를 베어내는 것은 진정한 효자나 하는 것이지, 나와 같은 불효자가 어찌 효자가 되랴.'

초종(初終)[125]을 마치고 성복일(成服日)[126]에 원근에서 조객이 왔다. 설한풍이 뼈에 사무치는 때 뜰에 상청(喪廳)[127]을 설치하고 조문을 받는데, 독신 상

---

125) 유교식 장례 절차에서 첫 과정으로, 혼을 부르는 초혼(招魂), 시체 거두기, 관 준비 등을 한다.

126) 유교식 장례 절차에서 초종(初終), 시체에 의복을 입히는 습(襲), 소렴(小殮), 대렴(大殮) 다음이 상주가 상복을 입는 성복일이다. 성복일 다음에 조문을 받는다.

주라 나는 잠시도 상청을 비울 수 없었다. 살을 썰어만 놓고 떼어내지도 못해 다리는 고통이 심했지만 어머님께 알릴 수도 없었다. 조객 오는 것조차 괴로워, 허벅지살 벤 것을 후회하는 생각까지 났다.

유완무와 성태영에게 부고를 하고 이사를 중지했으면 하는 내 뜻을 알렸다. 경성에 체류 중이었던 성태영은 500여 리 길을 말을 타고 와서 조문과 위로를 해주었다. 마부와 말은 돌려보내고, 성태영이 며칠 휴식한 뒤, 구월산 구경이나 시켜 보내기 위해 나귀에 태우고 월정동의 오랜 친구 송종서(宋鍾瑞)[128]의 집을 찾아가, 부산동 정덕현(鄭德鉉)까지 불렀다. 거기서 닭 잡고 기장밥 먹으면서 멀리 떨어져 쌓인 그간의 회포를 풀고, 구월산(白嶽)의 빼어난 경치를 구경한 뒤 성군은 돌아갔다.

아버님 장지는 내가 직접 골라 텃골 오른쪽 산기슭에 안장하였다. 상중에는 칩거하여 아무데도 가지 않고 준영 작은아버지의 농사를 도우니, 작은아버지는 매우 기특하고 다행스럽게 생각하시고 200냥을 주시면서 인근에 사는 어떤 상놈의 딸과 결혼하라고 하셨다. 나는 굳이 사양했다. 나는 상놈의 딸은 고사하고 정승의 딸이라도 재물을 따지는 결혼은 죽어도 하지 않겠다고 다짐하였다. 작은아버지는 형님도 없는 가정에서 자기의 힘으로 조카를 결혼시키는 것을 당연한 의무요 영광으로 알았다. 그런데 내가 굳이 사양하자 크게 노하셔서 낫을 들고 나를 향해 달려드시는데, 어머님께서 겨우 가로막았다. 나는 그 틈에 도망쳤다.

임인년(壬寅年: 1902, 27세) 정월을 맞아 여기저기 세배를 다니다가 장연 무산의 먼 친척 댁에 갔다. 먼 친척 할머니는 내가 나이 거의 삼십인데도 결혼하지 못한 것을 매우 염려하였다. 나는 그 할머니께 말씀드렸다.

"제 중매는 할 사람도 쉽지 못하고, 제게 딸을 주고 싶은 사람이 있을지도 의문이요, 설혹 있다 하여도 제가 장가를 들 마음이 생길 만한 처녀가 있을지도 의문입니다."

---

127) 혼백이나 신주를 모셔다 놓은 곳. 궤연이라고도 한다.

128) 송종서(宋鍾瑞)는, 동학군 시절 백범이 종사(從事)로 모신 우종서(禹鍾瑞)이거나(49쪽), 스승으로 삼은 송종호(宋宗鎬, 51쪽)의 착오로 보인다.

그 할머니는 웃으면서 물으셨다.

"자네의 뜻에 맞는 처녀란 어떤 처녀인가?"

내 대답.

"첫째 재산을 따지지 않는다. 둘째 처녀는 학식이 있어야 한다. 셋째 직접 상면하여 서로의 마음이 맞으면 결혼한다. 이렇습니다."

그 할머니는 첫째, 둘째 조건에는 의문이 없지만, 셋째 조건에는 매우 난색을 보였다. 내가 묻기를,

"할머님, 어디 혼처가 있습니까?"

할머니 답.

"내 본가 사촌의 딸[堂姪女]이 올해 열일곱인데 과부인 홀어미를 모시고 지낸다네. 학식은 약간 있고, 아무리 빈한하나 재산을 따지는 것은 옳지 않게 여긴다네. 마땅한 남자라면 허혼하겠다는 내 형님의 말은 들었으나, 어떤 기준으로 남자를 택하는지는 알 수 없으니, 내가 먼저 만나 문의해 보겠네. 하지만 자네 말처럼 대면하여 마음을 털어놓는 것은 어려운 문제라고 생각하네."

"그렇다면 저와 혼인할 자격이 없겠지요."

할머니께서 하시는 말씀.

"일찍이 우리 형님께 자네의 됨됨이를 말한 바 있는데, 형님이 자네를 한번 데리고 자기 집에 와 달라고 부탁하였네. 같이 갈 수 있겠는가?"

"처녀를 면회시켜 주신다면 오늘 가 보겠습니다."

할머니와 나는 같이 장연 속내(東內) 텃골의 조그마한 오막살이집에 도착하였다. 그 집 늙은 과부댁[寡宅]은 나이 연로하고 아들은 없고 딸만 넷 두었다. 위로 세 자매는 이미 출가시키고 막내딸 여옥(如玉)을 데리고 있었는데, 문자는 근근히 국문을 가르쳤을 뿐이고 바느질과 길쌈을 주로 가르쳤다고 했다.

나를 맞아 안방에 앉히고 저녁 식사를 마친 후 할머니 소개로 과댁에게 절을 하였다. 그 전에 부엌에서 세 사람이 회의를 하는 모양이었다. 나는 듣지 못하였으나 친척 할머니가 나의 구혼 조건을 제시한 모양이다. 이야기가 착실히 많은 모양인데, 친척 할머니는 나에게 단도직입으로 혼인 문제를 꺼냈다.

"거의 자네 말대로 되겠으나 규중처녀가 어찌 모르는 남자와 대면을 하겠

나? 처녀가 병신이 아닌 것은 내 담보할 터이니 대면은 좀 면하여 주게."

"나는 꼭 면대해야겠습니다. 만나서 얘기하는 것뿐 아니라 혼인할 생각이 있으면 조건 한 가지가 또 있습니다."

할머니는 웃으면서,

"조건이 또 있어? 들어보세."

"다른 것이 아니구요. 지금 약혼을 한다 하여도 내가 탈상한 후 결혼할 것이니, 그 동안 낭자가 나를 선생님이라고 부르며 한문 공부를 정성껏 한다는 조건입니다."

"여보게, 혼인하여 데려다가 공부를 시키든지 무엇을 하든지 자네 마음대로 하면 될 것 아닌가."

"거의 1년 동안의 세월을 허송할 필요가 있습니까?"

늙은 과부댁과 친척 할머니가 빙긋이 웃고 무슨 말을 하더니 할머니가 처녀를 불렀다. 한두 번 불러도 아무 소식이 없으니 과부댁이 친히 불렀다. 처녀는 가만가만 걸어 들어와 자기 모친 뒤에 앉았다. 내가 인사를 먼저 하였으나 처녀는 아무 대답을 못하였다. 내가 다시 물었다.

"당신은 나와 혼인할 마음이 있소? 또 결혼하기 전에 내게 학문을 배울 생각이 있소?"

할머니 말씀에 결혼 후 공부를 시키든 무엇을 하든 마음대로 하라고 하시지만 지금 세상에는 여자라도 무식해서는 사회에 용납될 수 없고, 여자 공부는 20세 이내가 적당한데 1년이라도 허송하는 것은 안된다는 이유를 설명하였다. 그 처녀의 말소리가 내 귀에는 들리지 않았지만, 할머니와 그 모친은 처녀가 '그리하겠다'고 대답했다고 한다.

밤을 지내고 다음날 아침, 집으로 돌아와 어머님과 작은아버지에게 약혼을 보고하였다. 작은아버지는 처음에는 믿지 않으시고 어머님에게 직접 가서 처녀도 만나보고 약혼 여부도 알아보라고 했다. 어머님이 다녀오신 뒤 작은아버지는 "세상에 참 어수룩한 사람도 있다"고 말씀하셨다.

나는 곧 『여자독본』(女子讀本)[129]과 같은 책자를 대강 만들고 지필묵까지

---

129) 1908년 장지연이 편찬한 여성용 국어 독본. 상하 두 권으로, 본문은 순 한글로 되어 있으

준비하여 미혼의 처를 가르쳤다. 당시 나는 가사도 돌보아야 했고, 아버님 탈상 후 신교육에 헌신할 결심을 하고 문화의 우종서 목사, 송종호(宋鍾鎬), 당시 '김선생', 은율의 김태성(金泰聲), 장련의 장의택(張義澤), 오인형(吳寅炯), 정창극(鄭昌極) 등과 신교육 실시를 협의하기 위해 여러 곳으로 돌아다녀야 했기 때문에, 처가에 오래 있으면서 가르칠 형편은 되지 못하였다. 그러나 틈만 있으면 처가에 가서 가르쳤다.

당시 김선생이란 본명이 손경하(孫景夏)로 원산사람인데, 박영효(朴泳孝)의 동지들과 여러 해 일본에 체류하다 귀국하였고, 정부에서 체포령이 내리자 구월산으로 망명하여 우종서·송종호 등의 보호로 숨어살았다. 박영효가 귀국하는 날부터 지금껏 그는 손영곤(孫泳坤)이란 가명으로 행세하였다.[130]

장의택은 장련의 선비 집안으로 구학문에도 조예가 있고 신학문에 대한 포부도 해서지방에서 제일이었다. 그는 큰아들 응진(膺震)을 경성과 일본, 미주로 유학시키고 자신도 신교육에 노력하는 지사이므로, 구식 양반들에게는 더없는 비난을 받았다. 장씨는 국민에게 신학문 지식을 보급하는 것이 자기의 급무라고 각오하고 있었다.

평안도는 물론이고 황해도에도 신교육의 풍조는 예수교로부터 계발되었다. 문을 걸어 잠그고 자신만 지키던[閉關自守] 자들이 예수교에 투신함으로써 겨우 서양 선교사들의 혀끝으로 바깥 사정을 알게 되어 신문화 발전을 도모하게 된 것이다. 예수교를 신봉하는 사람은 대부분 중류 이하로, 실제 학문을 배우지는 못하였지만, 선교사의 숙달치 못한 반벙어리 말을 들은 자는 신앙심 이외에 애국사상도 갖게 되었다. 당시 애국사상을 지닌 대다수의 사람들이 예수

___

나 간혹 한자를 곁에 달았으며, 각 단원 끝에는 사용된 한자의 음과 훈을 별도로 정리하였다. 애국적인 내용 때문에 1910년 일제는 이 책의 발매를 금지시켰다. 그런데 백범이 여옥을 가르친 해는 1902~1903년이기 때문에, 이 구절은 당시 백범이 만든 책이 나중에 보니 장지연의 『여자독본』과 비슷하더라는 회고이다.

130) 박영효는 1884년 12월 갑신정변이 실패하자 일본으로 망명하였다가 1894년 8월 귀국하여 제2차 김홍집내각에 내부대신으로 입각하였다. 김홍집내각이 무너진 후 그는 다시 정치적 위기에 처해 일본으로 망명하였다. 손경하는 1895년 귀국하였다가 김홍집내각이 무너진 후 구월산으로 숨은 듯하다.

교 신봉자임은 숨길 수 없는 사실이다.

우종서는 그때 전도조사(傳道助事)였다. 나와 여러 해 친교한 때문에 예수교 신봉을 힘껏 권하였다. 나도 탈상 후에는 예수도 믿고 신교육을 장려하기로 결심하고 있었다.

계묘년(癸卯年: 1903, 28세) 2월에 담사(禫祀)[131]를 마치자, 즉시 어머님은 성례 준비를 더욱 열심히 주선하셨다. 그해 정초에 또 무산 먼 일가 할아버지 댁에 세배를 갔다. 세배한 후 앉아서 이야기를 나누는 중에 장연 텃골 미혼 처의 집에서 급보가 왔다. 낭자의 병세가 위중하니 김상주에게 통지하라는 기별이었다.

나는 깜짝 놀라 즉시 처가에 갔다. 방문을 열고 들어가니, 낭자는 병세가 위중한 중에도 매우 반가워했다. 병은 만성감기〔長感〕인데 약을 쉽게 구하기 어려운 산중이라, 2, 3일 후에 마침내 죽고 말았다. 내 손으로 직접 염습(殮襲)[132]하여 남산에 안장하고 묘 앞에서 영별하였다.

장모는 금동(金洞) 김윤오(金九五) 집으로 인도하여 예수교를 믿게 하였다. 돌아오는 길에 갑작스러운 소식을 듣고서 오시는 어머님을 만나, 모시고 도로 집으로 돌아왔다.


## 8) 교육자의 길, 그리고 결혼

이 해 2월에 장련읍 사직동(社稷洞)으로 이사하였다. 장련읍 진사 오인형이 자기가 산 사직동 집과 대지, 산림과 과수, 그리고 20여 마지기의 전답을 모두 내게 맡겨, 나로 하여금 집안일에 대한 염려 없이 공공사업에만 전력케 한 것이었다. 나는 해주 고향에서 사촌형 태수(泰洙) 부부를 데려다가 가사를 주관케 하고, 오진사 집 큰사랑에다 학교를 열었다. 오진사 큰딸 신애(信愛)와 아들 기수(基秀), 오봉형(吳鳳炯)의 두 아들과 오면형(吳勉炯)의 자녀, 오순

---

131) 대상(大祥)을 치른 그 다음다음 달에 지내는 제사. 담제(禫祭).
132) 염과 습. 죽은 사람의 몸을 씻긴 뒤 옷을 입히고 염포로 묶는 것.

형(吳舜炯)의 두 딸을 중심으로 학교에 뜻을 같이하는 사람의 자녀 몇 명을 모집해서, 방 중간을 칸막이로 막아 남녀의 자리를 나눠 앉혔다.

인형의 셋째 동생 순형은 지극히 너그럽고 후덕한 성품으로 근면하였다. 그는 나와 같이 예수교에 전력하기로 마음을 같이 하고서, 학생을 가르치며 예수교를 선전하였다.

1년도 채 안되어 교세도 크게 일어나고 학교도 점차 발전하였다. 당시 장련 읍에서 색주가나 드나들며 방랑하던 백남훈(白南薰)[133]을 인도하여 예수교를 믿게 하였다. 뒤에 그는 봉양학교(鳳陽學校) 교원이 되었고, 나는 공립학교 교원이 되어 공·사립학교를 발전·유지시켰다.

황해도에서 학교라는 명칭이, 공립으로는 해주에 설립된 것과 장련에 설립된 것이 있었는데, 해주에서는 아직 사서삼경의 구학문이나 가르쳤고, 강사가 칠판 앞에 서서 산술·역사·지리〔地誌〕 등을 가르치는 곳은 장련공립소학교[134]뿐이었다. 그 학교 설립 시초의 교원은 허곤(許坤)이요, 뒤이어 장의택(張義澤), 임국승(林國承)과 내가 교원으로 근무하였다.

평양에서 예수교 주최로 이른바 '선생 공부', 즉 사범강습이란 것이 있었다. 여름철에 각지 교회와 학교의 직원과 교원들이 모여 강습할 때 나도 선생 공부에 갔다.

평양 방기창(邦基昌)[135] 목사 집에서 유숙할 즈음, 당시 숭실 중학생으로 교육과 애국의 열성으로 학계와 종교계, 일반 사회에 명성이 쟁쟁하였던, 동지 최광옥(崔光玉) 군과 친밀히 교제하며 장래 일을 의논하였다. 그러던 어느 날 최군이 나의 결혼 여부를 묻기에, 나는 과거 여러 차례의 실패를 대략 말해 주었다. 최군은 안신호(安信浩) 양과 약혼할 것을 권고하였다. 신호는 안

133) 백남훈(白南薰, 1885~1967). 황해도 은율 출신의 교육가·정치가. 20세에 기독교에 입문하여 1905년 장련 예수교회에서 세운 광진학교(光進學校) 교사로 활동하였다. 김구와 함께 해서 교육총회 결성에도 참여하였고, 해방 후 한민당·민정당 등에서 정치활동을 했다.

134) 원문: "長連公校". 이것은 장련공립소학교의 약칭이다.

135) 방기창(邦基昌, 1851~1911). 황해도 신천 출신으로 기독교 장로회의 최초 7인 목사 중의 한 사람. 1883년 동학 접주에서 1893년 기독교 목사로 변신하여 자신의 고향인 황해도 지역에 많은 전도를 하였고, 1898년부터 평양 널다리골〔章臺峴〕교회 제1대 장로가 되었다.

창호(安昌浩)[136]의 누이동생으로 그때 나이 20여 세였는데, 사람됨이 매우 활발하고 처녀 중에 명성(明星)이라고 한다.

직접 대면하여 보고 피차에 뜻이 맞으면 혼인하기로 하였다. 안도산의 장인인 이석관(李錫寬)의 집으로 신호를 오라 청하고서, 최광옥·이석관과 함께 만났다. 신호를 면대하여 몇 마디 의사교환을 한 후 숙소로 돌아왔더니, 최군이 뒤따라와서 의향을 물었다. 나는 내 뜻에 맞다는 의사를 표시했다. 최군 또한 신호의 합의를 전하고, 이튿날 아주 약혼까지 하고 고향으로 돌아가라고 부탁하였다.

그런데, 어찌 뜻하였으랴. 다음날 아침 일찍 이석관과 최군이 달려와서, 신호가 어제 저녁에 편지 한 통을 받고 밤새껏 마음속에 큰 고민이 생겼다는 것이었다. 다른 일이 아니라, 안도산이 미국에 건너갈 때 상해를 거쳐갔는데, 그때 상해 모 중학에 재학 중이던 양주삼(梁柱三)[137] 군에게 자기 여동생과 혼인하라고 부탁했다는 것이다. 그때는 양군이 아직 재학중이라 혼사에 대해 정해진 견해가 없으니 학업을 마친 후 결정하겠다는 말이 있었다고 한다. 어제 나를 만나고 돌아가니, 마침 양군에게서 자기는 학업을 마쳤으니 결혼 여부를 통보해 달라는 편지가 왔다는 것이다. 양손에 떡이라, 신호가 어찌할 줄 모르고 애를 쓰는 중이니, 다시 확정된 의사를 듣고서 떠나라는 것이었다.

아침밥을 먹은 후 최광옥은 다시 와서 신호의 결심한 바를 말했다. 신호 자신의 처지로서는 도의상 양주삼이나 김구 중에 누구를 고르고 누구를 버릴 수 없으니 양쪽을 다 버릴 수밖에 없다는 것이다. 그래서 이미 청혼을 받고도 몸이 약한 것을 꺼려 승낙하지 않았던, 어려서부터 한 동네에서 같이 자란 김성택(金聖澤)을 택하고, 김·양 두 사람은 거절하기로 결심하였다 한다. 어쩔 수 없지만 일의 모양새나 정리상으로는 매우 섭섭하였다.

시간이 지나 신호는 나를 찾아왔다.

"나는 지금부터 당신을 오라버님으로 섬기겠습니다. 매우 미안합니다. 내

---

136) 안창호(安昌浩, 1878~1938). 평남 강서 출신. 대표적인 계몽사상가·교육자·독립운동가.

137) 양주삼(梁柱三, 1879~?). 미국 밴더빌 대학 신학과를 졸업. 일제하에서 목사, 감리교 감독, 국민총력조선연맹 평의원 등을 역임했다. 해방 후 대한적십자사 총재로 재직하다 한국전쟁 때 납북당했다.

사정이 그리된 것이오니 너무 섭섭히 생각 마십시오."

나는 신호의 쾌활하게 결단하는 도량을 보고서 더욱 흠모하게 되었으나 이미 지나간 일이었다.[138]

다시 장련에 돌아와 교육과 종교에 종사했다. 하루는 군수 윤구영(尹龜榮)의 초청장[請牒]이 왔다. 가서 만나보니 윤군수의 말이, 지금 정부에서 양잠업을 장려할 목적으로 해주에 뽕나무 묘목을 내려보내고 이를 각 군에 분배하여 권하여 심게 하라는 공문이 왔다는 것이다. 우리 군내에는 오직 내가 이 사무를 책임지고 맡아주면 성적이 좋을 것이라며 해주에 가서 뽕나무 묘목을 가져오라고 하였다. 그 군 토착 양반들도 이 일을 좋아하여 앞다투는 판이나, 수리(首吏)[139] 정창극의 말을 듣고 군수가 나에게 맡긴 것이었다.

나는 민생 산업에 관계되는 지극히 중요한 일이라는 것을 알고 승낙하였다. 정창극이 200냥을 여비로 내주면서 "해주에 가면 관찰부에 농상공부(農商工部)[140] 주사들이 뽕나무 묘목을 가져왔을 터이니, 한번 청해 연회나 열고 부족액은 돌아온 후에 다시 청구하라" 하였다. 그렇게 하겠다고 하고 길에 올랐다. 말을 타든 가마를 타든 마음대로 하라는 부탁을 받았지만 나는 걸어서 해주에 갔다. 관찰부에 공문을 전달하고 사관(舍館)으로 돌아왔다.

다음날 아침 관찰부의 부름에 따라 들어가니, 농부(農部)에서 특파된 주사가 장련으로 분배할 뽕나무 묘목 수천 그루를 가져가라고 주었다. 내가 뽕나무 묘목을 검사하여 보니 묘목이 다 말라 있었다. 나는 그 주사에게 가지고 가지 않겠다는 뜻을 말했다. 그 주사는 발끈 성을 내며, '상부명령 불복종'이라는 말을 묻혀가면서 위협하였다. 나도 크게 노하여 말했다.

"주사는 경성에 살아서 장련이 산골 군임을 알지 못하시나 봅니다. 장련군에도 땔나무는 충분하여 다른 군에 의뢰할 필요가 없으니, 먼 경성까지 땔감을 구하러 온 것이 아닙니다. 그대가 본부에서 뽕나무 묘목을 가지고 왔던 사명은 묘목의 생명을 보호하여 나눠주고 심게 하는 것이거늘, 이같이 묘목을

---

138) 안신호는 해방 후 진남포 기독교 여맹위원장을 하였는데, 1948년 4월 남북연석회의에 참여한 백범을 만나 평양의 여러 곳을 수행하였다.

139) 서리배의 우두머리.

140) 1895년 농무아문과 공무아문을 합쳐 만든 것. 농업·공업·상업을 관장한다.

말라죽게 해 가지고 위협으로 분배하니 그 책임 소재를 알고자 합니다. 나는 관찰사에게 이 사유를 보고하고 그냥 돌아가겠습니다."

그 주사는 두려워하면서 간절하게 말했다.

"장련으로 갈 뽕나무 묘목은 귀하가 살아 있는 묘목으로만 직접 골라 가져 가시오."

나는 모두 살아 있는 묘목으로만 골라 가지고 사관으로 돌아와서는, 물을 뿌리고 보호했다가 말 한 필에 싣고 장련으로 돌아갔다.

정창극에게 여비 계산을 하여 130여 냥 남은 금액을 넘겨주었다. 정창극은 여비사용대장〔旅費用下記〕에서 "짚신 한 켤레에 얼마, 냉면 한 그릇에 얼마, 떡·마대(馬貸)·밥값을 합해 총 70냥"을 보고 경탄하였다. 그러고는 "우리나라의 관리가 다 김선생 같으면 백성의 고통이 없겠다"느니, "박가나 신가가 갔다 왔으면 적어도 몇백 냥은 더 청구하였으리라" 하였다.

정창극은 비록 수리이나 지극히 검박하여 노닥노닥 기운 의복을 입고 관에서 정한 요금 외에는 한푼이라도 함부로 사용함이 없었기 때문에, 군수가 감히 탐학을 하지 못했다. 전국에서 제일이라는 전주 이서배(吏胥輩)가 천역(賤役)의 이름으로 재상의 권한을 가졌고, 각 도 이서배들도 모두 호가호위(狐假虎威)[141]하면서 양반에 의탁하여 오랑캐나 도적같이 양민을 약탈하는 시대에, 정창극은 구우일모(九牛一毛)[142]처럼 귀한 존재라 하겠다.

며칠 후 농부에서 뽕나무 묘목을 관리하는 종상위원(種桑委員) 임명장이 왔다. 이 소문이 전파된 뒤 군내 하인들과 노동자들 중에는 내가 지나는 곳마다 담뱃대를 감추고 경의를 표하는 사람도 있었다.

오진사는 어선업을 개시한 지 두 해 만에 가산을 몽땅 날려버리고, 이 일로 인해 병을 얻어 작고하고 말았다. 내가 살던 사직동 집과 대지를 유족에게 돌려주었다.

가사를 맡아보던 사촌형 태수는 어릴 적에는 일자무식〔目不識丁〕이었으나,

---

141) 출전은 『전국책』(戰國策)「초책」(楚策). 여우가 범의 위세를 빌려 호기를 부린다는 말로, 남의 권세를 빌려 허세를 부리는 것을 비유한 것.

142) 아홉 마리 소 중에서 한 가닥의 털. 매우 발견하기 드물고 귀한 경우를 말한다.

나를 따라와서 같이 예수교를 신봉한 후에는 국문에 능통해져 종교서적을 능히 보고 강단에서 교리를 강의할 수 있게 되어 장래 많은 도움을 받을 수 있으리라 믿었다. 그런데 뜻밖에 뇌출혈로 교당에서 예배하다가 갑자기 사망했다. 사촌 형수를 자기 본가로 보내어 개가(改婚)를 허락하고, 나는 사직동에서 떠나 장련읍내로 이주하였다.

사직동에서 근 두 해를 거주하는 사이에 겪은 것을 대략 열거하면, 유완무가 주윤호 진사와 함께 친히 방문하여 여러 날 머물렀는데, 자기는 종전에 관리사(管理使) 서상무(徐相茂)와 북간도에 가서 장래의 발전을 계획하고 왔다는 것이었다. 그는 잠시 국내에 돌아와 동지들과 방침을 협의한 후 곧 북간도로 가겠다고 하며 며칠 머물렀다. 유완무·주윤호와 나 세 사람은, 어머님이 삶아주신 밤과 닭고기도 먹으면서 연일 밤을 새워 품은 생각을 털어놓고 여러 가지 일을 토의하였다.

강화 김주경의 소식을 물으니, 유완무[耕雲][143]가 탄식하며 말하기를, 김주경은 한 번 강화를 떠난 뒤 10여 년 동안 붓을 파는 행상을 하며 수만 원의 금전을 모아 자기 몸에 간직하고 다니다가 작년에 연안(延安)에서 불행히 객사하였다는 것이다. 그 아들이 이를 알고 찾아가서 주인을 걸어 소송까지 하였으나 별 효과가 없었다고 한다. 김주경이 그같이 부모 친척에게도 알리지 않고 비밀 행상으로 거액의 금전을 모은 것으로 보아 심중에 어떠한 경륜이 있었겠지만, 이제 다시 이 세상에서 김주경의 큰 포부와 책략을 알 길이 없다 하였다. 그리고 그 셋째 동생 김진경(金鎭卿)도 전라도에서 객사하여, 집안 형편이 말이 아니라고 한다.

그때 신천 사평동(謝平洞) 예수교회의 영수 양성칙(梁聖則)이 그 교회 여학생 최준례(崔遵禮)와 결혼하라고 권유했다. 최준례는 그 동네에 거주하는 의사 신창희(申昌熙)의 처제였다. 준례의 모친 김부인은 경성에서 나서 자랐는데 젊어서 과부가 되어 두 딸을 기르며 예수교를 믿고 있었다. 제중원(濟衆院)[144]이 임시로 구릿재[銅峴][145]에 세워졌을 때, 원내에 살면서 제중원에 고

---

143) 원주: "柳氏의 當時 通用하든 別號이고 北間島 가서는 白樵로 行用하엿다."

144) 제중원(처음 이름은 광혜원)은 1885년 미국 선교사인 알렌(Allen)이 조선 정부의 후원을

용되어 있을 당시 신창희를 맏사위로 맞았다. 신창희는 제중원의 의과생이 되어 의사로 일하다 생업을 위해 신천 사평동으로 이사하였는데, 준례는 여덟 살 때 모친과 같이 신창희를 따라와 살고 있었다.

그 모친이 작은딸로 하여금 이웃 동네에 사는 청년 강성모(姜聖謨)에게 허혼했었는데, 급기야 준례가 장성한 뒤로는 모친의 명을 순종치 않고 약혼을 부인하니 교회에서 큰 문제가 되었다. 선교사 한위렴(韓衛廉), 군예빈(君芮彬) 등이 권면하여 강성모에게 출가케 하려다 준례의 항의로 실패하였다.

준례는 당시 18세로,[146] 뜻에 맞는 남자를 골라 자유결혼을 원하고 있었는데, 양성칙이 나에게 의향이 있는지를 물은 것이다. 나는 당시에 조혼(早婚)으로 인한 여러 가지 폐해를 절감하던 터여서 준례에게 지극한 동정심이 생겼다.

사평동에 가서 준례를 만나본 후 혼약이 성립되게 되자 강성모 측에서 선교사에게 고발했다. 교회에서 나에게 그만두도록 권고하였고 친구 중에서 만류하는 자가 많았다. 그때 신창희는 은율읍에 살고 있었는데, 나는 최준례를 사직동 내 집으로 데려가 굳게 약혼하고 난 뒤, 경성 경신학교(敬信學校)에 유학 보냈다.

처음에는 교회의 금지 권고를 듣지 않는다 하여 교회가 책벌을 선언하였으나, 끝내 불복할 뿐 아니라 구식 조혼을 인정하고 개인의 자유를 무시하는 것은 교회로서 잘못이고 사회악풍을 조장하는 것이라고 항의하였더니, 군예빈이 혼례서를 작성하여 주고 책벌을 해제하였다.

---

얻어 서울 재동 이윤용(李允用)의 집(현 헌법재판소 자리)에 세운 최초의 근대식 병원. 설립 후 호응이 좋아 진료 업무가 번창하자 1887년 구릿재 홍영식(洪英植)의 집(현 을지로 입구와 2가의 중간 지점인 한국외환은행 자리)으로 옮겼다. 1886년 조수 양성을 위해 16명의 조선 학생을 선발하기도 하였고, 1899년에는 제중원학교를 설립하였다. 1904년 미국인 실업가 세브란스의 재정 지원으로 세브란스병원으로 확대 개편되면서, 제중원이란 이름은 완전히 사라졌다.

145) 구릿재. 지금의 을지로 입구 부근.

146) 1904년 결혼 당시 백범은 29세, 최준례(崔遵禮, 1889~1924)는 16세였다.

# 5. 식민의 시련

## 1) 을사늑약과 구국운동

을사년(乙巳年: 1905, 30세)에 이른바 신조약(을사늑약)이 체결되었다. 사방에서 지사들이 구국의 길을 강구하고 산림학자(山林學者)들은 의병을 일으켰다. 경기·충청·경상·황해·강원도 등지에서 전쟁이 계속되어, 동에서 패하면 서에서 일어나고 서에서 패하면 동에서 일어났다. 그러나 허위(許蔿)·이강년(李康秊)·최익현(崔益鉉)·신돌석(申乭石)·연기우(延起羽)·홍범도(洪範圖)·이범윤(李範允)·강기동(姜基同)·민긍호(閔肯鎬)·유인석(柳麟錫)·이진룡(李震龍)·우동선(禹東善) 등은 군사지식이 없고, 다만 충천하는 의분심만 가지고 일어났으니, 여러 곳에서 실패하고 있었다.[1]

나는 진남포 에버트청년회[懿法靑年會] 총무의 직임을 이어받아, 그 회 대표로 뽑혀 경성에 파견되어, 경성 상동교회(尙洞敎會)[2]에 가서 에버트청년회의 대표 위임장을 제출했다. 그때 각 도에서 청년회 대표가 모여 토의하는 것은 겉으로는 교회사업처럼 보였지만 속으로는 순전히 애국운동이었다. 먼저 의병을 일으킨 산림학자들을 구(舊)사상이라 하면, 예수교인들은 신(新)사상이라 하겠다.

---

1) 을사조약을 계기로 일어난 전국적인 의병운동을 '을사의병' 또는 '제2차 의병전쟁'이라고 한다.
2) 당시 상동교회는 전덕기가 전도사를 맡고 있었고, 교육·민족 운동의 중요한 요람이었다.

한말 의병 봉기도

　그때 상동교회에 모인 인물로 말하면, 전덕기(全德基)·정순만(鄭淳萬)·이준(李儁)·이석(李石: 東寧)·최재학(崔在學: 평양인)·계명륙(桂明陸)·김인집(金仁濈)·옥관빈(玉觀彬)·이승길(李承吉)·차병수(車炳修)·신상민(申尙敏)·김태연(金泰淵: 鴻作)·표영각(表永珏)·조성환(曹成煥)·서상팔(徐相八)·이항직(李恒稙)·이희간(李僖侃)·기산도(奇山濤)·전병헌(全炳憲: 王三德)·유두환(柳斗煥)·김기홍(金基弘)·김구(金龜) 등이었다. 회의 결과 상소를 올리기로 결정하고 이준[3]이 상소문〔疏文〕을 지었다. 제1회 소수〔疏首〕[4]는 최재학이고, 그밖에 네 사람을 더하여 다섯 사람이 신민〔臣民〕의 대표 명의로 서명하였다. 다섯 사람만 상소한 것은, 상소하면 반드시 사형될 것이요, 사형되면 다시 다섯 사람씩 몇 차례든지 계속할 작정이었기 때문이다.

정순만의 인도로 교회당에서 맹세의 기도를 하고, 모두 대한문(大漢門) 앞으로 나갔다. 서명한 다섯 사람만 궐문 밖에서 형식상으로 회의를 열어 상소를 의결하였지만, 상소장은 벌써 별감(別監)들의 협조로 상감께 올려졌다.

그런데 갑자기 왜놈 순사대가 달려와서 간섭했다. 다섯 사람이 일시에 왜놈 순사에게 달려들어 내정간섭을 규탄하였다. 즉각 대한문 앞에는 왜놈의 칼이 번쩍번쩍 빛났고 다섯 지사는 맨주먹으로 싸움을 시작하였다. 근처에서 호위하던 우리들은 소리를 벽력같이 지르며, "왜놈이 국권을 강탈하고 조약을 강제로 체결하는데, 우리 인민은 원수의 노예가 되어 살 것인가 의롭게 죽을 것인가" 하는 격분한 연설을 곳곳에서 하니 인심이 흉흉해졌다.

다섯 지사는 경무청에 감금되었는데 심문하는 것을 보니 결국 훈방할 모양이었다. 우리는 계속 상소하는 것을 그만두고, 종로에서 공개연설을 하다 금지당하면 대대적인 육박전을 전개하기로 했다. 종로에서 연설을 하니 왜순사가 칼을 뽑아들었다. 연설하던 청년이 맨손으로 달려들어 발로 차 왜순사를 땅에 거꾸러뜨리자, 왜놈들이 총을 쏘기 시작했다. 그때 마침 어물전 도매점〔魚廛都家〕이 화재를 당한 뒤라 기와조각이 산처럼 쌓여 있어, 우리 몇 사람이 그 기와조각을 왜순사대를 향해 던지며 접전이 시작되었다. 왜순사놈들은 중국인 상점에 침입하여 잠복한 채 총을 발사하였다. 군중이 기와조각을 중국 점포에 던지자, 왜보병 1개 중대가 포위하여 공격했다. 인산인해(人山人海)를 이루던 군중은 제각각 흩어졌고, 왜놈들은 한인을 잡히는 대로 포박하니 수십 명이 체포·감금되었다.

그날 민영환(閔泳煥)[5]이 자결하였다. 그 보도를 접하고 몇몇 동지들과 같이

---

3) 이준(李儁, 1858~1907). 이준은 1904년 공진회(共進會) 회장으로 국권수호운동을 하다 6개월간 유배되었다. 유배에서 돌아온 그는 1905년 을사조약 반대 상소운동을 주도하였고, 1907년 고종의 밀사로 헤이그에 가서 순국하였다.

4) 소수는 소두(疏頭). 소장의 서명 명단 중 제일 위에 있는 자.

민영환 댁에 가서 조문을 마치고 돌아서 큰 도로에 나오는 때였다. 나이가 사십 안팎쯤 되어 보이는 어떤 한 사람이, 흰 명주저고리에 갓 망건도 없이 맨상투 바람으로 의복에 핏자국이 얼룩덜룩한 채 여러 사람의 호위를 받으며 인력거에 실려가는데, 크게 소리치며 울부짖는 것이었다. 누구냐고 물으니, 참찬(參贊) 이상설(李相卨)[6]인데 자살 미수에 그쳤다 한다. 그이도 나라일이 날로 잘못되어 감을 보고 의분을 못 이겨 자살하려던 것이었다.

당초 상동회의에서는 다섯 내지 여섯 사람이 한 조가 되어 몇 차례든 비록 앞사람이 죽더라도 뒷사람은 이어 계속하기로 하였으나, 상소하여 체포당한 지사들을 몇십 일 구류에만 처하고 말 정황이니 계속할 필요가 없어졌다. 아무리 급박하여도 국가흥망에 대한 절실한 각오가 적은 민중과 더불어서는 무슨 일이나 실효 있게 할 수가 없다. 바꿔 말하면 아직 민중의 애국사상이 박약한 것이다.

"7년 묵은 병에는 3년 묵은 쑥을 구해야 한다"[7]는 격으로 때는 늦었으나마, 인민의 애국사상을 고취하여 인민으로 하여금 국가가 곧 자기 집인 줄을 깨닫고, 왜놈이 곧 자기 생명과 재산을 빼앗고 자기 자손을 노예로 삼을 줄을 분명히 깨닫도록 하는 수밖에 다른 최선책이 없다고 생각했다. 그때 모였던 동지들이 사방으로 헤어져서 애국사상을 고취하고 신교육을 실시하기로 하여, 나도 다시 황해도로 돌아와 교육에 종사하였다.

---

5) 민영환(閔泳煥, 1861~1905). 민영환은 1905년 을사늑약이 체결되자 이를 반대하는 상소를 올렸고, 그 효과가 없자 1905년 11월 30일 국민과 각국 공사에게 고하는 유서를 남기고 자결하였다. 시호는 충정(忠正).

6) 이상설(李相卨, 1870~1917). 이 시기 선구적인 풍운의 민족운동가. 그는 을사늑약을 전후하여 일본을 규탄하는 상소운동을 주도하고, 1906년 북간도 용정으로 망명하였다. 그는 1907년 고종의 밀사로 헤이그에 갔으며, 그것이 실패하자 러시아 연해주로 가서 권업회(勸業會)를 조직하였다.

7) 원문: "七年病 三年艾". 출처는 『맹자』(孟子)의 "今之欲王者, 猶七年之病, 求三年之艾也"이다. 7년 동안 앓은 난치병에는 3년 이상 묵은 오래된 쑥을 구해야 한다. 여기서는 당시 나라와 국민이 오래된 병폐에 빠져 있어서 상소와 시위 등 단기 처방이 아닌 장기적인 애국계몽운동이 필요하다는 의미이다.

## 2) 안악 양산학교와 하기 사범강습

장련을 떠나 내 나이 33세인 무신년(戊申年: 1908)[8] 9월 9일, 문화 초리면(草里面) 종산(鍾山)에 거주하면서 그 동네 사립 서명의숙(西明義塾)의 교사가 되어 농촌 아동을 가르쳤다. 그러다가 그 이듬해 정월 18일 안악읍으로 옮겨, 읍에 신설한 사립 양산학교(楊山學校)의 교사가 되어 근무하였다. 장련에서 종산으로 갈 때는 우종서 목사의 간청으로 갔는데, 서명의숙이 산촌에 있어 발전성이 보이지 않는데다, 김용제 등 몇몇 친구의 부름에 따라 안악읍으로 옮기게 된 것이었다.

서명의숙에서 근무할 때, 의병장 우동선(禹東鮮)[9]이 10리쯤 떨어진 내동(內洞)에 진을 치고 있다가 왜병의 야간 습격으로 달천(達泉) 부근에서 크게 패하고, 그중 17명의 의병 시체가 내동 동구 밖 길가에 널려 있다는 보도를 들었다. 그때 마침, 왜병 세 명이 총기를 휴대하고 종산에 들어와 집집마다 다니며 계란과 닭을 약탈하고 다닌다고, 동장이 놀라 찾아와 보고하는 것이었다.

내가 동장 우창제(禹昌濟)의 집에 같이 가 보니, 왜병이 산 닭과 계란을 마구 약탈하고 있었다.[10] 나는 그 왜병에게 필담(筆談)으로 물었다.

"군대에서 물품을 징발하는 것이냐, 돈 주고 사는 것이냐?"

"돈 주고 사는 것이다."

"그렇다면 달천 시장에서 구입할 수 있거늘 왜 이같이 촌민을 압박하느냐."

"당신이 문화 군수냐?"

"나는 서명의숙 교사이다."

한 놈이 나와 문답하는 사이에 나머지 왜병은 밖으로 나가 앞집, 뒷집에서

---

8) 이듬해 안악 양산학교로 옮겨 하기 사범강습회를 개최한 것이 1907년이므로, 종산 서명의숙 교사가 된 것은 1906년(31세)으로 보는 것이 타당하다.

9) 원문: "禹東善'. '禹東善'은 '禹東鮮'의 오류. 우동선(禹東鮮, 1870~1908)은 황해도 문화 출신의 의병. 을사의병 당시 격전을 벌이다 체포된 그는 감옥에서 감시병의 총을 빼앗아 일본군 8명을 사살하고 끝까지 교전하다 사망하였다.

10) 당시 일본군은 의병과 그 관련자들을 흉폭하게 살해하였을 뿐만 아니라 전국의 개와 닭을 잡아 "13도 강산에서 개와 닭의 소리가 끊기었다"고 할 정도였다.

닭을 몰아 안마당으로 돌입하니, 부인과 어린 아이들이 놀라 소리를 지른다. 나는 동장에게 호령했다.

"도적이 집집마다 쳐들어온다는데, 동장은 실태도 관찰하지 않는가?"

나와 문답하던 왜병이 호각을 부니, 외출하였던 놈들이 닭을 한 손에 두세 마리씩 들고 들어왔다. 그놈들이 무슨 말을 하더니, 강탈한 닭을 내버리고 동네 바깥으로 나갔다. "아랫동네에서는 집집마다 닭을 잡아 몇 짐이나 지고 갔다"며 동네사람들이 후환을 두려워하기에, 나에게 맡기라고 했다.

나는 종산에서 첫아기로 딸을 낳았다. 태어난 지 며칠 만에 모녀를 가마〔轎子〕에 태워 와서 찬기운을 많이 쐰 탓인지, 딸아이는 안악에 도착한 후 바로 죽고 말았다.

안악군에는 당시 십수명의 유지(有志)가 있었는데, 김용제(金庸濟)·김용진(金庸震)·김홍량(金鴻亮)·이시복(李始馥)·이상진(李相晋)·최재원(崔在源)·장윤근(張允根)·김종원(金鍾元)·최명식(崔明植)·김형종(金亨鍾)·김기형(金基瑩)·표치정(表致禎)·장명선(張明善)·차승용(車承用)·한필호(韓弼浩)·염도선(廉道善)·전승근(田承根)·함덕희(咸德熙)·장응선(張應璇)·원인상(元仁常)·원정부(元貞溥)·송영서(宋永瑞)·송종서(宋鍾瑞)·김용승(金庸昇)·김용필(金庸弼)·한응조(韓應祚) 등은 중년 및 청년이요, 김효영(金孝英)·이인배(李仁培)·최용화(崔龍化)·박남병(朴南秉)·박도병(朴道秉)·송한익(宋漢益) 선배들은 그 군내 중견 인물인데, 여기 기록한 인원은 직접 나의 일 즉 교육사업에 관계 있는 사람만 헤아려 본 것이다.[11]

신교육의 필요를 절감하여 김홍량[12]·최재원 외 몇몇 청년은 경성과 일본에 유학하고, 선배 등은 교육 발달에 성심껏 노력해서, 그 읍내 예수교회에 제1차로 안신학교(安新學校)가 설립되었고, 그 다음 사립 양산학교(楊山學校)가 설립되었다.[13] 그후에 공립 보통학교가 설립되었으며, 동창(東倉)의 배영학교

---

11) 안창호가 "13개 도마다 안악군 같은 고을이 하나씩만 있으면, 이 나라는 10년 안에 일본을 따라잡을 수 있을 것이다"라고 격찬한 바와 같이 당시 안악군은 신교육의 선구지대였다.

12) 김홍량(金鴻亮, 1885~1950). 황해도 안악 출신. 1906년 김구가 운영하는 양산학교를 설립하였고, 1910년 12월 만주 안동현에서 농장과 무역을 경영하면서 신민회의 독립군 기지 건설을 지지하였다. 1911년 안명근 사건에 연루되어 징역을 살다 1919년에 석방되었다.

(培英學校), 용순(龍順)의 유신학교(維新學校) 등이 잇따라 설립되었다.

황해·평안 양도의 교육계나 학생계에서 평양의 최광옥(崔光玉)이 제일 신망을 가진 청년이었으므로, 그를 초빙하여 양산학교에서 하기 사범강습을 열었다.[14] 황해도에서 교육에 종사하는 인사는 시골의 서당 훈장까지 불러모았고, 평안남북도의 유지나 교육자, 경기·충청도의 강습생까지 몰려와서 400여 명에 달했다. 강사로는 김홍량, 이시복, 이상진, 한필호, 이보경(李寶慶),[15] 김낙영(金洛英), 최재원, 도인권(都仁權) 외 몇 사람과, 여교사로 김낙희(金樂姬), 방신영(方信榮)이 있었고, 강습생에는 강구봉(姜九峰), 박혜명(朴慧明) 등 승도(僧徒)까지 있었다.

박혜명은 연전에 나와 경성 영도사(永道寺)[16]에서 피차에 백납(白衲)으로 헤어진 사형(師兄)으로 당시 패엽사 주지승이었는데 강습회에서 우연히 상봉했다. 나는 매우 반가워서 양산학교 사무실에 인도하고 여러 교사들에게 내 형님이라고 소개했다. 교사들은 의아해 했다. 나이도 나보다 적어 보일 뿐 아니라, 내가 여동생도 없는 외아들임을 아는 까닭이었다. 나는 자초지종을 설명하고 나의 친형으로 알아 달라 하였다. 그리고 승속(僧俗)을 불문하고 교육이 급선무임을 역설한 결과, 혜명대사도 자기부터 사범학을 공부하여 곧 패엽

---

13) 안신학교에는 기독교계 자녀들이, 향청(鄕廳) 자리에 세워진 양산학교에는 비기독계 자녀들이 주로 다녔다.

14) 최광옥(崔光玉, 1879~1910). 평양의 숭실학교와 일본 메이지대학을 졸업한 후 1906년 황해도 안악지역을 중심으로 하는 면학회(勉學會) 결성을 주도하였다. 면학회는 회장 임택권 이하 초기 회원이 20여 명이었고 본부는 정명재(鄭明哉)의 집에 두었다. 면학회는 김구의 양산학교와 공동으로 1907년에서 1909년까지 3년간 하기 사범강습회를 열었다. 제1회 강습회의 주제는 '무너져가는 조국을 일으켜 세우려면 자녀를 교육시켜라'였다. 강습회에서 최광옥은 국어·생리학·물리학·식물학·경제학 등 가장 많은 과목을 담당하였다. 면학회는 1908년 해서교육총회로 발전하였다.

15) 원주: "今 光洙". 춘원 이광수의 아명이 이보경이다. 이광수는 일본 유학(1905년~1906년 12월, 1907년 2월~1910년 3월) 이후 귀국하여 정주 오산학교 교원이 된다. 그는 1907년 여름 방학중 일시 귀국하여 안악면학회의 하계수련회에서 서양사 과목을 담당하였다.

16) 현재의 서울시 성북구 안암동에 있는 개운사(開運寺). 그런데 앞(157쪽)에서 백범은 해명대사를 서대문 밖 새 절(봉원사)에서 헤어졌다고 기술하였다.

사에 학교를 설립하고 승속의 학생을 가르치며 교육하겠다 하였다.

혜명은 나에게 지난 일을 이야기했다.

"우리 형제가 영도사에서 헤어진 후, 나는 본사인 마곡사에 돌아갔습니다. 종(宗)스님[17]의 노스님이시던 보경당과 스님 하은당 두 늙은이가 석유 한 통을 사서, 그 좋고 나쁨을 시험하기 위해 불이 붙은 막대기 끝을 석유통에 넣자 석유통이 폭발하여, 그 집안에 있던 보경·하은·포봉 세 스님이 한꺼번에 사망하였습니다. 절의 총회에서 재산을 관리하고 우리 가문의 명성을 이어받을 사람은 오직 종스님이라 공식 결정하고, 종스님을 찾으려고 덕삼(德三)스님을 금강산까지 보내어 탐문하였습니다. 그러나 결국 종적을 알지 못하여 그 거대한 재산은 절의 공유로 하고 말았습니다."

당시 칠순이 넘은 김효영 선생은 김홍량의 조부이니, 어렸을 때 한학을 공부하다가 가세가 빈곤하여 상업을 경영하였다. 본도(本道) 소산인 포목을 사서 자신의 어깨에 지고 강계·초산 등지로 행상하면서, 배가 많이 고플 때는 허리띠를 더 졸라매며 지극히 절약하여 자수성가하였다 한다.

내가 뵈었을 때의 노선생은 비록 기골이 장대하고 용모가 탈속(脫俗)하나, ㄱ자 모양으로 허리가 굽어서 지팡이에 의지하여 뜰에 출입했다. 비록 구식 인물이지만 두뇌가 명석하여, 정세를 관찰하는 능력은 신진청년 중에서도 더불어 의논할 만한 자격이 있는 사람이 드물었다.

안신학교를 신설하고, 직원들이 경비를 조달해야 하는 어려움 때문에 회의를 열었을 때, 모금함에 '무명씨 벼〔正租〕 일백 석 의연(義捐)'이 들어왔다. 뒷날 김효영 선생이 자기 자손에게도 알리지 않고 자신을 숨겨 의연금을 낸 것을 알았다. 장손 홍량을 일본에 유학하게 한 것으로도 선생의 교육에 대한 각오는 증명된다. 선생은 바둑과 술을 지극히 좋아하여, 원근에 몇몇 바둑 친구가 자기 사랑에서 함께 술 마시고 바둑 두는 것을 노년의 즐거움으로 삼았다.

해주 서촌(西村) 강경희(姜景熙)는 본래 우리 고향 침산(砧山) 강씨로, 대대로 거부였지만 젊었을 때 방탕하여 파산한 사람인데, 선생의 바둑 친구 가운데 하나였다. 하루는 선생을 문안하고자 사랑에 갔다. 그 강씨는 내가 아이

---

17) 원주: "指我". 김구를 가리킨다. 백범의 법명이 원종(圓宗)이었다.

때부터 보고 알던 노인이요, 나의 선조를 멸시·압박하던 양반이지만, 아버님과 친분이 비교적 두터웠던 옛정을 생각해서 절을 드렸다.

그 며칠 뒤 선생을 모시고 있던 용진 군에게 들으니, 어제 자기 부친과 강노인이 바둑을 두다가 두 노인 사이에 언쟁이 있었다고 한다. 바둑 두는 중에 강노인이 자기 부친에게 이런 말을 했다 한다.

"노형은 팔자가 좋아. 노년에 가산이 풍족하고 자손도 번창할 뿐 아니라 다 효자들이니……."

자기 부친은 이 말을 듣자마자 분기 대발하며, 바둑판을 들어 문 밖에 던지면서 강씨를 크게 꾸짖었다.

"그대의 지금 말은 결코 나를 위하는 것이 아니다. 칠십 노구로 며칠 뒤 왜놈의 노예문적에 편입될 나쁜 운명을 가진 나 같은 놈을 가리켜, 팔자 좋다는 것이 무엇이냐?"

이렇게 고함고함 치시는데 자손된 처지로 강씨를 대하여 미안하고, 부친이 그같이 국사를 우려하시는 것을 볼 때 황송도 하고 비분도 하여, 오늘 아침 노자를 두둑이 주어 강씨를 고향으로 돌아가게 하였다고 한다.

나는 그 말을 들었을 때 피눈물이 눈자위에 차오르는 것을 금할 수 없었다. 나는 자기 자손과 동년배요, 학식으로나 인품으로나 선생의 사랑을 받을 자격이 없는데도, 지팡이를 짚고 며칠에 한 번씩 반드시 문전에 와서,

"선생님, 평안하시오?"

라고 말씀을 하고 가시는 것이었다. 그것은 "죽은 말뼈를 오백 금으로 사는 것"[18]만은 아니고, 제2세 국민을 가르치는 업무를 존대하는 지극한 정성에서 나온 것이리라. 나에게뿐 아니라 애국자라면 누구에게든 뜨거운 동정을 가지시는 것을 보았다.

나는 장련에 붙어살 때 해주 고향에 성묘차 갔다. 준영 작은아버지께, 장련에서 사촌형제가 한 집에 모여 살면서 형은 농업과 가사 전부를 맡고 나는 교

---

18) 원문: "死馬骨 五百金". 천리마를 구한다는 뜻을 사람들에게 널리 알리기 위해, 죽은 천리마의 뼈를 거금 오백 금을 주고 샀다는 고사. 여기서는 백범 개인에 대한 과분한 대우를 비유한 것이다.

육에 종사하여 생활이 안정되고 집안간에 화락하다고 보고했다.

작은아버지는 의아해 했다.

"너 같은 난봉꾼을 누가 도와주어서 그렇게 사느냐?"

"작은아버지 보시기에 저의 난봉은 위험하지만, 난봉이 아니라고 보는 사람도 더러 있는 게지요."

그렇게 대답하고 웃자, 작은아버지가 다시 물었다.

"네가 빈손으로 간 후, 네 사촌형도 뒤따라가고, 네 사촌 매부 이용근(李用根)의 식구까지 같이 산다니, 너는 생활 근거를 어떻게 하고 사느냐?"

"제가 은율군에 몇몇 친구가 있어, 그들이 오라고 청해서 이주하였습니다. 친구 가운데 진사 오인형 군은 그 군의 갑부였던 오경승(吳景勝) 진사의 장손이요, 아직도 유산을 가지고 괜찮게 사는 처지입니다. 인형 군이 특별히 1,000여 냥 가치가 있는 집 한 채와 전답·과수원까지 다 갖춰 빌려주면서, 언제든지 내 물건과 같이 사용하며 의식주의 근거를 삼으라 하였습니다."

그리고 농사 짓는 소 한 마리까지 사서 주었고, 집안에 쓸 것은 수시로 인형 군에게 청구하여 쓰면서 여러 식구가 살아간다는 내용을 일일이 보고하였다.

작은아버지는 "세상에 그렇게 후덕한 사람도 있느냐?" 하셨다. 하지만 작은아버지는 내가 무슨 협잡이나 하지 않는가 의심하였다. 당시 주변에 부호의 자식이나 조카들이 왜놈에게 돈 100냥을 차용할 때, 왜놈들은 증서에다 1,000냥이라고 쓰게 하고 돈을 받을 때는 1,000냥을 다 받아내었다. 만약 당사자의 자산이 부족하면 족징(族徵)[19]까지 하였는데, 이러한 일을 작은아버지는 자주 보았다. 그래서 내가 서울도 가고 남도에도 왕래하는데 혹시 왜놈의 돈이나 얻어 쓰고 다니는 것이 아닐까 하여, 어디를 간다 하면 작은아버지가 야단부터 치셨던 것이다. 그 때문에, 나도 어디 갈 때는 조용히 나가버렸고, 이런 연유로 평소 숙질간에 정의가 친밀하지 못하였다.

그해 가을, 작은아버지께서 장련에 오셨다. 사직동 집만 좋을 뿐 아니라 추수한 곡물도 당신 댁 살림보다 나은 것이, 만족스럽기보다는 예상밖이었던 것 같다. 오진사를 찾아가 보고서는 어머님께 "조카가 다른 사람에게 그같이 신

---

19) 일가의 다른 사람에게 대신 징수하는 것.

뢰받을 줄은 생각 못하였다"고 하셨다 한다. 오해가 풀린 후 작은아버지는 나를 지극히 사랑하셨다.

안악으로 이주한 뒤에도 교육사업에 열중하다 휴가에 성묘차 고향에 갔다. 여러 해 만에 고향 땅을 방문하니 어릴 때 공부하고 놀던 옛 추억에 대한 감회(感舊之懷)가 형언할 수 없었다. 나를 안아주고 사랑해 주던 노인들은 태반이나 보이지 않고, 내가 어리게 보았던 어린 아이들은 거의 다 장성하였다. 성장한 청년 중에 쓸 만한 인재가 있는가 살펴보았지만, 모양만 상놈이 아니고 정신까지 상놈이 되고 말았다. 그이들은 민족이 무엇인지, 국가가 무엇인지 터럭만큼의 각성도 없는 밥벌레(穀蟲)에 불과했다.

젊은 사람들에게 교육을 말하니 신학문은 예수교나 천주교로만 알았다. 이웃동네 양반 강진사 집을 찾아갔다. 그 양반들에게, 절할 사람에게는 절로, 입인사(口敬)하던 사람에게는 입인사로, 상놈 신분으로서 예전과 똑같이 대접하면서 태도를 살펴보았다. 이전에 그같이 교만했던 양반들이, 이제 올리지도 내리지도 못하는 어중간한 말투로 나를 대하며, 나의 지극한 공경에 어찌할 줄 모른다. 짐작컨대 작년 강경희 노인이 안악 김효영 선생과 함께 있다가, 선생이 일어나 나를 맞이하는 것과, 양산학교에서 사범생 400~500명이 모인 가운데 내가 주선하는 것을 보고 나서 자기 집안사람들에게 이야기한 것 같았다.

여하튼 양반의 세력이 쇠퇴한 것은 사실이다. 당당한 그 양반들이 보잘것없는(草草) 상놈 하나 접대하기에 힘이 딸려 애쓰는 것을 볼 때 더욱 가련하였다. 나라가 죽게 되니까 국내에서 중견세력을 가지고 온갖 못된 위세를 다 부리던 양반부터 저 꼴이 된 것 아닌가. 만일 양반이 살아나 국가가 독립할 수만 있다면, 내가 양반의 학대를 좀더 받더라도 나라만 살아났으면 좋겠다는 감상이 일어났다.

평소 재사(才士)로 자처하며 호기 부리던 강성춘(姜成春)에게 구국의 방도를 물었다. 강군은 나라 망한 책임이 당국자에 있고, 자기와 같은 시골 늙은 이와는 관계가 없는 것처럼 조심스럽게 대답을 했다. 내 집안이 상놈 중의 상놈이지만 그대는 양반 중의 상놈이니, 상놈이기는 마찬가지라 생각되었다.[20]

20) 원문: "내의 집안에 常놈의 常놈이나 그대의 ~~兩班~~인 常놈이나 常놈 맛은 一般이라고 생각

자제를 교육하라고 권하니 머리 깎는 것이 문제라고 했다. 교육은 단발하는 것이 목적이 아니고 인재를 양성하여 장래 완전한 국가의 일원이 되어, 약한 나라를 부강하게 하고 어둠에서 광명을 되찾는 것이라 하였다. 그러나 그의 귀에는 천주학이나 하라는 소린 줄 알고, 자기 가문 중에도 예수교에 참가한 사람이 있다며 대화를 기피하였다.

저주하리로다, 해주 서촌 양반들이여!

자기네가 충신 자손이니 공신 자손이니 하며, 평민을 소나 말처럼 여기고 노예시하던 기염은 오늘 어디에 있느냐!

저주하리로다, 해주 서촌 상놈들이여!

오백 년 기나긴 세월 동안 양반 앞에서 담배 한 대, 큰기침 한 번 마음놓고 못하다가, 이제는 재래의 썩은 양반보다 신선한 신식 양반이 될 수 있지 않은 가!

구식 양반은 군주 일개인에 대한 충성으로도 자자손손이 혜택을 입었거니 와, 신식 양반은 삼천리 강토의 이천만 민중에게 충성을 다하여 자기 자손과 이천만 민중의 자손에게 만세토록 복음을 남길지라. 그 얼마나 훌륭한 양반이 냐. 환등(幻燈)기구를 가지고 고향에 갔을 때, 나는 인근 양반 상놈을 다 모 아놓고, 환등회 석상에서

"양반도 깨어라! 상놈도 깨어라!"

라고 절규하였다.


## 3) 각 군 순회 교육운동

안악에서 사범강습을 마치고 양산학교를 확장하여 중학부와 소학부를 두었 다.[21] 김홍량이 교주(校主) 겸 교장이 되어 교무를 맡았고, 나는 최광옥 등 교

─────────

된다."

21) 1907년 초등교육기관으로 양산학교가 설립되었고, 1908년 일본 유학에서 돌아온 김홍량 등 의 발의로 김효영이 낸 3,000원과 지방유지의 의연금 3,000원을 적립하여 양산중학교를 병설 하였다.

1906년 장련 광진학교에서. 맨 뒷줄 오른쪽 끝이 백범.

육자와 힘을 합쳐 해서교육총회(海西敎育總會)[22]를 조직하여 학무총감을 맡아
전 도내에 교육기관을 설립·운영하는 책임을 지고 각 군을 순행하였다.

배천(白川) 군수 전봉훈(全鳳薰)의 요청에 의해 배천읍에 당도하니, 전군수
가 각 면에 훈령하여 면내 두민(頭民)과 신사(紳士)[23]들을 오리정(五里亭)에
소집하고 기다리다가, 군수가 선창하여 "김구 선생 만세"를 부르자 군중이 제
창했다. 나는 전군수의 입을 막고 망발 말라고 하였다. 나는 그때까지 '만세'
(萬歲) 두 글자는 황제만의 전용 축사요, 황태자에게는 '천세'(千歲)라고 부
르는 것으로 알았다. 전군수는 내 손을 잡으며 말했다.

"김선생, 안심하시오. 내가 선생을 환영하며 만세를 부르는 것은 통례요,
망발이 아닙니다. 친구 상호간에도 맞이하고 보낼 때 만세를 부르는 터인즉,
안심하시고 영접하는 여러분과 인사나 하시오."

배천읍에서 전군수 사저에 머물면서 각 면 두민들과 회동하고, 교육시설
방침을 협의, 진행하였다.

전봉훈은 본시 재령(載寧) 서리배 출신으로, 해주읍에서 총순(摠巡)으로 여

22) 면학회가 발단이 되어 1908년 황해도지역의 교육 보급을 위해 결성된 단체.
23) 여기서 두민은 향촌의 지도급 인사, 신사는 신식 문명에 눈을 뜬 사람들을 의미한다.

러 해 근무하며 교육을 장려하였다. 해주에 정내학교(正內學校)를 설립하여
야학을 권장할 때는, 시내의 각 점포[廛房] 사환을 야학에 보내지 않는 주인
은 처벌하는 등 별별 수단을 사용하여 교육에 많은 업적을 남겼다.

그 뒤 배천 군수가 되어 그 군내에 교육시설을 열심히 설립하였다. 전군수
의 외아들은 일찍 죽고 장손 무길(武吉)이 5, 6세였다. 그때 왜놈이 수비대나
헌병대를 군마다 주둔시켜 관아를 빼앗았지만, 유독 배천군만은 전군수가 완
강히 거부하여 빼앗기지 않았다. 그러므로 왜놈이 눈엣가시처럼 생각하여 종
종 곤란한 교섭이 많았으나, 전씨의 본뜻은 군수를 영화로운 자리로 알아서가
아니요, 군수의 권한을 가지고 교육에 힘을 보태고자 함이었다.

그는 최광옥을 초빙하여 사범강습소를 열고, 청년을 모집하여 애국심을 고
취시키기에 전력했다. 최광옥은 마침내 배천읍에서 강연하다가 피를 토하며
죽고 말았다. 원근 인사들은 온 마음과 열성을 다하는 청년지사가 중도에 사
망한 것을 애도하였다. 임시로 배천읍 남산 위 학교 운동장 곁에 장사지내고,
황해·평안도 인사들이 최선생의 충정을 영원히 기념하기 위해 장지를 사리원
정거장 근처로 정하고, 비석은 평양 정거장의 이토 히로부미(伊藤博文) 기념
비보다 더 훌륭하게 세워, 왕래하는 사람들에게 영원한 인상을 주기로 하였
다. 안태국(安泰國)[24]에게 비석의 모양까지 정하여 평양에서 축조하도록 하였
으나, 합병조약이 체결되어 이를 이루지 못하였다. 그의 유해는 아직 배천에
그대로 묻혀 있다.

재령 양원학교(養元學校)에서 유림(儒林)들을 소집하여 교육에 대한 방침을
토의한 후 장연에 갔다. 군수 이씨가 영접하고서 자기 관할 각 면에 훈령을 보
내 김구 선생의 교육방침을 성심 복종하라 하고, 나에게 각 면을 순행하여 달
라고 간청했다. 간청을 물리치지 못하여 읍내에서 한 차례 환등대회를 개최하
였는데, 수천 명의 남녀노소가 회집하여 성황리에 치렀다. 이어 순택(蓴澤)·
신화(薪化)면 등으로 순회하다가, 안악학교의 사무가 급박하여 되돌아왔다.

---

24) 안태국(安泰國, 1874~1920). 평남 중화 출신으로, 안창호가 세운 평양 대성학교의 교장을
  역임했다. 1907년 이후 신민회에도 참여하였으며, 105인 사건에 연루되어 백범과 같이 옥살이
  를 했다.

송화 수교(水橋) 시장에 도착하여 시내 유력자인 감승무(甘承武) 등 몇몇 유지의 요청에 의하여 부근 대여섯 곳 소학교를 불러모아 환등회를 열었다. 떠나고자 할 즈음에 송화 군수 성낙영(成樂英)이 대표를 보내어,

"초면인 장연 군수는 인사만 하고도 각 면을 순회하며 강연까지 해주고, 친한 나는 찾아주지도 않고 지나가려느냐?"

하며 간청했다.

그 군 세무소장인 구자록(具滋祿) 군도 교육에 열심이 있는 탓으로 친숙한 터여서, 구군의 초청까지 받아 부득이 송화군 읍내로 향했다. 이 소문을 접한 성낙영은 즉시 각 면에 10여 곳 학교와 군내 유지 인사와 부인, 아동까지 소집하였다.

나는 몇 년 만에 송화읍의 광경을 보았다. 해서의병을 토벌하던 요새인 읍내 관사는 거의 대부분 왜가 점령했다. 수비대·헌병대·경찰서·우편국 등 여러 기관이 꽉 들어차고, 개인 집을 군청으로 하여 근무하는 광경을 보고 분한 마음이 머리끝까지 치밀었다.

환등회를 열었다. 대황제[25] 진영(眞影)이 나오자 나는 일동에게 기립국궁 (起立鞠躬)[26]을 명하여 한인 관민(官民)은 물론이고 왜놈 장교[將領]와 경관 무리까지 국궁을 시킨 후 '한인이 일본을 배척하는 이유는 무엇인가'라는 제목으로 강연하였다.

과거 러일전쟁·중일전쟁 때만 해도 한인의 일본에 대한 감정이 극히 우호적이었으나 그후에 강압조약이 체결됨에 따라 나쁜 감정이 점점 격증하였다. 내가 연전에 문화 종산에서 직접 겪은 사실로, 일본군이 시골 마을에서 약탈을 감행하는 것을 목도했는데, 일본의 이와 같은 나쁜 행위가 곧 한인의 배일 감정의 원인이라고 큰소리로 꾸짖었다. 나란히 앉은 성낙영·구자록을 보니 얼굴이 흙빛으로 바뀌었고 왜놈들은 노기가 등등했다.

갑자기 경찰이 환등회를 해산하고 나를 경찰서로 데려갔다. 군중은 감히 말은 못하였지만 분이 나 대단히 격앙한 분위기였다. 나를 경찰서에 데리고 가

---

25) 1897년 고종은 국호를 대한제국으로 바꾸고 위호(位號)를 황제로 높였다.

26) 일어나 고개 숙여 경의를 표하는 것.

서 한인 감독 순사의 숙직실에서 같이 묵게 하였다. 그러자 각 학교에서 학생들이 차례차례로 방문하기로 하고, 위문대를 조직하여 연속하여 위문하였다.

하룻밤을 자고 다음날에 하얼빈 전보(電報)로, 이토 히로부미가 한인 은치안에게 피살되었다는 신문을 보았다.[27] 은치안이 누구인지를 몰라 매우 궁금하였는데, 다음날 아침에 안응칠, 곧 안중근으로 명백하게 신문에 기재되었다.

그때에야 나는 어렴풋하게나마 내가 구류당하는 원인을 깨달았다. 그날 저녁 환등회에서 일본놈을 꾸짖고 욕하였지만 이미 여러 곳에서 그랬는데 하필 송화 경찰이 나에게 손을 댄 것을 이상하게 여겼다. 그리고 구류를 당한다 해도 며칠 후면 훈방될 것으로 알았는데, 하얼빈 사건에 관련되는 혐의라면 좀 길게 고생하리라 생각되었다.

며칠 후 평범한 말 몇 마디를 신문하고서 유치장에서 한 달을 지내게 하더니 해주 지방재판소로 압송하였다. 수교(水橋) 감승무 집에서 점심을 먹을 때, 시내 학교 직원과 시 유지들이 일제히 모여서 호송하는 왜순사에게 요청하였다. 김구 선생은 우리 교육계 사표이니, 위로연을 베풀고 한 차례 대접하겠다는 것이었다. 순사는 후일 해주 다녀온 후 실컷 위로하라며 거절했다.

나는 해주에 도착한 즉시 투옥되었다. 하룻밤을 지내고, 검사가 안중근과의 관계를 질문하였다. 그러나 이전에는 안중근 집안과 각별한 관계에 있었지만 이번의 하얼빈 사건과는 아무런 관련이 없다는 것을 알고, 검사는 『김구』(金龜)라고 쓴 100여 쪽의 책자를 내놓고 신문했다. 그 책은 내가 수년간 각 지방을 돌아다니며 일본 관헌과 반목한 것에 대한 경찰의 보고를 모은 것이었다.

불기소로 풀려나자 나는 행장을 챙겨서 박창진(朴昌鎭)의 책방에 갔다. 마침 박군과 만나 그간의 경과를 이야기하고 있을 때, 곁에 있던 유훈영(柳薰永) 군이 인사를 하더니, 자기 부친의 회갑연[壽筵]에 함께 참석하여 달라고 요청했다. 수연을 맞은 노인은 곧 해주 부호 가운데 한 사람인 유장단(柳長湍)이었다. 그런데 송화 경찰서에서 나를 호송했던 한·일 순사 가운데 한인 순사들은, 나를 동정하는 사람들로 사건의 진행을 알고 싶어 떠나지 않고 있

---

27) 원주: "은치안 三字가 其時 新聞에 揭載된 것은 安應七이니 卽 安重根의 字가 應七임이라." '은치안'은 아마도 '응칠안'의 중국식 발음인 '잉치안'일 것이다.

안중근 의사

었다. 연회를 마친 후 나는 순사 전부를 음식점으로 불러서 경과를 말해 주고 되돌아가도록 했다.

이승준(李承駿)·김영택(金泳澤)·양낙주(梁洛疇) 제군들이 방문할 즈음, 안악 친구들이 한정교(韓貞敎)를 파송해 왔다. 동지들이 우려할 것을 생각하고 하루 일찍 한정교를 따라 안악으로 되돌아갔다.


## 4) 재령지역 교육운동의 추억

당시 안악 양산학교에는 중·소학부, 2부를 두고 있었는데, 처음에는 이인배가 교장이었고, 그 뒤는 김홍량이 교주 겸 교장이 되었다. 나는 소학부에서 유년의 교육을 담임하면서, 재령 북율면(北栗面) 무상동(武尙洞)의 보강학교(保强學校) 교장을 겸하여 그 학교에도 종종 왕래하였다.

보강학교는 처음 노동자들이 주동이 되어 설립하였는데, 부근 동네 유지들이 운영하면서 학교 진흥책으로 나를 교장으로 뽑은 것이었다. 전승근(田承根)을 주임교사로 임명하고, 장덕준(張德俊)은 교사 겸 학생으로 친동생 덕수(德秀)[28]를 데리고 교내에 숙식하며, 교감 허정삼(許貞三) 등의 협력으로 교무를 발전해 갈 때였다.

교사(校舍)는 신축하던 중이어서 아직 기와를 얹지 못하고 이영으로 대강 엮어[29] 개교하여 가르치고 있었다. 학교는 무상동에서 떨어져 야외에 독립한 교사였는데, 종종 도깨비불[鬼火]이 발생하여 진화한다는 보고가 있었다. 나는 교직원 한 사람에게 비밀히 주의를 주었다. 화재가 매번 밤이 깊은 후에 일어난다 하니, 3일 동안 은밀한 곳에 숨어서 사람의 흔적이 있는지 살피고, 흔적이 있으면 가만히 추적하여 행동을 살펴보라고 지시하였다.

과연 둘째 날에 급보가 왔다. 학교에 중대사고가 있으니 교장이 출석하여 달라는 보고를 받은 즉시 학교에 나가보니, 지키던 직원이 불을 지른 범인 한 명을 묶어놓았고, 동네와 학교에서는 '죽이자' '살리자' 하는 소동이 일어났다. 내가 범인을 직접 심문하니, 그는 그 동네 서당 훈장이었다. 내가 동네 어른들을 초청해 신교육의 필요를 설명하자 자기가 가르치던 아동 4, 5명이 전부 학교에 입학하게 되어, 자기는 고역인 농사밖에 생활방도가 없게 된 것을 원망해서 방화하였다고 자백하였다.

내가 일찍이 학교 사무원을 불러 학교에 화재가 나던 진상을 물으니 그이들은 확실히 도깨비불이라 했다. 학교 부근 땅에 그 동네에서 해마다 제사드리던 이른바 부군당(府君堂)[30]이란 것이 있고 그 당 주위에는 아름드리 고목이 늘어서 있었는데, 학교 건물을 새로 건축한 후 그 고목을 베어 학교의 연료로 사용하였다. 그 까닭으로 동네 인민들이 도깨비불로 여겨, 학교에서 부군당에 제사지내지 않으면 화재를 피하지 못한다는 미신이 분분하였다 한다. 그래서 내가 그 교직원에게 은밀히 지시해 놓았던 것이다.

직원 보고에 의하면, 두번째 화재가 난 뒤 매일 밤 교사 부근에 은신하고 감시하던 이틀째 되는 밤중, 무상 동네로부터 학교로 가는 길에 사람의 기척이 있어 가만히 따라가 보니, 어떤 사람이 황급히 교사로 달려가 강당의 지붕과 마주보고 있는 사무실 지붕에 무슨 물건을 던지는 것이었다. 강당 지붕에

---

28) 장덕수(張德秀, 1895~1947). 호는 설산(雪山). 일본 유학 후 귀국하여 『동아일보』 창간할 때 주간을 맡았다. 해방 후 한국민주당 외교부장·정치부장을 역임하다 1947년 12월 암살되었다. 한민당에서는 암살의 배후로 백범을 지목하였고, 재판 참고자료로 『백범일지』가 필사되었다.

29) 원문: "아즉 蓋瓦치 못하고 蓋草만 하고". 개초(蓋草)는 이영으로 지붕을 이는 것.

30) 관아에서 신령을 모시던 신당.

는 벌써 화염이 일어나고, 사무실 지붕에는 반딧불과 같이 반짝반짝하면서 아직 불이 일어나지 않는 것을 본 그 사람이 도주하려고 할 즈음, 지키던 직원이 붙잡아서 결박하고, 동네사람들을 불러 불을 끄고, 나에게 급히 보고한 것이었다.

그 범인을 신문하니 일일이 자백했다. 과연 학교가 자기 생활에 손해를 미치기 때문에 방화하였다는 것이요, 그 방법은 손가락 길이만큼 되는 화약심지 머리에 당성냥 한 줌을 뭉쳐 바르고,[31] 줄 끝에 돌멩이를 매달아 지붕에 던져 불을 냈다는 것이었다. 나는 경찰에 고발하지 않고 조용히 마을을 떠날 것을 명하였다.

안악에서 그 학교까지 20리 거리이므로, 일주일에 한 차례씩 보강학교에 나갔다. 안악읍에서 신환포(新換浦) 하류를 건너 학교로 가는데, 여름철에 학교에 가면서 나루터를 향해 가노라면, 학교에서는 소학생들이 나를 바라보고 영접하느라고 몰려나오고 직원들도 뒤를 이어 나온다. 내가 나루터에 도착하여 보니, 건너편에 와 있던 소학생 전부가 의복을 척척 벗고 강 속으로 뛰어 들어간다.

내가 크게 놀라 고함을 지르니, 직원들은 강가에서 웃으면서 안심하라고 답한다. 나룻배에 올라 강 가운데로 나아가자, 거뭇거뭇한 학생들의 머리가 물 속에서 나타나 뱃전에 매달리는 것이, 마치 쳇바퀴에 개미떼 붙듯 하였다. 나는 장래에 해군을 모집하게 되면 연해(沿海) 촌락에서 인력을 모집하는 것이 편리하겠다고 생각했다.

무상동 역시 재령 여물평(餘物坪)의 한 동네이다. 평내(坪內)에는 특별한 거부(巨富)는 없으나 보통으로는 그다지 빈곤하지 않은 곳이니, 토지가 대부분 궁장(宮庄)[32]이고 지극히 비옥한 까닭이다. 인품이 명민·준수하며, 시대 변천에 순응하여 운수(雲水)·진초(進礎)·보강(保强)·기독(基督) 학교 등을 설립하여 자제를 교육하고, 농무회(農務會)를 조직하여 농업 발달을 계도하는

---

31) 원문: "一指長의 火繩末端에 당석냥 한 줌을 藥頭를 總結하고".
32) 궁에 소속된 농장, 즉 궁장토. 조선조 재령 여물평(나무리벌)은 궁장토가 집결된 지역으로 유명하다. 이 비옥한 토지들은 토지조사사업 이후 대부분 동양척식회사 소유의 농장이 되었다.

등 공익사업에 착안하는 것이 실로 볼 만했다.

나석주(羅錫疇)[33] 의사는 당시 젊은〔妙齡〕청년으로, 나라의 형세가 날로 잘못되어 감을 한스럽게 생각하여, 평내에서 남녀 어린 아이 8, 9명을 배에 싣고 비밀리에 중국으로 건너가 철망 밖에서 교육시켜 보고자 출발하다가, 장련 오리포(梧里浦)에서 왜경에게 발각되어 여러 달 옥고를 치렀다. 출옥 후에는 겉으로 상업, 농업에 종사하면서 속으로는 독립의 사상을 고취시키며, 직접 간접으로 교육에 열성을 다하여 평내 청년의 우두머리로 신임을 받고 있었다. 나도 종종 여물평에 왕래하게 되었다.

노백린(盧伯麟)[34]이 군직에서 물러나 풍천(豊川) 자택에서 교육사업에 종사하던 때였다. 하루는 경성 가는 길에 안악에서 그와 상봉하여, 함께 여물평 진초동(進礎洞) 교육가인 김정홍(金正洪) 군의 집에서 같이 잤다. 진초학교 직원들과 함께 술을 마시던 즈음 갑자기 동네에서 소동하는 소리가 났다. 진초학교 교장 김정홍이 놀라고 두려워서 어찌할 바를 모르면서 사실을 말했다.

학교의 여교사 오인성(吳仁星)은 이재명(李在明)[35]의 부인인데, 이군이 자기 부인에게 무슨 요구를 강경히 하였던지 단총으로 위협하니, 오여사는 놀라고 겁이 나서 학교 수업을 감당치 못할 사정을 말하고 이웃집에 피해 숨어버렸다 한다. 그런데 이군이 미친 사람 모양으로 동네 어귀에서 총을 쏘아대며, 매국노를 일일이 총살하겠노라고 소리를 치니 동네가 소동한다는 것이었다.

---

33) 나석주(羅錫疇, 1892~1926). 재령 여물평 북률면 출신으로 보명(普明)학교에서 수학하였고, 1913년 북간도로 건너가 무관학교에 입학, 군사훈련을 받았다. 1919년 국내에 들어와 3·1운동에 참여하였고, 여물평 지역에서 비밀결사를 조직하여 친일파를 숙청하고 군자금을 모으다 일본의 감시 때문에 상해로 망명하였다.

34) 노백린(盧伯麟, 1876~1925). 호는 계원(桂園). 황해도 은율 출신으로 일본으로 유학가 일본 육군군관학교를 졸업했다. 그후 귀국하여 대한제국의 군 요직을 두루 역임하였다. 군대가 해산되고 국권도 빼앗기자 그는 신민회에 관여하고 해서교육총회장으로 교육운동을 했다. 1919년 중국으로 망명하여 상해임시정부 군무총장을 지냈다.

35) 이재명(李在明, 1890~1910). 평양사람으로 1904년 대한노동이민사의 이민 모집에 따라가 하와이에서 수년간 노동에 종사하였다. 1907년 한일의정서 협약 후 귀국, 이토를 암살하려다 안창호의 만류로 실패하고, 안중근이 이토를 저격한 후 이완용 등 국내 친일파를 척결하기로 결심하였다.

이재명 의사

노백린과 상의하여 이군을 청해 불렀다.

　뉘가 알았으랴, 그가 며칠 후 경성 이현(泥峴)에서 군밤장수로 가장하고서 충천하는 의기를 품고 이완용(李完用)을 저격하여 조선 천지를 진동하게 할 이재명 의사인 줄을.[36] 그는 먼저 인력거를 끄는 차부(車夫)를 죽이고 이완용의 생명은 다 빼앗지 못하고 체포되어 순국하였던 것이다.

　그때 우리의 요청에 응하여 나이 23~4세의 청년이 눈썹 가에 분기를 띠고 들어섰다. 우리 두 사람이 돌아가며 인사를 했는데, 자기는 이재명이고 수개월 전에 미주로부터 귀국하였다고 했다. 평양의 오인성(吳仁星)이란 여자와 결혼하여 지내는바, 자기 부인의 가정은 과부인 장모가 딸 셋을 데리고 지내는데 가세가 풍족하여 딸들을 교육시켰지만, 국가의 대사에 충성을 바칠 용기가 없고 구차하게 안일에만 빠져 자기의 의기와 충성을 이해하지 못한다고 했다. 그리고 이 때문에 자기 부부간에 다툼거리가 생겨 학교에 손해가 될까 우려된다고 기탄없이 말하였다.[37]

　계원(桂園) 형과 내가 이의사에게 장래에 목적하는 일과 과거 경력·학식

---

36) 위의 이현(泥峴)은 종현(鍾峴)의 착오. 이재명의 의거는 1909년 12월 22일 종현천주교성당(현 명동성당) 앞에서 일어났다.

37) 이재명 의사의 부인은 거사 전 마지막 작별에서 울지도 않았고 만류하지도 않았다고 한다.

등을 일일이 물으니, 자기는 어려서 하와이에 건너가서 공부하다, 조국이 섬 왜놈에게 강점되었단 소식을 듣고 귀국하였으며, 지금 하려는 일은 매국노 이 완용을 위시하여 몇 놈을 죽이고자 준비중이라고 했다. 그리고 단도 한 자루, 단총 한 정과 이완용 등의 사진 몇 장을 품속에서 내놓았다.

계원과 나는 동일한 관찰로 그를, 시세의 격변 때문에 헛된 열정에 들뜬 청년으로 보았다. 계원이 이의사의 손을 잡고 간곡히 말했다.

"군이 국사에 비분하여 용기 있게 활동하는 것은 극히 가상하나, 큰일을 도모하고자 하는 대장부가 총기로 자기 부인을 위협하고 동네에서 총을 마구 쏘아 민심을 요란케 하는 것은 의지가 확고하지 못한 표징이오. 그러니 지금 칼과 총을 나에게 맡겨두고, 의지를 더욱 강하고 굳게 수양하고 동지도 더 사귀고 얻어서, 실행할 수 있을 때 총과 칼을 찾아가는 것이 어떠하오?"

의사는 한참 쳐다보다가 총과 칼을 계원에게 주었지만, 안색에는 즐겁지 못한 기색이 역력하였다. 그와 작별하고 사리원역에서 차가 막 떠나려 할 때, 홀연히 이의사가 나타나 계원에게 물품의 반환을 요구하였다. 계원은 웃으면서 "경성 와서 찾으시오" 하고 말하는 사이, 기차가 떠났다.

그런 지 한 달이 못 되어 의사는 동지 몇 명과 함께 경성에 도착하였다. 이현에서 이의사는 군밤장수로 가장하고 길가에서 밤을 팔다가 이완용을 칼로 찔렀다. 이완용은 생명이 위험하고, 이의사와 김정익(金貞益), 김용문(金龍文), 전태선(全泰善), 오(吳)○○ 등 여러 사람이 체포되었다는 사건이 신문에 게재되었다.[38]

나는 깜짝 놀랐다. 이의사가 단총을 사용하였다면 국적 이완용의 목숨을 확실히 끊었을 것인데, 눈먼 우리가 간섭하여 무기를 빼앗는 바람에 충분한 성공을 못 한 것이다. 한탄과 후회가 그치지 않았다.

---

38) 이재명 의사는 이완용을, 김정익이 이용구를, 이동수가 송병준을 담당하기로 되어 있었다. 백범이 이름을 기억하지 못하는 오군은 뒤에 서대문감옥에서 만나는 오복원(吳復元)이다. 전태선(全泰善)은 원문에 '田泰善'으로 잘못 기록돼 있다.

## 5) 신민회와 안악 사건

기록의 선후가 전도되었다. 오호라! 국가는 병탄된 뒤였다. 국가가 합병의 치욕을 당한 당시의 인심은 매우 흉흉하였다. 원로대신과 내외 관리들 중 자살하는 자도 많았고 교육계의 배일사상이 극도에 달했다. 오직 듣지도 못하고 알지도 못하는 농민들 중에는 합병이 무엇인지, 망국이 무엇인지 모르고 있는 자도 많았다.

나부터 망국의 치욕을 당하고 나라 없는 아픔을 느끼나, 사람이 사랑하는 자식을 잃으면 슬퍼하면서도 살아날 것 같은 생각이 나는 것처럼, 나라가 망하였으나 국민이 일치 분발하면 곧 국권이 회복될 것같이 생각되었다. 그렇게 하려면 후세들의 애국심을 앙양하여 장래에 광복하는 길밖에 없다고 생각되어, 계속하여 양산학교를 확장하고 중소학부에 학생을 늘려 모집하면서 교장의 임무를 다했다.

이에 앞서 국내 국외를 통하여 정치적 비밀결사가 조직되니, 곧 신민회(新民會)였다. 안창호는 미주로부터 귀국하여 평양에 대성학교(大成學校)를 병설하여 청년을 교육하는 것을 표면의 사업으로 내세우면서 이면에서는, 양기탁(梁起鐸)·안태국(安泰國)·이승훈(李昇薰)·전덕기(全德基)·이동녕(李東寧)·주진수(朱鎭洙)·이갑(李甲)·이종호(李鍾浩)·최광옥(崔光玉)·김홍량(金鴻亮)과 그외 몇 사람을 중심으로 하여 당시 400여 명 정수분자로 조직된 단체, 즉 신민회[39]를 훈련·지도하였다. 그 때문에 안창호는 용산(龍山) 헌병대에 잡혀 수감된 일도 있었다.[40]

합병된 후에는 이른바 주의인물을 일망타진할 것으로 예상함이었던지, 안창호는 미리 비밀리에 장연군 송천(松川)에서 위해위(威海衛)로 몰래 건너가고, 이종호·이갑·유동열 동지가 이어 압록강을 건넜다.[41]

---

39) 1907년 도산 안창호가 미국에서 귀국하여 그해 4월 이갑(李甲)·전덕기(全德基)·양기탁(梁起鐸) 등과 같이 조직한 비밀결사. 총감독에 양기탁, 총서기에 이동녕, 재무에 전덕기, 집행원에 안창호를 선출하였다.

40) 안창호는 안중근 의사 의거 관련 혐의로 3개월간 수감된 적이 있다.

41) 원문: "威海尉". '尉'는 '衛'. 위해위(威海衛)는 중국 산동반도 끝에 위치한 도시로, 현 지명

경성에서 양기탁[42)이 주최하는 비밀회의 통지를 받고 나도 달려가 참석했다. 양기탁의 집에 출석된 인원은 양기탁·이동녕·안태국·주진수·이승훈·김도희·김구 등이었다. 비밀회의를 열어 지금 왜가 경성에 이른바 총감부라는 것을 설치하고 전국을 통치하니, 우리도 경성에 비밀리에 도독부를 설치하여 전국을 다스릴 것, 만주에 이민계획을 실시할 것과 무관학교를 설립하고 장교를 양성하여 광복전쟁을 일으킬 것, 이를 준비하기 위해 이동녕을 먼저 만주에 파송하여 토지 매수, 가옥 건축과 기타 일반을 위임하고, 그 나머지 참석한 인원으로 각 지방 대표를 선정하여, 15일 이내에 황해도에서 김구가 15만원, 평남의 안태국이 15만 원, 평북 이승훈이 15만 원, 강원의 주진수가 10만원, 경성의 양기탁이 20만 원을 모집하여, 이동녕의 뒤를 파송하기로 의결하고 즉각 출발하였다.[43)

경술년(庚戌年: 1910, 35세) 11월 20일 이른 아침에 양기탁의 친동생 인탁(寅鐸)과 그의 부인이 동행하여 사리원역에서 하차하였다. 인탁 부부는 재령[44)으로, 나는 안악으로 돌아왔다.

나는 김홍량과 협의하여 토지와 가산을 팔기 시작했고, 신천 유문형(柳文馨) 등 몇 사람과 이웃 군 동지에게 장래 방침을 은밀히 알려 계획을 진행해가던 중이었다. 그때 장연의 이명서(李明瑞)가 자기 모친과 친동생 명선(明善)을 데리고 서간도에 먼저 가서 뒤에 도착하는 동지들의 편의를 제공하겠다며 안악으로 찾아왔기에, 북행을 인도하여 출발시켰다.[45)

---

은 위해(威海). 1398년 명나라 때 왜구의 습격에 대비하여 이곳에 기지를 설치하고 '위해위'라는 군대를 두었다. 신민회는 1910년 3월 만주에 무관학교 설립과 독립군 기지 창건을 결정하였고, 이를 위해 4월 안창호·이갑 등이 출국하였다. 안창호는 중국 산동성으로 망명하여 이른바 '청도회의'(靑島會議)를 소집하였다.

42) 양기탁(梁起鐸, 1871~1938). 배델(Bethell, E. T.)과 같이 『대한매일신보』를 만들어 일제를 규탄하고, 신민회에서도 중심적인 역할을 하였다.

43) 신민회는 1910년 가을 이동녕·이시영이 독립운동 기지의 후보지를 답사하기 위해 만주로 갔고, 12월 중순 그들로부터 보고받고 단체 이주를 위한 구체적인 대책 마련에 들어갔다.

44) 원주: "寅鐸은 載寧 裁判所 書記로 赴任의 途次에 同行한 것 뿐이고 우리의 秘密計劃을 通情치 안은 것은 起鐸부터 親弟의게 事情을 勿說하라고 우리의게 付託한 것이라".

45) 원주: "李明瑞는 南滿에 渡하엿다가 同志 十五人을 引率하고 國內에 潛入하야 殷栗郡守를

216 상권

안악에 돌아와 소문을 들으니, 안명근(安明根)[46]이 안악에 와서 나를 여러 차례 찾았으나, 나의 경성행으로 서로 어긋나 만나지 못하였다는 것이다. 그런데 어느날 갑자기 밤중에 명근이 양산학교로 찾아왔다. 그는 자기가 해서의 각 군 부호를 다수 만나본 결과 모두 독립운동 자금을 허락하고도 신속히 추렴에 응하지 않아, 안악읍 몇몇 부호를 총기로 위협하여 타지방에 영향을 미치게 할 목적이니, 응원·지도해 주기를 청했다.

내가 구체적으로 장래 방침을 물으니,

"황해도 일대 부호들에게 금전을 나눠 거두어서 동지를 모으고, 전신 전화를 단절하고 각 군에 산재한 왜구는 각기 그 군에서 도살하라는 명령을 발포하면, 왜병 대대가 도착하기 전 5일간은 자유 천지가 될 터이니, 더 나아갈 능력이 없다 하여도 당장의 분을 풀 수 있지 않겠습니까?"

하였다. 나는 명근을 붙잡고 만류했다.

"형이 여순 사건[47]을 목도한 나머지, 더욱이 혈족으로 더욱 피가 끓어 이와 같은 계획을 생각해낸 듯하나, 5일간 황해 일대에 자유 천지를 조성하더라도 금전보다 중요한 것이 동지의 결속인데, 동지는 몇 사람이나 얻었나요?"

"나의 절실한 동지도 몇십 명은 되지만, 형이 동의하신다면 인물은 쉽게 얻을 줄 압니다."

나는 간곡히 만류하였다. 장래 대규모의 전쟁을 하려면 인재 양성이 없고는 성공을 기약할 수 없고, 일시적인 격발로는 5일은커녕 3일도 기약하기 어려우니, 분기를 참고 다수 청년을 북쪽지대로 데려가 군사 교육을 실시하는 것이 당장 급한 일이라고 했다. 매산 역시 뜻은 수긍하나, 자기가 요량하는 바와 다른 점을 발견하고는 좀 만족하지 못한 의사를 가지고 작별하였다.

불과 며칠 후에 사리원에서 매산은 왜경에게 체포당하여 경성으로 압송되었고, 신천·재령 등에서도 연루자들이 체포되었다는 소식이 신문에 발표되었다.

---

射殺하고 倭守備隊와 極熱히 싸오다가 敵彈에 殉國하엿다".

46) 안명근(安明根, 1879~1927). 황해도 신천(信川) 출생. 안중근의 사촌 동생. 호는 매산(梅山). 1910년 국권이 침탈당하자 무관학교 설립을 위해 황해도의 신석효(申錫孝) 등으로부터 자금을 모으다가 밀고로 체포되었다.

47) 1910년 3월 안중근이 여순감옥에서 사형당한 것을 말한다.

## 6) 세번째 투옥과 고문

신해년(辛亥年: 1911, 36세) 정월 초닷새, 내가 양산학교 사무실에서 아직
일어나지도 않았을 때, 왜헌병 한 명이 와서 헌병소장이 잠시 면담할 일이 있
다고 함께 가기를 청했다. 같이 가니 벌써 김홍량·도인권·이상진·양성진·박
도병·한필호·장명선 등 교직원을 차례로 불러모은 후였다. 경무총감부의 명
령이라며 임시구류에 처한다고 선언한 뒤, 2, 3일 후 전부를 재령에 옮겨 가
두고, 황해 일대의 평소 애국자로 지목된 인사를 대부분 체포하였다.

이보다 앞서 배천 군수 전봉훈이 나에게 상의해 왔다. 국가의 대세가 이미
기우니 소위 군수란 직책도 분통이 터져 못하겠다며, 형 등이 종사하는 안악
양산학교 부근에 가옥 한 채를 사서 주거하면서 오로지 손자 무길의 학업에나
힘쓰는 것이 소원이라는 것이다. 당시 수안(遂安)으로 이직되었던 군수 전봉
훈이 습락현(翕樂峴)에 기와집 한 채를 매입하여 수리하고 솔가하여 안악으로
이주해 오는 날, 우리는 재령에서 사리원으로, 사리원에서 경성으로 다시 이
송되는 날이었다. 전봉훈이 우리의 소식을 듣고 안악으로 이사하던 심회가 어
떠하였으랴.

해서 각 군에서 체포되어 경성으로 이송되는 인사 중, 송화의 반정(泮亭)
신석충(申錫忠) 진사는 재령강 철교를 건너다 강에 몸을 던져 자살하였다. 신
석충은 본시 해서의 저명한 학자요 대자선가였다. 나는 석충의 형제[48] 석제
(錫悌) 진사의 자손 교육문제로 한 차례 방문하여 하룻밤 같이 자며 담화한
적이 있을 뿐이다. 그때에 석제 진사를 방문하고자 동네 입구에 들어서니, 신
진사 댁에서 소식을 듣고서 석제의 아들 낙영(洛英)과 손자 상호(相浩) 등이
동구밖까지 나와 맞았다. 내가 모자를 벗어 인사할 때 낙영 등은 검은 갓[黑
笠]을 벗고 답례하려 했다. 내가 웃으면서 갓끈 끄르는 것을 만류하니, 낙영
등은 송구한 빛을 띠고서 "선생께서 관을 벗으시는데, 우리가 그저 답례할 수
있습니까?" 했다. 나는 도리어 미안하여 내가 쓴 담벙거지는 양인이 쓰는 물

---

48) 원문: "弟". 원주: "次兄". 원문에 아우[弟]와 원주에 둘째형[次兄]이 병기되어 있어 형제
간의 순서를 알 수 없다.

건인데, 서양인의 통례가 인사할 때 탈모하는 것이니 용서하라고 하였다. 나는 석제 진사를 보고 국가 문명에 교육이 급선무인 것을 하룻밤 동안 온 마음으로 설파하고, 손자 상호의 교육을 의뢰받고 안악으로 돌아왔던 것이다.

사리원에서 우리와 호송하는 헌병 몇 명이 경성행 기차를 타고 가던 중 기차 안에서 이승훈을 만났다. 남강(南岡) 이승훈(李昇薰)[49]은 우리가 묶여 가는 것을 보고, 다른 사람이 알지 못하게 차창 밖으로 머리를 내밀고 하염없이 눈물을 흘렸다. 기차가 용산역에 도착할 즈음 형사 한 명이 남강에게 인사를 하고 물었다.

"당신 이승훈 씨 아니오?"

"그렇소."

"경무총감부에서 영감을 부르니 좀 갑시다."

하고서 기차에서 내리는 즉시 우리와 같이 묶어 끌고 갔다.

왜놈이 한국을 강점한 후 첫번째로 국내의 애국자를 망라하여 체포한 것이다. 황해도를 중심으로 먼저 안명근을 잡아 가두고는, 계속하여 전 도내의 지식계급과 부호를 일일이 압송하였다. 경성에 이미 배치한 감옥, 구치소, 각 경찰서 구류소에는 미처 수용할 수 없으므로, 집물창고와 사무실까지 구금소로 사용하면서 임시로 창고 안에 벌집과 같은 감방을 만들었다. 나도 그곳에 옮겨 수감되었는데, 한 방에 두 명 이상은 가두어 두기가 불가능했다.

황해도에서 안명근을 위시하여 군(郡)별로 보면, 신천의 이원식(李源植) · 박만준(朴晩俊, 도주), 신백서(申伯瑞: 錫孝의 아들) · 이학구(李學九) · 유원봉(柳元鳳) · 유문형(柳文馨) · 이승조(李承祚) · 박제윤(朴濟潤) · 배경진(裵敬鎭) · 최중호(崔重鎬), 재령에서 정달하(鄭達河) · 민영룡(閔泳龍) · 신효범(申孝範), 안악에서 김홍량(金鴻亮) · 김용제(金庸濟) · 양성진(楊成鎭) · 김구(金龜) · 박도병(朴道秉) · 이상진(李相晋) · 장명선(張明善) · 한필호(韓弼昊) · 박형병(朴亨秉) · 고봉수(高鳳洙) · 한정교(韓貞教) · 최익형(崔益亨) · 고정화(高貞化) · 도인권(都仁權) · 이태주(李泰周) · 장응선(張膺善) · 원행섭(元行燮) · 김용진(金庸

---

49) 이승훈(李昇薰, 1864~1930). 평북 정주 출신의 민족기업가 · 운동가. 1907년 신민회에 가입하고 고향 정주에 오산학교를 세웠다. 3 · 1운동 당시 33인의 한 사람이다.

震), 장련에서 장의택(張義澤)·장원용(莊元容)·최상륜(崔商崙), 은율에서 김용원(金容遠), 송화에서 오덕겸(吳德謙)·장홍범(張弘範)·권태선(權泰善)·이종록(李宗錄)·감익룡(甘益龍), 장연에서 김재형(金在衡), 해주에서 이승준(李承駿)·이재림(李在林)·김영택(金榮澤), 봉산에서 이승길(李承吉)·이효건(李孝健), 배천[白川]에서 김병옥(金秉玉), 연안(延安)에서 편강렬(片康烈), 평남에서 안태국(安泰國)·옥관빈(玉觀彬), 평북에서 이승훈(李昇薰)·유동열(柳東說)·김용규(金龍圭) 형제, 경성에서 양기탁(梁起鐸)·김도희(金道熙), 강원에서 주진수(朱鎭洙), 함경에서 이동휘(李東輝)였다. 나는 이동휘[50]와 상면이 없었지만, 유치장의 명패를 보고서 역시 체포당한 줄 알았다.

국가가 망하기 전 구국사업에 성의 성력을 십분 발휘하지 못한 죄를 받게 된 것으로 자인했다. 나는 깊이 생각했다. 이와 같은 위난한 때를 당하여 응당 지켜갈 신조가 무엇인가를 연구하였다. "드센 바람에 억센 풀을 알고 국가가 혼란할 때 진실한 신하를 안다"[51]는 옛 가르침과, 사육신·삼학사가 죽어도 꺾이지 않았다는 고후조(高後凋) 선생의 가르침을 다시금 생각하였다.

하루는 소위 신문실에 끌려갔다. 처음에는 연령·주소·성명을 묻더니,

"네가 어찌하여 여기를 왔는지 알겠느냐?"

하고 물었다.

"잡아오니 끌려올 뿐 이유는 모른다."

다시는 묻지도 않고 수족을 결박하여 천장에 달아맨다. 처음에는 고통을 느꼈으나, 마지막에는 눈 내리는 밤 달빛 적막한 신문실 한 모퉁이에 가로누워 있게 되었다. 얼굴과 전신에 냉수를 끼얹은 느낌만 날 뿐 그 전에 무슨 일이 있었는지 알 수 없었다.

---

50) 이동휘(李東輝, 1872~1935). 호는 성제(誠齊). 한말 군인에서 의병·교육 운동에 참여하였다. 신민회에 참여하였고, 105인 사건에 연루되어 체포되었으나 무혐의로 석방되었다. 그는 상해 임시정부에서 초대 국무총리를 맡았는데, 1920년 공산주의 그룹 상해파의 영수가 된다. 이러한 성향으로 이동휘는 백범과 대립하였다.

51) 원문: "疾風에 勁草를 알고 坂蕩에 誠臣을 知한다." 질풍(疾風)은 드센 바람, 경초(勁草)는 바람에 쏠리지 않는 억센 풀. '坂蕩'은 '板蕩'으로 정치를 잘못하여 나라가 어지러운 것을 말한다.

정신을 차리자 왜구는 비로소 안명근과의 관계를 물었다. 나는 안명근은 서로 아는 친구일 뿐이고 같이 일한 사실은 없다고 답하였다. 그놈은 노발대발하여 다시 천장에 매달고 세 놈이 돌아가며 매와 몽둥이로 무수히 난타하였다. 나는 또 정신을 잃었다.

세 놈이 마주 들어다가 유치장에 눕힐 때는 이미 동창이 밝았다. 내가 신문실에 끌려가던 때는 어제 해 진 후였다. 처음에 성명부터 신문을 시작하던 놈이 불을 밝히고 밤을 새우는 것과 그놈들이 온 힘을 다해 사무에 충실한 것을 생각할 때에 자괴심을 견딜 수가 없었다.

나는 평소에 무슨 일이든지 성심껏 보거니 하는 자신도 있었다. 그러나 나라를 남에게 먹히지 않게 구원하겠다는 내가, 남의 나라를 한꺼번에 삼키고 되씹는 저 왜구와 같이 밤을 새워 일한 적이 몇 번이었던가? 스스로 물어보니, 온몸이 바늘방석에 누운 듯이 고통스런 와중에도, 내가 과연 망국노(亡國奴)의 근성이 있지 않은가 하여 부끄러운 눈물이 눈시울에 가득 찼다.

비단 나뿐이랴. 이웃 감방에 있는 김홍량·한필호·안태국·안명근 등도 끌려갔다가 거의 죽어서 돌아온다는 소식을 들을 때, 애처롭고 분개한 마음을 억제할 수 없었다.

명근은 소리소리 지르면서,

"너희 놈들이 죽일 때 죽일지언정, 애국 의사를 이렇게 대접하느냐?"

하고 큰소리로 꾸짖다가, 간혹 한마디씩 우리에게

"나는 내 말만 하였고, 김구·김홍량 등은 관계 없다 하였소."

하고 말했다.

감방에서는 무선으로 이야기[無線話]를 통한다. 양기탁의 방에서 안태국 방과 내 방으로, 이재림 방 좌우 20여 방의 40여 명은 서로 밀어(密語)를 전했다. 왜놈들은 사건을 둘로 나누니 소위 하나는 보안범이고, 다른 하나는 살인모의 및 강도다.

누가 신문을 당하고 오면 내용을 각 방에 전달하여 주의하게 하였던바, 왜놈들이 사건의 범위가 축소됨을 기이하게 알고, 그중에 한순직(韓淳稷)을 불러다가 감언이설로 꼬여 각 방에서 밀어하는 내용을 탐지하여 알리게 하였다.

하루는 양기탁이 밥구멍에 손바닥을 대고 말했다.

"우리의 비밀전어(秘密傳語)는 한순직이가 전부 고발하니, 이제부터 밀어 전달을 폐지하자."

과연 질풍에 굳센 풀을 알 수 있겠다. 당초에 명근 형이 한순직을 나에게 소개할 때에는 용감한 청년이라고 하였다. 그러나 이와 같이 위난할 때 꺾이는 것이 어찌 한순직 혼자뿐이랴. 최명식(崔明植)도 밀고는 아니하였지만, 사실이 아닌 것을 그놈들의 가혹한 고문에 못 이겨 무고한 것이 후회되어 스스로 호를 긍허(兢虛)[52]라 한 것이다.

나는 결심에 결심을 더하여 나의 혀끝에 사람의 생사가 달렸다는 것을 각오하였다. 어느날 또 끌려 신문실에 갔다. 왜경이 물었다.

"네 평생 친구가 누구냐?"

"평생 친구는 오인형이오."

왜놈이 반가운 낯으로 물었다.

"그 사람은 어디서 무엇을 하는가?"

"오인형은 장련에서 살았으나 연전에 사망하였소."

하니, 그놈들이 또한 정신을 잃도록 가혹하게 고문하였다.

"학생 중에는 누가 너를 가장 사랑하더냐?"

하는 말에, 졸지간에 내 집에 와서 공부를 하던 최중호(崔重鎬)를 말하고선 혀를 끊고 싶었다. '젊은 것이 또 잡혀오겠다'고 생각하였으나, 눈을 들어 창 밖을 보니 벌써 언제 잡혀왔는지 반이나 죽은 것을 끌고 지나가는 것이 보였다.

소위 경무총감부인 이현[53] 산기슭에서는 밤낮으로 도살장에서 소와 돼지를 때려잡는 소리가 여기저기서 끊이지 않고 들린다. 하루는 한필호(韓弼昊)[54]

---

52) 최명식(崔明植, 1880~1961)은 황해도 안악 출신의 독립운동가. 한말 최광옥과 더불어 안악 면학회를 조직하고, 백범과 더불어 신민회에 가입하여 활동하였다. 1910년 안명근 사건에 연루되어 복역하면서, 스스로 자책하며 호를 긍허(兢虛), 즉 '마음을 삼가고 비운다'로 지었다. 해방 이후 그는 만주지역에 남아 한독당 동북특별당부 특별위원을 역임하였다. 백범과 노선을 같이 하던 그는 1948년 귀국한 이후 백범의 남북연석회의 노선에 반대하였고, 1950년 신익회의 민주공화당 중앙위원이 되었다.

53) 현재의 충무로·필동 일대. 남산의 북쪽 사면은 배수가 잘 되지 않아 비가 오면 진흙길이 되었다고 해서 일명 진고개라 한다. 경무총감부는 대화정(大和町: 지금의 필동)에 있었다.

의사가 신문당하고 와서 밥구멍으로 겨우 머리를 들어 나를 보고,

"일절 부인하였더니 지독한 고문을 당해 나는 죽습니다."

하고서 작별하는 모양을 보인다. 나는 위로하고 물이라도 좀 마시라고 하였다.

"물도 먹을 필요가 없습니다."

한의사는 말했다. 그후에는 다시 어디로 끌고 간 줄 몰랐는데, 공판 때에 동지들에게서 신석충이 철교에서 자살한 것과, 한의사가 살해를 당했다[遇害]는 것을 비로소 알게 되었다.

하루는 최고 신문실에 갔다. 그런데 누가 뜻하였으랴. 17년 전 인천 경무청에서 심문을 할 때 방청을 하다가 내가 호령하자 "칙쇼우! 칙쇼우!" 하면서 후문으로 피신하던 와타나베(渡邊)라는 순사놈이, 전과 같이 검은 수염을 길러 늘어뜨리고 얼굴에는 약간 노쇠한 빛을 띠고 총감부 기밀과장의 제복을 입고 엄숙하게 다시 내 앞에 턱 마주앉을 줄을. 와타나베 놈이 입을 열면서 이런 말을 한다.

"내 가슴에는 X광선을 대고 있어서 너의 일생 행적과 비밀을 모두 알고 있으니, 터럭만큼이라도 숨기면 이 자리에서 때려죽일 터이다."

나는 연전에 여순 사건에 대한 혐의로 해주 검사국에서 『김구』라는 제목이 쓰인 책자를 앞에 두고 신문당하던 일을 생각하였다. 각 지방의 보고를 수집한 그 책에는 치하포에서 왜놈 죽인 일과 인천에서의 사형 정지, 그리고 탈옥 도주한 사실이 반드시 기재되었으리라 생각하였다. 왜냐하면 그 사건은 당시에 전국을 떠들썩하게 하였고, 더욱이 황해·평안도에서는 배일 연설의 소재가 되었고 평상시에도 이야깃거리가 되었기 때문이다.

그러나 와타나베가 자발적으로 "네가 17년 전에 인천 경무청에서 나에게 질욕하던 일을 기억하느냐?" 하는 말을 하기 전에는 입을 열지 않고, 와타나베의 X광선이 확실히 맞는가 틀리는가를 시험할 생각으로 이렇게 대답을 하였다.

"나의 일생은 구석진 곳에서 은사(隱士) 생활을 한 적 없고, 일반 사회에서

---

54) 한필호(韓弼昊, 1886~1911). 황해도 신천 출신의 애국계몽운동가. 1906년 양산학교에 관여하고 1907년 신민회 황해도지부에서 활동하였다. 1910년 안명근 사건에 연루되어 검거되어 고문을 받다 순국하였다.

헌신적 생활을 한 탓으로 말 하나 행동 하나가 다 공개적이고 비밀은 없소."

와타나베는 순서대로 묻기 시작했다.

"출생지는?"

"해주 텃골."

"교육은?"

"서당에서 한문을 배웠소."

"직업은?"

"농촌에서 나서 자랐으므로 나무하고 밭 갈고 하다가, 25~6세에 장련으로 이주하여 종교와 교육에 종사하기 시작하여, 지금은 안악 양산학교 교장으로 근무하던 중에 체포되었소."

와타나베 놈이 성을 버럭 내며,

"종교·교육은 피상적 운동이고, 이면에 불순한 음모가 하나둘이 아니란 것을 내가 분명히 알고 있다. 서간도에 무관학교를 설립하여 후일 독립전쟁을 준비하던 사실과, 안명근과 공모하여 총독을 모살하려 하고 부자의 금전을 강탈하려 한 사실을 우리 경찰은 불 보듯 환하게 알고 있는데 끝까지 숨기려 하느냐?"

며 노기가 등등하다. 나는 두려움보다는 나의 가슴을 비춘다는 X광선이 탈이 나지 않았나 우스운 생각이 났다. 이를 참아가면서

"안명근과는 일절 관계가 없다."

"서간도에 빈한한 농가를 이주시켜 생활 근거를 마련해 주려는 것뿐이고 다른 일은 없다."

"지방경찰의 시각이 너무 협소하여 걸핏하면 일본을 배척하느니 뭐니 하면서 교육사업에 방해가 많으니 이후 지방경찰을 주의시켜 우리 같은 사람들이 교육이나 잘 하도록 하여 달라."

"학교 개학 시기가 이미 지났으니 속히 내려가 학교 개학이나 하게 하라."

고 하였다. 와타나베 놈은 고문도 하지 않고 그저 유치장으로 보냈다.

나의 국모보수 사건(國母報讐事件)은 비밀이 아니고 세상이 다 아는 공공연한 사실이다. 왜놈들이 각 경찰기관에 주의인물로 붉은 줄을 긋고 나의 온갖 행동을 조사했으니, 해주 검사국에 비치한 『김구』라는 책자에도 반드시 쓰치

다(土田讓亮)를 죽인 사실이 기재되었으리라 생각했고, 이번에 총감부 경시한 명이 안악에 출장 조사까지 하였으니, 그 사실이 발각된다면 내 일생은 여기서 끝이라고 생각하였다. 와타나베 놈이 썩 들어서면서 내 가슴에 X광선을 비췄으니 과거를 다 알고 있노라고 할 때, '인천 사건은 피할 수 없다'고 생각하면서도, 그놈의 X광선을 시험해 보자는 생각이 들었던 것이다.

와타나베 놈이 그 사실을 알면서 후일을 위해 일부러 남겨두고 다른 말만 묻는 것이 아니란 사실은, 그놈이 신문할 때 X광선 운운하며 나의 과거와 현재를 잘 아는 듯 표시를 내려고 애쓰는 것을 보아서도 잘 알 수 있었다.

그러고 보니 국가는 망하였으나 인민은 망하지 않았다고 생각된다. 나는 평소 우리 한인의 정탐을 몹시 미워해서 여지없이 공격하곤 했는데, 나에게 공격을 받은 정탐배까지도 자기가 잘 아는 그 사실만은 왜놈에게 밀고하지 않고 비밀을 지켜준 것이 아닌가.

다른 사람은 물론이고, 나의 제자로서 형사가 된 김홍식(金弘植)과, 같은 학교 직원으로 있던 원인상(元仁常) 등부터 밀고하지 않은 것이니, 그러고 보면 각처 한인 형사와 고등정탐까지도 그 양심에 애국심이 조금이나마 남아 있는 것이 아닌가.

사회에서 나를 이같이 동정해 주었으니 나로서는 최후의 한 숨까지 동지를 위하여 분투하고 원수의 요구에 응하지 않으리라 결심하였다. 그리고 김홍량은 여러 가지로 활동할 능력과 품격이 나보다 나으니, 신문 받을 때 이롭도록 말을 하여 그를 풀어주게 하리라. 그렇게 생각하여 "거북이〔龜〕는 진흙 속에 빠지리니 기러기〔鴻〕는 해외로 날으라"[55]라는 구(句)를 혼자 읊었다.

일곱 번 신문에서 와타나베 놈만 혹형을 가하지 않았고, 여섯 번은 매번 정신을 잃은 후에야 유치장에 끌려왔다. 끌려올 때 각 방 동지들의 정신을 북돋아 주기 위하여 "나의 생명은 빼앗을 수 있거니와 내 정신은 빼앗지 못하리라" 말하면, 왜놈들은 "나쁜 말이 해소데 타타쿠"[56]라고 위협하였지만 내 말을

---

55) 여기서 거북〔龜〕은 김구를, 기러기〔鴻〕는 김홍량을 비유한 것.
56) 우리말과 일본말이 혼합된 문장. 타타쿠(たたく)는 '때리다'라는 뜻. 즉 위 문장은 '나쁜 말을 했지, 때려줄 거야'라는 의미이다.

들은 동지들은 견고한 마음을 가지는 것이었다.

여덟번째 신문에는 각 과장과 주임 경시 7, 8명이 나란히 앉아 위협했다.

"너의 동류가 대부분 자백하였거늘 너 한 놈이 자백을 않으니 심히 어리석고 완고하다. 토지를 사들인 지주가 논밭의 뭉어리(덩어리)돌을 골라내는 것은 당연한 일 아니냐? 네가 아무리 입을 다물고 혀를 묶어 한마디도 발설하지 않으려 하지만, 여러 놈의 입에서 네 죄가 발각되었으니, 지금 당장 말하지 않으면 이 자리에서 때려죽이리라."

"나를 논밭의 자갈돌로 알고 파내려는 그대들의 노고보다, 파내어지는 나의 고통이 더욱 심하니 내가 자결하는 것을 보라!"

나는 머리를 기둥에 들이받고 정신을 잃고 쓰러졌다. 여러 놈들이 인공호흡을 하고 얼굴에 냉수를 끼얹어서 정신이 돌아왔다.

한 놈이 능청스럽게 부탁한다.

"김구는 조선인 중에서 신앙을 받는 인물인데, 이같이 대우를 하는 것이 적당하지 않으니 저에게 위임하여 신문하게 하옵소서."

그는 즉시 승낙을 얻어가지고 나를 자기 방에 데리고 가서 특별 대우를 했다. 담배도 주고 말도 존대하며, 자기가 황해도에 출장 가서 김구의 온갖 행동을 일일이 조사하여 보니, 교육사업에 열성인 것은 학교에서 월급을 받든 못 받든 교무를 한결같이 보아온 것으로 알 수 있다는 둥, 일반 인민의 여론을 들어보아도 정직한 사람인데 총감부에 와서 김구의 신분을 모르는 사람들에게 고문도 많이 당한 모양이니 매우 유감이라는 둥, 신문도 순하게 하여야 사실을 말하는 사람이 있고 고문해야 할 사람이 따로 있는데 김구에게는 실례가 많았다는 둥 하며, 능청스럽게 말을 한다.

왜놈이 신문하는 방법에는 대략 세 가지 수단이 있다.

첫째, 가혹한 고문〔酷刑〕이다. 채찍과 몽둥이로 난타하는 것, 두 손을 등뒤에 포개고 오랏줄로 결박하여 천장의 쇠고리에 끌어올리고서, 심문받는 자를 둥근 걸상 위에 세웠다가 오랏줄 한 끝을 한편에 잡아매고 발판을 뽑아버리면 온몸이 공중에 매달려 질식하게 되는데, 그후 결박을 풀고 냉수를 온몸에 끼얹어 숨이 돌아오게 하는 것, 화로에 쇠막대기를 즐비하게 늘어놓아 벌겋게 달군 후 그 쇠막대기로 온몸을 함부로 지지는 것, 손가락 크기의 능목

(菱木)⁵⁷⁾ 세 개를 세 손가락 사이에 끼우고 나무 양끝을 노끈으로 동여매는 것, 거꾸로 매단 후 콧구멍에 냉수를 부어넣는 것 등이 그것이다.

둘째, 굶기는 것이다. 신문할 때 음식을 보통 수인(囚人)의 반으로 줄여 생명만 유지하게 해놓고, 친척이 사식(私食)을 청원하여도 신문 주임의 허가를 얻지 못하면 도로 내보낸다. 신문 주임 되는 놈은, 사실 유무는 관계치 않고 거짓말이라도 왜놈들이 좋아할 만한 말을 하는 수인에게는 사식을 허락하고, 반항성이 있어 보이면 절대로 허가하지 않는다. 그래서 유치장에서는 자연히 사식을 받아먹는 자는 강경치 못해 보이게 된다.

그밖에 한 가지가 온화한 수단이다. 좋은 음식도 대접하고 훌륭히 장식한 아카시(明石)⁵⁸⁾의 방으로 데려가 극진히 공경하며 점잖게 대우하는 바람에, 가혹한 고문을 참아낸 자도 그 자리에서 실토한 사람이 더러 있다.

내가 신체 고문(體刑)에는 한두 번 참아보았고, 저놈이 발악을 하면 나도 감정이 발하여 자연 저항력이 생기므로 인내하였지만, 둘째와 셋째를 당하여 참아내기는 지극히 어려웠다. 두번째는 굶주림이니, 처음엔 밥이라야 껍질 절반 모래 절반에 반찬은 소금이나 쓴 장아찌 꽁댕이를 주는데, 구미가 없어서 안 먹고 도로 보내기도 하였다. 그후에는 죽도록 맞은 날이 아니면 그런 밥이라도 기다려서 달게 먹는다. 그때까지 근 석 달 동안 아내는 매일 아침저녁으로 밥을 가지고 유치장 앞에 와서 말소리가 들리도록 목소리를 높여,

"김구의 밥을 가지고 왔으니 들여주시오."

한다. 그러면 왜놈이,

"김가메⁵⁹⁾ 나쁜 말이 했소데. 사식이레 일이 없소다."

하고 매번 돌려보낸다.

나는 신체가 더욱 말이 아니었다. 그놈들이 달아매고 때릴 때는, 박태보(朴泰輔)가 보습 단근질 당할 때에 "이 쇠가 식었으니 다시 달구어 오라"고 한

---

57) 마름모꼴의 나무.

58) 원주: "當時 總監部 總長". 아카시(明石元二郎)는 내정간섭과 쿠데타 공작의 전문가. 당시 경무총감으로 데라우치 총독 암살모의 사건을 조작하여 애국 인사들을 체포·고문한 장본인이다.

59) 가메는 거북(龜)의 일본식 발음.

구절을 암송하였다. 겨울철이라 그리하는지 겉옷만 벗기고 양직(洋織) 속옷은 입힌 채로 결박하고 때릴 때,

　"속옷을 입어서 아프지 않으니 속옷을 다 벗고 맞겠다."

며 매번 알몸으로 매를 받아서, 살이 벗겨질 뿐 아니라 온전한 살가죽이라곤 없었다.

　그런 때 다른 사람들이 문전에서 사식을 먹으면, 고깃국과 김치 냄새가 코에 들어와서 미칠 듯이 먹고 싶어진다. 매일 아침저녁으로 음식 냄새가 코에 들어올 때마다, 나도 남에게 해가 될 말이라도 하고서 가져오는 밥이나 다 받아 먹을까, 또한 아내가 나이 젊으니 몸이라도 팔아서 좋은 음식이나 늘 하여 다 주면 좋겠다 하는 더러운 생각이 난다.

　박영효(朴泳孝)의 부친[60]이 옥에서 섬거적을 뜯어먹다가 죽었다는 말, 소무(蘇武)가 전모(氈毛)를 씹으며 19년 동안 한나라에 대한 절의를 지켰다[61]는 글과, 전날에 알몸으로 고초를 받던 일을 생각했다. "나의 육체를 욕보일 수 있을지언정 나의 정신은 뺏을 수 없다"고 같이 수감된 동지들에게 주장하던 기개와 절개를 생각하면서, 이러다가 인간의 본성은 사라져 없어지고 짐승의 본능만 남는 것이 아닐까 자책하던 때, 아카시의 방에서 나를 극진히 우대를 하면서 신문한 것이었다.

　그놈의 요령으로 보면, 식민 백성이라 인정하기만 하면[62] 즉각 총독에게 보고하여 이와 같은 고통도 면하게 할 뿐 아니라, 순 일본인만으로 조선을 통치하는 것이 아니라 덕망이 있는 조선인을 정치에 참여시키려 하기 때문에 당신같이 충후(忠厚)한 사람이 정세의 추이를 모르지 않을 터인즉 순응함이 어떠하냐 하면서, 안명근 사건과 서간도 사건을 실토하라 했다. 나의 대답은, 당

---

60) 박원양(朴元陽, 1804~1884). 갑신정변이 실패하고 난 뒤 그는 아들의 죄에 연루되어 직위를 박탈당하고 감옥에서 죽었다.

61) 소무(蘇武)는 중국 전한(前漢)의 명신으로, 무제(武帝) 때 사신으로서 흉노에 갔다가 그곳에 19년간 유폐되었다. 그는 극심한 굶주림으로 옷의 솜털[氈毛]과 들쥐·풀씨 등으로 연명하다 끝내 살아 귀국하였다. 한의 소제(昭帝)는 그의 절개를 기리어 벼슬을 내렸고, 후세 사람들은 그와 같은 절개를 특별히 소무절(蘇武節)이라 한다.

62) 원문: "그놈의 要領으로 보면 新附民의 資格만 表示하면".

신이 나의 충후를 인정한다면 내가 진술한 것을 인정하라는 것이었다. 그놈은 아주 점잖고 예의 있는 모습이었지만 나의 말에 좋지 않은 기색을 보이면서 돌려보냈다.

그런데 오늘 처음에는 당장 쳐죽인다고 발악하던 끝에 이놈에게 끌려왔는데, 이놈은 구니토모(國友) 경시(警視)[63]였다.

"내가 이전에 대만인(台灣人) 범죄자 한 명을 맡아 신문하였는데, 지금의 김구와 같이 고집하다가 '검사국에 가서 일체를 자백하였노라'는 편지를 받았다. 김구도 이제 검사국으로 넘어갈 터이니, 거기 가서 사실을 말하면 더욱 검사의 동정을 받을 수 있을 것이다."

그는 전화로 국수 장국밥에 고기를 많이 가져오라고 하여, 내 앞에 놓고 먹기를 청했다. 나는 말했다.

"당신이 나를 무죄로 인정한다면 음식을 먹지만, 유죄라 하면 먹지 않을 것이다."

"김구는 한문병자(漢文病者)[64]이다. 김구는 지금껏 나에게 동정을 아니하였으나, 나는 자연 동정할 마음이 생겨서 변변치 못하나 대접하는 것이니 식기 전에 먹으라."

나는 한결같이 사양하였다. 구니토모는 웃으면서 한자로 '군의치독부'(君疑置毒否)[65] 다섯 자를 써 보이고, 이제부터는 사식 들이는 것을 허락하며 신문도 종결되었다고 한다. 나는 "독을 넣었는가 의심한 것은 아니다" 하고 먹고 돌아오니 저녁부터 사식이 들어왔다.

같은 방에 있는 이종록(李宗錄)은 나이가 적은 청년이었다. 친척 가운데 따라온 사람이 없으므로 사식을 가져다 줄 사람도 없었다. 방안에서 먹으면 나누어 먹게 하겠으나, 사식은 반드시 방 밖에서 따로 먹게 했는데, 종록이 먹고 싶어하는 형상은 차마 볼 수가 없었다. 나는 방 밖에서 밥을 먹다가, 고기한 덩이와 밥 한 덩이를 입에 물고 방안에 들어와서 입 안에서 도로 꺼내 먹

---

63) 일제 때 지금의 총경에 해당하는 경찰관 직위.

64) 자세한 의미는 알 수 없지만, 아마도 백범이 일어를 배우지 않아 한문으로 문답한 데서 나온 표현이라 생각된다.

65) '그대는 독을 넣지나 않았을까 의심하는가?'라는 뜻.

여, 마치 어미새가 새끼에게 물어 먹이듯 했다.


## 7) 기약없는 15년형

다음날 나는 종로구치감(拘置監)으로 넘어갔다. 비록 독방에 있으나 총감부보다는 편리하고, 이른바 감옥의 식사도 분량이 훨씬 많았다.

왜놈이 내 신문에 대해 사실대로 형을 매긴다면 소위 '보안법 위반'으로 극형 2년밖에 지울 수 없었다. 그래서 소위 안명근 강도 사건에다 억지로 얽어끌어붙일 결심인 듯했다. 그런데 내가 경성 양기탁 집에서 서간도 사건을 회의하고 이동녕을 파송하게 한 날짜가, 곧 안명근이 안악에 와서 원행섭·박형병·고봉수·한정교 등과 안악 부호를 습격하자고 회의했다는 날이었다. 그때 안악에 있었던 김홍량·김용제·도인권·양성진·장윤근 등은 안명근의 종범(從犯)으로 쉽게 꾸몄지만, 나에게는 그날 경성에 있었다는 확실한 증거가 있었다.

그리하여 안악에 안명근이 와서 만난 날짜만 이십몇 일이라 기입하고, 경성 회의 날짜는 모월 중순[66]에 양기탁 집에서 서간도에 대한 사실을 회의하였다고 어름어름 기입하였다. 그리고 내가 그날 안악에서 회의에 참석한 것을 목격하였다는 증인으로 양산학교 교지기[校直] 아들인 14세짜리 이원형(李元亨) 학생을 잡아 올렸다.

내가 이른바 검사 신문을 당할 때에 벽 너머 신문실에서 이원형의 말소리가 들렸다. 왜놈이 원형에게 물었다.

"안명근이 양산학교에 왔을 때, 김구도 그 자리에 있었지?"

"나는 안명근이 누구인지도 모르고, 김구 선생님은 어디 가고 그날 없었습니다."

왜놈들은 죽일 것같이 협박하고, 조선인 순사놈은 원형을 달랬다.

"이 미련한 놈아. 안명근이도, 김구도 같이 앉아 있는 것을 보았다고 대답

---

66) 판결문에는 1910년 12월 중순으로 기록돼 있다.

만 하면, 네가 지금이라도 아버지를 따라 집에 가도록 해줄 터이니 시키는 대로 말을 하여라."

"그러면 그렇게 말하리다. 때리지 마셔요."

하고 원형이 대답한다. 검사놈이 나를 신문하다가 초인종을 울리니, 원형을 문 안으로 들이세우고 원형에게 물었다.

"양산학교에서 안명근이 김구와 같이 앉은 것을 네가 보았느냐?"

"예."

말이 끝나자마자, 원형을 문 밖으로 끌고 나갔다. 검사놈은 나에게 말했다.

"네가 이런 증거가 있는데도……."

"500여 리 멀리 떨어진 곳에서, 같은 날 같은 시각에, 두 곳 회의를 다 참석한 김구를 만들려고 매우 수고스럽겠소."

말을 마치니, 이것으로 예심 종결이었다.

그때 우리 사건 외에 의병장 강기동(姜基東)이 원산에서 체포되어 경무총감부에서 같이 취조를 받고 소위 육군법원에서 사형을 받은 사건이 있었고, 김좌진(金佐鎭)[67] 등 몇 사람이 애국운동을 하다가 강도죄로 징역을 받고 같이 수감되어 함께 고생했다.

강기동은 처음에는 의병에 참가하였다가, 즉시 귀순하여 헌병보조원이 되어 경성지방에서 복무했다. 그런데 왜놈들이 의병을 총검거하여 수십 명을 일시에 총살하기로 내정하였는데, 그 의병들은 강기동의 전 동지들이었다. 강기동은 자기 수직(守直)시간에 수감된 의병을 전부 해방하고 사무소에 비치한 총기를 꺼내어 각기 무장했다. 그리고 야간에 경계망을 돌파하여 강원·경기·충청 각지에서 수년 동안 항일전쟁을 계속하였다. 그는 후에 원산에서 안기동(安基東)으로 행세하면서 무슨 일을 계획하다가 체포되어 총살을 당하고 말았다.[68]

---

67) 김좌진(金佐鎭, 1889~1930). 호 백야(白冶). 그는 1911년 북간도에 군관학교를 설립하기 위해 자금을 모으다 체포되어 2년 6개월간 투옥되었다.

68) 강기동(姜基東, 1884~1911). 그는 대한제국 기병 부위(副尉)였는데, 1907년 군대 강제 해산 후 해산군을 규합하여 의병항쟁을 하다 체포되어 위장 귀순하여 장단 고랑포 헌병보조원을 하였다. 그는 탈옥하여 의병투쟁을 계속하다 1911년 2월 12일 원산 오처루(吾妻樓)에서 체포

종로감옥에서 하루는 안악 군수 이아무개가 면회를 와서, 양산학교 교사(校舍)는 원래 관청건물이니 환부하라고 강요하고, 교구와 집물도 공립 보통학교에 인도한다는 요구서에 날인하라고 요구했다. 나는 교사는 공공건물이니 빼앗아 환수하더라도 비품과 기구는 안신학교에 기부하겠다 하였으나, 결국 학교 전부를 공립 보통학교의 소유로 강탈해 갔다.

양산학교 소학생들은 국가에 대한 관념이 부족했지만 중학생인 손두환(孫斗煥) [69]은 남달랐다. 내가 장련읍에서 봉양학교(鳳陽學校) [70]에 근무할 때 그는 초립둥이였다. 그 부친 손창렴(孫昌濂)이 늦게 낳은 아들이라 애지중지한 탓에 그 부모와 어른은 물론이요, 그 군 군수까지도 두환에게 '해라' 하는 말을 들었다. 어떤 사람이고 두환에게 높임말을 들어본 사람이 없었다.

황해·평안 양도에는 특히 지방 풍습에 성년이 되기까지 부모에게 '해라' 하는 습속이 있으므로, 그 천한 풍습을 개량하려고 애쓰던 때였다. 두환을 살살 꾀어 학교에 입학하게 한 후, 어느날 수신(修身) 시간에 학생 중에 아직 부모나 연로하신 어른[尊長]에게 '해라' 하는 이가 있으면 손을 들라 하니, 몇몇 거수하는 학생 중에 두환이도 있었다. 수업을 끝내고 두환을 별실로 불러,

"젖 먹는 어린애는 부모나 존장에게 경어를 사용하지 못한대도 탓할 수 없으나, 너와 같이 어른된 표로 상투 짜고 초립 쓰고서 부모와 어른에게 공대할 줄을 모르니, 부끄러운 줄 모르느냐?"

하고 꾸짖었다. 그러자 두환이 물었다.

"그러면 언제부터 공대를 하오리까?"

"잘못인 줄 아는 시간부터니라."

다음날 이른 아침 문전에서 '김구 선생님'을 부르는 이가 있었다. 나가보니 손창렴 의관(議官)이었다. 하인에게 쌀[白米] 한 짐을 지우고 와서 문 안에 들여놓고, 너무 기뻐하여 말의 순서도 차리지 못했다.

---

되었다.

69) 손두환(孫斗煥, 1895~?). 황해도 은율 출신의 독립운동가. 그는 임시정부 의정원 의원을 역임하였고, 민족혁명당에서 활동하였다. 해방 후 그는 여운형의 인민당·근로인민당의 중간파 조직에서 주로 활동하였고, 남북연석회의에도 민족자주연맹 대표로 참석하였다.

70) 원주: "耶敎 設立 後 改稱 進明". 예수교에서 설립, 후에 진명으로 개칭하였다.

"우리 두환이 놈이 어제 저녁에 학교에서 돌아와 내게 공대하고, 저의 모친에게는 전과 같이 '해라'를 하더니 깜짝 놀라 '에고 잘못했습니다' 하고 말을 고치며 '선생님 교훈'이라고 합디다. 선생님, 진지 많이 잡수시고 그놈 잘 교육하여 주십시오. 밥맛 좋은 쌀이 들어왔기로 좀 가져왔습니다."

나도 마음이 기뻐서 웃었다.

그때에 학교를 신설하고서, 학령 아동이 있는 집에 방문하여 다니면서 학부형에게 '학생들의 머리는 깎지 않겠다'는 조건부로, 애걸하며 아동들을 모아왔다. 그런데 어떤 아이들은 부모들이 머리를 자주 빗기지 않아서 이와 서캐(이의 알)가 가득하였다. 나는 할 수 없이 얼레빗·참빗을 사다두고 매일 몇 시간씩 학생들 머리를 빗겼다. 점차 아동 수효가 늘어남에 따라 학과 시간보다 머리 빗기는 시간이 많게 되니, 그 다음 수단으로 하나둘씩 부모의 승낙을 얻어 머리를 깎아주었다.

두환의 경우 부친의 승낙을 구하다가 도리어 퇴학시키겠다고 할지 몰라 나는 두환이와 상의했다. 두환은 상투 짜는 것이 괴롭고 초립이 무거우니, 머리 깎는 것이 소원이라 한다. 나는 머리를 깎아서 두환을 집에 보낸 후 슬금슬금 따라가 보았다.

손의관은 눈물이 비오듯하며 분이 머리끝까지 났으나, 더없이 사랑하는 두환을 심하게 꾸중하기는 싫고 나에게 분풀이를 할 참이었다. 그런데 두환이가 내가 온 것을 보고 기뻐하는 것을 보고서는 분한 마음이 갑자기 다 어디로 갔는지, 눈에서는 눈물이 뚝뚝 떨어지는데도 얼굴에는 기쁨이 가득해지는 것이었다.

"선생님, 이것이 웬일이에요? 내가 죽거든 머리를 깎아주시지 않고."

나는 미안함을 표했다.

"영감님께서는 두환이를 지극히 사랑하시지요? 나도 영감님 다음으로는 사랑합니다. 나는 두환이가 목이 가는데 큰 상투를 짜고 망건으로 조르고 무거운 초립을 씌워두는 것이 위생에 큰 방해가 되기 때문에 아끼고 사랑하는 생각으로 깎았습니다. 두환이 신체가 튼튼해지면 영감님에게 고맙다는 인사를 듣고야 말걸요?"

이로부터 두환은 나를 따라 안악으로 유학하게 되고, 손의관도 같이 따라와

객지에 머물면서 두환이 공부하는 것을 보았다. 두환은 사람됨이 총명도 하거 니와 망국의 한을 같이 느낄 줄 알았다.

중학생 중에 우기범(禹基範)은, 내가 문화군 종산의 서명의숙에서 가르치던 때 과부의 자식으로 입학하여 수업을 받았던 학생이다. 그 모친의 능력으로는 계속 공부할 수 없지만 재질로는 장래성이 있어 보였다. 나는 모친에게 기범 을 나에게 맡기면, 안악으로 데리고 가서 내 집에 두고 공부시키겠다고 요청 했다. 그 모친은 매우 감사해 하며 말했다.

"만일 선생께서 그같이 생각하시면, 나도 따라가서 엿장사를 하며 기범의 공부하는 모양을 보겠습니다."

나는 기범을 9세 때부터 내 집에서 기르며, 공부는 안신학교 소학과를 마치 고 양산학교 중학부에 입학하게 하였다.

그런데 이제 왜놈들이 양산학교를 해산하고 교구 전부를 강탈하니, 교육사 업도 단 꿈〔春夢〕이 되고 말았다. 목자를 잃은 양떼 같은 학생들이 원수의 채 찍 아래 신음하게 되었으니 원통스러울 뿐이다.

나는 애써서 기러기 친구(김홍량)가 악의 그물망〔禍網〕을 벗어나 멀리 해외 로 날아가기를 기도하였건만, 홍량은 안명근의 부탁으로 신천 이원식(李源植) 에게 권고하였다고 자백한 점으로 보아 풀려날 수 없었다.

어머님은 상경하여 사식을 날마다 들여보내시고 종종 편지로 소식도 알리 셨다. 안악의 가산과 집물을 전부 매각하여 가지고 서울로 오다가, 두번째로 낳은 두 살배기 딸 화경[71]과 아내는 당시 평산에 있던 장모가 사는 처형 집에 들른 후 상경한다는 것이었다.

어머님이 손수 담은 밥그릇을 열고 밥을 먹으면서 생각하니, 어머님의 눈물 이 밥에 점점이 섞이었을 것이다. 18년 전 해주 옥바라지로부터 인천의 옥바 라지 하실 때까지는 슬프고 황망한 중에도 내외분이 서로 위로하고 의논하시 며 지냈으나, 지금은 과부의 몸으로 어느 누구 살뜰하게 위로하여 줄 사람도 없다. 준영 삼촌과 재종형제가 있으나 대부분 토착 농민이라 거론할 여지도 없고, 약한 아내와 어린 아이가 어머님에게 무슨 위안을 할 능력이 있을까?

---

71) 원문: "花慶". 다른 곳에는 이름이 '化敬'으로 되어 있다.

또한 아내가 어린 아이를 데리고, 자기 모친이 얹혀 사는 처형 집에 갔다는 소식에는 무한의 느낌이 생긴다.

처형은 본래 신창희 군과 결혼하여 가족과 같이 황해도에 와서 살았다. 내가 그 처제인 준례와 결혼한 후, 신창희 군은 다시 의과 졸업을 위해 세브란스 의학교로 들어가게 되어 처형과 장모까지 도로 경성으로 이사해 갔다.

그후 내가 장련읍에 있을 때, 장모와 처형 모녀 두 사람만 평양을 들러 장련 내 집까지 아내를 만나러 찾아왔다. 그런데 어찌된 사유인지 처형은 신창희 군과 잘 맞지 않고 어긋난 빛을 보일 뿐 아니라, 거동이 상식에 벗어난 경향을 보였다. 하물며 기독신자로서 행위인지라 그것을 본 나의 부부는 처형과 장모를 권하여 신창희에게로 보냈다.

내가 안악에 이사했을 때 역시 처형과 장모가 찾아왔는데, 처형은 신창희와 부부 관계를 끝냈다고 한다. 나와 어머님은 한때도 집안에 용납할 생각이 없었으나, 아내는 자신의 어머니와 형에 대해 강경한 태도를 보이지 못하는 것이 사실이었다. 가정은 심히 불안에 빠졌다.

나는 아내에게 비밀히 부탁하고, 장모에게 "큰딸을 데리고 나가주지 못할 터이면 작은딸까지 데리고 나가 달라"고 말했다. 말뜻을 깨닫지 못한 장모는 좋다 하고, 모녀 세 사람이 집을 떠나 경성으로 출발하였다.

내가 얼마 후에 경성에 가서 동정을 살펴보니, 아내는 어머니와 형을 떠나 어느 학교에 투신할 계책을 하고 있었다. 나는 아내에게 은밀히 약간의 여비를 주고 내려와 재령에 있던 선교사 군예빈에게 말을 하니, 준례는 당분간 데려다가 자기 집에 있게 하고 서서히 데려가라 하였다.

내가 곧 경성으로 준례에게 편지를 보내고 사리원역 앞에서 기다리니, 준례 혼자만 차에서 내렸다. 아내를 군예빈 목사 집에다 데려다 두고, 나는 안악으로 와서 어머님에게 사정을 설명하였다.

"장모나 처형이 비록 여자 도리에 위반되는 죄상이 있더라도, 죄가 없는 아내까지 내쫓는 것은 도리가 아니니 용서하십시오."

말이 끝나자마자 어머님은 쾌히 승낙하셨다.

"그렇다. 네가 데려오는 것보다 내가 직접 가서 데려오마."

어머님은 그날로 재령에 가셔서 아내를 데려왔다. 가정의 파란은 이로부터 안정되었다. 아내 역시 친모와 친형에 대한 친족관념을 단절하고 지냈다. 그 후 처형은 평산 등지에서 헌병보조원의 처인지 첩인지가 되어 살고, 장모도 같이 산다는 풍설만 들었다.

그런데 이번에 가족 전부가 경성으로 공판이란 것을 보겠다고 오던 길에, 도중에 평산 처형 집에다 아내와 화경이는 두고, 어머님만 경성으로 먼저 오셔서 공판일자를 통지하여 아내를 상경하게 하였다는 어머님의 편지를 보았다.

이제 내가 주장하던 것과 힘써 온 것은 대부분 물거품으로 돌아갔다. 학교에서 학생을 가르칠 때에도 학생들이 나를 숭배함보다, 내가 학생들에게 천배만배의 숭배와 희망을 두고 있었다. 나는 일찍이 교육을 충분히 받지 못하여 망국민이 되었으나, 학생들은 후일 건국영웅이 될 것을 바라던 마음도 헛된 것으로 돌아갔다. 또한 아내도 자기 언니가 헌병의 첩질 한다는 말을 들은 후로는 영구히 만나지 않기로 결심하였건만, 내가 이 지경이 되니 하는 수 없이 찾아갔을 것이다.

그럭저럭 소위 공판일자란 것이 정해지고, 어머님은 왜놈 나가이(永井)란 변호사를 고용하였다. 예심 심문 때 나가이 놈은 내게 이런 말로 물었다.

"총감부 유치장에 있을 때 나무판자 벽을 두드리며 양기탁과 무슨 말을 하였는가?"

나는 나가이를 노려보고 대답했다.

"이것은 신문관을 대리한 것인가? 그 사실은 신문 기록에 상세히 기재하였으니 나에게 더 물을 것이 없다."

그러자 검사놈과 눈을 꿈적이며 실패했다는 뜻을 표시하는 것 같았다.

이른바 재판일을 맞았다. 죄수 마차에 실려 경성 지방재판소 문전에 당도했다. 어머님이 화경이를 업고 아내와 같이 문 안에서 기다리고 있는 것을 보면서, 소위 2호 법정이란 데로 끌려갔다.

맨 앞자리[首席]에 안명근, 다음으로 김홍량이요, 나는 제3차에 앉고, 이승길·배경진·한순직·도인권·양성진·최익형·김용제·최명식·장윤근·고봉수·한정교·박형병 등 40명이 출석하였다. 방청석을 둘러보니 각 학교 남녀 학생과 각 사람의 친척, 친구가 모였고, 변호사들과 신문기자들도 열석하였다.

동지들에게 한필호·신석충 두 사람의 경과를 들어보니, 한필호 선생은 그

때 경무총감부에서 피살되었고, 신석충은 재령 철교까지 끌려오다 강에 투신하여 죽었다는 가슴 아픈 사연을 알게 되었다.

대강 신문을 마친 후 소위 판결이 있었다. 안명근은 종신 징역이요, 김홍량·김구·이승길·배경진·한순직·원행섭·박만준 7명은 15년형인데, 원행섭·박만준은 결석하였고, 도인권·양성진은 10년형이요, 최익형·김용제·장윤근·고봉수·한정교·박형병은 7년 혹은 5년으로 구형한 후, 판결도 그대로 언도되었다.[72] 이것은 이른바 '강도 사건'으로 선고된 것이었다.

그후에 소위 '보안 사건'으로 또 재판할 때는, 수석으로는 양기탁·안태국·김구·김홍량·주진수·옥관빈·김도희·김용규(金用圭)·고정화·정달하·감익룡·김용규의 조카 등이었다. 양기탁·안태국·김구·김홍량·주진수·옥관빈은 2년 징역이고,[73] 그 나머지는 1년 혹은 6개월이었다.[74] 그밖에 이동휘·이승훈·박도병·최종호(崔宗鎬)·정문원(鄭文源)·김병옥 등 19인은 무의도·제주도·고금도·울릉도 등으로 1년 유배가 결정되었다.


## 8) 서대문감옥으로

우리는 며칠 후에 서대문감옥으로 이감되었다. 동지들 전부가 앞서거니 뒤서거니 그곳에서 함께 복역하게 되니, 날마다 서로 얼굴 대하는 것으로도 충분히 위로가 되었고, 간간이 말로도 사정을 알리며 지내는 까닭에 고생 가운데 낙이 되었다. 그뿐 아니라 5년 이하는 세상에 나갈 소망이 있으나 7년 이상은 옥중귀신이 되리라고 믿었기 때문에, 육체로는 복역을 하나 정신으로는 왜놈을 짐승처럼 여기고, 쾌활한 마음으로 죽는 날까지 낙천생활을 하기로 했

---

72) 판결일은 1911년 7월 22일이었다. 5년형을 받은 사람은 없고 최하 7년형이었다. 모두 18명이었으며, 본문의 16명 외 최명식과 김익연이 있었다.

73) 옥관빈은 1년 6개월이었고, 김구·김홍량은 여기서는 형을 받지 않았다. 따라서 김구의 총형량은 15년형이다.

74) 안윤재·감익룡·김용규 등은 1년 6개월형이었고, 유문형·권태선이 1년형, 김용태·김희록·김성주·정달하가 6개월형이었다.

다. 동지들도 대부분 지향하는 바가 동일하므로 옥중에서 하는 일이 서로 모의하지 않고도 같은 때가 많았다. 오월동주(吳越同舟)<sup>75)</sup>란 옛말이 참으로 헛말이 아닌 줄을 깨달았다.

옥중에서 여생을 보내게 된 동지들은, 대부분 크거나 어리거나 간에 아들을 두었으나, 유독 내가 젖먹이 화경이만 있고 또한 누이도 없는 독자임을 애석하게 생각하였다. 김용제는 4남 1녀를 두었으니, 장남은 선량(善亮)이요, 그 다음이 근량(勤亮)·문량(文亮)·순량(順亮)인데, 자원해서 문량으로 나의 대를 잇게 하겠다고 하여 허락하였다.

나의 심리 상태가 체포된 이전과 이후에 큰 변동이 생겼음을 깨달았다. 체포되기 이전에는 십수년 동안 성경을 들고 교회당에서 설교하거나 교편을 들고 교실에서 학생을 교훈하였으므로, 하나하나 일마다 양심을 본위로 삼아서, 삿된 마음〔邪心〕이 생길 때마다 먼저 자기를 자책하지 않고는 감히 다른 사람의 그릇됨을 탓하지 못하는 것이 거의 습관이 되었다. 그런 까닭으로 학생들과 친우들 간에 충실하다는 신망을 받고 지냈고, 매사에 자기로부터 실천하여 남에 미치는 것이 습관이 되었건만,<sup>76)</sup> 어찌하여 불과 반년 만에 심리에 큰 변동이 생겨났는가를 연구해 보았다.

그러고 보면, 나의 변화는 경무총감부에서 신문받을 때 와타나베 놈이, 다시 마주앉은 오늘의 김구가 17년 전 김창수인 것도 모르고, 대담하게 자기 가슴에는 X광선을 붙이고 있어 출생 이후 지금껏 나의 일체 행동을 투시하고 있으니 터럭만큼이라도 숨기면 당장 쳐죽이겠다고 협박하던 때부터 시작되었던 것이다. 태산처럼 크게 보이던 왜놈이 그때부터 겨자씨와 같이 작아 보였다. 무릇 일곱 차례나 매달려 질식된 후 냉수를 끼얹어 살아나곤 하였지만, 마음은 점점 강고해져 왜놈에게 국권을 빼앗긴 것은 일시적 국운 쇠퇴요, 일본은 조선을 영구 통치할 자격이 없다는 것이 불 보듯 확연한 사실로 생각되

---

75) 오월동주(吳越同舟)란 중국 병법서 『손자』(孫子)에 나오는 말로, 원래 적대국인 오나라와 월나라 사람들도 같은 배에 타게 되면 적대관계는 사라지고 마음이 같아지게 된다, 즉 '처지가 같으면 마음도 같아진다'는 의미이다. 이 말이 전(轉)하여 사이 나쁜 사람들이 같은 처지에 처하거나 단지 동석(同席)한 경우를 의미하기도 한다. 여기서는 원래의 뜻에 가깝다.

76) 원문: "凡事에 推己及人의 常習이 되엿섯건만".

었다.

소위 고등관이라고 모자에 금줄을 둘셋씩 붙인 놈이, 나에게 일본 천황의 신성불가침인 권위를 과장하여, '천황이 재가한 법령에 대하여 행정관리가 털 끝만큼이라도 범위에 벗어나는 행사를 못한다' 또 '조선 인민도 천황의 어린 백성[赤子]이라 일본인과 한가지로 대접받는[一視同仁] 행복을 받는 것이니, 공이 있는 사람은 상을 주고 죄가 있는 사람은 벌을 주는 법령대로, 관리가 법령에 의하여 공평히 시행한다' 그러니 '관리가 자기에게 좋게 하는 인민에 게는 죄가 있어도 벌하지 않고 자기가 미워하는 사람에게는 죄가 가벼워도 무 겁게 벌하던 구한국(대한제국) 시대와는 하늘과 땅의 차이가 있다'고 혀가 닳 도록 과장하여 말했다. 그런 그놈의 입에다 대고 며칠 후에 내가 되물었다.

"그대의 말이, 안악에 가서 보니 급료의 많고 적음을 불문에 부치고 오직 성심으로 학교만 잘 되도록 애쓰는 선생이라고 인민 일반에게 신앙을 받은 것 을 보면, 김구는 지방의 유공자 가운데 하나라고 하지 않았느냐? 더욱이 나에 게는 오늘까지 범죄 사실이 없고 상을 받을 사람의 열에는 있을지라도 죄를 받을 만한 사실로 인정될 것은 없으니, 어서 방송하면 곧 학교로 돌아가 개학 하겠다."

"네가 그런 줄 안다만 전답을 사들인 지주로서 뭉어리돌을 골라내는 것이 상례 아니냐? 네가 아무리 범죄 사실을 자백하지 않았으나 너의 동류가 다 너 를 우두머리라 말하였으니, 그것이 증거가 되어 끝내 죄를 면하기 어렵다."

"관리로서 법률을 무시하는 것 아니냐?"

하고 내가 반문했더니, 관리를 희롱한다고 미친개 모양으로 분기탱천해서 죽 도록 매질하였다. 그러나 왜놈이 나를 뭉어리돌로 인정하는 것은 참 기쁘다.

'오냐, 나는 죽어도 뭉어리돌 정신을 품고 죽겠고, 살아도 뭉어리돌의 책무 를 다하리라.'

는 생각을 가슴 깊이 새겼다. 나는 죽는 날까지 왜마(倭魔)의 소위 법률이란 것을 한 푼이라도 파괴할 수만 있다면 계속 행하고, 왜마를 희롱하는 것을 유 일한 오락으로 삼고, 보통사람으로 맛보기 어려운 별종생활의 진수를 맛보리 라고 결심하였다.

서대문에 이감할 때에 옥관(獄官)이 나에게,

"김구는, 오늘 입고 있던 의복을 벗어 집물고에 봉하여 두는 것과 같이 네 자유까지 맡겨두고, 옥의(獄衣)를 입고 감옥에 들어왔으니 관리에게 복종하는 것뿐이다."

라고 한 말을 수긍하였다. 간수가 다음날 복역시킨다면서 수갑을 풀지 않고 수갑 검사를 하면서 너무 꽉 잠그는 바람에, 하룻밤 사이에 손목이 퉁퉁 부어서 보기에 끔찍하게 되었다. 다음날 아침 검사 때에 간수들이 보고 놀라서 이유를 물었다. 나는 대답했다.

"관리가 알지, 죄수가 어찌 아느냐?"

간수장이 와서 보고,

"네가 손목이 이 지경이 되었으면 수갑을 늦추어 달라고 청원해야 할 것 아니냐?"

"어제 전옥(典獄)[77]의 훈계에, 일체를 관리가 다 알아 할 터이니 나더러는 복역만 하라고 하지 않았느냐?"

즉시 의사가 와서 치료하였으나 손목뼈까지 수갑 끝이 들어가서 부스럼이 터져 생긴 구멍이 컸던 까닭에 근 20년이 지난 오늘날까지도 손목에 헌 자국이 아직 남아 있다.

간수장 말이 "무엇이나 수감자가 불편한 사정이 있을 때는, 간수에게 신청하여 전옥까지도 면회하고 사정을 말할 수 있으니 유의하라"고 한다.

감옥의 규율을 보면 수인들이 상호간에 담화를 하거나 무슨 소식을 통하지 못하게 하였으나, 말도 많이 하고 소식도 서로 신속하게 통했다. 40명에 가까운 우리 동지들은 무슨 말이나 의견이라도 충분히 교환하고 지냈다.

심리 상태가 변한 것은 나뿐 아니었다. 동지들도 다 평소에 비하여 크게 변했다. 그중 고정화는 용모부터 험상궂은데다 마음까지 변하여 옥중에서 소위 관리를 괴롭게 하기로 유명했다. 그는 음식을 먹다가 밥에 돌이 있는 것을 발견하고는, 땅에서 모래흙을 주워 입에 넣었다. 그리고 이를 밥과 혼합하여 싸가지고 전옥 면회를 청해, 자기가 받은 1년 징역을 종신역으로 고쳐 달라 하면서 그 이유를 다음과 같이 말했다.

---

77) 앞의 옥관. 감옥을 담당하는 우두머리.

"인간은 모래를 먹고 살 수 없는데 내가 먹는 한 그릇 밥에서 골라낸 모래가 밥의 분량만 못하지 않으니, 이것을 먹고는 반드시 죽을 것이다. 기왕 죽을진댄 징역이나 중하게 지고 죽는 것이 영광이다. 1년도 종신이요, 종신도 종신이 아닌가?"

전옥은 얼굴색이 주홍같이 되어서 식당 간수를 불러 꾸짖고 밥 짓는 데에 극히 주의하여 모래가 없도록 개량했다.

그 며칠 후, 감방에서 동료 수인들이 의복에서 이(蝨)를 잡는 것을 본 고군은, 비밀히 각 사람에게 부탁하여 이를 거두어 모아서 뒤 씻는 종이에 싸놓고, 간수에게 전옥 면회를 청하였다. 전옥 앞에 이 꾸린 것을 내어놓으며,

"전날 전옥장 덕으로 돌 없는 밥을 먹는 것은 감사하나, 의복에 이가 끓어서 잠도 잘 수 없고, 깨어도 이 때문에 온몸이 근지러워서 견디기 어렵소.[78] 구한국시대 감옥에는 수인이 자기 집에서 의복을 가져다 착용할 수 있었으나 대일본의 문명한 법률은 그도 허가하지 않으니, 이처럼 불결한 의복을 입으면 질병이 생길까 염려되오."

하니, 즉시로 각 감방에 새로 만든 의복을 들여오고, 옛 옷은 증기기계를 사용하여 간간이 소독하여 주는 까닭에 다시는 이 잡는 사람이 없게 되었다.

그때 서대문감옥은 '경성감옥'이라고 문패를 붙인 때인데, 수인의 총수 2,000명 미만에 대부분이 의병이요, 그 나머지는 소위 잡범이었다. 옥중의 대다수가 의병이란 말을 듣고, 나는 심히 다행으로 생각하였다. 그이들은 일찍이 국사를 위하여 분투한 의기남아(義氣男兒)들이니, 기개로나 경험으로 배울 것이 많으리라고 생각했다.

감방에 들어가서 차례차례 인사를 하며 물어보니, 혹은 '강원도 의병의 참모장'이니 혹은 '경기도 의병의 중대장'이니 하여, 대부분 의병 두령이고 졸병이라는 사람을 보지 못했다. 처음에는 극히 존경하는 마음으로 교제를 시작하였으나, 얼마 되지 않아 마음 씀씀이와 행동거지가 순전한 강도로밖에 보이지 않았다. 참모장이라 하는 사람이 군대의 규율이나 전략이 무엇인지조차 알

---

78) 당시 감옥의 가장 무서운 적은 빈대와 벼룩이었다. 신숙(申肅)은 "밤이 이미 깊으기에/억제하고 잠을 청하니/무정한 빈대 벼룩/벌떼같이 달려 든다"며 그의 옥중 체험을 말하였다.

지 못할 뿐 아니라, 의병을 일으킨 목적이 무엇인지, 국가가 무엇인지도 모르는 사람이 많았고, 당시 무기를 가지고 여러 마을을 횡행하면서 만행한 것을 잘한 일처럼 큰소리쳤다.

내가 처음으로 13호방에 들어가니, 저녁 식사 후 공장에 사역 나갔던 사람들이 몰려들어와 의복을 갈아입은 후, 그중 한 명이 나에게 물었다.

"여보 신참수(新囚), 어디 살았으며, 죄명은 무엇이고, 역은 얼마나 졌소?"

나는 일일이 대답했다. 이 구석 저 구석에서 질문과 반박이 연이어 나왔다.

"여보 신참수, 똥통을 향하여 절하시오."

"좌상(座上)에 절하시오."

"그 사람 생김생김이 강도질할 때는 무서웠겠는데……, 강도질하던 이야기나 좀 들읍시다."

함부로 무질서하게 조리 없이 떠드는 판에 어떤 말을 대답해야 할지 몰라 잠잠히 앉아 있었다. 어떤 자는

"이게 어디서 굴러먹던 도적놈이야. 사람이 묻는 말에 대답이 없으니. 신문할 때 그같이 대답 안했으면 형을 받지 않지."[79]

하고 조소와 능욕이 끝이 없다. 나는 '이곳은 하등들만 몰아넣은 잡수칸(雜囚間)인가 보다' 생각하고 잠잠히 앉아 있었다.

조금 지나, 어떤 조선 간수 한 사람이 와서 나에게 물었다.

"56호는 구치감에서 나왔소?"

"그렇습니다."

"내가 공판할 때 참관하였지만 심히 애석한 일이오. 운수가 다한 탓이니 어찌하겠소. 마음이나 편하게 가질 수밖에 없지요."

그 간수가 대단히 동정하는 빛을 보이고 돌아가자, 그 다음은 일인 간수들이 몰려와서 내 명패와 얼굴을 보고 수군거린다.

방안에서 한참 야단으로 떠들던 죄수들이 다시금 수군댄다.

"이야! 박간수 나리가 저 신참수를 존경하니, 관리가 죄수에게 공대하는 모

---

79) 원문: "律을 지지 안치." 심문 당할 때 죄를 말하지 않았다면 형을 받지 않았을 것이라는 뜻.

양은 처음 보겠다."

"박간수 나리의 친척 어른인 게지."

하고 떠드는데, 한 사람이 정숙하게 물어왔다.

"신참수는 박간수 나리와 어떻게 되시오?"

"박간수인지, 이간수인지 나는 모르오."

"그러면 이전에 무슨 높은 벼슬을 지냈소?"

"나는 벼슬하지 않았소."

그러자 그중 한 사람이 또 물었다.

"당신, 양기탁을 아시오?"

"짐작하지요."

"옳지, 저 신참수도 국사범(國事犯) 강도인가 보다. 3일 전 『대한매일신보』
사장 양기탁이란 신참수가 들어왔고, 그 공범으로 유명한 신사 여러 명이 역
을 졌다고 아무개 간수 나리가 말씀하더라. 그러면 저 신참수도 신사이므로
우리가 묻는 말에 대답도 잘 아니하는가 보군. 아니꼬운 놈, 나도 허왕산[旺
山][80] 밑의 당당한 참모장이야. 여기서 교만을 부려봐야 소용없다."

나는 처음에 그 자들을 하등 잡범들로만 알았다가, 허위의 부하라는 말을
듣고서는 심히 통탄하였다. 저런 자가 참모장이었으니, 허위 선생이 실패하였
을 것은 불 보듯 뻔한[明若觀火] 것 아닌가.[81]

옥중에 전해오는 이야기가 있었다. 이강년(李康秊)[82] 선생과 허위 선생은
왜적에게 체포되어, 신문과 재판을 받지 않고 사형당하시기까지 왜적을 더럽

---

80) 구한말 저명한 의병장 허위(許蔿, 1855~1908)의 호. 허위는 1907년 정미 7조약과 강제적인
   군대 해산에 반대하여 의병을 일으켜 서울 진공작전을 세웠다가 실패하고, 1908년 6월 체포되
   어 10월 21일 서대문감옥에서 처형되었다.

81) 매천 황현도 "의병에 도적배와 다름없는 이들이 많다"고 개탄한 바 있다.

82) 이강년(李康秊, 1858~1908). 호는 운강(雲崗). 고종 17년(1880) 무과에 급제하였다가 갑신
   정변이 일어나자 낙향하였고, 1895년 문경에서 의병을 일으켜 탐관오리를 처단했다. 1897년
   만주에서 의병을 모집하여 왜적과 싸우고, 1905년 을사조약 이후 다시 봉기하였으며, 1907년
   군대 해산 후 민긍호 부대와 공동작전으로 큰 전공을 세웠다. 서울 진공계획을 세웠다가 청
   풍 금수산전투에서 체포되어, 1908년 사형당했다.

게 여기며 꾸짖다가 순국하셨는데, 그후 서대문감옥에서 사용하던 자래정(自來井)이 허위 선생 사형일로부터 우물물이 벌겋게 흐려져 폐정(廢井)되었다는 것이다.

그처럼 서릿발 같은 절의를 듣고 생각해보니 부끄럽기 끝이 없었다. 정신은 정신대로 잘 보존하지만, 왜놈에게 소·말이나 야만인 대우를 받는 나로서 당시 의병들의 자격을 평론할 용기가 있을까? 지금 내가 의병 죄수를 무시하지만, 그 영수인 허선생·이선생의 혼령이 나의 눈앞에 출현하여 엄중한 질책을 하는 듯싶다.

'옛날 의병은 네가 보는 바와 같이 무식한[目不識丁] 것들이니 국가에 대한 의무도 이해하지 못하는 것이 사실이나, 너는 일찍이 고후조(高後凋)에게 의리가 무엇인지 가까이서 배웠고, 그이에게서 배운 금언 중에 삼척동자라도 개나 양을 가리켜 절을 시키면 반드시 크게 노하며 불응한다는 말을, 강단에서 신성한 제2세 국민에게 연설하던 네가, 머리를 숙여 왜놈 간수에게 예를 하느냐? 네가 항상 암송하는 고인의 시 가운데,

남이 해준 음식을 먹고 남이 만들어 준 옷을 입거늘 (食人之食衣人衣)
품은 뜻은 평생 어기지 말아야 한다. (所志平生莫有違)

는 귀절을 망각하였느냐? 네가 어려서부터 늙어서까지 스스로 농사 짓지 않고 스스로 옷을 짜지 않아도 대한의 사회가 너를 입히고 먹였는데, 금일 왜놈이 먹이는 콩밥이나 먹고 붉은 의복이나 입히는 데 순종하라고 먹이고 입혔느냐? 명색이야 의병이든 도적이든, 왜놈에 순종하는 백성[順民]이 아니라고 인정하여, 종신이니 10년이니 감금하여 두는 것으로도 족히 의병의 가치를 인정할 수 있지 않으냐? 남아는 의(義)로 죽을지언정 구구히 살지 않는다고 평일에 어린 학생을 가르치더니, 네가 금일 살아 있는 것이냐, 죽은 것이냐? 네가 개 같은 생활을 견뎌 지내고서 17년 후에 장차 공을 세워 죄를 갚을 자신이 있느냐?

이같은 생각을 하며 심신이 극도로 혼란한 때, 마침 안명근 형이 나에게 조용히 이런 말을 한다.

"내가 감옥에 들어온 후 아무리 생각하여 보아도 하루를 살면 하루가 욕되고 이틀을 살면 이틀이 욕되니, 굶어 죽으려고 생각합니다."

나는 쾌히 찬성하였다.

"가능하거든 단행하시오."

그날부터 명근 형은 단식을 했다. 자기 분량의 음식은 다른 수인들에게 나눠주고 자기는 굶었다. 연 4, 5일을 굶으니 기력이 탈진하여 운신을 못하게 되었다. 간수가 물으면 배가 아파서 밥을 안 먹는다고 하나, 눈치 밝은 왜놈들이 병원으로 옮겨 진찰해도 아무 병이 없으므로, 명근 형을 뒷짐을 지우고 계란을 풀어 억지로 입에 부어넣었다.

이 봉변을 당한 명근 형은 나에게 기별했다.

"저는 하는 수 없이 금일부터 음식을 먹습니다."

나는 전하여 일러주었다.

"죽이고 살리는 것을 마음대로 하는 부처님이라도, 감옥 안에 들어와서는 어찌할 수 없을 것이니 자중하시오."[83]

옥중에서 고 이재명 의사의 동지들을 상봉하니, 김정익(金正益)·김용문(金龍文)·박태은(朴泰殷)·이응삼(李應三)·전태선(全泰善)·오복원(吳復元) 등과 안중근 의사의 동지 우덕순(禹德淳)[84] 등이다.[85] 첫 대면이지만 마치 오래 된 것 같아 서로 사랑하는 정이 있을 뿐 아니라, 마음가짐과 일 처리에서도 의병 수들에 비하면 대부분 뭇닭 속의 봉황 같은 느낌이었다.

김좌진은 침착하고 굳세며 용감한 청년으로 국사를 위하여 무슨 운동을 하다가 투옥되었는데, 친애의 정을 서로 표하였다. 점차로 옥중에도 생활의 취미가 있음을 깨닫게 되었다.

내가 서대문옥에 갇힌 지 며칠 후 또 중대 사건이 발생하니, 왜놈의 이른바 제2차 뭉우리돌 줍는 사건이다. 제1차는 황해도 안악을 중심으로 하여 40여

---

83) 원문: "殺活自由라는 부처님이라도 入此門內하야는 莫存知解일 것이니 自重하라."

84) 원문: "禹德順". '禹德順'은 우덕순(禹德淳, 1880~1950). 안중근의 동료로 조도선·유동하 등과 함께 잡혀 3년형을 받았다.

85) 김정익은 15년형, 김용문·전태선은 10년형, 이응삼은 5년형을 받았다.

명 인사를 타살·징역·유배의 세 종류로 처결한 것이었다. 그런데 이번에는 평안도 선천을 중심으로 애국인사를 일망타진하여 105명을 검거·취조했다.[86]

이미 제1차 소위 보안 사건으로 2년형을 집행받고 있던 양기탁·안태국·옥관빈과, 유배형에 처하였던 이승훈까지 다시 집어넣고 신문을 개시하였다. 이 것은 기존의 보안율로 2년만 지운 것이 왜의 마음에 미흡하여 좀더 지우자는 야만적인 생각에서 나온 것이었다. 나와 김홍량도 15년에 2년 역을 더하여 합 17년의 역을 졌다.[87]

어느날 간수가 와서 나를 면회소로 데려갔다. 누가 왔는가 하고 기다리노라 니, 판자 벽에서 딸깍 하고 주먹이 하나 드나들 만한 구멍이 열렸다. 그리로 내다보니 어머님이 서 계셨고, 곁에 왜놈 간수가 지키고 섰다.

근 일고여덟 달 만에 면회하는 어머님은 태연하신 안색으로 말씀하셨다.

"나는 네가 경기 감사나 한 것보담 더 기쁘게 생각한다. 네 처와 화경이까 지 데리고 와서 면회를 청했는데, 한 번에 한 사람밖에 허락하지 않는대서 네 처와 화경이는 저 밖에 있다. 우리 세 식구는 평안히 잘 있다. 옥중에서 몸이 나 잘 있느냐? 우리 근심 말고 네 몸이나 잘 보중하기 바란다. 만일 식사가 부족하거든 하루에 사식 두 번씩을 들여주랴?"

오랜만에 모자 상봉하니 나는 반가운 마음과 더불어, 저같이 씩씩한 기절 (氣節)을 가지신 어머님께서 개 같은 원수 왜놈에게 자식 보여 달라고 청원하 였다고 생각하니 황송한 마음이 그지없다. 다른 동지들의 면회 정황을 들어보 면, 부모 처자가 와서 서로 대면하면 울기만 하다가 간수의 제지로 말 한마디 도 못하였다는 것이 보통인데, 우리 어머님은 참 놀랍다고 생각된다. 나는 17 년 징역 선고를 받고 돌아와서 잠은 전과 같이 잤어도 밥은 한 끼를 먹지 못 한 적이 있는데, 어머님은 어찌 저렇게 강인하신가 탄복하였다.

---

86) 일제는 1910년 12월 27일 압록강 철교준공식에 참가하려는 사이토(寺內正毅) 총독을 암살하 려고 모의하였다는 혐의로 애국지사들 600여 명을 검거·투옥하였고, 그중 105명을 기소하였 다. 이를 이른바 '105인 사건'이라 한다.

87) 105인 사건의 최종 판결에서는 99명이 무죄 석방되고 윤치오·양기탁·안태국·이승훈·임치 정·옥관빈 등 6명만 징역 4년을 선고받았다. 백범이 김홍량과 같이 2년형을 더 받았다고 하 는 것은 착오로 보인다. 백범의 총형량은 안명근 사건으로 받은 15년이다.

나는 실로 말 한마디를 못하였다. 그러다 면회구가 닫히고, 어머님께서 머리를 돌리시는 것만 보고, 나도 끌려 감방으로 돌아왔다. 어머님이 나를 대하여서는 태연하셨으나, 돌아서 나가실 때는 반드시 눈물에 발부리가 보이지 않았을 것이다. 어머님이 면회 오실 때 아내와는 물론 많은 상의가 있었을 것이요, 내 친구들도 주의를 해드렸을 듯하지만, 일단 만나면 울음을 참기가 지극히 어려울 것인데, 어머님은 참 놀라운 어른이다.

## 9) 옥중의 의·식·주

옥중생활을 일일이 기록하기는 불가능하나, 의·식·주·행(行)을 각각 나누어 쓰면서 그때 체험하고 목격한 것과 나의 생활하던 진상을 말하고자 한다.

각 수인들은 소위 판결을 받기 전에는 자기의 의복을 입거나 자기 의복이 없으면 청색 옷을 입다가, 기결되어 복역하는 시간부터 붉은 옷을 입으니, 조선 복식으로 만들어 입는다. 입동 시기부터 춘분까지는 면옷[棉衣]을 입히고, 춘분에서 입동까지는 홑옷[單衣]을 입히되, 병든 수인에게는 흰옷을 입혔다.

식사는 하루 3회로 분배하는데, 그 재료는 조선 각 도에서 각기 그 지방에서 아주 헐한 곡물을 선택하는 까닭에 각 도 감옥의 음식[監食]이 동일하지 않았다.

당시 서대문감옥은 콩 5할, 좁쌀 3할, 현미 2할[88]로 밥을 지어, 최하 8등식에 250몬메(匁)[89]를 기본으로 하여 2등까지 문수를 증가하였다. 차입되는 사식은, 감옥 바깥에 있는 식당 주인이 수인 친족의 부탁을 맡아 배식 시간마다 밥과 한두 가지 반찬을 가져오면, 간수가 검사하고 일자(一字) 박은 통에 다식(茶食)과 같이 박아내어 분배하는데,[90] 사식 먹는 수인들은 한 곳에 모아서 먹게 하였다. 감식(監食)도 등수는 다르나 밥은 같은 것이고, 각 공장이나 각

---

88) 원문: "十分에 콩이 五分 小米 三分 玄米 二分으로".

89) 일본의 무게 단위로 1몬메(匁, もんめ)는 약 3.75g.

90) 전통과자의 하나인 다식은 길쭉한 판자조각에 구멍을 판 다식틀로 박아내어 만든다. 여기서는 밥을 마치 다식 찍어내듯이 뭉쳐서 분배하는 것을 말한다.

감방에서 먹게 한다.

세 때로 밥과 찬을 일제히 분배한 후, 간수가 머리 숙이는 인사 고두례(叩頭禮)를 시킨다. 수인들은 호령에 좇아 무릎을 꿇고, 무릎 위에 두 손을 올려놓고 머리를 숙인다. 그러다가 왜놈 말로 "모도이"[91] 하면 머리를 일제히 들었다가, "키반"[92] 해야 각 수인이 먹기 시작한다.

수인들에게 경례를 시키는 간수는 다음과 같이 훈화한다.

"식사는 천황이 너희 죄인을 불쌍히 여겨서 주는 것이니, 머리를 숙여서 천황에게 예를 하고 감사의 뜻을 표하라."

그런데 매번 '경례'라고 할 때에 들어보면 각 수인들이 입안엣소리로 무슨 말인지 중얼거리는 것이 있다. 나는 이상하게 생각되었다. 천황이 밥을 준대서 천황에 대한 감사를 표시하는 것인가 했는데, 낯익은 수인들에게 물어보니 모두 한가지로 대답했다.

"당신, 일본 법전을 보지 못했소? 천황이나 황후가 죽으면 대사면이 내려 각 죄인을 방송한다고 하지 않았소? 그러므로 우리 수인들은 머리를 숙이고 하느님〔上帝〕께 '메이지(明治)란 놈을 즉사시켜 줍소서' 하고 기도합니다."

나는 그 말을 듣고 심히 기뻐하여 나도 그렇게 하겠다고 하였다. 그후부터는 나도 '노는 입에 염불' 격으로 매번 식사 때에 "나에게 전능을 베풀어 동양의 대악괴인 왜황을 내 손에 죽게 합소서" 하고 하느님께 기도하였다.

수인들 중에 종종 감식벌(減食罰)을 받는 자가 있으니, 내 밥을 남을 주거나 남의 밥을 내가 얻어먹다가 간수에게 발견되면, 3일 또는 7일간 무거운 벌로는 3분의 2를 감하고 가벼운 벌로는 2분의 1을 감하여 먹이는데, 감식벌을 당하기 전 간수놈들이 죽지 않으리만큼 때려준다. 소위 옥칙(獄則)에 의하면 감식도 벌칙 중의 하나인 것이다.

이 점에 대하여 나는 깊이 연구하였다. 표면으로 나도 붉은 옷을 입은 복역수이나, 정신상으로 나는 결코 죄인이 아니다. 왜놈의 이른바 '신부민'(新付民: 식민 백성)이 아니고, 나의 정신으로는 죽으나 사나 당당한 대한의 애국

---

91) 원주: "우리의 軍號 바룻과 갓다." 모도이는 모도리(もどり). 우리말로 '바로'.
92) 원주: "喫飯". 키반(きばん)은 우리말로 '밥 먹어'.

자이다. 될 수 있는 대로 왜놈의 법률을 복종치 않는 실제 사실〔實事實〕이 있어야만, 내가 살아 있는 본뜻이 있는 것이다.

그러면 나는 하루 한 끼 혹 두 끼 사식을 먹으니, 밥이 부족하여 애쓰는 수인들을 먹이고도 나는 한 끼라도 자양분 있는 음식을 먹는 셈이다. 건강에는 큰 결함이 없으리라고 생각해서, 매번 내 밥은 곁에서 먹는 수인을 주어 먹게 했다. 처음에 먹기를 시작할 때, 곁에 앉은 수인의 옆구리를 꾹 찌르면 그 사람은 알아차리고 빨리 자기 분량을 먹은 뒤 내 앞에다가 빈 그릇을 놓는다. 내 밥그릇을 그 사람에게 주면, 간수놈 보기에 나는 밥을 빨리 먹고 앉아 있는 것으로 보여진다.

수인들의 품행이, 열 번 내 밥을 먹는다면 먹을 때는 죽어도 은혜를 잊지 못하겠다고 치사를 하던 자라도, 아침밥을 얻어먹고는 저녁밥을 다른 사람에게 주는 것을 보면, 그 즉시로 욕설을 퍼부었다.

"저놈이 네 의붓애비〔義父〕냐? 이야, 효자문 세우겠다."

그러면 밥을 얻어먹는 자가 또한 나를 옹호하는 말로 맞대고 욕설을 하다가 간수에게 발각되어 함께 벌을 서는 까닭에, 선을 행함이 도리어 악을 행하게 되는 경우가 허다하다.

그러나 수인들이 내게 함부로 대하지 못하는 이유가 몇 가지 있었다. 수인 중의 정수분자인 이재명 의사의 동지들은 모두 일어에 능통하여 왜놈들에게 큰 신임을 받았는데, 그 사람들이 나에게 대하여 극히 존경하는 것을 동료 수인들이 보았던 것이다. 수인들을 임시 신문할 때 그들을 통역으로 사용했으니, 성행이 사나운 자는 하루에도 몇 번씩 불려다니는 터에 통역들에게 밉보이고서는 자기에게 직접 해가 돌아올까 하는 두려움이 있었고, 내가 날마다 밥을 다른 사람에게 주는 것을 보니 후일의 소망이 있으리라는 기대가 그 이유이다.

통틀어 말하자면 우리 동지들은 인격과 재능에서 뛰어나고, 50~60명이 정신적으로 단결되어 누구도 멸시할 수 없을 뿐 아니라, 우리와 다른 사건이라도 똑똑한 분자는 모두 우리와 정의(情義)를 통하고 지내는 터였으니, 엄연히 수인의 영도적 기관이 되어 갔다. 수인의 표면 감독은 왜놈이 하고, 정신상 지도는 우리 동지들이 하게 되었다.

숙소는 감방에서 잡거하는데, 왜놈의 다다미〔草席〕3장 반에 해당하는 방
안 면적에 수인 10여 명은 보통이고, 어떤 때에는 20여 명을 몰아넣을 때도 종
종 있었다. 앉아 있는 시간에는 수인 번호 차례에 따라, 1·2·3·4열을 지어
앉는다. 석식 후 몇 시간은 뜻에 따라 서적도 보게 하고, 문맹들은 소곤소곤
이야기도 하게 하지만, 큰소리로 서적을 소리내어 읽지 못하게 하고, 이야기
는 더욱 엄금한다.

무슨 말소리가 나면 간수가 와서 누가 무슨 말을 하였나 물어서, 이야기하
였다고 자백하면 그 수인들에게 쇠창살 사이로 손을 내놓으라 하여 실컷 때려
주는 터이므로, 앉아 있는 동안에 이방 저방에서 "아이구, 아이구" 하는 소리
와 사람 치는 소리가 끊일 때가 없다. 처음에는 맞는 모습과 저승사자〔夜叉〕[93]
같은 왜놈들의 만행을 차마 볼 수 없었으나, 하도 자주 보아 그런지 점점 신
경이 둔하여져서 보기에 심상한 때도 있었다.

이제 생각하니 우리 독립운동이 시작된 후 장덕준(張德俊) 의사가 『동아일
보』 종군기자로 북간도에 출장하여, 왜놈들이 독립군이나 평민이나 잡히는 대
로 끌어다 개 패듯 하는 광경을 보고서 의분을 참지 못해 왜놈 대장에게 엄중
하게 항의하였는데, 그 대장놈이 사과하고 장의사를 문 밖에서 작별한 뒤 비
밀리 체포하여 암살하였다는 당시 밀탐(密探)이 있었다.[94] 나는 옥중 체험으
로 인해 그것이 더욱 명확하다고 믿는다.

하루는 내가 최명식 군과 너무 오래 격리되어 지내, 울적한 회포를 풀기 위
해 한 방에서 같이 지낼 계획을 실시했는데, 그것은 옴〔疥瘡〕을 만들어서 감
옥의(監獄醫)에게 진찰받아 같은 방에서 거주케 되도록 하는 것이었다. 옴을
만드는 방법을 말하면, 가는 철사를 얻어서 끝을 갈아 뾰족하게 만들어 감추

---

93) 범어의 야차(yaksa)에서 취음한 말. 염라대왕의 명령으로 지옥의 죄인을 다루는, 흉측하
　　게 생긴 옥졸.

94) 장덕준(張德俊, 1893~1920). 호는 추송(秋松). 황해도 재령 북률면 출신. 설산 장덕수의
　　형. 백범이 보강학교 교장 시절 보강학교 교사였으며, 1920년 동아일보에 입사하여 홍범도의
　　봉오동 전투 승리 후 일본군 상황을 취재하기 위해 만주로 갔다. 그해 11월 6일 간도에 도착
　　한 그는 일본인이 무고한 조선인을 학살하는 것을 취재하다. 모아산(帽兒山)에서 일본군에게
　　살해당했다.

어둔다. 그러다가 의사가 각 공장과 감방으로 돌아다니며 병든 수인을 진찰하기 30분 전, 철사 끝으로 좌우 손가락 사이를 꼭꼭 찔러두면 찌른 자리가 옴과 같이 솟아오르고 그 끝에서 맑은 물이 솟아오른다. 그러면 누가 보든지 옴병으로 보게 된다. 그 방법으로 진찰하니 그날로 옴방으로 전방되어, 둘이 같이 한 방에 들어갔다.

그날 저녁 하도 그리웠던 판에 서로 이야기하다 사토(佐藤)란 간수놈에게 발각되었다. 누가 먼저 말을 하였나 묻기에, 내가 먼저 이야기를 했다고 대답했다. 창살 밑으로 나오라 하기에 나가 서니, 그놈이 역시 곤봉으로 난타를 한다. 나는 아무 소리도 내지 않고 한참 동안을 맞았다. 그때 맞은 상처로 왼쪽 귀의 연골이 상하여 봉충이[95]가 되어서 지금껏 남아 있다. 명식 군은 용서하며, 다시 왜놈말로 "하나시 햇소데 다다귀도"[96] 하고 물러갔다.

그때 일부러 옴을 만들어서 전방한 이유가 또 한 가지 있다. 감방에 수인의 수가 너무 많아, 앉았을 때는 마치 그릇에 콩나물 대가리 나오듯이 되었다가, 잘 때에는 한 사람이 머리를 동쪽으로 두면 다른 사람이 머리를 서쪽으로 두어 착착 모로 눕고 난 뒤,[97] 더 누울 자리가 없으면 나머지 사람들은 일어서고, 좌우에 한 사람씩 힘센 사람이 판자 벽에 등을 붙이고 두 발로 먼저 누운 사람의 가슴을 힘껏 민다. 그러면 드러누운 사람들은

"아이구, 가슴뼈 부러진다."

고 야단이다. 하지만 미는 쪽에는 또 드러누울 자리가 생기니, 서 있던 사람이 그 사이에 드러눕고, 몇 명이든지 그 방에 있는 자가 다 누운 뒤에야 밀어주던 사람까지 눕는다. 모말[98]과 같이 네 귀퉁이를 물려 짜서 지은 방이 아니면 방이 부서질 터였다.

힘써 내밀 때는 사람의 뼈가 상하는 소리인지, 판자 벽이 부러지는 소리인지 우두둑 소리에 소름이 돋는다. 그런 광경을 보고, 감독하는 간수놈들은 개

---

95) 봉충은 한쪽의 크기가 다른 짝짝이.

96) '이야기하면 때려줄 테야.'

97) 원문: "몬저 一人 首東 一人 首西로 착착 모로 뉘여서".

98) 곡식 따위를 되는 네모가 반듯한 말. 곡식 낱알이 새어 나가지 않게 네 귀퉁이를 꽉 물리게 짠다.

짖듯이 떠들지 말라면서 들여다본다. 나는 노쇠한 사람이 흉골이 상하여 죽는 것도 여러 명 보았다.

종일 힘든 일을 하던 수인들이므로 그같이 끼어서도 잠이 든다. 처음 누울 때는 남쪽 북쪽으로 어긋나게 모로 누워 선잠을 자다, 가슴이 답답하여 잠이 깨어 방향 전환하자는 의사가 일치하면, 남쪽으로 누운 자는 북쪽으로 북쪽으로 누운 자는 남쪽으로 일제히 돌아눕는다.[99] 그것은 고통을 바꾸고자 함이다. 입과 코를 마주 대고 호흡할 수는 없지만, 잠이 깊이 들 때 보면 서로 키스하고 자는 자가 많고, 약한 사람은 솟구쳐 올라 사람 위에서 잠을 자다 밑에 든 자에게 몰리어서 이리저리 굴러다니다 날을 밝히는 것이 옥중의 하룻밤이다.

옥중의 고통〔獄苦〕은 여름, 겨울 두 계절에 더욱 심하다. 여름철에는 감방에서 수인들의 호흡과 땀에서 증기가 피어올라 서로 얼굴을 분간할 수 없다. 가스에 불이 나서 수인들이 질식되면 방안으로 무소대〔물쏘대〕를 들이쏘아 진화하고, 질식된 자는 얼음으로 찜질하여 살리는데, 죽는 자도 여러 번 보았다. 수인들이 가장 많이 죽기는 여름철이다. 겨울철에는 감방에 20명이 있다면 솜이불 네 장을 들여주는데, 턱 밑에서 겨우 무릎 아래만 가려지므로 버선 없는 발과 무릎은 태반 동상이 나고, 귀와 코는 얼어서 극히 참혹한데, 발가락 손가락이 물러 터져 불구가 된 수인도 여럿 보았다.

간수놈들의 심술은, 감방에서 무슨 말소리가 났는데 누가 말을 하였나 물어보아, 말한 자가 자백을 않고 누가 말했다고 고발도 없을 때는, 여름철에는 방문을 닫아버리고 겨울철에는 방문을 여는 것이었으니, 이것이 감시의 묘방(妙方)이다.

감옥 생활에서 제일 고생을 많이 하는 사람은 신체가 큰 사람이다. 내 키가 5척 6촌 중기에 불과하나 잘 때 종종 발가락이 남에 입에 들어가고 추위도 더받는다.

---

99) 원문: "첫번 누을 제는 首南者側은 面北하여 모로 눕고 首北者側은 南面而臥하고 잠이 들엇다가도 감슴이 답답하야 잠이 ___이면 方向轉換하자는 意思가 一致하여 南面側은 北面 北面側은 南面으로 도라눕는다."

그놈들이 내게 대하여는 유달리 대우를 하는데, 복역(服役)시킨다고 말만 하고 실제로 시키진 않았다. 서대문감옥에 가서도 100일 동안 수갑을 채워두었기 때문에, 그같이 좁은 방에서 두 손이 묶인 잠자리가 너무 고통스러웠다. 동료 수인들도 잠결에 내 수갑에 몸이 닿으면 죽는다고 야단이니, 좀 넓은 방에 거처할 생각을 하였다. 그리하여 짜낸 계획—옴을 만들어 최명식과 같은 방에 거주하는 것—이 들어맞았으나, 모처럼 이야기 좀 하다가 이 봉변을 당한 것이다.

행동의 구속은 더욱 심하여 아침에 잠을 깨어도 마음대로 일어나지 못한다. 반드시 일정한 시간을 지켜서 일시에 호령으로 일어나게 하고, 즉시 간수들이 각 방의 수인을 꿇어앉힌다. 그리고 한 놈이 수인을 향해 왜놈말로 "기오츠케"[100]를 부르면 수인들은 일제히 머리를 숙인다. 한 놈이 명패를 들고 첫 자리에 앉은 수인의 번호부터 끝까지 읽는데, 수인마다 자기 번호를 들으면 "하이(예)" 하고 곧 머리를 든다.

끝자리에 앉은 수인까지 다 마친 후, 잘 때 입던 의복을 벗어 꾸려놓고, 수건 한 장씩으로 허리 아래를 가리고 알몸에 맨발로, 멀면 100보 가까우면 50보 이내 거리를, 천천히 손 활개도 못 치고 벽돌 한 개씩 펴놓은 것을 밟으며 공장에 간다. 거기서 각각 자기의 일복을 입게 하고 또 열을 지어 쪼그려 앉힌 뒤 수효를 점검하고 세면을 시킨다. 아침밥을 먹이고 나서는 곧 노역〔役事〕을 시작하는데, 일의 종류는 간단한 철공, 목공, 직공, 피복공, 보석(寶石),[101] 궐련갑(捲烟匣) 제조, 새끼 꼬기, 김매기, 빨래, 밥 짓기 등이 있다.

그밖에 여러 수인들 중에 품행이 방정하다고 보여진 자는 내감(內監) 바깥 일터의 청소부〔掃除夫〕와 병동의 간호부〔看病夫〕, 취사장의 취사부로 뽑아 썼다. 이러한 특종 역사에 쓰이는 자는 정승 부럽지 않다고들 하는데, 대우도 좀 후하고 고통도 덜하기 때문일 것이다.

감방에서 공장에 나갈 때나 들어올 때, 여름철은 보통이지만 겨울철에는 추

---

100) 원주: "우리말노 긔착". 기오츠케(起着, きおつけ)는 우리말로 차렷.

101) 원주: "倭말 무시료, 가마니 等". 무시로(むしろ, 筵, 蓆)는 자리·거적·멍석 등 깔개의 총칭. '보석'(寶石)은 '편석'(編蓆) 또는 '보석'(補蓆)의 오류인 듯하다.

워서 온몸이 꺼멓게 죽어서 들어오고 나간다. 겨울에 공장에 가서 옷을 풀어 보면 틈틈이 눈이 끼인 것이라도 입기만 하면 훈훈히 더운 기운이 돌아온다. 공장에서 노역을 마치고 저녁을 먹고 감방으로 들어올 때도, 역시 일옷을 벗고 알몸에 수건만 두르고 들어와 아침과 같이 번호 점검한 후 앉았다가 정한 시간에야 자게 한다.

구속을 너무 지나칠 정도로 가혹하게 할수록 반대로 수인들의 심성도 따라 악화되어서, 횡령이나 사기죄로 들어온 자라도 절도나 강도질을 연구해서 만기 출옥 후에 더 무거운 형을 받아 다시 들어오는 자를 종종 볼 수 있었다. 지금 감옥은 물론 이민족의 압제를 받는다는 감정이 충만한 곳이므로 왜놈들의 처사로는 털끝만큼이라도 감화를 줄 수 없으나, 내 민족끼리 감옥을 다스린다 하여도 남을 모방하여서는 감옥 설치에 아무런 효과가 없겠다고 생각되었다.

그리하여 후일 우리나라가 독립한 후 감옥 간수부터 대학 교수의 자격으로 사용하고, 죄인을 죄인으로 보기보다는 국민의 일원으로 보아서 선으로 지도하기에만 주력해야 하겠고, 일반 사회에서도 감옥살이 한 자라고 멸시하지 말고 대학생의 자격으로 대우해야 감옥 설치한 가치가 있겠다고 생각되었다.

서대문감옥에는 역대의 진귀한 보물이 있으니, 지난날 이승만(李承晩) 박사가 자기 동지들과 같이 투옥되었을 때, 서양인 친구들과 연락하여 옥중에 도서실을 설치하고 우리나라와 외국의 진귀한 서적을 구입하여 5, 6년간 긴 세월 옥수(獄囚)에게 나라를 구하고 부흥시키는 방도를 강연하였던 그것이다.

노역을 쉬는 날 서적고에 쌓인 각종 책자를 각 방에 들여보내 주는데, 그중에 이박사의 손때와 눈물 흔적으로 얼룩진, 감옥서(監獄署)라는 도장이 찍힌 『광학유편』(廣學類編), 『태서신사』(泰西新史) 등의 서적을 보았다. 나는 그러한 책자를 볼 때 그 내용보다는 배알치 못한 이박사의 얼굴을 보는 듯 반갑고 무한한 느낌이 일었다.

## 10) 기인과 영웅

앞에서 의병들의 결점을 대강 말하였고, 여기서는 통틀어서 수인들 대다수의 성행(性行)과 견문(見聞)을 대강 말하겠다.

감옥 밖 보통 사회에서는 듣도 보도 못할 괴이한 특징을 발견하였다. 보통 사회에서는 아무리 막역한 친구들 사이라도 "내가 뉘 집에 가서 강도나 살인이나 절도를 하였노라"고 발언할 사람이 없거늘, 하물며 초면 인사 후에도 서슴지 않고 "내가 아무개를 죽였다" "아무개 집에 가서 불한당질 한 것도 나와 아무개가 하였다"고 기탄없이 이야기한다. 세상이 다 알듯이 그 죄로 벌을 받는 중이라면 그럴 수 있겠으나, 스스로 숨겨서 밝혀지지 않았던 사건도 기탄없이 공개한다.

우선 한 가지 먼저 말할 것은, 어느날 가마니 짜는 제3공장에서 최명식 군과 내가 소제부 일을 하던 때 일이다. 우리는 원료를 각 수인들에게 돌려주고 뜰을 소제하고 나면, 수인들이 물건 만드는 구경이나 한다. 왜간수가 한 시간 지킬 때는 자유가 없으나, 조선 간수가 반 시간 볼 때는 한가하다. 수인 전부가 담화회(談話會)를 연 것같이 수군거리면, 조선 간수도 왜간수처럼 "말을 말라"고 왜간수보다 더 크게 호령하지만, 실제로는 왜간수장이나 부장놈이 오는가 망보는 데 불과하다.

그 틈에 최군과 의견의 같고 다름을 시험하기로 하고, 200여 명을 한 번은 올라가면서 살펴보고 한 번은 내려오면서 살펴본 뒤, 그중 몇째 자리에 앉은 자가 특이하면 그 번호를 써 가지고 서로 맞추어 보아, 의견이 같으면 그 자의 인격을 조사하여 보기로 했다. 한 차례씩 시찰하고 돌아와 각기 적은 번호를 맞추어 보니 의견이 부합하였다. 그 자는 나이가 마흔이 넘어 보이고, 몸가짐과 말은 들어보지 못했지만, 똑같은 일옷을 입었으나 눈에 정기가 들어차 있어 우리 눈에 띄었다.

첫번째 조사를 내가 하기로 언약하고 그 자를 찾아가 인사를 청하며 물었다.

"당신은 어디가 본향이며, 징역은 얼마나 되시오?"

"나는 괴산(槐山)에 살았으며 강도 5년이고, 재작년에 들어와 이제 3년 있으면 출감되겠소."

라고 답하고 그가 반문하였다.

"당신은?"

"나는 안악에 살았고 강도 15년으로 작년에 입감하였소."

"하! 짐이 좀 무겁게 되었소. 초범이시지요?"

"예, 그렇소."

왜놈 간수가 오므로 그렇게만 문답하고 일어나서 와버렸다. 그 사람에게 가서 무슨 이야기하는 것을 본 수인 중에 내게 묻는 자가 있었다.

"56호는 그 사람을 이전에 아셨소?"

"몰랐소. 당신은 그가 누구인지 아시오?"

"알고말고요. 남도(南道) 도적치고 그 사람 모르는 사람은 없을 듯하오."

나는 흥미가 있어 더 물었다.

"그가 어떤 사람이오?"

"그 사람은 삼남의 불한당(不汗黨) 괴수인 김진사입니다. 이 감옥에 동당(同黨)이 여러 명이 있다가 더러는 병이 나 죽고, 사형도 받고, 방면된 자도 많지요."

하고는 말을 그쳤다. 그날 저녁에 감방에 들어오는데, 그 사람이 벌거벗고 우리 뒤를 따라서 들어왔다.

"오늘부터는 이 방에서 괴로움을 끼치게 됩니다."

나는 반기며 말했다.

"당신이 이 방으로 전방되셨소?"

"예, 노형 계신 방이로구려."

각각 의복을 입고 점검을 마친 후, 나는 수인들에게 철창 좌우로 귀를 대고 간수의 신 끄는 소리가 들리거든 알려달라 부탁하고, 그 사람과 담화를 시작하였다.

"공장에서 잠시 인사를 하고, 정다운 이야기 한마디도 못하고 헤어지게 됨을 퍽 유감으로 생각하고 들어오던 차에, 노형이 방을 옮겨 동거하게 되니 퍽도 기쁩니다."

"예, 나 역시 동감이올시다."

진사가 내게 마치 예수교 목사가 교인에게 세례문답하듯 묻기 시작한다.

"노형, 강도 15년이라고 하셨지요?"

"예, 그렇습니다."

"그러면 계통으로 추설이오, 목단설이오, 북대요? 행락(行樂)은 얼마 동안이오?"

나는 한마디도 대답을 못하였다.

진사는 빙긋이 웃으면서 말했다.

"노형이 북대인가 싶으오."

나는 처음 들어보는 문자라. "북대라니요"라고 반문도 못하고 앉아 있었다. 곁에 앉아 이야기를 듣던 수인 중 한 사람이 김진사에게 나를 가리키며 말했다.

"이분은 국사범 강도랍니다. 그런 말씀을 물어서야 대답 못할 것이오."

감옥 말투로 '찰(참)강도'이니 계통 있는 도적이므로, 내가 김진사의 말에 대답을 못하는 이유를 말했다.

김진사는 그 말을 듣고 고개를 끄덕인다.

"내 어쩐지 공장에서 노형이 강도 15년이라 할 때, 아래위 살펴보아도 강도 냄새를 발견 못하겠기로 북대인가 보다 했구려."

나는 양산학교 사무실에서 여러 교사들이 모여 지낼 때, 우리나라에 소위 활빈당(活貧黨)[102]이니 불한당이니 하는 여러 가지 비밀결사(秘密結社)가 있어서 진(鎭)을 치고 성(城)을 공격하여 살인과 약탈을 하고 동에 번쩍 서에 번쩍 동작이 민활하여,[103] 포교와 군대를 풀어도 뿌리를 뽑지 못하는 것을 보면 분명 공고한 단결과 기민한 훈련이 있을 터인데, 우리도 어느날이고 독립운동을 하자면 견고한 조직과 기민한 훈련이 없이는 성공하지 못할 터이니 도적의 결사와 훈련을 연구하여 볼 필요가 있다 하여, 몇 달을 두고 각 교사가 연구하다가 끝내 아무런 성과가 없었던 것이 생각났다.

3일 굶어 도적할 마음이 생기지 않을 자 드물다 하나, 마음만으로 도적이 될 수는 없다. 한두 명의 좀도둑은 가능하지만 수십 명 수백 명의 집단체가

---

102) 삼남을 중심으로 게릴라식 방식으로 활동한 민중 무장집단으로 1900년에서 1904년까지 최고조에 달했다. 김진사가 소속된 추설은 활빈당이다.

103) 원문: "打鎭劫城에 殺人奪財를 하고도 東閃西忽에 動作이 敏活함으로".

되어 일사불란하게 움직이는 데에는 반드시 지휘 명령을 보내는 기관과 주동 인물이 있어야 이끌 수 있을 것이다. 그만한 인물이 있다 하면 자격과 지량 (智量)이 정부 관리 이상의 인격자라야 할 것이니, 연구·조사하여 볼 필요가 있다 해서 연구한 것이나, 끝내 단서를 얻지 못하고 말았던 것이다.

그 일을 생각하고 김진사에게 바짝 들러붙어 묻기 시작했다. 김진사란 자가, 내가 자기의 동류 아님을 발표한 이상 내게 자기네 내막을 다 말하여 줄까 의문이나, 이 기회가 아니면 평소에 애쓰던 것을 알 수 없다 생각하고 먼저 내 신분에 대해 대강 설명한 다음 물었다.

"평소에 귀 단체의 조직 훈련을 연구하여 보았으나 단서를 얻지 못하였습니다. 연구의 목적이 도적을 박멸함이 아니고 후일 나라일에 참고·응용하자 함이었으니, 명료하게 설명하여 줄 수 있겠습니까?"

진사가 말했다.

"우리 비밀결사의 시원과 유래가 여러 백 년으로 이제는 자연 공공연한 비밀이 되었으나 기강이 엄밀한 탓으로, 나라가 망함에 따라 예로부터 지켜오던 사회 기강이 여지없이 추락된 오늘날에도, 조선에서 '벌(蜂)의 법'과 '도적놈의 법'은 그대로 남아 있다고 자인합니다. 노형을 북대로 생각하고, 알지 못하시는 것을 여러 말로 물은 데 대하여 미안합니다. 그런즉 노형에게 물은 것에 대해 먼저 설명을 하고, 이어 조직·훈련·실행의 몇 가지 예를 들어 말씀하오리다.

조선시대 이전은 상고할 수 없으나, 조선시대 이후 도적의 계파와 시원은 이렇습니다. 도적이란 이름부터 명예롭지 않거든 누가 도적질을 좋은 직업으로 알고 행할 자 있으리오만, 대개가 불평자의 반동적 심리에서 기인된 것이외다. 고려 말 이성계가 신하로서 임금을 쳐서[以臣伐君] 나라를 얻은 후, 당시에 두문동(杜門洞) 72인[104] 같은 사람들 외에도 고려 왕조에 충성하고자 하는 뜻을 가지고 있는 자 많았을 것이오. 그러한 지사들이 비밀리에 연락 혹은

---

104) 조선 건국을 반대하는 고려 유신(遺臣) 고천상(高天祥) 등 72인의 충신·열사들이 망국의 비애를 품고 두문동에 들어가 신왕조에 협력하지 않자, 이성계는 두문동을 포위하고 불을 놓아 몰살시켰다고 한다.

집단하여 가지고, 약한 자를 구제하고 기운 것을 붙들고자〔濟弱扶傾〕 하는 선의와, 질서를 파괴하고자 하는 보복적 대의를 표방하고, 구석진 곳에 동지를 소집하였습니다. 조선의 은총과 국록을 먹는 자, 백성을 착취하는 소위 양반이라는 족속과 부유한 자의 재물을 탈취하여 빈한한 백성을 구제하였는데, 나라에서 도적이란 이름을 붙여 가지고 500여 년 동안 압박·도살하여 온 것이외다.

그런데 강원도에 근거를 둔 자들의 기관 명의는 '목단설'이요, 삼남에 있는 기관은 '추설'이라 하여 왔습니다. '북대'라는 것은 무식한 자들이 임시임시로 작당하여 민가나 털고 약탈하는 자를 말하는데, 목단설과 추설 두 기관에 속한 사람〔徒黨〕끼리 만나면 초면에도 옛 친구처럼 동지로 인정하고 서로 도우나, 북대에 대하여는 두 설이 하나같이 적대시하는 규율을 정하였으므로, 만나기만 하면 무조건 사형(死刑)을 하는 것이외다.

목단·추 양설의 최고 수령은 '노사장'(老師丈)이요, 그 아래에 총사무는 '유사'(有司)라 하고, 각 지방 주관자도 '유사'라 합니다. 양설에서 하는 공동 대회를 '큰 장 부른다'하고, 각기 단독으로 부하를 소집하는 것을 '장 부른다'하는 것이외다.

큰 장은 종전에는 매년 한 차례씩 불렀으나 지금에 이르러서는 재알이(왜놈)가 하도 심하게 구는 탓으로 폐지하였습니다. 종전에 큰 장을 부른 뒤에는 어느 고을을 털든지 큰 시장을 치는 운동이 생긴 것이외다. 큰 장을 부르는 본뜻은 도적질만 하는 것이 아니고, 설의 공사(公事)를 처리하는 것인데, 그때에 큰 시위 삼아 한 차례 하는 것이외다. 큰 장을 부르는 통지에서 각 도 각 지방의 책임자에게 '부하 누구누구 몇 명을 파송하라'하면 어김없는데, 흔히 큰 시장이나 사찰로 부르게 됩니다. 소명을 받고 출정하여 가는 데는 돌림장수[105]로, 중으로, 상제로, 양반 행차로, 등짐장수로 형형색색 별별 형식으로 가장해서 갑니다.

일례를 들면 연전에 하동(河東) 화개장(花開場)에서 큰 장을 부르는데 볼 만하였습니다. 그 장날을 이용한 것인데, 사방으로 장을 보러 오는 사람이 길

---

105) 원문: "돌님장사". '돌님장사'는 '돌림장사' 또는 '도부(到付)장사' '도붓장사'이다. 한 곳에서 점포를 열고 장사하는 것이 아니라, 이곳 저곳 떠돌아 다니며 장사하는 사람을 말한다.

에 차서 몰려들어올 때, 거기에 섞여 도적놈들도 들어오지요. 시장이 한창일 때[中場] 어떤 행상(行喪)이 들어오는데, 상주가 삼형제요, 그 뒤에는 상복 입은 사람들과 말 위에서 호상하는 사람도 많고, 상여는 비단으로 맵시 있게 꾸몄고, 상여꾼도 일제히 소복으로 차려 입었습니다.

시내에 들어와서 큰 주점 뜰에 상여를 세우고 나서, 상주들은 죽장을 짚고 '아이구! 아이구!' 상여 앞에서 곡을 합니다. 상여꾼들에게 술을 먹일 때, 어떤 호상객 한 명이 갯국[狗湯] 한 그릇을 사 가지고 상주에게 권합니다. 상주가 온순하게 그 자를 향하여

'무슨 희롱을 못해서 상제에게 갯국을 권하는가? 그리 말라.'
하여도, 갯국을 권하던 호상인은 도리어 강권하여 기어이 상제들에게 갯국을 먹이려 합니다. 온유하던 상주들도 차차 노기를 띠고 거절합니다.

'아무리 무례한 놈이기로 초상하는 상제더러 갯국 먹으라는 놈이 어디 있느냐?'

'친구가 권하는 갯국을 좀 먹으면 못쓰느냐?'

이렇게 차차 싸움이 됩니다.

다른 호상인들도 싸움 말린다고 야단치고, 장꾼들의 눈이 다 그리로 집중되어 웃기를 마지 아니할 즈음, 상주 3형제가 죽장을 들어 상여를 부수고 널[柩]을 깨고 널의 뚜껑을 획 잡아 제친즉, 시체는 없고 5연발 장총이 가득 들었습니다. 상주·호상꾼·상여꾼이 총 한 자루씩을 들고, 사방 길목을 지켜 출입을 막고, 시장에 놓인 돈과 집에 쌓아둔 부상(富商)의 돈 전부를 탈취하여 가지고 쌍계사에서 공사(公事)를 마치고 헤어졌습니다.

노형이 황해도에 사시니, 연전에 청단장(靑丹場)을 치고 곡산(谷山) 군수를 죽인 소문을 들었을 것입니다. 청단장을 칠 때는 내가 총지휘로 도당을 영솔했습니다. 나는 어떤 양반의 행차로 가장하여 네 사람이 끄는 사인교(四人轎)를 타고 따르는 하인들을 늘어 세워 호기 있게 달려들어 시장 사무를 무사히 마치고, 질풍뇌우같이 곡산 군아를 습격하였는데, 군수놈이 하도 인민을 절단 내길래[106] 죽여버렸지요."

---

106) 원문: "人民을 漁肉하엿기로".

"노형의 금번 징역이 그 사실 때문이오?"

"아니오. 만약 그 사실이라면 5년만 지겠습니까? 이미 징역을 면하기 어렵게 되었기로 약소한 사건을 실토하였더니 5년형을 받았소.

조직 방법에 대하여는 근본 비밀결사인 만큼 엄밀하고 기계적이므로 설명을 충분히 해드리기 어려우나, 노형이 연구하여 보아도 단서를 얻지 못하였다는 점에서부터 말씀하지요. 도당은 수효만 많고 정밀치 못한 것보다는 수효가 적어도 정밀한 것을 목적으로 하기 때문에, 각 도 각 지방 책임 유사에게 노사장이 매년 각 분(分)설에서 자격자 한 명씩을 정밀 조사하여 보고케 합니다. 그 자격자란 것은,

첫째, 눈빛이 굳세고 맑을 것,

둘째, 아래가 맑고,

셋째, 담력이 강실(强實)할 것,

넷째, 성품이 침착할 것,

이상 몇 가지를 갖춘 자를 은밀히 보고하면, 설의 지도부에서 보고 올린 유사도 모르게 다시 비밀조사를 하여, 조사가 서로 부합될 때 그 설 책임유사에게 맡겨 합격자를 도적놈으로 만듭니다.

합격자는 물론 자기에게 대하여 보고를 하거나 조사하는 것을 완전히 모르게 합니다. 책임 유사가 노사장의 분부를 받들어 자격자에게 착수하는 방법은, 먼저 그 자격자가 즐기고 좋아하는 것을 알아보고, 여색을 좋아하는 자에게는 미색으로, 술을 즐겨 마시는 자에게는 술로, 재물을 좋아하는 자는 재물로 극진히 정을 베풀어 환심을 사서 친형제 이상으로 정의가 밀착케 된 후 훈련을 시작하는 것입니다.

방법의 일단을 말하면, 책임자가 자격자와 같이 어디 가서 놀다가 밤 깊은 후 같이 돌아오다 어떤 집 문 앞에 와서 책임자가

'그대가 잠시 동안만 이 문 밖에서 기다려 주면 내가 이 집에 들어가서 주인을 보고 곧 나오겠다.'

고 요청하면, 자격자는 아무것도 모르고 문 밖에서 나오기를 기다리고 섰을 것이외다. 갑자기 안마당으로부터

'도적이야!'

고함이 일어나고 그 집 주위로 벌써 포교가 달려들어, 우선 문전에 서 있던 자격자를 포박하고, 안마당에 침입하였던 책임자를 포박하여 가지고, 깊은 산골로 끌고 가서 신문을 개시합니다. 주로 자격자에게 대하여 70여 종의 악형으로 고문을 해서, 자기가 도적이라고 말하면 그 자리에서 흔적 없이 죽여버리고, 끝끝내 도적이 아니라고 고집하는 자는 포박을 푼 후 외진 곳에 데리고 가 며칠간 술과 고기를 잘 먹여가지고 입당식을 거행합니다.

입당식에는 책임 유사가 정석(正席)에 앉고, 자격자를 앞에 꿇어앉히고 입을 벌리라 한 뒤, 칼을 빼 그 끝을 입 안에 넣고 자격자에게

'위아래 이빨로 칼끝을 힘껏 물라.'

호령합니다. 그리고 칼을 잡았던 손을 놓고 나서 다시

'네가 하늘을 쳐다보아라. 땅을 내려다보아라. 나를 보아라.'

호령한 뒤, 다시 칼을 입 안에서 빼 칼집에 넣고 자격자에게

'너는 하늘을 알고 땅을 알고 사람을 안즉 확실히 우리의 동지로 인정한다.'
라고 선고합니다.

식을 마친 후에는 입당자까지 영솔하여 예정 방침에 의해 정식으로 강도질한 차례를 하고, 빼앗은 장물을 신입당원까지 고르게 나누어줍니다. 몇 차례만 동행하면 완전한 도적놈이 됩니다."

나는 또 김진사에게 물었다.

"동지가 사방에 흩어져 움직이니 동지들이 서로 모를 사람도 많을 것이고 그러면 서로 만나서 충돌을 피하기 어렵고 여러 가지 불편할 터인데, 동지들은 서로 무엇으로 표별(表別)합니까?"

"그렇지요. 우리의 표별은 자주자주 고치는 까닭에 영구히 정해진 것이 없으나 반드시 표별은 있습니다. 일례를 들면, 얼마 전 어떤 여관에 대상인〔大商〕 몇 명이 숙박함을 알고 밤중에 도당을 이끌고 침입하여 재물을 약탈하는데, 갑자기 좌중에 낯을 땅에 대고 꿈적을 못하는 사람 가운데 한 사람이 반벙어리 말로 '에구, 나도 장(醬) 담글 때 추렴돈 석 냥 내었는데요' 하고 우리끼리 통하는 표별을 말합니다. '저놈, 방자스럽게 무슨 수작을 하니, 저놈부터 동여 앞세우라' 하여 끌고 와서 문답한 결과 확실히 동지입니다. 그런 경우에는 그 동지까지 장물 나누는 것을 같이 하는 것이 법입니다."

나는 또 물었다.

"내가 혹시 듣건대, 도적한 장물을 분배하다가 싸움이 되어 그로 인해 발각 체포된다고 하니, 그것이 결점이 아니오?"

"그것이 소위 북대의 소행입니다. 우리 계통 있는 도적은 절대로 그런 추태가 없습니다. 첫째 우리는 임시임시로 도적질을 자주 하는 것이 아니고 1년에 한 차례요, 많아야 두세 번에 불과합니다. 장물 나누기에는 더욱 예로부터 정한 규칙에 의하여 분배하되, 백 분에 몇 분은 노사장에게로, 그 다음 각 지방의 공용, 몇 분은 조난당한 유족의 구제비, 이처럼 몇 분을 먼저 제한 후 극단의 모험을 감수한 자에게 장려금까지 주고 나서, 평균 분배하므로 그런 폐는 결코 없습니다.

우리 법에 4대 사형죄가 있습니다.

제1조, 동지의 처첩을 간통한 자.

제2조, 체포·신문 때에 자기 동료를 실토한 자.

제3조, 도적질할 때 장물을 은닉한 자.

제4조, 동료의 재물을 강탈한 자입니다.

포교는 피하여 멀리 도주하면 혹시 생명을 보존할 수 있으나, 우리 법으로 사형을 받고 그물을 빠져나가기는 지극히 어렵습니다. 그리고 도적질하기 싫든지 나이 많아 도당에서 물러나기를 청원하여도, 동지가 급한 경우 자기 집에 숨겨주는 한 가지 일만은 응낙한다는 서약을 받고 난 뒤, 행락(行樂)을 면제하여 줍니다."

"행락이 무엇이오?"

"즉 도적질을 이름하여 행락이라 합니다."

"만일 행락을 하다가 포교에게 체포되면 생환시킬 방법은 없습니까?"

"여보, 우리라고 잡히는 족족 다 죽는다면 여러 백 년 동안에 근거가 소멸되었을 것이오. 우리 떼설이(떼도적)가 민간에만 있지 않고 사환계(仕宦界), 특히 포도청과 군대에 요직을 가지도록 하였다가, 어느 도에서 도적이 잡힌 후에 서울로 보고가 오면 자연 바른 도적〔正賊〕곧 설과, 가짜 도적〔假賊〕북대를 변별할 수 있으니, 북대는 지방 처결에 맡기고 바른 도적은 서울로 압송하여 동료를 실토한 자는 사형케 하고, 자기 사실만 공술한 자는 기어이 살려서 옷과 밥을 주고 출옥시킵니다."

김진사의 말을 듣고 나는 생각하여 보았다. 내가 국사를 위하여 원대한 계획을 품고 비밀결사로 일어난 신민회 회원의 한 사람이지만, 저 강도단에 비하면 아무것도 아니다. 우리의 조직과 훈련이 아주 유치한 것을 깨닫고 부끄러움을 금할 수 없었다. 당시 옥중의 수인들 중에도 이같은 강도의 인격이 제일이므로, 왜놈에게 의뢰하여 순사나 헌병보조원 등 왜관리를 하다가 들어온 자는 감히 수인들 중에 머리를 들지 못하고, 사기·절도·횡령범들도 강도 앞에서는 옴짝을 못하기 때문에 수인계(囚人界)의 권위를 강도가 잡고 있었다.

그러나 우리 동지 중에는 목단설·추설[107] 강도보다 월등한 행동[行狀]을 한 사람이 많은데, 그중에는 고정화(高貞華)가 의식(衣食) 항쟁을 벌인 것을 위시하여, 고봉수(高鳳洙)가 담임간수를 발로 차 거꾸러뜨렸다가 간수가 일어난 후에도 죄를 받지 않고 도리어 상표(賞表)를 받은 것도 특이한 것이었다. 그 왜놈 간수는 수인에게 욕당한 것을 상관에게 보고하자니 자기가 욕먹겠으므로 고봉수의 행동이 극히 모범이라고 보고했던 것이다. 그밖에 김홍량이 간수들을 매수하여 보약을 비밀히 갖다 먹고 각 신문을 들여다보는 것 등이 있는데, 그중에서도 가장 특출한 자는 도인권이다.

도군은 본시 용강 사람으로, 노백린·김희선(金羲善)·이갑 등 여러 장교[將領]에게 군사학[武學]을 배워 일찍이 정교(正校)의 군직을 가졌다가, 왜놈에게 군대가 해산된 후에 향리에 거주하다 양산학교 교사로 초빙받아 근무하였다. 사람됨이 민활하고 뜻이 굳건했다. 10년 역을 받고 복역하던 중 예수교를 독실히 믿었다. 왜놈의 이른바 교회사(敎誨師)[108]가 일요일에 불상 앞에서 각 수인으로 하여금 머리를 숙여 예불하도록 명하면 수인들은 심중으로는 천황 급살을 기원하면서도 표면으로는 머리를 숙였지만, 한 호령에 수백 명이 머리를 숙이는 중에도 도인권 한 사람만은 머리를 까딱 아니하고 앉았다.

간수가 질문하니 도군은 자기는 예수교도이므로 우상에 절하지 않는다 했

---

107) 원문: "목단系 추系". 이것으로 보아 '설'은 '계통'을 의미하는 것이다.

108) 교회사(敎誨師) 또는 교화사(敎化師)는 형무소내 수감자를 반성·교화시키는 것을 업무로 하는 공무원이다.

다. 왜놈들이 분이 나서 도군의 머리를 타서 억누르거니 도군은 눌리지 않으려거니 대소동이 일어났다.

"일본법에도 신앙 자유가 있고, 감옥 법에도 수인들이 불교만 신앙하라는 조문이 없는데, 어디 근거하여 이같이 무리한가? 일본의 눈에는 도인권이가 죄인이라 하나, 신의 눈에는 일본인이 죄인 될지도 알 수 없다."

이로 인해 큰 시비가 생겨, 급기야는 교화 시간에 불상에 절하는 것 한 가지 일은 수인 자유에 맡긴다는 전옥의 교시가 있었다. 이것뿐 아니다. 전옥이 도인권에게 상표와 상장을 주었으되, 도군는 절대 사절하고 물리쳤다.

"수인의 상표는 개전하는 상황이 있는 자에게 주는 것인데, 나는 당초에 죄가 없었고, 수인이 된 것은 일본 세력이 나보다 우세한 것뿐이거늘, 상이 무슨 관련이 있는가?"
라고 하며 끝내 거절하였고, 그후에 소위 가출옥을 시키는데도,

"내 죄가 없는 것을 지금에야 깨달았거든 판결을 취소하고 아주 풀어줄 것이지, 가출옥이란 가(假)자가 정신에 상쾌치 못하니 기한까지 있다 나간다."
하니, 왜놈도 어찌하지 못하고 기한을 채워서 방면하였다.

도인권의 행동은 강도로서는 능히 가지지 못할 것이다. "온 산의 마른나무 가운데 잎사귀 하나만 푸르다"[109]는 기개를 누가 흠모하고 감탄하지 않으리오. 불서(佛書)의 "홀로 우뚝 솟아 넓은 도량을 펼치고, 천하를 걸어감에 누가 나를 따르랴"[110]는 구절을 도군을 위해 암송하였다.

동료 수인 중에 이종근(李種根)이란 나이 겨우 20세의 청년이 있으니, 의병장 이진룡의 일가 동생이었다. 어릴 적부터 일어를 잘하여 러일전쟁[俄日戰爭] 때 왜장 아카시(明石)의 통역이 되었다가 헌병보조원이 되었다. 이진룡이 의병을 일으키던 처음에 종근을 불러와서 사형을 집행하고자 했는데, 종근이 이의사를 향해,

"아우가 나이 어려 대의를 몰각하고 왜의 졸개가 되었으나, 지금이라도 형님을 따라 의병이 되어 왜병을 섬멸하고 장차 공을 세워 그간의 죄를 씻는 것

---

109) 원문: "滿山枯木一葉靑".

110) 원문: "兀兀落落赤裸裸 獨步乾坤誰伴我".

이 어떠하겠습니까?"

하니 이의사가 쾌히 허락하였다. 종근은 곧 보조원의 총기를 그대로 메고 이 의사가 실패하기까지 종군하다가, 왜에게 생포되어 사형을 받게 되었는데, 이 전에 신임받던 아카시에게 면회를 청하여 용서를 구한 결과 5년 역을 받았다.

이종근은 왜간수에게 청하여, 자기가 일자무식[目不識丁]이니 56호와 같은 방에서 자고 같은 공장에서 복역하게 해주면 문자를 배우겠다고 하여 허가를 얻었다. 2년 동안이나 문자를 가르치노라니 나도 종근의 애호를 많이 받았다. 그러다가 종근은 가출옥으로 나가게 되었다. 그후 집에서 보낸 서신을 보니, 종근이가 아내를 거느리고 안악까지 가서 어머님을 뵈었다는 말이 있었다.

출역중이던 어느날 졸지에 역사를 중지하고 수인을 한 곳에 회집케 하더니, 메이지(明治)의 사망을 선언한 뒤 이른바 대사면(大赦)을 반포하였다. 먼저 보안 2년은 면형(免刑)이 되니, 보안율로만 감옥 살던 동지들은 그날로 출옥 하였다. 강도율에는, 명근 형에게는 감형도 되지 않았으나, 15년 역에는 나 혼자만 8년을 감해 7년으로 되고, 김홍량 이외 몇 사람은 대부분 7년을 감해 8 년으로 되고, 10년, 7년, 5년들도 차례로 감형되었다.

불과 몇 달 뒤에 메이지의 처가 또한 사망해서 잔기의 3분의 1을 감하니, 5 년여의 가벼운 형이 되었다. 그때는 명근 형도 종신형에서 20년으로 감하였으 나, 명근 형은 형을 더하여 죽여줄지언정 감형은 받지 않겠다고 하였다. 그러 나 왜놈 말은 "죄수에게 일체를 강제로 집행하는 것이니 감형을 받고 안 받음 도 수인의 자유에 있지 않다"고 했다. 그때 공덕리(孔德里)에 경성감옥[111]을 준 공한 후이므로, 명근 형은 그리로 이감되어 얼굴만이라도 다시 보지 못했다.

명근 형은 전후 17년 동안을 구속되었다가 연전에 풀려나 신천 청계동에서 부인과 같이 1년 남짓 지내다가, 자기 부친과 친형제가 그리워 가족을 이끌고 중국·러시아 접경지대[中俄領]로 이주하였다. 그런데 원체 장구한 세월 동안 가혹한 고생을 한 탓으로 몸에 저항력이 없어져 그다지 심하지도 않은 신병으 로 만고분한을 품고 중국령 화룡현(和龍縣)에서 마침내 불귀의 객이 되었 다.[112]

---

111) 현재 마포구 아현동 서울지검 서부지청, 서울지법 서부지원 자리이다.

그럭저럭 내가 서대문감옥에서 지낸 것이 3년여이고, 남은 기간은 불과 2년이었다. 이때부터는 마음에 확실히 다시 세상에 나가 활동할 신념이 생겼다. 그리하여 세상에 나가서는 무슨 사업을 할까 주야로 생각하였다. 나는 본시 왜놈이 이름지어준 '뭉우리돌'이다. '뭉우리돌'의 대우를 받은 지사 중에 왜놈의 가마솥〔火釜〕인 감옥에서 인간으로 당하지 못할 학대와 욕을 받고도, 세상에 나가서는 오히려 왜놈에게 순종하며 남은 목숨을 이어가는 자도 있으니, 그것은 '뭉우리돌' 중에도 석회질을 함유하였으므로 다시 세상이라는 바다에 던져지면 평소 굳은 의지가 석회같이 풀리는 것과 같다.

그러므로 나는 다시 세상에 나가는 데 대하여 우려가 적지 않았다. 만일 나도 석회질을 가진 뭉우리돌이면 만기 이전에 성결한 정신을 품은 채로 죽었으면 좋지 않을까 생각했다.

그리하여 결심의 표시로 이름을 '구'(九)라 하고, 호를 '백범'(白凡)이라 고쳐서 동지들에게 언포하였다. 구(龜)를 구(九)로 고친 것은 왜의 민적(民籍)[113] 에서 벗어나고자 함이요, 연하(蓮下)를 백범으로 고친 것은 감옥에서 여러 해 연구에 의해 우리나라 하등사회, 곧 백정(白丁) 범부(凡夫)들이라도 애국심이 현재의 나 정도는 되어야 완전한 독립국민이 되겠다는 바람 때문이었다.

복역중에 뜰을 쓸 때나 유리창을 닦고 할 때는 하느님께 이렇게 기도하였다. '우리도 어느 때 독립정부를 건설하거든, 나는 그 집의 뜰도 쓸고, 창호(窓戶)도 닦는 일을 해보고 죽게 해 달라'고.

---

112) 안명근은 감옥에 10년간 복역하였으며, 죽은 장소는 길림성 의란현(依蘭縣) 팔호리(八湖里)이다.

113) 민적(民籍)은 호적(戶籍). 조선시대의 전통적인 호적제도의 불완전을 보완하기 위해 대한제국은 1909년 3월 근대적인 호적법인 '민적법'을 시행하였고, 1923년 일제가 그것을 「조선호적령」으로 대체하였다. 근대 호적제도의 특징으로는, 모든 사람의 인적사항이 민적에 등재되며, 개명(改名)은 10일 이내 신고하지 않으면 처벌받게 되어 있다.

## 11) 다시 인천감옥으로

나는 잔기를 2년도 채 못 남기고 서대문감옥을 떠나 인천으로 이감하게 되었다. 원인은 내가 제2과장인 왜놈과 싸운 사실이 있었는데, 그놈이 비교적 고역이 심한 인천 축항(築港)공사를 시키는 곳으로 보낸 것이다.

서대문에는 우리 동지들이 다수 있어서 정리상 위로도 되고, 노역 중에도 편의가 많은 터였다. 쾌활한 생활을 하였다 할 수 있는 이곳을 떠나, 철사로 허리를 묶여 30~40명 적의군(赤衣軍)에 편입되어 인천 옥문 앞에 당도하였다.

무술년(戊戌年: 1898) 3월 9일 한밤중에 옥을 깨뜨리고 도주한 이 몸이, 17년 후에 철사에 묶여서 다시 이곳에 올 줄 누가 알았으랴. 옥문 안에 들어서며 살펴보니 새로이 감방을 증축하였으나, 옛날에 내가 글 읽던 방과 산보하던 뜰은 그대로 있었다. 호랑이같이 와타나베 놈을 통렬히 규탄하던 경무청은 매춘녀[賣淫女]의 검사소로, 감리사가 집무하던 내원당(來遠堂)은 감옥 창고[什物庫]가 되었고, 옛날 순검·주사들이 들끓던 곳은 왜놈의 세상으로 변해버렸다.

마치 사람이 죽었다가 몇십 년 후에 다시 살아나서, 자기가 놀던 고향에 와서 보는 듯하다. 감옥 뒷담 너머 용동(龍洞) 마루턱에서 옥중에 갇힌 불효 자식인 나를 보시느라고 날마다 우두커니 서서 내려다보시던 선친의 얼굴이 보이는 것 같다. 그러나 세상이 바뀌고 시대가 변한 탓으로 지금의 김구를 옛날 김창수로 알 자는 없을 것이라고 생각했다.

감방에 들어가서 보니 서대문에서 먼저 이감된 낯이 익은 사람도 더러 있었다. 그런데 한 사람이 곁에 썩 다가앉으며 나를 보고서 아는 체를 한다.

"그분 낯이 매우 익은데……, 당신 김창수 아니오?"

정말 청천벽력이라. 놀라서 자세히 보니, 17년 전에 절도 10년 역을 지고, 같이 감방살이하던 문종칠(文種七)이었다. 나이는 늙었을망정 젊어서의 얼굴은 그대로 알겠으나, 전에 없던 이마[天頂]에 쑥 패인 구멍이 있다. 나는 짐짓 머뭇거렸다.

그 자는 내 얼굴을 자세히 보면서 말했다.

"창수 김서방, 지금 내 얼굴에 구멍이 없다고 보면 아실 것 아니오! 나는 당신이 탈옥한 후에 죽도록 매를 맞은 문종칠이오."

"그만하면 알겠구려."

나는 밉기도 하고 무섭기도 하였지만 반갑게 인사를 하였다.

문종칠이 물었다.

"당시 항구를 진동시키던 충신이 지금은 무슨 사건으로 들어왔소?"

"15년 강도요."

문은 입을 삐쭉거리며 말했다.

"충신과 강도는 거리가 매우 먼데요. 그때 창수가 우리 같은 도적놈들과 동거하게 한다고 경무관까지 규탄을 하던 것으로 보아서 강도 15년 맛이 꽤 무던하겠구려."

나는 문의 말을 탓하기는 고사하고 도리어 빌붙었다.

"여보, 충신 노릇도 사람이 하고, 강도도 사람이 하는 것 아니오? 한때는 그렇게 놀고 한때는 이렇게 노는 게지요. 대관절 문서방은 어찌하여 다시 고생을 하시오?"

"나는 이번까지 감옥 출입이 일곱 차례이니, 일생을 감옥에서 보내게 됩니다."

"징역은 얼마요?"

"강도 7년에서 5년이 되어, 한 반 년 후엔 다시 나가 다녀오겠소."

"여보, 끔찍한 말씀도 하시오."

"자본 없는 장사는 거지와 도적이지요. 더욱이 도적질에 입맛을 붙이면 별수가 없습니다. 당신도 여기서는 별 꿈을 다 꾸지만 사회에 나가만 보시오. 도적질하다가 징역 산 놈이라고 누가 받자를 하오? 자연 농·공·상에 접촉을 못하지요. 개 눈에는 똥만 보인다는 말과 같이 도적질 해본 놈은 거기만 눈치가 뚫려서 다른 길은 밤중이구려."

"그같이 여러 번이라면 감형이 어찌 되었소?"

"번번이 초범이지요. 지나온 대로 진술하다가는 바깥바람도 못 쐬게요?"

나는 서대문감옥에서, 평소 같은 무리로 도적질을 하다가 자기는 중형을 지고 복역중인데, 같은 무리가 가벼운 횡령죄를 지고 들어와 서로 만나, 중형자가 경형자인 동료를 고발하여 종신역을 받게 하고, 자기는 그 공로로 형을 감

백범이 인천감옥 수감 당시 출역나갔던 인천항 축항공사장

하고 후한 대우를 받아서 동료 수인들에게 질시받는 사람을 보았다. 만일 문가를 덧뜨려 놓으면 감옥에 대해 눈치가 훤한 자로 괴악한 행동을 할지 알 수 없었다. 나의 신문 기록에 3개월 징역 진 사실이 없는데도 17년이나 지워주는 왜놈들인데, 저의 군관을 죽이고 탈옥한 사실이 발각되는 날이면 아주 마지막이다. 체포된 직후 사실이 발각되었다면 죽든지 살든지 상쾌하게 지내버렸을 텐데, 만기가 1년 남짓에, 이제껏 당하지 못할 욕, 감당하기 어려운 학대를 다 지내고 나서 세상에 나갈 희망을 가진 오늘날, 문가가 먼저 발설만 하면 내 일신은 고사하고 늙은 어머님, 어린 처자의 정경이 어떠할까?

문가에게 친절 또 친절하게 대우하였다. 집에서 부쳐주는 사식도 틈을 타서 문가를 주어 먹게 하고, 감옥식이라도 그 자가 곁에만 오면 나는 굶으면서도 문가를 주어 먹였다. 그러다 문가가 먼저 만기 출옥하니, 내가 출옥하는 것 못지않게 시원하였다.

아침저녁 쇠사슬로 허리를 마주 매고 축항공사장으로 출역을 간다. 흙지게를 등에 지고 10여 장의 높은 사다리를 밟고 오르내린다. 여기서 서대문감옥 생활을 회고하면 속담에 '누워서 팥떡 먹기'라, 불과 반나절에 어깨가 붓고, 등창이 나고, 발이 부어서, 운신을 못하게 되었다. 그러나 어찌할 도리가 없었다. 무거운 짐을 지고 사다리로 올라갈 때, 여러 번 떨어져 죽을 결심을 하였다. 그러나 같이 쇠사슬을 마주 맨 자는 인천항에서 남의 구두 켤레나 담뱃갑을 도적한 죄로 두세 달 징역 사는 가벼운 수인이었다. 그 자까지 내가 죽이는 것은 도리가 아니다. 생각다 못해 노역에 잔꾀를 부리지 않고 죽을힘을 다하였다. 여러 달 후 소위 상표를 주었다. 도인권같이 거절할 용기도 없고, 도리어 다행으로 생각되었다.

감옥문 밖으로 축항공사장에 출입할 때 왼편 첫 집이 박영문(朴永文)의 물상객주 집이다. 17년 전에 부모 양위께서 그 집에 계실 때, 박씨가 후덕한 사람인데다 나를 사랑하여 물심양면으로 도와주고, 아버님과 동갑이시므로 친밀히 지냈는데, 그 노인이 문전에서 우리가 들어가고 나오는 것을 보고 있다. 나는 내 은인이요, 아울러 아버님과 동갑[父執尊丈]이신 노인에게 곧 가서 절하고 "나는 김창수입니다" 하고 싶다. 그렇게 하면 그분이 오죽 반겨할까?

왼쪽 맞은편 집도 역시 물상객주인 안호연(安浩然)의 집인데, 안씨 역시 나와 부모님께 극진한 정성을 다하던 노인으로, 그도 그 집에 그대로 살고 있었다. 나는 출입시 종종 마음으로 절하고 지냈다.

# 6. 망명의 길

## 1) 출옥, 고향으로

6, 7월 더위가 심한 어느날, 갑자기 수인 전부를 교회당(敎誨堂)에 모이라 하므로 나도 가서 앉았다. 소위 분감장(分監長)인 왜놈이 좌중을 향하여 55호를 부른다. 내가 대답하니 "일어나 나오라〔起來〕"고 호령한다. 단상에 나가니 가출옥으로 방면한다는 뜻을 선언한다. 나는 꿈인 듯 생시인 듯 좌중 수인들을 향하여 점두례(點頭禮)[1]를 하고 곧 간수의 인도로 사무실에 나가니, 벌써 준비한 흰옷 한 벌을 내준다. 그때부터 붉은 옷을 입은 죄수〔赤衣軍〕가 흰옷을 입은 사람〔白衣人〕으로 변하였다. 맡겨두었던 금품과 출역한 품삯〔出役工錢〕을 계산하여 주었다.

옥문 밖으로 나와서 걸음걸음 생각한다. 박영문이나 안호연을 의당 찾아뵈어야 할 터이나, 의연히 두 집에 객주 문패가 붙어 있으니 집안이 조용하지 못할 것은 뻔한 사실이요, 또한 내가 두 분을 찾아보면 김창수란 본명을 말해야 그들이 깨달을 터이고, 그러면 자연 안식구에게 이야기하게 될 것이다. 남자는 고사하고 부인들은 내가 왔다는 말을 들으면 20년 동안이나 생사를 모르던 터에 기이하다고 이야기를 퍼뜨리게 될 터이니, 그러면 내 신변은 위험천만이었다.

박씨나 안씨 집을 지날 때 발길이 떨어지지 않는 것을 억지로 견뎠다. 옥중

---

1) 머리를 끄덕거려 절하는 것.

에서 친하던 중국인을 찾아가서 밤을 지내고, 이튿날 아침 전화국에 가서 안악으로 전화를 걸어 아내를 불렀다.

안악국에서 전화받은 직원이 성명을 묻는다.

"김구요."

"선생님, 옥에서 나오셨소?"

"예, 나와서 지금 차 타러 나갑니다."

"예, 그러시면 제가 댁에 가서 말씀드리겠습니다."

"그만 끊겠습니다."

전화국 직원은 내 제자였다.

그날 경성역에서 경의선 차를 타고 신막(新幕)에서 하루 자고, 이튿날 사리원에서 하차하였다. 선유진(船踰津)을 거쳐 여물평을 건너가며 살펴보니, 전에 없던 신작로에 수십 명이 쏟아져 나오는데, 선두에 계신 어머님이 내 걸음걸이를 보시고 눈물을 흘리며 와서 붙들고 말씀하셨다.

"너는 오늘 살아오지만, 너를 심히 사랑하고 늘 보고 싶어하던 네 딸 화경이는 서너 달 전에 죽었구나. 네 친구들이 네게 알릴 것 없다고 권하기로 기별도 하지 않았다. 7세 미만의 어린것이 죽을 때 '나 죽었다고 옥에 계신 아버지께는 기별하지 마십시오. 아버지가 들으시면 오죽이나 마음이 상하겠소' 하더라."

나는 그후 곧 안악읍 동산 공동묘지에 있는 화경이 묘지에 가 보았다.

뒤이어 김용제 등 수십 명 친구들이 다투어 달려와 희비가 교차하는 얼굴로 인사를 했다. 나는 돌아와서 안신학교에 들어갔다. 그때까지 아내가 안신여교 교원 사무를 보고 교실 한 칸에 거주하고 있었으므로, 나는 예배당에 앉아서 오는 손님을 맞았다.

아내는 극히 수척한 모습으로 여러 부인들과 같이 잠시 내 얼굴을 보는지 마는지 하고 음식 준비에 골몰했다. 어머님과 아내가 상의하여 친구들과 같이 앉아 먹는 내 모습을 보겠다는 마음으로 정성을 다해 음식을 준비하였다.

며칠 후 읍내의 친구들이 이인배(李仁培) 집에서 나를 위하여 위로회를 개최하고 나를 청했다. 한편에는 노인들이, 한편에는 중년의 친구들이, 또 한편에는 내 제자들인 청년들이 모였다.

음식이 차려질 즈음 갑자기 기생 한 떼와 악기가 들어왔다. 나는 놀랐다. 최창림(崔昌林) 등 몇몇 청년들이 말했다.

"선생님을 오래간만에 뵈온즉 너무 좋아서 저희들은 즐겁게 좀 놀렵니다. 선생님은 아무 말씀도 마시고, 여러분과 같이 진지나 잡수셔요."

노인들 중에도 내게 대해 이런 말을 한다.

"김선생은 젊은 사람들의 일을 묻지 마시고 이야기나 합시다."

청년들이 지정하여 "아무 기생으로 김선생님께 수배(壽盃)를 올려라" 하는 말이 끝나자, 한 기생이 술잔을 부어들고 권주가를 부른다. 청년들이 일제히 일어나 나에게 부탁한다. 저희들이 성의로 진상하는 수주(壽酒) 한 잔을 마셔 달라는 것이다. 나는 웃고 사양하였다.

"내가 평일 음주하는 것을 군들이 보았는가? 먹을 줄 모르는 술을 어찌 마시는가?"

"물 마시듯 마셔봅시다."

하더니, 기생의 손에 든 술잔을 받아서 잔을 입에다 대며 강권하였다. 나는 그 청년들 감흥을 없앨까 하여 술 한 잔을 받아 마셨다. 청년들이 한편으로는 나에게 술을 권하는 사이 기생의 가무가 시작되었다.

그런데 이인배 집 앞이 안신학교이므로, 음악소리와 기생 노랫소리가 어머님과 아내의 귀에 들렸던 것이다. 어머님은 바로 사람을 보내어 나를 부르셨다. 그 눈치를 안 청년들이 어머님께 가서 말씀드렸다.

"선생님은 술도 안 잡수시고, 노인들과 이야기나 하십니다."

그 말을 들으시고, 어머님이 친히 오셔서 부르셨다. 나는 어머님을 따라 집에 왔다. 어머님은 노하셔서 책망하신다.

"내가 여러 해 동안 고생을 한 것이, 오늘 네가 기생 데리고 술 먹는 것을 보려 하였더냐?"

나는 무조건 대죄(待罪)하였다. 어머님도 어머님이거니와, 아내가 어머님께 고발하여 자리에서 물러나게 할 계획을 낸 것이었다.

아내와 어머님은 종전에는 고부간에 충돌되는 점도 없지 않았으나, 내가 체포된 후부터 6, 7년간 경향(京鄕)을 전전하며 별별 고생을 같이 하여 일심동체로 반점의 충돌도 없어졌다고 한다. 경성에서 지낼 때 아내는 연동(蓮洞)

안득은(安得恩) 여사와 곽귀맹(郭貴孟) 여사의 돌봄도 많이 받았고, 경제적 궁핍 때문에 화경이를 어머님에게 맡기고 매일 왜놈 토지국(土地局)의 책 만드는 공장에서 고된 일도 하였다. 또한 어느 서양여자가 아내의 학비를 부담하고 공부를 시켜주마 하였으나 설움에 파묻힌 어머님과 어린 화경이를 돌볼 결심으로 공부도 못하였노라고, 종종 자기 의사와 맞지 않을 때 아내는 반드시 이런 말을 하여 나를 괴롭게 했다.

다른 가정에서는 보통 남편과 아내 사이에 말다툼이 생기면 주로 모친이 아들 편을 들건만, 우리집에서는 아내가 내 의견에 반대할 때 어머님이 열백 배의 권위로 나만 몰아세우신다. 가만 경험하여 보면 고부간에 귓속말이 있은 후에는 반드시 내게 불리한 문제가 발생된다. 그러므로 한 번도 내 마음대로 집안일을 처리한 적이 없다 해도 과언이 아니다.

내가 아내의 말에 반대하면, 어머님이 만장의 기염으로 호령하신다.

"네가 감옥에 들어간 후 네 동지들 중에 젊은 처자가 남편이 죽을 곳에 있음에도 돌아보지 않고 이혼을 하느니 추행을 하느니 하는 판에 네 처의 절행은, 나는 고사하고 너의 친구들이 감동하였다. 네 처를 결코 박대해서는 못쓴다."

이런 말씀을 하시기 때문에 내외 싸움에서 나는 한 번도 이기지 못하고 늘 지기만 하였다. 어머님은 또 분부하셨다.

"네가 체포된 후 우리 세 식구가 해주 고향에 다녀와서 경성으로 가려 하니, 네 준영 삼촌이 극력 만류하며, '내가 집이나 한 칸 짓고 살림을 차려 드릴 터이니 다른 곳으로 가지 말라' '조카 돌아올 때까지 형수와 질부를 고생시키지 않을 테니 조밥이라도 먹으면서 같이 살자' '젊은 며느리 데리고 다니다 무식한 놈들에게 빼앗기면 어찌하느냐' 고 야단하지만, 내가 네 처의 성결한 심지를 알기 때문에 그 같은 권유도 돌아보지 않고 경성으로 출발하였다. 네가 장기(長期)로 판결이 된 후 아무리 고생하더라도 네 근처에 머물며 살아보고자 하나, 그도 여의치 못하므로 다시 고향으로 돌아와 종산 우종서 목사의 주선으로 그곳에서 지낼 때, 준영 삼촌은 양식과 쌀을 소달구지로 싣고 그곳까지 찾아왔더라. 삼촌의 네게 대한 정분이 전보다는 매우 애절하였다. 네가 출옥한 줄 알면 와보실 것이다. 편지나 하여 드려라. 네 장모도 전보다 더욱 너를 애중해 하니 곧 통지하여라."

나는 서대문에서 한 번은 어머님을, 한 번은 아내를 면회한 뒤, 매번 면회 기간이면 장모가 늘 오는 것을 보고서, 전날 처형 관계로 너무 박하게 한 것도 후회되고 매번 면회 온 것을 감사하게 여겼다. 준영 삼촌과 장모에게 출옥된 사유를 편지하였다.

안악 헌병대에 출두를 하니 장래 취업에 대해 질문한다.

"나는 평소에 아무 기술이 없고 다만 학교에 여러 해 근무를 하였으며, 또 안신학교에서 내 아내가 교편을 잡고 있으니 조교수(助敎授)나 하면 어떠한 가?"

왜는 공식으로는 불가능하나 비공식으로 도와준다면 경찰은 묵과하겠노라고 한다. 나는 날마다 안신학교에서 어린 아이들을 가르치며 세월을 보냈다.

당시 장모는, 이미 정절을 잃고 헌병보조원의 첩이 되었다가 폐렴이란 중병을 얻은 큰딸과 다시 동거하면서 생활할 길이 없어 곤란하던 차에, 내 편지를 보고 좋아라 하고 염치도 돌아보지 않고 병든 딸을 데리고 우리집에 들어왔다. 전과 같이 헌병보조원의 첩이라면 문에 들어오는 것을 허락하지 않을 터이나, 죽을병이 들어 자기 동생 집으로 오는 것이니 미움보다 연민이 느껴져 다같이 살았다.

울적한 나머지 이리저리 다니며 바람이나 쐴 마음도 있었으나, 소위 가출옥 기간이 7, 8개월이나 남았으니, 무슨 볼일이 있어 어디를 가려면 반드시 사유를 헌병대에 부탁하여 허가를 얻은 후 나갈 수 있었다. 부탁하는 것이 싫어 나는 이웃 군 출입도 하지 않았다.


## 2) 농감생활

그후에 가출옥이 해제되자 김용진 군의 부탁을 받고 문화의 궁궁(弓弓)농장에 추수를 검사해 주고 돌아왔다. 그 사이에 해주 준영 삼촌께서 점잖은 조카를 보러 가면서 초라하게 갈 수 없다 하여 남의 말을 얻어 타고 와서, 이틀이나 지내도 내가 돌아올 시기를 모르므로 섭섭하게 돌아갔다고 한다. 나도 역시 섭섭하나 그해 연말이 멀지 않았으니 정초를 기다려서 삼촌에게 신정 문안도 하고 선친의 묘에 성묘도 하기로 했다.

그러다 새해가 되었다. 정초 3, 4일간은 나도 이곳 어른들을 찾아뵙고 어머님을 뵈려고 오는 친구들을 접대하기로 하고, 초닷새에 해주행을 작정하였다. 그런데 초나흗날 석양에 재종 아우 태운(泰運)이가 와서,

"준영 당숙이 별세하였습니다."

고 알렸다. 듣자마자 경악천만[驚愕萬千]이다.

여러 해 동안 옥중 고생을 하던 나를 보고 싶어 찾아오셨고, 정초에는 볼 줄 알고 기다리시다. 끝내 내 얼굴을 못 보시고 멀고 먼 길을 떠나실 때 그 마음이 어떠하였을까? 하물며 당신 역시, 딸은 하나 있으나 아들이 없고, 4형제 소생 중에 오직 하나뿐인 조카인 나[2]를 대하고 영결하고 싶은 마음이 얼마나 간절하였을까?

다음날 아침 태운을 동반하여 그 동네에 도착해서 장례를 주관하여 텃골 동산[東麓]에 묻어드렸다. 가사의 대강을 처리하고 선친 묘소에 나아가 내 손으로 심은 잣나무 두 개를 살펴보고서 다시 안악으로 돌아온 후, 다시는 다정다감한 텃골 산천을 보지 못하고 아직 생존하신 당숙모와 재종조(再從祖)를 배알하지 못하였다.

이 해에 셋째 딸 은경(恩敬)을 낳았다. 나는 계속 안신학교에서 교사를 하고 있던바, 매번 추수 시기에는 김용진의 농장에 가 타작을 간검(看檢)하였다.

읍내생활에 취미가 없어져서 홍량과 용진·용정(庸鼎)에게 농촌생활을 부탁했다. 그들은 자기네 소유 중에 산천이 맑고 아름다운 곳을 택하여 드리겠으니 농사 감독이나 하라고 흔쾌히 허락한다. 나는 해마다 추수를 감독하고 시찰한바, 가장 성가시고 말썽 많고 또 자고로 '토질(土疾: 풍토병) 구덩이'로 유명한 동산평(東山坪)으로 보내 달라고 요구하였다.

그이들 숙질은 놀란다.

---

2) 원문: "伯父 伯永은 兩男 觀洙 泰洙가 有하엿으나. 觀洙는 二十餘歲에 成妻까지 하고 死亡하엿고. 泰洙는 나보다 二個月 먼저 난 同甲으로 長連에서 나와 同居하다가 急卒하야 亦是 無后이고. 딸 둘도 擧皆 出嫁하야 죽어 無嗣하엿고. 弼永 叔은 딸 한 개 뿐이고 俊永 叔도 亦是 딸 한 개 뿐이다."

"동산평이야 되겠습니까? 소작인들의 인품이 극히 험할 뿐 아니라 풍토〔水土〕[3]가 극히 좋지 못한 곳에 가서 어찌 견디겠습니까?"

"나 역시 몇 년간 그곳 소작인들의 악습패속(惡習敗俗)을 자세히 살폈으므로 그런 곳에 가서 농촌 개량에나 취미를 붙이고자 하네."

풍토가 나쁜 것은 주의하여 지낼 셈치고, 기어이 동산에 가겠다고 강하게 요청하였다. 그이들은 '바라는 바지만 감히 청하지 못하는'(固所願不敢請) 격으로 다행스럽게 생각한다.

동산은 예로부터 궁방의 장토〔宮庄〕로, 감독〔監官〕이나 소작인이 서로 협잡하여 천 석 수확하면 몇백 석이라고 궁에 보고하여 감독이 가로채고, 소작인들은 수확기에 벼를 베고 운반하고 타작할 때 도적질을 하여, 실제 수확량이 얼마 못 되는데다 감관 역시 도적질하여 오기를 여러 백 년이니, 소작인의 악습악풍이 극에 달했다.

김씨 가문에서 이 농장을 처음 매수한 것은 진사 용승(庸昇)으로, 단독으로 매입하여 거대한 손해를 입고 파산 지경에 빠졌다. 그런데 우애가 남다른 여러 형제가 그 손해를 분담하고 동산평을 김씨 가문 공유로 한 것이다.

전부터 노형극(盧亨極)이란 자가 동산평 감관으로 와서, 소작인들을 자기 집에 소집하고 도박을 하게 하여, 추수할 때 소작인 분량의 곡물을 전부 탈취하였는데, 도박에 응하지 않는 자는 농작지를 얻기 어려웠다. 소작인의 악습은, 아버지나 형이 도박하면 아이나 동생은 경찰이 오는가 망보는 것이 보통이다. 내가 굳게 그곳의 간농(看農)을 요구한 본뜻은 그러한 풍기를 개선하고자 함이었다.

정사년(丁巳年: 1917, 42세) 2월에 동산평으로 이사하였다. 내가 어머님에게 주의드리기를, 소작인들 중 뇌물을 가지고 오는 자 있으면 내가 없는 사이라도 일체 거절하시라고 하였다.

그러나 내 앞에 연초·닭·생선·과실 등 물건을 갖다주는 자가 있었다. 그러면 반드시 소작지에 대한 요청이 있다. 나는 그들에게 말했다.

"그대가 빈손으로 왔으면 생각해 볼 여지가 있으나, 뇌물을 가지고 와서 요

---

3) 수토(水土)는 '물과 땅' 또는 '무논'이 아니고, 그 지방의 기후와 풍토(風土)를 말한다.

청하면 그 말부터 듣지 않을 터인즉, 물건을 도로 가져가고 후일 다시 빈손으로 와서 말하시오."

"뇌물이 아니올시다. 선생께서 새로 오셨는데, 내가 그저 오기 섭섭하여 좀 가져왔습니다."

"그대 집에 이러한 물건이 많으면 굳이 남의 토지를 소작할 것 없으니 그대의 소작지는 딴 사람에게 줄 것이오."

그 자들은 처음 들어보는 말인 까닭에 어쩔 줄 모른다.

"이것은 전에 감관님에게 항상 해오던 것입니다."

"앞의 감관은 어찌하였던지 본 감관에게는 그런 수단으로써 안되오."

하고 매번 돌려보냈다.

나는 소작인 준수규칙 몇 조를 반포했다.

- 도박하는 소작인의 소작권을 허락하지 않음.
- 학령 아동을 입학시키는 자는 소작지 중 가장 좋은 논[一等地] 두 마지기 씩을 더해 줌.
- 학령 아동이 있는데 입학시키지 않는 자는 소작지 중 좋은 논[上等地] 두 마지기를 도로 회수함.
- 농업에 근실한 성적이 있는 자는 조사하여 추수시 곡물을 상으로 줌.

이상 몇 조를 선포한 후에 동산평에 소학교를 설립하여, 교사 한 명을 초빙하고 학생 20여 명을 모집하여 개학하였다. 교원이 부족하므로 나도 시간으로 교과를 담당하였다. 이제 소작인으로 토지를 청구하고자 하는 자는 학부형이 아니면 말 붙이기가 어렵게 되었다.

여전히 전감관 노형극 5, 6형제는 따르지 않고 내 방침과 농정을 반대하는 입장에 있었다. 노가 형제의 소작지는 평내에서 상등지(上等地)였다. 그 토지 전부의 소작권을 회수하겠다는 통지를 보내어 놓고, 학부형에게 분배하고자 하나 한 명도 감히 경작하겠다는 사람이 없었다. 이유를 물으니 노가의 위세를 두려워함이었다. 내 소작지를 대신 분배해 주고, 노가에게 회수한 농지를 내가 경작하기로 하였다.

그런데 어느날 캄캄한 밤에 문 밖에서 김선생을 부르는 자가 있었다. 집 밖으로 나가니

"김구야, 좀 보자."

한다. 나는 그 자의 음성을 듣고 노형근(盧亨根)[4]임을 알았다. "야간에 무슨 사유로 왔느냐?"고 물으니, 노가는 와락 달려들어 내 왼쪽 팔을 힘껏 물고 늘어졌다. 그리고는 힘껏 나를 끌고 저수지 근처로 나갔다. 이웃집에 거주하는 동네사람들이 겹겹이 둘러섰으나 한 명도 감히 싸움을 중재하는 자가 없었다.

나는 생각하였다. 이같이 무례한 놈에게는 의리도 소용이 없고 당장에 완력으로 대항할 수밖에 없는데, 노가는 나에 비하면 나이도 젊고 힘도 센 놈이다. 그러하니 '눈에는 눈 이에는 이'(目償目 齒償齒) 식으로 나는 그놈의 오른쪽 팔을 힘껏 물고, 치하포에서 보인 방식으로 극단의 용기를 내어 저항하니, 노가는 그만 나의 물었던 팔을 놓고 물러선다.

나는 노가네 여러 형제와 도당이 몰려와서 인가에 숨어 잠복하고 노형근을 선봉으로 파송한 내용을 알았다. 나는 고함쳤다.

"형근이 한 명만으론 내 적수가 못 되니, 너희 노가 무리는 잠복하고 있지만 말고 도적질을 하든지, 사람을 죽이든지 예정 계획대로 하여 보려무나!"

과연 잠복하고 형세를 엿보던 노형극 무리는 웅성거리기만 하고 나오는 자가 없다.

"애, 김구야! 이전에 당당한 경성의 감관〔京監〕[5]도 저수지 물맛을 보고 쫓겨간 자 얼마나 되는지 아느냐?"

형근이 말하자, 잠복했던 한 놈이 툭 튀어나와 다른 곳으로 가며 말했다.

"어느날이고 바람 잘 부는 날 두고보자."

나는 겹겹이 둘러서서 싸움 구경하는 자들을 향해 말했다.

"여러 사람들은 저자의 말을 명심하라. 어느날이고 내 집에 화재가 나면 저놈들의 짓이니, 여러 사람들은 그때에 입증하라."

---

4) 백범은 노형극(盧亨極)과 노형근(盧亨根)을 구분하여 사용하고 있는데, 문맥으로 형과 동생일 것이다.

5) 궁방장토의 관리구조는 대체로 '궁(宮)―궁감(宮監)―장토의 현지 감관(監官)―장토내 각 마을의 마름(舍音)―소작인'으로 되어 있다. 경감은 궁장토 시절 궁감을 말한다.

형근이가 물러간 후에 여러 사람들은 나에게 노가 형제들과 원수를 맺지 말라고 권하였다. 나는 준엄하게 꾸짖고 밤을 지냈다. 어머님은 밤에 안악으로 통보했다.

다음날 아침에 김용진·김홍량이 의사 송영서(宋永瑞)를 데리고, 급한 걸음으로 달려와서 내 상처를 진단하며 소송 수속을 준비하였다. 노가 형제들은 몰려와서 머리를 조아리며 사죄를 했다. 김용진·김홍량 양군을 만류하고 노가에게 다시는 이와 같은 행위가 결단코 없을 것이라는 서약을 받고 그 문제는 낙착을 보았다.

이후로는 이미 반포한 농규를 좇아서 시행하였다. 나는 날마다 일찍 일어나서 소작인의 집을 찾아, 나태해서 늦도록 잠을 자는 자가 있으면 깨워서 집안일을 하도록 하며, 가정이 더러운 자는 청결하게 하며, 땔감[柴草]을 마련케 하고, 짚신삼기와 자리짜기를 장려하였다. 평상시 소작인들의 『근만부』(勤慢簿)[6]를 작성하여 추수철에 농장주의 허가를 얻은 범위내에서 부지런한 자에게는 후한 상을 주고, 게으른 자에게는 다시 게으르면 경작권을 허락하지 않는다고 예고하였다.

종전 추수시에는 타작 마당에서 채무자가 모여들어 곡물 전부를 다 가져가고 작인들의 거반은 타작기구만 들고 집으로 돌아갔다. 그러나 내 감독을 받은 후 곡식 포대를 자기 집으로 가져가 쌓아두게 되니, 농가 부인들이 더욱 감심하여 나를 집안 늙은이 모양으로 친절하게 대우하였고, 도박의 풍습은 거의 근절이 되었다.

그때 장덕준(張德俊) 군이 재령에서 명신여교 소유 장토를 관리하게 되었는데, 장군의 평시 연구와 일본 유학시 시찰한 농촌 개발의 방안을 갖추어 장래 협조하기로 수차 서신이 왕복되었다. 동산평에서 같이 농토를 간검하는 동업자요, 아울러 동지인 지일청(池一淸) 군은 이전 교육시대부터 친우이므로 힘을 합쳐 진행해 나가니 그 효과가 더욱 두드러졌다.

어린 딸아이 은경이가 사망하고 처형 역시 사망하여 그 땅 공동묘지에 매장하였다.

---

6) 성실한가 나태한가를 점검하는 일종의 근무일지.

무오년(戊午年: 1918, 43세) 11월에 인(仁)이가 출생했다. 인이가 태중에 있을 때 어머님은 물론이고 여러 친구들이 아들 낳기를 바랐던 것은, 내 나이가 40여 세에 누이도 없는 독자로 자식이 없음을 우려함이었다. 인이가 난 후 김용제는 어머님께 치하하여 말했다.

"아주머님, 손자 장가 보낼 때 내가 후행(後行)갈 거요."

김용승 진사가 이름짓기를 맡아 김린(金麟)이라 한 것을, 왜의 민적에 등록된 까닭에 인(仁)으로 고쳤다.


## 3) 상해 망명[7]

인이 난 지 석 달, 구름 끼어 어두웠던 겨울 추위가 지나고 따사한 봄바람〔陽春和風〕이 부는 기미년(己未年: 1919, 44세) 2월이 돌아왔다.[8] 청천벽력과 같이 경성 탑동공원에서는 독립만세 소리가 일었고, 독립선언서가 각 지방에 배포되자 평양·진남포·신천·안악·온정·문화 각지에서 벌써 인민이 궐기하여 만세를 부르고, 안악에서도 계획하고 준비하던 때였다.

장덕준 군은 자전거를 탄 사람을 시켜 한 통의 서신을 보내왔다. 뜯어 읽어보니,

"국가대사가 일어났으니 같이 재령에 앉아서 토의 진행하자."

는 것이다. 나는

"기회를 보아 움직이마."

라고 답신을 보내고, 밀행하여 진남포를 건너 평양으로 가려 하니, 그곳 친구들이

"평양에 무사히 도달하기 불가능하니 고향으로 돌아가라."

고 권고하므로 그날로 돌아왔다.

집에 돌아오니 안악에서는

---

7) 이 절은 하권과 내용이 많이 중복된다.

8) 여기서 2월은 음력이다. 참고로 기미년(1919) 3월 1일은 음력으로 1월 29일이다.

"이미 준비가 완성되었으니 함께 나가서 만세를 부릅시다."

하는 청년들이 있었다. 나는 그들에게

"만세운동에는 참여할 마음이 없다."

고 하였다.

"선생이 참여하지 않으면 누가 선창합니까?"

"독립은 만세만 불러서 되는 것이 아니고 장래 일을 계획·진행하여야 할 터인즉 나의 참, 불참이 문제가 아니니, 자네들은 어서 만세를 부르라."

하고 돌려보냈다. 그날 안악읍에서도 만세를 불렀다.[9]

나는 그 다음날 아침에 평내 소작인들을 지휘하여 농기구를 가지고 일제히 모이라 하고, 지팡이를 짚고 제방에 올라 제방 수리에 몰두하였다. 내 집을 감시하던 헌병놈들이 내 동정을 보아야 농사 준비만 하기 때문인지, 정오가 되어 유천(柳川)으로 올라가버렸다.

나는 점심시간에 소작인들에게 일을 잘 끝마치도록 부탁한 후 잠시 "이웃 마을에 다녀오마" 하고 안악읍에 도착하니, 김용진 군이 말했다.

"홍량더러 상해에 가라고 했더니 10만 원을 주어야 가지 그렇지 못하면 떠나지 못한다고 하니, 선생부터 가십시오. 홍량은 추후로 갈 셈 치구요."[10]

지체할 수 없는 형편을 보고 즉시 출발하여[11] 사리원에 도착하여 김우범(金禹範) 군에게서 하룻밤을 자고 이튿날 아침 신의주행 기차에 올랐다.

기차 안에는 물끓듯하는 말소리가 만세 부르는 이야기뿐이다. 황해도에서 평산 금천(平金川)은 어느날 불렀고, 연백은 어느날, 황주 봉산(黃鳳山)에서는 어떻게 불렀고 하는 이야기들이었다.

평양을 지나는데 역시 어디서 만세 부르다가 사람 몇 명이 상하였다는 등의 이야기뿐이다.

"우리가 죽지 않고 독립이 되오."

---

9) 민족운동의 선진지대였던 안악군에서는 3·1 만세운동이 격렬하게 진행되었다. 서울에서 돌아온 박치간·유용원 등의 주도로 3월 8일 만세운동이 일어난 다음, 기독교인·천도교인·학생 등의 주도로 4월 8일까지 만세운동이 이어졌다.

10) 김용진은 백범에게 300원을 주어 중국 망명을 지원하였다고 한다.

11) 백범이 안악에서 상해로 출발한 날은 1919년 3월 29일이다.

어떤 사람은 이렇게 말하기도 하고, 또 어떤 사람은,

"우리 독립은 벌써 되었지요. 아직 왜가 물러가지만 않은 것뿐이니 전국의 인민이 다 떠들고 일어나 만세를 부르면 왜놈이 자연히 쫓겨나고야 말지요."
라고 말하기도 했다.

그런 이야기에 배고픈 것도 잊고 신의주역에 하차하였다. 그 전날에 신의주에서 만세를 부르고 21명이 구금되었다 한다. 개찰구에 왜놈이 지키고 여객을 엄밀히 검사한다. 나는 아무 짐보따리도 없이 수건에 여비만 싸서 요대에 잡아매었다. 어떤 물건이냐 물어서 돈이라 하였고, 무엇 하는 사람이냐 물어서 재목상(材木商)이라 하였다. 왜놈은

"재목(材木)이 사람이야?"
하더니 가라고 한다.

신의주 시내에 들어가 요기를 하며 공기를 살펴보니 그곳 역시 흉흉하였다. 오늘밤에 또 만세 부르자고 아까 통지가 돌았다는 둥 술렁술렁한다.

나는 중국인의 인력거를 불러 타고 바로 큰 다리 위로 지나서 안동현(安東縣)의 어떤 여관에서 변성명하고 좁쌀장수[小米商]라 하고서 7일을 경과한 뒤, 이륭양행(怡隆洋行)[12]의 배를 타고 상해로 출발하였다.

황해안을 지나갈 때 일본 경비선이 나팔을 불고 따라오며 배를 세울 것을 요구하나 영국인 선장은 들은 체도 아니하고 전속력으로 경비구역을 지나서 4일 후 무사히 포동부두[浦東碼頭]에 닻을 내렸다. 같이 탄 동지는 모두 15명이었다. 안동현에서는 아직 얼음덩이가 첩첩이 쌓인 것을 보았는데, 황포부두[黃浦碼頭]에 내리며 바라보니 녹음이 우거졌다.[13] 공승서리(公昇西里) 15호에서 하룻밤 숙박하였다.

이때 상해에 집합된 인물 중 평소 나와 친숙한 사람은 이동녕(李東寧),[14]

---

12) 아일랜드 출신의 영국인 테러리스트 죠지 쇼우(George L. Shaw)가 운영하는 선박회사. 그는 외국인이란 신분을 이용하여 임시정부의 통신연락과 인원 및 물자 수송을 적극 도와주었다.

13) 백범 일행이 탄 윤선(輪船)이 정박한 곳은 황포강 동쪽의 포동부두이지만, 여기서 다시 작은 삼판선으로 황포강을 건너 외이탄의 프랑스 조계지에 있는 황포부두로 상륙하였다.

14) 이동녕(李東寧, 1869~1940). 호는 석오(石吾). 그는 1906년에 이미 북간도 용정촌에 망명하였고, 그후 서간도에서 경학사(耕學社)와 신흥학교(新興學校)를 설립하였다.

이광수(李光洙), 15) 김홍서(金弘敍), 16) 서병호(徐丙浩) 17) 4명이었고, 그밖은 구미와 일본에서 도래한 인사들, 중아령(中俄領)과 본국[內地]에서 찾아온 인사, 전부터 중국에서 유학 및 상업을 하는 동포들로 그 수를 통계하면 500여 명이라 한다.

이튿날 아침, 전부터 상해에 가족을 이끌고 먼저 와 살고 있던 김보연(金甫淵) 군이 와서 자기 집으로 인도하여 숙식을 같이 했다. 김군은 장연읍 김두원(金斗元)의 큰아들이며 경신학교 출신으로, 전날 내가 장연에서 학교 사무를 총괄할 때부터 나를 존경하고 따르던 청년이었다.


## 4) 경무국장에서 국무령까지

이동녕, 이광수, 김홍서, 서병호 등 옛 동지들을 찾아가 만나 악수하였다. 그때 임시정부가 조직되었다. 이에 대하여는 국사(國史)에 자세히 기록될 것이므로 생략한다. 나는 내무위원의 한 사람으로 피선되었다. 그후 안창호 동지는 미주로부터 상해로 건너와서 내무총장으로 취임하고, 정부제도는 차장제(次長制)를 채용하였다.

나는 안씨에게 정부의 문지기를 청원하였다. 이유는, 종전에 본국에 있을 때 내 자격을 시험하기 위하여 순사 시험과목을 혼자 시험쳐 본 결과 합격하기 어려움을 알았던 스스로의 경험과, 허영을 탐하여 실무에 소홀할 우려가 있었기 때문이었다.

안내무총장은 쾌히 받아들였다. 자기가 미국에서 본바 특히 백악관[白宮]만 수호하는 관리를 두었으니, 우리도 백범 같은 이가 정부청사를 수호하게 되는

---

15) 이광수는 1919년 동경에서 2·8 선언문을 작성한 이후 상해에 와 있었다.

16) 김홍서(金弘敍, 1886~1959). 그는 105인 사건 이후 체포되지 않고 은신하다 1915년 체포되어 4개월의 옥고를 치르고 1916년 상해로 망명하였다. 그는 초기에는 임시정부에서, 그후에는 조선민족혁명당에서 활동하였다.

17) 서병호(徐丙浩, 1885~1972). 그는 1914년 중국으로 망명하여 남경의 금릉대학(金陵大學)에 다니고 있었다. 1919년 김규식·여운형 등과 신한청년당을 조직하여 당수를 맡는다.

것이 좋으니 국무회의에 제출하여 결정한다 하였다.

다음날 도산은 나에게 홀연 경무국장(警務局長) 임명장〔辭令書〕을 교부하며 취임하여 근무할 것을 힘써 권하였다. 그때는 국무회의에 각 부 총장들이 아직 다 취임하지 않았으므로, 각 부의 차장이 총장의 직권을 대리하여 국무회의를 진행하던 때였다. 그때 차장 등은 윤현진(尹鉉振), 이춘숙(李春塾) 등 젊은 청년들이므로 노인에게 문을 여닫게 하고 통과하기가 미안하다 하고, 백범이 여러 해 감옥생활로 왜놈의 실정을 잘 알 터이니 경무국장이 적합하다고 인정되었다 한다.

"나는 순사의 자격도 되지 못하는데, 경무국장을 어찌 당할 수 있겠소?"
하니, 도산은 강권하였다.

"백범이 만일 거절하여 피한다면 청년 차장들의 부하되기가 싫다는 것으로 여러 사람이 생각할 터이니 거절하지 말고 공무를 집행하시오."

나는 부득이 응낙하고 취임하여 시무하였다.

민국 2년(1920, 45세)[18]에 아내가 인이를 이끌고 상해로 건너와 같이 살았다. 본국에서는 어머님이 장모와 같이 동산평에 계시다가, 장모 또한 별세하니 역시 그곳 공동묘지에 안장하고, 민국 4년(1922)에 상해로 건너와 재미있는 가정을 이루었다. 그해 8월에 신(信)이가 태어났다.

경무국에서 접수한 본국 보도에 의하면 왜놈이 나의 국모보수(國母報讐) 사건을 24년 만에 비로소 알았다 한다. 이 비밀이 이같이 장구한 세월, 하물며 양서지방에는 사람마다 모두 알던 그 일이 그같이 오랫동안 감추어져 온 것은 참으로 드물고 기이하다 하겠다. 내가 학무총감의 직을 띠고 해서 각 군을 순회할 때, 학교에나 대중들에게 왜놈을 다 죽여 우리 원수를 갚자고 연설하면서, 매번 나를 본받으라고 치하포 사실을 말하였다. 해주 검사국과 경성총감부에서 각 지방 보고를 수집하여, 『김구』라는 책에 나의 일언일동(一言一動)을 상세히 기재하였을 것이지만, 어떤 정탐이라도 그 사실만은 왜놈에게 보고하지 않았던 것이다. 그러다 나의 몸이 본국을 떠나 상해에 도착한 줄 알고

---

18) 민국 1년은 대한민국 임시정부가 수립되는 1919년이다. 백범은 이후 줄곧 민국이란 연호를 사용하였다.

중국 상해 아내의 묘비 옆에서.
한글학자 김두봉이 지은 비문으로,
연기를 한글 자음으로 표기한 것이
특이하다.

나서, 비로소 그 사실이 왜에게 알려졌다 한다. 나는 이것 한 가지 일을 보아
도 우리 민족의 애국 정성이 족히 장래에 독립의 행복을 누릴 수 있으리라 예
견한다.

민국 5년(1923, 48세) 내무총장으로 집무하였다.

그간 아내는 신이를 해산한 후 낙상(落傷)으로 인해 폐렴에 걸려 몇 년을
고생하다, 상해 보륭의원(寶隆醫院)에서 진찰을 받고, 역시 서양 시설을 갖춘
홍구(虹口) 폐병원에 격리, 입원하게 되었다. 나와는 보륭의원에서 마지막 작
별을 하였고, 민국 6년(1924, 49세) 1월 1일 홍구 폐병원에서 영원의 길을 떠
났다.[19] 나는 아내를 불란서 조계[法界] 숭산로(嵩山路) 경찰서[捕房] 후면의
공동묘지에 매장하였다.

나의 본뜻은 우리가 독립운동 기간 중 혼례나 장례의 성대한 의식으로 금전
을 소비하는 것에 찬성하지 않았으므로, 아내의 장례는 극히 검약하게 하기로
하였다. 그러나 여러 동지들이 아내가 나로 인해 무한한 고생을 겪은 것이 곧

---

19) 정정화의 『녹두꽃』에 의하면 최준례 여사는 형편이 어려워 외국인 선교회에서 무료로 시술
하는 홍구 폐병원으로 옮겼는데, 그곳은 일본 조계지이므로 백범은 부인이 위독하다는 연락
을 받고도 임종을 지켜보지 못하였다. 곽낙원 여사가 병원으로 달려갔을 때, 최준례 여사는
이미 영안실로 옮겨진 후였다.

나라일에 공헌한 것이라 하여, 나의 주장을 불허하고 각기 연금하여 장의도 성대하게 지내고 묘비까지 세워주었다. 그중에 유세관(柳世觀) 인욱(寅旭) 군은 병원 교섭과 묘지 주선에 성력을 다하였다.

아내가 병원에 입원했을 때 인이도 병이 중하여 공제의원(共濟醫院)에 입원 치료하다가 아내 장례 후 완전히 나아 퇴원하였다. 신이는 겨우 걸음마를 익힐 때요, 아직 젖먹을 때였다. 먹는 것은 우유를 사용하나, 잘 때는 반드시 할머님의 빈 젖을 물고야 잠이 들었다. 차차 말을 배울 때는 단지 할머님만 알고 어머니가 무엇인지 몰랐다.

민국 8년(1926, 51세) 어머님은 신이를 데리고 고국으로 가셨다.[20]

민국 9년(1927, 52세) 인이까지 보내라는 어머님 명령에 의하여 환국시키고, 상해에는 나 혼자 외롭게 남았다.

그해 11월, 나는 국무령으로 피선되었다. 나는 의정원(議政院) 의장 이동녕에게, 지금 정부가 위축된 추형(芻形)[21]이라고 하더라도, 내가 김존위의 아들로 일국의 원수가 되는 것은 국가의 위신을 추락케 하는 것이니 감당할 수 없다 하였으나, 혁명 시기에는 관계 없다고 강권하므로 부득이 승낙했다.

윤기섭(尹琦燮)·오영선(吳永善)·김갑(金甲)·김철(金澈)·이규홍(李圭洪)으로 내각을 조직한 후 헌법개정안을 의원에 제출하여 독재제인 국무령제를 고쳐 평등제인 위원제로 개정 실시하여, 나는 당장은 위원의 한 사람으로 집무하였다.[22]


## 5) 내 인생을 돌아보며

내 육십 평생을 회고하면 너무도 상식에 벗어나는 일이 한두 가지가 아니다. 대개 사람이 귀(貴)하면 궁(窮)함이 없겠고 궁하면 귀함이 없을 것이나,

---

20) 당시 신문에도 보도되었듯이 곽낙원 여사가 본국으로 돌아간 것은 1925년 11월이다.

21) 추형(芻形)은 사정이 여의치 않아 축소한 형태.

22) 임시정부는 여러 번 개헌을 하였는데, 김구 주도의 1927년 제3차 개헌은 국무령제를 집단지도체제인 국무위원제로 채택하였다.

나는 귀해도 궁하고[貴亦窮] 궁해도 궁한[窮亦窮] 일생을 지냈다.

국가가 독립을 하면 삼천리 강산이 다 내 것이 될는지 모르겠으나, 천하의 넓고 큰 지구면에 한 치의 땅, 반 칸의 집도 내 소유가 없다. 과거에는 영욕의 심리를 가지고 궁을 면하려고 버둥거려 보기도 하고, 독장수셈[甕算][23]도 많이 하여 보았다.

지금에 이르러서는 이런 생각을 한다. 옛날에 한유(韓愈)는 「송궁문」(送窮文)[24]을 지었다지만 나는 「우궁문」(友窮文)[25]을 짓고 싶으나 문장이 아니므로 그것도 할 수 없다. 자식들에게 대하여도 아비된 의무를 조금도 못하였으므로 내가 아비라 하여 자식된 의무를 하여 주기도 원치 않는다. 너희들은 사회의 은택을 입어서 먹고 입고 배우는 터이니, 사회의 아들이라는 심정으로 사회를 부모처럼 효로 섬기면 내 소망은 이에서 더 만족이 없을 것이다.

기미년(1919, 44세) 2월 26일[26]이 어머님 환갑이었으므로, 약간의 술과 안주를 마련하여 친구들이나 모으고 축하연이나 하자고 아내와 의논을 하고 진행하려는데, 이 눈치를 아시고 어머님은 극히 말리셨다.

"네가 1년 추수만 더 지내도 좀 생활이 나을 터이니, 한다면 네 친구들을 다 청하여 하루 놀아야 하지 않느냐? 네가 곤란한 중에서 무엇을 준비한다면 도리어 내 마음이 불안하니 다음으로 미루라."

하시므로 이루지 못했다.

며칠이 지나지 않아 내가 나라를 떠나게 되고 그후 어머님께서도 상해에 오셨으나, 공적이든 사적이든 어려운 경제 여건으로도 불가능하였지만, 설사 역

---

23) 옹기장수가 잠이 들어 꿈에 큰 부자가 되어 좋아서 뛰는 바람에 지게를 걸어차 독이 모두 깨어졌다는 고사에서 온 말. 부질없는 헛된 계산을 말한다.

24) 한유는 당송 팔대가의 하나로 저명한 문장가. 그는 811년(44세) 정초에 「송궁문」을 지어 다섯 가지 가난 귀신을 쫓아버리고자 하였으나, 귀신들의 이야기를 듣고 나서 오히려 그들을 상좌에 모시고 살기로 했다는 글이다. 역경을 견디며 자신의 신념을 지키고자 하는 결의를 우화적으로 다짐하는 글이다.

25) 궁함을 떨쳐 보낼 수 없기 때문에 차라리 벗하며 살겠다는 뜻.

26) 기미년(1919) 2월 26일은 양력으로 3월 27일이며, 백범이 안악에서 중국으로 출발한 날은 이틀 뒤인 3월 29일이다.

량이 있다 하여도 독립운동을 하다가 목숨 잃고 집안 망하는[殺身亡家] 동포들이 매일 수십 수백이란 비참한 소식을 듣고 앉아서, 어머님을 위하여 수연(壽宴)을 준비할 용기부터 없었다. 그러므로 내 생일 같은 것은 입 밖에 내지 않고 지냈는데, 민국 8년(1926) 나석주(羅錫疇)가 식전에 많은 양의 고기와 채소를 사 가지고 와서 어머님에게 드렸다.[27]

"오늘이 선생님 생신이 아닙니까? 돈은 없고 해서, 의복을 전당하여 고기 근이나 좀 사 가지고 밥해 먹으러 왔습니다."

가장 영광스러운 대접을 받은 것을 영원히 기념할 결심과, 어머님에게 너무도 죄송하여, 내 죽는 날까지 내 생일을 기념하지 않기로 하고 날짜를 기입하지 아니한다.[28]

상해에서 인천의 소식을 듣건대, 박영문(朴永文)은 별세하였고 안호연(安浩然)은 생존하였다 하기로, 믿을 만한 편에 회중시계 한 개를 사서 보내며 나의 행적을 전해 달라고 부탁하였으나 아직 답변이 없다. 성태영은 그간 길림(吉林)에 내왕하였으므로 통신을 하였다. 유완무는 북간도에서 누구에게 피살되었고 아들 한경(漢卿)은 아직 북간도에서 살고 있다 한다. 이종근은 러시아 여자를 아내로 맞아 상해에 와서 종종 만나보았다. 김형진 유족의 소식은 아직 듣지 못하였고, 김경득(金卿得) 유족은 탐문 중이다.

내가 지나온 기록 중에 연월일자를 기입한 것은, 나는 기억하지 못하겠으므로 본국의 어머님에게 서신으로 물어서 쓴 것이다.[29]

내 일생에서 제일 행복이라 할 것은 기질이 튼튼한 것이다. 거의 5년의 감

27) 1925년 11월 곽낙원 여사가 본국으로 돌아갔고, 나석주 또한 상해를 떠나 북경으로 갔다. 따라서 나석주가 차려준 백범의 생일은 1926년이 아니라, 1925년 7월 11일(양력 8월 29일)이다. 1919년 상해 망명 후 나석주는 임시정부에서 백범이 맡은 경무국의 경호원으로 일한 적이 있고, 1923년 중국 육군군관강습소에 입교하여 이듬해 중국군 장교로 복무하였다. 1925년 그는 상해로 돌아왔다가 1926년 북경으로 가 의열단에 입단하였다. 그해 본국으로 들어가 12월 28일 식산은행과 동양척식회사에 폭탄을 투척하였다.

28) 『백범일지』 상권 앞부분에 백범이 자신의 생일을 기록한 것은 나중에 새로 정리한 것이다. 아마도 어머님이 돌아가셨기 때문에 사정이 변했다고 판단한 듯하다.

29) 『백범일지』가 이러한 열악한 조건에서 집필되었다는 것을 감안하면, 일지의 연월일은 다른 자료와 비교하여 확인해야만 확실하다.

옥 고역에 하루도 병으로 일 못한 적 없었고, 인천감옥에서 학질에 걸려 반나절 동안 역을 쉰 적이 있을 뿐이다. 병원이란 곳에는 혹을 떼러 제중원(濟衆院)에 1개월, 상해에 온 후 서반아감기로 20일 동안 치료한 것뿐이다.

기미년에 중국으로 건너온 이후 지금까지 10여 년, 그간 지내온 일에 대하여 중요하고도 진기한 사실이 많으나, 독립 이전에는 절대 비밀로 할 것이므로 너희들에게 알려주지 못함이 극히 유감이다. 이해하여 주기를 바라고 이만 그친다.

이 글을 쓰기 시작한 지 1년이 넘은 민국 11년(1929, 54세) 5월 3일에 종료하였다.

임시정부 청사에서.

# 하 권

# 하권을 쓰고 나서[1]

『하권』은 중경(重慶) 화평로(和平路) 오사야항(吳師爺港) 1호 임시정부 청사에서 67세(1942년) 때 집필.

『백범일지』 상권은 53세 때 상해 법조계(法租界) 마랑로(馬浪路) 보경리(普慶里) 4호 임시정부 청사에서 1년여 시간을 들여서 기술한 것이다. 그 동기로 말하면, 젊은 나이[弱冠]에 글공부를 걷어치우고 예순[耳順]이 되도록 큰 뜻을 품은 채, 나의 보잘것없는 역량과 고루한 재주를 돌아보지 않고 성패와 영욕에도 연연하지 않으며 국가와 민족을 위하여 30여 년 분투하였으나, 하나도 이룩한 것이 없었다.[2]

10여 년 동안 임시정부를 고수하였으나, 기미년(己未年: 1919) 이후 독립운동이 점점 퇴조하여 정부라는 명칭마저 간수하기 어려웠다. 당시 떠돌던 말과 같이, 몇몇 동지와 더불어 고성낙일(孤城落日)[3]에 슬픈 깃발을 날리며 스스로 헤아리기를, 독립운동도 부진하고 나이도 죽을 때[4]가 가까워졌으니, "호랑이

---

1) 원문: "白凡逸志下卷自引言." 원래는 책의 마지막에 첨부된 것인데 1947년 출간하면서 서문으로 위치가 변동되었다. 내용에서도 약간의 수정이 있다.

2) 원문: "其 動機로 言하면 弱冠에 投筆하고 年近耳順토록 大志를 품고, 내의 力量 薄弱과 才智의 固陋도 不顧하고, 成敗도 不計 榮辱도 不問하고 國家와 民族을 爲하여 三十餘年을 奮鬪하엿으나 一無所成하여".

3) 고성낙일(孤城落日)은 '고립무원의 외딴 성에 해마저 진다'는 뜻으로, 패망이 얼마 남지 않거나 위세가 떨어진 쓸쓸한 모습을 말한다.

굴에 들어가지 않으면 호랑이 새끼를 얻지 못한다"는 말처럼 무슨 일이든지 하지 않으면 안된다고 생각하였다. 그리하여 침체한 국면을 타개할 목적으로 한편으로는 미국·하와이 동포들에게 편지하여 금전의 후원을 부탁하고, 다른 한편으로는 철혈남아(鐵血男兒)[5]들을 물색하여 테러(암살·파괴)운동을 계획하던 때 『백범일지』 상권을 기술하였다.

그후 이봉창의 동경의거와 윤봉길의 홍구의거 등이 진행되어 천만다행으로 성공하였으므로 쓸모 없는 이 몸[臭皮囊][6]도 최후를 고할까 하여, 본국에 있는 자식들이 성장하여 해외로 나오거든 반드시 전해 달라는 부탁으로, 상권을 등사하여 미국·하와이에 있는 몇몇 동지에게 보냈다. 그런데 하권을 쓰는 지금에는 불행히도 비천한 목숨이 잠시 보존되고 자식들도 이미 성장하였으니 상권을 등사하여 부탁한 것은 문제가 없게 되었다. 지금 하권을 쓰는 목적은 내가 50년 동안 분투한 사적을 기록하여, 숱한 과오를 거울삼아 다시는 이같은 전철을 밟지 말라는 것이다.[7]

전후(前後) 정세를 논하면, 상권을 기술하던 때 임시정부는 외국인은 고사하고 한인도 국무위원들과 10여 명의 의정원 의원 이외에 찾아오는 사람이 없었으니, 당시 일반의 평판과 같이 임시정부는 이름만 있고 실체가 없었다. 그런데 하권을 쓸 무렵에는 의정원 의원과 국무위원들의 얼굴에서 수심에 찬 기색[暮氣]도 싹 가시고 내무·외무·군무·재무 등 4부 행정이 비약적으로 진전되었다.

내정(內政)으로 말하면, 중국 관내(關內)의 한인 각 당 각 파가 모두 임시정부를 옹호·지지하고, 미주·멕시코·쿠바 각국의 한인 교포 만여 명도 이에 호응하여 독립자금을 임시정부로 상납하였다.

---

4) 원문: "就木". 취목(就木)은 나무관에 들어가는 것, 즉 죽는 것을 말한다.
5) 여기서 철혈은 장광설이나 이론이 아니라 몸을 던져 수행하는 실천적 행위를 말한다. 백범은 이봉창·윤봉길 등 실천 운동가를 기리며 철혈남아라는 휘호를 즐겨 썼다.
6) 취피랑(臭皮囊)은 늙고 냄새 나는 가죽 주머니. 자신을 겸양하게 부른 것이다.
7) 『백범일지』 상·하권의 집필 시기와 집필 동기의 이러한 차이로 인해 상권의 내용이 주로 백범 개인의 성장과 신변활동에 관한 것이라면, 하권은 백범 개인뿐만 아니라 임시정부와 주변 인물들에 관해 상세하게 기록하였다.

백범이 즐겨 썼던 철혈남아 휘호

외교로 말하면, 임시정부 원년(1919) 이후 국제 외교에 꾸준히 노력하였으나, 중·소·미 등 정부 당국자들의 비공식적인 찬조가 가끔 있었을 뿐 공식적인 응원은 없었다. 오늘에 이르러 미국 대통령 루스벨트〔羅斯福〕가 "장래 한국이 완전 독립하여야겠다"고 전세계를 향하여 공식으로 널리 알렸고,[8] 중국의 입법원장 손과(孫科) 씨는 공식석상[9]에서 "일본 제국주의를 박멸하는 중국의 양책(良策)이 제일 먼저 한국 임시정부 승인에 있다"고 강조하였다. 한편 임시정부에서도 워싱턴〔華盛頓〕에 외교위원부를 설치하고 이승만 박사를 위원장에 임명하여 외교·선전 방면에 노력하고 있다.

군정으로는, 한국광복군이 정식 성립되어 이청천으로 총사령을 임명하고, 서안(西安)에 사령부를 설치하여 병사 모집과 함께 훈련작전을 계획·실시중이다.

재정으로 말하면, 본국 동포들의 비밀 연납(捐納)과 미주·하와이 한인 동포들의 세금 명목 상납으로 충당했는데, 왜의 강압과 운동의 퇴조로 원년(1919)보다 2년(1920)의 숫자가 감소되고, 그후 점점 더 감소되었다. 이에 따라 임시정부의 직무도 정지되고 총장·차장 들 중에서 투항하거나 귀국하는 자가 한둘이 아니었다. 이러한 지경이니 그 아랫사람은 더 말하지 않아도 알 만하며, 그 중요 원인은 경제적 곤란이었다.

---

8) 이것은 1943년 11월 카이로회담에서 연합국이 '한국을 적당한 시기에 독립시킨다'고 합의하였던 구절을 염두에 둔 것인 듯하다. 하권의 본문 집필 종료시점은 1942년이었으며, 이 부분은 추후 다시 정비한 것이다.

9) 원문: "우리 二十三周 共公席上에서". 원문의 '우리 二十三周' 글씨에는 둥근 테두리선이 그려져 있다. 대한민국임시정부 23주년 즉 1941년을 뜻하는데, 아마도 연기 확인을 위해 표시해 둔 듯하다.

그러나 윤봉길 의사의 홍구 사건 이후 내·외국인의 임시정부에 대한 태도가 호전되어, 정부의 재정 수입고도 해마다 증가하여 23년(1941)에는 수입이 53만 원 이상에 달하니, 임시정부 설립 이래 최고 기록을 돌파하였다. 이때부터 수백 수천 배로 증가될 단계에 들어섰다.

상해 불란서 조계지 보경리 4호 2층에서 참담하고 고난한 환경을 극복하기 위해 최대·최후의 결심을 하고 본 일지 상권을 쓰던 때에 비하면, 지금의 임시정부는 약간의 진보 상태로 볼 수 있다. 그러나 나 자신으로 말하면 날마다 늙어가고 병드니, 상해시대를 '죽자꾸나 시대'라 한다면 중경시대는 '죽어가는 시대'라 하겠다.

어떤 사람이 나에게 "어떻게 죽기를 원하는가?" 물으면, 나의 최대 소원은 독립이 성공한 후 본국에 들어가 입성식(入城式)을 하고 죽는 것이며, 작은 소망은 미주·하와이 동포들을 만나보고 돌아오다 비행기 위에서 죽으면 시신을 아래로 던져, 산중에 떨어지면 짐승들의 뱃속에, 바다 가운데 떨어지면 물고기 뱃속에 영원히 잠드는 것이다.

세상은 고해(苦海)라더니 살기도 어렵거니와 죽기도 또한 어렵다. 타살보다 자살은 결심만 강하면 쉬운 듯하지만, 자살도 자유가 있는 데서나 가능한 것이다. 나도 옥중에서 두 번이나 ─치하포 사건으로 투옥되어 인천옥에서 장티푸스에 걸렸을 때, 그리고 17년 후 다시 인천감옥으로 돌아와 인천항 축항 공사를 할 때─ 자살하려다 실패하였다. 서대문감옥에서 안매산(安梅山) 명근 형이 굶어 죽기를 결심하고 조용히 묻거늘 나는 찬성하였다. 그가 3~4일 동안 배가 아프니 머리가 아프니 하는 핑계로 음식을 끊었으나, 눈치 빠른 왜놈 간수가 알아차리고 의사에게 진찰케 하고 매산을 결박한 후 강제로 입을 벌리고 계란을 풀어넣었다. 결국 매산이 "자살을 단념하겠노라"고 통고를 한 것을 보면, 자유를 잃으면 자살도 쉬운 일이 아니다.

나의 칠십 평생을 회고하면, 살려고 산 것이 아니고 살아져서 산 것이며, 죽으려도 죽지 못한 이 몸이 끝내는 죽어져서 죽게 되었도다.

# 1. 상해 임시정부 시절

## 1) 상해에서 첫출발

안동현(安東縣)에서 1919년 2월(음) 어느날, 영국 상인 죠지 소우(Jeorge Show)의 윤선(輪船)을 타고 동행 15인과 함께 4일간의 항해 끝에 상해 포동 부두에 도착하였다. 눈에 선뜻 들어오는 것은 치마도 입지 않은 여자들이 작은 삼판선(三板船)¹⁾의 노를 저으면서 큰 배의 선객들을 실어 나르는 광경이었다. 안동현에서 배를 탈 때 얼음덩이가 쌓인 것을 보았는데, 불란서 조계지에 상륙할 때는 거리의 가로수에 녹음이 우거져 있다. 옷을 입고도 배 안에서는 추위로 고생을 하였는데 이제는 등과 얼굴에 땀이 난다.

상해에 도착한 그날, 일행들과 같이 공승서리(公昇西里) 15호에 있는 우리 동포의 집에서 담요만 깔고 방바닥 잠을 잤다. 다음날 상해에 집합한 동포 중에 친구를 조사하여 보니 이동녕(李東寧) 선생을 위시하여, 이광수(李光洙)·서병호(徐丙浩)·김홍서(金弘敍)·김보연(金甫淵) 등이 있었다. 김보연은 장연군(長淵郡) 김두원(金斗元)의 큰 아들로 몇년 전 처자를 거느리고 상해에 와서 살고 있었는데, 나를 찾아와 자기 집에 함께 있기를 청하였다.

이날부터 그의 집에서 나의 상해생활이 시작되었다. 주인 김군을 안내자로 하여 10여 년 동안 밤낮으로 그리던 이동녕 선생을 찾아갔다. 수년 전 양기탁(梁起鐸)의 사랑방에서 서간도(西間島) 무관학교의 설립과 지사들을 소집하여

---

1) 삼판선은 항구 근처에서 사람이나 짐을 실어 나르는 작은 거룻배.

광복사업을 준비할 책임을 맡았던 그때에 비해, 10여 년 동안 숱한 고생을 겪은 탓인지 그분의 풍성하던 얼굴에 주름살이 잡혀 있었다. 서로 악수하고 나니 감개무량하여 할 말을 잊었다.

당시 상해에 있는 한인(韓人)은 500여 명 가량 되었다. 그 가운데 약간의 상업 종사자와 유학생, 10명 남짓의 전차회사 검표원(査票員)을 제외하면, 대부분 독립운동을 목적으로 본국·일본·미주·중국·러시아 등에서 모여든 지사(志士)들이었다.

본국 13도 각 대도시는 물론이고, 궁벽한 항구나 시골에서도 독립만세를 부르지 않은 곳이 없을 정도로 물끓듯했고, 해외 우리 한인들도 어디에 거주하든지 정신으로나 행동으로나 독립운동을 전개하였으니, 그 원인은 대체로 두 가지로 설명할 수 있다.

첫째, 소위 한일합병의 참된 의미를 그 전까지는 깨닫지 못하였기 때문이다. 단군 개국 이후 명의상으로 이민족의 속국이 된 때도 있었고, 우리 스스로도 이씨(李氏)가 왕씨(王氏)를 혁명하고 스스로 왕이 된 전례가 있었다. 때문에 왜놈에게 병탄당해도 당(唐)·원(元)·명(明)·청(淸)의 시대와 같이, 우리가 완전 자치를 하고 명의상으로만 왜(倭)의 속국이 되는 것으로 아는 동포가 대부분이었다. 베트남(安南)·인도에서의 영국·불란서 식민정치를 절충하려는 왜놈의 독계(毒計)를 꿰뚫어 보는 인사는 100분의 2, 3에 불과하였다. 그러나 합병 후 제1착으로 안악 사건을 조작해낸 것과, 제2차로 선천(宣川) 105인 사건의 참학 무도한 것을 보고 나서는 "언제 망하려나"[2] 하는 악감정이 격발될 기분이 농후하였다.

둘째, 제1차 세계대전이 종료되고 파리강화회의에서 미국 대통령 윌슨이 민족자결주의를 제창하였다. 이상 두 가지 원인으로 만세운동이 폭발되었다.

그러므로 상해에 모여든 500여 명의 인원은 어느 곳에서 모여들었든지, 우리의 지도자인 연로한 선배요, 젊고 굳센 청년투사들이다. 당시 상해에 먼저

---

2) 원문: "是日曷喪". 원래는 시일갈상(時日曷喪). 『서경』(書經) 「탕서」(湯誓)에 나오는 구절로 포악한 군주의 학정에 시달리는 백성들이 태양이 무너져 세상이 망하기를 기다리는 심정을 의미한다.

도착한 인사들은 벌써 신한청년당(新韓靑年黨)을 조직하여 김규식(金奎植)을 파리회담의 대표로 파송하였고, 김철(金澈)을 본국 대표로 파견하였다.

상해에 모여든 여러 청년들 중심으로 정부조직이 운동 진전에 절대 필요하다는 소리가 안팎으로 점차 높아져, 각 곳에서 상해에 온 인사들이 각각 대표를 선출하고 임시의정원을 조직하여 임시정부를 만드니, 이것이 바로 대한민국임시정부(大韓民國臨時政府)이다.

이승만(李承晩)을 총리로 임명하고, 내무·외무·군무·재무·법무·교통 등의 부서가 조직되었다. 도산 안창호는 미주로부터 상해에 와서 내무총장으로 취임하였고, 각 부 총장은 멀리서 미처 도착하지 못했기 때문에 차장들을 대리로 국무회의를 진행하였다. 이동휘(李東輝)·문창범(文昌範)은 러시아령 연해주로부터 왔고, 이시영(李始榮)·남형우(南亨祐) 등은 북경으로부터 모여들었다.

한편 정부의 사무가 실마리를 잡아가기 시작할 무렵 한성(漢城)에서 비밀리에 각 도 대표가 모여 이승만을 집정관(執政官) 총재로 하는 별도의 정부를 조직하였다. 그러나 본국에서 활동하기 어려워 그 권한을 상해로 보내니,[3] 미리 짜거나 의논하지 않았는데도 비슷한 두 개의 정부가 생겨나게 되었다. 이에 두 정부를 개조하여 이승만을 대통령에 임명하고, 4월 11일 헌법을 반포하였다. 이런 내용은 운동사와 임시정부 회의록에 상세히 기록되어 있으니, 여기서는 나에 대한 사실만을 쓴다.


## 2) 경무국장 시절

나는 내무총장인 도산 안창호 선생을 보고 정부의 문지기를 시켜 달라고 청하였다. 벼슬을 시켜주지 않는 반감으로 그러는 것이 아닌가 하여, 도산은 의아해하고 염려하는 빛을 보였다. 나는 "일찍이 본국에서 교육사업을 할 때 어

---

3) 한성에서 수립된 정부를 세칭 '한성정부'라 하는데 정식 명칭은 '대조선공화국'이다. 1919년 4월 초 이봉수가 한성정부의 각료 명단을 가지고 상해로 왔다.

느 곳에서 순사 시험과목을 보고 집에 가서 혼자 시험을 쳐서 합격하지 못한 사실이 있다" 또 "서대문감옥에서 옥살이 할 때 후일 만일 독립정부가 조직되면 정부의 뜰을 쓸고 문을 지키기로 마음먹은 적이 있다" 그런가 하면 "이름자는 '구'(九)로 별호는 '백범'(白凡)으로 고쳤다" 이런 예를 들면서 나의 진정한 평소 소원을 말하였다. 이에 도산은 쾌히 승낙을 하며 자기가 미국에서 백악관[白宮]을 지키는 관원이 있는 것을 보았다며, "백범 같은 이가 우리 정부청사를 수호하는 것이 적당하니 내일 국무회의에 제출하겠다" 하여, 나는 마음속으로 매우 기뻐하였다.

그런데 다음날 아침, 도산은 뜻밖에도 나에게 경무국장 임명장을 주며 취임하여 근무할 것을 권하였다. "순사의 자격에도 못 미치는 내가 경무국장의 직책을 도저히 감당할 수 없다" 하며 굳이 사양하였다. 그러나 국무회의에서, 백범은 여러 해 감옥생활을 하여 왜놈 사정을 잘 알고 혁명시기는 인재의 정신을 보아서 등용한다며 "이미 임명된 것이니 사양하지 말고 공무를 집행하라"고 강권하였다. 결국 나는 경무국장에 취임하였다.

나는 5년 동안 경무국장으로서 신문관·검사·판사뿐만 아니라 형집행까지도 담당하였다. 범죄자 처결하는 것을 요약하면, 말로 타이르는 것 아니면 사형이었다. 예를 들면 김도순(金道淳)이라는 17세 소년은 본국에 파견되었던 정부특파원의 뒤를 따라 상해에 와서 왜영사관과 협조하여 그 특파원을 체포코자 하였다. 그 소년은 왜영사관으로부터 여비 10원을 받았는데, 그가 미성년자임에도 불구하고 부득이 극형에 처한 일이 있었다. 이러한 것은 기성 국가에서는 보지 못할 특종 사건이라 할 수 있다.

남의 조계지에 붙어 사는 임시정부니만치, 경무국 사무는 현재 세계 각국의 보통 경찰행정과는 달랐다. 그 주요 임무는 왜적의 정탐활동을 방지하고, 독립운동자의 투항 여부를 정찰하여, 왜의 마수가 어느 방면으로 침입하는가를 살피는 것이었다. 나는 정복과 사복[便衣] 경호원 20여 명을 임명하여 이 일을 수행하였다.

홍구(虹口)의 왜영사관과 우리 경무국은 대립·암투하였다. 그런데 당시 불란서 조계 당국은 우리 독립운동에 대해 특별히 동정적이었다. 그런 까닭으로 일본 영사가 우리 독립운동자의 체포를 요구할 때, 불란서 당국은 미리 우리

경무국장 시절의 백범

기관에 통지하였고, 마침내 체포할 때는 일본 경관을 대동하고 빈집을 수색하고 갈 뿐이었다.

한번은 황포(黃浦) 선창에서 오성륜(吳成倫)[4] 등이 왜구 다나카 기이치(田中義一)에게 폭탄을 던졌으나 폭발되지 않아, 오성륜이 다시 권총을 발사하여 미국 여행객 여자 하나가 죽은 사건이 일어났다.[5] 이 사건 후 일·영·불 세 나라 합작으로 불란서 조계지의 한인을 대거 수색·체포한 일이 있었다.

당시는 어머님까지 상해에 와 계시던 때인데, 하루는 이른 아침에 왜경 7명이 노기등등하여 침실에 침입하였다. 그중 불란서 경관인 서대납(西大納)은 나와 친한 사이로, 내 집인 줄 알았으면 잡으러 오지 않았을 것이다. 그러나 왜말과 불어가 서로 달라, 체포장에 기재된 이름자가 김구인지 모르고 한인 강도로 알고 체포하러 왔던 것이다. 그런데 와서 보니 잘 아는 친구가 아닌

---

4) 오성륜(吳成倫, 1900~1947). 당시 의열단원인 오성륜은 다나카 암살미수 사건으로 체포되었으나 유치장을 탈출하여 독일로 망명하였다. 그후 그는 모스크바 공산대학을 수학하고 중국의 광동봉기에 참여하였고, 1936년 동만(東滿)특위 위원 겸 동북항일연군 제2군 정치부 주임에 취임, 조국광복회 결성에 참여하였다. 그는 1941년 일본 관병에 체포된 후 변절하였다.

5) 오성륜으로부터 사건의 내막을 직접 전해들은 김산의 『아리랑』에 의하면, 다나카 바로 앞에 서 있던 미국 여인이 폭발소리에 놀라 다나카를 껴안는 바람에 오성륜이 쏜 3발의 총알은 그 여인에게 명중하였고, 이로 인해서 다나카 암살은 실패하였다.

가. 왜놈들이 달려들어 철수갑을 채우려 할 때, 서대납이 제지하며 나에게 "옷을 입고 불란서 경무국으로 가자"는 뜻을 밝혔다.

그 말에 따라 숭산로(崇山路)의 경찰서로 가 보니, 원세훈(元世勳) 등 5명을 먼저 잡아 유치장에 구금해 놓았다. 내가 유치장에 들어간 후 왜경이 와서 신문하려 하자 불란서 사람은 허락하지 않았다. 또한 일본 영사가 인도를 요구해도 듣지 않고 나에게 묻기를,

"체포된 5명은 김군이 잘 아는 사람인가?"

"5명이 다 좋은 동지오."

"김군이 5인을 담보하고 데려가기를 원하는가?"

내가 원한다고 대답하니, 즉시 그들을 석방시켜 주었다.

여러 해 동안 불란서 경찰국에서 한인 범죄자들을 체포할 때, 나는 배심관으로 임시정부를 대표하여 신문·처리하였다. 그런 까닭에 불란서 공무국(工務局)[6]에서는 나를 인도치 않을 뿐 아니라, 내가 보증하면 현행범 이외에는 즉시 풀어주었다. 왜는 불란서 사람과 나의 관계를 알고 난 후부터는 체포를 요구하지 않고, 정탐꾼으로 하여금 불란서 조계 밖에 있는 영국 조계나 중국 지역으로 나를 유인하게 하여, 중·영 당국에 통보하고 잡아갈 생각을 하였다. 이러한 의도를 안 후 나는 불란서 조계지를 한 걸음도 넘어서지 않았다.

불란서 조계지 생활 14년 동안 겪은 기이한 사건들을 일일이 기록할 수 없고, 또 연월일시도 잊어버려 순서를 차리기도 어렵다.

경무국장 시절 고등정탐꾼 선우갑(鮮于甲)을 유인하여 포박·신문한 일이 있었다. 그는 죽을죄를 지었음을 시인하고 스스로 사형 집행을 원하였지만, 나는 뉘우치는 것을 보고 "살려줄 터이니 큰 공을 세워 속죄할 것이냐?"고 물었다. 그가 소원이라 하기로 결박을 풀어 보내주었더니, 그는 상해에서 정탐한 문건을 임시정부에 바치겠다는 뜻을 밝혔다. 나는 시간을 약속하고, 그를 만나기 위해 김보연(金甫淵)·손두환(孫斗煥) 등을 왜놈의 승전여관(勝田旅館)으로 보냈다. 과연 그는 왜놈에게 고발하지 않았고, 내가 전화로 호출하면 시간을 어기지 않고 즉시 대기하였다. 그러다가 4일 후 몰래 도망하여 본국에

---

6) 조계 지역내 행정·외교·치안을 담당하던 기관.

돌아가서, 임시정부의 덕을 칭송하고 다닌다는 소문을 들었다.

강인우(姜麟佑)는 왜놈의 경부(警部)[7]로서 비밀사명을 띠고 상해에 와서, "김구 선생에게 자기가 상해에 온 임무를 보고하겠으니 면회를 허락해 달라"는 글을 보내왔다. 그는 만나는 장소를, 왜놈과 동행하면 나를 체포할 수 있는 영국 조계지의 신세계 음식점으로 청하였다. 약속된 시각에 가서 보니 강인우 혼자만 있었다. 그는 "총독부에서 제가 받은 사명은 모모 사건이므로 그 점을 주의하십시오"라고 알려주고, 또한 "선생께서 거짓 보고자료를 주시면 귀국하여 책임이나 얼버무리겠습니다"라고 제안하였다. 내가 쾌히 승낙하고 자료를 만들어 주니, 그는 귀국하여 그 공로로 풍산(豊山) 군수가 되었다고 한다.

구한말 내무대신이었던 동농(東農) 김가진(金嘉鎭)[8] 선생은 한일합병 후 일본으로부터 남작(男爵)의 직위를 수여받은 인물이었다. 그런 그가 기미 3·1선언 이후에 대동당(大同黨)[9]을 조직해 활동하다가, 아들 의한(毅漢) 군을 데리고 남은 인생을 독립운동의 책원지(策源地)에서 보낼 목적으로 상해에 도착하였다. 후에 왜총독은 남작이 독립운동에 참가한 것은 일본의 수치라 생각하여, 동농 며느리[10]의 사촌오빠가 되는 정필화(鄭弼和)를 비밀리에 파견하여, 동농 선생에게 은밀히 귀국을 종용하였다. 이것을 알아차린 경무부에서 정필화를 비밀리에 검거하여 심문하니, 그가 사실을 낱낱이 자백하므로 교수형에 처하였다.

해주사람 황학선(黃學善)은 독립운동 이전에 상해에 도착한 청년으로 우리

---

7) 일제 때의 경찰관으로 경시(警視)의 아래 계급.

8) 김가진(金嘉鎭, 1846~1922). 1877년 문과에 급제한 후 병조참의·공조판서·농상공부대신 등을 역임하였다. 그는 일본이 수여한 남작 직위를 반납하고, 비밀결사인 대동단의 고문 및 총재로 추대되어 독립운동에 종사하였고, 3·1운동 후 상해로 망명하여 임시정부에 참여하였다.

9) 대동당 혹은 대동단. 원래 명칭은 조선민족대동단. 3·1운동 직후인 1919년 3월 전협(全協)·최익환(崔益煥) 등이 전 조선민족의 대단결을 표방하고 서울에서 결성한 독립운동단체이다.

10) 원문: "毅漢子婦". '懿漢'은 '毅漢'. 동농의 며느리인 김의한의 아내는 『녹두꽃』의 필자인 정정화이다. 그런데 정정화는 정필화를 자신의 팔촌오빠라 기록하고 있어, 본문의 사촌오빠는 기억상 착오인 듯하다.

독립운동에 열정이 있어 보였다. 그런데 그는 각 방면에서 상해로 모여든 지사들이 자신의 집에 숙식하는 것을 기화로, 세워진 지 며칠 되지도 않은 임시정부를 악평하였다. 이 때문에 새로 도착한 청년 중, 동농 선생과 같이 서울에서 열렬히 운동하던 나창헌(羅昌憲) 등은 황의 악랄한 계략에 걸리어 정부에 대해 극단적인 악감정을 품게 되었다.

마침내 김기제(金基濟)·김의한 등 십수 명이 임시정부 내무부를 습격한 사건이 발생하였다. 이에 당시 정부를 옹호하는 청년들이 극도로 분격하여 육박전이 시작되어, 나창헌·김기제 두 사람이 중상을 입었다. 내무총장 이동녕 선생의 명령에 따라 포박된 청년 10여 명은 타일러서 풀어주고, 중상을 당한 나·김 두 사람은 입원 치료하게 하였다.

경무국에서는 그 분란의 원인을 깊이 조사하였는데, 그 결과 놀랄 만한 사실을 발견하였다. 나·김 등의 활동 배후는 황학선인데, 황이 이들에게 활동자금을 제공하였고, 배후의 일본 영사관은 황에게 자금과 계획을 제공한 것이었다.

마침내 황을 비밀리에 체포하여 심문한 결과, 그가 나창헌 등의 애국열정을 이용하여, 정부의 각 총장과 경무국장 김구까지 전부 암살할 무서운 계획을 꾸미고 있다는 사실을 알게 되었다. 황은 외딴 곳에 3층 양옥을 세내어 대문에 민생의원(民生醫院)이란 큰 간판을 붙이고, 나창헌이 의과생인 점을 이용하여 정부요인들을 유인하여 암살할 계획이었다.

황의 신문기록을 나창헌에게 보여주니, 나군은 깜짝 놀라며 황에게 속아 자기도 모르게 큰 죄를 범할 뻔하였다며, 그간의 사연을 설명하고 황가를 극형에 처할 것을 주장하였다. 그러나 그때는 이미 황의 사형이 집행되었고, 나군 등의 행위를 조사중이었다.

한번은 박모라는 우리 청년이 경무국장 면회를 청하기에 만나보았다. 그는 초면에 눈물을 흘리며 품속에서 권총 한 자루와 왜놈이 준 수첩 하나를 내놓으며, "본국에서 먹고 살기 위해 며칠 전 상해에 오게 되었다"면서 다음과 같이 자백하였다.

"첫 대면에 일본 영사관이 나의 체격이 튼튼한 것을 보더니, 김구를 살해하고 오면 돈도 많이 주고, 본국 가족들에게는 국가의 토지를 주어 경작하게 해주겠다고 하였습니다. 그러나 만일 불응하면 '후데이셴진'〔不逞鮮人〕[11]으로 체포하여 취조한다고 하기에 응낙하였습니다. 불란서 조계지에서 독립을 위하여 애쓰시는 선생을 보고서, 나도 한인의 한 사람으로 어찌 감히 살해할 마음을 품을 수 있겠습니까? 이런 까닭으로 권총과 수첩을 선생께 바치고, 중국지역으로 가 상업에나 종사하고자 합니다."

이 말을 듣고 나는 감사의 뜻을 표시하였다.

나의 신조는 "일을 맡기면 의심하지 않고, 의심하면 일을 맡기지 않는다"는 것이다. 이러한 신조로 인하여 종종 해를 당하면서도 천성이라 평생 고치지 못하였다.

경호원 한태규(韓泰奎)는 평양사람인데, 사람됨이 부지런하고 착실하여 7～8년 써 오는 사이에 안팎 사람들의 신망이 심히 두터웠다. 그는 내가 경무국장을 그만둔 후에도 경무국 사무를 보고 있었다. 그러던 어느날 계원(桂園) 노백린(盧伯麟) 형이 아침 일찍 나의 집을 방문하여 말하였다.

"뒷도로변에 어떤 젊은 여자 시체가 하나 있는데 중국인들이 한인이라고 떠드니 백범, 같이 나가서 알아봅시다."

계원과 같이 나가서 보니 명주(明珠)의 시체였다. 명주는 하층여자로 어찌하여 왔든지 상해에 와서 정인과(鄭仁果)·황진남(黃鎭南) 등의 식모〔炊母〕로도 일했고, 젊은 남자들과의 추잡한 행동도 있다던 여자였다. 어느날 한밤중에 한태규와 같이 다니는 것을 보고, 나는 무심히 "한군도 청년이니 서로 친한 관계가 있나 보다"라고 생각한 것이 그다지 멀지 않은 때로 기억된다.

시신을 자세히 살펴보니 피살된 것이 분명하였다. 타박으로 머리 위에 피 묻은 흔적이 있고, 목 부분에 노끈으로 조른 자국이 있었다. 그런데 교살한 수법이, 내가 서대문감옥에서 김진사로부터 활빈당(活貧黨)에서 사형하는 방법을 배워 경호원들에게 연습시켜 정탐꾼 처형에 응용하던 수법과 흡사하였다.

나는 불란서 공무국에 달려가서 서대납에게 고발하고 합동조사에 착수하였다. 한태규가 명주와 밤중에 출입하던 집에 어떠한 남녀가 세들어 산 일이 있는가를 조사하여, 1개월 전에 한과 명주가 동거한 사실을 알아냈다. 그러나

---

11) 후데이센진(不逞鮮人: ふていせんじん)이란 일제가 독립운동가들을 비방하는 말로, '불평·불만을 품고 제 마음대로 행동하는 조선인'이라는 뜻이다.

그 집은 명주의 시체가 있는 곳과 거리가 너무 멀었다. 그래서 시체가 놓여 있는 근처 셋방 명부를 조사하니 10여 일 전 방 하나를 한씨 성에게 빌려준 자취가 있었다. 방문을 열고 자세히 살펴보니 마루 위에 핏자국이 남아 있었다. 이로 인해 한에게 혐의가 집중되었다.

서대납에게 한태규 체포를 상의하고, 한태규를 불러서 요즘은 어디서 숙식하는지를 물었다. 그는 방을 얻지 못하여 이리저리 다니며 숙식한다고 답변하였다. 바로 그때 불란서 경찰이 들어와 한을 체포하였다.

나는 배심관으로 심문했다. 내가 경무국장을 그만둔 뒤, 한은 여러 가지 사정으로 왜놈에게 매수되어 밀탐하며 명주와 비밀리에 동거하던 중, 명주에게 왜놈의 주구란 사실이 알려지게 되었다. 명주는 비록 배우지 못해 아무것도 알지 못하는 하류여자이지만, 애국심은 강하고 나를 절대적으로 믿고 존경하였다. 한은 "명주가 반드시 고발할 형세이므로 흔적을 없애기 위하여 암살하였다"고 자백하였다.[12] 이에 한을 종신징역으로 처벌하였다.

이 사건을 같이 조사한 나우(羅愚) 등은 나에게 이런 말을 하였다.

"우리는 한이 돈을 물쓰듯하며 괴상한 행동을 하는 것을 보고, 십중팔구 정탐꾼이라고 추측한 지 이미 오래였습니다. 그러나 확실한 증거를 얻지 못해 선생께 보고하지 못했습니다. 의심만으로 보고하였다가, 도리어 동지를 의심한다는 책망이나 들을 것 같아 입을 다물고 있었습니다."

그후 한태규는 감옥 중죄수들과 같이 탈옥을 모의하여 양력 1월 1일 이른 아침에 거사하기로 하였다. 그러나 한은 그 사실을 불란서 간수들에게 밀고하였다. 약속된 시간에 각 감방 문이 일제히 열리며 칼·몽둥이·돌을 가진 죄수들이 쏟아져 나오자, 총을 메고 경비중인 간수들이 나오는 죄수들을 쏘아 죄수 8명이 즉사하였다. 이를 본 다른 죄수들은 감히 움직일 엄두도 못 내어 옥중 소동은 진정되었다. 한태규는 재판정에 여덟 명의 시체를 담은 관머리에 서서 증인으로 출정했다는 말을 들었다. 그런 악한을 절대 신임하였던 나야말

---

12) 한태규에 관한 심문은 3주일 이상 계속되었다. 처음에 그는 명주를 전혀 모르는 여자라고 주장하면서 범행을 부인하였다. 증거를 제시하자 그는 명주가 그를 독살하려 했기 때문에 죽였다고 주장하였다. 심문 결과 한태규는 일본의 비밀 첩자로 한국국민대표회의에 관한 정보를 제공하였다는 것이 밝혀졌다.

로 세상에 머리 들기 어렵다는 자괴심으로 지냈다.

그로부터 얼마 후 한태규의 서신이 날아들었다. 불란서 감옥관으로부터 같이 고생한 감옥 친구를 8명이나 죽인 공로를 인정받아 특전으로 풀려났으니, 전죄를 용서하고 다시 써 달라는 내용이었다. 그러나 나의 회답이 없음을 보고 겁이 났던지 그는 귀국했다고 하며, 그후 평양에서 소매상으로 돌아다니더라는 소문을 들었다.


## 3) 사상 갈등과 국민대표대회

기미년 즉 대한민국 원년(1919)에는 국내외가 일치하여 민족운동에 매진하였다. 그러나 세계 사조가 점차 봉건이니 사회주의니 복잡해지면서, 단순하던 우리 운동계에도 사상이 갈라지고, 음양으로 투쟁이 전개되었다. 임시정부 직원 중에서도 공산주의니 민족주의니[13] 하는 분파적 충돌이 격렬해졌다. 심지어 정부의 국무원 중에도 대통령과 각 부 총장들 간에 민주주의냐 공산주의냐로 각기 옳다는 주장을 좇아 갈라졌다. 그 대강을 거론하면 국무총리 이동휘(李東輝)는 공산혁명을 부르짖고, 대통령 이승만은 민주주의를 주창하였다.

이로 인해 국무회의 석상에서도 의견 불일치로 때때로 논쟁이 일어나 국시(國是)가 서지 못하고, 정부 내부에 괴이한 현상이 거듭 일어났다. 예를 들면, 국무회의에서 여운형(呂運亨)·안공근(安恭根)·한형권(韓亨權) 3인을 뽑아 러시아에 대표로 보내기로 결정하고 여비를 갹출하던 중, 금전이 입수됨을 보고 이동휘가 자기 심복인 한형권을 비밀리에 먼저 파견하였던 일이 있었다. 이동휘는 한이 시베리아를 통과하고 난 뒤에야 이를 공개하였으니, 정부나 사회에 물의가 분분하였다.

이동휘는 호가 성재(誠齋)인데 블라디보스토크[海蔘尉]에서 이름을 바꾸어

---

13) 원주: "民族主義는 世界가 規定하는 自己 民族만 强化하여 他民族을 壓迫하는 主義가 아니고, 우리 韓國 民族도 獨立 自由하야 다른 民族과 가튼 完全 幸福을 享有하자 함." 이것은 백범 스스로 민족주의관을 요약한 것이다.

'대자유'라 행세하던 일도 있었다고 한다. 어느날 이총리가 나에게 공원 산보를 청하기에 동반하였더니, 조용히 자기를 도와 달라고 말하였다. 나는 좀 불쾌한 생각이 들어서,

"제가 경무국장으로 총리를 보호하는 터에 직책상 무슨 잘못된 일이 있습니까?"

대답하니, 이씨는 손을 저으면서 답변하였다.

"그런 것이 아니오. 대저 혁명이란 유혈사업으로 어느 민족에게나 대사인데, 현재 우리의 독립운동은 민주주의혁명에 불과하오. 따라서 이대로 독립을 한 후 또다시 공산혁명을 하게 되니, 두 번 유혈은 우리 민족에게도 큰 불행이오. 그러니 적은이[14]도 나와 같이 공산혁명을 하는 것이 어떠하오?"[15]

나는 반문하였다.

"우리가 공산혁명을 하는데 제3국제당[16]의 지휘·명령을 받지 않고 우리가 독자적으로 공산혁명을 할 수 있습니까?"

이씨는 고개를 저으며 말하였다.

"불가능하오."

나는 강경한 어조로 다시 말하였다.

"우리 독립운동이 우리 한민족의 독자성을 떠나서 어느 제3자의 지도·명령의 지배를 받는다는 것은 자존성을 상실한 의존성 운동입니다. 선생은 우리 임시정부 헌장에 위배되는 말을 하심이 크게 옳지 못하니, 제(弟)는 선생의 지도를 따를 수 없으며 선생의 자중을 권고합니다."

그러자, 이씨는 불만스러운 낯빛으로 나와 헤어졌다.

이씨가 밀파한 한형권은 단신으로 시베리아에 도착하여 러시아 관리에게

---

14) 적은이는 아우님이란 뜻. 이동휘가 수하 동지들에게 즐겨 쓰던 말이다.

15) 이동휘의 주장은 부르주아민주주의혁명과 사회주의혁명을 동시에 수행하자는 것이다. 사회주의 이념의 도입 초기에는 '민주혁명'과 '사회혁명'을 동시에 수행하는 좌경적 혁명론이 풍미하였다.

16) 제3국제당은 코민테른. 코민테른은 1919년 3월 레닌의 지도하에 러시아 공산당과 독일 사회민주당 좌파를 중심으로 조직된 공산당의 국제적 통일조직. 일제시기 우리나라 공산주의 운동에 강력한 영향력을 행사했다.

러시아에 온 사명을 전달하니, 러시아 관리는 즉시 모스크바 정부에 보고하였다. 러시아 정부에서 한인 동포들을 동원하니, 한형권이 도착하는 정거장마다 한인 남녀들은 태극기를 손에 들고 임시정부 대표를 열렬히 환영하였다.

마침내 한이 모스크바에 도착하니 러시아 최고지도자인 레닌 씨가 친히 맞이하며, 독립자금은 얼마나 필요로 하느냐고 물었다. 한은 입에서 나오는 대로 200만 루불을 요구하였다. 레닌은 웃으면서 반문하였다.

"일본을 대항하는 데 200만으로 될 수 있는가?"

한은 본국과 미국에 있는 동포들이 자금을 조달한다고 답변하였다. 그러자 레닌은 자기 민족이 자기 사업을 하는 것은 당연하다고 말하고, 즉시 러시아 외교부에 명령하여 현금으로 200만 루불을 지급하게 하였으나, 외교부는 금괴 운반 문제 때문에 시험적으로 제1차 40만 루불만을 한형권에게 주었다. 한이 시베리아에 도착할 시기를 맞추어 이동휘는 비서장인 김립(金立)[17]을 밀파해, 한형권을 종용하여 금괴를 임시정부에 바치지 않고 중간에서 빼돌렸다. 김립은 이 금괴로 북간도 자기 식구들을 위하여 토지를 매입하였고, 이른바 공산주의자라는 한인·중국인·인도인에게 얼마씩 지급하였다. 그리고서 자기는 상해에 비밀리에 잠복하여 광동여자를 첩으로 삼아 향락하는 것이었다.[18]

이 사건으로 인하여 임시정부에서 이동휘에게 죄를 물으니, 이씨는 총리직을 사직하고 러시아로 도주하였다. 또한 한형권은 러시아 수도에 가서 통일운동을 하겠다는 이유를 설명하고, 다시 20만 루불을 가지고 상해에 잠입하여[19]

---

17) 김립(金立, ?~1922) 본명은 김익용(金翼容). 임정 결성시 이동휘와 함께 상해로 와서 임정 국무원 비서장을 역임했다. 1920년 8월 상해에서 한인사회당 대표자회의를 개최하여 한인공산당으로 개칭할 것을 결의하고 코민테른 파견 대표자로 선임되었다. 1921년 고려공산당 창립대회에 참석하고 비서부장이 되었지만, 1922년 1월 13일 상해 갑북에서 코민테른 자금을 임정에 귀속시킬 것을 주장하던 오면직·노종균에게 암살당하였다.

18) 임시정부 초기, 레닌의 자금 지원과 김립의 횡령 사건은 너무나 유명하다. 한형권은 1920년 말 모스크바에서 레닌을 만나 200만 루불의 지원을 약속받고, 1차로 금화를 20부대씩 넣은 일곱 상자를 수령하였다. 금화 한 상자의 무게는 다섯 사람의 체중에 달하는 것으로, 일곱 상자 전부를 액수로 따지면 40만 루불이었다. 당시 금화 1루불은 일본돈 1엔, 미화 50센트 정도였다고 한다.

19) 한형권은 시베리아 옴스크에서 40만 루불을 김립에게 전달하고, 나머지 160만 루불을 받기

공산당들에게 금력을 풀어 이른바 국민대표대회(國民代表大會)를 소집하였다.

당시 한인 공산당은 세 파로 나뉘어져 있었다. 첫째는 상해에서 설립된 상해파로 그 우두머리는 이동휘이고, 둘째는 이르쿠츠크파로 그 우두머리는 안병찬(安秉贊)·여운형(呂運亨) 등이었다. 셋째는 일본에서 공부하던 유학생들로서 일본에서 조직된 엠엘(ML)파로 일본인 후쿠모토 가즈오(福本和夫)와 김준연(金俊淵) 등을 우두머리로 한 것인데, 비록 상해에서는 세력이 미약하나 만주에서는 맹렬한 활동을 전개하였다. 이것저것 있을 것은 다 있어서, 이을규(李乙奎)·이정규(李丁奎) 형제와 유자명(柳子明) 등은 무정부주의를 신봉하여 상해·천진 등지에서 활동이 맹렬하였다.[20]

상해에서 개최한 국민대표회의는 '잡종회'(雜種會)라 부를 만한 모임이었다. 이 회의에 참석하기 위해 일본·조선·중국·러시아 등 각 처에서 한인단체 대표로 200여 명이 각양각색의 명칭으로 모여들었다. 그중 이르쿠츠크파 공산당과 상해파 공산당이 서로 경쟁적으로 민족주의자 대표들을 분열시켜, 이르쿠츠크파는 임시정부 창조를, 상해파는 개조를 각각 주장하였다. 이른바 창조파는 현임시정부를 취소하고 새로 정부를 조직하자는 것이고, 개조파는 현정부를 개조하자는 것이었다. 결국 하나로 의견을 통일시키지 못하여 회의가 분열되었다.[21] 창조파에서는 '한국정부'를 조직하고 그 정부의 외무총장인 김규식이 이른바 한국정부를 이끌고 블라디보스토크까지 가서 출품하였지만, 러시아가 허용하지 않으므로 계획이 무산되었다.

국민대표대회에서 양파 공산당이 서로 투쟁하니 순진한 독립운동자들까지도 양파 공산당으로 나뉘어져 혹은 창조, 혹은 개조를 주장하여 전체가 요란

---

위해 다시 모스크바로 갔다. 그는 2차로 20만 루블을 더 받아서 유럽을 경유하여 상해로 돌아왔다.

20) 이것은 1924년 북경에서 시작한 '재중국조선무정부주의자연맹'을 말한다.

21) 1923년 1월 상해에서 개최된 국민대표대회에는 60여 개 그룹의 대표 113명이 참석하였다. 의장으로는 간도에서 온 김동삼, 부의장으로는 안창호가 선출되어 3개월 이상에 걸쳐 92차 회합을 가졌지만, 민족운동의 통일에 실패하였다. 당시 국민대표대회는 임정에 대한 입장에 따라 ① 노령·만주계의 창조파, ② 국내·미주계의 개조파, ③ 김구·이동녕 등의 임정고수파로 나눌 수 있다.

하게 되었다. 이런 까닭에 내가 내무총장의 직권으로 국민대표회의의 해산령을 발표하니 비로소 시국이 안정되었다.

정부의 공금횡령범 김립은 오면직(吳冕稷)·노종균(盧宗均)[22] 등 청년들에게 총살을 당하니 사람들이 통쾌하게 생각하였다. 임시정부에서는 한형권을 러시아 대표직에서 파면하고 안공근(安恭根)을 러시아 주재 대표로 파송하였다. 그러나 별 효과 없이 러시아와의 외교관계는 끝내 단절되었다.

국민대회가 실패한 후 상해에서는 통일이란 미명(美名)하에 공산당운동이 끊어지지 않고 민족운동자들을 종용하였다. 공산당 청년들은 여전히 양파로 나뉘어 동일한 목적과 동일한 명칭으로 '재(在)중국청년동맹'과 '주(住)중국청년동맹'[23]을 조직하고, 상해의 우리 청년들을 앞다투어 포섭하여 독립운동을 공산운동화하자고 절규하였다.

그러던 중 레닌은 공산주의자들에게 "식민지운동은 복국운동(復國運動)이 사회운동보다 우선하다"고 발표하였다. 이 말이 한번 떨어지자 어제까지 민족운동 즉 복국운동을 비난·조소하던 공산당원들이 돌변하여 독립·민족운동을 공산당의 당시(黨是)로 주창하였다. 여기에 민족주의자들이 자연 찬동하고 나서서 '유일독립당촉성회'(唯一獨立黨促成會)를 성립시켰다.[24] 그런데 내부에서는 의연히 공산당 양파의 권리쟁탈전이 음양으로 치열하게 대립되어 한 걸음도 진전되기 어려웠다. 민족운동자들도 차차 깨우쳐 공산당의 속임수에서

---

22) 오면직(吳冕稷, 1894~1938), 노종균(盧宗均, 1894~1939). 모두 황해도 안악 출신의 동갑 동지. 국내에서 3·1운동과 『조선일보』·『동아일보』 안악지국에서 활동하였고, 1921년 임시정부의 군자금 모집건이 발각되어 상해로 망명하였다. 1922년 김구의 지시에 따라 모스크바 자금을 도용한 김립을 사살하였고, 그후 김구의 측근으로 한국노병회·한인애국단·한국독립군 특무대 등에서 활동하였다. 이들은 1935년 맹혈단(猛血團)을 조직하고 군자금 모집, 밀정 처단 등의 활동을 계속하였다. 오면직은 1936년 일본 영사관 습격을 계획하다 체포되어 1938년 평양형무소에서 사형되었고, 노종균은 1938년 체포되어 이듬해 해주 옥중에서 미결수로 순국하였다.

23) 정식 명칭은 '재중국한인청년동맹'과 '주중국한인청년동맹'이다. 이 조직은 각각 임시정부가 있는 상해에 지부를 두고 있다.

24) 1926년 말부터 좌우합작의 유일당 운동이 일어나 국내에서는 신간회가, 만주에서는 삼부통합운동이, 궁국 관내지역에서는 한국유일독립당촉성회가 결성되었다.

벗어나 결국 유일독립당촉성회는 해산되고 말았다.

그후 한국독립당(韓國獨立黨)이 조직되었다.[25] 한독당은 순전한 민족주의자인 이동녕(李東寧)·안창호(安昌浩)·조완구(趙琬九)·이유필(李裕弼)·차이석(車利錫)·김붕준(金朋濬)·김구(金九)·송병조(宋秉祚) 등을 지도자로 하여 창립되었다. 이로부터 민족주의자와 공산주의자가 조직을 따로 가지게 되었다.

공산당들은 상해의 민족운동자들이 자기의 수단에 농락되지 않음을 깨닫고 남북 만주로 진출해서, 상해에서보다 십백 배 더 맹렬하게 활동하였다. 이상룡(李尙龍)의 자손은 살부회(殺父會)까지 조직하고 있었다. 살부회에서도 체면을 생각해서인지 회원이 자신의 손으로 직접 아비를 죽이는 것이 아니라, 너는 내 아비를 죽이고 나는 네 아비를 죽이는 것이 규칙이라 하였다.

남북 만주의 독립운동단체로 정의부(正義部)·신민부(新民部)·참의부(參議部) 외에 남군정서(南軍政署)·북군정서(北軍政署) 등 각 기관에 공산당이 침입하여 각 기관을 여지없이 파괴·훼손하고 인명을 살해하였다. 백광운(白狂雲)·정일우(鄭一雨)·김좌진(金佐鎭)·김규식(金奎植)[26] 등 우리 운동계에 다시 없는 건강한 장군들을 다 잃어버렸고, 그로 인하여 내·외지 동포의 독립사상이 날로 미약해져 갔다.

그런데 "화는 홀로 오지 않는다"[禍不單行]고, 만주 동북 3성[東三省]의 왕이라 할 수 있는 장작림(張作霖)과 일본과의 협정이 성립되었다. 이로 인해 한인 독립운동가들은 붙잡히는 대로 왜에게 넘겨졌다. 중국 백성들은 한인 한 명의 머리를 베어 왜놈 영사관에 몇십 원에, 심지어 3~4원에 팔아 넘기기도 하였다. 어찌 중국사람들뿐이랴. 그곳 우리 한인들은 비록 중국 경내에 거주하였지만 처음에는 가가호호에서 해마다 독립운동 기관인 정의부나 신민부에 정성을 다해 부지런히 세금을 냈었다. 그러나 이와 같은 순박한 동포들도 우

---

25) 한국독립당은 1930년 1월 유일당 운동의 여세를 몰아 상해에서 창립되었다.

26) 위의 김규식(金奎植, 1880~1931)은 임정 부주석 김규식과는 동명이인(同名異人)이다. 그는 경기도 출신의 독립운동가로 1907년 군대 해산 후 의병운동에 참여하였고, 그 뒤 일본 경찰에 체포되어 옥고를 치렀다. 1919년 북로군정서 사단장에 임명되어 이듬해 청산리전투에서 전과를 올렸다. 대한독립군당 총사령관, 고려혁명군 총사령관을 역임하였으며 1931년 공산당원에게 피살되었다.

리 무장대오의 지나친 위력과 침탈을 당하게 되자 점차 반발심이 생기게 되었다. 이로 인해 독립군이 자기 집이나 동네에 도착하면, 비밀리에 왜놈에게 고발하는 악풍까지 생겼다. 또한 독립운동자들까지도 점차 왜에게 투항하는 풍습이 생기고 보니, 동북 3성의 운동 근거지는 자연 취약해질 수밖에 없었다. 그러다 왜놈의 보호하에 만주국이 탄생하니 만주는 '제2의 조선'이 되어버렸다. 이 얼마나 아프고 쓰린 일인가.

동북 3성의 정의·신민·참의부와 임시정부의 관계는 어떠하였던가. 임시정부가 처음 조직되었을 때, 3부는 임시정부를 최고기관으로 인정하고 추대하였다. 그러나 그 뒤 3부가 점차 할거하여 군정·민정을 합작하지 않고 세력을 다투어 서로 전쟁까지 하였다. "스스로 업신여기면 다른 사람도 나를 업신여기게 된다"[27]고 함은 바로 이를 가리킨 격언이라 할 수 있다.

정세로 말하면 동북 3성 방면에 우리 독립군이 벌써 자취를 감추었을 터이나, 신흥학교 시절 이후 30여 년이 지난 오늘까지 오히려 김일성(金日成)[28] 등 무장부대가 의연히 산악지대에 의거하여 엄존하고 있다. 이들이 압록·두만을 넘나들며 왜병과 전쟁을 할 수 있었던 것은, 중국 의용군과 연합작전을 하고 러시아의 후원도 받았기 때문이다. 이렇게 현상 유지를 하는 정세라, 관내 임시정부 방면과의 연락은 극히 곤란하게 되었다.

종전의 정의·참의·신민 3부 중 참의부는 임시정부를 시종일관 옹호·추대하였다. 그런데 3부가 통일하여 정의부로 되자 서로 짓밟아 종막을 고하게 된 데에는, 공산당과 민족당의 충돌이 중요한 요인으로 작용하였다. 그리하여 공산진영이나 민족진영의 말로는 같은 운명으로 귀결되었다.


## 4) 무정부상태의 국무령

상해 정세도 대략, 서로 패하여 함께 망한[兩敗俱喪] 꼴이 되었으나, 임시

---

27) 원문: "自侮而後에 人이 侮之라." 출전은 『맹자』「이루」(離婁) 상.
28) 원문: "金一聲". '金一聲'은 '金日成'이다.

정부와 한국독립당으로 민족진영의 잔해만은 겨우 유지하고 있었다. 그러나 임시정부는 인재도 극히 귀하고 경제도 매우 어려웠다. 정부제도는 대통령 이승만이 교체되고 박은식이 취임하였고, 대통령제도를 변경하여 국무령제로 고쳤다.

제1대 국무령으로 이상룡이 취임하기 위하여 서간도로부터 상해에 도착하였지만, 인재를 고르다가 입각 지원자가 없자 도로 간도로 돌아가버렸다. 그 다음에 홍면희(洪冕熙)[29]를 선거하여, 그가 진강(鎭江)에서 상해로 와서 취임한 후 조각에 착수하였으나, 역시 호응하는 인물이 없으므로 실패하고 말았다.

임시정부는 마침내 무정부상태에 빠졌고, 이로 인해 의정원에서 일대 문제가 되었다. 의장 이동녕 선생이 내게 와서 국무령으로 조각하라는 말을 억지로 권유하기에 나는 사양하였다. 의장이 다시 강권하기에 나는 두 가지 이유를 들어 굳이 사양하였다.

첫째 정부가 아무리 위축되었다고 하더라도,[30] 해주 서촌 김존위의 아들인 내가 한 나라의 원수가 되는 것은 국가·민족의 위신을 크게 떨어뜨리는 것이므로 불가하다. 둘째 이·홍 양씨도 호응하는 인재가 없어 실패하였거늘, 내가 나서면 더욱 호응할 인재가 없을 것이다.

그러나 이씨는 나를 설득하였다.

"첫번째 것은 이유될 것도 없고, 다음 것은 백범만 곧 나서면 지원자들이 있을 것이오. 그러니 쾌히 응낙하여 의정원에 수속을 밟고 조각하여, 임시정부가 무정부상태를 면하게 해주오."

결국 나는 이 권고에 따라 국무령으로 취임하여 윤기섭(尹琦燮)·오영선(吳永善)·김갑(金甲)·김철(金澈)·이규홍(李圭洪) 등으로 조각하였다. 또한 조각이 심히 곤란한 것을 절감하여 국무령제를 국무위원제로 고쳐 의정원에서 통과되었다. 이제 명색이 국무위원회 주석이지만 그것은 개회할 때 주석일 뿐이었다. 또한 국무위원들이 주석을 돌아가며 맡아 모두 평등한 권리를 가졌다.[31]

---

29) 홍면희는 홍진(洪震, 1877~1946)의 본명. 그는 3·1운동 후 상해로 망명하여 임시정부 국무령, 의정원 의장 등을 역임하였고, 해방 후 비상국민회의 의장으로 활약하던 중 병사하였다.

30) 원문: "政府가 아모리 雰形時期일지라 하여도".

31) 1926년 백범은 국무령을 맡자 다시 헌법을 개정하여, 임시정부의 권력구조를 스위스 관리

이후 정부의 분란은 일단 가라앉았으나, 경제적으로는 정부 명의마저 유지할 길이 막연하였다. 청사 가옥세가 불과 30원, 고용인 월급이 20원을 넘지 않았으나, 집세 문제로 집주인에게 종종 소송을 당하였다.

다른 위원들은 거의 식구들과 함께 거처하였다. 그러나 나는 민국 6년(1924)에 처를 잃었고, 7년에는 모친께서 신을 데리고 고국으로 돌아가셨다. 그후 상해에서 나 혼자 인을 데리고 지냈는데, 모친의 명령에 의하여 인이마저 본국으로 보냈다. 그림자나 짝하며 홀로 외롭게〔形影相從〕살면서, 잠은 정청(政廳)에서 자고 밥은 직업 있는 동포들 집에서[32] 얻어먹으며 지내니, 나는 거지 중의 상거지였다.

나의 처지를 잘 아는 터이므로 어느 동포도 나를 차래식(嗟來食)[33]으로 대접하진 않았다. 조봉길(曺奉吉)·이춘태(李春泰)·나우(羅愚)·진희창(秦熙昌)·김의한 등은 나에게 더없이 친절하게 대해 준 동지들이고, 기타 동지들에게도 동정적인 대접을 받았다.

엄항섭(嚴恒燮) 군은 뜻있는 청년으로 지강대학(之江大學) 중학을 졸업하였다. 졸업 후 그는 자기 집 생활은 돌보지도 않고, 석오(石吾) 이동녕 선생이나 나처럼 먹고 자는 것이 어려운 운동가를 구제하기 위해 불란서 공무국에 취직을 하였다. 그가 불란서 공무국에 취직한 것은 두 가지 목적에서였다. 하나는 월급을 받아 우리에게 음식을 제공해 주는 것이고, 다른 하나는 왜영사관에서 우리를 체포하려는 사건을 탐지하여 피하게 하고, 우리 동포 중 범죄자가 있을 때 편리를 도모해 주는 것이었다.

엄군의 첫 부인 임(林)씨는 구식 부인으로 아이가 없었다. 내가 자기 집에 갔다가 나올 때면, 문 밖까지 따라나와 전송하며 은전 한두 개씩을 내 손에 쥐어주며,

"아기〔仁兒〕사탕이나 사 주세요."

하였다. 그것은 자기 남편이 존경하는 노선배를 친절히 대접하기 위함이었다.

---

정부 형태와 비슷한 국무위원회의 '윤회주석제도'로 채택하였다.

32) 원주: "電車公司와 公共汽車公司 査票員이 六, 七十名이더라."

33) 차래식(嗟來食) 또는 차래지식(嗟來之食)은 무례한 태도로 불러 박대하며 주는 음식. 출전: 『예기』「단궁」(檀弓) 하편.

그녀는 초산에 딸아이 하나를 해산하고 불행히도 사망하여 노가만(盧家灣) 묘지에 묻히게 되었다. 나는 그녀의 무덤을 볼 적마다, 엄군이 능력이 부족하다면 나라도 능력이 생길 때 기념묘비 하나 세워주리라, 늘 생각하였다. 마침내 상해를 떠날 때에는 그만한 재력이 있었으나, 환경이 여의치 못하여 그것도 뜻대로 되지 않았다. 이 글을 쓰는 오늘에도 노가만 공무국 공동묘지의 임씨 무덤이 눈에 어른거린다.[34]

당시 나의 중요 임무가 무엇이었는지 언급하기 위해, 그때의 환경이 어떠하였는지를 먼저 말하고자 한다. 원년(1919)에서 3~4년을 지내고 보니, 열렬하던 독립운동자 가운데 하나 둘씩 왜놈에게 투항하거나 귀국하는 자들이 생겨났다. 그러한 자들은 임시정부 군무차장 김희선과 독립신문사 주필 이광수, 의정원 부의장 정인과 등을 위시하여, 점차 그 수가 늘어났다.

다른 한편으로는 정부의 비밀파견으로 국내에 귀국하는 동지들도 있었다. 비밀정치조직으로 연통제(聯通制)를 실시하여 경성에 총판부(總辦部)를 두고, 13도에는 독판(督辦), 각 군에는 군감(郡監), 각 면에는 면감(面監)을 두었다. 각각의 주무장관(主務長官)은 임시정부에서 임명하여 이면으로 전국을 통치하였다. 뿐만 아니라 인민들은 비밀 납세도 성심으로 납부하여, 상해 임시정부의 위신은 그만치 떨쳐 일어났다.[35]

그런데 함남으로부터 연통제가 왜에게 발각되자 이를 시작으로 각 도 조직이 파괴되니, 비밀사명을 띠고 갔다가 체포된 자는 일일이 헤아릴 수 없었다. 또한 처음에는 열성으로 큰 뜻을 품고 상해에 온 청년들도, 점점 경제난으로 인하여 취직하거나 행상에 종사하였다. 이로 인하여 한때 상해 우리 독립운동자의 수가 천여 명이었던 것이, 차차 줄어들어 겨우 수십 명에 불과하였다. 그러니 최고기관인 임시정부의 현상을 족히 짐작하고도 남음이 있다.

---

34) 엄항섭(嚴恒燮, 1898~1962)에 관하여 길게 언급되어 있듯이, 그는 백범의 핵심 측근이었다. 그는 청년운동에 참여하여 재중한인청년동맹 중앙위원을 역임하고 한국독립당 선전부장, 임시정부 선전부장 등을 역임하면서 김구 명의의 발표문이나 성명서 대부분을 기초하였다.

35) 연통제는 상해 임시정부가 국내외의 독립운동을 지휘·감독하기 위해 설치했던 비밀연락망이다. 일본의 철저한 감시 때문에 애초의 의도와는 달리 경상남북도, 충청남도 및 제주도에는 조직되지 못하였다.

나는 최초에는 정부의 문파수를 청원하였으나, 끝내는 노동총판(勞動總辦), 내무총장, 국무령, 국무위원, 주석으로 중임을 거의 역임하였다.[36] 이렇게 된 것은 나의 문파수 자격이 진보된 것이 아니라, 임시정부의 인재난·경제난이 극도에 달하였기 때문이다. 그것은 마치 명성이 쟁쟁하던 인가(人家)가 몰락하여, 그 고대광실(高大廣室)이 걸인의 소굴이 된 것과 흡사한 형편이었다.

이승만 대통령이 취임·시무할 때는 중국 인사는 물론이고, 눈 푸르고 코 큰 영·불·미 친구들도 더러 임시정부를 방문하였다. 그러나 이제 임시정부에 서양인이라고는 공무국의 불란서 경찰[巡捕]이 왜놈을 대동하고 사람을 잡으러 오거나, 세금 독촉으로 오는 이 외에는 없었다.[37] 상해에서 서양사람들 틈 속에 끼여 살지만, 서양인 친구라곤 단 한 사람도 찾아오는 자가 없었다. 그렇지만 매년 크리스마스에는 적어도 몇백 원어치의 물품을 사서 불란서 영사와 공무국, 그전의 서양인 친구들에게 선물하였다. 어떠한 곤란 중이라도 14년 동안 연중 행사로 실행한 것은 우리 임시정부가 존재한다는 흔적을 그들에게 인식시키려는 방법이었다.

이 무렵 내가 연구·실행했던 사무가 하나 있으니, 곧 편지정책이다. 당시 사방을 돌아보아도 정부의 사업 발전은 고사하고, 이름이라도 보전할 길이 막연함을 느꼈다. 그러던 중 임시정부가 해외에 있는 만큼 해외 동포들에게 의뢰할 수밖에 없다는 사실을 깨닫게 되었다.

당시 해외에 거주하는 동포는 동북 3성에 가장 많았는데, 거기에는 250여만 명의 동포가 살고 있었으나 사정이 본국과 별로 다르지 않았다. 두번째로는 러시아령에 150여만 명이 살고 있었지만, 공산국가라 민족운동을 금지하여 그곳 동포들에게 의뢰하는 것은 불가능하였다. 세번째로 일본에 40~50만 명이 거주하나 역시 의뢰할 형편이 못 되었다. 네번째로 미주·하와이·멕시코·쿠바에 만여 명이 살고 있었는데, 그들 대다수는 비록 노동자였지만 애국심 하나만은 강렬하였다. 그와 같이 된 까닭은 그곳에 살고 있는 서재필 박사, 이

---

36) 백범은 1919년 임정 결성시에는 경무국장으로 취임하였으나, 1923년 내무총장, 1924년 임정 국무총리대리, 1926년 12월 국무령, 1927년 국무위원 등을 역임하였다. 1930년과 1935년 국무위원에 재선된 후, 1940년과 1944년 개정된 임정헌법에 따라 주석에 취임하였다.
37) 당시 임시정부는 집세 36달러도 내기 어려운 형편이었다.

승만 박사, 안창호, 박용만 등의 가르침을 받았기 때문이다.

그곳 동포들에게 사정을 알리고 정부에 성금을 바치게 할 계획을 세웠다. 그러나 불행히도 내가 영어에 문외한이라 손수 편지 겉봉도 쓸 수 없었고, 또한 그곳 동포들 중 몇 사람의 친지가 있으나 주소도 알 수 없는 지경이었다. 다행히 엄항섭·안공근 등의 도움으로 몇 사람의 주소와 성명을 알아내어 임시정부의 현상황을 극진히 설명하여 동정을 구하는 편지를 쓰고, 엄군이나 안군에게 겉봉을 쓰게 하여 우송하는 것이 내 유일한 사무였다.

수신인이 없어서 반환되어 돌아오는 경우도 더러 있었지만 회답하는 동포들이 점차 늘어났다. 그중에 시카고[芝哥古]의 김경(金慶) 같은 이는 "집세를 주지 못해 정부 문을 닫게 되었다"는 보도를 보고, 즉시 공동회(共同會)를 소집하여 미화 200여 달러를 모금하여 보내준 일도 있었다.[38] 김경 씨는 나와 한번도 만난 적 없지만 애국심 하나로 이와 같이 한 것이다.

미주·하와이·멕시코·쿠바의 동포들이 이같은 애국심을 가지고 있으면서도 어찌하여 그 동안 정부 성금에 소홀하였던가? 이와 같이 된 데는 다름이 아니라 1년에도 몇 차례씩 정부 각료들이 변경되고, 헌법도 자주 변경됨에 따라 정부의 위신이 추락된 데 원인이 있었다. 그런데다 정부 사정을 자주 알려주지도 않아서 동포들이 정부를 믿지 않았던 것이다.

나의 통신이 진실성이 있는 데서 점차 믿음이 생기기 시작하였다. 그리하여 하와이의 안창호(安昌鎬),[39] 가와이(加哇伊: Kauai)의 현순(玄楯), 김상호(金商鎬)·이홍기(李鴻基)·임성우(林成雨)·박종수(朴鍾秀)·문인화(文寅華)·조병요(趙炳堯)·김현구(金鉉九)·안원규(安源奎)·황인환(黃仁煥)·김윤배(金潤培)·박신애(朴信愛)·심영신(沈永信) 등 제씨가, 나와 정부에 정성을 보내주기 시작하였다.[40]

---

38) 김경의 본명은 김병준(金炳俊). 그는 도산 안창호의 지지자였으며, 당시 그가 임시정부에 보내 준 200달러는 임정인사 아홉 식구의 한 달 기본생활비에 해당했다.

39) 하와이의 안창호(安昌鎬)는 도산 안창호(安昌浩)와는 다른 인물로 하와이 국민회 계통 인물이다.

40) 이들은 주로 '하와이애국단'과 '가와이단합회' 인물들이다. 가와이단합회는 1931년 4월 9일 가와이 섬 가파아와 리피 두 지방에 거류하던 동포들이 임정의 재정 후원을 목표로 결성한

또한 샌프란시스코[桑港]의 『신한민보』(新韓民報) 방면에서도 점차 정부에 관심을 쏟기에 이르렀다. 김호(金乎)·이종소(李鍾昭)·홍언(洪焉)·한시대(韓始大)·송종익(宋宗翊)·최진하(崔鎭河)·송헌수(宋憲樹)·백일규(白一圭) 등 제씨와, 멕시코[墨西哥]의 김기창(金基昶)·이종오(李鍾旿), 쿠바의 임천택(林千澤)·박창운(朴昌雲) 등 제씨가 임시정부에 후원하였다.[41] 동지회(同志會) 방면에서도 이승만 박사를 필두로 하여 이원순(李元淳)·손덕인(孫德仁)·안현경(安賢卿) 등 제씨가 정부 후원에 참가하니,[42] 미주·하와이·멕시코·쿠바의 우리 교포들 전부가 정부의 유지·발전에 공동 책임을 지게 되었다.

그러던 중 하와이의 안창호·임성우[43] 등 제씨는 장래 사업과 관련된 다음과 같은 질문편지를 보내왔다.

"당신이 정부를 지키고 있는 것을 감사히 생각한다. 그런데 당신 생각에 무슨 사업을 하고 싶은가? 우리 민족에 큰 도움이 되는 일이라면 돈을 주선하겠다."

나는 다음과 같이 회답하였다.

"무슨 사업을 하겠다고 말할 필요는 없으나 간절히 하고 싶은 일이 있으니, 조용히 돈을 모아두었다가 보내라는 통지가 있을 때 보내라."

하였더니, '그리 하겠다'는 회신이 왔다.

나는 그때부터 민족의 생색될 일이 무엇이며, 내가 그런 일을 할 수 있을까 연구하기 시작하였다.

---

단체이며, 1939년 4월 29일 하와이애국단에 합류하였다.

41) 『신한민보』는 미주의 독립운동단체인 국민회 계통의 신문이다. 국민회는 임시정부의 후원에 적극적이었으나 이승만 중심의 동지회와는 대립하는 입장이었다.

42) 동지회는 1921년 미국 하와이에서 이승만·안현경 등이 중심이 되어 조직한 독립운동단체이다. 동지회는 임정 후원단체로 결성되었으나 이승만의 입장에 따라 때로는 임정에 대립적인 입장을 보이기도 하였다.

43) 임성우는 임시정부를 적극 후원한 인물로 하와이애국단을 조직하는 데 주도적인 역할을 하였다.

## 2. 이봉창과 윤봉길의 의거

### 1) '일본영감' 이봉창

내가 재무부장이면서 민단장(民團長)을 겸임하던 때였다. 하루는 중년의 동포가 민단을 찾아와 다음과 같이 말하였다.

"저는 일본에서 노동을 하다가 독립운동을 하고 싶어 상해에 '가정부'(假政府)[1]가 있다기로 일전에 상해로 왔습니다. 상해에 도착하여 여기저기 다니다 전차표 검사원에게 임시정부의 위치를 물어보니, 그가 보경리 4호로 가라기에 이렇게 찾아왔습니다."

그는 경성 용산 출생으로 성명은 이봉창(李奉昌)[2]이라 하였다. 나는 그에게 상해에 독립정부가 있으나 아직 운동자들을 입히고 먹일 역량이 없으니, 가지고 있는 돈이 있느냐고 물어보았다. 그랬더니 이봉창이 대답하기를,

"지금 소지하고 있는 돈은 여비하고 남은 것이 불과 10여 원입니다."

"그러면 생활문제를 해결할 방법이 있소?"

---

1) 원주: "日人이 指稱하기를 假政府." 일제는 임시정부를 폄하하여 가정부(가짜 정부)라고 불렀다.

2) 이봉창(李奉昌, 1900~1932). 독립운동가. 서울 출생. 김구의 지도로 1932년 1월 8일 도쿄에서 관병식을 마치고 돌아오는 일본 천황 히로히토를 향하여 수류탄을 던졌으나 명중하지 못하고 미수에 그쳤다. 7월 19일 재판에서 "나는 너희 임금을 상대로 하는 사람이다. 그런데 너희들이 감히 내게 무례히 하느냐!"고 호통을 치며 재판을 거부하였다. 재판관은 방청인도 없이 판결문을 작성하여 사형을 언도하였다.

"그런 것은 근심이 없습니다. 저는 철공장에서 작업할 수 있습니다. 그런데 노동을 하면서는 독립운동을 못합니까?"

이 말에 답변하지 않고 나는 그에게 오늘은 해가 저물었으니 근처 여관에 가서 자고, 다음날 다시 이야기하자고 하였다. 그리고 곧장 민단 사무원 김동우(金東宇)에게 명령하여 그에게 여관을 잡아주라 하였다.

그는 말에 절반은 일어이고, 동작 또한 일본인과 흡사하였다. 그래서 특별히 조사할 필요가 있다고 생각하였다.

며칠 후 그는 민단 주방에서 민단 직원들과 술과 국수를 사서 같이 먹다가, 술이 얼큰하여 반쯤 취기가 돌자 민단 직원들과 주담(酒談)을 하기 시작하였다. 주고받는 말소리가 문 밖까지 흘러나왔다.

"당신들은 독립운동을 한다면서 일본 천황을 왜 못 죽입니까?"

"일개 문무관도 죽이기가 쉽지 않은데, 천황을 죽이기가 쉽겠소?"

"내가 작년 동경에서 천황이 능행(陵行)한다고 행인을 엎드리라고 하기에 엎드려서 생각하기를, 내게 지금 폭탄이 있다면 쉽게 죽일 수 있지 않을까 싶었습니다."

나는 주방으로부터 흘러나오는 이씨의 말을 유심히 들었다. 그날 저녁에 이씨가 묵고 있는 여관을 조용히 방문하여, 이씨와 흉금을 터놓고 피차 속마음을 모두 털어놓았다. 과연 이씨는 의기남자(義氣男子)로 살신성인(殺身成仁)할 큰 결심을 품고 일본에서 상해로 건너와 임시정부를 찾아온 것이었다. 이씨는 나에게 다음과 같이 자신의 포부를 털어놓았다.

"제 나이가 31세입니다. 앞으로 다시 31년을 더 산다 해도 과거 반생에서 맛본 방랑생활에 비한다면 늙은 생활에 무슨 취미가 있겠습니까? 인생의 목적이 쾌락이라면 31년 동안 인생의 쾌락은 대강 맛보았습니다. 그런 까닭에 이제는 영원한 쾌락을 얻기 위하여 우리 독립사업에 헌신하고자 상해에 왔습니다."

나는 이씨의 위대한 인생관을 보고 감동의 눈물이 벅차오름을 금할 길이 없었다. 이봉창은 공경하는 의지로 나에게 국사에 헌신할 지도를 요청하였다. 나는 그의 뜻을 쾌히 승낙하였다.

"1년 이내에 군의 행동을 위한 준비를 해주겠소. 그런데 지금은 우리 정부의 형편이 궁핍하여 군에게 살아갈 방도를 마련해 주기 어렵고, 또한 군의 장래 행동을 위해서는 우리 기관 가까이 있는 것이 불리하니 어떻게 하면 좋겠소?"

그러자 이봉창은 다음과 같이 자신의 계획을 나에게 알려주었다.

"그러시다면 더욱 좋습니다. 저는 어려서부터 일어에 익숙해서 일본에서 지낼 때에는 일본인의 양자가 되어 성명을 기노시타 쇼조(木下昌藏)라 행세하였습니다. 이번 상해에 오는 도중에도 이봉창이라는 본성명을 쓰지 않았으니, 앞으로도 일본인으로 행세하도록 하겠습니다. 일을 준비하실 동안, 제가 철공을 할 줄 아니 일본인의 철공장에 취직하면 높은 월급을 받을 수 있습니다."

나는 그의 의견에 대찬성하고 그에게 다음과 같은 주의를 줘서 돌려보냈다.

"우리 기관이나 우리 사람들과의 교제를 빈번히 하지 말고 순전히 일본인으로 행세하고, 매월 한 차례씩 밤중에만 찾아오시오."

홍구로 떠난 며칠 후, 그는 다시 방문하여 일본인 철공장에서 매월 80원의 월급으로 취직하였다고 보고하였다. 그후부터 종종 술과 고기, 국수를 사 가지고 민단 사무실에 와서 민단 직원들과 술을 마시기도 하였다. 그는 취하면 곧장 일본 노래를 유창하게 부르며 호방하게 놀았다. 이로 인해 그는 '일본영감'이란 별명을 얻게 되었다.

어느날은 일본인 행색으로 하오리에 게다[3]를 신고 정부 문을 들어서다가 중국 하인에게 쫓겨난 일도 있었다. 그리하여 나는 이동녕 선생과 다른 국무원들로부터 조선인인지 일본인인지 분간하기 어려운 혐의인물(嫌疑人物)을 정부 문 안에 출입케 하며 직무 수행에 소홀하다는 꾸지람까지 받았다. 나는 조사·연구하는 사건이 있다고만 답변하였다. 크게 책망하지는 못하지만, 여러 동지들이 불쾌하게 생각하기는 마찬가지였다.


## 2) 일본 천황 불행부중(不幸不中)

이봉창을 만난 지도 그럭저럭 1년 가까이 되었다. 아직 항공통신이 통하지

---

3) 하오리는 일본식의 옷, 게다는 일본식의 나무신을 뜻함.

못하던 때라 미국과 하와이의 서신 왕복에는 거의 두 달이나 걸렸다. 그 무렵 하와이에서는 명목을 정한 몇백 달러의 미화를 상해에 보내왔다.[4] 나는 그 돈을 받아서 거지 복색인 전대 속에 몰래 감추어 두고 예전 그대로 걸식생활을 계속하였다. 그러니 나 이외엔 아무도 허름한 옷 속에 천여 원의 거액이 있다는 사실을 알지 못했다.

1931년 12월 중순경 나는 이봉창을 비밀리에 불란서 조계 중흥여관[中興旅舍]으로 초청하여 하룻밤 같이 자면서 일본행에 대한 제반 문제를 상의하였다. 나는 돈을 준비하는 이외에 폭탄 두 개를 구입하였다. 하나는 왕웅(王雄)[5]을 시켜 병공창(兵工廠)에서 구입하였고, 다른 하나는 김현(金鉉)을 시켜 하남성의 유치(劉峙)에게서 구입하여 몰래 감추어 두게 하였다. 하나는 일본 천황을 폭살하는 데, 다른 하나는 자살용으로 사용하게 하였다. 사용법을 가르쳐 주고 자살이 실패하여 체포될 때를 대비하여, 신문에 응할 문구까지 지시하였다.

다음날, 나는 품속에서 지폐 한 뭉치를 꺼내주며 이 돈으로 일본행 준비를 다 해놓고 다시 오라고 작별하였다. 이틀 후 중흥여관에 다시 와서 마지막 밤을 같이 잘 때, 이씨는 나에게 이런 말을 하였다.

"그저께 선생께서 해진 옷 속에서 많은 액수의 돈을 꺼내주시는 것을 받아가지고 갈 때 눈물이 나더이다. 일전에 제가 민단 사무실에 가 보니 직원들이 밥을 굶은 듯하여, 제 돈으로 국수를 사다 같이 먹은 일이 있었습니다. 그저께 같이 자면서 하시는 말씀은 일종의 훈화로 들었는데, 작별하시면서 생각지도 못한 돈뭉치까지 주시니 뭐라고 말을 못하겠더이다. 불란서 조계지에서 한 걸음도 나서지 못하시는 선생께서는, 제가 이 돈을 가지고 가서 마음대로 써버리더라도 돈을 찾으러 못 오실 터이지요. 과연 영웅의 도량이로소이다. 제

---

4) 1931년 11월 15일 임성우 등 '하와이애국단' 간부들이 백범의 특무공작 계획에 대한 지원으로 1,000달러를 보내와, 이봉창·윤봉길 두 의사의 거사 경비로 사용하였다.

5) 왕웅은 독립운동가 김홍일(金弘壹, 1898~1980)의 중국 이름. 김홍일은 중국 육군강무학교 졸업 후 한국독립군 무관학교의 생도대장·대대장, 조선의용군 부사령관 등을 역임하였고, 1926~1945년에는 중국국민혁명군에 복무하면서 이봉창·윤봉길 의거 등에 무기를 공급하는 등 김구의 항일운동을 적극적으로 지원하였다.

이봉창 의사

일생에 이런 신임을 받은 것은 선생께 처음이요 마지막입니다."

그 길로 함께 안공근 집에 가서 선서식을 거행하고 난 뒤, 나는 폭탄 두 개와 돈 300원을 주면서 다음과 같이 말하였다.

"선생은 마지막 가시는 길이니 이 돈은 동경 가시기까지 다 쓰시고, 동경 도착 즉시로 전보하시면 다시 송금하오리다."

그리고 사진관으로 가서 기념사진을 찍을 때, 내 얼굴에 자연 처연한 기색이 있었던지, 이씨가 오히려 나를 위로한다.

"저는 영원한 쾌락을 향유코자 이 길을 떠나는 터이니, 우리 두 사람이 기쁜 얼굴로 사진을 찍으십시다."

이에 나 역시 억지로 미소 띤 얼굴을 하고 사진을 찍었다.

차에 올라 앉은 이봉창은 머리 숙여 마지막 경례를 하였고, 무정한 차는 한 번 경적소리를 내고 홍구 방면으로 질주하였다.

10여 일 후 동경에서 온 전보를 받았다. 1월 8일에 물품을 방매하겠다는 내용이었다. 200원을 마지막으로 부쳐주었더니 그후 다시 편지가 왔다.

"돈을 미친 것처럼 다 써버려서 주인댁에 밥값까지 빚이 져 있었는데, 200원을 받아 다 갚고도 돈이 남겠습니다."

1년 전부터 우리 임시정부에서는 운동이 매우 침체한즉, 군사공작을 못한다면 테러공작이라도 하는 것이 절대 필요하게 되었다. 그런데 왜놈이 중·한

두 민족의 감정을 악화시키기 위해 이른바 '만보산(萬寶山) 사건'[6]을 날조하여, 조선과 중국에서 대학살 사건이 일어나게 되었다. 인천·평양·경성·원산 등 각지에서 조선인 무뢰배가 일본인의 사주를 받아 중국인을 닥치는 대로 타살하였다.

또한 만주에서는 1931년 왜가 9·18 만주사변을 일으켜 중국이 굴욕적으로 왜와 강화하였다. 이 전쟁 중에 한인 부랑자들이 왜의 권세를 빌려 중국인에게 극단의 악행을 저질렀기 때문에, 중국의 무식계급은 물론이고 유식계급 인사들까지 우리 민족에 대해 종종 민족감정을 말하는 자를 보게 되었다. 사태가 이에 이르니 우리 정부에서는 지극히 우려하지 않을 수 없었다.

상해의 길거리에서도 중·한 노동자들간에 종종 충돌이 일어나던 때, 나는 정부 국무회의에서 한인애국단(韓人愛國團)을 조직하여 암살·파괴 등의 공작을 실행하게 되었다. 공작에 사용하는 돈과 인물의 출처에 대해서는 일체의 전권을 위임받았고, 다만 성공·실패의 결과는 보고하라는 특권을 얻었다. 그래서 제1착으로 이봉창의 동경 사건을 주관하였다. 1월 8일이 임박하였기에 국무원에 한하여 그간의 경과와 함께, 만일 사건이 곧 발생되면 우리 정부의 입장이 좀 곤란한 지경에 처할 수도 있다고 보고하였다.

1월 8일 신문에, "이봉창이 일본 천황을 저격하였으나 명중하지 못하였다"(狙擊日皇不中)라는 제하의 기사가 보도되었다. 나는 천황을 죽이지 못한 사실이 극히 불쾌하였으나 여러 동지들은 오히려 나를 위로하였다. 그들은 일황이 즉사한 것만은 못하나, 정신적으로는 우리 한인이 일본의 신성불가침인 천황을 죽였으며, 이것은 한인이 일본에 동화되지 않은 것을 세계만방에 확실히 보여주는 증명이니 족히 성공으로 칠 수 있다고 하였다. 다만 이로부터 백범은 주의하라는 부탁을 하였는데, 과연 다음날 아침 불란서 공무국에서 비밀통지가 왔다.

"10여 년 동안 불란서에서 김구를 극히 보호하여 왔으나, 이번에 김구가 부하를 보내서 일본 황제에게 폭탄을 던진 사건에 대해 일본이 반드시 체포 인

---

6) 일본의 간계에 의해 1931년 7월 2일 중국 길림성 장춘의 만보산 지역에서 한·중 양국 농민들 사이에서 수로문제로 일어난 분쟁. 이 사건을 빌미로 일본은 두 달 후 만주사변을 일으켰다.

도를 조회해 올 것이다. 그런 까닭에 불란서가 일본과 전쟁을 하기로 결심을 하기 전에는 김구를 보호하기 힘들다."

중국 국민당의 기관지인 청도(青島)『민국일보』(民國日報)는 큰 활자로,

한인 이봉창이 일본 천황을 저격하였으나 불행히도 명중하지 않았다.
(韓人 李奉昌 狙擊 日皇 不幸不中).

라는 기사를 보도하였다. 이 때문에 일본 군경이 민국일보사에 쳐들어가 파괴하였다. 그러나 비단 청도의 『민국일보』뿐만 아니라, 복주(福州)·장사(長沙) 등 수많은 지방에서 "불행히도 명중하지 않았다"(不幸不中)라는 표현으로 기사화하였다. 결국 왜국은 이 기사에 대하여 중국 정부에 강력히 항의하였고, 그 때문에 중국 정부는 어쩔 수 없이 각 신문사를 폐쇄 처분하고 일을 마무리지었다.

일본인은 한인에게 당한 이 한 가지 사건만으로는 침략전쟁을 개시하기가 체면이 서지 않았던지, 상해에서 중국인이 일본 승려 한 명을 타살하였다는 등, 두 가지 이유를 들어 상해사변을 일으켰다.[7] 왜는 개전중이라 그런지 나를 체포하려는 적극적인 움직임은 보이지 않았다. 그러나 동지들은 안심을 못하고, 나에게 먹고 자는 것도 일정하게 하지 말라고 당부하였다. 나는 낮에는 행동을 쉬고, 밤중에는 동지들의 집이나 창기(娼妓)의 집에서 잤다. 식사는 동포의 집으로 찾아가면 누구나 '단사호장'(簞食壺漿)[8]으로 정성껏 대접하였다.

중일전쟁[9]이 개시된 후 19로군(路軍)의 채진개(蔡進鍇)[10] 군대와 중앙군의

---

7) 1932년 1월 18일 상해에서 5명의 승려가 중국인 무뢰배에게 습격당하여 1명이 사망하였다. 중국인의 습격은 관동군 고급참모 이타가키 세이시로(板垣征四郎), 일본 공사관 소속 무관인 다나카(田中隆吉) 등의 음모에 의한 것이었지만, 일본은 이를 핑계로 1월 28일 상해사변을 일으켰다. 이를 송호전쟁(淞滬戰爭) 또는 1·28전쟁이라고도 한다.

8) 원문: "單食壺漿". 대나무로 만든 그릇에 밥을 담고, 장을 항아리에 넣었다는 말로, 군사가 입성할 때 백성들이 음식을 들고 성 밖까지 환영을 나와 대접한다는 뜻이다. 출전: 『맹자』.

9) 중일전쟁은 통상 1937년 노구교 사건으로 시작된 일본과 중국간의 전면전을 가리킨다. 그러

제5군장 장치중(張治中)이 용감하게 싸워 전쟁은 격렬하게 전개되었다. 그런데 일본군은 상해 갑북(閘北)에서 불을 지르고는 화염 속에 남녀노유(男女老幼)를 가리지 않고 모두 던져 넣어 잔인하게 죽이는 만행을 저질렀다. 참혹하여 차마 눈뜨고 볼 수 없는 비극이 벌어졌다.

불란서 조계지 안에서도 곳곳에 후방병원을 설립하고, 전사병의 시체와 부상병들을 트럭에 가득 실어 날랐다. 나무판자 틈으로 붉은 피가 흘러나오는 것을 목격하고 가슴 가득한 열성으로 경의를 표하니, 나도 모르게 눈물이 비 오듯 흘러내렸다. 우리도 어느 때 저와 같이 왜와 혈전을 벌여, 본국 강산을 충성스런 피로 물들일 날이 있을까? 눈물이 쉴새없이 흘러내려, 길 가는 사람들이 수상하게 여길까 봐 그 자리를 물러났다.

동경의 이봉창 의거가 세계에 전파되자 미주·하와이·멕시코·쿠바의 우리 동포들 중 나를 동정하던 동지들은 크게 흥분되어, 나를 애호·신임하는 서신이 태평양을 건너서 눈송이같이 날아들었다. 그중에는 이전에 임시정부에 반대하던 동지들도 있었는데, 이제 태도를 바꾸어 오히려 나를 격려해 주었다. 금전적인 지원이 더욱 광범위하게 전개되어, 중국전쟁에 동반하여 다시 우리 민족을 빛낼 사업을 하라는 부탁이 답지하였다.

그러나 목이 마르고 나서 우물 파듯[臨渴掘井] 사전 준비 없이 무슨 일을 할 수 있으랴. 우리 청년들 중에는 장한 뜻을 품고 상해에 왔던, 친하게 믿는 지사요 제자인 나석주(羅錫疇)·이승춘(李承春) 등이 있었다. 나의사는 총과 폭탄을 품고 연전에 경성에 잠입하여 동양척식회사에 침입, 일본인 7명을 사살한 후 자살하였고, 이승춘은 천진에서 체포되어 사형당하였다.

현재 상해에 거주하는 믿을 만한 청년 중에는 1월 28일에 개시된 상해사변[淞滬戰爭]을 계기로, 우리 민족에게 영광될 만한 사업을 해보려는 지사들도 있었다. 이들은 왜군이 우리 한인 노동자를 채용하는 것을 계기로, 몇 명의 청년들과 결탁하여 홍구 방면으로 가서 일본군 부역노동자가 되었다. 이들 중 몇 명은 일본군 군용창고에 일본인 노동자와 같이 어렵지 않게 출입할 수 있

---

나 여기서 말하는 중일전쟁은 그것이 아니라 1932년의 상해사변을 말한다.

10) 원문: "蔡廷楷". 채정해(蔡廷楷)는 채진개(蔡進鍇)의 오류.

게 되었다. 이들은 폭탄창고와 비행기 격납고를 조사하고 그곳에 연소탄(燃燒彈)을 장치하기로 계획을 세웠다. 그리하여 왕웅에게 부탁하여 상해 병공창에 교섭하여 연소탄을 제조하기로 하고 날마다 그 실행을 재촉하였다. 그러던 차에 중·일간에 송호협정(淞滬協定)이 조인되는 바람에 그 계획은 무산되고 말았다. 협정 체결의 중국 대표는 곽태기(郭泰祺)였다.[11]

그 일을 몹시 한탄하고 있던 차에 열혈 청년들이 비밀리에 나를 내방하여, 나라일에 헌신할 터이니 알맞은 일감을 달라고 간청하였다. 동경 사건을 보고 청년들은 생각하기를 '김구의 머리 속에는 부단히 무슨 연구가 있을 것'이라고 생각한 모양이다.

그리하여 이덕주(李德柱)[12]·유진식(兪鎭植)에게는 왜총독 암살을 명하여 선발·파견하여 입국하게 하고, 유상근(柳相根)[13]·최흥식(崔興植)[14]은 만주의 관동군 사령관 혼조 시게루(本庄繁)[15] 등의 암살을 명하여 기회를 보아 진행하고자 하였다.

---

11) 송호협정은 1932년 3월 14일부터 협상이 시작되어 5월 5일 체결되었다. 협정 3개조에는 중국 정부가 항일운동을 단속한다는 조항이 포함되어 있다. 송호협정의 중국 측 대표 곽태기는 뒤에 주영 대사와 중국 국민당 외교부장 등을 역임하면서 한국의 독립운동에 많은 영향력을 행사하였다.

12) 이덕주(李德柱, 1908~1935). 독립운동가. 황해도 신천 출신. 1932년 초 상해 한인청년당원으로, 김구로부터 유진식(兪鎭植) 등과 함께 조선총독을 살해하라는 지시를 받고 국내에 들어와 활동하던 중 일본 경찰에 잡혀 징역 7년형을 언도받고 해주형무소에서 복역중 옥사하였다.

13) 유상근(柳相根, 1910~1945). 독립운동가. 강원도 통천 출신. 1932년 5월 김구의 지시로 대련에서 한인애국단 최흥식·이성원(李盛元)·이성발(李盛發) 등과 함께 일본 관동군 사령관과 남만철도 총재 등을 폭살하고자 활약하다 일본 경찰에 잡혀 무기징역을 언도받았다. 그는 대련·여순 감옥에서 복역하다 광복을 하루 앞두고 참살당했다.

14) 최흥식(崔興植). 생몰년 미상. 서울 출신. 1932년 유상근 등과 함께 일본 관동군 사령관과 남만철도 총재 폭살을 시도하였으나, 체포되어 무기징역을 언도받았다.

15) 원문: "本臧番". 일본 관동군 사령관 이름. '本臧番'은 '本庄繁'의 착오.

## 3) 윤봉길과의 짧은 만남

그러던 어느날, 동포 박진(朴震)의 종품(騣品)공장[16]에서 노동자로 일한 적이 있는 윤봉길(尹奉吉)[17] 군이 홍구시장에서 채소장사를 하다가 조용히 나를 찾아왔다.

"제가 채소바구니를 등 뒤에 메고 날마다 홍구 방면으로 다니는 것은 큰 뜻을 품고 천신만고 끝에 상해에 온 목적을 달성하기 위해서입니다. 그런데 중일전쟁도 중국에서 굴욕적으로 정전협정이 성립되는 형세인즉, 아무리 생각해 보아도 마땅히 죽을 자리를 구할 수 없습니다. 그렇지만 선생님께는 동경 사건과 같은 경륜이 계실 줄 믿습니다. 저를 믿으시고 지도하여 주시면 은혜는 죽어도 잊지 못할 것입니다."

나는 종전에 공장 구경을 다니며 윤군을 보고, 그가 진실한 청년 노동자로 학식은 있으나 생활을 위해 노동을 하거니 생각하였다. 그런데 이제 마음을 터놓고 이야기해 보니 자신의 몸을 바쳐 큰 뜻을 이룰 의로운 대장부였다. 나는 감복하여 다음과 같이 말하였다.

"'뜻을 품으면 마침내 일을 이룬다'(有志者 事竟成)고 했으니 안심하시오. 내가 요사이 연구하는 바가 있으나 마땅한 사람을 구하지 못해 번민하던 참이었소. 전쟁중에 연구·실행코자 한 일이 있었으나 준비 부족으로 실패하였소. 그런데 지금 신문을 보니 왜놈이 전쟁에 이긴 위세를 업고, 4월 29일에 홍구공원에서 이른바 천황의 천장절(天長節) 경축식[18]을 성대하게 거행하며 군사적 위세를 크게 과시할 모양이오. 그러니 군은 일생의 대목적을 이날에 달성해 봄이 어떠하오?"

이에 윤군은 쾌히 응낙하며 말하기를,

"저는 이제부터 가슴에 한 점 번민이 없어지고 마음이 편안해집니다. 준비

---

16) 원주: "말총으로 帽子와 日用品을 만드는 工場".

17) 윤봉길(尹奉吉, 1908~1932). 충남 예산 출신. 보통학교를 중퇴하고 한학을 독학하였다. 1926년 중국 청도로 망명, 백범의 한인애국단에 가입하여 상해 홍구공원 의거를 일으켰다. 거사 후 체포되어 오사카로 이송되어 군법회의에서 사형선고를 받고 순국하였다.

18) 일본 천황의 생일(천장절)을 축하하는 의식.

해 주십시오."

하고 자기 숙소로 돌아갔다.

"운이 다하면 천복비(薦福碑)에도 벼락친다"[19]고, 왜놈의 상해 영사관은 『일일신문』(日日新聞)을 통하여 자기 주민들에게 다음과 같이 포고하였다.

　　4월 29일 홍구공원에서 천장절 축하식을 거행한다. 그날 식장에 참석하는 자는 물병 하나와 점심으로 도시락, 일본 국기 하나씩을 가지고 입장하라.

　나는 즉시 서문로(西門路)의 왕웅(김홍일) 군을 방문하고 상해 병공창장 송식표(宋式驫)에게 교섭하여, 일본인들이 사용하는 어깨에 메는 물통과 도시락을 사서 보낼 터이니, 속에 폭탄을 장치하여 3일 이내로 보내 달라고 부탁하였다. 왕군이 돌아와서 보고하였다.

　"창장(廠長)이 내일 오전에 선생님을 모시고 병공창으로 와서 선생님이 친히 시험하는 것을 눈으로 확인해 보라고 하니, 같이 가십시다."

　나는 좋다고 승낙하고, 다음날 이른 아침 강남 조선소를 찾아갔다.

　그곳 내부에는 일부분 병공창이 있는데, 그다지 규모가 크지 않아서 대포나 소총 등을 수리하는 것이 주된 임무인 듯했다. 기사 왕백수(王伯修)의 영도하에 물통과 도시락, 두 종류의 폭탄을 시험하는 것을 구경하였다. 마당 한곳에 토굴을 파고 네 벽을 철판으로 두른 후, 그 속에 폭탄을 장치한다. 그런 후 뇌관 끝에 긴 끈을 잇더니, 한 명이 끈 끝을 끌고 수십 보 밖으로 기어가서 노끈을 잡아당겼다. 그러자 토굴 속에서 벽력 같은 소리가 진동하며 파편이 나는 것이 일대 장관이었다. 시험 법칙은, 뇌관 20개를 시험하여 20개 전부가 폭발된 후라야 실물에 장치하는 것이라 하는데, 이번 시험은 성적이 양호하다는 말을 듣고 나는 마음속으로 기뻐하였다.

　상해 병공창에서 이같이 친절하게 20여 개의 폭탄을 무료로 제조하여 주는

---

19) 원문: "運退雷轟薦福碑格". 천복비(薦福碑)는 복을 비는 비석. 운이 다하면 잘 되고자 하는 일도 도리어 화가 된다는 의미. 여기서는 행사를 안내하는 일본 영사관의 포고문이 도리어 윤의사가 거사를 단행하는 데 도움이 된 것을 지적한 말이다.

좌로부터 왕백수. 김구. 김홍일.

원인이 무엇인가? 그것은 바로 이봉창 의사의 은혜 덕분이라 할 수 있다. 창장은 자기네가 빌려주었던 폭탄의 능력이 미약하여 일본 황제를 폭살하지 못한 것을 유감으로 생각하고 있었다. 그러던 차에 김구가 다시 요구한다고 하니 성심으로 제조해 주는 것이었다. 다음날 그들은, 위험한 폭탄을 우리가 운반하기 곤란하리라는 것을 알고, 병공창 자동차로 서문로 왕웅 군의 집으로 가져다 주었다.

그 일을 마친 후 나는 거지 복색인 중국옷을 벗어버리고 넝마전에 가서 양복 한 벌을 사서 갈아입었다. 그러고 보니 나도 엄연한 신사라. 물통과 도시락을 한 개씩, 두 개씩 불란서 조계지내 친한 동포들의 집으로 운반하였다. 이렇게 옮긴 폭탄을 주인도 몰라보도록, "귀한 약품이니 불만 조심하게"라고 부탁하고, 까마귀 떡 감추듯 하였다.[20]

동경 사건 이후 우리 동포들의 나에 대한 동정은 비할 데 없이 깊었다. 본국 풍속이면 내외할 처지이지만, 오랜 해외생활에 형제 · 친척과 같아서 남자들보다 부인들이 더욱 나를 애호하였다. 어느 집에 가든지,

---

20) 까마귀가 다른 새의 알을 물어다 여기저기 감추어 두고는 나중에는 어디에다 두었는지 모르는 데서 비롯된 말. 원래는 정신 없이 일하고 나중에 잊어버리는 사람을 비유한 말이지만, 여기서는 주인도 모르게 잘 감추었다는 의미다.

"선생님, 아이 좀 안아주시오. 내 맛있는 음식 해드리리다."
하였다. 내가 아이를 안아주면 아이들이 잘 잔다고 하여, 부인들은 아이가 울면 내게 안겨주었다. 그런 까닭에 음식 박대는 받지 않았다.

그러는 가운데 운명의 날, 4월 29일이 점점 임박하였다. 윤봉길 군은 말쑥하게 일본식 양복으로 갈아입고, 날마다 홍구공원으로 나가 식장 설치하는 것을 살펴보며 거사할 위치를 점검하였다. 또한 시라카와(白川) 대장의 사진을 구하고 일장기(太陽旗)를 마련하였다. 그리고는 자신이 보고들은 것을 나에게 보고하였다.

"오늘 홍구에 가서 식장 설비를 구경하는데 시라카와 놈도 왔습디다. 제가 그놈 곁에 섰을 때 '어떻게 내일까지 기다리나. 오늘 폭탄을 가졌더라면 이 자리에서 당장 쳐죽일 텐데' 하는 생각이 문득 들었습니다."

이 말을 듣고 나는 윤군에게 이렇게 주의시켰다.

"여보, 그것이 무슨 말이오? 포수가 꿩을 쏠 때에도 날게 하고 쏘아 떨어뜨리고, 숲 속에서 자고 있는 사슴은 달리게 한 후 쏘는 것이 사냥의 진정한 맛이오.[21] 군이 지금 그러는 것은 내일 거사에 성공할 자신감이 미약하기 때문이 아니오?"

"아닙니다. 그놈이 내 곁에 선 것을 보았을 때 홀연히 그런 생각이 나더란 말입니다."

나는 윤군을 안심시키기 위하여 다음 말을 건네주었다.

"나는 이번 거사가 확실히 성공할 것을 미리 알고 있소. 군이 일전에 하던 말씀 중 이제는 가슴의 번민이 그치고 편안해진다는 것은 성공의 확실한 증거라 믿소. 돌이켜보면 내가 치하포에서 쓰치다(土田讓亮)를 죽이려 했을 때 가슴이 몹시 울렁거렸지만, 고능선 선생이 가르쳐 주신 '득수반지무족기(得樹攀枝無足奇) 현애살수장부아(懸崖撒手丈夫兒)'란 구절을 떠올리니 마음이 가라앉았소. 군과 내가 거사하는 심정은 서로 같은 것 아니겠소?"[22]

---

21) 원문: "사냥砲手 雉를 射할 時에 打飛하게 하고 射落함과 林下宿鹿을 不射하고 打走時에 射擊하는 것은 快味를 爲함이니".

22) 원문: "君我의 決心行事가 遙遙相同한 까닭이오."

윤봉길 의사

윤군은 내 말을 가슴에 새겨듣는 안색을 보였다.[23]

윤군을 여관으로 보낸 후, 나는 폭탄 두 개를 휴대하고 김해산(金海山) 군의 집에 가서 그들 부부와 상의하였다.

"윤봉길 군은 내일 이른 아침에 중대 임무를 띄워 동북 3성으로 파견할 터이니, 저녁에 쇠고기를 사다가 내일 새벽 아침을 부탁하오."


### 4) 홍구공원의 쾌거

다음날이 4월 29일이다. 새벽에 윤군과 같이 김해산의 집에 가서, 마지막으로 윤군과 식탁을 같이하여 아침밥을 먹었다. 윤군의 기색을 살피니 태연자약한 모습이었다. 농부가 논밭일을 나가기 위해 일찍 일어나, 자던 입에 일부러 밥 먹는 것을 보면 할 일이 얼마나 힘든 것인가를 알 수 있다.[24]

김해산 군은 윤군의 침착하고 용감한 태도를 보고 조용히 나에게 이런 권고

---

23) 원문: "服膺하는 顔色을 가지더라." 복응(服膺)은 가슴에 담아 잠시도 잊지 아니하는 것.

24) 농부가 힘든 일 나갈 때 아침밥을 잘 먹듯이, 윤봉길도 대사를 앞두고 태연히 잘 먹는 것을 비유한 말이다.

를 한다.

"선생님, 지금 상해는 우리의 행동이 있어야 민족적 체면을 보전할 수 있는 상황인데, 하필이면 왜 이런 중요한 때 윤군을 구태여 다른 곳으로 파견하십니까?"

나는 솔직한 답변을 할 수 없어서 두리뭉수리로[25] 대답하였다.

"모험사업은 실행자에게 전부 맡기는 것인즉, 윤군 마음대로 어디서 무엇인가 하겠지요. 어디서 무슨 소리가 나는지 들어나 봅시다."

때마침 7시를 치는 종소리가 들렸다. 윤군은 자기 시계를 꺼내 내 시계와 교환하자고 하였다.

"제 시계는 어제 선서식 후 선생님의 말씀에 따라 6원을 주고 구입한 것인데, 선생님 시계는 불과 2원짜리입니다. 저는 이제 1시간밖에 더 소용없습니다."

나는 기념품으로 그의 시계를 받고, 내 시계를 그에게 주었다.

윤군은 마지막 길을 떠나기 전, 자동차를 타면서 가지고 있던 돈을 꺼내 내 손에 쥐어주었다.

"약간의 돈을 가지는 것이 무슨 방해가 되겠소?"

"아닙니다. 자동차 요금을 주고도 5~6원은 남겠습니다."

그러는 사이 자동차는 서서히 움직이기 시작하였다. 나는 목메인 소리로 마지막 작별의 말을 건네었다.

"후일 지하에서 만납시다."

윤군이 차창으로 나를 향하여 머리를 숙이자, 무심한 자동차는 경적소리 울리며 천하영웅 윤봉길을 싣고 홍구공원으로 질주하였다.

나는 그 길로 조상섭(趙尙燮)의 상점에 들어가 편지 한 통을 써서, 점원 김영린(金永麟)에게 주어 급히 안창호 형에게 보냈다.

"오늘 오전 10시경부터 댁에 계시지 마시오. 무슨 대사건이 발생될 듯합니다."

편지를 보내고 그 길로 또 석오 이동녕 선생 처소로 가서 그 동안의 진행

---

25) 말이나 행동을 정확하게 표현하지 않고 대충 어물쩍 얼버무리는 것.

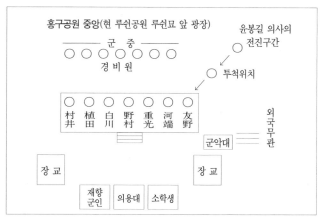

4·29 의거 현장 상황

경과를 보고하고, 점심을 먹고 난 뒤 무슨 소식이 있기를 기다렸다. 마침내 오후 1시쯤 되자 곳곳에서 허다한 중국사람들이 술렁거리는 소리가 들려왔지만, 전하는 말이 달라 정확한 상황을 확인할 수 없었다. "홍구공원에서 중국인이 폭탄을 던져서 다수 일본인이 즉사하였다" "고려사람의 짓이다"라는 등 소문이 분분하였다.

어저께까지 채소바구니를 메고 날마다 홍구로 다니면서 장사하던 윤봉길이 세상을 깜짝 놀라게 할 큰 사건을 연출할 줄이야. 나 이외에 이동녕·이시영·조완구 등 몇 명만 이 사실을 짐작하였을 뿐이고, 그날의 거사는 나 혼자만 알고 있었다. 그런 까닭에 즉시 석오 선생에게 가서 자초지종을 보고하고 나서 자세한 소식을 기다렸던 것이다. 그러자 오후 두세 시경에 다음과 같은 신문 호외가 터져 나왔다.

홍구공원 일본인의 경축대 위에서 대량의 폭탄이 폭발하여 민단장 가와바다(河端)는 즉사하고, 시라카와(白川) 대장, 시게미츠(重光) 대사, 우에다(植田) 중장, 노무라(野村) 중장 등 문무대관이 모두 중상 운운.[26]

---

26) 상해파견군 사령관 시라카와(白川義則) 대장도 이후 사망하였다. 당시 가와바다(河端貞次)

일본인 신문에서는 '중국인의 소행'이라고 하였으나, 그 다음날 각 신문에는 한결같이 윤봉길의 이름자를 큰 활자로 게재하였다. 곧이어 불란서 조계지에 대한 대대적인 수색이 벌어졌다. 나는 안공근·엄항섭 두 사람을 가만히 불러 부탁하였다.

"이후로 군 등의 집안 생활을 내가 책임질 테니, 오로지 우리 사업에만 전념하라."

그리고는 미국인 피치[費吾生]에게 당분간 내가 지낼 피신처를 교섭하였다. 그의 부친이 살아 있을 때 우리에게 크게 동정하던 터라서 그런지, 그는 대단히 기쁜 마음으로 우리들을 받아들였다. 나를 비롯하여 일강(一江) 김철과 안·엄 양군을 포함한 네 명이 그의 집으로 옮겨갔다. 그곳에서 우리는 2층을 전부 사용하였고, 피치 부인의 극진한 정성이 담긴 식사까지 대접받았다.[27] 벌써부터 우리는 윤의사가 희생한 공덕을 톡톡히 대접받기 시작하였다.

피치 댁 전화를 사용하여 불란서 조계지내 우리 동포들의 집에 연락해 본 결과, 때때로 우리 동포들이 체포되는 보고를 들었다. 나는 체포된 우리 동포들을 법률로써 구제하기 위해 돈을 주고 서양 변호사를 고용하여 보았으나 별 효과가 없었다. 나는 돈을 줘서 잡혀간 동지들의 생계를 돕게 하고, 만약 피신하고자 하는 자가 있으면 여비를 마련해 주게 하였다. 이때 체포된 사람으로는 안창호[28]·장헌근(張憲根)·김덕근(金德根) 등과 그 외에 젊은 학생들이 있었다.

날마다 왜놈들이 미친개와 같이 사람을 잡으려고 돌아다녀 우리 임시정부와 민단 직원들은 말할 것도 없고, 심지어 부녀단체인 애국부인회(愛國婦人會)까지도 전혀 활동을 할 수 없게 되었다. 이렇게 되자 우리 동포들 사이에서 나를 비난하는 소리가 생기기 시작하였다.

---

는 상해 일본인 거류민단장, 노무라(野村吉三郎) 중장은 제3함대 사령관, 우에다(植田謙吉) 중장은 제9사단장이었다.

27) 피치 부인의 회고에 의하면, 1932년 4월 29일 네 명의 한국인이 찾아와 숨겨 달라고 했고, 다음날 백범은 자신이 이번 사건의 주모자라고 말했다 한다.

28) 안창호는 이 사건으로 일경에게 체포되어 본국으로 압송되어 서대문형무소에서 3년간 복역 하였다.

"이번 홍구사변의 주모책임자는 따로 있으면서, 자기가 사건을 감추고서 관계가 없는 자들만 잡히게 하는 것은 옳지 못하다."

이것은 이유필(李裕弼)[29] 등 일부 인사들의 말이었다. 나의 편지를 보고도 그날은 아무 일이 없으리라 짐작하고 이씨 집을 찾아갔던 안창호 선생이 체포된 것은 그의 불찰이나, 주모자가 아무 발표가 없는 관계로 사람들이 함부로 체포된다는 원성이 있었다. 이런 까닭에 나는 "사건의 진상을 세상에 공개할 필요가 있다"고 여러 동지들에게 주장했다. 앉아 있던 안공근은 펄쩍 뛰면서,

"형님이 불란서 조계지에 계시면서 이같은 발표를 하는 것은 지극히 위험합니다."

라고 반대하였다. 그러나 나는 그의 주장을 받아들이지 않고, 엄항섭으로 하여금 선언문을 기초하게 하고 피치 부인에게 영문으로 번역시켜 로이터 통신사에 투고하였다.[30] 이 발표를 통하여 비로소 세계 각국에서는 동경 사건과 상해 홍구 사건의 주모계획자는 김구요, 집행자는 이봉창과 윤봉길이라는 사실을 알게 되었다. '신천(信川) 사건'과 '대련(大連) 사건'[31]은 다 실패하였으나 아직 발표할 때가 아니라고 생각하였기 때문에, 위 두 사건만을 우선 발표한 것이었다.

상해에서 중대 사건이 발생한 것을 알고 남경에 있던 남파(南坡) 박찬익(朴贊翊)[32] 형이 상해로 옮겨와서 중국 인사들과 접촉한 결과, 우리는 물질상으

---

29) 이유필(李裕弼, 1885~1945). 독립운동가. 평안북도 의주 출신. 105인 사건, 3·1운동에 참여하였다. 1922년 한국노병회를 결성하고 이사장을 역임했으며, 그후 상해교민단 단장, 상해 인성학교 교장, 임시정부 국무위원 등을 역임하였다. 그는 1933년 치안유지법 위반으로 체포되어 3년형을 받아 복역한 적이 있으며, 해방 이후 평북에서 반공지도자로 활동하다 월남하던 도중 38선상인 청단(靑丹)에서 심장마비로 사망하였다.

30) 1932년 5월 10일 백범은 한인애국단 영수 명의로 윤봉길 의거의 진상을 밝히는 장문의 성명서를 발표하였다. 성명서는 머리말에서 홍구공원 의거로 한인들이 체포되는 상황을 묵과할 수 없는 인간적 도리와, 일제 타도를 위해 세계에 진상을 공포한다고 밝히고, 본문은 「계획과 실행」, 「윤봉길 약력」, 「한인애국단」, 「나는 어떠한 사람인가」 등의 소제목으로 구성되어 있다.

31) 신천 사건은 이덕주·유진식을 파견하여 조선총독을 암살하려 한 사건. 대련 사건은 유상근·최흥식을 파견하여 만주의 관동군 사령관인 혼조 시게루(本庄繁)를 암살하라고 명령한 사건이다.

로만이 아니라 여타 방면에서도 중국 측으로부터 많은 편의를 제공받았다. 나는 낮에는 전화로 잡혀간 동포의 가족들을 위로하고 밤에는 안·엄·박 등의 동지들과 출근하여, 체포된 가족들의 구제와 그와 관련된 교섭작업을 진행하였다. 그러던 중 중국의 유명인사인 은주부(殷鑄夫)·주경란(朱慶瀾)·사량교(査良釗) 등의 면회 요구에 응하기 위하여 야간에 자동차를 타고 홍구 방면과 정안사로(靜安寺路) 방면으로 돌아다녔다. 평일에는 한 걸음도 불란서 조계지 밖으로 나다니지 않던 나의 행동거지로 볼 때, 그것은 일대변동이 아닐 수 없었다.

여기서 잠시 중국 인사들의 우리들에 대한 태도, 미주·하와이·멕시코·쿠바 교포들의 나에 대한 태도, 중국 관내(關內) 우리 인사들의 나에 대한 태도를 간략히 기술하겠다.

첫째는 중국사람들인데, 왜구의 중·한 양민족에 대한 '감정악화 정책'의 일환으로 '만보산(萬寶山) 사건'이 터졌다. 이를 기화로 중국 상인과 노동자들에 대한 감정이 폭발하여 조선 곳곳에서 한인 무뢰배들이 총동원되어 그들을 만나는 대로 때려죽이는 소동이 벌어졌다. 중류 이상의 중국인들은 만보산 사건이 왜구의 간계임을 간파하였지만, 하류계급 사이에서는 "고려인이 중국인을 때려죽인다"는 악감정이 동경 사건(이봉창 의거) 이후에도 좀체 사그라지지 않았다. 게다가 1·28 상해전쟁으로 왜병이 민가에 함부로 불을 지를 때 최영택(崔英澤) 같은 악한을 사주하여 중국인 집에 들어가 많은 사람들이 지켜보는 가운데 재물을 약탈하게 하는 일들이 허다하게 일어났다. 이로 인해 주로 자동차와 전차의 한인 검표원들이 중국인 노동자들에게 아무 이유 없이 구타당하는 일이 종종 발생하였다. 그러나 4·29 사건으로 인하여 중국인들의 한인들에 대한 감정은 놀랄 만큼 호전되었다.

둘째, 이 거사로 인하여 미주·하와이·멕시코·쿠바 등지의 한인 교포들의 임시정부에 대한 성원이 대단하였다. 동경 사건은 완전히 성공하지는 못하였

---

32) 박찬익(朴贊翊, 1884~1949). 경기도 파주 출신. 그는 특히 중국어에 능통하여 임정의 대중 외교 책임자로 활약하였다. 한독당 중앙집행위원, 임시정부 국무위원 등을 역임하였다. 조완구·엄항섭과 함께 김구의 핵심 측근으로 활약하였으며, 해방 후 임정이 귀국한 뒤에는 주화(駐華)대표단 단장으로 임정과 중국 국민당 사이의 외교업무를 처리하였다.

지만 조금이라도 민족혼을 떨친 터에, 이번 홍구 사건이 절대적인 성공을 거두었기 때문이다. 이로부터 임시정부에 대한 납세와 나에 대한 후원은 급격하게 증가하여, 점차 사업이 확장되는 단계로 나가게 되었다.

그러나 관내 우리 독립운동가들의 나에 대한 태도는 낙관적이라기보다도 비관적인 편이 더 많았다. 나에 대한 한인 교포들의 유일한 불만은, 4·29 사건 이후 신변이 위험하여 내가 평소 친지들의 면담 요구에 함부로 응할 수 없었다는 것이었다. 한번은 이런 일이 있었다. 나는 전차 검표원으로 별명이 '박대장'(朴大將)이란 사리원(沙里院) 출신 젊은이의 청첩을 받고, 그의 혼인 잔치에 축하차 잠시 방문한 적이 있었다. 그 집에 도착하여 주방에서 일하는 부인들을 보고,

"나는 속히 가야겠으니, 빨리 국수 한 그릇만 말아 달라."

고 부탁하였다. 그리고는 냉면 한 그릇을 받아서 급히 먹고, 담배 한 개피를 피워 물고 곧장 그 집을 나왔다. 그 집 문간을 나서면 바로 이웃하여 우리 동포가 운영하는 가게가 하나 있었다. 왔던 길에 잠시 들렀다 가려고 가게에 들어가 미처 앉기도 전에, 주인이 내 옆구리를 쿡쿡 찌르며 손으로 하비로(霞飛路)를 가리켰다. 가리키는 곳을 돌아보니 왜경 10여 명이 길에 늘어서서 전차가 지나가기를 기다리는 것이 아닌가.

나는 달리 피할 곳이 없어 유리창으로 왜놈의 동향을 주시하였더니, 그들이 쏜살같이 박대장의 집으로 들어가는 것이 보였다. 나는 급히 그 가게를 빠져나와 전차 선로를 따라 김의한 군의 집으로 가, 그 부인을 박대장 집으로 보내 상황을 살펴보게 하였다. 그랬더니 바로 전의 왜놈이 들어와서는,

"방금 들어온 김구가 어디 있는가?"

하고 다그쳐 물으면서 집안을 수색하기 시작하였고, 심지어 아궁이 속까지 뒤지고 갔다는 것이다. 이와 같은 사건은 누구나 다 아는 잘 알려진 사실이다.

# 3. 피신과 유랑의 나날

## 1) 위기일발의 상해 탈출

4·29 사건 발생 이후 왜는 나의 목에 제1차로 20만 원의 현상금을 붙였고, 제2차로 일본 외무성, 조선총독부, 상해주둔군 사령부 3부 합작으로 현상금 60만 원을 내걸었다.[1]

나를 만나고자 하는 남경 정부(南京政府)[2] 요인들에게 나의 신변 위험을 말하였더니 그들은,

"김구가 온다면 비행기라도 보내마."

라고까지 하였다. 그런가 하면,

"아무리 위험해도 모험하여 일하지 않고, 편안하고 한가한 생활을 해서 되느냐."

는 비난도 있었다. 비난의 이면에는 자기들과 같이 행동하고 일하자는 뜻이 있으니, 어찌 여러 사람들을 다 만족시킬 수 있겠는가.

누구에게는 후하게 대접하고 누구는 박대할 수 없어, 모든 것을 사양하고 피치 댁에서 20여 일을 경과하며 비밀활동을 하였다. 그러던 어느날 피치 부인이 급히 2층으로 올라와서,

"우리집이 정탐꾼에게 발각된 모양이니 속히 떠나셔야겠어요."

---

1) 당시 일반 노동자의 급여가 일당 1원, 한달 30원 정도였다는 것을 고려하면 엄청난 금액이다.
2) 중국 국민당의 장개석 정부. 장개석 정부는 상해사변 직후 수도를 남경으로 옮겼다.

라고 알려주고, 곧 아래층으로 내려가 전화로 자기 남편을 불렀다. 부인은 자기네 자동차에 나와 부부인 양 나란히 앉고 피치 선생은 운전사가 되어, 뜰 내에서 차를 몰고 문 밖으로 나갔다.[3]

문 밖으로 나가면서 보니 일본인은 보이지 않았지만 불란서인·러시아인·중국인 등 각국의 정탐꾼이 문 앞과 주위를 수풀처럼 에워싸고 있었다. 그러나 미국인 집이라 어찌할 수가 없어 손을 쓰지 못하고 있는 것이었다. 불란서 조계지를 지나 중국지역에 이르러 자동차를 멈추고, 나와 공근은 기차역[火車站]으로 가서 당일로 가흥(嘉興)의 수륜사창(秀綸沙廠)으로 피신하였다.[4] 이곳은 남파 박찬익 형이 은주부(殷鑄夫)와 저보성(褚補成) 제씨에게 주선하여 마련한 곳으로 엄항섭 군의 가족을 비롯하여 김의한 일가와 석오 선생이 벌써 며칠 전에 이사해 와 있었다.

상해에서 피치 부인이 내게 보고한 내용은 아래와 같았다. 피치 부인은 아래층에서 유리창으로 문 밖을 살펴보다가, 동저고리 차림의 낯선 중국인 노동자가 자기네 주방으로 들어가는 것을 발견하였다. 수상하게 여겨 따라가서,

"누구냐?"

고 질문하였다.

"나는 양복점 사람인데 댁에 양복 지을 것이 있는지 물어보고자 왔습니다."

"그대가 내 주방 하인에게 양복 짓겠는지 묻는다고? 수상하다."

그제야 그 사람은 주머니 속에서 불란서 경찰서의 정탐꾼 증명을 내보였다. 이에 화가 난 부인이,

"외국인 집에 함부로 침입하느냐?"

고 호통을 치니,

"미안합니다."

하고 가더라는 것이다.

정탐꾼들이 그 집을 주목하게 된 원인을 조사해 보니, 내가 피치 댁 전화를

---

3) 피치 부인에 의하면 안전을 위해 그녀가 동행한 것은 안공근의 제의에 의한 것이었다고 한다.
4) 정정화의 회고에 의하면 수륜사창은 저보성의 아들인 봉장이 경영하던 면사공장으로 당시 세계대공황으로 폐쇄되어 있었기 때문에 피신처로 적격이었다고 한다.

남용하였던 까닭인 듯하였다.


## 2) 광동인 장진구

이로부터 나의 가흥생활이 시작되었다. 성은 아버님 외가 성을 따서 '장'(張)으로 하여 '장진구'(張震球) 혹은 '장진'(張震)으로 행세했다. 가흥은 저보성(褚補成: 호는 慧僧) 씨의 고향인데, 절강성장(浙江省長)도 지낸 저씨는 그 지역에서 덕망 높고 존경받는 신사였다. 또한 그 맏아들 봉장(鳳章: 漢雛)은 미국 유학생으로 그곳 동문 밖에 있는 민풍지창(民豊紙廠)의 고등기사였다.

그 집은 남문 밖에 있는 구식 집으로 그다지 굉장하지는 않았으나 사대부 저택으로 보였다. 저선생은 수양아들 진동손(陳桐蓀: 桐生) 군의 정자 한 곳을 나의 침실로 정해 주었다. 그 집은 호수 주변에 정교하게 지은 반양식으로, 수륜사창과 서로 마주볼 정도로 가까운 곳에 위치하였고, 풍경 또한 매우 아름다웠다.

당시 나의 실체를 아는 사람은 저씨 댁 부자 내외와 진동생(陳桐生)[5] 부부뿐이었다. 그런데 그때 생활 중 가장 곤란한 것은 언어문제였다. 중국 남부의 광동인(廣東人)으로 행세했지만, 중국말을 너무도 모르는데다 광동말은 상해말과 또 다르니, 나는 벙어리나 다름없었다.

가흥에는 산이 없으나 호수가 낙지발같이 사방으로 통하여, 7~8세 어린 아이라도 다 노를 저을 줄 알았다. 토지는 극히 비옥하여 각종 물산이 풍부하며 인심과 풍속이 상해와는 딴 세상이었다. 상점에 에누리가 없고, 가게에 고객이 무슨 물건을 놓고 잊어버린 채 갔다가 며칠 후 찾으러 오면 잘 보관하였다가 공손히 내어주는 것은, 상해에서 보기 힘든 아름다운 풍습이었다.

진동생 내외는 나를 인도하여 남호(南湖) 연우루(烟雨樓)와 서문 밖 삼탑(三塔) 등을 구경시켜 주었다. 삼탑 가까이에는 명나라의 임진난리 때 일본군이 침입하여 인근 부녀들을 잡아 가둔 사원[血印寺]이 있다. 일본군이 한 승

---

5) 진동생은 앞의 진동손과 동일인이다.

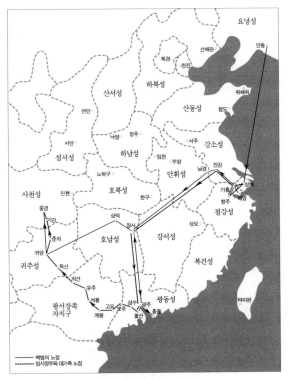

임시정부와 대가족, 백범의 노정

려로 하여금 그곳을 지키게 했는데, 그 승려가 밤중에 부녀들을 모두 풀어주
자 왜놈들이 그를 타살하였다. 사원 입구의 돌기둥에는 아직도 사람 모양의
핏자국이 남아 있다는 것이다.

　동문 밖 10리쯤에 한나라 주매신(朱買臣)[6]의 묘가 있고, 북문 밖에는 낙범
정(落凡亭)이 있다. 주매신은 글만 읽고 세상을 모르는 '서치'(書痴)[7] 같았는
데, 하루는 부인 최씨가 농사일을 나가면서 보리나락을 잘 보라고 부탁하였
다. 그런데 아내가 일을 마치고 밭에서 돌아와 보니 보리는 소낙비에 떠내려

---

6) 중국 전한(前漢) 무제(武帝) 때의 문신.
7) 서치(書痴)는 글읽기에만 골몰하여 세상일에는 바보 같은 사람.

가는데, 남편은 그것도 모른 채 독서만 하고 있었다. 주매신의 아내는 그만 목수에게 개가하고 말았다. 그후 주매신이 과거에 급제하여 회계 태수(會稽太守)가 되어 돌아오는 길에 도로를 수리하는 여자를 보니, 자기의 옛 처가 아닌가. 그 여자를 뒷수레에 태우게 하여 관사에서 불러 보니, 그녀는 주매신이 영귀(榮貴)하게 된 것을 보고 다시 부인이 되기를 원하였다. 그러자 주매신은,

"물 한 동이를 길어다 땅에 쏟은 후, 다시 주워 담아 한 동이가 되면 같이 살자."

고 하였다. 그녀는 그와 같이 해보니 물이 동이에 다시 차지 못함을 보고, 낙범정 앞 호수에 빠져 죽었다는 것이다. 그러한 사적을 두루 살펴보았다.

상해에서의 비밀보고에 의하면 왜구의 활동은 더욱 사나워졌다고 한다. 상해에 김구의 흔적이 없으니 분명 호항선(滬杭線)이나 경호선(京滬線)[8] 방면으로 피신하였다며 양철로 방면으로 정탐꾼[眼線]을 파견하여 밀탐하니 극히 주의하라는, 일본 영사관에 있는 일본인 관리의 은밀한 보고가 있었다. 그리고 오늘 아침 수색대가 호항로(滬杭路)로 출발하였으니, 만일 김씨[金樣][9]가 그 방면에 잠복해 있다면 가까운 정차장에 사람을 보내 일경(日警)의 행동을 주목하라는 부탁을 받았다. 이같은 보고를 받고 정차장 부근에 사람을 보내어 몰래 살펴보니, 과연 일경이 변장하고 차에서 내려 눈에 불을 켜고[赤眼] 이곳 저곳을 순찰하고 가는 것을 보았다고 한다.

세상에 기괴한 일도 다 있다. 4·29이후에 상해 일본인의 삐라에 '김구 만세'라는 내용이 배포되었다는데, 실물을 얻어 보지는 못하였다. 일본인으로서 우리 금전을 먹고 밀탐하는 자도 여러 명 있었다. 위혜림(韋惠林)[10] 군의 알선으로도 여러 명 알게 되었는데, 이들은 매우 신용이 있었다.

가흥에까지 일경이 파견되는 지경에 이르니, 오래 머무르는 것은 위험하여 나만은 가흥을 떠나야 했다. 그러나 어디로 떠나간들 안전할 수 있으리오. 저

---

8) 호항선은 상해~항주간 철도, 경호선은 북경~상해간 철도. '경'은 수도인 북경, '호'는 상해, '항'은 항주를 지칭하는 약어이다.

9) '樣'은 일본어 'さま'로 존칭을 나타내는 접미사.

10) 위혜림은 평양 부호의 아들인데, 정화암 등에 의하면 그는 백범의 측근인 안공근에게 포섭되어 일본 영사관내 정보를 입수해 주던 임정의 정보원이었다.

가흥 피신시 저봉장 가족과 함께. 뒷줄 맨 오른쪽이 저봉장, 맨 왼쪽이 진동생이다.

한추(褚漢雛)의 처가는 해염현(海鹽縣) 성내에 있고, 거기서 서남 방면으로
수십 리를 가면 해염 주(朱)씨 산당(山堂)이 있는데, 그곳은 피서별장이었다.
한추 형은 나의 피신문제를 재취 후 첫아들을 낳은 자기 부인과 상의하였다.
부인은 미인인데 나와 단둘이서 기선을 타고, 하루 걸려 해염성내 주씨 공관
(公館)에 도착하였다.

주씨 사택은 해염현내 최대 가정으로 규모가 광대한데, 나의 숙소는 집 뒤
편에 있는 양옥 한 곳이었다. 사택의 대문 앞은 돌길[石馬路]이고, 그 외는
모두 호수로 배들이 지나갔다. 대문 안에 정원이 있고, 다시 좁은 문으로 들
어가면 사무실이 있어, 그곳에서 집안일을 담당하는 총경리가 매일 주씨 댁
생계를 맡아 꾸려 나갔다. 종전에는 400여 명 식구가 공동식당에서 식사하였
는데, 근래에는 식구 대부분이 사·농·공·상 직업을 따라 분산하였고, 남아
있는 사람들도 개별 취사를 원해 물품을 분배하여 각각 취사한다고 했다.

사택의 가옥구조는 벌집과 같은데 가옥마다 3~4개의 방이 있고, 앞에는 화
려한 객청 한 칸씩이 딸려 있었다. 이러한 구식건축 뒤에 몇 개의 2층 양옥,
그 뒤에 화원(花園), 그 뒤에 운동장이 있었다. 해염의 삼대 화원 중 주가(朱
家)화원이 제이요, 전가(錢家)화원이 제일이라 하기에, 나는 전가화원도 구경
하였다. 전가의 화원은 주가보다 낫고, 건축물은 주가보다 못했다.

주씨 집에서 하룻밤을 묵고 자동차로 노리언(盧里堰)에서 하차하여 서남산령(西南山嶺)까지 근 5~6리를 보행하였다. 저씨 부인은 굽 높은 신을 신고 7~8월의 불별 더위에 손수건으로 땀을 훔치며 산 고개를 넘었다. 저씨 부인의 친정 여자하인 하나가 내가 먹을 식료·육류품을 들고 우리를 수행하였다. 나는 우리 일행이 이렇게 산을 넘어가는 모습을 활동사진기로 생생하게 담아 영구 기념품으로 제작하여 만대 자손에게 전해줄 마음이 간절하였다. 그러나 활동사진기가 없는 당시 형편에서 어찌할 수 있으랴. 우리 국가가 독립이 된다면, 우리 자손이나 동포 누가 저부인의 용감성과 친절을 흠모하고 존경치 않으리오. 활동사진은 찍어두지 못하나 문자로나마 기록하여 후세에 전하고자 이 글을 쓴다.

주씨가 건축한 산꼭대기의 길가 정자에서 휴식하고, 다시 걷기 시작하여 몇 백 보를 가니 산중턱에 양옥 한 채가 아담하게 보였다. 들어가니 지키는 고용인 일가족들이 나와 저부인을 공경하며 맞이하였다. 저부인은 고용인에게 자기 친정에서 가지고 온 육류와 과일·채소를 건네며,

"저 양반의 식성은 이러이러하니 주의하여 모시고, 등산하면 하루에 3각(三角)을 받고 기타는 얼마를 받고, 응과정(鷹κα頂)을 가면 4각만 받아라."

고 지시하고, 그날로 작별을 고하고 본가로 돌아갔다.

그 산당은 원래 피서하던 곳이었지만, 저부인 친정 숙부를 매장한 후에는 묘소 제청(祭廳)이 되었다. 나는 날마다 묘지기를 데리고 산과 바다의 풍경을 감상하는 데 무한한 취미가 생겼다. 본국을 떠나 상해에서 생활한 14년간, 다른 사람들이 남경·소주·항주의 산천을 즐기고 이야기하는 말도 들었으나, 나는 상해에서 한 걸음도 밖으로 나서지 못해 산천이 그립던 차에 매일 산에 오르고 물에 나가는 취미는 비할 데 없이 유쾌하였다.

산 앞으로 바다 위에는 범선(帆船)·윤선(輪船)이 오가고, 산당의 좌우에 푸른 소나무와 가지가지 단풍이 어우러진 광경은 떠도는 사람에게 더욱 가을 바람의 쓸쓸함을 느끼게 하였다.[11] 세월가는 줄 모르고[12] 매일 산에 오르고 물

---

11) 원문: "游子悲秋風의 感이 있드나".

12) 원문: "忘世間之甲子".

구경하는 것이 나의 일과였다. 14년 동안 산수(山水)에 주렸는데, 10여 일 사이에 실컷 산수를 즐겼다.

묘지기를 따라 응과정에 오르니 산 위에 비구니 암자가 하나 있었다. 한 늙은 비구니가 맞이하는데, 묘지기는 서로 아는 사이로 인사를 나누고

"저 귀한 손님은 해염 주씨 댁 큰아가씨가 모셔온 분으로 광동인이고, 약을 드시기 위해 산당에 오셔서 머물고 계시며, 구경하러 여기 왔습니다."
라고 보고하니, 노비구니는 나를 향하여 고개를 끄덕이며 말했다.

"아미타불, 멀리서 잘 오셨는지요? 아미타불, 내당으로 들어갑시다. 아미타불."

나는 감사해 마지않으며, 그치지 않고 염불하는 도력 있는 여승을 따라 암자 안으로 들어갔다. 암자의 각 방에서 붉은 입술과 분 바른 얼굴에 승복을 맵시 있게 입고, 목에는 긴 염주를 매고, 손에는 짧은 염주를 쥔 젊은 여승들이 나와 고개 숙여 추파식 인사를 했다. 그 모습을 보니 상해 팔선교(八仙橋)에 있는 하등 창녀촌인 야계굴(野鷄窟)을 구경하던 광경이 회상되었다.

묘지기는 나의 시계줄 끝에 작은 지남침이 있는 것을 보고서,

"뒷산자락에 암석이 하나 있는데 그 암석 위에 지남침을 놓으면 곧 변하여 지북침이 된답니다."

식후에 따라가 보니 암석 위에 동전 한 개를 놓을 만한 우묵하게 패인 자리가 있었다. 거기다 지남침(指南針)을 들여놓으니 과연 지북침(指北針)이 되었다. 나는 광물학〔礦學〕을 모르나 필시 자석광이나 자철광인 듯하였다.

하루는 해변 5리쯤에 진(鎭)이 있는데 그날이 장날이니 '구경가지 않겠는가' 하기에 '좋다'며 따라갔다. 지명은 잊어버렸지만, 그곳은 임진란(壬辰亂) 때 건축한 작은 성으로, 보통 진이 아니고 포대(砲坮)도 있는 해변 요새였다. 성안에는 인가도 즐비하고 약간의 관청도 있는 모양이었다. 성안을 일주하면서 대강 구경하니 외진 곳의 진이라 그런지 장꾼도 적었다.

그런데 어떤 국숫집에 들어가 점심을 먹는데 노동자와 경찰과 뭇사람들이 수군거리며 나를 주시하더니, 묘지기를 불러 가고 내게도 직접 캐물었다. 나는 서투른 중국어로 광동 상인이라 대답하고, 벽 너머 묘지기의 답변에 귀를 기울였다. 그가 "해염 주씨 댁 큰아가씨가 산당에 모셔온 손님"이라고 대답하

게 말하는 것을 보아도, 그곳에서 주가의 세력을 알 수 있었다. 무슨 연유인
지도 모르고 산으로 돌아와서 묘지기에게 물어보니,

"그까짓 경찰들이 영문도 모르고 장선생이 광동인이 아니고 일본인이 아니
냐 묻기로, 주씨 댁 큰아가씨가 일본인과 동행하겠는가 하였더니 아무 말도
못하던데요."

라고 대답하였다.

수일 후에 안공근·엄항섭·진동생이 산으로 와서 응과정의 빼어난 경치를
감상하고 다시 가흥으로 돌아갔다. 일전에 진(鎭)에서 경찰이 나에 대해 추궁
한 후 즉시 산당을 비밀 감시하였지만 별 단서를 얻지 못하자, 경찰국장이 해
염 주씨 집에 출장나와 산당에 머물고 있는 광동인의 정체를 조사하였다고 했
다. 저부인의 부친이 사실대로 말을 하자 경찰국장은 크게 놀라며 "과연 사실
이면 있는 힘을 다하여 보호하겠다"고 하였다. 그러나 지각 없는 시골 경찰을
믿기 어려워 나는 가흥으로 돌아가기로 하였다.

그 길로 해령현성(海寧縣城)에 들어가, 청조 건륭황제(乾隆皇帝)가 남쪽 지
방을 순시하였을 때 술 마시던 누방(樓房)을 구경하였다.[13] 가흥에 돌아와 작
은 배를 타고 날마다 남호(南湖) 방면으로 나가 뱃놀이로 일을 삼고, 시골 가
서 닭을 사다 배 안에서 삶아먹으니 맛이 대단하였다.[14]


## 3) 시골 농부의 민족주의

가흥 남문 밖 운하로 10여 리 떨어진 엄가빈(嚴家浜)이란 농촌에는 진동생
의 농토가 있었다. 그 마을의 손용보(孫用寶)라는 농부가 진동생과 극히 친한
관계로, 나는 손용보의 집에 잠시 묵게 되었다. 나는 날마다 시골 농부[15]가 되

---

13) 건륭제(乾隆帝, 1711~1799)는 청나라의 6대 황제인 고종황제. 60년간 재위하면서 강희제
   이래 청의 최대 판도를 실현한 그는 외정뿐 아니라 사고전서(四庫全書) 편찬 등 뛰어난 업적
   을 남겼지만, 매우 사치스러운 순행(巡行)을 일삼기도 하였다.

14) 원문: "趣味津津하드라." '취미진진'은 입에 착 달라붙게 맛이 좋은 것.

15) 원문: "田舍翁". 시골에 살고 있는 노인. 여기서는 겸양으로 하는 말. 출전: 『송서』(宋書).

어, 식구들이 모두 농토로 일 나가고 난 후, 빈집에 아이가 울면 내가 아이를 안고 농토로 아이 엄마를 찾아가곤 했다. 그러면 아이 엄마는 황공하여 어찌할 바를 몰라했다.

5～6월은 양잠업〔蠶業〕 시기이다. 집집마다 돌아다니며 양잠하는 것을 고찰하고 부녀들이 실을 뽑는 것을 보았다. 60여 살 된 노파가 일을 하는데, 물레 곁에 솥을 걸고, 물레 밑에 발판을 달아 오른발로 눌러 바퀴를 돌리고, 왼손으로 장작불을 지펴 누에고치를 삶으면서, 오른손으로는 물레에 실을 감는 것이었다. 그것을 보니 내가 어려서부터 본 우리나라 부인들의 길쌈과는 전혀 달랐다. 나는 노파에게 물어보았다.

"당신은 금년 나이가 얼마이오?"

"육십 좀 넘었소."

"당신 몇 살부터 이 기계를 사용하였습니까?"

"일곱 살 때부터요."

"그러면 근 60년 이전에도 고치 켜는 기계가 이것이었소?"

"예, 달라지지 않았소."

나는 실제로 7, 8세 어린 아이가 고치 켜는 것을 보고 노파의 말을 의심치 않았다.

농가에 묵으면서 농기구를 자세히 조사하고 사용법을 보니 우리나라 농기구에 비하면 비록 구식이라도 퍽 진보된 것같이 보였다. 전답에 물을 대는 한 가지만 보아도 그렇다. 나무 톱니바퀴를 소나 말에 걸고, 남녀 여러 사람이 밟아 굴려, 한 길 이상이나 호숫물을 끌어올려 물을 대니 그 얼마나 편리한가.

또, 모내기 하는 일만 보아도 알 만하다. 모내는 날에 미리 벼 베는 날을 계산하니 이른 벼〔早稻〕는 80일, 중간 벼〔中稻〕는 100일, 늦은 벼〔晚稻〕는 120일이라 한다. 우리나라에서 하는 줄모가 일본인의 발명인 줄 알았으나, 중국에서 고대로부터 줄모를 심었던 것은, 김매는 기계를 보아도 가히 알 만했다.

농촌을 시찰한 나는 한마디 하지 않을 수 없다. 우리나라에서 한·당·송·원·명·청, 각 시대에 관개사절(冠蓋使節)[16]이 중국을 왕래하였다. 북쪽지방

---

16) 관개는 네 마리의 말이 끄는 높은 벼슬아치가 타던 수레. 관개사절은 권위와 위엄 있는 사

보다 남쪽지방 명조시대[17]에 사절로 다니던 우리의 선인들은 대부분 눈먼 사람이었던가. 필시 환상(幻想)으로 국가의 계책이나 민생이 무엇인지를 생각지도 못하였던 것이니, 어찌 통탄스런 일이 아니리오.

문영(文永)[18]이란 조상은 면화 씨를, 문로(文勞)[19]란 조상은 물레를 중국에서 수입하였다 하나, 그 나머지는 말마다 오랑캐라 지칭하면서 돌아보지 않았다. 또한 명대 시절 우리나라 의관문물은 모두 중국제도에 따른다 하고서,[20] 실제는 아무 이익도 없이 불편하고 고통스럽기만 한 망건[網巾]·갓[笠子] 등 망할 놈의 기구[亡種器具]만 들여왔으니, 생각만 하여도 이가 시리다.

우리 민족의 비운은 사대사상의 산물이라 하지 않을 수 없다. 실질적인 국리민복을 도외시하고, 주희(朱熹)학설[21] 같은 것은 원래 주희 이상으로 강고한 이론을 주창하여 사색 당파가 생겨 수백년 동안 다투기만 하다 민족적 원기는 다 소진하고, 발달된 것은 오직 의뢰성뿐이니, 망하지 않고 어찌하리오.

슬프도다. 오늘날도 청년들은 늙은이들을 노후(老朽)니 봉건잔재니 하며 비판하는데, 긍정할 점이 없지 않지만 그들 또한 문제가 적지 않다. 사회주의자들은 "혁명은 유혈사업이니 한 번은 가능하거니와 민족운동 성공 후에 또다시 사회운동을 하는 것은 절대 반대"라고 강경하게 주장하였다. 그런데 러시아 국부 레닌이 "식민지 민족은 민족운동을 먼저 하고 사회운동은 후에 하는 것이 바람직하다"는 말을 하자, 그들은 조금도 주저 없이 민족운동을 한다고 떠들지 않는가.[22]

---

신을 뜻한다.

17) 명은 1368년 건국되면서 도읍을 양자강 유역인 남경으로 정했다가, 자금성을 완성하고 난 뒤 1421년 북경으로 천도하였다. 여기서 남쪽지방 명대는 초기 남경에 도읍을 정했던 시기를 말한다.

18) 문영은 문익점의 손자로 면포 짜는 법을 고안한 인물이다. 그러나 내용상 여기서 문영은 목화씨를 가지고 온 문익점을 가리킨다. 백범이 문익점과 문영을 혼동한 듯하다.

19) 문로는 문래(文來)를 가리키는 듯하다. 문래는 문익점의 아들로, 물레는 그것을 최초로 고안한 그의 이름을 따서 붙인 것이라고 한다.

20) 원문: "明代에 衣冠文物을 悉遵華制라 하고".

21) 주희는 주자(朱子, 1130~1200). 남송의 사상가·문학자·교육자. 그는 북송 이래의 이학(理學)을 집대성하여 성리학(性理學)을 정립하였다.

정주(程朱)의 방귀를 '향기롭다'고 하던 자들을 비웃던 그 입과 혀로 레닌의 방귀는 '달다' 하니, 청년들이여, 정신을 좀 차릴지어다.[23] 나는 결코 정주학설의 신봉자가 아니고 마르크스[馬克思]와 레닌주의 배척자도 아니다. 우리나라의 특성과 백성들의 수준에 맞는 주의와 제도를 연구·실시하려고 머리를 쓰는 자 있는가? 없다면 이보다 더 슬픈 일이 어디 있으랴.


## 4) 여사공과의 선상생활

엄가빈(嚴家浜)에서 다시 사회교(砂灰橋) 엄항섭 군의 집으로 와 오룡교(五龍橋) 진동생 집에서 숙식하였다. 낮에는 주애보(朱愛寶)의 작은 배를 타고 인근 운하로 다니며 여러 농촌을 구경하는 것이 유일한 일이었다. 가흥성내 몇 군데 고적이 있는데, 고대의 부자로 유명한 도주공(陶朱公)[24]의 집터[鎭明寺]가 있고, 암소 다섯을 기르던 축오자(畜五牸) 바깥에 못을 파서 만든 양어장이 있는데, 문 앞에 '도주공 유지'(陶朱公遺址)라는 비석이 서 있었다.

하루는 무료하여 동문(東門)으로 가는 대로변 광장에 나가 보았다. 그곳에는 군대가 훈련하는 군경의 조련장이 있었다. 오고가는 사람들이 운집하여 조련하는 광경을 보기에 나도 걸음을 멈추고 구경하였다. 그런데 조련장의 군관하나가 나를 유심히 보더니, 돌연 급히 달려와서 나에게 어디서 온 사람이냐

---

22) 사회주의 이념의 도입 초기에 '민족혁명'과 '사회혁명'의 연관성에 대해 혼란이 많았다. 초기에는 사회혁명으로 민족문제도 동시에 해결한다는 좌경적 입장이었으나, 점차 민족문제의 선차적 중요성을 강조하는 것으로 바뀌었다. 백범은 이러한 변화, 즉 사회혁명을 강조하는 1단계 혁명론에서 민족해방을 중시하는 2단계 혁명론으로의 전환이 레닌의 지적에 무조건 따른 것이라고 비판하고 있다.

23) 사회주의 청년들이 노인들의 교조적인 성리학 신봉을 비판하면서, 자신들은 맑스레닌주의를 교조적으로 신봉한다는 비판이다. 백범은 둘 다 사대주의의 일종이라고 보고 있다.

24) 도주공은 춘추전국시대 말기 월(越)나라 왕 구천(句踐)의 신하인 범려(范蠡). 범려는 구천을 도와 오나라를 멸망시키고 구천을 패자로 만들었으나 벼슬을 버리고 제나라로 가서 거부가 되었다. 그후 제나라를 다시 떠나서 교통의 중심지인 도(陶)로 옮겨가 거기서 다시 거부를 이루어, 사람들이 그를 도주공이라 불렀다.

고 묻기에 나는,

"광동사람이오."

라고 얼른 대답하였다. 그러나 그 군관이 광동인일 줄이야 어찌 알았으랴. 나는 당장에 보안대 본부로 끌려가서 취조를 받게 되었다.

"나는 중국인이 아니다. 그대의 단장(團長)을 면대케 해주면 본래 신분을 직접 필담으로 설명하겠다."

나의 요구에도 불구하고 단장은 나오지 않고 부단장이 얼굴을 내밀기에,

"나는 한인인데 상해 홍구사건 이후에 상해 거주가 곤란하여 이곳 저한추의 소개로 오룡교 진동생의 집에 머물고 있는데, 성명은 장진구라 한다."

하였다. 그러자 경찰은 그 길로 남문 저씨 댁과 진씨 댁에 가서 엄밀한 조사를 한 모양이었다. 네 시간쯤 지난 후 진형이 와서 보증을 서고 난 뒤 풀려났다. 저한추 군은 나에게 이런 권고를 하였다.

"김선생은 마침 홀아비니 나의 친우 중 과부로 나이 근 서른인 중학교 교원이 있는데 보시고 마음에 맞으면 취함이 김선생의 피신 방법인 듯한데, 어떠하오?"

"중학교 교원이라면 즉각 나의 비밀이 탄로날 테니 아니되오. 차라리 여사공[搖船女]을 가까이 하여 의탁하면 좋겠소. 주씨[朱女: 朱愛寶] 같은 일자무식이면 나의 비밀을 보호할 수 있을 것이오."

이후 아주 선중생활(船中生活)을 계속하였다. 오늘은 남문 호수에서 자고, 내일은 북문 강변에서 자고, 낮에는 땅 위에서 행보나 할 뿐이었다.

# 4. 다시 민족운동의 전선으로

## 1) 장개석 면담과 낙양군관학교

내가 잠복한 반면, 박남파(朴南坡: 박찬익) · 엄일파(嚴一坡: 엄항섭) · 안신암(安信菴: 안공근) 3인은 부단히 외교 · 정보 방면에 치중하여 활동하였다. 중국인 친우의 동정과, 미주 동포들도 내가 상해를 탈출한 소식을 알고 점차 원조가 증가되어, 물질상으로 활동 비용은 그다지 어렵지 않았다.

박남파 형은 원래 남경에서 중국 국민당 당원으로 중앙당부에 취직해 있던 관계로 중앙 요인 중에도 친한 인사들이 다수 있었다. 그를 통해 중앙 방면으로 교섭한 결과 중앙 당부 조직부장이자 강소성(江蘇省) 주석인 진과부(陳果夫)[1]의 소개로 장개석(蔣介石) 장군의 면담 통지를 받았다. 이에 나는 안공근 · 엄항섭을 대동하고 남경에 도착하였다.

공패성(貢沛誠) · 소쟁(蕭錚) 등 요인이 진과부의 대표로 마중나와 중앙반점(中央飯店)에 숙소를 정하였다. 다음날 밤 남파를 통역으로 대동하고, 진과부의 자동차를 타고 중앙군교(中央軍校)내 장장군 저택으로 갔다. 장씨는 중국옷을 입고 온화한 안색으로 나를 맞이하였다. 피차 날씨 인사를 마친 뒤, 장씨는 간단한 어조로 말하였다.

"동방 각 민족은 손중산(孫中山)[2] 선생의 삼민주의(三民主義)에 부합되는

---

1) 진과부(陳果夫)는 중국 국민당을 실질적으로 장악한 부흥사(復興社: 일명 CC단)의 최고지도자. 그는 장개석의 명령을 받아서 임시정부와의 연락 임무를 담당하였다.

민주정치를 하는 것이 마땅할 듯하오."

"그렇습니다. 일본의 마수가 시시각각 중국 대륙으로 침입하니, 좌우를 물리쳐 주시면 필담(筆談)으로 몇 마디 올리겠습니다."

"좋소."

진과부·박남파가 문 밖으로 나간 후, 장씨가 붓과 벼루를 친히 가져다 주었다. 내가,

"선생이 백만 원(百萬元)의 돈을 허락하면 2년 이내 일본·조선·만주 세 방면에서 대폭동을 일으켜, 대륙 침략을 위한 일본의 교량을 파괴할 터이니, 선생의 생각은 어떠하오?"

하고 묻자, 장씨는 붓을 들어 쓰기를

"서면으로 상세히 계획을 작성하여 보고해 주시오."

하기에 '그러겠다' 하고 물러나왔다.

다음날 간략한 계획서를 작성하여 보냈다. 그랬더니 진과부 씨가 나를 초청하여 자기 별장에서 연회를 베풀고 장씨를 대신하여,

"특무공작으로 천황을 죽이면 천황이 또 있고, 대장을 죽이면 대장이 또 있지 않소? 장래 독립하려면 군인[武人]을 양성해야 하지 않겠소?"

말하기에 나는,

"감히 부탁할 수 없었으나 그것은 진실로 바라는 바요. 문제는 장소와 재력이오."[3]

라 대답했다. 그리하여 장소는 낙양분교(洛陽分校)로 하고, 학교 발전에 따라 자금을 지원한다는 약속하에 1기에 군관 100명씩을 양성하기로 결의하였다. 이에 따라 동북 3성에 사람을 파견하여 옛 독립군들을 소집하니, 이청천(李青天)·이범석(李範奭)·오광선(吳光善)·김창환(金昌煥) 등 장교와 그 부하 청년

---

2) 손문(孫文, 1886~1925). 광동(廣東) 출신. 호는 중산(中山) 또는 일신(日新). 중국 국민당 및 근대혁명의 지도자. 그는 민족(民族)·민권(民權)·민생(民生)의 삼민주의(三民主義)를 제창하면서 청국 타도와 공화국 수립을 주창하였다. 1911년 10월 신해(辛亥)혁명을 단행하고 이듬해 1월 남경에서 중화민국을 수립, 초대 임시총통에 취임하였다. 1919년 5·4운동 이후 중국 국민당을 결성하고 군벌 타도를 위해 북벌(北伐)을 감행하던 중 사망하였다.

3) 원문: "내의 所答은 固所願不敢請이다. 地帶問題 物力問題라 하엿다."

수십 명, 중국 관내지역의 북경·천진·상해·남경 등지에 있던 청년들을 총집결하였다. 100명을 제1차로 학교에 진학케 하고, 이청천[4]과 이범석[5]은 교관(敎官)·영관(領官)으로 근무케 하였다.


## 2) 5당 통일운동

이때 우리 사회에서는 또다시 통일 바람이 일어나, 대일전선통일동맹(對日戰線統一同盟)의 발동으로 의논이 분분하였다. 하루는 의열단장 김원봉(金元鳳)[6] 군이 특별면회를 청하기로 남경 진회(秦淮) 강가에서 밀회하였다. 김군이 나에게 묻기를,

"현재 발동되는 통일운동에 참가 아니할 수 없으니 선생도 동참하는 것이 어떻습니까?"

"통일하자는 대원칙은 같으나, 그 내용이 같은 이불 밑에서 다른 꿈을 꾸는

---

4) 이청천(李靑天, 1888~1959). 일명 지청천(池靑天). 본명은 지대형(池大亨). 호는 백산(白山). 서울 출신. 한말 무관학교, 일본 동경의 육군중앙유년학교 졸업. 1919년 만주로 망명하여 서로군정서·대한독립군단·고려혁명군·정의부 군사위원장 등 주로 군사활동에 투신하였다. 김좌진 사망 후 1930년 중국 관내지방으로 들어와 한국독립당 군사위원장, 낙양군관학교 한국인특별반 책임자, 광복군 사령관 등을 역임하였다. 해방 후 귀국하여 대동청년단을 결성하고, 정부 수립에도 참여하여 제헌의회 국회의원·무임소장관 등을 지냈다.

5) 이범석(李範奭, 1900~1972). 호는 철기(鐵驥). 서울 출신. 1920년 청산리전투에 참전하였으며, 중국 관내지방으로 들어와 낙양군관학교 한국인군관대장, 광복군 제2지대장과 참모장 등을 역임하였다. 해방 이후 귀국하여 조선민족청년단을 결성하였으며, 정부 수립시 초대 국무총리와 국방장관을 겸임하였다.

6) 김원봉(金元鳳, 1898~?). 호는 약산(若山). 그는 동지 12명과 함께 1919년 11월 중국 길림에서 일본 관원을 암살하고 관청을 습격하는 무장독립운동단체인 의열단을 결성하여 단장을 맡았다. 그후 의열단은 부산경찰서 폭파, 밀양경찰서와 동양척식회사 습격 등 활발하게 활동하였다. 의열단 해산 후 김원봉은 1935년 민족혁명당 결성을 주도하였고, 1938년 조선의용대를 편성하고 총대장에 취임하였으며, 1941년 조선의용대가 한국광복군에 편입됨에 따라 광복군 군사부장에 취임하였다. 해방 후 그는 인민공화당을 창설하여 임정 요인들과는 별개의 활동을 하였고, 1948년 남북연석회의 직전에 월북하였다.

것〔同床異夢〕으로 간파되니, 군의 소견은 어떻소?"

"제가 통일운동에 참가하는 주요 목적은 중국인들에게 공산당이란 혐의를 면하고자 함이올시다."

"나는 목적이 각기 다른 그런 통일운동에는 참가하길 원하지 않소."
라며 거절하였다.

그로부터 소위 5당 통일회의가 개최되니 의열단(義烈團)·신한독당(新韓獨黨)[7]·조선혁명당(朝鮮革命黨)·한국독립당(韓國獨立黨)·미주대한인독립단(美洲大韓人獨立團)이 통합하여 조선민족혁명당(朝鮮民族革命黨)이 탄생하였다.[8]

5당 통일 속에는 임시정부를 눈엣가시〔眼中釘〕로 보는 의열단원 김두봉·김약산 등의 임시정부 취소운동이 극렬하였다. 당시 국무위원 김규식·조소앙·최동오·송병조·차이석·양기탁·유동열 7인 중 김규식·조소앙·최동오·양기탁·유동열 다섯 사람은 통일에 심취하여 임시정부 파괴에 무관심하였다. 이것을 본 김두봉은 임시 소재지인 항주에 가서 송병조·차이석 양인을 보고,

"5당 통일이 되는 차제에 명패만 남은 임시정부를 존재케 할 필요가 없으니 취소하여 버리자."
고 강경하게 주장하였으나, 송·차 두 사람은 강경 반대를 하였다. 국무원 7인 중 다섯 사람이 직책을 내놓으니[9] 국무회의를 진행시킬 수가 없었다.

이 무렵 나는 임시정부가 무정부상태라는 조완구 형의 친서를 받고 심히 분노하여 급히 항주로 달려갔다. 그곳에 주재하던 김철(金澈)은 이미 병사하였고, 5당 통일에 참가하였던 조소앙은 벌써 민족혁명당에서 탈퇴하였다.[10]

그때 항주에 주거하던 이시영·조완구·김붕준·양소벽·송병조·차이석 등

---

7) 신한독당은 신한독립당. 신한독립당은 만주에서 홍진 등을 중심으로 조직된 한국독립당과 남경에서 윤기섭·신익희 등을 중심으로 조직된 한국혁명당을 통합하여, 1934년 남경에서 결성되었다.

8) 조선민족혁명당은 1935년 7월 출범하였으나, 김원봉과 의열단 계열이 주도권을 잡자 각 단체가 다시 이탈하게 된다.

9) 다섯 사람은 임정 국무위원직을 사임하고 민족혁명당 결성에 참여하였다.

10) 민족혁명당 결성에 앞장섰던 조소앙은 참여 두 달 만인 1935년 9월 사상적인 이유를 들어 가장 먼저 민족혁명당을 탈당하고 한국독립당을 재건하였다.

의원들과 임시정부 유지 문제를 협의하였다. 그 결과 의견이 일치되어 일동이 가흥에 도착하여 이동녕·안공근·안경근·엄항섭·김구 등이 남호(南湖)에 놀잇배 한 척을 띄우고 선중에서 의회를 개최하였다. 이 회의에서 이동녕·조완구·김구 3인을 새로 국무위원으로 보선하니, 기존의 송병조·차이석을 합하여 모두 5인이 되어, 비로소 국무회의를 진행할 수 있게 되었다.

5당 통일이 형성될 당시부터 동지들은 단체 조직을 주장하였으나, 나는 극히 만류하였다. 그 이유는, 다른 이들은 통일하자는데 내용이 복잡하여 아직 참가하지는 않았으나, 내가 어찌 차마 딴 단체를 조직하겠느냐 하는 것이었다. 그러나 지금은 조소앙이 한독당 재건설을 추진하니, 내가 단체를 조직하여도 통일의 파괴자는 아니며, 임시정부가 종종 위험을 당하는 것은 튼튼한 배경이 없었기 때문인데, 이제 임시정부를 옹호하는 단체가 필요하다 생각하고 한국국민당을 조직하였다.[11]

낙양군교(洛陽軍校) 한인 학생문제로 남경 일본 영사 스마(須麻)가 중국에 엄중 항의하고, 경비사령 곡정륜(谷正倫)에게 교섭하였다.

"대역(大逆) 김구를 우리가 체포하려는데 입적(入籍)이니 무엇이니 딴 말을 해선 안된다."[12]

"일본서 고액의 현상금을 걸었는데, 김구를 내가 체포하면 상금을 달라."

곡(谷)씨는 내게 직접 이러한 교섭의 내용을 알려주며

"남경에서 근신하라."

고 부탁하였다.

낙양군교 한인 학생은 겨우 1기를 졸업한 후 다시 수용하지 말라는 상부의 명령이 있었다. 중국에서의 한인 군관 양성은 이로써 종막을 고하였다.

---

11) 1935년 11월 항주에서 김구·이동녕·조완구·엄항섭·박찬익 등이 한국국민당을 결성하였다. 한국국민당은 1940년 재건한국독립당·조선혁명당과 함께 한국독립당에 합류하였다.

12) 입적(入籍)은 귀화하여 국적에 편입되거나 호적에 올리는 것을 말한다. 여기서 일본 영사의 언급은, 김구가 일본국적에 올라 있지 않다는 이유로 체포할 수 없다고 항의해서는 안된다는 의미인 듯하다.

### 3) 폭격 속의 남경생활

나의 남경생활도 점점 위험해졌다. 왜구가 나의 족적이 남경에 있다는 냄새
를 맡고 상해에서 암살대를 남경으로 파견한다는 보도를 접했다. 공자묘 근처
에 사람을 파견하여 시찰해 보니 과연 사복 일본 경찰 7명이 대오를 지어 순
찰하더라고 하였다.

나는 부득이 가흥의 여자 뱃사공 주애보를 매월 15원씩 본가에 주고 데려
와, 회청교(淮淸橋)에 방을 얻어 동거하였다. 나는 직업을 고물상이라 하고,
여전히 광동 해남도(海南島) 사람으로 행세하였다. 경찰이 호구조사를 와도
애보가 먼저 설명하고, 나는 직접 말하는 것을 삼갔다.

노구교 사건으로 중국은 일본에 대한 항전을 개시하였다.[13] 한인의 인심도
불안케 되었는데, 5당 통일로 된 민족혁명당은 족족 분열되어 조선혁명당이
또 한 개 생기고, 미주대한인독립단은 탈퇴하고, 의열단 분자만이 민족혁명당
을 지지하게 되었다.[14] 그같이 분열되는 내용은 겉으로는 민족운동을 표방하
고 이면으로는 공산주의를 실행한다는 것이었다.

시국은 점점 급박해져 우리 한국국민당과 조선혁명당, 한국독립당과 미주·
하와이 각 단체를 연결하여 민족진선(民族陣線)[15]을 결성하고, 임시정부를 옹
호·지지하여, 정부는 점점 발전하게 되었다.

상해전쟁은 점점 중국 측이 불리하게 되어 왜비행기의 남경 폭격이 날로 심
해졌다. 회청교 집에서 나는 초저녁에 적기로 인해서 곤란을 받다가, 경보 해
제 후 잠이 깊이 들었는데, 갑자기 잠결에 공중에서 기관포 소리가 들렸다.

---

13) 1937년 7월 7일, 북경 교외의 영정강(永亭江)에 있는 다리 노구교 부근에서 훈련중인 일본
　　군대와 중국 군대간의 충돌로 중일전쟁이 일어났다.

14) 민족혁명당은 결성되자마자, 1935년 9월 조소앙 계열이 탈퇴하여 한국독립당을 재건하였
　　고, 1937년 5월에는 이청천 계열이 탈퇴하여 조선혁명당을 새로 결성하여, 결국 김원봉의 의
　　열단 계열만 남게 되었다.

15) 정식 명칭은 '한국광복운동단체연합회'. 중일전쟁이 발발하면서 긴급한 통일의 필요성과
　　임정의 정당성 강조를 위해 1937년 8월 결성한 독립운동연합체다. 김원봉 중심의 좌파 단체는
　　이에 참가하지 않았다.

놀라 자리에서 벌떡 일어나 방문 밖에 나서자, 벽력이 진동하며 내가 누웠던 천장이 무너져 내렸다. 뒷방에서 자는 애보를 불러내니 죽지는 않았다. 뒷방에 같이 사는 이들이 흙먼지를 헤치고 나오는데, 뒷벽은 무너지고 그 밖에는 시체가 헤아릴 수 없었다. 각처에서 불빛이 하늘로 높이 치솟아 하늘색은 마치 붉은 담요와 같았다.

날이 밝아 마로가(馬路街)에 있는 어머님 댁을 찾아갔다. 여기저기 죽은 사람, 상한 사람이 길에 가득한 것을 보면서 문을 두드리니, 어머님께서 친히 나오셔서 문을 열었다.

"놀라셨지요?"

하고 묻자, 어머님은 웃으시면서,

"놀라기는 무엇을 놀라. 침대가 들썩들썩 하더군. 그래, 사람이 많이 죽었나?"

"예, 오면서 보니 이 근처에서도 사람이 상하였던데요."

"우리 사람들은 상하지 않았나?"

"글쎄올시다. 지금 나가보렵니다."

곧 나와 백산(白山) 이청천의 집을 방문하니, 집의 진동으로 경황을 겪었으나 별고는 없고, 남기가(藍旗街)에 있는 대다수 학생과 가족도 무고하니 천만다행이었다.

성암(醒菴) 이광(李光) 댁 자녀는 일곱인데, 심야에 경보로 피난가던 도중에야 천영(天英)이 혼자 자고 있던 것을 깨닫고, 다시 담을 넘어 들어가서 자는 아이를 안고 나왔다는 우스운 일도 있었다.

남경이 시시각각 위험하니 중국 정부는 중경(重慶)을 전시 수도로 정하고, 각 기관을 분분히 옮기기 시작하였다. 우리 광복진선 3당의 인원 및 가솔 백여 명은 물가가 비싸지 않은 호남성 장사(長沙)로 우선 이주하기로 결정하고, 상해·항주에 있는 동지들과 율양(溧陽) 고당암(古堂菴)에서 선도(仙道)를 닦고 있는 우강(雩岡) 양기탁(梁起鐸) 형을 포함하여, 각지 식구에게 남경으로 올 여비를 보내어 소집령을 발하였다.

나는 안공근을 상해로 파견하여 자기 가솔과, 안중근 의사의 부인인 큰형수를 기어이 모셔오라고 거듭 부탁하였다. 그런데 공근은 자기의 가속(家屬)들만 거느리고 왔을 뿐, 큰형수를 데려오지 않았다. 나는 크게 꾸짖었다.

"양반의 집에 화재가 나면 사당에 가서 신주(神主)부터 안고 나오거늘,[16] 혁명가가 피난하면서 국가를 위하여 살신성인(殺身成仁)한 의사의 부인을 왜구의 점령구에 버리고 오는 것은, 안군 가문의 도덕에는 물론이고 혁명가의 도덕으로도 용인할 수 없는 일이다. 또한 군의 가족도 단체생활 범위내에 들어오는 것이 생사고락을 같이 하는 본의에 합당하지 않겠는가?"

그러나 공근은 자기 식구만 중경으로 이주케 하고, 단체 편입을 원하지 않으므로 본인의 뜻에 맡겼다.

나는 안휘(安徽) 둔계(屯溪)중학에 재학중인 신(信)이를 불러오고 어머님을 모셔와 안공근 식구와 같이 영국 윤선으로 한구(漢口)를 향해 떠났다. 그 뒤를 이어 대가족 백여 식구는 중국 목선 한 척에 짐까지 가득 싣고, 남경에서 소개(疏開)하였다.

내가 어머님을 모시고 한구에 도착하여 장사(長沙)로 가니, 선발대 조성환·조완구 등은 진강(鎭江)에서 임시정부 문서와 장부[文簿]를 가지고 남경 일행보다 며칠 먼저 도착하였고, 남경 일행 역시 풍랑중에도 무사하였다. 남기가(藍旗街) 사무소에서 물 긷던 고용인 채(蔡)군은, 사람이 충실하니 같이 데리고 가라고 어머님께서 명령하시기에 동행하였는데, 무호(蕪湖)에서 풍랑중 물을 긷다 실족하여 물에 빠져 죽었다. 이 한 가지 일만은 불행이었다.

남경에서 출발할 때 주애보는 본향인 가흥으로 돌려보냈다. 그후 종종 후회되는 것은, 송별할 때 여비 100원밖에 주지 못하였던 것이다. 근 5년 동안 한갓 광동인으로만 알고 나를 위하였고, 모르는 사이 우리는 부부같이[類似夫婦] 되었다. 나에 대한 공로가 없지 않은데, 내가 뒷날을 기약할 수 있을 줄 알고 돈도 넉넉히 돕지 못한 것이 유감천만이다.

한구까지 동행한 공근의 식구는 중경으로 이주하였고, 백여 식구의 동지·동포들은 공동생활을 할 줄 몰라 각자 방을 얻어주고 취사하게 하였다.

---

16) 원문: "祠堂부터 抱出하나니". 원문에는 신주(神主)가 빠져 있다.

## 4) 어머님에 대한 추억

　어머님의 생활문제를 빠뜨렸으므로 다시 거슬러 올라가 기록한다. 나는 상해에서 민국 6년(1924) 1월 1일 상처하였다. 처는 신을 낳은 후 몸이 채 튼튼치 못하였을 때 영경방(永慶坊) 10호 2층에서 어머님께 세숫물을 버려 달라고 하기가 황송했는지 세숫대야를 들고 아래층으로 내려가다 실족하여 층계에서 굴렀다. 그후 늑막염이 폐병이 되어서 홍구 서양인이 경영하는 폐병원에서 사망하였다. 내가 그곳에 못 가는 까닭에 보륭의원(普隆醫院)에서 최후 작별을 하였다. 김의한 부처가 방문하여 처의 임종을 봐주었고, 나는 그들이 돌아와서 보고하는 것만 들었다. 미주에서 상해에 온 유세관(柳世觀)이 입원 때와 장례식 때 많은 수고를 해주었다.

　어머님은 세 살인 신을 우유로 길렀는데, 밤에 잘 때는 어머님의 빈 젖을 물려 재웠다. 상해의 우리 생활은 극도로 곤란하였다. 그때 독립운동을 하는 우리 동지들은 취직자·영업자들을 제하면 수십 명에 불과하였다. 어머님께서는 청년·노인들이 굶주리는 것을 애석히 여기셨지만 구제할 방법이 없었다. 두 손자마저도 상해에서 키우기 힘들어 환국코자 하실 때, 어머님은 우리집 뒤쪽 쓰레기통 안에 근처 채소상이 버린 배추 껍데기가 많은 것을 보고, 매일 저녁 밤 깊은 후 그런대로 먹을 만한 것을 골라 소금물에 담가두었다가 찬거리로 하기 위해 여러 항아리를 만들기도 하셨다.

　아무리 생각해도 상해생활을 유지하기 어려워지자 어머님께서는 네 살이 채 안된 신이를 데리고 귀국의 길을 떠나셨고, 나는 인이를 데리고 여반로(呂班路) 단층집을 세내어 석오 이동녕 선생과 윤기섭·조완구 등 몇 분 동지들과 같이 살며 어머님께서 담아주신 우거지 김치를 오래 두고 먹었다.

　어머님께서 본국으로 돌아가실 때 여비를 넉넉히 드리지 못해, 겨우 인천에 상륙하시자 여비가 떨어졌다. 떠나실 때 내가 그런 말씀을 드린 바 없건만, 어머님은 인천 『동아일보』 지국에 가서 사정을 말씀하였다. 지국에서는 신문에 난 상해 소식을 보고 벌써 알았다면서 경성 갈 여비와 차표를 사서 드렸고, 경성에서 다시 동아일보사를 찾아가니 역시 사리원까지 보내드렸다고 했다.[17]

상해를 떠나실 때 나는,

"사리원에 도착하신 후 안악 김홍량 군에게 통지하여 영접을 나오거든 따라가시고, 소식이 없거든 송화 득성리(得聖里) 이모[張雲龍: 이종사촌] 댁으로 가십시오."

라고 부탁하였다. 어머님은 내 부탁대로 사리원에서 안악의 김군에게 통지를 하였으나, 아무 회보가 없어 송화로 가셨다. 2~3개월 후인 음력 정초에 안악에서 김용제(金庸濟)의 큰아들 선량(善亮) 군이 어머님을 찾아뵙고 안악으로 모셔갈 의사를 아뢰었다.

"경찰서 일본인이 누차 우리집에 와서 '할머님이 안악으로 오시지 않고 중도에 계시게 하면서 우리 집안에서 할머님에게 금전을 보내어 상해에 계신 김 선생님에게 독립자금을 공급한다'고 야단이니, 집안 어른들이 가서 모셔오라기로 왔습니다."

모친은 크게 노하셔서 호통치셨다.

"내가 사리원에서 왔다고 통지하였으나 아무 대답이 없다가, 지금 일본 순사의 심부름으로 왔느냐?"

"곡절이 그리 된 것도 정 부족이 아니옵고 환경 관계이오니 용서하시고 같이 가십시다."

"네 말 잘 알았다. 날이 따뜻해지면 해주 고향에 다녀서 안악으로 가마."

하시고 어머니는 선량을 돌려보냈다.

봄이 되어 득성리에서 떠나 도고로(陶古路) 임선재(林善在: 셋째 삼촌의 사위)의 집과 백석동(白石洞) 손진현(孫鎭鉉: 고모의 아들)의 집을 방문하시고 해주 텃골 김태운(金泰運: 재종동생)과 몇몇 친척들과 함께 부친 묘소에 마지막으로 다녀서 안악으로 가셨다.

먼저 선량의 집으로 들어가셨는데 김씨 문중에서 이를 알고, 다정히 지내던 용진(庸震)·홍량(鴻亮) 등이 찾아뵙고,

"모친 오시기 전에 주택과 살림살이며 식량·의료를 다 준비하였으니 편안

---

17) 『동아일보』는 1925년 11월 6일자 보도에서 곽낙원 여사가 아들의 만류에도 불구하고 고국으로 돌아오며, 여사가 조선에 오더라도 갈 곳이 없어 암담하다고 보도하였다.

히 계십시오."

하고 모셔가더라고 말씀하셨다.

어머님은 주야로 상해에 있는 자손을 잊지 못하시고 생활비에서 절약하여 약간의 금전도 부쳐 보내셨지만, 그것은 타오르는 화로 속의 한 점 눈송이처럼〔紅爐點雪〕별 보탬이 되진 못했다. 이를 알아챈 어머님은 다시 인이를 본국으로 보내라고 명령을 하셨다. 김철남(金鐵南: 永斗) 군의 삼촌 편에 인이까지 귀국시키니, 나는 혈혈단신으로 한 점 딸린 식구도 없게 되었다.

세월이 흐르는 물과 같아서 내 나이 오십여라. 과거를 회상하고 장래를 추상하니 신세 가련하다. 서대문감옥에서 소원하기를, 천우신조(天佑神助)로 우리도 어느 때 독립정부가 성립되거든 정부 문지기를 하다가 죽으면 여한이 없다고 하였다. 이 소원을 초과하여 최고직을 경험한 나의 책임을 무엇으로 이행할까 하는 생각에서 모험사업에 착수할 것을 결심하고, 『백범일지』를 쓰기 시작하여 1년 2개월 만에 상편을 완성하였다. 경과 사실의 모년 모일을 기입한 것은 본국에 계신 모친께 편지를 올려 답장을 받아 기입하였으나, 지금 하편을 쓰는 때에도 어머님이 곧 생존하셨더라면 도움이 많았을 터이건만, 슬프도다!

어머님이 안악에 계실 때 동경 사건이 일어나자 순사대가 주택을 포위하고 며칠을 경계하였고, 홍구 사건 이후에는 더욱 심하였다 한다. 나는 비밀히 어머님께 보고하였다.

"어머님께서 아이놈들을 데리고 다시 중국에 오셔도 이전과 같이 굶지는 않을 테니, 나올 수 있으면 오십시오."

어머님은 본래 다른 여성들이 미칠 수가 없을 만큼 용감하셔서 안악 경찰서에 출국원을 제출하였다. 이유는 나이 늙어 죽을 날이 며칠 남지 않았으니 생전에 손자 둘을 제 아비에게 맡기겠다는 것이었다. 다행히 안악 경찰서의 허가를 얻으시고 짐을 꾸리던 즈음, 경성 경시청에서 요원을 안악으로 파견하여 어머님을 위협하고 설득하였다.

"상해에서 우리 일본 경관들이 당신 아들을 체포하려 해도 찾지 못하는 터에 노인이 말할 수 없이 고생할 것 없소. 상부 명령으로 당신 출국은 허락지 않으니 그리 알고 집으로 돌아가서 안심하고 지내시오."

1934년 남경.
9년 만에 뵙는 어머님과 인, 신.

　어머님은 크게 노하여

　"내 아들을 찾는 데는 내가 그대네 경관보다 나을 것이다. 언제는 출국을 허가한다기로 살림살이[家産什物]를 다 처분하였는데, 이제 와서 출국을 허락하지 않는다 하니, 남의 나라를 빼앗아 이같이 정치하고도 오래 갈 줄 아느냐?"

라고 말하고 너무 흥분하여 기절하셨다. 경찰은 김씨 집에 위탁하여 보호를 명하고 어머님께 다시 물었다.

　"여전히 출국할 의사를 가지는가?"

　"그같이 말썽 많은 출국은 하지 않기로 결심한다."

　어머님은 돌아와 목공을 불러 가옥을 수리하고 살림살이를 준비하여 오래 살 계획을 보이셨다. 그런 다음 몇 달 뒤 송화(松禾)에 사는 동생 병문안 간다며, 신이를 데리고 자동차 표를 사 가지고 신천읍으로 떠나셨다. 그리고 신천에서 재령·사리원을 거쳐 평양에 도착하셨다. 거기서 숭실중학에 재학중인 인이를 불러 만주 안동(安東)행 직행열차를 타셨다.[18] 대련(大連)에서 일본 경

────────────

18) 1934년 3월 19일 백범의 모친 곽낙원 여사는 안악에서 손자 김신과 더불어 오후 5시 40분 신천행 자동차에 탑승하여, 미리 그 차에 타고 있던 김선량과 더불어 신천에 도착하였다. 신

찰의 검문이 있었는데, 인이가,

"어린 동생과 늙은 할머니를 위해위(威海衛)의 친척집에 맡기러 가는 길입니다."

하니까 일본 경찰은 잘 가라며 특별히 허락하였다.[19]

어머님은 상해 공근 군의 집에 들어가 하룻밤을 묵고, 가흥 엄항섭 군의 집으로 오셨다. 남경에서 이 소식을 듣고 나는 즉시 가흥으로 가서 헤어진 지 9년 만에 어머님을 뵈옵고, 그 동안 본국서 지내신 형편을 자세히 들었다.

9년 만에 모자 상봉하는 첫 말씀,

"나는 지금부터 시작하여 '너' 라는 말을 고쳐 '자네' 라 하고, 잘못하는 일이라도 말로 꾸짖고 회초리를 쓰지 않겠네. 듣건대 자네가 군관학교를 하면서 다수 청년을 거느리고 남의 사표(師表)가 된 모양이니, 나도 체면을 세워주자는 것일세."

이로 인해 나는 나이 육십에 어머님이 주시는 큰 은전을 입었다.

그후 남경으로 모셔다가 1년을 경과한 후 남경 함락이 가까워져 장사(長沙)로 모시고 갔다. 남경에서 어머님 생신 때 청년단과 우리 동지들이 돈을 모아 헌수(獻壽)[20]하려는 눈치를 알아챈 어머님은,

"그 돈을 나에게 주면 내 입맛대로 음식을 만들어 먹겠다."

하셔서 돈으로 드렸다. 그런데 어머님은 드린 돈에 도리어 보태어 권총〔短銃〕을 사서 일본놈 죽이라며 청년단에 하사하셨다.

---

천에서 세 사람은 오후 6시 7분발 평양행 기차를 타고, 미리 타고 있던 최창한을 만나, 오후 11시 30분경 평양에 도착하여 우양여관에 숙박하였다. 다음날 아침 김선량은 숭실학교 기숙사로 가서 김인을 데리고 왔고, 곽낙원·김인·김신·최창한은 중국으로, 김선량은 안악으로 출발하였다.

19) 곽낙원 여사 일행은 1934년 4월 5일 대련에 도착하였다. 대련에서 검문을 통과할 경우 '돈을 받았으니 안심하라', 검문을 통과하지 못하였을 경우 '돈을 받지 못해 곤란하다'는 전보를 안악의 김선량에게 보내기로 하였다.

20) 헌수(獻壽)는 환갑잔치나 생신날에 장수하기를 비는 뜻에서 잔에 술을 부어 올리는 것. 여기서는 생신상을 차린다는 의미이다.

## 5) 가슴에 박힌 총탄

이제부터는 다시 장사(長沙)생활을 대략 기록한다. 100여 명의 남녀노유와
청년을 이끌고 사람과 땅이 생소한 호남성(湖南省) 장사에 간 이유는, 단지
다수 식구를 가진 처지에 이곳이 곡식값이 극히 싼 곳인데다, 장래 홍콩[香
港]을 통하여 해외와 통신을 계속할 계획 때문이었다.

장사에 선발대를 보내놓고 안심하지 못하였으나, 뒤미처 장사에 도착하자
천우신조로 이전부터 친한 장치중(張治中) 장군이 호남성 주석으로 취임하여,
만사가 순탄하였고 신변도 잘 보호받았다. 우리의 선전 등 공작도 유력하게
진전되었고, 경제 방면으로는 이미 남경에서부터 중국 중앙에서 주는 매월 다
소의 보조와, 그 외 미국 한인 교포의 원조도 있었다. 또한 물가가 싼 탓으로
다수 식구의 생활이 고등난민(高等難民)의 자격을 보유케 되었다.

내가 본국을 떠나 상해에 도착한 후 우리 사람을 만나 초면에 인사할 때 외
에는 본성명을 내놓고 인사를 못하고 매번 변성명 생활을 계속하였으나, 장사
에 도착한 후로는 기탄없이 김구로 행세하였다.

당시 상해·항주·남경에서 장사로 옮겨온 식구는 광복진선(光復陣線) 원동
(遠東)[21] 3당의 당원과 그 가족, 그리고 임시정부 직원들인데, 종종 3당 통일문
제가 제기되었다. 3당의 첫째가 조선혁명당이니, 중요 간부로는 이청천·유동
열·최동오·김학규·황학수·이복원·안일청·현익철 등이다. 다음은 한국독립
당이니, 간부로는 조소앙·홍진·조시원 등이다. 3당의 마지막은 내가 창립한
한국국민당인데, 이동녕·이시영·조완구·차이석·송병조·김붕준·엄항섭·안
공근·양묵·민병길(閔丙吉)·손일민(孫逸民)·조성환 등이 간부였다.

3당 통일문제를 협의하기 위하여 5월 6일에 조선혁명당 당부(黨部)인 남목
청(楠木廳)에 모여서 연회를 개최키로 하여 나도 출석하였다. 그런데 정신을
차려 보니 내 집이 아니고 병원인 듯한데, 몸이 극히 불편하였다.

"내가 어디를 왔느냐?"

고 물어보니, 남목청에서 술을 마시다 졸도하여 입원하였다는 것이다.

---

21) 원동은 상해를 중심으로 한 중국 동남방지역을 말한다.

의사가 자주 와서 내 가슴을 진찰했는데, 가슴에 무슨 상흔이 있는 듯하여 물어 보았다.

"어쩐 까닭입니까?"

"졸도할 때 상 모서리에 엎어져서 약간 다치신 것 같습니다."

나는 그 말을 믿고 아무런 의심을 품지 않았다. 그랬는데 1개월이 거의 가까워서야 엄항섭 군에게서 입원한 진상을 상세히 보고받았다.

그날 남목청에서 연회[宴飮]가 시작될 때, 조선혁명당원으로 남경에서부터 상해로 특무공작을 가고 싶다 하여 내가 금전 보조도 해준 적이 있는 이운환(李雲煥)[22]이 돌입하여 권총을 난사하였다. 제1발에 내가 맞고, 제2발에 현익철이 중상, 제3발에 유동열이 중상, 제4발에 이청천이 경상을 입었다. 현익철은 의원에 도착하자마자 절명하였고, 나와 유동열은 입원 치료하고 상태가 호전되어 동시에 퇴원하게 되었다 한다.

범인은 성 정부(省政府)의 긴급 명령으로 체포·구속되고, 혐의범으로 박창세(朴昌世)·강창제(姜昌濟)·송욱동(宋郁東)·한성도(韓成道) 등도 수감되었다고 하였다. 일대 의혹은 강창제·박창세 두 사람에게 집중되었다. 강·박 두 사람은 종전 상해에서 이유필(李裕弼)의 지휘로 병인의용대(丙寅義勇隊)[23]라는 특무공작 기관을 설립한 일종의 혁명난류(革命亂類)[24]로 금전을 휴대한 동포를 강탈하기도 하고, 일본의 정탐을 총살도 하며 직접 따르기도 한즉, 우리 사회에 신용은 없으나 반혁명자로 규정하기는 어려웠다.

수십 일 전에 강창제가 나에게 청하였다.

"상해에서 박창세가 장사로 올 마음이 있으나 여비가 없어 오지를 못한다니

---

22) 원문: "李雲漢". '李雲漢'은 '李雲煥'의 착오. 안병무는 이운환이 스파이라기보다는 불평분자라고 회고하였다. 평소 이운환은 임정 어른들이 자기편 견해를 고수하여 일에 별 진전이 없었고 조선혁명당 청년들에게 주는 생활비가 적어 불평이 많았다고 한다.

23) 1925년 말 상해에서 나창헌·이유필·박창세 등이 주도하여 조직한 민족주의계 비밀독립운동단체. 상해 임시정부의 권위와 정신을 옹호·선양하며, 일제와 그 밀정을 주살하는 것을 목적으로 결성되었지만, 일제의 탄압 등으로 별다른 성과가 없었다.

24) 혁명난류(革命亂類)는 불평·불만으로 혁명의 본진에서 떨어져 나와 함부로 행동하는 부류를 지칭한다.

여비를 보조해 주시오."

나는 상해기관에 위탁하여 처리하겠다고 하였다. 그 이유는 박창세의 맏아들 박제도(朴濟道)가 일본 영사관의 정탐이 된 것을 내가 자세히 알고 있었고, 박창세가 그 아들 집에 살고 있는 데 특별히 주목하였기 때문이다.[25] 여비가 없어 오지 못한다던 박창세가 장사에 와서, 나도 한 번 만나보았다.

이운환은 필시 강·박 양인의 악선전에 이용된 나머지 정치적 감정에 충동되어 남목청 사건의 주범이 된 것이었다. 경비사령부 조사로 알 수 있듯이, 박창세가 장사에 도착한 직후 상해로부터 200원이 비밀리에 지원되었으나, 이운환이 수십 리 떨어진 시골 기차역까지 걸어와 체포되었을 때 신변에는 단지 18전만 소지한 것으로 보나, 이운환이 범행 후 최덕신(崔德新)[26]에게 권총을 들이대고 10원을 강요하여 장사에서 탈출한 것을 보아도, 강·박의 마수에 이용된 것 같다.

전쟁으로 장사도 위급한 경우에 처하니 중국 법정에서 주범과 종범〔首從犯人〕모두 법대로 죄를 다스리지 못하고 대부분 석방하였다. 이운환까지 탈옥하여 귀주 방면으로 걸인 행색으로 오는 것을 구양군(歐陽群)이 만나서 말까지 하였다는 보고를, 내가 중경서 들었다.[27]

남목청 사건이 일어나자 장사는 일대 소동이 벌어졌다. 경비사령부에서는 그때 장사에서 출발하여 무창(武昌)을 향해 출발한 기차를 다시 장사까지 후퇴시켜 범인을 수색하였고, 우리 정부로서는 광동으로 공작원을 파견하여 중

---

25) 원문: "그 理由는 朴濟道(昌世의 長子)가 日本 領事館 偵探이 된 것을 나는 仔細히 알고 朴昌世가 自己 집에 安住하는 데 特別 注意함이여섯다."

26) 원문: "柳東說의 義壻, 崔德新(東旿之子)". 의서(義壻)는 수양딸의 남편. 최동오(崔東旿, 1892~?)는 독립운동가. 1919년 그의 고향 평북 의주에서 3·1운동을 주도하고 만주로 망명, 정의부에 참가하였다. 1935년 민족혁명당을 창당하고, 그후 민혁당이 임정에 참여하자 임정의 국무위원과 의정원 의원으로 활동했다. 귀국 후 1948년 남북연석회의에 참여, 월북하였다. 그의 아들 최덕신은 천도교 교령을 지낸 후 월북하였다.

27) 구양군은 박기성의 중국식 이름. 박기성의 회고에 따르면 임무 교대하러 가던 중, 성냥이 없어서 길 가는 사람에게 담뱃불을 빌리려고 우연히 상대방을 바라보니, 그가 바로 이운환이었다고 한다. 박기성은 그날 밤 이운환의 먹고 잘 곳을 주선해 주었으나, 다음날 일찍 일어나 보니 이운환은 어디론가 몰래 떠나버렸다고 한다.

·한 합작으로 범인 체포에 노력하였다. 성 주석인 장치중 장군은 상아의원 (湘雅醫院)까지 친히 방문하여 어떠한 방법으로든 나의 치료 비용은 성 정부가 책임질 터이라 하였다 한다.

남목청에서 자동차에 실려 상아의원에 도착한 후 의사가 나를 진단해 보고는 가망이 없다고 선언하여, 입원 수속도 할 필요 없이 문간에서 명이 다하기를 기다릴 뿐이었다. 그러다가 한두 시간 내지 세 시간 내 목숨이 연장되는 것을 본 의사는 네 시간 동안만 생명이 연장되면 방법이 있을 듯하다고 하다가, 급기야 우등병실에 입원시켜 치료에 착수하였던 것이다.

그때 안공근은 중경에 살던 자기 가족과, 광서(廣西)로 이주시켰던 작은 형〔仲兄〕 정근(定根) 가족까지 홍콩〔香港〕으로 이주시킬 일로 홍콩에 가 있었고, 인이 역시 상해공작 가는 길에 홍콩에 가 있었다. 그런 까닭에 내가 자동차에 실려 의원 문간에 가서 의사 진단으로 가망 없다는 선고를 받은 즉시, '피살당했다'는 여지없는 전보가 홍콩으로 갔던 것이다.[28]

그래서 수일 후 인과 공근이 장례에 참가하기 위해 장사로 돌아오기까지 하였다.

당시 한구(漢口)에서 중일전쟁을 주관하던 장개석 장군은 하루에도 여러 차례 전문을 보냈으며, 한 달 뒤 퇴원한 후에는 장씨 대표로 나하천(羅霞天) 씨가 치료비 3,000원을 가지고 장사에 와서 위문해 주었다.

퇴원 후 즉시 걸어서 어머님을 찾아뵈었다. 어머님께는 사실대로 알리지 않고 지내다가, 거의 퇴원할 무렵이 되어서야 신이가 사실을 알려드렸던 것이다. 내가 뵈올 때에도 어머님은 조금도 동요하는 빛이 없이,

"자네의 생명은 상제(上帝)께서 보호하시는 줄 아네. 사악한 것이 옳은 것을 범하지 못하지. 하나 유감스러운 것은 이운환 정탐꾼〔韓奸〕도 한인인즉, 한인의 총을 맞고 산 것은 일인의 총에 죽은 것보다 못하네."

이 말씀뿐이었다. 그리고는 당신이 손수 만드신 음식을 먹으라고 하셨다.

엄항섭 군의 집에서 휴양중이었는데, 하루는 홀연 신기가 불편하고 구역이나며 오른쪽 다리가 마비되므로, 다시 상아의원에 가서 진단을 받았다. X광

---

28) 원문: "香港에 發한 電報는 被人槍殺의 餘地 없은 電報가 갔든 것이라."

선으로 심장 곁에 들어 있던 탄환을 검사하니, 위치가 변동되어 오른쪽 갈비뼈 옆으로 옮겨가 있다는 것이었다. 서양 외과 주임은,

"본시 심장 곁에 있던 탄환이 대혈관을 통과하여 우측 갈비뼈 쪽으로 옮겨갔습니다. 불편하면 수술도 쉬우나 그대로 두어도 생명에는 아무 관계가 없습니다. 오른쪽 다리의 마비는 탄환이 대혈관을 압박하는 까닭이나 점차 소혈관들이 확대됨에 따라 해소될 것입니다."

라고 말하였다.

# 5. 중경 임시정부와 광복군

## 1) 전시수도 중경으로

이때는 장사에 적기 공습이 심하고 중국 기관들도 피난하는 중이었다. 3당 간부들이 회의한 결과 광동(廣東)으로 가서 남녕(南寧)이나 운남(雲南) 방면으로 진출하여 해외와 연락망을 유지할 계획을 세웠다.[1] 그러나 피난민이 산과 바다같이 많아서, 먼 곳은 고사하고 백여 인구와 함께 산적한 짐을 휴대하고 가까운 시골로 옮겨가기도 지극히 곤란한 실정이었다.

그래서 나는 절룩거리는 다리를 이끌고 성 정부 장주석을 방문하여 광동으로 이사가는 것을 상의하였다. 그 결과 장주석이 기차 한 칸을 독채로 우리 일행에게 내주어 무료로 쓰게 하고, 광동성 주석 오철성(吳鐵城) 씨에게 친필 소개장을 작성하여 주니 큰 문제는 해결되었다.

대가족 일행보다 하루 먼저 출발하여 광주(廣州)에 도착하였다. 이전부터 중국 군사 방면에 복무하던 이준식(李俊植)·채원개(蔡元凱) 두 사람의 주선으로 동산백원(東山柏園)을 임시정부 청사로 하고, 아세아 여관에 대가족 전부를 수용하였다.

나는 안심하고 홍콩으로 출발하였다. 홍콩으로 간 것은 안정근·안공근 두 사람에게 부탁한 대사건, 즉 그들 형수인 안중근 의사의 부인을 상해에서 모

---

1) 남녕(南寧)은 광서장족자치구(廣西壯族自治區)의 구도(區都)로 베트남 국경에서 가까운 아열대 도시. 운남성(雲南省)은 광서장족자치구 서쪽에 있으며 라오스·미얀마 등과 인접해 있다.

서내어 왜놈 점령구를 빠져나오게 할 목적이었다. 당초 남경에서 대가족을 장사로 옮기기로 하고 공근을 상해에 밀파할 때, 자동차를 사용하여[2] 자기 가족을 남경으로 이주하도록 하였는데, 이때 형수 댁 식구를 같이 데려오라 하였으나 성공치 못한 것이 일대 유감이었던 까닭이다. 홍콩서 마침 비밀공작 임무를 띠고 상해로 파송되던 유서(柳絮)와 같이 안군 형제와 회의할 때, 나는 강경한 주장으로 안의사 부인을 적치구역[淪陷區]인 상해에서 모셔오자고 하였으나 그들이 난색을 보였다. 나는

"양반의 집에서 불이 나면 사당의 신주부터 옮겨내 온다고 하는데, 우리가 혁명가로 의사 부인을 적치구역에서 구출하는 것 이상으로 긴급한 일은 없다." 고 꾸짖었으나, 사실 그때는 이미 불가능한 일이었다.

또 한 가지 유감스런 일이 있다. 남경에서 대가족을 장사로 옮겨오고자 할 때, 이전부터 선도(仙道)를 연구코자 율양(溧陽) 대부진(戴埠鎭) 고당암(古堂庵)에서 중국도사 임한정(任漢廷)에게 의탁하여 수도하던 양기탁(梁起鐸) 선생에게 여비를 보내고 "즉시 남경으로 와서 같이 장사로 출발하자"고 하였으나, 기약한 날짜가 되어도 도착하지 않으므로 부득이 그냥 떠나 끝내 소식을 알지 못하였던 것이다.

광주(廣州)에서 적기 공습이 심하여 대가족과 어머님을 불산(佛山)[3]으로 이주시키고, ○○로(路)[4]에 판공처(辦公處)를 설치하고, 사무원들만 근무케 하였다. 광주에서 2개월간 머물렀다.[5]

중국 정부가 전시 수도를 중경(重慶)으로 정하였으므로, 장개석 장군에게 전보를 보내 중경으로 데려가 줄 것을 요청하였더니 '오라'는 답신이 왔다. 조성환·나태섭(羅泰燮) 두 동지와 같이 월한철도(粵漢鐵道)[6]로 다시 장사에 도

---

2) 원주: "滬寧鐵道가 戰爭으로 因하여 不通됨." 호령철도는 상해~남경간 철도. 남경이 일찍이 강령부(康寧府)에 속해 있었기 때문에 령(寧)은 남경을 뜻한다.

3) 광주 남쪽에 인접해 있는 소도시.

4) 원문에 누락되어 있어 장소를 확인할 수 없다.

5) 광주생활 부분은 원문에 많은 부분이 삭제되어 있다.

6) 월(粵)은 광동(廣東), 한(漢)은 한구(漢口). 광동과 한구를 잇는 간선 철도. 중국의 남부 지방과 중부 지방을 연결하는 간선 철도이다.

착하여, 장치중 성 주석을 면회하고 중경행의 편의를 요청한즉, 쾌히 승낙하고 국도[公路] 차표 3매와 귀주성(貴州省) 주석 오정창(吳鼎昌) 씨 앞으로 보내는 소개편지를 써 주었다.[7]

우리(백범·조성환·나태섭)는 중경으로 출발하여 10여 일 후 귀양(貴陽)에 도착하였다. 여러 해 동안 남중국의 토지가 비옥하고 물산이 풍부한 곳만 보아서 그런지 알 수 없지만, 귀양시(貴陽市)에 왕래하는 사람 중 극소수를 제외한 나머지 절대 다수가 누덕누덕 기운 옷을 입었고 얼굴색도 굶주린 사람처럼 누르스름했다.[8] 귀양의 산천에는 돌이 많고 흙이 적었다. 농가에서 흙을 져다가 암석 위에 깔고 씨를 뿌린 것을 보아도 흙이 지극히 귀한 것을 알 수 있었다.

한족보다 특히 묘족(苗族)의 형색이 극히 궁핍하고 행동이 야만스러워 보였다. 중국말을 모르는 내가 언어로 한족과 묘족을 구별하기는 어려웠으나, 묘족 여자는 의복으로 구별하고, 묘족 남자는 야만스런[文野] 눈빛[眼光]으로 분별할 수 있었는데, 한족화한 묘족들도 많은 듯했다.[9]

묘족은 4,000여 년 전 삼묘(三苗)[10] 씨의 자손이니, 삼묘 씨는 전생에 무슨 업보가 있기로 자손들이 누천년 역사상에 특출한 인물이 있다는 역사기록을 보지 못하였다. 그런 까닭에 나는 삼묘 씨라는 것이 고대 명칭으로 잔존할 뿐 근대에는 없어진 줄 알았다. 그런데 이제 묘족도 수십 수백 종별로 변화하여 호남(湖南)·광동(廣東)·광서(廣西)·운남(雲南)·귀주(貴州)·사천(四川)·서강(西康) 등에 널리 퍼져 있다. 근대에 한족화한 묘족 중 영걸이 있다는데, 풍문[風便傳說]에 의하면 광서 백숭희(白崇禧) 장군과 운남 주석 용운(龍雲) 등이 묘족이라 한다. 그러나 묘족의 선조를 알지 못하는 나로서는 풍문의 옳

---

7) 본절에서 이상의 내용, 즉 남경에서 장사로, 장사에서 광주로, 광주에서 다시 장사로 간 내용들은 앞장과 다수 중복된다.

8) 원문: "懸鶉百結이고 顔面菜色이라." '현순백결'은 옷이 갈가리 찢어진 모습, '안면채색'은 사람이 굶주려 얼굴빛이 누르스름한 것을 말한다.

9) 원문: "苗族化한 漢人도 많은 듯하다." 뒤의 문맥과의 일치성이나 역사적 사실로 볼 때 근래 한족화한 묘족도 많다고 해야 타당할 것이다.

10) 중국 요순시대에 있던 남방 묘족의 선조.

고 그름을 말할 수 없다.

귀양(貴陽)에서 8일을 보내고 중경까지 무사히 도착하였다. 그간에 광주가 함락되어 대가족의 소식이 극히 궁금하던 차에, 일행이 고요(高要)·계평(桂平)을 거쳐 유주(柳州)에 도착했다는 전보를 받고서 적이 안심이 되었다. 그러나 중경 가까운 곳으로 이사시키는 것이 큰 문제였다.

중국 중앙정부도 차량 부족으로 곤란을 겪고 있었다. 군수품을 운반하는 데 차량 1,000량으로도 부족한 형편인데 100량밖에 없으니, 도와주고 싶어도 도와줄 처지가 아니라는 것이다. 그런데도 정부의 교통부와 중앙당부에 여러 차례 교섭하여 자동차 6량을 확보하여 식구와 짐을 운반하였고, 여비까지 챙겨 보냈다.

식구들이 안전하게 거처할 곳을 어디로 하려느냐 묻기에, 귀양서 중경 오던 길에 기강(綦江)이 좋아 보이므로 그곳으로 정하고, 청사(晴蓑) 조성환(曺成煥)[11] 형을 파견하여 가옥과 약간의 가구 등 물건을 준비하게 하였다. 그리고 우리가 중경으로 이사한 것을 미주·하와이에 통지하고, 답장을 보기 위해 날마다 우체국[郵政總局]에 직접 왕래하였다. 하루는 우체국에 갔더니 인이가 와서 인사하기를,

"유주서 할머님이 병이 나셨는데, 빨리 중경에 가시겠다고 말씀하시므로 신이와 제가 모시고 왔습니다."

따라가 뵈오니 내가 묵고 있는 저기문(儲奇門) 홍빈여관[鴻賓旅舍] 바로 맞은편이었다. 어머님을 모시고 홍빈여관으로 와서 하룻밤을 지낸 뒤, 김홍서(金弘敍) 군이 자기 집으로 모시기로 하여, 어머님은 남안(南岸) 아궁보(鵝宮堡) 손가화원(孫家花園)으로 가셨다. 어머님의 병은 인후증(咽喉症)이니, 의

---

11) 조성환(曺成煥, 1875~1948). 서울 출신. 독립운동가. 1906년 신민회에 참여, 1907년 국외로 망명하여 연해주·만주·북경 등지에서 독립운동, 대종교에 입교하여 활동하였다. 1919년 4월 군무부 차장으로 상해 임시정부에 잠시 참여하였으나, 그해 8월 다시 만주로 가서 북로군정서 군무부장으로 청산리전투에 기여, 1925년 신민부 조직에 참여하여 외교위원장을 역임하였다. 1926년 북경에서 한국유일독립당촉성회를 조직하고, 상해에서 열린 각지촉성회연합회에 북경 대표로 참여하였다. 1931년 임시정부 의정원 의원, 1934년 국무위원에 피선되었고, 1936년 임정 국무위원 및 군무총장을 역임하였다. 그는 광복군 창설에도 기여하였다.

사의 말을 듣건대 광서(廣西)지방의 풍토병(水土病)이라 한다. 고령만 아니라면 수술을 받을 수도 있고 병이 초기이면 다룰 방법이 있으나, 이미 때가 너무 늦었다고 한다.

어머님께서 오실 줄 알고, 노쇠하신 어머님을 모실 성심을 품고 중경으로 온 일가족이 있으니, 그들은 다른 사람이 아닌 유진동(劉振東) 군과 그 부인 강영파(姜暎波)이다. 유진동은 상해에서 동제대학(同濟大學) 의과를 졸업하고 고령(牯嶺) 폐병요양원(肺病療養院) 원장으로 개업하다가, 고령이 전쟁 거점이 될 것을 간파하고 의창(宜昌)·만현(萬縣)을 거쳐서 중경에 도착하였다. 그들 부부는 상해 학생 시절부터 나를 특별히 따르던 동지들이었다. 그들은 어머님을 잘 모시지 못하는 나의 형편을 알고, 자신들이 어머님 시중을 들겠으니 나는 마음 놓고 독립사업에만 전념하라는 것이었다. 그들이 그런 성심을 품고 남안(南岸)에 도착하였을 때, 어머님은 이미 인제의원(仁濟醫院)에서도 손을 놓고 퇴원하여 죽을 날만 기다리던 때였으니, 한스럽기 그지없다.


## 2) 7당 통일회의

다시 거슬러 올라가서 서술하면, 내가 중경에 처음 도착하여 추진한 일은 세 가지였다. 첫째는 중국 당국과 교섭하여 차량을 얻고 이사 비용을 마련하여 유주로 보내는 일이고, 둘째는 미주·하와이의 각 단체에 임시정부와 직원 가족을 중경으로 이주시킨 것을 통지하고 원조를 요청하는 일이고, 셋째는 각 단체의 통일문제를 제기한 것이다.[12]

나는 통일문제를 제기하기 위하여 남안 아궁보(鵝宮堡) 조선의용대와 민족혁명당 본부를 방문하였다. 당시 김약산(若山: 金元鳳)은 계림(桂林)에 있었으나, 민족혁명당 간부인 윤기섭(尹琦燮)·성준용(成俊用)·김홍서(金弘敍)·석정(石丁)·최석순(崔錫淳)·김상덕(金尙德) 등이 나를 맞이하여 환영회를 개최하였다.[13] 그 자리에서 내가 통일문제로 민족주의 단일당 결성을 주장하니

---

12) 첫번째와 두번째 내용은 위에서 기술했었다.

어머님 장례를 마치고. 좌로부터 김신, 김인, 백범, 김홍서.

모두 찬성하였다.

그런 까닭에 나는 한 걸음 더 나아가 유주에 있는 동지와, 미주·하와이의 동포들에 대해서도 의견 일치를 구하였다. 그런데 미주·하와이에서 회답이 오기를,

"통일은 찬성하나, 김약산은 공산주의자요. 선생이 공산당과 합작하여 통일하는 날, 우리 미국 교포와는 인연이 끊어지는 줄 알고 통일운동을 하시오."

라는 것이었다.

나는 약산과 상의한 결과 연명선언으로 조국광복을 위해 민족운동이 필요하다고 발표하였다.[14] 유주 국민당 간부들로부터는 좌우간 중경에 가서 토론하여 결정하자는 회답이 왔다.

기강 선발대가 도착하고, 뒤이어 백여 식구들도 다들 무사히 중경에 안착하였다. 그러나 유독 어머님만은 병이 점점 중태에 빠져들었다. 당신도 이미 회생치 못할 것을 각오하시고 말씀하셨다.

"어서 독립이 성공되도록 노력하고, 성공하여 귀국할 때 나의 유골과 인이

---

13) 성준용은 성주식(成周寔), 석정은 윤세주(尹世胄)이다.

14) '연명선언'은 1939년 5월 김구와 김원봉이 공동으로 발표한 「동지·동포 제군에게 고함」을 가리킨다. 이 연명선언에서는 현단계의 10대 정치강령을 제시하였는데, 주요 내용은 자주독립의 민주공화제 수립, 기업의 국유화, 토지국유제, 토지의 농민 분배와 매매 금지 등이다.

어미의 유골까지 가지고 돌아가 고향에 묻어라."

어머님은 50여 년 고생하다가 자유 독립되는 것도 보지 못하고 극히 원통하게 돌아가셨다. 대한민국 21년(1939) 4월 26일 손가화원 안에서 영영 다시 돌아올 수 없는 길을 가셨다. 그곳에서 5리 가량 되는 화상산(和尙山) 공동묘지에 석실을 만들어 어머님을 모셨다. 모친은 살아 생전에도 대가족 중 최고령인 관계로 존장(尊丈) 대접을 받으시더니, 돌아가신 뒤에도 매장지 부근에 현정경(玄正卿)·한일래(韓一來) 등 수십 명의 한인 연하자들의 '지하회장'(地下會長)인 듯싶다.

어머님은 생전에 모든 일을 손수 처리하셨다. 종전에 우리나라는 노복(奴僕)을 사용하였으나, 국가가 병탄된 뒤 경향(京鄕)에서 동포들의 양심 발동으로 "내가 일본인의 노예가 되어 어찌 차마 동포를 종으로 사용하랴" 하고 자연히 노복제를 물리치고 고용제를 사용하였다. 어머님은 일찍이 노복은 물론이고, 팔십 평생 '고용' 두 글자와도 상관이 없으셨다. 돌아가실 때까지 손수 옷을 꿰매고 밥을 짓고, 일생 동안 다른 사람의 손으로 당신의 일을 시켜보지 않으신 것도 특이하다고 하겠다.

대가족이 기강에 무사히 도착한 뒤, 나는 조완구·엄항섭 등 국민당 간부들을 불러모아 통일문제를 토의하였다. 그런데 그들의 견해는 나와 정반대였다. 간부는 물론이고 국민당 전체 당원뿐 아니라 조선혁명당·한국독립당 양당도 모두 연합통일을 주장하였다. 그 이유는 주의가 같지 않은 단체와 단일조직은 불가능하다는 것이다.

나는 각 당이 자기 본체를 그대로 두고 연합조직을 만든다면, 통일기구 안에서 각기 자기 단체의 발전을 도모할 터이니, 도리어 마찰이 더욱 심할 것으로 생각하였다. 또한 그 전에는 사회주의자들이 민족운동을 반대하였으나, 사회운동은 독립 완성 후 본국에 가서 하고 지금 해외운동은 순전히 민족적으로 국권의 완전 회복에만 전력하자고 극력 주장하니, 나는 단일조직을 만들 수 있을 것으로 생각하였다.

그러나 국민당 간부들은

"이사장 의견이 그러시다면 속히 기강에 같이 가셔서 우리 국민당 전체 당원들과 두 우당(友黨) 당원들의 의사가 일치되도록 노력하지 않으면 성공하기 어려울 것입니다. 유주에서는 국민당은 물론이고 조선혁명당·한국독립당 우당 당원들까지도 연합론(聯合論)이 강합니다."

하는 것이다.

나는 모친 장례식 후 몸이 건강하지 않아서 휴양중이었으나, 일이 이렇게 되었으므로 기강행을 강행하지 않을 수 없었다. 기강에 도착한 후 8일간 국민당 간부와 당원회의로 단일적 통일에 의견이 일치되었다. 두 우당 동지들과는 근 1개월 만에 의견의 일치를 얻게 되었다.

그리하여 기강에서 7당 통일회의를 개최하였다. 한국국민당·한국독립당·조선혁명당 등은 광복진선(光復陳線) 소속의 원동지역 3당이며, 조선민족혁명당·조선민족해방동맹·조선민족전위동맹·조선혁명자연맹 등 4개 단체는 민족전선연맹 소속이다.[15] 개회 후 대다수 쟁점이 단일화되는 것을 간파한 해방·전위 양동맹은, 자기 단체가 해소되기 원하지 않는다는 이유를 설명하고 퇴장해 버렸다. 양동맹은 공산주의자 단체이므로 민족운동을 위하여 자기 단체를 희생하는 것은 불가능하다고 이전부터 주장하던 터이니, 크게 놀라거나 괴이하게 생각할 것은 없다.[16]

이에 곧장 5당 통일의 순서를 밟아 순전한 민족주의적 신당을 조직하여 각 당 수석 대표들이 8개조의 협정에 친필 서명하고 며칠간의 휴식에 들어갔다.[17] 그런데 민족혁명당 대표 김약산 등이 갑자기

"통일문제 제창 이래로 순전히 민족운동을 역설하였으나, 민혁당 간부는 물론이고 의용대원들까지도 공산주의를 신봉하는 터에 지금 8개조를 고치지 않

---

15) 기강 7당회의는 1939년 8월 27일 개최되었다. 이 회의에는 7당의 대표 2명씩 총 14명의 대표가 참석하였다.

16) 「기강 한국 7당 통일회의 경과보고서」에 의하면 김원봉 측은 김구 측이 제시한 토지국유, 신당의 상무위원제 채택, 신당의 임시정부 옹호와 군사외교 임정 경유 처리, 당원 자격 문제, 삼균주의 실행 등 5대 절대조건이 실패의 주요한 원인이라고 지적하였다. 반면 김구 측은 당원 자격 문제와 임시정부 불신임 문제를 원인으로 지적하였다.

17) 5당회의 때 공식적으로 합의한 8개 조항은 자료에 나와 있지 않아서 무엇인지 구체적으로 알 수 없다. 혹시 김원봉과 연명으로 발표한 「동지·동포 제군에게 고함」이라는 공동성명에서 합의한 10대 정치강령일 수도 있다.

고 단일조직을 결성하면 청년들이 전부 도주케 되니 탈퇴한다."
고 주장하여 결국 통일회의는 파열되었다.

　나는 3당 동지들과 미주·하와이 각 단체를 향하여 사과하고, 원동지역 3당 통일회의를 계속 열어 한국독립당이 새로 탄생되었다. 7당, 5당 통일은 실패하였으나 3당 통일이 완성될 때, 하와이애국단과 하와이단합회가 자기 단체를 취소하고 한국독립당 하와이지부[18]로 성립되니, 실은 3당이 아니라 5당이 통일된 것이다. 한국독립당 집행위원장은 김구, 집행위원으로는 홍진·조소앙·조시원·이청천·김학규·유동열·안훈·송병조·조완구·엄항섭·김붕준·양묵·조성환·박찬익·차리석·이복원, 감찰위원장은 이동녕, 감찰위원은 이시영·공진원·김의한 등이었다.

　임시의정원에서는 임시정부 국무위원을 개선하고, 국무회의 주석을 종래와 같이 돌아가며 하던 '윤회주석제'(輪回主席制)를 폐지하고, 주석에게 회의 주석 외 대내외에 책임을 지는 권한을 부여하였다.[19] 나는 국무회의 주석으로 피임되었고, 미국 수도 워싱턴(華盛頓)에 외교위원부를 설치하고 이승만 박사를 위원장으로 임명하여 취임케 하였다.


## 3) 광복군 창설

　내가 중경에 도착한 이후 중국 당국과 교섭한 결과, 교통기구가 곤란할 때인데도 자동차 5, 6량을 무료로 빌려주어 대가족과 다수 짐을 수천 리 험한 길에도 무사히 운반할 수 있게 되었다. 또한 진제위원회(振濟委員會)에 교섭

---

18) 하와이단합회는 1931년 전녹영·현순 등 하와이 동포들이 임정의 재정 후원을 목표로 결성한 단체인데, 1939년 4월 29일 하와이애국단에 합류하였다. 1940년 5월 9일 중국에서 한국독립당이 결성되자 하와이애국단은 한독당 하와이지부로 변경되었다. 이 지부는 임정의 특무공작과 한국광복군 편성에 경제적으로 후원하였고, 1941년 4월 재미한족연합위원회에 참가하였다.

19) 임정은 1940년 4차 개헌을 단행하여 종래 집단지도체제를 개편하고 국무위원회 주석의 권한을 크게 강화시켰다. 이제 임정의 주석은 임시정부를 대표하는 최고직책일 뿐만 아니라 군사권을 지휘할 수 있는 권한까지 가지게 되었다.

하여[20] 토교(土橋) 동감(東坎) 폭포 위쪽의 한 구역을 매입한 후 기와집 3동을 건축하였고, 도로변에 2층 기와집 1동을 매입하여 100여 식구의 머물 곳을 정해 주었다.[21] 그밖에도 우리 독립운동에 관한 원조를 청하였으나 냉담한 태도를 보이므로 중앙당부의 당국자 서은증(徐恩曾)과 교섭하였다.

"중국의 대일항전이 이와 같이 곤란한 때 도리어 원조를 구함이 심히 미안하오. 미국에 만여 명의 동포들이 나를 오라 하고, 또한 미국은 부국이며 장차 미일 개전을 준비중이니 대미외교도 개시하고 싶소. 여비도 문제 없으니 여행권 수속만 청구하오."

"선생이 중국에 있으니 중국과 약간의 관계를 맺고 난 뒤, 해외로 나가는 것이 좋지 않겠소?"

"나 역시 그런 뜻에서 여러 해 중국 수도만 따라온 것이나, 중국이 5, 6개의 대도시를 상실한 나머지 독자적인 전쟁 수행만으로도 극도로 곤란한 것을 보고, 차마 한국 독립을 원조해 달라고 요구하기 미안한 까닭이오."

"책임지고 선생의 계획서를 상부에 보고할 터이니, 한 부를 작성하여 보내 주시오."

이에 계획서를 작성하여, 광복군(즉 한국 국군) 결성을 허락해 주는 것이 3천만 한족(韓族)의 총동원적 요소임을 설명하여 장개석 장군에게 보냈다. 그랬더니 즉시로 김구의 광복군 계획을 흔쾌히 허락한다는 회신이 도착하였다.

임시정부에서는 이청천을 광복군 총사령에 임명하고, 미주·하와이 동포들이 원조한 3~4만 원 등 모든 역량을 다하여 중경 가릉빈관(嘉陵賓館)에서 중국·서양 인사를 초청하고 우리 한인을 총동원하여 광복군 성립 전례식(典禮

---

20) 진제위원회는 2차대전 중 중국 국민당에서 설치한 일종의 전시구호기관. 1938년 10월 13일자 백범의 편지에 대한 11월 17일자 답신에 의하면, 국민당 진제위원회는 임시정부 측의 요청을 대체로 받아들여 중국돈 22,520원을 보조하기로 허락하였다.

21) 정정화의 회고에 의하면 1941년 1월에 임정 가족들은 기강에서 중경 쪽으로 약 10킬로미터 남짓 떨어진 동감이란 마을로 이사했다. 동감마을의 행정구역상 이름은 파현(巴縣) 토문향(土文鄕)인데 흔히 토교라고 불렸다. 중경과 토교는 마치 서울과 안양 같은 사이였다. 토교에 자리를 잡은 임정 가족들은 해방이 되어 중경을 떠날 때까지 그곳에서 머물렀다.

22) 한국광복군 성립식은 1940년 9월 17일 중경에서 거행되었다. 창설 당시 광복군은 병력과 부

한국광복군 총사령부 총무처 직원 일동

式)을 거행하였다.[22]

　이어 30여 명의 간부를 선발하여 서안(西安)으로 보내 연전에 서안에 먼저 파견하였던 조성환 일행과 합하여 한국광복군사령부를 설치하였다. 나월환(羅月煥) 등의 한국청년전지공작대(韓國靑年戰地工作隊)가 광복군으로 편입되어 광복군 제5지대가 되었고,[23] 종래 간부 중 이준식(李俊植)을 제1지대장으로 임명하여 산서성 방면으로, 고운기(高雲起)를 제2지대장으로 임명하여 수원성(綏遠省) 방면으로, 김학규(金學奎)를 제3지대장으로 임명하여 산동성 방면으로 각각 배치하여, 징모·선전·정보 등 사업을 착수·진행케 하였다.[24]

　강남 강서성 상요(上饒)의 중국 제3전구 사령부 정치부에 근무중이던 황해도 해주사람 김문호(金文鎬) 군은 일본 유학생으로, 큰 뜻을 품고 중국으로

───────────

대 편제를 갖추지 못하여 중경에서 동원 가능한 30여 명으로 총사령부만을 구성하였다.

23) 한국청년전지공작대(韓國靑年戰地工作隊)는 1939년 11월 중경에서 무정부주의 계열의 청년들을 중심으로 조직된 군사조직. 결성 직후 서안으로 이동하여 초모공작을 전개하다가 1941년 1월 광복군 제5지대로 편입되었다.

24) 고운기(高雲起)는 공진원(公鎭遠)의 별칭. 김학규의 회고에 의하면 광복군 성립시 그는 제2지대장이었고, 공진원이 제3지대장이었다. 그런데 1942년 7월 조선의용대의 광복군 편입으로 김원봉이 제1지대장으로 임명됨에 따라, 제2지대장에 이범석, 제3지대장에 김학규가 새로 임명되었다.

건너와 각지를 유랑하다, 절강성 동남 금화(金華) 방면에서 정탐 혐의로 체포되었다. 심문을 받던 중 마침 중국인으로 일본에서 같이 공부를 하였던 친구를 우연히 만나, 그들과 같이 제3전구 사령부에 복무하게 되었다. 그러다가 김구란 이름이 신문지상에 오르내리는 것을 보고 먼저 서신으로 그곳 사정을 전달하다 후일 중경으로 와서 모든 사실을 보고했다. 이에 상요에 한국광복군 징모처 제3분처를 설치하고 김문호를 주임으로, 신정숙(申貞淑: 鳳彬)을 회계조장으로, 이지일(李志一)을 정보조장으로, 한도명(韓道明)을 훈련조장으로, 선전조는 주임 김문호를 겸임으로 각각 임명한 후 상요로 파견하였다.

모든 당·정·군의 비용은 미주·하와이·멕시코·쿠바의 교포들이 만강의 열성으로 거두어 보내주는 것을 가지고 대략 분배하여 3부 사업을 진행하였다. 그러던 중 장개석 부인 송미령(宋美齡) 여사의 부녀위로총회(婦女慰勞總會)에서 한국광복군에 주는 중국돈 10만 원을 특별위로금으로 원조받기도 하였다.

광복군 제3징모처 신봉빈 여사의 내력이 하도 이상하므로 여기에 기록하고자 한다. 내가 이전에 장사 상아의원에서 가슴에 총을 맞고 치료하던 때이다. 하루는 병상에 앉아 바깥을 바라보고 있노라니, 방문이 반쯤 열리면서 한 여자가 편지 한 통을 내 방안에 슬그머니 밀어넣고 소리 없이 사라지는 것이 아닌가. 전담 간호사 당화영(唐華英)이 마침 방안에 있었으므로, 나는 그 편지를 집어 달라고 하여 읽어보았다. 정말 영문을 알 수 없는 기묘한 일이었다.

우편이 아닌 인편으로 보내온 서신인데, 상덕(尚德) 포로수용소에 포로로 수감되어 있는 봉빈이란 여자가 나에게 해방시켜 주기를 청원한 진정서였다. 자기는, 상해에 살다가 4·29 홍구폭탄 사건 후 귀국한 이영근(李永根)의 처제요, 당시 민단 사무원으로 체포되어 귀국한 송진표(宋鎭杓)[25]의 아내라 하였다. 언니나 남편에게서 선생님이 언니의 집에 오시면 냉면을 차려 특별히 접대하였던 이야기를 잘 들어서 평소 우러러 흠모하였다고 한다. 그런데 상업적인 일로 산동(山東) 평원(平原)에 갔다가 중국 유격대에게 붙잡혀 이곳까지 오는 도중에 장사를 통과하였으나, 선생이 계신 곳을 알지 못하여 그대로 상덕

---

25) 원주: "眞姓命 張鉉根". 진짜 이름[姓名]은 장현근.

(尚德)까지 끌려왔으니, 사지(死地)에서 구출해 달라는 요청이었다.

나는 백번 생각해 보아도 이 편지가 오게 된 내력을 알 수 없었다. 이 여자가 이영근의 처제인 것은 의심할 바 없고, 일찍이 본국에서부터 나를 알고 있었다는 것도 사실인 듯했다. 그러나 죄수의 서신이 어디서 왔는가? 본국에서 내 이름자는 들어서 알고 있었을 터이나, 지금 내가 장사 상아의원에서 입원 · 치료하는 것을 수백 리 떨어진 상덕수용소에서 어떻게 알고 편지를 보냈으며, 우표도 없고 날짜 소인도 없는 순전히 인편 서신인즉, 그렇다면 아까 방문 밖에서 그림자만 어른거리고 없어진 여자는 천사였던가?

하여튼 조사해 볼 필요가 있다고 인정되어, 퇴원 후 한구(漢口) 장위원장에게 청구하여 포로 조사의 특권을 얻은 뒤, 노태준(盧泰俊) · 송면수(宋冕秀) 두 사람을 상덕에 파견하여 조사한 결과는 아래와 같았다.

상덕 포로수용소에는 한인 포로가 30여 명이고 일본인은 수백 명인데, 한 방에 같이 섞여 있는 한인과 일인 포로들 사이에서도 한인은 일인의 지휘를 받았다. 운동체조에도 일인이 명령 · 지도하고, 일체 사물에 대해서도 일인의 권리가 더 많았다. 그런데 신봉빈은 극단으로 일인의 지휘와 간섭을 받지 않고 오히려 유창한 일어로 일인에 대해 극렬하게 항쟁을 전개하였다.

이것을 본 중국 관원들은 신봉빈이 인격자임을 알게 되어, 비밀 신문으로 봉빈이 지닌 배일사상의 유래를 조사하였다. 그런 후 중국에서 활동하는 한국 독립운동자 중에 친숙한 사람이 있는가 질문하니, 봉빈은

"김구를 잘 아노라."

하였다. 관원이 다시 묻기를,

"그렇다면 김구가 지금 어디에 있는가?"

"모른다."

"김구에게 편지를 보내고 구원을 청하면, 그가 너를 구원하여 줄 신념이 있는가?"

"김구 선생이 알기만 하면 반드시 나를 구원할 것이다."

조사를 하던 관원은 다름 아닌 장사사람이었다. 당시는 5월 6일 사변[26]으로

---

26) 1938년 5월 6일 남목청에서 이운환이 백범 등을 저격한 사건을 말한다.

장사 일대에 큰 소동이 일어났으므로, 김구가 저격을 당하여 상아의원에서 치료중이라는 소식은 모르는 사람이 없던 때였다.

관원은 장사 자기 집에 오는 길에 봉빈의 서신을 휴대하고 상아의원을 찾아서 김구가 어느 방에 있는가를 탐문하였다. 그런 뒤 나의 방문 밖에는 헌병 파출소가 감시하므로 직접 전하지는 못하고, 친한 간호원으로 하여금 나의 방안으로 편지를 던지게 하였다. 편지가 무사히 전달된 것을 본 관원은 급히 그곳을 떠나버렸다는 것이다.

이로부터 수용소에서는 봉빈을 특대하였다고 한다. 장사가 위급하여 광주로 물러간 뒤 나는 중경으로 가면서, 장사까지 기차를 타고 장사에서 다시 자동차를 타고 상덕을 지나갔다. 그러나 시간 관계로 포로수용소를 찾아보지는 못하고, 신봉빈에게 한 통의 편지를 전해주었다.

중경에 와서 구원의 길을 강구하였다. 의용대에서 벌써 포로 해방을 교섭하여 일부 포로와 신봉빈 등은 석방되었고, 신봉빈은 여러 차례 내게 오기를 요구했다는 것이다. 나는 김약산 군에게 편지를 보내 신봉빈을 계림에서 중경으로 데려다가 직접 만나본 후, 기강과 토교 대가족들과 함께 지내게 하였다가 나중에 상요로 보냈다.

봉빈은 비록 여성이나 총명·과감하여 전시공작의 효과와 능률이 중국 방면에까지 널리 알려져 칭찬을 받았으며, 봉빈 자신도 항상 자기가 경이적인 공헌을 하리라고 마음먹고 있어 장래가 촉망되는 바이다.


## 4) 대가족과 대륙에 묻힌 영혼

비통한 일이다. 대가족 중에 빠진 식구들이 있으니 상해의 오영선(吳泳善)·이의순(李義橓: 이동휘의 딸) 내외와 그 자녀들이다. 그들 중 오영선 군은 신체 장애로 움직이지 못해 대가족에 편입되는 것이 불가능하였다. 오영선 군은 연전에 작고하였다는 소문이 있었으나, 상해가 완전히 적에게 함락되어 버렸으니 어떻게 손을 쓸 여지가 없었다.

다음은 이명옥(李溟玉) 군의 가족이다. 명옥 군은 본시 금천(金川)사람으로

3·1운동에 참가하여 일본의 정탐꾼을 암살한 뒤 상해로 건너와서 민단 사무원이 되었다. 그러다 그 처자가 상해로 찾아온 뒤 생계를 위해 영국 상인이 운영하는 전차 검표원으로 일을 하였다. 그후 내가 남경으로 이주한 뒤에도 종종 비밀공작으로 왕래하다가 왜구에게 체포되어 본국에 가서 20년 징역형을 언도받았다.

명옥 군의 부인 이정숙(李貞淑) 여사는 본국으로 돌아가지 않고 자녀를 데리고 상해생활을 계속하였다. 내가 남경에 거주할 때 생활비를 보조하다 대가족으로 편입하기를 통지하였다. 이씨 부인은 본국 감옥에 있는 남편에게 두 달에 한 번씩 왕복하는 서신을 보냈는데 그 성심으로 인해 차마 상해를 떠나지 못하겠다고 하였다.

그렇게 지내다가 장자 호상(好相)이 조선의용대에 참가하여 절강성 동부 일대에서 공작하다 어머님과 남동생, 누이들이 그리웠는지 동지 세 사람을 대동하고 상해에 잠입하여 활동하였다. 활동중 간간이 자기 어머님께 비밀히 왕래하다 왜구에게 발각되어 이씨 부인이 체포되었다. 아들이 있는 곳을 엄중히 신문하나 발설치 않으므로 당장에 타살당하였고, 호상은 동지 세 사람과 기차를 타고 도망하다 차 안에서 네 사람 모두 체포되었다. 체포되어 국내로 호송되던 중 호상은 배 안에서 작은누이를 만났다. 누이로부터 어머님과 어린 동생이 왜놈에게 살해되고 자기는 국내로 압송되어 간다는 말을 듣고 호상은 기절하여 죽었다.

비통하고 슬프도다! 하느님이 진정 무심하신가. 어린 아들, 어린 딸도 왜의 마수에 목숨을 잃었단 말인가. 이러고도 인간이란 말인가. 나라를 잃은 이래 왜구에게 일가족이 도륙됨이 무릇 몇백 몇천 집이랴만, 기미 3·1운동 이래 상해 운동가들이 당한 것에서는 이명옥 군이 당한 비극을 첫손가락에 꼽을 수 있다. 무릇 우리 동포 자손들에게 한마디를 남기노니, 광복 완성 후 이명옥 일가를 위해 충렬문을 수안(遂安) 고향에 세워서 영구히 기념하기를 부탁하여 두노라.

처음부터 대가족들과 같이 움직이던 중 장사사변으로 인하여 왜구의 사냥개(鷹犬) 이운환에게 총을 맞아 순국한 현익철(默觀)[27] 군은 나이 50세 미만이었다. 그는 사람됨이 강개(慷慨)하고 아는 것이 많았다. 과거 만주에서 정의

부 수뇌로 왜구와 공산당, 장작림(張作霖)의 부하 친일분자들에게 3면 포위된 가운데서도 독립운동을 위하여 격렬히 투쟁하였다. 그러다가 결국 왜구에게 체포되어 신의주감옥에서 중징역을 마친 뒤, 만주는 완전히 왜구의 천지가 되었으므로 중국 관내지역으로 들어왔다.

그후 이청천·김학규 등 옛 동지들과 조선혁명당을 조직하였고, 남경에서 의열단이 주도한 민족혁명당에 참여하였다가 탈퇴하고, 광복진선 9개 단체(원동 지역의 조선혁명당·한국독립당·한국국민당과 미주국민회·하와이국민회·애국단·부인구제회[28]·단합회·동지회)에 참가하였다. 남경에서 장사로 대가족에 편입하여 부인 방순희(方順熙)와 어린 아들 종화(鐘華)를 데리고 장사에 도착하였다. 그 뒤 고초와 행동을 같이 하는 3당 통일부터 실현하자는 묵관 현익철의 제의에 응하여, 회의를 약속하고 나 역시 연회석에 참가하였다. 그랬는데 불행히도 묵관 한 사람만 목숨을 잃었던 것이다.

그후 광주에서 조성환·나태섭 두 동지와 같이 중경으로 오던 길에 장사에서 귀양행 자동차(汽車)[29]를 기다리던 때가 바로 음력 추석이었다. 나는 현묵관의 묘소를 찾아 절할 것을 주장하였지만 두 동지는 나의 참배를 극력 만류하고, 그들만 술과 안주로 참배하였다. 이것은 나의 몸이 아직 완전 회복되지 못하였고, 먼 길을 가는 중 내가 묵관의 묘 앞에 당도하면 애절·통절하여 정

---

27) 현익철(玄益哲, 1890~1938), 호는 묵관(默觀). 평북 박천 출신. 1926년 만주에서 양기탁 등과 고려혁명당을 조직하였고, 1927년 국민부 중앙집행위원을 역임했다. 1931년 7년형으로 신의주감옥에 투옥되었고, 그후 병보석으로 풀려나자 만주로 탈출하였다. 1937년에 한국광복진선에 참여했고, 1938년 임시정부 군사학편수위원회 위원을 맡았으나, 그해 5월 장사에서 이운환의 저격으로 사망하였다.

28) '직해본'·'필사본'·'학민사본'은 애국단·부인구제회를 하나의 단체로 취급하였다. 그러나 『백범일지』 앞부분에도 나와 있듯이 애국단은 하와이단합회와 연합하여 한독당 하와이지부가 되는 단체이며, 부인구제회(정식 명칭은 대한부인구제회)는 이와 전연 별개로 3·1운동 이후 하와이에서 결성된 여성단체이다. 9개 단체 중 앞의 3개는 중국 관내지방(원동), 뒤의 6개는 미주·하와이 지방의 단체이다.

29) 여기서 기차(汽車)는 철로를 달리는 기차가 아니라 자동차를 말한다. 철길 기차는 중국어로 화차(火車)이다. 백범은 앞부분에서 조성환·나태섭 등과 함께 장사에서 중경으로 갈 때 성 주석 장치중이 국도(公路)용 차표 3매를 구해주었다고 밝힌 바 있다.

석오 이동녕 선생의 국장

신상·신체상에 무슨 변화가 생길까 우려하여 동행을 말렸던 것이다.

결국 장사에서 귀양행 차를 타고 가던 도중, 두 동지가 길가 산중턱에 서 있는 비석을 손으로 가리키며,

"저것이 현묵관의 묘입니다."

라 하기에 나는 목례를 보냈을 뿐이다.

'군의 불행으로 인하여 우리 사업에 다대한 지장이 생겼으나 그것을 이제 어찌하리오. 그러나 군은 편히 쉬시라! 그대의 부인, 그대의 아들은 내가 안 전하게 보호하리라.'

무정한 차는 비석조차 보여주지 않고 그대로 질주해버렸다.

어머님께서는 중경에서 세상을 떠나셨고, 대가족을 따라 기강에 도착한 지 1년이 지났을 때, 석오 이동녕 선생이 71세 노령으로 작고하여 이곳에 안장하였다. 내가 선생을 처음 만난 것은 30여 년 전이다. 을사늑약〔乙巳新條約〕 때 경성의 상동예수교당에서 진사(進士) 이석(李石)으로 행세할 때 상봉하여 같이 상소운동에 참가하였다. 합병 후 경성 양기탁의 사랑에서 다시 밀회하여 장래의 독립운동을 위한 서간도 무관학교 설립에 관한 일체 사무를 선생에게 위임하였다. 그후 기미년 상해에서 또다시 상봉하여 20여 년 고초도 같이 겪고 사업도 함께 해오면서 한마음 한뜻으로 지냈다.

선생은 재덕(才德)이 출중하나, 일생을 자기만 못한 동지를 도와서 선두에 내세우고, 스스로는 남의 부족을 보충하고 고쳐 인도하는 일이 일생의 미덕이

었다. 최후의 한순간까지 선생의 애호를 받은 사람은 오직 나 한 사람이었다. 석오 선생이 별세한 뒤, 일을 만나면 당장 선생 생각부터 하게 되니 이는 선생만한 고문(顧問)이 없기 때문이다. 그런 사람이 어찌 나 한 사람뿐이랴. 우리 운동계의 대손실이라 할 수 있다.

그 다음으로는 손일민(孫逸民) 동지의 사망이다. 나이 60세에 항상 병을 안고 지내다 끝내 기강에서 한줌 흙이 되었다. 그는 청년 시절부터 나라를 되찾겠다는 큰 뜻을 품고 만주 방면에서 다년간 활동하였고 북경·남경·장사·광주·유주로 다니다가 결국 기강까지 와서 대가족에 편입되었다. 그는 자녀가 없고 근 60세 된 미망인이 있을 뿐이었다.

기강에서 대가족이 두 해 남짓 지내는 사이에 괴이한 장례도 겪었다. 조소앙의 부모는 다같이 70여 세의 고령이었는데, 모친이 별세한 뒤 부친이 물에 빠져 자살하고 말았다. 정에 못 이긴 죽음인지 세상을 비관한 죽음인지 모르겠지만 보기 드문 일임에는 분명하다.

대가족이 토교로 이사한 후 근 2년이 되는 24년(1942) 2월에 김광요(金光耀)의 모친이 폐병으로 세상을 뜬 뒤, 송신암(宋新岩) 병조(秉祚) 동지가 나이 65세에 병으로 세상을 떠났다. 그는 임시의정원 의장으로 한국독립당 중앙집행위원과 임시정부 고문 겸 회계검사원 원장이었다. 그는 일찍이 7인의 국무위원들이 대부분 직을 버리고 남경 의열단이 주창하는 5당 통일에 동조했을 때, 차이석 위원과 단둘이서 정부를 고수한 공로자였다. 그런 그가 임시정부의 국제적 승인문제가 떠오르는 이때, 천추의 원한을 품고 영영 돌아올 수 없는 먼 길을 떠나 토교에 한줌 흙으로 남은 것은, 오랜 세월 동안 영웅들에게 눈물로 옷깃을 적시게 할 일이다.

임시정부와 독립당과 광복군은 삼위일체로, 그 중심 인물은 한독당원이었다. 한독당은 한국혁명의 노선배들이 집중한 곳이라 생산율보다 사망률이 더 많음은 어찌할 수 없는 사실이었다.

이제 대가족 명부를 작성하여 후세에 전하고자 한다. 기미 3·1운동으로 인하여 상해에 와서 살던 500여 동포가 거의 대가족이라 말할 수 있으나, 여기 일지(逸志)에 기재하는 대가족은 홍구폭탄 사건으로 말미암아 상해를 빠져나온 동지들과 그 가족들이 대부분이다. 손일민·이광 등 동지들은 북경 방면에서 여러 해 거주하다가, 노구교 전쟁 폭발 이후 가족들을 거느리고 남하하여 남경에서 합류하였다.

대부분이 상해를 빠져나온 가족들이지만, 그중에서도 남경에서 두 파로 갈려 빠져나왔으니, 한쪽은 김원봉 군의 조선민족혁명당이요, 우리측은 한국국민당·조선혁명당·한국독립당 3당이었다. 김원봉은 동지들과 가족들을 거느리고 남경을 빠져나와 한구를 경유하여 중경으로 옮겼다. 나는 동지들과 그 권속을 이끌고 한구를 경유하여 장사로 가서 8개월, 광주로 가서 3개월, 유주로 가서 몇 달, 기강으로 가서 근 1년 있다가 토교 동감(東坎)에 왔다. 이곳에서 새로 지은 가옥 4동에 대부분 가족이 거주하였다. 그 외에 중경에는 당부·정부·군부의 기관에 복무하는 동지들과 가족들이 있었다. 대가족 명부는 별지로 작성한다.[30]

---

30) 당시 별지에 작성된 대가족 명부는 현재 확인할 수 없지만, 이를 추정할 수 있는 방증 자료들은 있다. 본서 뒤쪽에 첨부된 【자료1~3】 참고.

# 6. 해방 전후의 대륙[1]

## 1) 한국독립당과 광복군

중경에 도착한 다음날 우리 일행보다 먼저 도착한 조선민족혁명당 간부와 당원들이 거주하고 있는 중경 남안의 아궁보 손가화원을 방문하였다. 김원봉은 광서 유주에 출장중이었고, 김두봉·윤기섭·김홍서·최우강·성주식 등과, 그 부근에 같이 거주하는 민족해방동맹의 현정경(玄正卿)·김성숙(金星淑)·박건웅(朴健雄) 등 공산당을 자처하는 간부들이 민족혁명당 본부의 긴급 소집으로 환영회를 거행하였다.[2]

그 자리에서 나는 우리가 주의를 논의할 때가 아니고, 민족적으로 조국을 광복한 후 각각의 주의로써 당적 결합을 할 셈하고, 지금은 단일적으로 각 단체를 합동·통일하는 것이 옳다고 제의하였다. 대부분 내 말에 찬동하여 통일공작을 개시하였다. 그러나 우리 임시정부를 옹대·추수하는 일행 중, 한국국민당은 내가 이사장이고, 한국독립당은 조소앙·홍진 등이, 조선혁명당은 이청

---

천·김학규·현묵관 등이 간부인데, 그들은 아직 광서 유주에서 도착하지 못했다.

중국 중앙당부를 교섭하여 화물차 7량을 유주에 보내 이들을 중경으로 옮기고자 하였다. 70여 명의 인구가 거주할 집을 구하기도 힘들고 또한 적기 폭격의 위험을 피하기 위하여, 중경에서 400리 떨어진 기강현성(綦江縣城)에 임시로 거주하게 하였다. 나는 통일공작을 실행하기 위해 중경에서 민혁·해방 양단체 간부들과 같이 기강에 가서 5당 통일회의를 개최하였다. 여러 날 토의하다 해방·민혁 양단체는 민족주의를 신봉할 수 없다는 이유로 탈퇴하고, 결국 3당 통일로 한국독립당이 성립되었다. 한국독립당의 주요 강령은 한국임시정부를 옹호·지지하자는 것이다. 그런 까닭에 한국독립당원이 아니면 임정에 입각할 자격이 없었다.

중국이 대일전쟁을 5년간이나 계속하는 동안 군대를 조직하지 못한 것이 너무나 원통한 일이어서, 「한국광복군 조직계획안」을 작성하여 중국 장개석에게 제청하니 장주석은 허락한다고 답변하였다.[3] 그러나 당시 전쟁으로 인하여 중국 정부의 사무가 분망하여 광복군 추진을 중국 정부에만 의존할 수 없었다. 우리는 미주 한인 동포들이 보내온 금액 중 비상준비의 목적으로 저축한 4만 원을 전부 내어 제일 화려한 가릉빈관에서 광복군 성립 전례식을 성대하게 거행하였다. 이때 중국 중앙정부 요인들, 각 사회단체 간부들, 각국 대사·공사들을 전부 초청하였다. 당시 중경 경비총사령 유치(劉峙) 상장(上將)을 위시하여 중국 친우도 다수 참석하였고, 체코·터어키·불란서 대사들도 참석하였다. 중국에서 개최한 외국인 연회로서는 굴지의 대성황을 이루어 내외의 인기가 비등하였다. 또한 연합국의 신문기자들이 참석하여 광복군 소식은 각국에 널리 선전되었다.

중국 중앙정부 군사후원회(군사위원회)가 한국광복군의 소위 「9개 행동준승」(行動準繩)을 발표하였는데, 조항 중에는 우의적인 것도 있고 모욕적인 것도 있었다.[4] 그런 까닭에 임시정부와 광복군 간부들은 준승의 접수 여부에 의

---

3) 원문: "蔣 主席은 佳讚의 旨을 批下하여스나".

4) 임시정부는 1941년 11월 19일 중국군사위원회가 제시한 9개항의 준승을 승인하였다. 준승에

한국광복군 총사령부 성립 전례식에서 축사하는 중국의 유치 장군

논이 비등하였다. 그러나 그것을 다시 교정하려면 시일만 연기될 뿐이므로, 우선 접수하고 불합리한 조건을 시정하기로 하였다.

그리하여 총사령부를 중경에 설치하고, 총사령 이청천, 참모장 중국인, 재무과장 중국인, 고급참모 최용덕, 한인참모장 왕일서(王逸曙),[5] 제1지대장 김원봉, 제2지대장 이범석, 제3지대장 김학규를 임명하였다.

제1지대는 중경 남안에 설치하니 대원이 50명 미만이고, 제2지대는 섬서성 서안 남부 두곡(杜曲)에 설치하니 대원이 200여 명이요, 제3지대는 안휘성 부양에 설치하니 대원이 300여 명이었다.

몇 개월 동안은 광복군이 유명무실하여 연합국의 인기를 끌 만한 아무것도 없었다. 그러던 어느날 홀연 우리 임시정부 정청으로 가슴에 태극기를 붙이고 일제히 애국가를 부르며 들어서는 일단의 청년들이 있었다. 이들은 화북(華北) 각지의 왜군 부대를 탈주한 한인 학병 청년들인데, 부양(阜陽)으로 탈출

---

의하면 광복군 총사령부는 중국군사위원회에 예속되어 인사·경리·훈련·공작 등 모든 사항에 관하여 중국군의 명령과 지배를 받아야 했다. 특히 8, 9항은 모욕적인 조항으로 중국내뿐만 아니라 한국에서도 광복군의 작전권을 제한하였다.

5) 왕일서는 김홍일의 중국식 이름. 윤봉길 의거 직후 김홍일은 왜경의 눈을 피하기 위하여 종전의 중국식 이름인 왕웅을 다시 왕일서로 고쳤다.

하여 오는 것을 제3지대장 김학규의 지령으로 정부에 호송한 것이었다.[6]

이것이 중경에는 커다란 반응을 불러일으켰다. 중국 각계 인사들이 중한문화협회[7]에서 50여 명의 청년 환영회를 개최하니, 서양 각 통신사 기자들과 각국 대사관원들도 호기심 어린 눈길로 참석하여 청년들에게 수시로 문답하였다. 그중 중요한 일화는 한 청년의 다음과 같은 답변이었다.

"우리는 어렸을 때부터 일본의 교육을 받았습니다. 그런 까닭에 우리의 역사는 고사하고 우리 언어도 능숙치 못합니다. 그런데 일본에 유학중 징병으로 출전케 되어 가족과 이별차 귀가하였더니, 부모와 조부모들이 비밀히 교훈하기를 '우리의 독립정부가 중경에 있으니, 왜군 앞잡이로 끌려다니다가 개죽음을 하지 말고 우리 정부를 찾아가서 독립전쟁을 하다가 영광스러운 죽음을 하라' 는 명을 받았습니다. 이 말에 따라 일본 부대에서 탈주하다가 더러는 죽고 더러는 살아 우리 정부를 찾아온 것입니다."[8]

이 말에 한인 동포는 말할 것도 없고 연합국 인사들까지도 감격에 넘쳤던 모양이다.[9]


## 2) OSS 국내침투훈련

제2지대는 OSS[10] 주관자 싸전트 박사와 이범석 지대장이 합작하여 서안에

---

6) 장준하·김준엽 등 학병 출신들이 중경 임시정부에 도착한 것은 1945년 1월 31일 하오였다.

7) 1942년 10월 중국 국민당 측의 손과·오철성, 임시정부 측의 이시영·조소앙 등 각계 인사 300여 명이 모여 조직한 일종의 한국독립운동 지원단체이다.

8) 일본군 탈출 학병들에 대한 공식 환영식은 1945년 2월 5일 임정 청사 1층 식당에서 개최되었고, 이날 학병을 대표하여 답사한 인물은 장준하였다.

9) 임시정부 선전부 비서로 중한문화협회 비서도 겸임하고 있었던 안병무의 회고에 의하면, 미군 웜쓰 대위가 백범에게 "선생님, 호박이 넝쿨째 뚝 떨어졌습니다"고 할 정도로 학병들의 중경 도착은 내외에 큰 반향을 불러일으켰다.

10) OSS는 Office of Strategic Service로 미국 전략사무국의 약자. 미국은 2차대전 중 해외 전략 기구로서 정보활동과 유격활동을 병행하며 적 후방지역을 교란시킬 목적으로 1942년 OSS를 창건하였다.

서안 광복군 제2지대에서 만난
김구 주석과 OSS 총책임자 도노반

서 비밀훈련을 실시하고, 본시 개성 출신으로 우리 언어가 능숙한 윔쓰 중위[11]는 부양에서 김학규 대장과 합작하여 비밀훈련을 실시하였다. 3개월의 훈련을 마치고 조선으로 밀파하여 파괴·정탐 등 공작을 개시할 준비를 마쳤을 때, 미국 작전부장 도노반 장군과 항적공작(抗敵工作)을 협의하기 위해 미국 비행기를 타고 서안으로 가서 정중한 회담을 하였다.[12] 그 내용은 대개 다음과 같다.

제2지대 본부 사무실 정면 오른쪽 태극기 밑에는 내가 앉고, 왼쪽 성조기 밑에 도노반이 앉고, 도노반 앞에는 미국 훈련관들이 앉았고, 내 앞에는 제2지대 간부들이 앉은 후, 도노반 장군으로부터 정중한 선언 발표가 있었다.

"금일 금시로부터 아메리카합중국과 대한민국임시정부와의 적 일본에 항거하는 비밀공작은 시작되었다."

도노반과 내가 정문으로 나올 때에 활동사진반들이 사진촬영을 하는 것으

---

11) 윔쓰는 해방 전 OSS 소속으로 광복군 교관을 역임하였고, 해방 직후에는 미군정 장관 하지의 요청으로 임정에 관한 보고서를 작성하여 제출한 바 있다. 이 보고서에서 그는 임정의 역할과 활용가치를 매우 높게 평가하여, 해방 초기 미군정이 임정에 대한 긍정적인 인식을 갖는 데 중요한 역할을 하였다.

12) 장준하의 회고에 의하면 백범이 광복군 총사령 이청천과 함께 두곡을 방문한 것은 1945년 8월 7일이었다.

로 의식을 끝마쳤다.

다음날 미국 군관들의 요청으로 비밀훈련을 받은 학생들의 실전실험을 해볼 목적으로 두곡에서 다시 동남쪽으로 40리쯤 떨어진, 고대 한시(漢詩)에 유명한 종남산(終南山) 고찰(古刹)에 있는 비밀훈련소[13]로 자동차를 몰았다. 산입구까지 가서 차를 버리고 다시 보행으로 5리 가량 들어가 당도하니, 시간이 마침 정오라서 미국 군대식으로 오찬을 먹었다.

맨 먼저 냉수 여러 통을 뜰에 가져다 놓고 군대용 국과 물그릇으로 병용하는 철기를 1인당 1개씩 나누어 준 후, 종이갑도 한 개씩을 나누어 주었다. 그것을 풀어헤쳐 보니 과자 비슷한 것이 5개씩 들어 있고, 여러 가지 통조림 깡통, 연초 4개, 그리고 휴지까지 들어 있었다. 또한 종이로 싼 가루 한 봉지를 냉수에 섞어보니 훌륭한 고깃국이 되어 점심으로 충분하였다. 미국 군대의 평상시 전투식량이라 간단한 서양요리였으나 누구든 부족한 사람은 없을 것이다. 군대식사 한 가지만 왜병과 비교해 보더라도 왜적이 질 것은 명확한 사실이라 하겠다.

만족한 오찬을 마친 후, 때는 아직 8월 상순이라, 참외와 수박 등을 먹었다. 이어서 우리 청년학생들을 훈련시키는 미국 장교들이 각자 맡은 과목을 실습하는 광경을 구경하였다.

첫째로 본 것은 심리학 박사가 각 학생들을 심리학적으로 시험하여 모험성이 풍부한 자는 파괴술을, 지적 능력이 강한 자는 적정 정탐으로, 눈 밝고 손재주 있는 자는 무전기 사용법을 분과 과목으로 훈련시키는 것이었다. 심리학자가 시험 성적의 개요를 보고하였는데, 특히 한국 청년은 앞으로 촉망된다고 말하였다.

청년 7명을 인솔하고 종남산 봉우리로 올라가 수백 길 절벽 아래로 내려가서 적정을 탐지하고 올라오는 것이 목표인데, 소지품은 단지 수백 길 되는 숙마(熟麻) 밧줄[14] 하나뿐이었다. 청년 7명이 회의한 결과 그 수백 길 되는 밧줄을 여러 번 매듭지은 후, 한 끝은 상봉 바위 위에 매고, 다른 끝은 절벽 아래

---

13) 광복군 제2지대는 이 오래 된 사찰을 내부 개조하여 비밀훈련소로 사용하였다.

14) 원문: "숭마바". 갯물에 담갔다가 솥에 찐 삼껍질인 숙마(熟麻)로 만든 밧줄.

로 떨어뜨린 후 그 줄을 타고 내려갔다. 그리고는 나뭇가지를 하나씩 입에 물고 올라오니 이로써 목표를 달성하였다.[15] 이를 지켜본 미국 교관은,

"내가 앞서 중국 학생 400명을 모아서 시험하였을 때도 발견하지 못한 해답을 귀국 청년 7명에게서 찾아냈소. 참으로 앞날이 촉망되는 국민이오."

라며 크게 칭찬하였다. 그후 폭파술·사격술·비밀도강술〔秘密越江術〕 등등을 차례로 시험하였다. 나는 시찰을 무사히 마친 후 그날로 두곡으로 돌아왔다.


### 3) 왜적의 조기항복

두곡에서 하룻밤을 묵고 다음날은 서안의 중국 친우들을 방문하였다. 40리 서안을 들어가서 호종남(胡宗南) 장군을 방문하였으나, 호장군은 출장중인 관계로 참모장이 대신 접견하였다.

성 정부를 방문하니 성 주석 축소주(祝紹周) 선생은 나와 막역한 친우라 다음날 저녁 자기 사랑에서 식사를 같이 하자고 초청하여 승낙하였다. 또한 성 당부(省黨部)에서는 나를 위한 연회를 개최하겠다 하고, 서안부인회에서도 나를 환영하기 위하여 연극을 준비한다 하며, 각 신문사에서도 환영회를 개최하겠으니 참석해 달라고 요청하였다.

그날은 우리 동포 김종만(金鍾萬) 씨 댁에서 유숙하였다. 다음날 서안의 명소를 대강 관람하고 축주석 사랑에서 저녁을 마친 후, 날씨가 매우 더울 때이므로 객실에서 수박을 먹으며 담화하던 중 홀연 전화소리가 울렸다. 축주석은 놀라는 듯 자리에서 일어나 "중경에서 무슨 소식이 있는 듯하다"며 전화실로 급히 들어가더니, 뒤이어 나오며

"왜적이 항복한답니다."

고 하였다.[16]

---

15) '추가본'과 '국사원본' 및 이를 저본으로 한 모든 출간본 사이에는 두 가지 차이가 있다. '국사원본'이나 출간본에는 ① 7명에게 밧줄을 하나씩 주었는데 이를 이어서 긴 밧줄 하나로 만들어, ② 나뭇가지가 아닌 나뭇잎을 따온 것으로 되어 있다.

이 소식은 내게 희소식이라기보다는 하늘이 무너지고 땅이 꺼지는 일이었다. 수년 동안 애를 써서 참전을 준비한 것도 모두 허사로 돌아가고 말았다.

서안훈련소와 부양훈련소에서 훈련받은 우리 청년들을 조직적·계획적으로 각종 비밀무기와 전기(電器)를 휴대시켜 산동반도[山東角]에서 미국 잠수함에 태워 본국으로 침입하게 하여 국내 요소에서 각종 공작을 개시하여 인심을 선동하게 하고, 전신으로 통지하여 무기를 비행기로 운반하여 사용할 것을 미국 육군성과 긴밀히 합작하였다. 그런데 그러한 계획을 한번 실시해 보지도 못하고 왜적이 항복하였으니, 지금까지 들인 정성이 아깝고 다가올 일이 걱정되었다.[17]

즉시 축씨 사랑을 출발하여 차가 큰길을 지날 때 벌써 군중은 인산인해를 이루었고, 만세소리는 성내에 진동하였다. 약속한 환영준비를 전부 취소하고 그날 밤 바로 두곡으로 귀환하였다.

우리 광복군은 계획하였던 자기 임무를 달성치 못하고 전쟁이 끝나 실망 낙담하는 분위기에 잠기었고, 반면 미국 교관과 군인들은 매우 기뻐하여 질서가 문란한 것도 깨닫지 못할 정도였다. 미국은 한국 병사 수천 명을 수용할 장소를 두곡에다 건설할 목적으로 종남산에서 벽돌과 재목을 운반하는 등 거대한 공사를 진행하였는데, 그날부터 그 공사도 일제히 중지되었다. 나의 원래 목적은 제1차로 서안에서 훈련을 마친 청년들을 본국으로 들여보내고, 제2차로 부양으로 가서 그곳에서 훈련받은 청년들도 아울러 본국으로 보낼 예정이었으나, 그 역시 물거품이 되었다.

서안으로 갈 때 군용기를 타고 갔으니 중경으로 돌아올 때에도 군용기를 타고 올 예정이었으나, 질서가 문란하여 군용기를 타지 못하고 여객기로 귀환하였다. 내가 중경으로 올 때 서안에서는 미국 군인 몇 명, 이범석 지대장, 우리 청년 4~5명 등이 서울로 출발하였다. 그후 소식을 들으니 영등포에 도착하여 하룻밤을 숙박하였으나, 왜놈의 항거로 다시 서안으로 돌아왔다는 것이다.[18]

---

16) 국사원본에서는 이 다음에 "아! 왜적이 항복"이라는, 유명한 백범의 탄식이 문학적으로 추가되어 있다.

17) 원문: "前功可惜이요, 來事可慮라."

18) 이범석과 장준하 일행은 1945년 8월 18일 오후 3시 여의도 비행장에 도착하여 일본 군대와

중경에 돌아와 보니 중국 사회는 벌써 전쟁중의 긴장된 분위기가 돌변하여 각계 각층이 혼란한 상태에 빠져 있었고, 우리 한인 사회는 앞으로 어찌해야 할지 방향을 찾지 못한 형편이었다. 임시정부에서는 그 사이 의정원을 개회하고 "국무원이 총사직을 한다"느니, "임시정부를 해산하고 본국에 돌아가자"느니 논의가 분분하였다. 그러다 "주석이 중경으로 돌아온다는 소식이 있으니 주석의 의견을 청취한 후 결정하기로 하자"고 하여, 의정원은 3일간 정회중이 었다.[19]

나는 개회 벽두에 출석하여,

"임시정부 해산 운운은 천만부당하고 총사직도 불가하다. 우리가 장래에 서울에 들어가 전체 국민에게 정부를 도로 바치고 난 뒤 국무위원이 총사직하는 것이 옳다."

라고 주장하였다.[20] 그때 「14개조 원칙」을 결정하였다.[21] 입국하려 할 때에 미국 측은 미국 군정부가 서울에 있으니 임정은 개인 자격으로 들어오라고 통보하였다.[22] 그리하여 입국 문제로 의논이 분분하였으나, 결국은 개인 자격으로 입국하기로 결정되었다.

7년간의 중경생활을 마치게 되니 실로 감개무량하여 무슨 말을 써야 할지 말의 조리와 일의 두서를 찾기가 어렵다. 교자(轎子)[23]를 타고 남안(南岸) 화

---

대치하다, 임무를 완수하지 못하고 19일 오후 5시 여의도 비행장을 다시 떠났다.

19) 1945년 8월 18~19일 개최된 제39차 임시의정원회의는 임시정부 입국문제를 다루었으나, 한독당과 민혁당·신한민주당·해방동맹 등의 의견 차이로 인하여 백범이 돌아올 때까지 휴회하고 기다렸다.

20) 8월 21일 오전 서안에서 돌아온 백범은 오후의 의정원회의에 참석하여 "총총하고 일이 많고 보따리 쌀 때에 총사직은 불가하다"는 자신의 입장을 밝혔다.

21) 임시의정원회의에서 각 당파간의 의견을 조정하지 못하자, 한독당은 국무위원회 중심으로 입국 후 정국 수습방안을 마련하여 9월 3일 임시정부 주석 김구 명의로 「당면정책 14개 조항」을 발표하였다.

22) 미국무성에서는 "북위 38도선 이남의 지역이 미군에 의해 군정을 받고 있다는 사실을 인정하며, 군정이 끝날 때까지 정부로서 행사하지 않으며 군정 당국의 법과 규칙을 준수할 것에 동의한다"라는 서약서를 김구·임정 측에 받아들일 것을 일방적으로 통보하였다. 김구와 임정은 이 서약을 받아들인 후 입국 허가를 받을 수 있었다.

상산(和尙山)에 있는 모친 묘소와 망자(亡子) 인의 묘지를 찾아가, 미리 준비해 간 꽃을 바치고 축문을 낭독한 후, 묘지기를 불러 돈을 후하게 주며 분묘 관리를 부탁하고 돌아왔다.

입국할 행장을 준비할 때 가죽상자 8개를 사서 정부문서를 수습하였다.[24] 중경의 500여 명 교포의 선후 문제와, 임시정부가 중경을 출발한 이후 중국 정부와 연락관계를 갖기 위하여 주화대표단(駐華代表團)을 설치하고, 단장에 박찬익, 간부에는 민필호(閔弼鎬)·이광(李光)·이상만(李象萬)·김은충(金恩忠) 등을 선임하였다.[25]

중경을 떠날 당시에 중국 공산당 본부에서 주은래(周恩來)·동필무(董必武) 등이 우리 임시정부 국무원 전체를 초청한 송별연이 있었다. 국민당 정부에서도 송별연을 열었는데, 장개석 선생을 위시하여 중앙정부와 중앙당부 각계 명망가 수백 인이 모였고, 우리 측에서는 임시정부 국무위원과 한국독립당 간부들이 초청받았다. 연회는 중국 국민당 중앙당부 대례당(大禮堂)에서 중·한 국기를 교차한 채 융숭하고 간곡하게 진행되었다. 장개석 주석과 송미령 여사가 선두로 "장래 중·한의 영구 행복을 도모하자"고 연설하였고, 우리 측 답사가 있은 후 끝마쳤다.

## 4) 중경생활 회고

마침내 중경을 떠나게 되었으니 7년간의 허다한 사정은 이루 다 말할 수 없

---

23) 교자(轎子) 또는 평교자(平轎子)는 네 사람이 메고 가는 가마.

24) 가장 1차 자료인 임시정부 문서 8상자는 한국전쟁중에 유실되어 그 행방을 알 수 없다. 이로 인해 임시정부에 대한 자료는 일본 정부의 사찰기록이거나 대만 국민당 정부 소장 자료가 대부분이다.

25) 1945년 11월 1일 임시정부는 귀국 후 교민들의 위무와 중국 국민당과의 외교적 교섭을 위하여 중경에 대한민국임시정부 주화대표단을 설치하였다. 대표단은 1946년 6월 본부를 남경으로 옮겼고, 중국 국민당군의 만주 진출 후 만주를 중심으로 활동하였다. 그후 변화를 거듭하다 1948년 8월 10일 공식적으로 해체되었다.

고, 개요를 들어 몇 가지만 말하려 한다.

전쟁 중의 중경은 과연 중국의 전시 수도였다. 전쟁으로 인하여 적이 점령한 각지로부터 관리·인민이 중앙정부로 집중하여, 평시에는 몇만 명에 불과하던 인구가 격증하여 백여 만에 달하였다. 가옥은 평시에 비하여 몇백 배나 증가되었으나, 주택난이 극도에 달하여 여름에는 길거리에서 자는 노숙자가 태반이었다.

식량은 배급제인데, 배급소 문전은 사계절을 가릴 것 없이 장사진을 이루었고, 구타와 욕설 등 허다한 분규가 계속 벌어졌다. 그러나 우리 동포들은 인구 대장을 작성해 중국 정부와 교섭하여, 인구 비례에 의해 단체 분량을 한꺼번에 타서[26] 화물차로 운반하였고, 다시 미곡을 도정하여 하인을 부리어 집집마다 배달해 주었다. 쌀그릇은 쥐와 참새의 해를 방비하기 위하여 집집마다 독그릇을 사용하였으며, 그밖의 반찬 등은 돈으로 지급하고 식수까지 하인을 부리어 사용하였으니, 전시임에도 불구하고 동포들의 단체생활은 규율이 있고 안전한 편이었다.

비단 중경뿐만 아니라 남안(南岸)과 토교(土橋)에 사는 동포들도 중경과 같이 한인촌을 이루고 중국의 중산계급 정도의 생활 수준을 유지하였다. 그러나 곳곳마다 생활이 부족하다는 원성도 있었다. 나는 그 말을 들을 때마다 이곳 생활은 지옥생활인 줄 알고 살아가기 바란다고 말하였다.

다음 가족생활에 대한 관계를 말하자면, 내 일생을 통하여 가족을 모아서 가정생활을 한 적은 시간으로도 짧다. 18세에 붓을 던진 이후 시종 유랑생활이었으니, 장련읍 사직동 생활에서 모친을 모시고 종형(從兄) 남매 일가와 거주하며 2~3년 머무르고, 그후 문화·안악 등지에서 몇 개월 몇 년간 거주하였으나 역시 유랑생활이었다. 가장 오랫동안 머문 곳은 상해 불란서 조계에서 4년간 가족과 같이 생활한 것이다. 아내를 잃은 이후 10여 년 동안 어머님은 인과 신을 데리고 본국에서 지내시고,[27] 나만 혈혈단신으로 동포들의 집에 의

---

26) 원문: "人口比例의 連帶 多量을 한것번의 타서".

27) '10여 년'은 다음의 '9년' 등과 관련하여 다소 혼란스럽다. 백범의 부인이 사망한 것은 1924년, 모친이 본국으로 귀국한 것은 1925년, 모친이 다시 중국으로 온 것은 1934년이다.

탁하거나 새우잠을 자는 옹색한 집단생활[28]을 계속했었다. 어머님이 9년 만에 다시 중국으로 오셨으나, 어머님은 어머님대로 인과 신을 데리고 따로 생활을 하시고, 나는 나대로 동포들의 집과 혹은 중국 친우들의 집에서 더부살이 생활을 계속하였다. 중경생활 역시 마찬가지였다.

다음은 전쟁중 왜적 비행기의 습격으로 곤란을 당하던 사실을 몇 가지 말하련다. 남경 시기에는 적기 폭격이 심하였는데, 남경에서 나는 회청교(淮淸橋)에 은거하고 어머님께서는 마로가(馬路街)에 주거하실 때다. 한번은 적기 야습이 있어서 위험함에도 불구하고 구경하기 위하여 침대에서 일어나 문 밖으로 나섰다. 마침 하늘을 바라보니 비행기가 비둘기떼같이 날아오는 중, 돌연 벽력이 진동하는 듯한 소리와 함께 내 침실의 천장이 무너져 내가 누웠던 침대를 덮었다. 만일 내가 문 밖에 나가지 않았던들 틀림없이 천장에 깔려 압사하였을 것이나, 다행히 가슴이 놀라고 간담이 서늘하였을 뿐이다.

그후 문 밖을 나가보니 정차장 있는 곳에 시체가 형형색색으로 흩어져 있는데, 앉아서 죽은 자, 누워서 죽은 자, 혹은 반동강 시체 등 참혹한 광경은 차마 눈뜨고 보지 못할 지경이었다. 즉시 마로가 어머님 댁을 찾아가 보니 천만다행으로 안전하셨다. 과히 놀라시지나 않으셨는지 여쭈어 보았더니,

"잠이 깊이 들었을 때 침상이 흔들렸는데, 그것이 폭탄 때문인가?"

이같이 말씀하셨다.

남경을 떠난 후 장사에서 또 누차 폭격을 당하였으나 별로 위험은 없었고, 광동 역시 위험은 없었다. 중경에서는 4~5년 동안 내내 그 모양으로 지내는 터인데, 침식은 짬짬이 하고, 하는 일이란 오직 피난뿐이었다.

중경에서 폭격을 당할 때에 중국의 국민성이 위대한 것을 깨달았다. 높고 큰 건물이 삽시간에 재가 되는데도, 집주인들은 한편으로 가족 중 피살자를 매장하였고, 다른 한편으로 생존자들은 불 붙지 않은 나머지 기둥과 서까래를 모아 임시 가옥을 건설하였다. 그 일을 하는 중에 웃는 얼굴로 비장한 빛을 보이지 아니하므로, 나는 그들을 볼 때 이러한 생각을 금할 수 없었다.

'만일 우리 동포들이 저 지경을 당하였다면 어떠할까? 화가 나느니 성이 나

---

28) 원문: "抱腿兒 集團生活". 포퇴아(抱腿兒)는 넓적다리를 끌어안고 새우잠을 자는 것.

느니, 홧김에 술을 마신다 성난 김에 싸움을 일으킨다 하여, 소란만 일으키고 태만하지나 않을까.'

중경 폭격이 더욱 심해진 하루는 아침부터 저녁까지 방공호에서 지냈다. 우리 임시정부도 중경을 떠날 때까지 네 번 옮겨다녔으니 그 고해파란(苦海波瀾)만은 영원히 잊을 수 없다. 제1차는 양류가(楊柳街), 제2차는 석판가(石坂街), 제3차는 오사야항(吳師爺巷), 마지막 제4차는 연화지(蓮花池)에서 보냈다.

양류가에서는 폭격으로 인하여 더 이상 버틸 수가 없어서 석판가로 이전하였다. 그랬는데 석판가에서는 화재로 건물이 전소되는 바람에 심지어 의복까지 소실되었다. 오사야항에서는 화재는 겨우 면할 수 있었으나, 폭격으로 인하여 가옥이 완전히 무너졌기 때문에 다시 중수하였다. 그러나 인원은 많고 방이 좁아 부득이 이곳을 정부 직원주택으로 사용하고, 제4차 정청을 연화지에 70여 칸 건물을 빌려서 사용하였으니, 세금이 1년에 40만 원이나 되었다. 장 주석이 특별히 보조해 주어 정부가 중경을 떠날 때까지 이곳을 사용하였다.[29]

오사야항에 있을 때 폭격이 가장 심하던 4월 어느날, 새벽부터 아홉 시간을 금탕가(金湯街)의 사설 방공호에서 지냈다. 집 마당 앞으로 입구가 나 있기에 들어갔는데, 나중에 나와서 보니 그 가옥은 전부 파괴되었다. 급히 돌아와 보니 내 집도 대문 입구에 폭탄이 떨어져 담장과 기와가 전부 무너지고 파괴되어 다시 중수하였다.

그날 남안(南岸)에서 동포 3, 4명이 피살되었다는 급보를 듣고 즉시 가서 조사해 보니, 폭사자는 신익희 씨 조카와 김영린(金永麟)의 처였다. 어찌할 방도가 없고, 다만 통탄할 뿐이었다.

그날 중경에서는 수많은 사람들이 폭사하였다. 18제(十八梯) 방공동(防空洞)의 관청 보도는 400여 명이라 하고, 시민이 전하는 말은 800여 명이라 하여, 내가 직접 시찰하여 보았다. 내가 옛 서적을 익힐 때 "시체가 산처럼 쌓였다"라는 구절을 문인의 글재주로만 생각하였다.[30] 그랬는데 그날 교장구(較

---

29) 장준하의 회고에 의하면 마지막 임정의 청사가 있던 곳은 연화지 칠성란(七星蘭)이란 곳으로, 이 건물은 원래 범백용(范伯容)이라는 중국인 소유의 호텔이었다. 임정 청사가 이곳으로 옮긴 것이 장준하 일행이 도착(1945년 1월 31일)하기 4개월 전이라고 하였으니 1944년 9월 말쯤일 것으로 추측된다.

場口)에 나가 광경을 살펴보니 들것으로 방공호에 산재한 시체를 수집하는데, 어린 아이 시체는 들것 하나에 2, 3명씩, 어른은 1명씩 모아서 쌓으니, 과연 "시체가 산처럼 쌓였다"라는 문구가 예나 지금이나 동일하게 쓰이는 이유를 이해할 수 있을 것 같았다.

그날의 참사는 비단 폭탄에 맞아 죽은 것뿐 아니라 방공호에서 질식한 것도 중요한 원인이 되었다. 시체 모양을 보면 남녀간에 의복이 성한 것은 없고, 신체에 상처가 많은 것은 방공호 속에서 질식하여 최후발악의 몸부림이 벌어진 사실 때문이었다. 그러면 격투가 일어나도록 방공호 속에서 나오지 못한 원인은 어디 있는가? 그것은 지휘하던 경관이 방공호 문을 밖으로 채운 채 자기만 급히 도망갔기 때문이었다. 그 과실로 인하여 경비사령 유치(劉峙) 상장(上將)은 크게 문책당하였다.

산같이 모아놓은 시체를 운반하는 것을 보았는데, 화물차에 마치 물건처럼 실었다. 화물차가 달리다 흔들릴 때 시체가 땅으로 떨어지는 일도 있었다. 그런 시체는 다시 싣기 귀찮아서 화물차 뒤에 목을 달아매고 달리니, 시체가 땅에 끌리며 달려가는 모습은 차마 눈뜨고 볼 수 없는 참상이었다. 그런데 그 많은 시체 중 대다수는 밀매음(密賣淫)하던 여자의 시체이니, 그 원인은 본래 교장동(較場洞) 부근이 밀매음촌이었던 까닭이다.

또 한 가지 참혹한 것은, 친척들이 모두 살아 있는 사람들은 저마다 가족 시체를 찾아가는데, 어떤 곳은 집조차 검은 벽돌과 재만 남은 빈터에 시체를 갖다 놓고 통곡하니, 차마 귀로 들을 수 없고 눈뜨고 볼 수 없는 지경이었다.

큰 불행이 있는 곳에서는 혹 행복한 일도 볼 수 있다. 방공호 속에 피난한 그들은 귀중품을 전부 휴대하고 있었다. 경관들이 지휘하여 죽은 자의 몸에 있던 귀중품을 수집하니, 금은보석 역시 시체와 같이 산처럼 쌓였다. 그 험한 시체를 운반하기 위하여 방공호에 출입하던 인부들 중에는, 죽은 자의 귀중품으로 막대한 금액의 부자가 되었다는 말까지 있었다.

중경은 전쟁 이전에는 하나의 상업 항구였다. 왼편에서 흘러오는 가릉강(嘉

---

30) 원문: "내가 古書를 讀習할 때 積屍如山이라는 文句는 文人의 舞文手段으로 想像하였드니". 무문수단(舞文手段)은 사실을 과장되게 표현하는 등 글을 다듬는 것.

陵江)과 오른편에서 흘러오는 양자강(揚子江)이 합류하는 곳으로, 중경은 천여 톤의 윤선이 정박하고 물화(物貨)가 모이는 중요한 항구이다. 옛 이름은 파촉(巴蜀)이니 그곳은 고대 파장군이 개척한 곳이며, 연화지(蓮花池)에는 파장군의 분묘가 온전히 남아 있다.

중경의 기후는 9월 초부터 다음해 4월까지는 구름과 안개 때문에 햇빛을 보기 힘들며, 저기압의 분지라 지면에서 솟아나는 악취가 흩어지지 못해 공기는 극히 불결하며, 인가와 공장에서 분출되는 석탄연기로 인하여 눈을 뜨기조차 곤란하였다. 우리 동포 300~400명이 6~7년 거주하는 동안 순전히 폐병으로 사망한 사람만 70~80명에 달하였다. 이는 중경에 거주하는 전체 한인의 1~2할에 해당하는 숫자이니 놀라지 않을 수 없다. 중경에 거주하는 외국의 영사관이나 상업자들이 3년 이상을 견디지 못한다는 곳에서, 우리가 6~7년씩이나 거주하다 큰아들 인이도 역시 폐병으로 사망하였으니, 알고도 불가피하게 당한 일이라 좀처럼 잊기 어렵다.

다음은 우리가 토교(土橋)에 거주하던 것을 대강 말하고자 한다. 대가족 식구가 기강으로 이주한 후, 중경과 거리가 멀어 내왕이 불편하였다. 그런 까닭에 중경에서 기강 가는 40리쯤에 토교라는 촌시장이 있었는데 그곳에 화탄계(花灘溪)와 폭포가 있고, 그 폭포 위에는 동감(東坎)이라는 작은 지역이 있다. 그래서 그곳 토지를 20년 기한으로 조차(租借)하고 반양옥 3동을 건축하였으며, 서양 선교사들은 우리를 위하여 예배당과 청년회관으로 사용하도록 양옥 1동을 증축하여 주었고, 이와 별도로 시가에 2층 민가 1동을 구입하여 백여 명의 식구를 수용하였다. 토교는 중경에 비하면 주택난도 덜할 뿐 아니라 공기도 신선한 편이었다. 나는 종종 토교에 가서 도로 수선, 과수 재배, 축석, 제방 등을 직접 실행하면서 근로생활층을 동정하기도 하였다.


## 5) 해방 직후의 상해

왜적이 투항한 후 고국에 돌아갈 준비로 임시정부의 역사적 문서를 정리하고, 국무위원과 일반직원이 비행기 두 대에 분승하게 되었다. 11월 5일에 나

상해 비행장에 도착한 백범

는 선발로 13년 전에 떠났던 상해의 공기를 다시 호흡하게 되었다. 중경 출발 5시간 후 상해에 착륙하니 오후 6시였다. 비행장에는 내외 친우들이 환영하여 남녀를 막론하고 인산인해를 이루었는데, 그 비행장은 바로 홍구 신공원이었다. 그간 왜영사관이 인접한 까닭에 상해생활 14년 동안에도 신공원에 가 본 것은 난생 처음이었다.[31]

신공원을 물러나와 시내로 들어갈 때 상해에 거주하는 동포 6,000여 명이 아침 6시부터 저녁 6시까지 도열하여 내가 오기를 고대한다 하여 차를 멈추고 나가보았다. 그곳에는 한 장 높이의 축대가 있는데, 나는 그단 위에 올라서서 동포를 향하여 인삿말을 하고 시내 양자반점(揚子飯店)에서 유숙하였다.[32]

시내에 들어와서 알고 보니 그 신공원 축대 위에 올라 인사하던 곳이 바로 13년 전 윤봉길 의사가 왜적 시라카와(白川) 등을 폭살한 곳이었다. 왜적들이 그곳을 기념하기 위하여 군사훈련 장교들의 지휘대로 사용하였다 하니, 이 말

---

31) 홍구공원은 현재 루쉰(魯迅) 공원으로 바뀌었다.

32) 임정 국무위원을 역임한 조경한과 당시 백범의 수행비서였던 선우진의 회고에 의하면 임정 요인들은 상해반점과 양자반점에 나누어 거처하였고, 백범은 중국인 별장 하나를 얻어 엄항섭과 별도로 거처하였다고 한다.

을 들었을 때 13년 전 그날의 기억이 새로워 감개무량하였다.

세상만사가 어찌 모두 무심하고 우연이라 하리오. 상해에 거주하는 동포 수가 13년 전보다 몇십 배나 증가되었으나 왜적과의 전쟁으로 인한 생활난의 고통으로 인하여 각종 공장과 사업 방면에서 부정한 업자가 속출하였다. 이와 같은 상황에서 이전의 독립정신을 굳게 지키며 왜놈의 앞잡이가 되지 않은 사람들은 선우혁(鮮于爀)·장덕로(張德櫓)·서병호(徐炳浩)·한진교(韓鎭敎)·조봉길(曹奉吉)·이용환(李龍煥)·하상린(河相麟)·한백원(韓栢源)·원우관(元宇觀) 등 불과 10여 인에 불과하였다. 그들의 굳은 지조를 가상히 여겨 서병호 자택에서 만찬회를 개최하고 기념사진을 촬영하였다.

민족반역자로 변절한 안준생(安俊生)[33]을 체포하여 교수형에 처하라 중국 관헌에게 부탁하였으나 관원들이 실행치 않았다.

상해 전 동포들의 대성황리에 환영회를 개최하였다. 13년 전에 본 어린 아이들은 벌써 장성하였고, 장정들은 이미 노쇠하여 옛 얼굴을 찾아보기 어려웠다.

구 불란서 조계 공동묘지를 찾아가서 아내의 묘지에 참배할 때, 전에 있던 자리에 가 보니 분묘가 흔적조차 없었다. 내가 의아해 하자 따라온 묘지기가 10년 전에 이장한[34] 사실을 고하고 인도하여 주니, 분묘를 성찰(省察)하였다. 상해에서 그럭저럭 10여 일을 묵은 후 다시 미국 비행기로 본국으로 출발하였다.[35]

---

33) 원주: "安俊生은 倭놈을 따라 本國에 도라와 倭敵 伊藤博邦에게 父親 義士의 罪를 謝하고 南總督을 애비라 稱하엿다." 안준생은 안중근의 아들이며, '南總督'은 1936~1942년 총독을 지낸 미나미 지로(南次郞)이다.

34) 원문: "緬禮". 면례(緬禮)는 무덤을 옮겨 장사를 다시 지내는 것.

35) 백범 일행이 상해에 도착한 것은 1945년 11월 5일, 본국으로 출발한 것은 11월 23일이다. 따라서 백범이 상해에 머무른 기간은 18일이다.

# 7. 조국에 돌아와서

## 1) 감격의 귀환

고국을 떠난 지 27년 만에 기쁨과 슬픔이 뒤엉킨 심정으로 상공에 높이 떠서 신선한 공기를 호흡하며, 상해 출발 3시간 만에 김포 비행장에 착륙하였다. 착륙 즉시 눈앞에 보이는 두 가지 감격이 있으니, 기쁨이 그 하나요 슬픔도 그 하나이다. 내가 해외에 있을 때 우리 후손들이 왜적의 악정에 주름을 펴지 못하리라 우려하였던 바와는 딴판으로, 책보를 메고 길에 줄지어 돌아가는 학생의 활발 명랑한 기상을 보니 우리 민족 장래가 유망시되었다. 이것이 기쁨의 하나이다. 반면 차창으로 내다보이는 동포들의 사는 가옥을 보니, 빈틈없이 이어져 집이 땅같이 낮게 붙어 있었다. 동포들의 생활 수준이 저만치 저열하다는 것을 짐작한 것이 유감의 하나였다.

수많은 동포들이 나를 환영하기 위하여 여러 날을 모여들어 고대하였는데 당일 마중나온 동포가 얼마 되지 않은 것은, 미군을 경유하기 때문에 통신이 불철저했기 때문이라 한다. 늙은 몸을 자동차에 의지하고 차창으로 좌우를 바라보며 서울에 도착하니 의구한 산천도 나를 반겨주는 듯했다.

나는 숙소인 죽첨정(竹添町) 최창학(崔昌學) 씨 사택으로 향하였고,[1] 국무

---

[1] 죽첨장(竹添莊)은 원래 일제시기 광산으로 치부한 최창학의 별장이었는데, 백범이 거처하면서 경교장(京橋莊)으로 이름을 바꾸었다. 경교장은 백범 사후 다시 최창학에게 반환되었다가 1967년 삼성재단이 인수하여 고려병원(현재 강북삼성병원)을 세웠다.

위원들과 그 외 일행은 한미호텔에 숙소를 정하였다.

도착 즉시 윤봉길·이봉창·김경득(金卿得)의 유가족이 있으면 찾아오라고 신문에 보도하였다. 윤봉길 의사의 자제는 덕산(德山)으로부터 찾아왔고, 이봉창 의사의 질녀가 서울에서 찾아오고, 김경득 선생의 아들 윤태는 이북에 있는 관계로 오지 못하고 그 친딸과 친척 등은 강화·김포 등지로부터 찾아와서, 기쁜 마음과 슬픈 마음으로 서로 대면하였다.

친척과 헤어지고 묘소를 버리고 고향을 떠난 지 27년, 고국에 돌아왔으나 그리운 출생지인 고향은 소위 38선 장벽 때문에 돌아가 보지도 못하고, 다만 재종형제들과 사촌누이 가족들이 상경하여 기쁘게 만나보았을 뿐이다.

국내에서 환영 선풍이 일어나자 군정청 소속기관과 정당·사회단체며 교육·교회·공장 등 각종 부문이 쉴 틈 없이 연합환영회를 조직하였다. 나 자신과 우리 일행은 개인의 형식으로 입국하였지만, 국내 동포들이 정식으로 '임시정부 환영회'라고 크게 쓴 글씨를 태극기와 아울러 창공에 휘날리고 수십만 겨레가 총출동하여 일대 성황리에 시위행렬을 진행하니, 만리 해외에서 풍상을 겪은 온갖 고통을 동정하는 듯 싶었다.

행렬을 마친 후 덕수궁에서 연회가 열렸는데 그 성황은 참으로 찬란하였다. 서울 기생은 총출동하여 400명 이상이요, 식탁이 400여 개며, 이루 다 기록하기 어려울 만큼의 성황을 이루었다. 하지 중장을 비롯하여 미군정 간부들과 참석한 동포들이 이루 헤아릴 수 없을 정도로 많아서 덕수궁 광장이 비좁을 지경이었다.

비단 서울뿐이랴. 인천·개성 등 지방 각지에서도 임시정부 환영회를 일제히 거행하였다. 그러나 38선 이북에서는 이와 반대로 환영회 대신 무쌍한 욕설을 반포한다 하니 참으로 탄식과 쓴웃음이 나올 뿐이다.


## 2) 지나온 자취를 찾아서

그럭저럭 민국 28년(1946)을 맞이하자 나는 38선 이남 지방 순회를 시작하였다. 제1차로 인천을 순시하였는데, 인천은 의미심장한 역사지대라 할 수 있다.

전술한 바를 대강 다시 음미하게 된다. 22세 때 인천감옥에서 사형을 받았다가 23세 때 탈옥·도주하였고, 41세 때 17년 징역을 언도받고 인천감옥으로 이감하였다.[2] 17년 전에 파괴하고 탈주하였던 그 감옥을 다시 철망에 얽히어 들어가니 말없는 감옥도 나를 아는 듯, 내가 있던 자리는 옛날 그대로 나를 맞아주었다. 그러나 17년 전 김창수는 김구로 이름을 바꾸었고, 세월 또한 오래 흐른 관계로 아는 사람은 별로 없었다.

구속된 몸으로 징역 공사한 곳이 축항공사장이었다. 그 항구를 바라보니 나의 피와 땀이 젖은 듯하고, 면회차 부모님이 내왕하시던 길에는 눈물 흔적이 남아 있는 듯 49년 전 옛날 기억도 새로워 감개무량하였다. 지난 일에 대한 감회를 금할 수 없는 인천 순시는 대환영리에 마쳤다.

제2차로는 공주 마곡사를 시찰키로 하고 공주에 도착하니, 충청남북 11군의 10여만 동포들이 운집하여 환영회를 거행하였다. 감격리에 환영회를 마치고 공주를 떠나 고 김복한(金福漢)[3] 선생의 영정과 면암(勉菴) 최익현(崔益鉉)[4] 선생의 영정을 심방·배알하고, 동민의 환영과 아울러 유가족을 위로하였다.

마곡사를 향하는 길에는 따라온 각 군의 정당·사회 단체의 대표자만 350명 이상이었다. 소식을 전해 들은 마곡사에서는 승려들이 선발대로 공주까지 출영하였고, 마곡사 동구에는 남녀 승려들이 도열하여 지성껏 환영하니, 그 이유는 옛날 일개 승려의 몸으로 일국 주석이 되어 오신다는 감격 때문이었다.

48년 전에 중이 되어 굴갓[5]을 쓰고 염주 걸고 바랑 지고 출입하던 길로 좌

---

2) 연도와 나이에 약간의 착오가 있다. 백범이 사형을 언도받았을 때 나이는 21세(1896), 3차 투옥으로 받은 형은 17형이 아닌 15년형, 그 시기는 36세(1911), 인천감옥으로 다시 이감되어 축항공사를 한 시기는 39세(1914)이다.

3) 김복한(金福漢, 1860~1924). 호는 지산(志山). 1895년 충청도 홍성에서 을미의병을 일으키고, 1905년 을사조약 이후 다시 의병을 일으켰다. 1919년 유림들의 파리장서(巴里長書) 운동에도 관여하였다.

4) 최익현(崔益鉉, 1833~1906). 1895년 단발령을 계기로 항일척사운동을 벌였고, 을사조약에 반대하여 1906년 전북 태안에서 봉기하였다. 그후 대마도에 유배되어 옥사하였다. 현재 그의 춘추대의비(春秋大義碑)가 충남 예산군에 세워져 있고, 충남 청양군의 모덕사(慕德祠) 등에서 그를 봉향하고 있다.

5) 중이 쓰던 갓. 대로 만들었는데 모자 위가 둥글게 되어 있다.

우를 살펴보며 천천히 들어가니, 의구한 산천은 나를 반겨주는 듯하다. 법당 문 앞에 당도하니, 대웅전 기둥에 걸려 있는 주련(柱聯)도 변치 않고 나를 맞아준다. 48년 전 무심히 보았던 글귀를 금일 자세히 보니,

물러나 속세의 일을 돌아보니 (却來觀世間)
마치 꿈속의 일만 같다. (猶如夢中事)

라고 되어 있다. 지나온 일들을 생각하니 이 글귀는 과연 나를 두고 말한 것이 아닌가 생각되었다.

옛날 용담스님(龍潭師主)에게 보각서장(普覺書狀)을 배우던 염화실(拈花室)에서 하룻밤을 의미심장하게 유숙하였다. 그날 밤 승려들은 나를 위하여 지성껏 불공을 올리었다. 사찰은 예나 지금이나 변함없는 기상으로 나를 환영하여 주나, 48년 전의 승려들은 한 명도 볼 수 없었다.

다음날 아침 영원히 잊지 않는다는 기념으로 무궁화 한 포기와 향나무 한 그루를 심고 마곡사를 떠났다.[6]

제3차로는 예산 시량리(柿梁里) 윤봉길 의사의 본댁을 방문하니 때는 4월 29일이었다. 거기서 윤의사 기념제를 거행하고 다시 서울로 귀환하였다.

나는 즉시로 일본에 체류하고 있던 박렬(朴烈)[7] 동지에게 부탁하여 조국 광복에 몸을 바쳐 무도한 왜적에게 각각 학살을 당한 윤봉길·이봉창·백정기 3열사의 유골을 환국시키게 하고 국내에서 장례 준비를 진행하였다. 그러던 중 "유골이 부산에 도착하였다"는 기별을 듣고, 영접차 특별열차로 부산을 향하였다. 3열사의 말없는 개선에 유골봉환식을 거행하고, 영구를 서울로 봉환하기 위해 부산역을 출발하였다. 부산역 앞에서 서울까지 각 역전마다, 사회단

---

6) 이때 김구가 방문하여 심었다는 향나무는 지금도 마곡사 대광보전 앞에 남아 있다.

7) 박렬(朴烈, 1902~1974). 무정부주의 계통의 독립운동가. 경상북도 문경 출신. 흑도회(黑濤會)·흑우회(黑友會) 등의 비밀조직을 결성하였다. 1923년 비밀결사인 불령사(不逞社)를 조직하여 일본 황태자 결혼식을 기하여 일본 천황과 일본 황실의 요인을 폭살시키려 하였으나 실패하여 체포당한 후, 무기징역으로 복역중 해방이 되어 석방되었다. 정부 수립 직후 일본에서 귀국했고, 한국전쟁 때 납북당했다.

3열사 봉환 및 장례

체와 교육기관은 물론이고 일반 인사들까지 운집·도열하여 추도식을 거행하니, 산천초목도 슬퍼하는 듯 감개무량하였다.

서울 도착 즉시 영구를 태고사(太古寺)에 봉안하고, 유지 동포들은 누구를 가릴 것 없이 경의를 표할 수 있게 하였다. 장례에 임하여 봉장위원회(奉葬委員會) 책임자들이 장지를 널리 구하였으나 여의치 못하여, 결국 내가 직접 잡아놓은 용산 효창원 안에 매장하였다. 그것은 서울[漢城] 역사 이래 처음 보는 장례식이었다. 미군정 간부들도 전부 참석하였으며, 미국 군인도 호위차 같이 출동하겠다는 것을 이것만은 중지시켰다.

그러나 조선인 경관은 물론 지방 각지에 산재한 육·해군 경비대까지 집합하고, 각 정당 단체와 교육기관이며 각 공장 부문 일반 인사들이 총출동하여, 태고사로부터 효창원까지 인산인해를 이루어, 전차·자동차 등 각종 차량과 일반 보행까지 일시 정지하였다. 슬픈 곡조를 연주하는 음악대를 선두로 사진반 기자는 사이사이에 늘어섰고, 그 다음은 제전을 드리는 화봉대(花峰隊), 창공에 흩날리는 만장대(輓章隊)가 따랐고, 그 뒤 여학생대가 3의사 상여를 모시니, 옛날 국왕 인산(因山)[8] 때 이상으로 공전의 대성황을 이루었다.

---

8) 국왕의 장례식. 가까이는 고종과 순종의 인산이 있었다.

장지에는 제일 앞머리에 안의사의 유골을 봉안할 자리를 비워놓고, 그 아래로 3의사의 유골을 차례로 모셨다. 당일 임석한 유가족의 애도하는 눈물과 각 사회단체의 추도문 낭독으로 해는 빛을 잃은 듯하였다. 사진반 촬영으로 장례식을 마쳤다.


### 3) 삼남지방 순회

얼마 후 다시 삼남 순회를 시작하였다.

제1차로 비행기로 김포를 출발하여 제주도에 착륙하였다. 제주도에 주재한 미군정청을 비롯하여 각 정당단체와 교육 · 교회 각 공장 부문에서 총출동하여 개최한 환영회를 일대 성황리에 끝마쳤다. 그런 다음 고(高) · 부(夫) · 양(梁) 3씨의 시조인 삼성전(三聖殿)에 참배한 후, 그 아래 삼성혈(三聖穴)[9]을 시찰하고, 다시 해안으로 나가 제주도의 특색인 해녀들이 잠수하여 해산물을 섭취하는 광경을 관람하였다. 마침 우기(雨期)라 일기 관계로 마음에 정해 두었던 한라산은 관람치 못하고 귀환하였다.

그후 다시 삼남 시찰차 열차로 부산역에 도착하였다.[10] 그곳에서 다시 자동차로 갈아타고 진해에 가서, 해군 총사령장관 손원일(孫元一)의 안내로 그가 지도하는 해안경비대의 열병식을 마쳤다. 그리고는 과거 임진란 때 충무공 이순신 장군이 왜적을 격침하였던 한산도 제승당(制勝堂)[11]을 방문하고 충무공 영정에 참배하였다. 참배 후 좌우를 살펴보니 제승당이라는 현판이 땅에 떨어져 있는 것이 아닌가. 그 연고를 물으니, 왜정시대에 떼고 달지 못한 것이라 하였다. 나는 지금까지 보관한 것만도 다행이라 생각하여 즉시로 그 현판을 걸게 하고 돌아나와 진해를 시찰하였다.

---

9) 제주시 동문 밖 송림에 있는 굴. 이곳에서 고을나(高乙那), 부을나(夫乙那), 양을나(良乙那)의 세 신이 나와 탐라국을 건국하였다고 한다.

10) 백범의 삼남지방 순회 시기는 1946년 9월이었다.

11) 경상남도 통영군 한산면 한산도에 소재하는 이순신의 사령부가 있던 곳. 1740년에 통제사 조경이 이 옛터에 유허비(遺墟碑)를 세우고 제승당이라 이름한 데서 그 명칭이 유래되었다.

한산도 제승당을 방문하여

　진해는 원래 조선의 요새지로 해군의 근거지일 뿐만 아니라 각종 해산물이 풍부히 생산되는 곳이었다. 그곳에서 경비함을 타고 통영에 상륙하여 여수·순천 등지를 시찰하니 가는 곳마다 환영회가 끊이지 않았다.

　보성군 득량면(得糧面) 득량리[12]는 48년 전 망명할 때 수삼 개월이나 머물렀던 곳이다. 그곳은 나의 동족[同宗]들이 일군 동족부락인데, 동족들은 물론이고 인근 지방 동포들의 환영 역시 성황을 이루었다. 입구의 도로를 수리하고 솔문[松門][13]을 세웠으며, 환영나온 남녀 동포들이 도열하여 나를 맞이하는지라 차를 멈추고 걸어서 동네로 들어갔다.

　내가 48년 전 유숙하며 글을 보던 고 김광언(金廣彦) 씨의 가옥은 옛날 그대로의 모습으로 나를 환영하니, 불귀의 객이 된 김광언 씨에 대한 감회를 금할 수 없었다. 그 옛날 내가 식사하던 그 자리에서 다시 한번 음식을 대접하고자 한다 하여, 마루 위에 병풍을 두르고 정결한 자리에 편히 앉으니, 눈앞에 보이는 산천은 예전 그대로이나 옛 사람들은 별로 없었다. 모인 동포들을 향하여,

　"혹시 나를 아는 사람이 있는가?"

라고 물으니, 동네 여자 노인 한 분이 대답하였다.

---

12) 원주: "古名은 松谷". 현지에서는 '쇠실마을'이라고 부른다.

13) 경축이나 환영의 뜻을 나타내기 위해 대나 나무로 기둥을 하고 푸른 솔잎으로 싸서 만든 문.

"제가 일곱 살 때 선생님 글공부하시던 좌석에서 놀던 기억이 새롭습니다."

그 외 동족 중 한 사람인 김판남(金判男) 씨가 나와서, 48년 전 나의 필적이 완연한 책 한 권을 내보이며14) 옛일이 어제 같다고 말하였다. 전에 나와 알던 이는 이 두 사람뿐이었다.

그중에 또 잊지 못할 한 가지 사실이 있다. 다름 아닌 48년 전 동갑 되는 선(宣)씨 한 사람이 있어, 나와 격의 없이 지내다가 내가 그 동네를 떠날 때, 그 부인의 손으로 만든 필낭(筆囊)15) 하나를 작별 기념으로 내게 주었던 일이 눈에 선하다. 그 선씨에 대해서 물으니,

"선씨는 이미 세상을 떠났고, 그 부인과 가족은 보성읍 부근에 거주합니다. 그 노부인 역시 옛일을 잊지 않고 선생님이 지금 가시는 보성읍으로 마중나온다 합니다."

고 소식을 전하였다.

그날 그 동네를 떠나 보성읍에 도달하니, 과연 그 부인이 전 가족을 거느리고 마중나온 광경은 참으로 감격에 넘치었다. 만나는 자리에서 나이를 물으니 나와 역시 동갑이라. 과거사를 잠깐 토론하며 만나고 헤어지는 예를 마치었다.

그곳에서 환영과 강연을 마친 후 보성을 떠나 광주까지 가는 사이에 환영은 이루 언급하기조차 어려울 정도였다. 역로마다 수많은 동포들이 대기·환영하니, 어떤 날은 3, 4차를 경유한 적도 있었다. 이로부터 며칠 후 광주에 도착하여 보니, 도처에서 동포들이 주는 각종 기념선물·해산물·육산물·금품 등을 종합한 것이 차에 가득 찼다. 광주에 전재민(戰災民)이 많다는 말을 듣고 시장[府尹]을 초청하여, 다소간 전재민을 돕는 데 보태어 쓰라고 부탁하여 주고 광주 환영회를 마쳤다.

광주를 출발하여 나주를 향하는 도중 함평군을 지날 때였다. 수많은 동포가 길을 막고 잠시라도 함평읍을 들러 달라고 소원하기에, 부득이 함평읍을 들러

---

14) 백범이 인천감옥 탈옥 후 김광언 가에 피신하면서 애독하고 헤어질 때 선물로 준 책은 『동국사기』(東國史記)이다.

15) 붓을 넣어서 차던 주머니.

서 학교 광장에서 수많은 동포를 상대로 환영 강연을 마치고, 날이 저물 무렵에서야 나주읍에 도착하였다.[16]

팔각정 이진사 댁[17]의 소식을 탐문하니 이진사 댁은 함평읍인데, 아까 만세를 선창한 그이가 바로 이진사의 둘째 아들이라고 하였다. 그때서야 세월이 장구한 관계로 함평 이진사 댁을 나주로 혼동한 것을 깨달았다. 함평군 함평면 함평리의 이재혁(李在赫)·이재승(李在承) 등은 이진사의 손자들이다.[18] 이들이 얼마 후에 예물을 휴대하고 서울로 나를 찾아왔기에, 나는 그때 착각한 사실을 솔직히 사과하였다.

그때 나주를 떠나 김해에 도착하니 때마침 수로왕릉의 추향(秋享)이었다.[19] 김씨와 허씨가 다수 모인 자리에서 참배 준비로 나에게 사모각대(紗帽角帶)를 갖추어 주었다. 이로 인해 출생 후 처음으로 사모와 각대를 차리고 참석, 배알하였다.

그 길로 다시 창원(昌原), 진전(鎭田)을 향해 출발하여, 과거 상해 재류시 본국으로 파견하여 운동하다가 옥중 고문을 받고 결국 그 여독으로 세상을 떠난 이교재(李敎載) 지사의 유가족을 방문, 위로하였다. 그런 다음 진주로 가서 애국 기녀 논개(論介)[20]의 옛 혼을 위로하는 마음으로 촉석루(矗石樓)[21]를

---

16) 이때는 1946년 가을로 백범은 대한독립촉성국민회 나주지부에 '萬衆一心'(모든 사람이 한 마음으로)이란 휘호를 써 주었다.

17) 이진사의 이름은 이동범(李東範, 1869~1940)이며, 팔각정은 육모정[六角亭]의 착오이다. 함평 읍내의 이진사 댁 본채는 아직 남아 있으나 백범이 은거하였던 초옥의 육모정은 1935년 신작로가 개통되면서 헐렸다.

18) '李在承'은 '李載昇', '李在赫'은 '李載爀'의 착오이다. 또한 이들은 이진사의 손자가 아니라 첫째·둘째 아들이다.

19) 원문: "秋饗'. '秋饗'은 '秋享'. 추향대제(秋享大祭) 또는 추향대례(秋享大禮)는 초가을에 종묘사직에 지내는 큰 제사를 말한다. 당시 김수로왕릉의 추향일은 1946년 9월 15일이었는데, 백범은 김수로 왕릉에 참배한 기념으로 '安東后人 金九' 명의로 '崇善殿 秋享大禮'란 휘호를 써 주었고, 현재 능내 박물관에서는 이 글씨를 양각으로 목각하여 전시하고 있다.

20) 논개(?~1593). 이조 선조 때의 여인. 임진란 때 진주성이 함락되고 왜장들이 촉석루에서 주연을 베풀고 있을 때 왜장 게다니를 끼고 남강에 떨어져 함께 죽었다. 후세에 논개의 정렬(貞烈)을 기리기 위해 비와 사당을 세워 제사를 지내고 있다.

1946년 경교장에서 김형진 가족과 함께.

시찰하였다.

전주에 도착하니 무수한 남녀 동포들이 출영하여 주었다. 그 가운데서도 김맹문(金孟文) 씨와 그 사촌동생 김맹열(金孟悅), 고종 사촌형〔內從兄〕 최경열(崔景烈) 세 사람은 특히 역사적 관계가 두터운 사람들이었다. 그들은 내가 21세 때 신천 청계동 안중근 의사 부친 안진사 태훈 씨 댁에서 상봉한 김형진 씨의 아들, 조카, 생질이었다. 전주 동포들의 성대한 환영이 끝난 후에 김맹문 외 세 사람의 전 가족을 상대로 한 특별환영 기념사진까지 촬영하니 피차간에 고 김형진 씨에 대한 감회를 금할 수 없었다.

목포·군산·강경 등지를 일일이 시찰하니, 이곳은 모두 잊지 못할 역사가 맺혀 있는 곳이다. 목포에서 양봉구(梁鳳九)를 찾아가기 위해, 지게 지고 노동자로 변장하여 양봉구를 상대하던 기억이 새로웠다. 그 자리에서 양봉구 씨의 유가족과 기타 내력을 탐문하였으나 결국 단서를 얻지 못하였다.

군산을 거쳐 강경에 도착하여 공종렬(孔鍾烈) 씨의 소식을 탐문해 보니, 젊

---

21) 경상남도 진주시 본성동 진주성 남단 벼랑 위에 있는 저명한 누각. 창건은 고려시대로 추정하고 있으나 확실하지 않으며, 화재로 인하여 여러 차례의 중수를 거쳤다. 현재의 건물은 한국전쟁 때 소실된 것을 1960년에 재건한 것이다.

어서 자살하였고 자손도 없었다. 당시 공씨 집안에서 돌발하였던 괴변은[22] 그 친척간에 일어난 일이라고 말하였다.

춘천 가정리(柯亭里) 의암(毅菴) 유인석(柳麟錫) 선생의 묘에 참배하고[23] 그 유족을 위문한 뒤 서울로 귀환하였다.

얼마 후 강화를 순시차 인천에서 경비선을 타고 무의도(舞衣島)에 도착하였다. 그곳 동포들의 환영과 강연을 마치고 강화에 도착하여, 김경득 씨의 셋째 동생 진경(鎭卿)의 집을 찾아보았다. 그 집은 46년 전 내가 변성명하고 그 사랑에서 사숙(私塾)을 개설하고 교편을 잡은 지 3개월 만에 본색이 탄로나 물러났던 곳이었다. 옛날 그대로 있는 그 집을 방문하여 환영하는 친척들과 기념사진을 촬영하였다. 합일학교(合一學校) 운동장에서 환영과 아울러 강연을 할 때,

"과거 나에게서 수학하였던 학생 삼십 명 중 이 자리에 참석한 자 있거든 나서 보라."

고 두세 번 외쳐 보았으나 결국 한 사람도 없었다. 그런데 그 저녁에야 경관과 동반하여 한 사람이 찾아와 아뢰었다.

"제가 과연 선생님의 제자올시다."

"그러면 나에게서 배운 기억이 나느냐?"

"생각납니다."

"그러면 아까 운동장에 오고도 대답이 없었느냐?"

"저도 운동장에 참석하였으나 선생님의 강연을 듣고 너무도 감격한 나머지 눈물을 금할 수 없어 대답을 못하였습니다."


## 4) 서부지방 순회

삼남 일대 시찰을 대강 마치고 서울로 돌아와서 얼마간 휴식을 취한 후, 다

---

22) 상권에 소개되어 있는바, 공종렬 누이의 부정과 그로 인한 아이의 살해 사건을 말한다.

23) 1946년 9월 12일(음력 8월 17일). 백범은 유인석 선생의 묘를 찾아 제문을 바치고 분향하였다.

서부지방 순회시 선죽교를 찾은 백범

시 38선 이남 서부조선〔西鮮〕 일대를 시찰하기로 하였다.

제1차로 개성에 도착하여 18~19세 때에 유람하던 명승고적 만월대와 선죽교를 구경하고, 개성 특산 고려인삼 제조공장을 시찰하였다. 이때 개성의 각 정당·사회 단체는 물론이고 일반 남녀노소 동포들이 총출동하여 환영식을 열었다.

다음날 배천〔白川〕온천을 경유하여 연안(延安)온천에 도착하니, 역전마다 마중나온 동포들의 감격은 이루 헤아릴 수 없었다. 환영과 아울러 인사의 말을 대강 마치고 연안온천에서 하룻밤을 묵은 후 연안읍을 향하였다. 가는 길에 기억에 새로운 이효자 묘를 배알하기 위해 시골 늙은이에게 길을 물어보니, 49년 전과 변함없다고 하였다.

이효자 묘 앞에 당도하여 차를 정차하고 걸어서 효자 고 이창매(李昌梅)의 발자국을 따라 참배하였다. 49년 전 해주감옥에서 철망에 구속되어 인천감옥으로 이감되던 길에 효자 이창매 묘비 앞에 쉬었던 일을 의미심장한 감격으로 생각하였다. 눈짐작으로 어머님이 앉으셨던 자리를 찾아보았다. 묘와 산천은 옛모습 그대로 나를 환영하였고, 좌우 추종하는 경관들도 그때 나를 구속해 가던 그 경관들과 흡사하였다. 그러나 문득 뒤를 돌아보니 그 옛날 나를 따라오시던 어머님 얼굴만은 뵈올 길이 없으니, 앞이 캄캄하여 쏟아지는 옛추억의

눈물을 금할 길 없었다. 중경에서 운명하실 때,

"나의 원통한 생각을 어찌하면 좋으냐."

하시던 어머님 최후의 말씀을 생각하니, 그것이 이날 이 자리에 모자가 같이 옛이야기를 하지 못할 줄 예측하시고 하신 말씀 같아 슬픈 마음을 진정키 어려웠다.

지금, 사람과 땅이 생소한 서쪽 화상산 남쪽 자락에 손자와 같이 누워 계신 것을 생각하니, 슬픈 마음을 금할 길 없다. 영혼이라도 고국에 돌아오셔서 이 몸과 같이 환영을 받으신다면 다소 위안이나 되지 않을까 생각하니 만감[百感]이 교차하였다. 그러나 이것은 내 개인의 감상일 뿐이다. 연안의 동포들이 남녀노소를 막론하고 총출동하여, 연안에서 제일 큰 학교 운동장에 빽빽하게 운집 도열한 성대한 환영이 있었고, 아울러 강연을 마쳤다.

그 길로 청단(靑丹)에 도착하니, 역시 환영하는 동포들의 열정은 도처에 일반이나, 소위 38선 관계로 내가 태어난 곳을 멀리서 바라보기만 할 뿐 가 보지는 못하였다. 돌아서 서울을 향하게 되니 그때의 감개무량한 회포란 필설로 다 할 수가 없다.

늦게 백천에 도착하여 종일 나를 기다리고 서 있던 동포 대중을 향하여 간단한 인사 겸 강연을 마치고 유숙하였다. 그곳은 40년 전 군수 전봉훈(全鳳薰) 씨의 요청을 받아, 평안·황해 지역에서 명성이 쟁쟁한 최광옥 선생을 주임 강사로 모시고 사범강습을 진행했던 곳이다. 불행히 최선생이 폐병으로 객사하여 읍내 유지들과 전군수와 협의하여 백천 남산 위 운동장 옆에 안장했었다. 떠난 지 40년 만에 비로소 이곳에 당도하니, 도처에 스며 있는 옛 기억의 감상은 이루 다 헤아릴 수 없다.

다음날 백천을 떠나 서울로 향하는 길에 장단(長湍) 고랑포(皐浪浦)를 들러서 선조 경순왕릉에 참배하였다. 그때 능촌(陵村)에 사는 경주 김씨들이 내가 올 것을 예측하고 미리 제전(祭典)을 준비하였다. 참배 후 문산(汶山)에 도착하여 역시 환영과 강연을 마치고 서울로 귀환하니, 서부지방 순회는 이로써 마감되었다.

# 나의 소원[1]

## 1) 민족국가

"네 소원이 무엇이냐?" 하고 하나님이 물으시면, 나는 서슴지 않고

"내 소원은 대한 독립이오" 하고, 대답할 것이다.

"그 다음 소원은 무엇이냐?" 하면, 나는 또

"우리나라의 독립이오" 할 것이요, 또

"그 다음 소원이 무엇이냐?" 하는 셋째번 물음에도, 나는 더욱 소리를 높여서

"나의 소원은 우리나라 대한의 완전한 자주독립이오" 하고 대답할 것이다.

동포 여러분 !

나 김구의 소원은 이것 하나밖에는 없다. 내 과거의 70 평생을 이 소원을 위해 살아왔고, 현재에도 이 소원 때문에 살고 있고, 미래에도 나는 이 소원을 달하려고 살 것이다. 독립이 없는 백성으로 70 평생에 설움과 부끄러움과 애탐을 받은 나에게는 세상에 가장 좋은 것이 완전하게 자주독립한 나라의 백성으로 살아보다가 죽는 일이다. 나는 일찍이 우리 독립 정부의 문지기가 되기를 원했거니와, 그것은 우리나라가 독립국만 되면 나는 그 나라에 가장 미

---

1) 「나의 소원」은 1947년 12월 '국사원본'이 간행될 때 처음 수록된 것으로 당시 백범의 사상을 잘 보여주고 있다. 이 글은 『백범일지』와는 달리 매우 다듬어진 글이다. 따라서 이 글에 대한 교정은 ( ,)로 문장의 호흡을 조절하는 것, 고어(古語)나 한자성어에 한문을 병기하거나 어의를 설명하는 것 등 최소한의 범위에 한정한다.

천한 자가 되어도 좋다는 뜻이다. 왜 그런고 하면, 독립한 제 나라의 빈천이 남의 밑에 사는 부귀보다 기쁘고, 영광스럽고, 희망이 많기 때문이다.

옛날 일본에 갔던 박제상(朴堤上)[2]이, "내 차라리 계림(鷄林)[3]의 개 돼지가 될지언정 왜왕(倭王)의 신하로 부귀를 누리지 않겠다" 한 것이 그의 진정이었던 것을 나는 안다. 제상은 왜왕이 높은 벼슬과 많은 재물을 준다는 것도 물리치고 달게 죽임을 받았으니, 그것은 "차라리 내 나라의 귀신이 되리라" 함에서였다.

근래 우리 동포 중에는 우리나라를 어느 이웃나라의 연방에 편입하기를 소원하는 자가 있다 하니, 나는 그 말을 차마 믿으려 아니하거니와 만일 진실로 그러한 자가 있다 하면, 그는 제정신을 잃은 미친놈이라고밖에 볼 길이 없다. 나는 공자·석가·예수의 도를 배웠고 그들을 성인으로 숭배하거니와, 그들이 합하여서 세운 천당·극락이 있다 하더라도 그것이 우리 민족이 세운 나라가 아닐진대, 우리 민족을 그 나라로 끌고 들어가지 아니할 것이다. 왜 그런고 하면, 피와 역사를 같이하는 민족이란 완연히 있는 것이어서 내 몸이 남의 몸이 못 됨과 같이 이 민족이 저 민족이 될 수 없는 것은, 마치 형제도 한 집에서 살기에 어려움이 있는 것과 같은 것이다. 둘 이상이 합하여서 하나가 되자면 하나는 높고 하나는 낮아서, 하나는 위에 있어서 명령하고 하나는 밑에 있어서 복종하는 것이 근본문제가 되는 것이다.

이에 대하여 일부 소위 좌익의 무리는 혈통의 조국을 부인하고 소위 사상의 조국을 운운하며, 혈족의 동포를 무시하고 소위 사상의 동무와 프롤레타리아트의 국제적 계급을 주장하여, 민족주의라면 마치 이미 진리권 외에 떨어진 생각인 것같이 말하고 있다. 심히 어리석은 생각이다. 철학도 변하고 정치·

---

2) 박제상(朴堤上). 생몰년 미상. 신라의 충신. 그는 신라 눌지왕 때(418년) 고구려에 볼모로 잡힌 왕의 동생 복호를 데려왔고, 이어서 일본으로 가서 볼모로 잡힌 왕의 또 다른 동생 미사흔을 탈출시켰다. 그러나 자신은 잡혀 왜왕의 신하되기를 거절하다 불에 태워지는 참형을 당하였다. 그후 그를 충신의 전범으로 기리는 박제상 설화가 널리 전파되었다.

3) 경주에 있는 시림(始林)에서 이상한 닭 울음소리가 들려 사람을 보내니 나뭇가지에 금빛 궤가 있고, 그 속에서 나온 아이가 훗날 신라의 왕이 된 김알지였다고 한다. 이로 해서 닭이 운 숲, 즉 계림은 흔히 신라의 별칭으로 사용된다.

경제의 학설도 일시적이어니와 민족의 혈통은 영구적이다. 일찍이 어느 민족 안에서나 종교로, 혹은 학설로, 혹은 경제적·정치적 이해의 충돌로 두 파 세 파로 갈려서 피로써 싸운 일이 없는 민족이 없거니와, 지내어 놓고 보면 그것은 바람과 같이 지나가는 일시적인 것이요, 민족은 필경 바람 잔 뒤의 초목 모양으로 뿌리와 가지를 서로 걸고 한 수풀을 이루어 살고 있다. 오늘날 소위 좌우익이란 것도 결국 영원한 혈통의 바다에 일어나는 일시적인 풍파에 불과하다는 것을 잊어서는 아니된다.

이 모양으로 모든 사상도 가고 신앙도 변한다. 그러나 혈통적인 민족만은 영원히 성쇠흥망의 공동 운명의 인연에 얽힌 한 몸으로 이 땅 위에 남는 것이다. 세계 인류가 네요 내요 없이 한 집이 되어 사는 것은 좋은 일이요, 인류의 최고요 최후인 희망이요 이상이다. 그러나 이것은 멀고 먼 장래에 바랄 것이요 현실의 일은 아니다. 사해동포(四海同胞)의 크고 아름다운 목표를 향하여 인류가 향상하고 전진하는 노력을 하는 것은 좋은 일이요 마땅히 할 일이나, 이것도 현실을 떠나서는 안되는 일이니, 현실의 진리는 민족마다 최선의 국가를 이루어 최선의 문화를 낳아 길러서 다른 민족과 서로 바꾸고 서로 돕는 일이다. 이것이 내가 믿고 있는 민주주의요, 이것이 인류의 현단계에서는 가장 확실한 진리다. 그러므로 우리 민족으로서 하여야 할 최고의 임무는, 첫째로 남의 절제도 아니 받고 남에게 의뢰도 아니하는 완전한 자주독립의 나라를 세우는 일이다. 이것이 없이는 우리 민족의 생활을 보장할 수 없을 뿐더러, 우리 민족의 정신력을 자유로 발휘하여 빛나는 문화를 세울 수가 없기 때문이다. 이렇게 완전 자주독립의 나라를 세운 뒤에는, 둘째로 이 지구상의 인류가 진정한 평화와 복락을 누릴 수 있는 사상을 낳아 그것을 먼저 우리나라에 실현하는 것이다. 나는 오늘날의 인류의 문화가 불완전함을 안다. 나라마다 안으로는 정치상·경제상·사회상으로 불평등·불합리가 있고, 밖으로 국제적으로는 나라와 나라의, 민족과 민족의 시기·알력·침략, 그리고 그 침략에 대한 보복으로 작고 큰 전쟁이 그칠 사이가 없어서, 많은 생명과 재물을 희생하고도 좋은 일이 오는 것이 아니라 인심의 불안과 도덕의 타락은 갈수록 더하니, 이래 가지고는 전쟁이 그칠 날이 없어 인류는 마침내 멸망하고 말 것이다.

그러므로 인류 세계에는 새로운 생활원리의 발견과 실천이 필요하게 되었다. 이야말로 우리 민족이 담당한 천직이라고 믿는다. 이러하므로 우리 민족의 독립이란 결코 삼천리 삼천만의 일이 아니라 진실로 세계 전체의 운명에 관한 일이요. 그러므로 우리나라의 독립을 위하여 일하는 것이 곧 인류를 위하여 일하는 것이다.

만일 우리의 오늘날 형편이 초라한 것을 보고 자굴지심(自屈之心)[4]을 발하여, 우리가 세우는 나라가 그처럼 위대한 일을 할 것을 의심한다면 그것은 스스로 모욕하는 일이다. 우리 민족의 지나간 역사가 빛나지 아니함이 아니나 그것은 아직 서곡이었다. 우리가 주연배우로 세계 역사의 무대에 나서는 것은 오늘 이후다. 삼천만의 우리 민족이 옛날의 그리스 민족이나 로마 민족이 한 일을 못한다고 생각할 수 있겠는가. 내가 원하는 우리 민족의 사업은 결코 세계를 무력으로 정복하거나 경제력으로 지배하려는 것이 아니다. 오직 사랑의 문화, 평화의 문화로 우리 스스로 잘 살고 인류 전체가 의좋게 즐겁게 살도록 하는 일을 하자는 것이다. 어느 민족도 일찍이 그러한 일을 한 이가 없었으니 그것은 공상이라고 하지 말라. 일찍이 아무도 한 자가 없길래 우리가 하자는 것이다. 이 큰 일은 하늘이 우리를 위하여 남겨놓으신 것임을 깨달을 때에 우리 민족은 비로소 제 길을 찾고 제 일을 알아본 것이다.

나는 우리나라의 청년남녀가 모두 과거의 조그맣고 좁다란 생각을 버리고, 우리 민족의 큰 사명에 눈을 떠서 제 마음을 닦고 제 힘을 기르기로 낙을 삼기를 바란다. 젊은 사람들이 모두 이 정신을 가지고 이 방향으로 힘을 쓸진대 30년이 못하여 우리 민족은 괄목상대(刮目相對)[5]하게 될 것을 나는 확신하는 바이다.


## 2) 정치 이념

나의 정치 이념은 한마디로 표시하면 자유다. 우리가 세우는 나라는 자유의

---

4) 스스로 비하하여 자기를 낮추거나 굽히는 마음.
5) 전에 볼 때와는 딴판으로 진보되어 눈을 비비고 다시 쳐다보는 것.

나라라야 한다.

자유란 무엇인가? 절대로 각 개인이 제멋대로 사는 것을 자유라 하면 이것은 나라가 생기기 전이나, 저 레닌의 말 모양으로 나라가 소멸된 뒤에나 있는 일이다. 국가생활을 하는 인류에게는 이러한 무조건의 자유는 없다. 왜 그런고 하면, 국가란 일종의 규범의 속박이기 때문이다. 국가생활을 하는 우리를 속박하는 것은 법이다. 개인의 생활이 국법에 속박되는 것은 자유 있는 나라나 자유 없는 나라나 마찬가지다. 자유와 자유 아님이 갈리는 것은 개인의 자유를 속박하는 법이 어디서 오느냐 하는 데 달렸다. 자유 있는 나라의 법은 국민의 자유로운 의사에서 오고, 자유 없는 나라의 법은 국민 중의 어떤 일개인, 또는 일계급에서 온다. 일개인에서 오는 것을 전제 또는 독재라 하고, 일계급에서 오는 것을 계급독재라 하고 통칭 파쇼라고 한다.

나는 우리나라가 독재의 나라가 되기를 원치 아니한다. 독재의 나라에서는 정권에 참여하는 계급 하나를 제외하고는 다른 국민은 노예가 되고 마는 것이다. 독재 중에서 가장 무서운 독재는 어떤 주의, 즉 철학을 기초로 하는 계급 독재다. 군주나 기타 개인 독재자의 독재는 그 개인만 제거되면 그만이어니와, 다수의 개인으로 조직된 한 계급이 독재의 주체일 때에는 이것을 제거하기는 심히 어려운 것이니, 이러한 독재는 그보다도 큰 조직의 힘이거나 국제적 압력이 아니고는 깨뜨리기 어려운 것이다.

우리나라의 양반 정치도 일종의 계급 독재이어니와 이것은 수백년 계속하였다. 이탈리아의 파시스트, 독일의 나치스의 일은 누구나 다 아는 일이다. 그러나 모든 계급 독재 중에도 가장 무서운 것은 철학을 기초로 한 계급 독재다. 수백년 동안 이조 조선에 행하여 온 계급 독재는 유교, 그중에도 주자학파의 철학을 기초로 한 것이어서, 다만 정치에 있어서만 독재가 아니라 사상·학문·사회생활·가정생활·개인생활까지도 규정하는 독재였다. 이 독재정치 밑에서 우리 민족의 문화는 소멸되고 원기는 마멸된 것이다. 주자학 이외의 학문은 발달하지 못하니 이 영향은 예술·경제·산업에까지 미치었다. 우리나라가 망하고 민력이 쇠잔하게 된 가장 큰 원인이 실로 여기 있었다. 왜 그런고 하면 국민의 머리 속에 아무리 좋은 사상과 경륜이 생기더라도 그가 집권 계급의 사람이 아닌 이상, 또 그것이 사문난적(斯文亂賊)[6]이라는 범주 밖에 나지 않는 이상 세상에 발표되지 못하기 때문이었다. 이 때문에 싹이 트려다가 눌려 죽은 새 사상, 싹도 트지 못하고 밟혀버린 경륜이 얼마나 많았을까. 언론의 자유가 얼마나 중요한 것임을 통감하지 아니할 수 없다. 오직 언론의 자유가 있는 나라에만 진보가 있는 것이다.

시방 공산당이 주장하는 소련식 민주주의란 것은 이러한 독재정치 중에도 가장 철저한 것이어서 독재정치의 모든 특징을 극단으로 발휘하고 있다. 즉 헤겔에게서 받은 변증법, 포이에르바하의 유물론 이 두 가지와, 아담 스미드의 노동가치론을 가미한 마르크스의 학설을 최후의 것으로 믿어, 공산당과 소련의 법률과 군대와 경찰의 힘을 한데 모아서 마르크스의 학설에 일점일획(一点一劃)이라도 반대는 고사하고 비판만 하는 것도 엄금하여 이에 위반하는 자는 죽음의 숙청으로써 대하니, 이는 옛날에 조선의 사문난적에 대한 것 이상이다. 만일 이러한 정치가 세계에 퍼진다면 전 인류의 사상은 마르크스주의 하나로 통일될 법도 하거니와, 설사 그렇게 통일이 된다 하더라도 그것이 불행히 잘못된 이론일진대, 그런 큰 인류의 불행은 없을 것이다. 그런데 마르크스 학설의 기초인 헤겔의 변증법 이론이란 것이 이미 여러 학자의 비판으로 말미암아 전면적 진리가 아닌 것이 알려지지 아니하였는가. 자연계의 변천이 변증법에 의하지 아니함은 뉴튼·아인슈타인 등 모든 과학자들의 학설을 보아서 분명하다.

그러므로 어느 한 학설을 표준으로 하여서 국민의 사상을 속박하는 것은 어느 한 종교를 국교로 정하여서 국민의 신앙을 강제하는 것과 마찬가지로 옳지 아니한 일이다. 산에 한 가지 나무만 나지 아니하고, 들에 한 가지 꽃만 피지 아니한다. 여러 가지 나무가 어울려서 위대한 삼림의 아름다움을 이루고 백 가지 꽃이 섞여 피어서 봄들의 풍성한 경치를 이루는 것이다. 우리가 세우는 나라에는 유교도 성하고, 불교도 예수교도 자유로 발달하고, 또 철학을 보더라도 인류의 위대한 사상이 다 들어와서 꽃이 피고 열매를 맺게 할 것이니,

---

6) 사문난적(斯文亂賊)이란 성리학의 정통에서 어긋나는 이단을 가리킨다. 사문난적 이하의 구절은 다소 까다롭다. "사문난적이라는 범주 밖에 나지 않는 이상"은 결국 "사문난적이라고 규정되면"과 같은 말이다.

이러하고야만 비로소 자유의 나라라 할 것이요, 이러한 자유의 나라에서만 인류의 가장 크고 가장 높은 문화가 발생할 것이다.

나는 노자(老子)의 무위(無爲)를 그대로 믿는 자는 아니어니와, 정치에 있어서 너무 인공을 가하는 것을 옳지 않게 생각하는 자이다. 대개 사람이란 전지전능할 수가 없고 학설이란 완전무결할 수 없는 것이므로, 한 사람의 생각, 한 학설의 원리로 국민을 통제하는 것은 일시 속한 진보를 보이는 듯하더라도 필경은 병통이 생겨서 그야말로 변증법적인 폭력의 혁명을 부르게 되는 것이다. 모든 생물에는 다 환경에 순응하여 저를 보존하는 본능이 있으므로 가장 좋은 길은 가만히 두는 것이다. 작은 꾀로 자주 건드리면 이익보다도 해가 많다. 개인생활에 너무 잘게 간섭하는 것은 결코 좋은 정치가 아니다. 국민은 군대의 병정도 아니요, 감옥의 죄수도 아니다. 한 사람 또 몇 사람의 호령으로 끌고 가는 것이 극히 부자연하고 또 위태한 일인 것은, 파시스트 이탈리아와 나치스 독일이 불행하게도 가장 잘 증명하고 있지 아니한가.

미국은 이러한 독재국에 비겨서는 심히 통일이 무력한 것 같고 일의 진행이 느린 듯하여도, 그 결과로 보건대 가장 큰 힘을 발하고 있으니 이것은 그 나라의 민주주의 정치의 효과이다. 무슨 일을 의논할 때에 처음에는 백성들이 저마다 제 의견을 발표하여서 훤훤효효(喧喧嚻嚻)하여[7] 귀일(歸一)할 바를 모르는 것 같지만, 갑론을박(甲論乙駁)으로 서로 토론하는 동안에 의견이 차차 정리되어서 마침내 두어 큰 진영으로 포섭되었다가, 다시 다수결의 방법으로 한 결론에 달하여 국회의 결의가 되고, 원수의 결재를 얻어 법률이 이루어지면, 이에 국민의 의사가 결정되어 요지부동하게 되는 것이다. 이 모양으로 민주주의란 국민의 의사를 알아보는 한 절차 또는 방식이요, 그 내용은 아니다. 즉 언론의 자유, 투표의 자유, 다수결에 복종, 이 세 가지가 곧 민주주의이다. 국론(國論), 즉 국민의 의사의 내용은 그때 그때의 국민의 언론전으로 결정되는 것이어서, 어느 개인이나 당파의 특정한 철학적 이론에 좌우되는 것이 아님이 미국식 민주주의의 특색이다. 다시 말하면 언론·투표·다수결 복종이라는 절차만 밟으면 어떠한 철학에 기초한 법률도 정책도 만들 수 있으니,

---

7) 의견이 통일되지 않아 시끄럽고 소란한 모습을 의미한다.

이것을 제한하는 것은 오직 그 헌법의 조문뿐이다. 그런데 헌법도 결코 독재국의 그것과 같이 신성불가침의 것이 아니라, 민주주의의 절차로 개정할 수가 있는 것이니, 이러므로 민주, 즉 백성이 나라의 주권자라 하는 것이다. 이러한 나라에서 국론을 움직이려면 그중에서 어떤 개인이나 당파를 움직여서 되지 아니하고, 그 나라 국민의 의견을 움직여서 된다.

백성들의 작은 의견은 이해관계로 결정되거니와, 큰 의견은 그 국민성과 신앙과 철학으로 결정된다. 여기서 문화와 교육의 중요성이 생긴다. 국민성을 보존하는 것이나 수정하고 향상하는 것이 문화와 교육의 힘이요, 산업의 방향도 문화와 교육으로 결정됨이 큰 까닭이다. 교육이란 결코 생활의 기술을 가르치는 것만을 의미하는 것이 아니다. 교육의 기초가 되는 것은 우주와 인생과 정치에 대한 철학이다. 어떠한 철학의 기초 위에, 어떠한 생활의 기술을 가르치는 것이 곧 국민교육이다. 그러므로 좋은 민주주의의 정치는 좋은 교육에서 시작될 것이다. 건전한 철학의 기초 위에 서지 아니한 지식과 기술의 교육은 그 개인과 그를 포함한 국가에 해가 된다. 인류 전체를 보아도 그러하다.

이상에 말한 것으로 내 정치 이념이 대강 짐작될 것이다. 나는 어떠한 의미로든지 독재정치를 배격한다. 나는 우리 동포를 향하여서 부르짖는다. 결코 독재정치가 아니되도록 조심하라고. 우리 동포 각 개인이 십분의 언론 자유를 누려서 국민 전체의 의견대로 되는 정치를 하는 나라를 건설하자고. 일부 당파나 어떤 한 계급의 철학으로 다른 다수를 강제함이 없고, 또 현재의 우리들의 이론으로 우리 자손의 사상과 신앙의 자유를 속박함이 없는 나라, 천지와 같이 넓고 자유로운 나라, 그러면서도 사랑의 덕과 법의 질서가 우주 자연의 법칙과 같이 준수되는 나라가 되도록 우리나라를 건설하자고. 그렇다고 나는 미국의 민주주의 제도를 그대로 직역하자는 것은 아니다. 다만 소련의 독재적인 민주주의에 대하여 미국의 언론 자유적인 민주주의를 비교하여서 그 가치를 판단하였을 뿐이다. 둘 중에서 하나를 택한다면 사상과 언론의 자유를 기초로 한 자를 취한다는 말이다.

나는 미국의 민주주의 정치제도가 반드시 최후적인 완성된 것이라고는 생각지 아니한다. 인생의 어느 부분이나 다 그러함과 같이 정치형태에 있어서도 무한한 창조적 진화가 있을 것이다. 더구나 우리나라와 같이 반만년 이래로 여러 가지 국가형태를 경험한 나라에는 결점도 많으려니와, 교묘하게 발달된 정치제도도 없지 아니할 것이다. 가까이 이조시대로 보더라도 홍문관(弘文館)·사간원(司諫院)·사헌부(司憲府) 같은 것은 국민 중에 현인(賢人)의 의사를 국정에 반영하는 제도로 멋있는 제도요, 과거제도와 암행어사 같은 것도 연구할 만한 제도다. 역대의 정치제도를 상고하면 반드시 쓸 만한 것도 많으리라고 믿는다. 이렇게 남의 나라의 좋은 것을 취하고, 내 나라의 좋은 것을 골라서 우리나라에 독특한 좋은 제도를 만드는 것도 세계의 문운(文運)에 보태는 일이다.

### 3) 내가 원하는 우리나라

나는 우리나라가 세계에서 가장 아름다운 나라가 되기를 원한다. 가장 부강한 나라가 되기를 원하는 것은 아니다. 내가 남의 침략에 가슴이 아팠으니, 내 나라가 남을 침략하는 것을 원치 아니한다. 우리의 부력(富力)은 우리의 생활을 풍족히 할 만하고, 우리의 강력(強力)은 남의 침략을 막을 만하면 족하다. 오직 한없이 가지고 싶은 것은 높은 문화의 힘이다. 문화의 힘은 우리 자신을 행복되게 하고, 나아가서 남에게 행복을 주겠기 때문이다. 지금 인류에게 부족한 것은 무력도 아니오, 경제력도 아니다. 자연과학의 힘은 아무리 많아도 좋으나, 인류 전체로 보면 현재의 자연과학만 가지고도 편안히 살아가기에 넉넉하다.

인류가 현재에 불행한 근본 이유는 인의(仁義)가 부족하고, 자비가 부족하고, 사랑이 부족한 때문이다. 이 마음만 발달이 되면 현재의 물질력으로 20억이 다 편안히 살아갈 수 있을 것이다. 인류의 이 정신을 배양하는 것은 오직 문화이다. 나는 우리나라가 남의 것을 모방하는 나라가 되지 말고, 이러한 높고 새로운 문화의 근원이 되고, 목표가 되고, 모범이 되기를 원한다. 그래서 진정한 세계의 평화가 우리나라에서, 우리나라로 말미암아서 세계에 실현되기를 원한다.

홍익인간(弘益人間)이라는 우리 국조(國祖) 단군의 이상이 이것이라고 믿는다. 또 우리 민족의 재주와 정신과 과거의 단련이 이 사명을 달하기에 넉넉하고, 국토의 위치와 기타의 지리적 조건이 그러하며, 또 1차 2차 세계대전을 치른 인류의 요구가 그러하며, 이러한 시대에 새로 나라를 고쳐 세우는 우리의 서 있는 시기가 그러하다고 믿는다. 우리 민족이 주연배우로 세계의 무대에 등장할 날이 눈앞에 보이지 아니하는가. 이 일을 하기 위하여 우리가 할 일은 사상의 자유를 확보하는 정치양식의 건립과 국민교육의 완비다. 내가 위에서 자유의 나라를 강조하고, 교육의 중요성을 말한 것이 이 때문이다. 최고 문화 건설의 사명을 달할 민족은 일언이 폐지하면, 모두 성인(聖人)을 만드는 데 있다. 대한(大韓)사람이라면 간 데마다 신용을 받고 대접을 받아야 한다.

우리의 적이 우리를 누르고 있을 때에는 미워하고 분해하는 살벌·투쟁의 정신을 길렀었거니와, 적은 이미 물러갔으니 우리는 증오의 투쟁을 버리고 화합의 건설을 일삼을 때다. 집안이 불화하면 망하고, 나라 안이 갈려서 싸우면 망한다. 동포간의 증오와 투쟁은 망조다. 우리의 용모에서는 화기가 빛나야 한다. 우리 국토 안에는 언제나 춘풍(春風)이 태탕(駘蕩)[8]하여야 한다. 이것은 우리 국민 각자가 한번 마음을 고쳐먹음으로써 되고, 그러한 정신의 교육으로 영속될 것이다. 최고 문화로 인류의 모범이 되기로 사명을 삼는 우리 민족의 각원(各員)은 이기적 개인주의자여서는 안된다. 우리는 개인의 자유를 극도로 주장하되, 그것은 저 짐승들과 같이 저마다 제 배를 채우기에 쓰는 자유가 아니요, 제 가족을, 제 이웃을, 제 국민을 잘 살게 하기에 쓰이는 자유다. 공원의 꽃을 꺾는 자유가 아니라 공원에 꽃을 심는 자유다. 우리는 남의 것을 빼앗거나 남의 덕을 입으려는 사람이 아니라, 가족에게, 이웃에게, 동포에게 주는 것으로 낙을 삼는 사람이다. 우리 말에 이른바 선비요 점잖은 사람이다. 그러므로 우리는 게으르지 아니하고 부지런하다. 사랑하는 처자를 가진 가장은 부지런할 수밖에 없다. 한없이 주기 위함이다. 힘드는 일은 내가 앞서 하니 사랑하는 동포를 아낌이요, 즐거운 것은 남에게 권하니 사랑하는 자를 위하기 때문이다. 우리 조상네가 좋아하던 인후지덕(仁厚之德)[9]이란 것이다.

---

8) 화창한 봄기운이 가득한 모습.

9) 지극히 어질고 후덕한 모습.

이러함으로써 우리나라의 산에는 삼림이 무성하고 들에는 오곡백과가 풍성하며, 촌락과 도시는 깨끗하고 풍성하고 화평한 것이다. 그리하여 우리 동포, 즉 대한사람은 남자나 여자나 얼굴에는 항상 화기가 있고, 몸에서는 덕의 향기를 발할 것이다. 이러한 나라는 불행하려 하여도 불행할 수 없고, 망하려 하여도 망할 수 없는 것이다. 민족의 행복은 결코 계급투쟁에서 오는 것도 아니요, 개인의 행복이 이기심에서 오는 것이 아니다. 계급투쟁은 끝없는 계급투쟁을 낳아서 국토의 피가 마를 날이 없고, 내가 이기심으로 남을 해하면 천하가 이기심으로 나를 해할 것이니, 이것은 조금 얻고 많이 빼앗기는 법이다. 일본의 이번 당한 보복은 국제적·민족적으로도 그러함을 증명하는 가장 좋은 실례. 이상에 말한 것은 내가 바라는 새 나라의 용모의 일단을 그린 것이어니와,

동포 여러분! 이러한 나라가 될진대 얼마나 좋겠는가. 우리네 자손을 이러한 나라에 남기고 가면 얼마나 만족하겠는가. 옛날 한토(漢土)의 기자(箕子)가 우리나라를 사모하여 왔고, 공자(孔子)께서도 우리 민족이 사는 데 오고 싶다고 하셨으며, 우리 민족을 인(仁)을 좋아하는 민족이라 하였으니 옛날에도 그러하였거니와, 앞으로는 세계 인류가 모두 우리 민족의 문화를 이렇게 사모하도록 하지 아니하려는가. 나는 우리의 힘으로, 특히 교육의 힘으로 반드시 이 일이 이루어질 것을 믿는다. 우리나라의 젊은 남녀가 다 이 마음을 가질진대 아니 이루어지고 어찌하랴!

나도 일찍이 황해도에서 교육에 종사하였거니와 내가 교육에서 바라던 것이 이것이었다. 내 나이 이제 70이 넘었으니, 직접 국민교육에 종사할 시일이 넉넉지 못하거니와, 나는 천하의 교육자와 남녀 학도들이 한번 크게 마음을 고쳐먹기를 빌지 아니할 수 없다.

1947년
샛문 밖에서.

# 첨부자료

## 【자료 1】 임정요인 귀국자 명단

### 1. 제1진(15명) : 1945년 11일 23일 김포 비행장 도착

| 직명 | 성명 |
| --- | --- |
| 주석 | 金 九 |
| 부주석 | 金奎植 |
| 국무위원 | 李始榮 |
| 참모총장 | 柳東說 |
| 문화부장 | 金尙德 |
| 선전부장 | 嚴恒燮 |
| 직원 : 김규식의 아들(비서) | 金鎭東 |
| 직원 : 주석의 시의 | 劉振東 |
| 직원 : 수행원 | 張俊河·李永吉·白正甲·尹慶彬, 鮮于鎭·閔泳琬·安美生 |

### 2. 제2진(22명) : 1945년 12월 2일 군산 비행장 도착

| 직명 | 성명 |
| --- | --- |
| 의정원 의장 | 洪 震 |
| 국무위원 | 曺成煥·黃學秀·張建相·金朋濬, 成周寔·柳 林·金星淑·趙擎韓 |
| 국무위원 겸 재무부장 | 趙琬九 |
| 국무위원 겸 외무부장 | 趙素昻 |
| 국무위원 겸 군무부장 | 金元鳳 |
| 법무부장 | 崔東旿 |
| 내무부장 | 申翼熙 |
| 주석판공실비서 | 安偶生 |
| 경위부장 | 徐相烈 |
| 수행원 | 李啓玄·魯能瑞·尹在賢 |
| 중국인 무전기사 | 汪鋪聲·劉龍洽·陸恩行 |

1) 이것은 『서울신문』, 『중앙신문』 1945년 11월 24일, 12월 3일자에 의거하여 작성한 것이다.
2) 위 명단은 대한민국임시정부의 핵심 지도자와 그 측근들이다.

【 자료 2 】   大韓民國臨時政府職員 選解任簿

| 성명 | 기관별 | 직명 | 선임~해임 년월일 |
|---|---|---|---|
| 高一鳴 | 군무부 | 민정과장 | 1944. 5. 31~45. 2. 19 |
| 權揚武 | 군무부 | 군사학편찬위원 | 1944. 9. 6 |
| 〃 | 내무부 | 차장 | 1944. 5. 31~10. 16 |
| 金 九 | 통수부 | 통수(統帥) | 1944. 4. 24 |
| 金尙德 | 문화부 | 차장 | 1944. 6. 1~45. 3. 19 |
| 〃 | 〃 | 부장 | 1945. 3. 19 |
| 〃 | 외무부 | 정보과장 | 1944. 8. 7 |
| 金奭東 | 주석 판공실 | 서기 | 1945. 1. 9 |
| 金星根 | 군무부 | 총무과 과원 | 1945. 3. 19 |
| 金淳愛 | 회계검사원 | 검사위원 | 1945. 3. 12 |
| 金 信 | 내무부 | 민정과 과원 | 1944. 6. 12~45. 1. 22 |
| 金若山 | 통수부 | 막료·군무부장 | 1944. 5. 8 |
| 〃 | 군무부 | 부장 | 1944. 5. 8 |
| 〃 | 〃 | 군사학편찬위원 주임 | 1944. 9. 6 |
| 金元容 | 외무부 | 주미외교위원 부위원장 | 1944. 10. 20 |
| 金維哲 | 〃 | 총무과장 | 1944. 6. 19 |
| 金毅漢 | 〃 | 외교연구위원 | 1944. 6. 27 |
| 金 仁 | 선전부 | 자료과장 | 1944. 6. 1 |
| 〃 | 〃 | 편집위원 | 1944. 6. 19 |
| 金仁哲 | 문화부 | 교육과장 | 1944. 6. 19~10. 16 |
| 金在浩 | 내무부 | 총무과장 | 1944. 5. 31 |
| 金貞淑 | 법무부 | 비서 | 1944. 5. 31 |
| 〃 | 〃 | 총무과장 | 1944. 6. 19 |
| 金鎭憲 | 외무부 | 총무과 과원 | 1944. 6. 19~11. 20 |
| 金鐵男 | 참모부 | 참모차장 | 1944. 12. 4 |
| 金春鼎 | 군무부 | 군사과 과원 | 1945. 3. 19 |
| 金 乎 | 외무부 | 주미외교위원 | 1944. 10. 20 |
| 金弘壹 | 군무부 | 차장 | 1944. 6. 1 |
| 羅東奎 | 내무부 | 경무과 과원 | 1944. 6. 12 |
| 羅晟憲 | 서무국 | 국원 | 1944. 12. 18 |
| 文德洪 | 재무부 | 총무과장 | 1944. 6. 1 |
| 〃 | 내무부 | 경무과 과원 | 1944. 6. 12~45. 1. 22 |
| 〃 | 서무국 | 국원 | 1944. 11. 28~45. 1. 22 |

| 성명 | 기관별 | 직명 | 선임~해임 년월일 |
|---|---|---|---|
| 文一民 | 참모부 | 참모 | 1944. 10. 23 |
| 閔泳玖 | 재무부 | 주계과장 | 1944. 6. 1 |
| 〃 | 내무부 | 경무과 과원 | 1944. 6. 12 |
| 閔泳秀 | 선전부 | 총무과 과원 | 1944. 6. 1~11. 20 |
| 閔泳淑 | 외무부 | 정보과 과원 | 1944. 6. 1~7. 27 |
| 〃 | 회계검사원 | 조리원(助理員) | 1944. 7. 4~45. 4. 3 |
| 閔泳珠 | 비서처 | 서기 | 1944. 7. 4~10. 16 |
| 〃 | 주석 판공실 | 서기 | 1945. 1. 9~3. 19 |
| 閔弼鎬 | 외무부 | 차장 | 1944. 6. 1 |
| 〃 | 주석 판공실 | 주임 | 1944. 6. 12 |
| 朴健雄 | 선전부 | 편집위원 부주임 | 1944. 6. 19 |
| 〃 | 외무부 | 외교연구위원 | 1944. 6. 21 |
| 〃 | 군무부 | 군사학편찬위원 | 1944. 9. 6 |
| 朴始昌 | 참모부 | 참모 | 1944. 10. 23~12. 18 |
| 朴永祿 | 외무부 | 정보과 과원 | 1945. 3. 12 |
| 朴英俊 | 재무부 | 이재(理財)과장 | 1944. 6. 1 |
| 〃 | 내무부 | 경무과 과원 | 1944. 6. 12 |
| 朴龍德 | 서무국 | 국원 | 1944. 7. 10 |
| 〃 | 내무부 | 경위대 대원 | 1944. 6. 12~45. 2. 19 |
| 方順凞 | 선전부 | 선전과 과원 | 1944. 6. 1 |
| 卞俊鎬 | 외무부 | 주미외교위원 | 1944. 10. 20 |
| 宋冕秀 | 선전부 | 편집위원 | 1944. 6. 19~8. 21 |
| 申基彦 | 법무부 | 차장 | 1944. 5. 31 |
| 申順浩 | 외무부 | 정보과 과원 | 1945. 1. 8 |
| 申翼熙 | 내무부 | 부장 | 1944. 5. 8 |
| 〃 | 외무부 | 외교연구위원 부주임 | 1944. 6. 21 |
| 申 桓 | 재무부 | 차장 | 1944. 6. 1 |
| 沈光植 | 내무부 | 경위대 대원 | 1944. 6. 12 |
| 〃 | 선전부 | 총무과 과원 | 1945. 3. 13 |
| 安炳武 | 〃 | 비서 | 1944. 6. 1 |
| 〃 | 〃 | 편집위원 | 1944. 6. 1 |
| 安奉舜 | 내무부 | 총무과 과원 | 1944. 6. 12 |
| 安蓮生 | 선전부 | 선전과 과원 | 1944. 6. 1 |
| 安偶生 | 〃 | 선전과장 | 1944. 6. 1 |
| 〃 | 〃 | 편집위원 | 1944. 6. 19 |
| 〃 | 주석 판공실 | 비서 | 1944. 9. 6 |

| 성명 | 기관별 | 직명 | 선임~해임 년월일 |
|------|--------|------|------------------|
| 安元奎 | 외무부 | 주미외교위원 | 1944. 10. 20 |
| 安原生 | 선전부 | 차장 | 1944. 6. 1~45. 2.19 |
| 〃 | 외무부 | 외사과장 | 1944. 6. 1~45. 2. 5 |
| 〃 | 선전부 | 편집위원 | 1944. 6. 19 |
| 楊宇朝 | 외무부 | 외교연구위원 | 1944. 6. 21~7. 10 |
| 〃 | 회계검사원 | 검사위원 | 1944. 7. 10 |
| 嚴恒燮 | 선전부 | 부장 | 1944. 5. 8 |
| 〃 | 〃 | 편집위원 주임 | 1944. 6. 19 |
| 嚴弘燮 | 〃 | 총무과장 | 1944. 6. 1 |
| 〃 | 〃 | 비서 | 1944. 6. 1 |
| 〃 | 〃 | 편집위원 | 1944. 6. 19 |
| 廉溫東 | 군무부 | 총무과장 | 1944. 6. 5 |
| 〃 | 〃 | 간사 | 1944. 9. 6 |
| 王英哉 | 선전부 | 총무과 과원 | 1944. 6. 1 |
| 王 通 | 〃 | 편집위원 | 1944. 6. 19 |
| 柳東說 | 통수부 | 막료·참모총장 | 1944. 7. 17 |
| 〃 | 참모부 | 참모총장 | 1944. 7. 17 |
| 劉炳茂 | 내무부 | 경위대 대부(隊副) | 1944. 6. 12 |
| 劉振東 | 선전부 | 편집위원 | 1944. 6. 19 |
| 尹琦燮 | 군무부 | 군사학편찬위원 부주임 | 1944. 9. 6 |
| 尹在賢 | 외무부 | 총무과 과원 | 1945. 3. 12 |
| 尹澄宇 | 비서처 | 부비서장 | 1944. 6. 1 |
| 〃 | 선전부 | 편집위원 | 1944. 6. 19 |
| 李薩音 | 외무부 | 주미외교위원 | 1944. 10. 20 |
| 李圭元 | 내무부 | 경위대 대원 | 1945. 2. 5 |
| 李復榮 | 외무부 | 외사과 과원 | 1944. 6. 1~10. 16 |
| 〃 | 선전부 | 자료과 과원 | 1944. 6. 1~11. 20 |
| 〃 | 외무부 | 총무과 과원 | 1944. 12. 4 |
| 〃 | 선전부 | 선전과 과원 | 1945. 3. 13 |
| 〃 | 회계검사원 | 조리원(助理員) | 1945. 4. 3 |
| 李復源 | 군무부 | 군사학편찬위원 | 1944. 9. 6 |
| 李象萬 | 회계검사원 | 원장 | 1944. 6. 12 |
| 李成樺 | 군무부 | 군사과 과원 | 1944. 6. 27 |
| 李承晩 | 외무부 | 주미외교위원 위원장 | 1944. 10. 20 |
| 李然皓 | 〃 | 외교연구위원 | 1944. 6. 21 |
| 李貞浩 | 〃 | 외교연구위원 | 1944. 6. 21 |

| 성명 | 기관별 | 직명 | 선임~해임 년월일 |
|---|---|---|---|
| 李貞浩 | 외무부 | 정보과장 | 1944. 6. 1~7. 27 |
| 李志一 | 내무부 | 경무과장 | 1944. 5. 31~7. 10 |
| 〃 | 〃 | 경위대장 | 1944. 5. 31~7. 10 |
| 〃 | 〃 | 경무차장(겸) | 1944. 7. 10~10. 16 |
| 李忠模 | 군무부 | 군사학편찬위원 | 1944. 9. 6 |
| 李海鳴 | 문화부 | 총무과장 | 1944. 6. 1 |
| 李顯洙 | 내무부 | 차장 | 1944. 1. 8 |
| 林義鐸 | 서무국 | 국장 | 1944. 11. 28 |
| 鄭 明 | 주석 판공실 | 서기 | 1945. 3. 19 |
| 鄭漢景 | 외무부 | 주미외교위원 비서주임 | 1944. 10. 20 |
| 趙桂林 | 〃 | 총무과 과원 | 1944. 6. 27~11. 20 |
| 趙誠軾 | 재무부 | 총무과장 | 1945. 4. 3 |
| 曹成煥 | 통수부 | 판공처 주임 | 1944. 10. 25 |
| 趙素昂 | 외무부 | 부장 | 1944. 5. 8 |
| 〃 | 〃 | 외교연구위원 주임 | 1944. 6. 21 |
| 趙琬九 | 재무부 | 부장 | 1944. 5. 8 |
| 〃 | 통수부 | 막료·국무위원대표 | 1944. 10. 9 |
| 趙志英 | 군무부 | 비서 | 1944. 6. 5~6. 19 |
| 〃 | 〃 | 군사과장 | 1944. 6. 27 |
| 朱福德 | 내무부 | 경위대 대원 | 1944. 6. 12 |
| 周世敏 | 문화부 | 교육과장 | 1944. 6. 1~6. 19 |
| 〃 | 군무부 | 비서 | 1944. 6. 19 |
| 〃 | 문화부 | 비서 | 1944. 6. 19 |
| 朱憲澍 | 외무부 | 주미외교위원 | 1944. 10. 20 |
| 車利錫 | 비서처 | 비서장 | 1944. 5. 8. |
| 崔德新 | 외무부 | 비서 | 1944. 6. 1~11. 20 |
| 崔東旿 | 법무부 | 부장 | 1944. 5. 8 |
| 崔錫淳 | 문화부 | 부장 | 1944. 5. 8~45. 3. 12 |
| 崔錫湧 | 회계검사원 | 검사위원 | 1944. 7. 10~45. 1.22 |
| 崔亨祿 | 외무부 | 총무과 과원 | 1944. 12. 4 |
| 韓 銘 | 내무부 | 비서 | 1944. 1. 8 |
| 韓始大 | 외무부 | 주미외교위원 | 1944. 10. 20 |
| 黃英植 | 내무부 | 경위대 대원 | 1944. 6. 12 |

1) 앞의 자료는 「別紙 第七號: 大韓民國臨時政府職員 選解任簿」(『大韓民國臨時政府議政院文書』, 국회도서관, 1974)를 인명 가나다 순으로 정리한 것이다.
2) 앞의 자료는 대한민국임시정부의 말기 핵심 직원을 파악하는 데 기초가 되는 자료이다.

## 【 자료 3 】 韓國臨時政府職員 暨眷屬僑民名單

| 성명 | 성별 | 연령 | 적관(籍貫) | 직무(職務) |
|---|---|---|---|---|
| 文逸民 | 남 | 48 | 평북 | 의정원 의원 |
| 申榮三 | 남 | 50 | 평북 | 〃 |
| 金芝川 | 남 | 40 | 평북 | 문화부 차장 |
| 崔亨祿 | 여 | 58 | 경성 | 외무부 과원 |
| 趙桂林 | 여 | 27 | 경성 | 외무부 과장 |
| 金貞淑 | 여 | 28 | 평북 | 회계검사 |
| 廉溫東 | 남 | 44 | 강원 | 의정원 의원 겸 군무부 과장 |
| 金在浩 | 남 | 33 | 전북 | 의정원 의원 겸 내무부 과장 |
| 申貞婉 | 여 | 28 | 전북 | 의정원 의원 |
| 金仲涉 | 남 | 30 | 평북 | 서무국 |
| 趙誠轍 | 남 | 36 | 경북 | 군무부 과원 |
| 趙誠稙 | 남 | 33 | 경북 | 문화부 과원 |
| 趙誠軾 | 남 | 33 | 경북 | 재무부 과원 |
| 安炳武 | 남 | 34 | 평북 | 선전부 과원 |
| 金鐵男 | 남 | 50 | 평북 | 의정원 의원 겸 참모 차장 |
| 李平山 | 남 | 39 | 경성 | 군무부 과원 |
| 李斗山 | 남 | 50 | 경북 | 광복군 정훈처장 |
| 李海鳴 | 남 | 50 | 강원 | 의정원 의원 겸 문화부 과원 |
| 趙志英 | 남 | 30 | 평남 | 군무부 과원 |
| 金一東 | 남 | 26 | 경북 | 〃 |
| 周世敏 | 남 | 33 | 평북 | 군무부 비서 |
| 尹澄宇 | 남 | 36 | 경남 | 국무위원회 부비서장 |
| 金淳愛 | 여 | 55 | 강원 | 애국부인회 회장, 회계검사관 |
| 林義鐸 | 남 | 54 | 평북 | 서무국장 |
| 朴建雄 | 남 | 45 | 평북 | 의정원 의원 겸 구제회 비서부장 |
| 申基彦 | 남 | 38 | 경북 | 귀국위원회 위원 |
| 李集中 | 남 | 52 | 전북 | 의정원 의원 |
| 宋旭東 | 남 | 47 | 전북 | 〃 |
| 崔錫淳 | 남 | 55 | 평북 | 〃 |
| 崔錫湧 | 남 | 38 | 평북 | 의정원 비서장 |
| 李光濟 | 남 | 44 | 평북 | 의정원 의원 |
| 孫斗煥 | 남 | 50 | 황해 | 〃 |
| 姜弘周 | 남 | 49 | 함북 | 〃 |

| 성명 | 성별 | 연령 | 적관(籍貫) | 직무(職務) |
|---|---|---|---|---|
| 池暻禧 | 여 | 37 | 함북 | 의정원 의원 |
| 李興官 | 남 | 36 | 함북 | 〃 |
| 楊宇朝 | 남 | 45 | 평북 | 〃 |
| 尹琦燮 | 남 | 56 | 경성 | 생활위원회 위원장 |
| 安奉舜 | 남 | 49 | 황해 | 의정원 의원 |
| 金英哉 | 남 | 33 | 황해 | 생활위원회 위원 |
| 黃永植 | 남 | 33 | 경북 | 〃 |
| 金維哲 | 남 | 35 | 평북 | 외무부 과장 |
| 羅成憲 | 남 | 55 | 평북 | 서무국 과장 |
| 金貞子 | 여 | 28 | 경북 | 〃 |
| 張熙守 | 여 | 45 | 경북 | 문화부 과원 |
| 朴容德 | 남 | 35 | 경북 | 생활위원회 위원 |
| 沈光植 | 남 | 37 | 충남 | 의정원 의원 |
| 劉平波 | 남 | 36 | 충남 | 〃 |
| 卞正根 | 남 | 35 | 경북 | 〃 |
| 金弘敍 | 남 | 60 | 평남 | |
| 金鍵厚 | 남 | 42 | 평남 | |
| 金允敍 | 남 | 35 | 평북 | |
| 姜昌濟 | 남 | 49 | 경성 | |
| 閔泳淑 | 여 | 24 | 경성 | |
| 申 桓 | 남 | 50 | 경성 | 재무부 차장 |
| 韓志成 | 남 | 33 | 경북 | 귀국위원회 위원 |
| 曺 斌 | 남 | 42 | 경남 | 광복군 |
| 成始伯 | 남 | 35 | 황해 | |
| 崔種儀 | 남 | 25 | 경북 | |
| 韓錦源 | 남 | 42 | 평북 | 광복군 |
| 李秉勳 | 남 | 34 | 평북 | 〃 |
| 李淑珍 | 여 | 45 | 경성 | 국무위원 조성환 가속 |
| 崔東燁 | 여 | 50 | 평북 | 참모총장 유동열 가속 |
| 柳美英 | 여 | 25 | 평북 | 〃 |
| 崔宗淑 | 여 | 20 | 평북 | 법무부장 최동오 가속 |
| 崔宗華 | 여 | 17 | 평북 | 〃 |
| 崔宗蘭 | 여 | 10 | 평북 | 〃 |
| 崔權愛 | 여 | 6 | 평북 | 〃 |
| 崔建國 | 남 | 3 | 평북 | 〃 |
| 金友愛 | 여 | 20 | 강원 | 부주석 김규식 가속 |

| 성명 | 성별 | 연령 | 적관(籍貫) | 직무(職務) |
|---|---|---|---|---|
| 金鎭世 | 남 | 18 | 강원 | 부주석 김규식 가속 |
| 崔 禎 | 여 | 37 | 경북 | 문화부장 김상덕 가속 |
| 金光成 | 여 | 12 | 경북 | 〃 |
| 李英蘭 | 여 | 11 | 경북 | 〃 |
| 金佪陸 | 남 | 9 | 경북 | 〃 |
| 李英大 | 남 | 8 | 경북 | 〃 |
| 金重陸 | 남 | 1 | 경북 | 〃 |
| 趙時濟 | 남 | 38 | 경성 | 외무부장 조소앙 가속 |
| 趙弼濟 | 여 | 18 | 경성 | 〃 |
| 趙鏞濟 | 여 | 48 | 경성 | 〃 |
| 吳永善 | 여 | 59 | 경성 | 〃 |
| 金鎭憲 | 남 | 29 | 경성 | 〃 |
| 崔東仙 | 여 | 26 | 경남 | 군무부장 김원봉 가속 |
| 金小弟 | 남 | 1 | 경남 | |
| 杜君慧 | 여 | 41 | 평북 | 국무위원 김성숙 가속 |
| 金杜鉗 | 남 | 16 | 평북 | 〃 |
| 金杜鍵 | 남 | 11 | 평북 | 〃 |
| 金杜鏈 | 남 | 3 | 평북 | 〃 |
| 盧英哉 | 여 | 50 | 평북 | 국무위원 김붕준 가속 |
| 金德穆 | 남 | 32 | 평북 | 〃 |
| 延微堂 | 여 | 37 | 경성 | 선전부장 엄항섭 가속 |
| 嚴琪梅 | 여 | 17 | 경성 | 〃 |
| 嚴基東 | 남 | 15 | 경성 | 〃 |
| 嚴基蘭 | 여 | 12 | 경성 | 〃 |
| 嚴基南 | 남 | 8 | 경성 | 〃 |
| 嚴基珠 | 여 | 2 | 경성 | 〃 |
| 李海影 | 여 | 53 | 경성 | 내무부장 신익희 가속 |
| 金元恩 | 남 | 9 | 경성 | |
| 李仁淑 | 여 | 62 | 황해 | 주석 판공실 비서 안우생 가속 |
| 安敬根 | 남 | 49 | 황해 | 〃 |
| 安蓮生 | 여 | 28 | 황해 | 〃 |
| 李雲仙 | 여 | 31 | 황해 | 〃 |
| 安基愛 | 여 | 7 | 황해 | 〃 |
| 安基哲 | 남 | 6 | 황해 | 〃 |
| 安基雄 | 남 | 1 | 황해 | 〃 |
| 安錦生 | 여 | 26 | 황해 | 〃 |

| 성명 | 성별 | 연령 | 적관(籍貫) | 직무(職務) |
|---|---|---|---|---|
| 金善伊 | 여 | 36 | 강원 | 의정원 의원 염온동 가속 |
| 廉宗元 | 여 | 12 | 강원 | 〃 |
| 廉洛元 | 남 | 9 | 강원 | 〃 |
| 廉祥元 | 남 | 7 | 강원 | 〃 |
| 廉仲元 | 남 | 5 | 강원 | 〃 |
| 廉成元 | 남 | 1 | 강원 | 〃 |
| 金恩周 | 여 | 34 | 평북 | 의정원 의원 신영삼 가속 |
| 申初然 | 여 | 14 | 평북 | 〃 |
| 申永然 | 남 | 11 | 평북 | 〃 |
| 申應然 | 남 | 13 | 평북 | 〃 |
| 申大然 | 여 | 5 | 평북 | 〃 |
| 尹龍慈 | 여 | 56 | 경성 | 광복군 총사령 이청천 가속 |
| 李復榮 | 여 | 25 | 경성 | 〃 |
| 黃愛淑 | 여 | 56 | 경성 | 〃 |
| 李正桂 | 남 | 20 | 경성 | 〃 |
| 李順承 | 여 | 43 | 경성 | 선무단원 조시원 가속 |
| 金在淳 | 여 | 46 | 평북 | 의정원 의원 최석순 가속 |
| 崔東根 | 남 | 13 | 평북 | 〃 |
| 崔東珠 | 여 | 11 | 평북 | 〃 |
| 朴而誠 | 여 | 29 | 경성 | 생활위원회장 윤기섭 가속 |
| 尹雪松 | 여 | 4 | 경성 | 〃 |
| 尹谷蘭 | 여 | 2 | 경성 | 〃 |
| 金英洙 | 여 | 44 | 황해 | 의정원 의원 손두환 가속 |
| 孫基平 | 남 | 10 | 황해 | 〃 |
| 孫基禮 | 여 | 7 | 황해 | 〃 |
| 孫基蓮 | 여 | 12 | 황해 | 〃 |
| 宋英順 | 여 | 32 | 전북 | 의정원 의원 이집중 가속 |
| 李昌華 | 남 | 6 | 전북 | 〃 |
| 姜文淑 | 여 | 14 | 함북 | 의정원 의원 강홍주 가속 |
| 姜紀春 | 남 | 12 | 함북 | 〃 |
| 姜紀岳 | 남 | 9 | 함북 | 〃 |
| 姜紀萱 | 여 | 6 | 함북 | 〃 |
| 姜紀岐 | 여 | 5 | 함북 | 〃 |
| 易素君 | 여 | 35 | 평북 | 의정원 의원 겸 참모차장 김철남 가속 |
| 金漢七 | 여 | 70 | 평북 | 〃 |
| 金正平 | 남 | 16 | 평북 | 〃 |

| 성명 | 성별 | 연령 | 적관(籍貫) | 직무(職務) |
|---|---|---|---|---|
| 金怡平 | 남 | 14 | 평북 | 의정원 의원 겸 참모차장 김철남 가속 |
| 金仁平 | 남 | 13 | 평북 | 〃 |
| 金仲平 | 남 | 15 | 평북 | 〃 |
| 金愛平 | 남 | 8 | 평북 | 〃 |
| 權基玉 | 여 | 45 | 경북 | 의정원 의원 이연호 가속 |
| 張若嘉 | 여 | 27 | 평북 | 군무부 비서 주세민 가속 |
| 周復韓 | 남 | 3 | 평북 | 〃 |
| 韓泰恩 | 여 | 26 | 경북 | 의정원 의원 이정호 가속 |
| 李志蘭 | 여 | 1 | 경북 | 〃 |
| 鄭靖和 | 여 | 45 | 경성 | 외무부 김의한 가속 |
| 金厚東 | 남 | 17 | 경성 | 〃 |
| 崔素貞 | 여 | 38 | 평북 | 의정원 의원 양우조 가속 |
| 楊濟始 | 여 | 8 | 평북 | 〃 |
| 楊濟利 | 여 | 6 | 평북 | 〃 |
| 朴義蘭 | 여 | 11 | 평북 | 의정원 의원 박건웅 가속 |
| 文靖珍 | 남 | 28 | 황해 | 의정원 의원 문일민 가속 |
| 趙純濟 | 여 | 23 | 황해 | 광복군 상해지대 구대장 안춘생 가속 |
| 安秀英 | 여 | 3 | 평북 | 〃 |
| 高時福 | 남 | 33 | 평남 | 광복군 |
| 韓大元 | 남 | 28 | 황해 | 〃 |
| 朴錦珠 | 여 | 30 | 평북 | 의정원 의원 안동순 가속 |
| 李信吉 | 여 | 26 | 평북 | 생활위원회 위원 김영재 가속 |
| 金立和 | 여 | 8 | 평북 | 〃 |
| 金明和 | 여 | 7 | 평북 | 〃 |
| 金蓉和 | 여 | 4 | 평북 | 〃 |
| 金慶和 | 여 | 1 | 평북 | 〃 |
| 羅守眞 | 여 | 28 | 평북 | 의정원 비서장 최석용 가속 |
| 鄭予順 | 여 | 50 | 평북 | 〃 |
| 崔東珍 | 여 | 9 | 평북 | 〃 |
| 崔東川 | 남 | 5 | 평북 | 〃 |
| 崔東焰 | 남 | 8 | 평북 | 〃 |
| 崔東立 | 남 | 1 | 평북 | 〃 |
| 李炳淑 | 여 | 46 | 전북 | 의정원 의원 송욱동 가속 |
| 宋熙珠 | 여 | 5 | 전북 | 〃 |
| 張英熙 | 여 | 12 | 전북 | 〃 |
| 張成烈 | 남 | 9 | 전북 | 〃 |

| 성명 | 성별 | 연령 | 적관(籍貫) | 직무(職務) |
|---|---|---|---|---|
| 權惠卿 | 여 | 28 | 경북 | 외무부 과장 김유철 가속 |
| 朴賢淑 | 여 | 63 | 황해 | 의정원 의원 유진동 가속 |
| 姜暎波 | 여 | 33 | 평북 | 〃 |
| 劉秀蘭 | 여 | 7 | 평북 | 〃 |
| 劉秀梅 | 여 | 5 | 평북 | 〃 |
| 劉秀相 | 여 | 2 | 평북 | 〃 |
| 黃秀芳 | 여 | 26 | 평북 | 〃 |
| 劉秀顯 | 남 | 4 | 평북 | 〃 |
| 劉秀仁 | 여 | 4 | 평북 | 〃 |
| 劉秀然 | 남 | 2 | 평북 | 〃 |
| 崔允信 | 여 | 29 | 황해 | 광복군 상해 지대장 박시창 가속 |
| 朴維光 | 남 | 9 | 황해 | 〃 |
| 朴維明 | 남 | 5 | 황해 | 〃 |
| 朴維華 | 여 | 8 | 황해 | 〃 |
| 朴維勇 | 남 | 2 | 황해 | 〃 |
| 徐光玉 | 여 | 29 | 평북 | 광복군 이병훈 가속 |
| 李丹丹 | 여 | 5 | 평북 | 〃 |
| 李榮豪 | 남 | 1 | 평북 | 〃 |
| 戴邰絜 | 여 | 28 | 평북 | 〃 |
| 徐光華 | 여 | 11 | 평북 | 〃 |
| 徐光偉 | 남 | 8 | 평북 | 〃 |
| 金貞淑 | 여 | 48 | 평북 | 김홍서 가속 |
| 金鍵永 | 남 | 22 | 평북 | 〃 |
| 金鍵億 | 남 | 14 | 평북 | 〃 |
| 金鍵爀 | 남 | 16 | 평북 | 〃 |
| 金鍵華 | 남 | 11 | 평북 | 〃 |
| 金鍵卓 | 남 | 8 | 평북 | 〃 |
| 朴蓉峯 | 여 | 29 | 평북 | 김윤서 가속 |
| 金鍵珠 | 여 | 11 | 평북 | 〃 |
| 金鍵國 | 남 | 4 | 평북 | 〃 |
| 金鍵淑 | 여 | 2 | 평북 | 〃 |
| 李貞瑞 | 여 | 62 | 황해 | 한국구제회 회장 안정근 가속 |
| 安恩生 | 여 | 17 | 황해 | 〃 |
| 金孝子 | 여 | 5 | 황해 | 〃 |
| 宋靜軒 | 여 | 26 | 평북 | 의정원 의원 유평파 가속 |
| 金玉珠 | 여 | 19 | 평북 | 〃 |

| 성명 | 성별 | 연령 | 적관(籍貫) | 직무(職務) |
|---|---|---|---|---|
| 劉秀松 | 남 | 8 | 평북 | 의정원 의원 유평파 가속 |
| 劉秀暎 | 여 | 7 | 평북 | 〃 |
| 劉秀贊 | 남 | 3 | 평북 | 〃 |
| 劉秀光 | 남 | 1 | 평북 | 〃 |
| 劉秀明 | 남 | 1 | 평북 | 〃 |
| 陳德心 | 여 | 31 | 경북 | 광복군 정훈처장 이두산 가속 |
| 李哲浩 | 남 | 5 | 경북 | 〃 |
| 李文淑 | 여 | 2 | 경북 | 〃 |
| 金尙燁 | 여 | 22 | 경북 | 김두봉 가속 |
| 孫振俠 | 여 | 20 | 경북 | |
| 金東振 | 남 | 25 | 경북 | |
| 金光榮 | 여 | 18 | 경북 | |
| 金信斗 | 여 | 46 | 충청 | 국내 특파원 김인철 가속 |
| 金福玉 | 여 | 20 | 충청 | 〃 |
| 金福熙 | 여 | 16 | 충청 | 〃 |
| 金冀娟 | 여 | 2 | 충청 | 〃 |
| 施淸華 | 여 | 32 | 경북 | 귀국위원회 위원 신기언 가속 |
| 申亞明 | 여 | 8 | 경북 | 〃 |
| 申湘明 | 남 | 5 | 경북 | 〃 |
| 申桂明 | 남 | 3 | 경북 | 〃 |
| 申重明 | 남 | 2 | 경북 | 〃 |
| 王雲錦 | 여 | 37 | 평북 | 강창제 가속 |
| 姜麗華 | 여 | 14 | 평북 | 〃 |
| 姜英局 | 남 | 12 | 평북 | 〃 |
| 姜麗湘 | 여 | 8 | 평북 | 〃 |
| 姜英宇 | 남 | 3 | 평북 | 〃 |
| 崔曙敬 | 여 | 43 | 평북 | 광복군 참모장 김홍일 가속 |
| 金克哉 | 남 | 20 | 평북 | 〃 |
| 金湧哉 | 남 | 17 | 평북 | 〃 |
| 金德哉 | 남 | 11 | 평북 | 〃 |
| 金秉仁 | 여 | 32 | 평북 | 광복군 참모처장 이준식 가속 |
| 李東吉 | 남 | 9 | 평북 | 〃 |
| 李成吉 | 남 | 3 | 평북 | 〃 |
| 金秉一 | 여 | 41 | 평북 | 광복군 제1지대장 채원개 가속 |
| 蔡秀英 | 남 | 13 | 평북 | 〃 |
| 蔡秀雄 | 남 | 9 | 평북 | 〃 |

| 성명 | 성별 | 연령 | 적관(籍貫) | 직무(職務) |
|---|---|---|---|---|
| 蔡秀賢 | 여 | 3 | 평북 | 광복군 제1지대장 채원개 가속 |
| 蔡秀傑 | 남 | 1 | 평북 | 〃 |
| 李瘦影 | 여 | 39 | 경남 | |
| 曺麗娟 | 여 | 17 | 경남 | |
| 曺麗園 | 남 | 15 | 경남 | |
| 曺麗福 | 남 | 13 | 경남 | |
| 丁秀華 | 여 | 19 | 경남 | |
| 任世嫄 | 여 | 21 | 평북 | |
| 呂應淑 | 여 | 1 | 평북 | |
| 李致燮 | 남 | 45 | 평북 | 광복군 |
| 李錦相 | 여 | 25 | 평북 | 광복군 이치섭 가속 |
| 李基瑛 | 여 | 9 | 평북 | 〃 |
| 李基雲 | 남 | 5 | 평북 | 〃 |
| 李基筑 | 여 | 3 | 평북 | 〃 |
| 具弼善 | 여 | 40 | 경북 | |
| 金基雨 | 남 | 12 | 경북 | |
| 金基英 | 남 | 8 | 경북 | |
| 金基玉 | 여 | 6 | 경북 | |
| 沈顯石 | 남 | 13 | 경성 | 광복군 과장 심광식 가속 |
| 沈顯震 | 남 | 5 | 경성 | 〃 |
| 沈顯雄 | 남 | 1 | 경성 | 〃 |
| 李善英 | 여 | 30 | 경성 | 〃 |
| 金孝淑 | 여 | 30 | 평북 | 광복군 송면수 가속 |
| 宋泰湘 | 남 | 7 | 평북 | 〃 |
| 宋泰渝 | 여 | 5 | 평북 | 〃 |
| 鄭再燮 | 남 | 37 | 평북 | |
| 朴敬愛 | 여 | 28 | 평북 | 정재섭 가속 |
| 鄭羅拉 | 여 | 8 | 평북 | 〃 |
| 鄭偉誠 | 남 | 5 | 평북 | 〃 |
| 鄭偉平 | 남 | 3 | 평북 | 〃 |
| 蕲皎潔 | 여 | 36 | 충북 | 고 이달 광복군 가속 |
| 李素心 | 여 | 5 | 충북 | 〃 |
| 李正心 | 남 | 3 | 충북 | 〃 |
| 金大慧 | 여 | 25 | 평남 | 광복군 박성열 가속 |
| 朴湘衡 | 남 | 5 | 평남 | 〃 |
| 朴湄湄 | 여 | 3 | 평남 | 〃 |

| 성명 | 성별 | 연령 | 적관(籍貫) | 직무(職務) |
|---|---|---|---|---|
| 段永淸 | 여 | 28 | 경북 | 광복군 이진영 가속 |
| 李渝明 | 남 | 4 | 경북 | 〃 |
| 李渝星 | 남 | 1 | 경북 | 〃 |
| 李淑芳 | 여 | 51 | 경북 | 광복군 지대장 권준 가속 |
| 權泰宗 | 남 | 32 | 경성 | 〃 |
| 權平衡 | 남 | 15 | 경성 | 〃 |
| 金渝生 | 남 | 5 | 전남 | 의정원 의원 김재호 가속 |
| 洪梅英 | 여 | 32 | 평북 | 고 차이석 국무위원 가속 |
| 車花玉 | 여 | 10 | 평북 | 〃 |
| 車慶福 | 남 | 7 | 평북 | 〃 |
| 車永祚 | 남 | 2 | 평북 | 〃 |
| 宋子靑 | 여 | 33 | 평남 | 광복군 부관처장 이석화 가속 |
| 李 英 | 여 | 7 | 평남 | 〃 |
| 李 明 | 여 | 5 | 평남 | 〃 |
| 申松植 | 남 | 31 | 평남 | 광복군 |
| 吳熙英 | 여 | 20 | 평남 | 광복군 신송식 가속 |
| 賀敏文 | 여 | 32 | 충북 | 광복군 남상규 가속 |
| 南渝裕 | 여 | 5 | 충북 | 〃 |
| 黃冠英 | 여 | 34 | 평북 | 광복군 한성도 가속 |
| 韓雪莉 | 여 | 13 | 평북 | 〃 |
| 韓煠莉 | 여 | 6 | 평북 | 〃 |
| 韓米莉 | 여 | 3 | 평북 | 〃 |
| 李月鳳 | 여 | 30 | 평북 | 광복군 김강 가속 |
| 金民杰 | 남 | 45 | 평북 | |
| 權一重 | 남 | 45 | 평북 | |
| 宋 哲 | 남 | 30 | 평북 | 광복군 |
| 全月成 | 남 | 39 | 강원 | 〃 |
| 李順吉 | 여 | 28 | 경성 | |
| 羅東奎 | 남 | 29 | 전북 | 광복군 |
| 阿 翠 | 여 | 32 | 경성 | 광복군 노복선 가속 |
| 盧雪蓮 | 여 | 6 | 평북 | 〃 |
| 金孝貞 | 여 | 28 | 평북 | |
| 金姬淑 | 여 | 8 | 평북 | |
| 金日成 | 남 | 3 | 평북 | |
| 李志英 | 남 | 6 | 평남 | |
| 李志雄 | 남 | 4 | 평남 | |

| 성명 | 성별 | 연령 | 적관(籍貫) | 직무(職務) |
|---|---|---|---|---|
| 朱淑貞 | 여 | 36 | 평남 | |
| 許志秀 | 남 | 29 | 평남 | |
| 權赫柱 | 남 | 23 | 평남 | |
| 李梯善 | 남 | 22 | 평남 | |
| 兪炳雨 | 남 | 22 | 평남 | |
| 羅榮鶴 | 남 | 30 | 평남 | |
| 方忠國 | 남 | 28 | 평남 | |
| 盧源根 | 남 | 30 | 평남 | |
| 李圭元 | 남 | 32 | 함북 | |
| 柳時保 | 남 | 21 | 함북 | |
| 李廷得 | 남 | 28 | 함북 | |
| 安聲鍾 | 남 | 26 | 함북 | |
| 鄭時春 | 남 | 20 | 함북 | |
| 趙一潤 | 남 | 22 | 함북 | |
| 崔素英 | 남 | 22 | 함북 | |
| 崔大吉 | 남 | 23 | 함북 | |
| 金章均 | 남 | 23 | 함북 | |
| 李義臣 | 남 | 21 | 함북 | |
| 朴載喜 | 남 | 25 | 충청 | |
| 鄭薰 | 남 | 29 | 충청 | |
| 南相奎 | 남 | 39 | 충청 | |
| 宋福德 | 남 | 45 | 전북 | 광복군 |
| 宋炳喆 | 남 | 25 | 전북 | 광복군 송복덕 가속 |
| 洪梅範 | 여 | 23 | 전북 | 〃 |
| 宋椿姬 | 여 | 4 | 전북 | 〃 |
| 宋椿仙 | 여 | 2 | 전북 | 〃 |
| 鄭英淑 | 여 | 48 | 경성 | 광복군 오광선 가속 |
| 吳熙玉 | 여 | 18 | 경성 | 〃 |
| 吳英傑 | 남 | 9 | 함경 | 〃 |
| 尹元章 | 남 | 50 | 평남 | 광복군 |
| 陳昌有 | 여 | 39 | 평남 | 광복군 윤원장 가속 |
| 尹成淑 | 여 | 10 | 평남 | 〃 |
| 尹起勇 | 남 | 9 | 평남 | 〃 |
| 陳淑貞 | 여 | 38 | 평남 | 광복군 이동화 가속 |
| 李義芳 | 여 | 20 | 평남 | |
| 李義重 | 여 | 14 | 평남 | |

| 성명 | 성별 | 연령 | 적관(籍貫) | 직무(職務) |
|---|---|---|---|---|
| 李義勇 | 남 | 16 | 평남 | |
| 秦 氏 | 여 | 52 | 평남 | |
| 徐在賢 | 남 | 40 | 황해 | |
| 李孝得 | 남 | 32 | 평북 | |
| 李英秀 | 남 | 32 | 평북 | 광복군 |
| 崔東和 | 남 | 30 | 경남 | |
| 李鳳善 | 남 | 24 | 경남 | |
| 裵成信 | 남 | 25 | 경남 | |
| 申河均 | 남 | 32 | 경성 | 광복군 |
| 劉主人 | 여 | 26 | 경성 | 광복군 신하균 가속 |
| 申重慶 | 남 | 6 | 경성 | 〃 |
| 申重耳 | 남 | 2 | 경성 | 〃 |
| 李 鐸 | 남 | 48 | 강원 | 서무국 국원 |
| 劉源 | 여 | 35 | 평남 | 광복군 한금원 가속 |
| 韓素蘭 | 여 | 14 | 평남 | 〃 |
| 李健佑 | 남 | 37 | 경성 | 광복군 |
| 李麗珠 | 여 | 13 | 경성 | 광복군 이건우 가속 |
| 李麗保 | 남 | 12 | 경성 | 〃 |
| 張光娟 | 여 | 17 | 평북 | 광복군 김성호 가속 |
| 李根浩 | 남 | 38 | 충북 | 교포 |
| 方少山 | 남 | 52 | 충북 | 이근호 가속 |
| 詹方民 | 여 | 50 | 충북 | 〃 |
| 李黔生 | 여 | 5 | 평북 | 〃 |
| 方義珍 | 여 | 24 | 평북 | 〃 |
| 李筑桃 | 여 | 21 | 평북 | 〃 |
| 吳健海 | 여 | 51 | 충북 | 재무부 신환 가속 |
| 鄒壽德 | 여 | 24 | 충북 | 교포 |
| 崔款明 | 여 | 8 | 충북 | |
| 崔款欽 | 여 | 5 | 충북 | |
| 金鐵軍 | 남 | 32 | 황해 | 교포 |
| 兪頌淑 | 여 | 27 | 황해 | 김철군 가속 |
| 金柳鸞 | 여 | 8 | 황해 | 〃 |
| 丁貴淑 | 여 | 23 | 함경 | 광복군 나동규 가속 |
| 李棉仙 | 여 | 22 | 함경 | |
| 許甲生 | 남 | 62 | 함경 | |
| 李仙出 | 여 | 33 | 함경 | |

| 성명 | 성별 | 연령 | 적관(籍貫) | 직무(職務) |
|---|---|---|---|---|
| 劉春江 | 남 | 59 | 함경 | |
| 黃南淑 | 여 | 35 | 함경 | |
| 黃炳恩 | 남 | 16 | 함경 | 황남숙 가속 |
| 尹富順 | 여 | 25 | 함경 | |
| 李紅女 | 여 | 20 | 함경 | |
| 朴錦順 | 여 | 20 | 함경 | |
| 崔金珠 | 여 | 24 | 함경 | |
| 崔山玉 | 여 | 25 | 함경 | |
| 金陽錦 | 여 | 20 | 함경 | |
| 韓 淑 | 여 | 19 | 함경 | |
| 朴永心 | 여 | 23 | 함경 | |
| 李斗禮 | 여 | 28 | 함경 | |
| 徐仙玉 | 여 | 23 | 함경 | |
| 金七原 | 여 | 32 | 함경 | |
| 尹仁珠 | 여 | 31 | 함경 | |
| 朴鳳珠 | 여 | 26 | 함경 | |
| 申鳳順 | 여 | 26 | 충청 | |
| 金元珍 | 여 | 26 | 충청 | |
| 尹慶喜 | 여 | 26 | 충청 | |
| 李鳳仙 | 여 | 21 | 충청 | |
| 金太淑 | 여 | 22 | 충청 | |
| 李東燮 | 남 | 22 | 충청 | |
| 丁建時 | 남 | 22 | 충청 | |
| 申明浩 | 여 | 41 | 경성 | 주석판공실 민석린 가속 |
| 閔泳珠 | 여 | 22 | 경성 | 〃 |
| 閔泳愛 | 여 | 18 | 경성 | 〃 |
| 閔泳懿 | 여 | 16 | 경성 | 〃 |
| 閔泳華 | 여 | 12 | 경성 | 〃 |
| 閔樹榮 | 남 | 3 | 경성 | 〃 |
| 申順浩 | 여 | 22 | 경성 | 광복군 박영준 가속 |
| 李國英 | 여 | 24 | 경성 | 광복군 민영구 가속 |
| 李憲卿 | 여 | 76 | 경성 | 〃 |
| 閔庚植 | 여 | 6 | 경성 | 〃 |
| 閔重植 | 남 | 3 | 경성 | 〃 |
| 金秀賢 | 여 | 48 | 경성 | 이광 가속 |
| 李福英 | 남 | 17 | 경성 | 〃 |

| 성명 | 성별 | 연령 | 적관(籍貫) | 직무(職務) |
|---|---|---|---|---|
| 李天英 | 남 | 14 | 경성 | 이광 가속 |
| 李敏英 | 여 | 11 | 경성 | 〃 |
| 李俊英 | 남 | 9 | 경성 | 〃 |
| 李華英 | 남 | 22 | 경성 | 〃 |
| 李南英 | 남 | 20 | 경성 | 〃 |
| 李棲梧 | 여 | 33 | 경성 | 김은충 가속 |
| 金燕珠 | 여 | 8 | 경성 | 〃 |
| 金燕生 | 남 | 3 | 경성 | 〃 |

이상 在重慶 교민 457명

西安

| 성명 | 성별 | 연령 | 적관(籍貫) | 직무(職務) |
|---|---|---|---|---|
| 金鳳石 | 여 | 32 | 경성 | |
| 黃泰寅 | 남 | 29 | 경성 | |
| 黃玉子 | 여 | 10 | 경성 | |
| 李淑貞 | 여 | 56 | 경성 | |
| 金守信 | 남 | 20 | 경성 | |
| 安英熙 | 여 | 26 | 경성 | |
| 安正淑 | 여 | 28 | 황해 | 광복군 노태준 가속 |
| 李瑪麗 | 여 | 45 | 경성 | 광복군 제2지대장 이범석 가속 |
| 李復興 | 남 | 6 | 경성 | 〃 |
| 李寶姙 | 여 | 29 | 경성 | |
| 鄭順玉 | 여 | 30 | 경성 | |
| 白玉順 | 여 | 30 | 경북 | |
| 張敬淑 | 여 | 32 | 경북 | |
| 崔蓮花 | 여 | 31 | 경북 | |
| 林少女 | 여 | 28 | 경북 | |
| 李三女 | 여 | 35 | 경북 | |
| 崔加蘭 | 여 | 28 | 경북 | |
| 朴仁淑 | 여 | 26 | 경북 | |
| 朴芝鎬 | 여 | 40 | 경북 | |
| 韓貞任 | 여 | 29 | 경북 | |
| 文末景 | 여 | 25 | 전남 | |
| 朴判貴 | 여 | 26 | 전남 | |
| 朴永貴 | 여 | 9 | 전남 | |
| 李月成 | 남 | 20 | 전남 | |

452

| 성명 | 성별 | 연령 | 적관(籍貫) | 직무(職務) |
|---|---|---|---|---|
| 黃文京 | 남 | 80 | 전남 | |
| 金 權 | 남 | 3 | 전남 | |
| 崔英淑 | 여 | 25 | 전남 | |
| 姜 蝶 | 여 | 23 | 전남 | |
| 李富梅 | 여 | 28 | 전남 | |
| 李敬女 | 여 | 27 | 전남 | |
| 池昌淳 | 여 | 28 | 전북 | |
| 卓金玉 | 여 | 22 | 전북 | |
| 鮮于勇 | 남 | 2 | 전북 | |
| 朴英順 | 여 | 2 | 전북 | |
| 金淑英 | 여 | 30 | 전북 | |
| 姜英淑 | 여 | 27 | 전북 | |
| 金善玉 | 여 | 29 | 전북 | |
| 尹善孝 | 여 | 56 | 전북 | |
| 楊春深 | 여 | 35 | 전북 | 광복군 고급참모 송호송 가속 |
| 宋大陸 | 남 | 11 | 전북 | 〃 |

이상 在西安 교민 40명

## 成都

| 성명 | 성별 | 연령 | 적관(籍貫) | 직무(職務) |
|---|---|---|---|---|
| 金明鎭 | 여 | 28 | 평북 | |
| 金重鎭 | 남 | 26 | 평북 | |
| 李英茂 | 남 | 42 | 경북 | |
| 鄭依珍 | 여 | 42 | 경북 | |
| 李濬哲 | 남 | 17 | 경북 | |
| 李濬炎 | 남 | 12 | 경북 | |
| 李濬弘 | 남 | 7 | 경북 | |
| 李濬華 | 여 | 10 | 경북 | |
| 呂相賢 | 여 | 23 | 경북 | |
| 李健國 | 남 | 28 | 경북 | |
| 張哲夫 | 남 | 28 | | |
| 姜弘模 | 남 | 30 | 황해 | |
| 李麗珠 | 여 | 13 | 경성 | |
| 李麗寶 | 여 | 6 | 경성 | |
| 李麗玉 | 여 | 5 | 경성 | 김은충 가속 |
| 金恩善 | 남 | 36 | 경성 | |

| 성명 | 성별 | 연령 | 적관(籍貫) | 직무(職務) |
|---|---|---|---|---|
| 金宗耀 | 남 | 12 | 경성 | |

이상 在成都 교민 17명

## 昆明

| 성명 | 성별 | 연령 | 적관(籍貫) | 직무(職務) |
|---|---|---|---|---|
| 張聖哲 | 남 | 45 | 황해 | 항공사령부 |
| 金根斗 | 여 | 34 | 황해 | 장성철 가속 |
| 張慧倩 | 여 | 13 | 황해 | 〃 |
| 張慧萍 | 여 | 13 | 황해 | 〃 |
| 張洛生 | 남 | 10 | 황해 | 〃 |
| 張滇生 | 남 | 6 | 황해 | 〃 |
| 張慧敏 | 여 | 8 | 황해 | 〃 |
| 張慧淑 | 여 | 3 | 충청 | 〃 |
| 張明生 | 남 | 1 | 충청 | 〃 |
| 張運祥 | 남 | 25 | 충청 | 공로국 |
| 宋正華 | 여 | 54 | 충청 | |
| 李士英 | 남 | 38 | 충청 | |
| 金佐卿 | 남 | 43 | 충청 | 교포 |
| 胡靜逸 | 여 | 3 | 충청 | |
| 金景淑 | 여 | 14 | 충청 | |
| 金雲生 | 남 | 6 | 충청 | |
| 金明淑 | 여 | 4 | 충청 | |
| 金漢生 | 남 | 2 | 충청 | |
| 趙重哲 | 남 | 35 | 황해 | 항공 공정계 |
| 安玉生 | 여 | 24 | 황해 | 조중철 가속 |
| 趙顯淑 | 여 | 1 | 황해 | |

이상 在昆明 교민 21명

男僑　250名<br>女僑　285名<br>合計　535名

1) 이 자료는 大韓民國 27年(1945) 12月 8日 大韓民國臨時政府 駐華代表團에서 작성한「韓國臨時政府職員曁眷屬僑民名單」을 보완한 것이다.
2) 특히 직무에서 상당 부분 보완하였으며, 인명을 포함하여 명백하게 틀린 것은 원문을 수정하였다.
3) 위 명단은 임시정부의 직원과 가족사항을 잘 보여주지만, 해방 후 상당한 기간이 지나서 인원이 많이 확대된 반면, 임시정부의 핵심적인 지도자와 그 측근은 이미 귀국하여 누락되어 있다는 것에 유의해야 한다.
4) 재중경 교민과 전체 합계에서 명단에 기재된 숫자와 실제와는 20명의 차이가 있다.

# 백범 연보

## 일러두기

1. 『백범일지』 원문의 연기 착오까지 수정하여 연표를 작성하였다.
2. 가급적 (  ) 속에 달을 밝혀 선후 관계를 파악할 수 있게 하였다.
3. '일반 시사' 의 경우, 건양 원년(1896) 이전은 음력, 1896년 이후는 양력이다.
4. 『백범일지』 원문에는 양·음력의 구별이 없지만, 대체로 1903년 기독교에 입문하여 교육운동을 시작하기 이전은 음력, 이후는 양력이라는 점에 유의해야 한다.
5. '일반 시사' 는 양력이며, 『백범일지』에서 음력을 사용하고 있는 시기, 즉 1896~1902년의 '백범 행적' 에서도 명확하게 양력으로 확인·환산할 수 있는 것은 (양 3) 등으로 표기하였다.
6. 특별한 경우 (  ) 속에 날짜를 명기하였다.

| 년도(나이) | 백범 행적 | 일반 시사 |
|---|---|---|
| 1876 (1) | (양 8. 29; 음 7. 11) 안동 김씨 김자점 (金自點)의 방계(傍系) 후손으로, 황 해도 해주 백운방 텃골에서 아버지 김 순영(金淳永)과 어머니 곽낙원(郭樂園)의 외아들로 태어남. 아명(兒名)은 창암(昌巖). | (2월) '한일수호조규〔丙子條約, 江華 條約〕조인. |
| 1878~79 (3~4) | 천연두를 앓음. 어머니가 예사 부스럼 다스리듯 죽침으로 고름을 짜 얼굴에 벼슬자국이 생김. | |
| 1880~82 (5~7) | 5세 때 강령 삼가리(三街里)로 이사. 아버지 숟가락 부러뜨려 엿 사 먹는 등 개구쟁이 행동으로 부모님의 꾸중을 들음. 7세 때 해주 텃골 본향으로 다시 돌아옴. | (1881. 1) 일본에 신사유람단 파견. (1882. 4) '조미수호통상조약', '조영 수호조규' 조인. (6월) 임오군란(壬午軍亂). |
| 1883~86 (8~11) | 아버지는 불평이 많아 양반 구타, 도존 위(都尊位)에 천거되었다가 3년이 못 되어 면직. (1884. 4) 큰아버지 백영(伯永) 사망. (1885) 어릴 때 젖을 준 핏개댁〔稷浦 宅〕사망. | (1883. 1) 인천항 개항. (1884. 10) 갑신정변(甲申政變)으로 김옥균·박영효 등 일본 망명. (3월) 영국군, 거문도 점령. (1886) 언더우드, 스크랜튼 등 신교 육기관 설립. |
| 1887 (12) | 집안 어른이 갓을 쓰지 못하게 된 사연 을 듣고 양반이 되기 위해 공부하기로 결심. 아버지가 청수리 이생원을 선생 으로 모셔다 글방을 차려줘 공부 시작. | 아펜셀러, 정동교회 설립. 언더우드, 새문안교회 설립. |
| 1888~89 (13~14) | (4월) 할아버지 김만묵(金萬默) 별세. 아버지가 갑자기 뇌졸중으로 전신불수. 호전되어 반신불수. 부모님은 무전여행 으로 문전걸식하면서 고명한 의원을 찾 아 떠돌아다님. 백범은 큰어머니 댁·장 연 재종조 누이 댁 등을 전전하다. | (1883. 3) 조선 정부가 승인하는 자 이외에는 기독교 전파 및 학당을 설립 하지 못하게 함. (1889. 9) 방곡령. |
| 1890~91 (15~16) | (1890. 4) 할아버지 대상. 그 직후 부모 님과 더불어 다시 고향으로 돌아와 서 당에 다님. 서당 선생의 수준에 회의. 아버님, 「토지문권」 등 실용문서를 배 | (1890. 1) 함경도, 방곡령 철회. 안성· 함창 등에서 민란. (1891) 제주도·고성에서 민란. |

| | | |
|---|---|---|
| | 울 것을 권함. 이와 아울러 『통감』(通鑑), 사략(史略) 등을 읽음. 정문재(鄭文哉)에게 면비학생으로 『대학』(大學)과 한·당시(漢·唐詩)와 과문(科文) 등을 배움. | |
| 1892 (17) | 임진년(壬辰年) 경과(慶科)에 응시하여 낙방, 매관매직의 타락상을 보고 서당 공부 폐지. 석 달 동안 두문불출하고 『마의상서』(麻衣相書)로 관상 공부, 마음 좋은 사람이 되기로 결심. 그외 『지가서』(地家書)·『손무자』(孫武子)·『오기자』(吳起子)·『육도』(六韜)·『삼략』(三略) 등을 탐독. 가문의 어린이를 모아 1년간 가르치다. | (12월) 동학교도, 전라도 삼례역에 집합. 교조(敎祖)의 신원(伸冤)과 탄압 중지를 요구. |
| 1893 (18) | (정초) 포동 오응선(吳膺善)을 찾아가 동학 입도, 김창수(金昌洙)로 개명. 동학 입도 몇 달 후 연비(連臂)가 수천명이 되어 '아기 접주'라는 별명을 얻음. | (2월) 동학교도, 광화문에서 3일간 복합상소(伏閤上疏). (3월) 동학교도, 보은에 집결. (4월) 동학교도 해산. |
| 1894 (19) | (가을) 해월 최시형에게 연비 명단 보고차 보은에 가서 접주 첩지를 받음. (9월) 황해도 15명의 접주가 회의하여 거사 결정, 백범은 '팔봉 접주'로 선봉에 서다. 해주성 공격에 실패하고 구월산 패엽사로 후퇴, 군대 훈련. 안태훈, 백범 측에 밀사를 보내 상부상조하기로 밀약. (12월) 홍역을 치르는 와중에 같은 동학군 이동엽(李東燁)의 공격으로 대패. 몽금포로 피신. 3개월간 잠적. | (1월) 전봉준의 고부민란 발생. (2월) 김옥균 상해에서 암살됨. (3월) 백산에서 동학농민군 봉기. (5월) 전주화약. (6월) 청일전쟁. (9월) 동학농민군 2차봉기 (10. 22~11. 12) 동학농민군 공주 우금치에서 대패. (12월) 전봉준, 순창에서 잡혀 경성으로 압송. |
| 1895 (20) | (2월) 신천군 청계동 안태훈에게 몸을 의탁. 유학자 고능선(高能善)을 만나 가르침을 받음. (5월) 김형진을 만나 청국기행, 만주까지 감. (11월) 돌아오는 길에 김이언 의병의 | (3월) 전봉준 처형. (윤 5) 전국에 콜레라 만연. 수천명 사망. (8월) 을미사변(乙未事變). 명성왕후 시해됨. (11. 15) 단발령 공포. |

| | | |
|---|---|---|
| | 고산리전투에 참가하나 패함. 귀향 후 고능선의 장손녀와 약혼하나, 김치경의 훼방으로 파혼. | (11. 17) 건양(建陽)으로 연호 개정, 양력 사용. |
| 1896 (21) | (양 2) 다시 중국으로 떠났으나, 안주에서 단발령의 정지와 삼남 의병 소식을 듣고 돌아오기로 결심. (양 3. 9) 치하포에서 일본인 쓰치다 (土田讓亮)를 죽임. (양 5) 해주옥에 투옥. (양 7) 인천감옥으로 이송. 옥중에서 장티푸스에 걸림. 자살을 기도하나 주위 사람들에 의해 살아남. (양 8~9) 세 차례 심문 받음. (양 10) 법부에서 김창수의 교수형 건의. 고종은 판결 보류. 김창수는 미결수로 감옥 생활 시작. 감옥에서 『대학』(大學)·『세계역사』(世界歷史)·『세계지지』(世界地誌)·『태서신사』(泰西新史) 등으로 서양 근대문물을 접함. | (1월) 전국 각지에 의병 일어남(乙未義兵). (2. 11) 고종, 아관파천(俄館播遷). 친일정권 무너짐. (4월) 독립신문 창간. (7월) 서재필 등 독립협회 조직. (9월) 전국의 의병 거의 해산. 유인석 부대는 서간도로 들어감. |
| 1897 (22) | 강화인 김주경(金周卿)이 백범 구명운동을 벌이지만, 가산만 탕진하고 블라디보스토크 방면으로 잠복. | (8월) 연호를 광무(光武)로 고침. (10월) 대한제국 성립. (11월) 명성왕후 국장 거행. |
| 1898 (23) | (양 3) 백범 탈옥. 대신 부모님 투옥. 백범은 삼남으로 도피. (늦가을) 마곡사(麻谷寺)에서 중이 됨. 법명은 원종(圓宗). | (3월) 독립협회, 종로에 만민공동회 개최. (9월) 경부철도 부설권 일본인에 허가. |
| 1899 (24) | (봄) 금강산으로 공부하러 간다고 마곡사를 떠남. (4월) 부모님을 만남. (5월) 평양 대보산 영천암(靈泉庵) 방장으로 장발의 걸시승(乞詩僧) 생활. (9~10월경) 환속하여 해주 본향으로 돌아옴. 작은아버지가 농사일 권유. | (5월) 서대문~청량리간 전차 개통. (6월) 신임 일본공사 하야시(林權助) 부임. |
| 1900 (25) | (2월) 김두래(金斗來)로 변명하고 강화 김주경을 찾아감. 김주경을 만나지 못하고 동생 진경의 집에서 3개월 훈장 | (3월) 삼남지방 활빈당 활동 성행. (7월) 한강철교 준공. (11월) 경인철도 개통식. |

| | | |
|---|---|---|
| | 질. 김주경의 친구 유완무와 그의 동지들을 만남. 유완무의 권유로 이름을 구(龜)로 고치고, 자(字)는 연상(蓮上), 호(號)는 연하(蓮下)로 함.<br>(11월) 부모님을 연산으로 모시기 위하여 고향으로 돌아옴. 도중 고능선 선생 찾아뵙고 논쟁, 세대가 다른 것을 느낌. (음 12. 9; 양 1901. 1. 28) 아버지가 돌아가심. | |
| 1902<br>(27) | (1월) 여옥(如玉)과 맞선 보고 약혼. 우종서의 권유로 탈상 후 기독교 믿기로 결심. | (3월) 서울~인천간 전화 개통. |
| 1903<br>(28) | (1월) 약혼녀 여옥 병사.<br>(2월) 아버님 탈상 후 기독교에 입문. 장련읍 사직동으로 이사. 오인형(吳寅炯)의 사랑에 학교 설립. 장련공립보통학교 교원이 됨.<br>(여름) 평양 예수교 주최 사범강습소에서 최광옥(崔光玉)을 만남. 그의 권유로 안신호(安信浩)와 약혼했으나 곧 파혼. 장련군 종상위원(種桑委員)으로 임명됨. | 황제용 자동차를 미국에서 구입. |
| 1904<br>(29) | (12월) 최준례(崔遵禮)와 결혼. 최준례, 경성 경신여학교(敬信女學校)에 입학. 장련 사직동에서 근 2년 살고, 장련 읍내로 이사. | (2월) 러일전쟁 발발. 한일의정서(韓日議定書) 조인.<br>(11월) 경부철도 완성. |
| 1905<br>(30) | (11월) 진남포 에버트청년회 총무 자격으로 경성 상동교회에서 열린 전국대회 참가. 전덕기·이준·이동녕·최재학 등과 함께 상소를 올리고 공개 연설 등 구국운동.<br>(12월) 신교육을 실시하기로 하고 고향에 돌아와 교육사업에 매진. | (5월) 경부철도 개통식.<br>(11. 17) 을사늑약 체결.<br>(11. 20) 장지연, 황성신문에 「시일야방성대곡」 발표.<br>(11. 30) 민영환 자결.<br>(12월) 손병희, 동학을 천도교로 개칭. |
| 1906<br>(31) | 장련에 광진(光進)학교 세움. 장련에서 신천군 문화로 이사. 종산(鍾山)의 서명의숙(西明義塾) 교사. 왜병의 종산마 | (11월) 최광옥 등, 안악면학회 조직.<br>(12월) 최익현 단식 자살. |

| | | |
|---|---|---|
| | 을 약탈 저지. 첫딸 낳음. | |
| 1907 (32) | (1월) 김용제(金庸濟) 등의 초청으로 안악으로 이사. 첫딸 사망. 양산(楊山) 학교 교사.<br>(여름) 면학회와 백범의 양산학교가 '하기 사범강습회' 주최하여 교사양성에 매진. 최광옥·이광수 등이 강사로 참여. | (4월) 항일비밀결사 신민회(新民會) 조직. 이준·이상설, 고종황제의 밀서를 휴대하고 헤이그 만국평화회의에 참석차 출국.<br>(7월) 군대해산조칙 발표. 이를 계기로 전국적인 의병운동 일어남(丁未義兵).<br>(8월) 고종이 물러나고 순종 즉위.<br>(11월) 안창호 등, 흥사단 조직. |
| 1908 (33) | (여름) 제2차 하기 사범강습회 성황리에 개최.<br>(9월) 양산학교 중학부 개설, 중학부는 이인배·김홍량이 담당, 백범은 소학부 담당.<br>(가을) 황해도 교육자들과 해서교육총회를 조직. 백범은 학무총감(學務總監). | (3월) 장인환·전명운, 일본 침략의 앞잡이 스티븐스 저격.<br>(9월) 안창호 대성학교 설립.<br>(12월) 동양척식회사 설립. |
| 1909 (34) | 해서교육총회 학무총감으로 황해도 각군을 순회하며 환등회·강연회를 열어 계몽운동.<br>(10월) 안중근 의사의 이토 히로부미 저격 사건에 연루되어 체포되었으나, 한 달여 만에 불기소 처분.<br>(12월) 양산학교 소학부와 더불어 재령 보강학교(保强學校) 교장 겸임. 당시 나석주(羅錫疇), 이재명(李在明) 등과 만남. | (10. 26) 안중근 의사 하얼빈 역에서 이토 히로부미(伊藤博文) 사살.<br>(12월) 일진회장 이용구, '한일합방'을 정부에 건의. 이재명, 경성 종현(鐘峴)에서 이완용을 습격. |
| 1910 (35) | 둘째 딸 화경(化慶) 태어남.<br>(11월) 경성 양기탁의 집에서 신민회 회의. 양기탁·이동녕·안태국·이승훈·주진수·김도희·김구 등 참석. 서울의 도독부(都督府) 설치, 만주 이민과 무관학교 창설 등을 결의.<br>(11. 20) 안악으로 돌아옴.<br>(12월) 안명근(安明根), 양산학교로 백범을 찾아옴. | (3월) 안중근 의사, 여순감옥에서 사형.<br>(4월) 이시영·이동녕·양기탁 등, 서간도의 삼원보(三源堡)에 독립운동 기지 마련. 경학사와 신흥강습소 설치.<br>(5월) 일본 육군대신 데라우치(寺內正毅) 3대 통감으로 임명됨.<br>(8. 29) '한일합방조약' 공포. 조선총 |

| | | 독부 설치.<br>(12월) 안명근, 군자금을 모집하다 체포됨. |
|---|---|---|
| 1911<br>(36) | (1월) 일본 헌병에게 체포되어 김홍량·도인권 등과 함께 경성으로 압송. 총감부 임시 유치장에서 혹독한 고문을 당함. 종로구치감으로 이감. 어머니가 옥바라지.<br>(7월) 경성 지방재판소에서 징역 15년 판결, 서대문감옥으로 이감(죄수번호 56호). 감옥에서 의병·신사 등을 만남. 특히 활빈당 간부 김진사에게서 비밀결사의 요령을 들음. | (1월) 경무총감부, 안명근 검거를 계기로 황해도 일대의 민족주의자 총검거(안악 사건).<br>(2월) 의병장 강기동, 원산에서 체포됨.<br>(5월) 김좌진 등, 강도죄로 체포됨.<br>(7월) 양기탁·안명근 등 안악 사건 피의자 공판(피검자 700여 명 중 123명 기소, 1심 판결에서 안명근·김구 등 105명 유죄 판결).<br>(9월) 조선총독부, '105인 사건', '신민회 사건' 조작.<br>(10월) 중국, 신해혁명 시작됨. |
| 1912<br>(37) | (9월) 일왕 명치(明治)가 죽어 15년형이 7년으로 감형. 다시 명치의 처가 죽어 5년으로 감형. 이름 구(龜)를 구(九)로, 호 연하(蓮下)를 백범(白凡)으로 고침. | (6월) 105인 사건 관련자 123명에 대한 공판 개정.<br>(7월) 일본 명치천황(明治天皇) 사망. 대정(大正)시대 개막.<br>(9월) 대사(大赦). |
| 1914<br>(39) | 인천감옥 이감(죄수번호 55호). 17년 전의 감방 동료였던 문종칠(文種七) 만남. 매일 쇠사슬에 묶인 채 인천항 축항 공사에 동원됨. 투신 자살을 결심하나 곧 마음을 고쳐 열심히 일해 상까지 받음. | (3월) 지방행정구역 개편.<br>(7월) 오스트리아, 세르비아에 선전포고. 제1차 세계대전 발발.<br>(8월) 일본, 독일에 선전포고.<br>(9월) 일본의 요구로 러시아, 블라디보스토크의 한인을 국외로 추방. |
| 1915<br>(40) | 둘째 딸 화경 죽음.<br>(8월) 가출옥. 아내가 교원으로 있는 안신학교(安新學校)로 감. | (2월) 신민회 사건으로 복역중이던 윤치호·양기탁 등 전원 가석방.<br>(3월) 일본, 민적법 개정. 유동열·박은식 등 상해 영국 조계에서 신한혁명당(新韓革命黨) 조직. |
| 1916<br>(41) | 문화 궁궁농장 간검(看檢).<br>셋째 딸 은경(恩慶) 태어남. | (8월) 대종교 나철(羅喆), 구월산에서 자결.<br>(10월) 일본 육군대장 하세가와(長谷川好道), 조선총독에 임명. |

| | | |
|---|---|---|
| 1917<br>(42) | (1월) 준영(俊永) 숙부 별세.<br>(2월) 말썽 많은 동산평(東山坪) 농장의 농감이 되어 소작인들을 계몽하고 학교 세움.<br>셋째 딸 은경 죽음. | (3월) 이상설, 러시아에서 죽음.<br>(8월) 상해에서 조선사회당 결성.<br>(11월) 러시아, 레닌의 소비에트 정부 수립. |
| 1918<br>(43) | (11월) 아들 인(仁) 출생. | (1월) 러시아 이르쿠츠크 공산당 한인지부 결성.<br>(6월) 이동휘 등 하바로브스크에서 한인사회당 결성.<br>(8월) 상해에서 신한청년당(新韓靑年黨) 결성.<br>(11월) 동삼성(東三省) 독립운동자, 「독립선언서」 발표. 독일·연합국 간의 휴전협정 조인으로 제1차 세계대전 종결. |
| 1919<br>(44) | (3월) 3·1운동으로 안악에서도 만세운동. 어머님, 환갑잔치를 사양.<br>(3. 29) 백범, 안악에서 출발. 평양·신의주·안동을 거쳐 상해로 망명.<br>(9월) 상해 임시정부의 경무국장(警務局長)이 됨. 국무총리 이동휘와 사상 알력. | (1월) 고종 승하.<br>(2월) 동경 유학생, 조선청년독립단 명의로 「독립선언서」 발표. 대한청년단(大韓靑年團)의 여운형·김규식 등이 상해 블란서 조계에서 독립운동 계획.<br>(3월) 3·1운동 발발. 노령, 임시정부 수립을 선언.<br>(4월) 상해에서 「대한민국임시정부」 수립. 국내의 13도 대표 한성임시정부 조직. 만주에 서로군정서(西路軍政署) 조직.<br>(7월) 임시정부, 연통제(聯通制) 실시 공포.<br>(8월) 사이토(齊藤實), 신임 총독으로 부임.<br>(9월) 임시정부 제1차 개헌. 대통령제로 개정하고 초대 내각 발표. 대통령 이승만, 국무총리 이동휘.<br>(10월) 임시정부, 한형권 등을 모스크바에 파견하여 레닌 정부의 도움을 |

| | | 요청하기로 함. |
|---|---|---|
| | | (11월) 김원봉, 만주 길림성에서 의열단 조직. |
| 1920 (45) | (8월) 아내 최준례, 아들 인을 데리고 상해로 옴. | (8월) 임시정부 국내 연통제 조직이 발각되어 함경도·서울 지역의 조직원 피검됨. |
| | | (10월) 청산리전투. 유관순, 옥중 순사. |
| 1922 (47) | 어머니도 상해로 옴. (2월) 임시의정원 보궐선거에서 의원으로 선출됨. (9월) 백범, 임시정부 내무총장(內務總長)이 됨. 차남 신(信) 출생. (10월) 백범, 여운형·이유필 등과 한국노병회(韓國勞兵會)를 조직하고 초대 이사장이 됨. | (3월) 의열단원 오성륜 등 상해에서 일본 육군대장 다나카(田中義一) 저격 실패. (7월) 여운형 등, 상해에서 시사책진회(時事策進會) 조직. |
| 1923 (48) | (6월) 임정 내무총장 자격으로 국민대표회의 해산령 내림. (12월) 상해교민단에서 의경대(義警隊) 설치, 백범을 고문에 추대함. | (1월) 상해에서 국민대표대회(國民代表大會) 개최. (5월) 국민대표대회, 임정 문제를 둘러싸고 창조·개조 양파로 분열. (9월) 관동대지진. 일본, 유언비어를 퍼뜨려 한국인 학살. |
| 1924 (49) | (1월) 아내 최준례, 상해 홍구 폐병원에서 사망. 불란서 조계 숭산로 공동묘지에 매장. (6월) 백범, 노동국총판을 겸임. (8월) 이동녕, 대통령대리에 임명됨. (12월) 박은식, 임시정부 국무총리에 선출. | (1월) 중국 제1차 국공합작 성립. (3월) 신민부(新民府) 조직. (4월) 이동녕, 임정 국무총리에 취임. (6월) 손문, 황포군관학교(黃浦軍官學校) 개교. (10월) 정의부(正義府) 조직. |
| 1925 (50) | (8. 29) 나석주 의사가 옷을 저당잡혀 생일상을 차려줘 가장 영광된 생일을 보내다. (11월) 어머니 곽낙원, 차남 신을 데리고 고국으로 돌아감. | (3월) 임시정부, 이승만 면직안을 의결. 박은식을 임시대통령으로 선출함. 임시정부, 대통령제를 국무령 중심의 내각책임제로 개조함. (4월) 임시의정원, 구미위원부 폐지령 공포. 국내에서 조선공산당 창립. (7월) 박은식, 임시정부 대통령 사임. |

| | | (9월) 이상룡, 임시정부 국무령에 임명됨. |
|---|---|---|
| 1926 (51) | (12월) 국무령 홍진 등 임시정부 전 국무위원 총사직. 백범, 국무령에 선출됨. | (5월) 안창호, 임시정부 국무령에 선출되었으나 사임. (7월) 홍진, 임시정부 국무령에 선출됨. (9월) 국무령 홍진, 임시정부 시정방침 3대 강령 발표. (6월) 6·10 만세운동. (12월) 의열단원 나석주 의사, 동양척식회사에 폭탄을 던지고 자결. |
| 1927 (52) | (9월) 장남 인, 고국으로 보냄. (3월) 임시정부, 3차개헌을 통해 국무령제를 집단지도체제인 국무위원제로 개편. 백범, 국무위원에 선출됨. | (2월) 신간회 조직. (8월) 중국 남창(南昌) 봉기. (10월) 모택동, 정강산(井崗山)에서 소비에트 건설. (12월) 중국 광주지역 노동자 봉기, 광동코뮌 수립. |
| 1928 (53) | (3월) 『백범일지』 상권 집필 시작. 임시정부의 활동 침체로 독립운동가들이 임정을 떠나자, 백범은 미주 교포들에게 편지 보내기 정책 실시. | (5월) 일본군, 산동성 제남(濟南)에서 국민정부군과 충돌. (6월) 중국, 북벌전쟁 종결. (10월) 장개석, 국민정부 주석 취임. |
| 1929 (54) | (5월) 1년 2개월 만에 『백범일지』 상권 탈고. (8월) 상해 교민단 단장이 됨. | (10월) 세계대공황 시작됨. (11월) 광주학생운동 일어남. (12월) 민중대회 사건으로 신간회 간부 검거. |
| 1930 (55) | (1월) 이동녕·안창호·조완구·조소앙·이시영·김두봉·안공근·박찬익·윤기섭·이유필·엄항섭·차이석·김붕준·송병조 등과 한국독립당 창당. | (1월) 김좌진, 암살당함. (5월) 간도 5·30 반일항쟁. (12월) 장개석, 공산당군 토벌 시작. |
| 1931 (56) | 일본요인 암살을 목적으로 한인애국단(韓人愛國團)을 창단. 하와이·멕시코·쿠바 등지의 교포에게 편지로 금전적 도움을 얻어 이봉창 의거 계획. | (5월) 신간회, 전국대회를 열고 해체 결의. (6월) 우가키(宇垣一成) 총독 임명. (9월) 중일간 만주사변 발발. (11월) 모택동, 중화소비에트 임시중앙정부 수립. |

| | | |
|---|---|---|
| 1932<br>(57) | (1. 8) 이봉창 의사 일황 히로히토(裕仁)에게 수류탄을 던졌으나 실패.<br>(4. 29) 윤봉길 의사 상해 홍구공원에서 일황 생일 경축식장에 폭탄을 던져 시라카와(白川) 대장 등을 즉사케 함. 윤봉길 의거 직후 신변의 위험을 느껴 미국인 피치 씨 집에 피신.<br>(5월) 한인애국단원 이덕주·유진식, 조선총독 암살을 위해 국내에 파견되었으나 체포됨. 한인애국단원 유상근·최흥식 등, 관동군 사령관 혼조 시게루(本庄繁)를 암살하기 위하여 만주로 파견되었으나 대련에서 체포됨. 상해 각 신문에 상해폭탄 사건의 주모자가 김구임을 발표. 백범, 상해에서 탈출. 임시정부, 상해에서 항주(抗州)로 옮김. 항주에서 국무회의를 열고 개각을 단행하여 김구를 군무장에 임명함.<br>(6월) 백범, 임시정부에서 이탈. 임정의 기반이 취약해짐. 백범, 가흥·해염 등으로 피신하여 광동인 장진구(長震球) 또는 장진(長震)으로 행세함. | (1월) 장개석 신국민정부 수립. 중일간 상해사변 발발.<br>(3월) 만주국, 독립선언.<br>(10월) 이봉창, 교수형으로 순국.<br>(11월) 한국독립당·조선혁명당·한국혁명당·의열단·한국광복동지회등 한국대일전선통일동맹 조직. 김규식·조소앙·양기탁·유동열·최동오 등이 차례로 가입. 송병조·차이석이 임시정부 고수. 임정 기반 더욱 취약해짐.<br>(12월) 윤봉길, 총살형으로 순국. |
| 1933<br>(58) | (5월) 박찬익을 통해 장개석과 면담. 필담 결과 낙양군관학교(洛陽軍官學校) 한인훈련반 설치에 합의.<br>(11월) 중국 중앙육군군관학교 낙양분교(洛陽分校)에 한인특별반 설치. 이청천·이범석이 교관(教官)·영관(領官)으로 지도. | (1월) 중·일 양군, 산해관(山海關)에서 충돌.<br>(3월) 일본, 국제연맹 탈퇴.<br>(8월) 중국, 적극적인 항일을 결정. |
| 1934<br>(59) | (4월) 9년 만에 가흥에서 어머님과 아들 인·신 만남. 가흥의 여사공 주애보를 월 15원씩 주고 남경으로 데려와 회청교 부근에서 동거.<br>(12월) 남경에서 중앙군관학교 한인 학생을 중심으로 한인특무독립군(韓國特務獨立軍) 조직. | (봄) 낙양군관학교 한인훈련반 1기생 62명이 졸업하나 일본 영사 스마(須磨)의 항의로 중지됨.<br>(8월) 낙양군관학교생 25명, 중앙군관학교 제10기로 입학.<br>(10월) 중국 공산당, 강서근거지(江西根據地) 포기하고 만리장정 시작. |

| | | |
|---|---|---|
| 1935<br>(60) | (2월) 남경에 학생훈련소 설치하나 왜에게 발각되어 강소성 징광사로 이전.<br>(5월) 백범, 임정 해소의 부당성을 지적한 「임시의정원 제공(諸公) 경고문」 발표. 조소앙 등 임정국무위원 5명 사직.<br>(10월) 임정의정원의원 16인, 가흥 남호(南湖)에서 선상(船上) 비상회의. 이동녕·김구·조완구 등을 국무위원으로 보선. 임정의 김구시대 개막.<br>(11월) 이동녕·이시영·조완구·엄항섭·안공근 등과 함께 임시정부를 옹호하기 위하여 한국국민당을 조직. | (1월) 중국 공산당, 모택동이 지도권 장악.<br>(4월) 민족혁명당 결성과 임정무용론 대두로 임정의 내분 격심.<br>(7월) 한국독립당·조선혁명당·의열단·신한민족당·대한독립당의 통합으로 민족혁명당 결성.<br>(8월) 중국 공산당, 8·1 선언을 발표하여 중국 국민당에게 항일민족통일전선 결성을 제의.<br>(9월) 조소앙 등, 민족혁명당을 탈당하고 「한국독립당재건선언」 발표.<br>(11월) 임시정부, 항주에서 진강(鎭江)으로 옮김. |
| 1936<br>(61) | (8. 27) 환갑을 맞이하여 이순신의 진중음(陣中吟) 「서해어룡동」(誓海魚龍動), 「맹산초목지」(孟山艸木知)를 휘호로 씀. | (12월) 일제, 사상범보호관찰령 공포. 장개석, 서안에서 장학량에 의해 구금됨. |
| 1937<br>(62) | (7월) 한국국민당·한국독립당·조선혁명당·한인애국단 및 미주 5개 단체를 통합하여 한국광복운동단체연합회 결성. 중일전쟁으로 남경 폭격, 주애보와 어머니 무사. 호남성 장사(長沙)로 피난하기로 하고 대가족 백여 식구는 목선으로 남경을 떠남. 백범, 남경에서 주애보와 헤어짐. 안공근을 상해에 파견하여 안중근 의사 유족을 모셔오게 했으나 성사되지 못함. | (7월) 노구교(蘆溝橋) 사건으로 중일전쟁 발발.<br>(9월) 중국 국민당과 공산당, 제2차 국공합작에 합의.<br>(12월) 조선민족혁명당·조선민족해방동맹·조선혁명자연맹, 조선민족전선연맹 결성. 일본군, 남경 점령. 장개석, 중경 천도 선언. |
| 1938<br>(63) | 장사에 와서 본명〔金九〕 사용. 중국 중앙정부의 보조와 미국 교포들의 후원으로 생활에 곤란은 없었음.<br>(5월) 3당 합당 문제가 활발해져 남목청(楠木廳)에서 회집. 백범, 이운환의 저격으로 의식 불명, 한 달간 입원. 현익철(玄益哲)은 절명.<br>(7월) 임시정부, 장사가 위험하여 광주(廣州)로 옮김. | (1월) 일본군, 청도(青島) 상륙.<br>(4월) 일본, 국가총동원법 공포.<br>(5월) 일본, 국가총동원법의 조선 적용 공포.<br>(8월) 일본·소련 정전협정 성립.<br>(10월) 김원봉 등, 조선의용대 조직. 일본군, 한구·무창·광동 등 함락. |

| | | |
|---|---|---|
| | (10월) 임시정부, 유주(柳州)로 옮김. | |
| 1939 (64) | (3월) 임시정부, 유주에서 사천성 기강(綦江)으로 옮김.<br>(4월) 어머니 곽낙원(81세), 인후염(咽喉炎)으로 돌아가시다.<br>(5월) 민족운동단체의 연합을 위하여 김원봉과 공동명의로 「동지·동포 제군에게 고함」을 발표.<br>(7월) 김원봉계인 조선민족전선연맹과 협의하여 전국연합진선협회 결성.<br>(11월) 중일전쟁 이후 화북지역 한인들에 대한 초모활동을 전개하기 위해 조성환(曺成煥)을 단장으로 한 군사특파단을 섬서성 서안으로 파견. | (3월) 중국 국민당, 국민정신총동원령 발표.<br>(7월) 일본, 국민징용령 공포.<br>(8월) 독·소 불가침조약 조인.<br>(9월) 독일의 폴란드 침공으로 제2차 세계대전 발발. |
| 1940 (65) | (2월) 임시정부 대가족, 토교로 이사.<br>(5월) 한국독립당·조선혁명당·한국국민당을 통합하여 한국독립당 결성. 백범, 중앙집행위원장.<br>(9월) 임시정부, 기강에서 중경으로 옮김. 중경 가릉빈관(嘉陵賓館)에서 광복군(총사령 이청천, 참모장 이범석) 성립식. 서안(西安)에 사령부를 두고 간부 30여 명을 그쪽으로 보냄.<br>(10월) 임시정부, 헌법 개정. 백범, 주석으로 선출됨. | (3월) 임시정부 전 국무총리 이동녕 사망함. 왕조명(汪兆銘), 남경에 국민정부(國民政府) 수립.<br>(9월) 일본·독일·이태리, 삼국동맹 결성.<br>(11월) 일본군, 산서(山西)의 팔로군(八路軍) 공격. |
| 1941 (66) | (6월) 임시정부 주석의 자격으로 미국 대통령 루스벨트에게 임시정부 승인을 요청하는 공함을 보냄.<br>(10월) 임시정부 승인 문제로 중국 외교총장과 회담. 『백범일지』 하권 집필을 시작.<br>(11월) 임시정부, 「대한민국건국강령」 제정 발표.<br>(12월) 임시정부, 일본에 선전포고. | (3월) 일본, 국가보안법 공포.<br>(4월) 일·소 불가침조약 체결.<br>(8월) 루스벨트·처칠, 대서양헌장 발표.<br>(10월) 일본, 도죠(東條)내각 성립.<br>(12월) 일본군의 진주만 공습으로 태평양전쟁 개전. |
| 1942 (67) | (3월) 임시정부, 「3·1절 선언」을 발표하여 중·미·영·소에 대해 임시정부 | (1월) 일본 수상, 대동아공영권(大東亞共榮圈) 건설의 지도방침 표명. |

| | | |
|---|---|---|
| | 승인을 요구.<br>(4월) 임시정부, 조선의용대의 광복군 편입과 김원봉의 광복군 부사령관 임명 결의.<br>(7월) 광복군, 중국 각지에서 연합군과 공동작전을 전개하기 시작.<br>(10월) 김원봉 등 좌파, 임시정부에 참여, 의정원 의원으로 선출됨. | (7월) 김두봉·최창익·무정 등, 연안에서 조선독립동맹 결성.<br>(10월) 한중문화협회 결성.<br>(12월) 조선어학회 사건. |
| 1943<br>(68) | (3월) 임시정부, 중경에서 3·1 운동 24주년 기념식 거행.<br>(7월) 중국 군사위원회 접객실에서 장개석 총통과 회담.<br>(8월) 임정의 헌법 개정안 문제로 임정 내 좌파와 갈등. 백범, 주석직 사직을 발표하였다가 갈등 해소로 복귀. | (9월) 이탈리아, 연합군에 항복.<br>(10월) 일제, 조선에서 징병제 실시.<br>(11월) 미·영·중 3국 거두, 카이로 회담. 미·영·소 3국 거두, 테헤란 회담. |
| 1944<br>(69) | (4월) 임시정부, 제5차 개헌을 단행하여 주석의 권한을 강화. 백범, 개정된 헌법에 따라 주석으로 재선됨.<br>(10월) 장개석을 면담하고 임시정부 승인을 요구. | (7월) 일본 도조내각 총사직. 고이소 (小磯)·요나이(米內) 협력 내각 성립. 아베(阿部信行), 조선총독에 임명됨.<br>(6월) 연합군, 노르망디 상륙.<br>(8월) 연합군 파리 입성. 일제, 여자 정신대령 공포.<br>(9월) 여운형, 건국동맹 결성. |
| 1945<br>(70) | (1월) 일본군에 끌려간 학병 50여 명, 탈출하여 임시정부로 찾아옴.<br>(2월) 한중문화회관에서 탈출 학병 환영대회.<br>(3월) 장남 인(28세), 부인 안미생(安美生)과 딸 효자(孝子)를 남기고 세상을 떠남.<br>(4월) 임시정부, 중국과 새 군사협정을 체결.<br>(7월) 협서성 서안과 안휘성 부양에 광복군 특별훈련단 설치. 미군과 연합작전 추진.<br>(8월) 서안에 가서 미군 다노베 장군을 | (2월) 임시정부, 일본·독일에 정식으로 선전포고함. 미국·소련·영국 얄타 회담 개최.<br>(5월) 독일, 연합군에 무조건 항복.<br>(7월) 미·영·중 3국 거두, 포츠담 선언.<br>(8. 15) 일본의 무조건 항복으로 제2차 세계대전 종결.<br>(9월) 조선인민공화국 수립 선포.<br>(10월) 이승만을 중심으로 독립촉성 중앙협의회 발족.<br>(12월) 모스크바 3상회의. 신탁통치 반대운동 전국적으로 전개됨. |

| | | |
|---|---|---|
| | 만나고, 한인 학생들의 훈련 참관. (8. 10) 섬서성 주석 축소주(祝紹周)로부터 일본 항복 소식 들음. (9월) 한국독립당, 입국에 대비하여 당면정책 14개항 발표. (11월) 미군정의 반대로 정부 자격으로 귀국 좌절. 중국 공산당과 국민당, 각각 임시정부 송별연을 베풀어 줌. 임시정부 국무위원, 두 차례로 나뉘어 귀국. (12월) 서울운동장에서 성대한 임시정부·환영회. 모스크바 3상회의 결정에 반대하여 신탁통치반대총동원위원회를 조직. | |
| 1946 (71) | (2월) 백범, 비상국민회의를 소집하고 의장에 선출됨. 남조선국민대표민주의원 총리에 선임됨. (4월) 한독당·국민당·신한민족당, 한독당으로 통합. 백범, 중앙집행위원장에 선출. (6월) 이봉창·윤봉길·백정기 3의사의 천장식을 국민장으로 효창원에 모심. (8월) 연합국 원수 및 정당 대표에게 조선의 임시정부 수립의 지원을 요망하는 메시지 발표. (10월) 좌우합작 7원칙 지지성명 발표. | (3월) 제1차 미소공동위원회 개최. (4월) 민전주최 미소공동위원회 환영 민주정부수립촉진 시민대회 개최. (5월) 여운형·김규식 좌우합작운동 추진. (6월) 이승만, 정읍에서 남한단독정부수립 발언. (10월) 좌우합작 7원칙 발표. (12월) 남조선과도입법의원 개원. |
| 1947 (72) | (1월) 반탁독립투쟁위원회를 조직하고 제2차 반탁운동 전개. (2월) 비상국민회의를 확대·강화하여 국민의회 조직. (3월) 인재 양성을 위해 건국실천원양성소 개설. (5월) 한독당원들에게 제2차 미소공동위원회에 불참할 것을 성명. (10월) 한국독립당 중앙집행위원회에 서남북대표회의 의결. (11월) 한독당, 정당협의회 참가 보류. | (5월) 제2차 미소공동위원회 개막. (7월) 여운형, 피살. (9월) 한국문제 UN 이관. (11월) UN 총회에서 유엔 감시하의 총선 가결. (12월) 장덕수, 피살. 중간파 연합전선으로 민족자주연맹 결성. |

| | | |
|---|---|---|
| | (12월) 국사원에서 『백범일지』 출간. | |
| 1948 (73) | (1월) UN 한국위원단에 통일정부 수립을 요구하는 6개항의 의견서를 보냄. (2월) 통일정부 수립을 절규하는 「3천만 동포에게 읍고함」 발표. 김규식과 공동으로 남북회담을 제안하는 서신을 북한에 보냄. (3월) 김규식·김창숙·조소앙·조성환·조완구·홍명희와 7인 공동성명을 발표하여 남한총선거 불참 표명. (4월) 북행. 남북연석회의에 참여. 「공동성명서」 발표. (5월) 평양에서 서울로 귀환. (7월) 북한의 단정수립에도 반대한다는 입장 밝힘. 통일독립촉진회 결성. (8월) 어머니 곽낙원과 부인 최준례, 맏아들 인의 천장식을 기독교회 연합장으로 거행. (9월) 이동녕·차이석 선생의 천장식을 사회장으로 하여 효창원에 모심. (11월) 미·소 양군 철퇴 후 통일정부 수립이 가능하다는 요지의 담화 발표. | (1월) 유엔한국임시위원단 입국. (2월) 단독선거를 반대하는 2·7 투쟁 전개. (4월) 제주도 4·3 사건 발생. (5월) 5·10 총선거. 제헌국회 개원. (7월) 국호를 대한민국으로 결정. 초대 대통령 이승만, 부통령 이시영 피선. (8월) 대한민국정부수립 선포. (10월) 여순반란 사건. |
| 1949 (74) | (1월) 서울에서 조국의 통일을 위한 남북협상을 희망한다고 발언. 금호동에 백범학원을 세움. (3월) 마포구 염리동에 창암학원 세움. (6. 26) 12시 36분, 경교장에서 육군소위 안두희의 총에 맞아 운명. (7. 5) 국민장 거행. 효창원에 안장. | (1월) 미국, 대한민국을 승인. 반민특위 발족. (5월) 국회프락치 사건. (6월) 농지개혁법 공포. |
| 1962 (서거 13주년) | (3. 1) 대한민국건국공로훈장 중장(重章)에 추서. | |
| 1969 (서거 20주년) | (8. 23) 남산에 동상을 세움. | |

# 『백범일지』 판본에 대한 해제*

일반적으로 역사적 문헌에 대한 원전비평(textual criticism)은 매우 중요한 독자의 연구 영역으로 인정되고 있다. 더욱이 20여 종 이상의 다양한 출간본을 지닌 『백범일지』의 경우 원전 비평의 필요성은 그만큼 절실하다. 그래야만 판을 거듭함에 따라 생기는 와전을 수정하고, 텍스트(text) 본래의 순수성(purity)을 회복할 수 있기 때문이다.

1994년 6월 백범김구선생기념사업협회가 소장한 『백범일지』 친필본이 영인되었고, 그외에도 국외의 등사본과 국내의 필사본이 남아 있어, 이러한 저본들을 활용하면 이미 출간된 다양한 교열본의 문헌적 친족관계와 내용의 차이를 검토할 수 있다.

## 1. 원본 확정

출간본 『백범일지』의 경우 다양한 종류 때문인지 몰라도 서로 원본에 의거하였다고 주장하는 경우가 많다. 원본 의거가 책의 권위를 자동적으로 보장하는 것은 아니지만, 일단 논의는 여기에서 출발할 수밖에 없다. 이를 위해서 먼저 원본에 대한 정의부터 간단히 규정할 필요가 있다. 저명한 저서의 경우

---

* 이 글은 도진순, 「백범일지의 원본·필사본·출간본 비교연구」, 『한국사연구』 92(한국사연구회, 1996)를 축약·보완한 것이다.

일반적으로 ① 원저자가 처음 집필하고, ② 이를 다른 사람들이 등사·필사하거나, ③ 공식적으로 출간되기도 하며, ④ 원저자 또한 첫 집필을 완료한 이후 이러저러한 수정과 보완을 하기도 한다. 여기서 ①과 ④를 원본이라 할수 있다면 ②는 등사본·필사본, ③은 출간본이라 한다.

『백범일지』는 그 내용 구성이 상권과 하권 그리고 「나의 소원」 등으로 이루어져 있는데, 이러한 모든 내용을 충족시켜 주는 완벽한 의미의 원본은 없다. 그러나 원본을 가장 많이 포함하고 있는 것은 분명 존재하고 있는데, 그것은 백범의 영식(令息) 김신 장군이 비장하고 있는 것이다. 이것은 1994년 6월 집문당에서 영인한 바 있다.

이 책에는 우선 해방 이후 집필한 1942년 이후의 『백범일지』와 「나의 소원」이 없다. 또 『백범일지』 가운데 최초 집필 부분 이외에, 그후 수정하거나 추가한 부분이 있고, 더욱이 다른 사람이 필사한 부분도 섞여 있다. 그러나 이러한 부분은 얼마 되지 않으므로, 이것을 원본에 가장 가까운 것이라 하는 데는 전혀 무리가 없다.

따라서 우리는 이것을 저본으로 『백범일지』 원본의 기본적인 체제와 내용을 검토할 수 있다. 『백범일지』 원본은 한문과 고어가 많은 국한문 혼용체의 세로쓰기로 되어 있으며, 상권이 하권의 3배 정도 분량이다. 상·하권 모두 원고지에 씌어 있지만, 용지와 필기구는 서로 다르다. 상권의 용지는 450자(30×15) 파란색 원고지로 귀두에 '원고용지 국무원'(原稿用紙 國務院)이라 씌어 있고, 필기구는 대부분 펜 또는 만년필이다. 하권은 상권과 달리 2,400자(24×100) 빨간색 원고지에 대부분 붓으로 조밀하게 기록되어 있다.

### 1) 상권

상권은 머리말에 해당하는 「두 아들에게 주는 글」(與仁信兩兒書)과 본문으로 구성되어 있다.

김신 소장본(영인본)의 「두 아들에게 주는 글」은 두 가지 특징이 있다. 하나는 이 부분이 이 책에서 유일하게 백범의 친필이 아니며, 사용된 용지 또한 본문의 원고지와는 다른 갱지라는 점이다. 또 다른 특징은 집필 당시 백범의 나이인데, 등사본·필사본의 54세와는 달리 53세로 기록하고 있다. 백범은

1928년(53세) 3월경에 『백범일지』 상권의 집필을 시작하여, 이듬해(54세) 5월 3일 종료했는데, 아마도 이 책에서는 집필 종료 후(54세) 쓴 서문을 앞으로 옮기는 과정에서 집필 시작 시기의 나이(53세)로 수정한 것인 듯하다. 아무튼 이 책의 「두 아들에게 주는 글」은 백범의 친필이 아니며, 시기적으로도 다음에 살펴볼 '등사본' 보다 이후의 것이다.

상권을 집필한 동기와 당시의 실정은 머리말인 「두 아들에게 주는 글」에 잘 나타나 있다. 당시는 백범이 어머니와 두 아들을 고국으로 보내고, 임시정부의 국무령으로 피선되어 유명무실한 임시정부를 위해 고군분투하던 어려운 시기였다. 이러한 상황에서 『백범일지』를 집필한 것은, 널리 알려진 바와 같이 어린 자식에게 남기는 일종의 유서(遺書)와 같은 것이었다.

상권의 본문은 형식적인 측면에서 볼 때 크게 두 부분으로 나눌 수 있다. 앞부분 일부(一. 祖先과 家庭, 二. 出生 及 幼年時代)는 본문 속에 일련번호로 목차를 정비하였으며, 붓으로 집필하였다. 반면 뒤의 대부분은 원고지 본란에 펜 또는 만년필로 기록하고 목차는 주로 원고지 상단의 여백에 일정한 표식(∞)과 더불어 병기하였다. 여기서 펜으로 기록한 뒷부분이 1928~1929년 처음 집필 당시의 원본 그대로이며, 붓으로 정서한 앞부분은 책으로 출간하기 이전 어느 시점에서 시범적으로 다시 정비한 부분이다.

이상의 검토를 통해, 김신 소장본의 경우 원본에 가장 가까운 것이지만, 면밀하게 조사해 보면 머리말은 다른 사람이 필사한 것, 본문의 앞부분 일부는 백범이 다시 정비한 부분, 뒤의 대부분은 최초 집필 당시의 원본이라는 것을 알 수 있다.

## 2) 하권

하권 역시 머리말인 「서문」(自引言)과 본문으로 구성되어 있다.

하권의 「서문」도 본문 앞에 있지만, 본문 이후에 집필한 것이다. 그것은 필기도구가 본문의 후반부와 일치하며, 필사본에 서문이 책의 마지막에 첨부되어 있는 것 등으로도 방증할 수 있다.

하권의 집필 종료시기는, 「서문」에 기록된 백범 나이 67세와 본문 내용의 끝부분이 대한민국 24년(1942) 2월인 점 등으로 살펴볼 때 1942년이다. 그런데 하권의 「서문」에는 1943년 11월의 '카이로회담'을 의미하는 내용을 포함하고 있어 시기가 어긋남을 알 수 있다. 이 점으로 보아 하권 역시 집필 종료 후 일정 시점이 지난 후 「서문」이 다시 수정되었음을 알 수 있다.

상권과는 달리 하권 집필 당시는 임시정부의 사정이 많이 개선되고 비약적으로 발전하던 시기였다. 특히 1937년 중일전쟁 발발 이후 중국의 국민당 정부가 임시정부를 지원하는 등 정세가 많이 호전되었다. 또한 백범의 두 아들도 장성한 상태였다. 따라서 백범의 지위, 가정의 형편, 임시정부의 사정 등을 고려할 때, 하권의 집필 목적은 백범의 개인사보다는 임시정부의 활동을 선전하고 기금을 확보하기 위한 측면이 더 강했다고 할 수 있다. 이러한 정세가 반영되어, 상권이 주로 백범의 성장과정과 다양한 경력을 소개하고 있다면, 하권은 임시정부와 그 저변의 일이 주축을 이루고 있다.

하권의 본문에는 첫 목차(上海到着)를 원고지 여백에 병기한 것 이외에 어떠한 목차도 설정되어 있지 않다. 즉 백범은 상권을 집필하고 난 뒤 적절한 목차를 원고지 여백에 병기하였으나, 하권의 경우 그러한 여유마저 없었던 듯하다. 하권 집필 종료 당시는 태평양전쟁의 발발 등으로 백범이 매우 바쁜 시기였다는 점을 고려하면 이러한 사정을 헤아릴 수 있을 것이다.

이상의 검토에서 알 수 있듯 하권의 「서문」은 재집필한 것이며, 본문은 목차마저 설정되지 못한 일종의 수고(手稿)였다.


## 2. 등사본과 필사본

### 1) 등사본

백범은 『백범일지』 상권 집필을 끝내고 두 달 후인 1929년 7월 7일 그것을 등사(謄寫)하여 미주 지역 동지들에게 보냈는데, 이것은 현재 콜롬비아대학에 소장되어 있다. 이것은 줄이 전혀 없는 백지에 등사되어 있으며, 등사한 사람은 백범의 측근 엄항섭이라고 한다.

"등사하였다"는 백범의 표현에서 알 수 있듯이 이것은 『백범일지』 상권 원문을 충실하게 따르고 있다. 이것은 일단 세상에 공표하는 것이기 때문에, 등사본은 원본의 수고적 성격을 정비하거나 교열한 흔적이 적지 않다. 목차를 본문 속에 일목요연하게 정비하였고, 본문 또한 현대어로 교열한 흔적 — 예컨대 '부친'(父親)을 '아버님'으로, '시'(時)를 '때'로, '조선'(祖先)을 '조상'(祖上)으로 수정한 것 — 이 그러한 예이다. 원본의 수고적 성격을 정비한 이러한 교열은 대체로 합당한 것이라 할 수 있다.

그런데 등사본은 단순한 교열의 수준을 넘어서 필요에 따라 내용을 축약하거나 생략하였다. 이러한 작업이 내용의 번쇄함을 줄일 수 있어 효율적이기도 하지만, 몇 군데의 사정은 그렇지 못하다. 예컨대 '삼각혼'(三角婚)은 곤궁한 세 집안이 가문의 존속을 위해 혼인동맹을 맺는 재미있는 풍속으로, 당시 백범 일가의 결혼 형편과 혼맥을 보여주고 있는 구절이다. 이러한 부분이 삭제된 점은 아쉬운 바가 없지 않다.

### 2) 필사본

이 책은 이동녕 선생의 손자인 이석희(李頙熙)가 고서점에서 입수하여 보관하고 있는 것으로, 해방 직후 백범 측근이 김신 소장본(영인본)을 필사한 것이다. 이 책은 「대한민국임시정부주석용전」(大韓民國臨時政府主席用箋)에 세로쓰기로 매우 빽빽하게 필사하여 읽어내는 데 상당한 고충이 따르며, 현재 상권의 2~6쪽, 22쪽, 96쪽과 하권의 32쪽, 39쪽이 결락되어 있다.

이 책의 필사시기를 추론할 수 있는 중요한 단서는 책의 말미에 원본 두 쪽을 첨부하고 있는 종이가 '재판소'(裁判所) 용지라는 것이다. 1947년 12월 2일 한국민주당의 정치부장 장덕수(張德秀)가 암살되자, 백범은 그 배후로 지목되어 결국 1948년 3월 12일 법정의 증언대에 서게 되었다. 필사본은 바로 장덕수 암살 사건의 재판 관계 자료로 준비된 것이었다.

이 필사본의 특징은, 우선 '1. 조선과 가정'(一. 祖先과 家庭) 이외에 어떠한 목차도 없다는 점이다. 김신 소장본에서 상권의 앞부분만 시범적으로 목차가 정비되어 있는 것을 상기한다면, '필사본'은 원본의 원고지 여백에 표시되어 있는 목차를 전혀 고려하지 않고 원고지 안에 있는 본문만 황급히 필사하였던 것이다. 때문에 필사본에는 원본의 목차가 배제되어 있을 뿐만 아니라, 원고지 여백의 내용을 삽입한 것 등이 제외되어 문맥이 통하지 않는 곳도 적지 않다. 요컨대 필사본은 등사본과 비교하여 『백범일지』 상·하권을 모두 포괄하여 원본 결락시 이를 대체할 수 있는 장점이 있는 반면, 매우 황급하게 필사하여 권위가 떨어지는 단점이 있다.


## 3. 출간본

이제 원본이나 필사본을 기본 텍스트로 하여 출간된 『백범일지』를 검토할 순서이다. 출간본의 경우 공통된 특징은 원본이나 필사본을 대폭 교열하였다는 점이다. 일반적으로 학술적인 목적의 영인본(facsimile)이 아닌 대중용 교열본(critical text)에서는 구철자법이나 한문을 현대문으로 교열하는 것이 효율적이다. 특히 『백범일지』 원본에는 구철자법과 한자성어는 물론 철자법이나 한문이 틀린 것, 시간적인 선후관계가 뒤바뀐 것, 전후 맥락이 어지럽거나 잘못된 곳이 적지 않다. 교열의 일반원칙과 원본의 수고적인 성격을 고려한다면, 이러한 교열은 불가피하며 바람직한 측면도 적지 않다.

현재 교열본으로 출간된 것은 20여 종 되지만 검토 대상이 되는 주요한 것은 최초의 출간본인 '국사원본'(1947), 이를 계승한 '교문사본'(1979), 새 원본을 발굴하여 교열하였다는 '서문당본'(1987) 등이다. 각각은 나름의 장점과 특징을 지니고 있지만, 가장 중요한 것은 교열이 '원본의 순수성'을 훼손시키지 않는 범위내에서 이루어져야 한다는 점이다.

### 1) 국사원본과 교문사본

『백범일지』는 1947년 12월 15일 국사원에서 최초로 출간되었다. 따라서 당연히 국사원본은 출간본의 시조(始祖)라는 의의와, 백범의 묵인 아래 출간되었다는 적지 않은 권위를 지니고 있다.

국사원본의 특징은 김신 소장의 원본에 없는 내용들을 처음으로 소개하고 있다는 점이다. 『백범일지』 하권의 후반부에 해당하는 1942년 이후 광복군과 임시정부의 활동(본서 하권 6장), 해방 이후 귀국 과정과 귀국 후 백범의 활동(본서 하권 7장), 그리고 마지막에 첨부한 「나의 소원」이란 백범의 정치논

476

문 등이다. 이 부분에 관한 한 국사원본은 그간 원본에 준하는 권위를 지니고 있었다.

그런데 이 부분에 관한 국사원본의 저본이 현재 남아 있다. 이것은 백범의 구술을 측근이 펜으로 받아 쓴 것인데, '계속'(繼續)이란 소제목으로 시작되며 「대한민국임시정부주석용전」이라 표기된 용지에 세로쓰기로 기록되어 있다. 따라서 현재로서는 국사원본에서 원본에 준하는 내용은 「나의 소원」 하나 뿐이다.

국사원본은 김지림과 김홍두 등이 편집 실무를 담당하였다고 하지만, 실무 과정에서 핵심적 역할을 한 사람은 춘원 이광수로 알려지고 있다. 이러한 연유에서 비롯되는지 몰라도 국사원본의 경우, 문학적 측면의 교열은 교열본 중에서 가장 우수하다. 특히 원본의 미비한 목차 구성을 고려한다면, 국사원본은 뛰어난 체제를 갖추었다고 할 수 있다. 다만 문장의 교열이 지나칠 정도로 매끈하여 백범 특유의 투박미와 긴 호흡을 느낄 수 없는 것이 단점이다.

그런데 문학적 교열은 당연히 '원본 자체의 순수성'을 훼손시키지 않는 범위내에서 이루어져야 한다. 바로 이 점에서 국사원본은 적지 않은 취약점을 지니고 있다. 백범의 스승 고능선의 학문적 계보를 언급하면서 류중교(柳重教)를 조중교(趙重教)로 오독한 것 등 인명·지명의 착오가 많고, 더욱이 내용을 반대로 기술한 것도 없지 않다. 예컨대 백범이 1895년 갑오농민전쟁에서 동학 접주로서 해주성 공략에 실패하고 재기를 모색하고 있을 때, 구월산 아래 사는 정덕현(鄭德鉉)과 우종서(禹鍾瑞)가 찾아와 5개항의 '비책'을 건의하고, 백범은 이를 흔쾌히 받아들인다. 그런데 그중 '제1조'를 원본과 정반대로 기록하고 있다.

- 원본: 병졸을 대하여도 호상배(互相拜) 호상경어(互相敬語) 등을 폐지할 일.
- 국사원본: 병졸을 대하더라도 하대하지 아니하고 경어를 쓸 것.

백범의 동학군이 '농민적 평등주의' 때문에 군기가 문란해진 것을 보고, 정덕현이 수습책으로 상하의 엄격한 질서를 강조한 이 부분은 당시 황해도 동학 농민부대의 군율과 상황을 이해하는 데 매우 중요한 부분이다. 그런데 국사원본은 정반대로 교열하였다.

국사원본에서 가장 큰 문제는 원본을 대폭 생략한 것이다. 미리 상·하권의 체제를 예상한 것이 아니었기 때문에 『백범일지』 상권의 끝부분과 하권의 첫 부분, 하권의 끝부분과 해방 이후 집필한 추가본의 첫부분이 많이 중복되며, 같은 내용이 흩어져 있는 경우도 적지 않아 적절한 생략과 통폐합은 필요할 수 있다. 그러나 국사원본의 생략은 출간본의 시조로서는 지나치다는 감을 지울 수 없다. 예컨대 1898년 3월 백범이 탈옥 후 삼남(三南)을 방랑하면서 남긴 다양한 견문록(見聞錄), 1911년 안명근 사건으로 투옥되어 심문받는 과정, 서 대문형무소의 옥중생활에 관한 생생한 기록 등은 다른 곳에서 찾아보기 힘든 소중한 내용들이다. 그외에도 원본에는 윤봉길 의사의 거사 직후 상해 민족운 동권의 동향과 백범에 대한 비난을 진솔하게 기록하고 있지만, 국사원본은 완 전 삭제하고 있다. 국사원본은 원본의 적자(嫡子)이자 출간본의 시조이지만, 이러한 삭제로 인해서 원본에서 가장 멀어진 교열본이 되었다.

원본이 공개되지 않은 상황에서 대부분의 『백범일지』가 국사원본을 저본으로 한 것은 당연할 수밖에 없다. 현재 유통되는 것으로 이러한 주류적 계보를 이어받은 대표적인 것이 교문사본(1979)이다. 교문사본은 국사원본을 다시 약간의 현대문으로 수정한 것이며, 변화라면 마지막에 「백범연보」를 추가한 정도이다.

사실 연보는 개인의 생애를 정리하는 데 초석과 같이 기초적인 것이다. 「백범연보」에 관한 한 교문사본은 하나의 시조가 되는데, 그 내용은 대체로 『백범일지』의 내용에 의거하고 있다. 그런데 본서에서 밝힌 바와 같이 『백범일지』의 내용에서 가장 취약한 부분이 다름 아닌 시기 문제이다. 따라서 이에 의거한 연보는 당연히 시기의 앞뒤가 뒤범벅되어 있어 합리적인 인과관계를 도출해낼 수 없다. 『백범일지』 내용에 주로 의존하는 「백범연보」는 이후의 출간본들도 한결같이 따르는 특징으로 자리잡았고, 이로 인해 백범의 인생은 다소의 뒤범벅을 면할 수 없게 되었다.

### 2) 서문당본

국사원본·교문사본이 원본을 대폭 축약하였다는 점과 비교하여, "새 원본을 발견하여 한 자 한 구도 소홀히 하지 않고 모두 옮겼다"는 서문당본(1989)을 검토할 필요가 있다. 먼저 밝힐 것은 이 책의 저본은 선전 문구대로 '새 원본'은 물론 아니며, 교열자가 착각하고 있는 엄항섭의 등사본도 아니라는 점이다. 이 책의 저본은 장덕수 암살 사건 재판 자료로 급하게 필사한 필사본이다.

서문당본은 저본의 권위가 약하지만, 기존의 교열본과 비교하여 가장 큰 특징이자 장점은 삭제된 부분이 적다는 것이다. 그러나 저본인 필사본에서 누락된 부분이나 오류는 그대로 반복할 수밖에 없었으며, 이를 현대문으로 교열하는 과정에서도 적지 않은 착오가 있다.

먼저 당시 통용되던 재미있는 풍속과 표현, 예컨대 '종의 종' '해방노' '머드레 공대(恭待)' 등이 생략된 것은 아쉬운 일이다. 또한 문맥의 해석에서 적중하지 못한 부분이 적지 않으며, 특히 인명 등의 착오는 여럿이다. 예컨대 백범이 중국 동북지방(만주)의 정세를 논의하면서 거론한 '김일성 등 무장부대'에서 '김일성'(金一聲)을 '김일정'(金一靜)으로 오독한 것은 대표적이다. 정체불명의 인물 '김일정'이 등장함으로 인해 이 구절이 의미하는 바를 전혀 해석해낼 수 없게 만들고 있다. 당시 백범은 임시정부의 주석으로서 국내외 정치세력에 깊은 관심을 지니고 있었으며, 중국 관내(關內) 지방의 김원봉 · 민족혁명당 세력과 합작을 성사시키는 한편, 김일성의 만주 세력에도 주목하고 있었던 것이다.

서문당본은 삭제된 부분이 적은 것은 사실이지만 저본이 원고지 본문만 주로 필사한 것이기 때문에, 이에 의거한 서문당본 역시 원본의 원고지 여백이나 별지〔載後面〕로 추가한 부분에서 누락된 것이 적지 않다. 예컨대 갑오농민전쟁 시기 동학군을 토벌한 안태훈의 한시, 청국 여행시 함흥지역의 특이한 풍물인 '솔대'와 남대천(南大川)에 관한 김삿갓의 한시 등은 논외로 치더라도, 서대문감옥의 옥중생활, 의병에 대한 백범의 논평 등은 중요한 것인데도 누락되어 있다.

서문당본에서 또 다른 문제는 목차이다. 원본의 목차를 누락시킨 필사본을 저본으로 하였기 때문에 완전히 독자적으로 목차를 부여하였다. 독자적으로 목차를 부여하였다는 것 자체가 단점이 되는 것은 아니다. 그러나 그 목차 구성은 원본을 참고하면서 보완하였던 국사원본·교문사본에 비하면, 백범 인생의 큰 굴곡이 보이지 않는, 요컨대 평면적이고 나열적인 것이 되었다.


## 4. 맺음말

이상의 원전 비평과 판본 검토를 마무리하면 다음과 같다.

1) 백범일지 원본은 본문 구성, 내용 중복, 목차 체계 등에서 수고적 성격이 강하기 때문에 원본 그대로의 영인본과 아울러 적절한 교열본이 필요하다.

2) 교열은 물론 원본의 순수성을 훼손하지 않은 범위내에서 이루어져야 한다. 다만 원본에 가까운 것에서부터 시작하여, 대폭 생략하거나 정비할 수 있는 축약본이나 청소년과 시민을 위한 『백범일지』 등 변형본의 순서로 나아가는 것이 좋다.

3) 기존의 출간본 중 국사원본·교문사본에서 취할 장점은 목차 구성과 문장 정리 등이며, 서문당본에서 취할 장점은 원본의 내용을 많이 삭제하지 않은 점이다.

4) 해방 직후 추가한 하권의 뒷부분은 이제까지는 국사원본에만 의존하였으나, 현재는 그 저본인 추가본이 존재하고 있다. 다만 「나의 소원」의 원본은 현재 확인할 수 없다.

5) 백범일지는 미리 전체 체계를 구상한 것이 아니기 때문에 상권의 마지막과 하권의 앞부분, 하권의 뒷부분과 해방 직후 구술한 추가본의 앞부분 등이 많이 중복된다. 원본에 충실한 1차 교열본이 아닌 앞으로의 2차 교열본에서는 정연한 전개를 위해 다소 내용의 통폐합이 필요하다.

6) 백범 연보의 경우 『백범일지』의 본문 기술에만 의존하지 않고, 많은 방증자료와의 대비가 필요하다. 정확하고 정연한 연보가 마련되어야 보다 수준 높고 다양한 『백범일지』 교열과 활용이 가능할 것이다.

# 『백범일지』 교감을 끝내고

내가 『백범일지』를 처음 읽었던 것은 대학교 1학년 때(1977년) 문학동우회의 토론회에서였다. 그때 『백범일지』의 진솔한 감동을 강조하는 이들도 있었고, 백범의 투박성에 대한 모종의 거리감을 토로하는 이들도 있었다. 나는 대체로 감동하는 쪽에 속했지만 그렇다고 유별한 것은 아니었다. 『백범일지』에는 파란곡절의 인생 역정을 기술한 문학적 측면과 더불어, 한 지도자의 족적에 대한 사료적 요소가 있다고 한다면, 아마도 당시 우리의 감동은 주로 문학적 측면에서 비롯된 것이리라. 그러나 나는 곧바로 『백범일지』를 잊고 일상으로 돌아갔다.

1992년, 박사논문을 쓰는 와중에서 사료적 기록으로 다시 『백범일지』를 접하게 되었다. 이때 처음으로 『백범일지』 출간본이 참으로 다양하다는 사실을 확인하였지만 어느 것을 기준으로 해야 할지, 판본의 권위를 가늠할 수 없는 수상함에 의아해 하였다. 그러나 나는 논문 집필중이었고 더욱이 백범의 초기보다 만년의 통일운동에 주목하고 있었기 때문에, 이러한 수상함을 덮어둘 수밖에 없었다.

1993년, 나는 학위논문을 끝내고 백범 말기 통일운동의 근원을 논구하기 위해 그의 초기 삶까지 추적하고 있었다. 그러던 중 서울대 규장각에서 백범의 치하포 의거와 관련되는 일련의 한말(韓末) 자료들을 수집하게 되었다. 치하포 의거와 그로 인한 투옥, 사형 선고, 탈옥과 방황 등은 『백범일지』에서도 가장 드라마틱한 부분이기 때문에, 한손에 규장각 자료를 들고 『백범일지』와 또다시 대면하지 않을 수 없었다. 그 결과 서로 어긋나는 내용이 적지 않아,

『백범일지』를 조직검사(?)해 볼 필요가 있다는, 학문적 전의(戰意) 같은 것을 느낄 수 있었다. 이때부터 『백범일지』는 나를 떠나지 않았다.

『백범일지』에 대한 조직검사를 위해 먼저 다양한 출간본을 비교하는 한편 저본들을 추적하기 시작하였다. 마침 백범김구선생기념사업협회의 홍소연 간사는 나의 작업에 전적으로 동감을 표시하면서 등사본과 필사본을 복사해 주었다. 이리하여 1993년 말 출간본과 등사본·필사본의 내용을 비교하고, 치하포 의거 부분에 대해서는 원자료와의 대비작업까지 끝낼 수 있었다.

다음 순서는 원본과 비교하는 것이었다. 나도 직간접으로 백범의 영식(令息)이신 김신 장군께 원본 공개를 권유한 바 있지만, 원본 공개는 아마도 다른 차원에서 결정되었을 것이다. 아무튼 김신 장군은 영인본이 출간되기 4개월 전에 원본의 복사본 한 부를 기증해 주셨다.

1994년부터 원본을 기초로 구체적인 작업을 진행할 수 있었다. 원본은 빽빽하게 기록되어 있어서 끝까지 읽어내기 힘들 뿐만 아니라, 곳곳에 초서가 구사되어 해독 또한 만만한 일이 아니었다. 따라서 가장 먼저 착수한 일은 원본을 해독하여 빠짐없이 컴퓨터에 입력시키는 것이었다. 홍소연 간사는 상당한 시간과 수고를 요구하는 이 작업을 적극적으로 주도하였고, 나는 입력된 원문을 등사본·필사본·출간본·자료 등과 대비하면서 각주로 정리해 나갔다.

지난한 이 과정은 『백범일지』에 관하여 많은 부분을 다시 알고 느끼게 해주었다. 1996년 초, 나는 원본·등사본·필사본·출간본에 대한 비교 작업을 간단한 논문으로 정리한 바 있지만, 자료를 찾아 일일이 본문과 대비하는 것은 그것과는 차원이 다른, 그리 간단한 문제가 아니었다. 1996년 후반 본격적으로 이 작업에 착수하면서 출판을 구체적으로 검토하였다.

애초에는 원본을 그대로 입력하고, 각주로 내용을 보완하여 출간할 예정이었다. 그러나 작업과정 중에 두 가지 중요한 변수가 생겨났다. 하나는 1994년 6월 『백범일지』 원본이 영인되었고, 이듬해 원본을 약간 윤문한 직해본(直解本)이 출간되었던 것이다. 따라서 이제 '원본 자체'보다 '원본에 충실한 교열본'이 더욱 필요하게 된 것이다.

보다 중요한 변수는, 읽으면 읽을수록 확인되는 『백범일지』 원본 자체의 성격에서 비롯된 것이다. 『백범일지』는 만리 타국에서 변변한 자료나 보조원 하나 없이, 과거의 기억을 더듬으며, 일정한 기간 동안 집중적으로 몰아서 집필한 것이다. 따라서 원본에는 목차도 미처 완비되어 있지 않으며, 서술 내용에서 시기가 모순되는 경우도 있고, 인명·지명 등에도 착오가 적지 않다. 즉 『백범일지』는 정연한 체계로 다듬어지기 전의 수고(手稿, Manuscript)인 것이다. 아마도 이 책을 읽은 사람은 나의 이러한 지적에 동의할 것이다. 따라서 원본을 한 차원 더 정비한 교열본이 요구되는 것이다.

수고를 조직검사하면서 읽어내는 일은 논리적 책읽기에는 좋은 훈련이 되었지만, 그 결과를 처리하는 방안에 대해서 처음에는 고심하지 않을 수 없었다. 그러나 돌이켜보면 그러한 원본의 미비점들은, 『백범일지』의 열악한 집필 환경과 잔 것에 대해 어두운 선 굵은 백범의 모습을 보여주는, 탓할 수 없는 현실의 반영이라 생각된다. 오히려 이러한 것을 일일이 보완하는 작업이야말로, 비록 사후이지만 백범의 집필을 보좌하는 듯한 의무감마저 주었다.

고민에 고민을 거듭한 결과 다섯 가지 교감 원칙을 마련하였다. 그것은 요컨대 현대성과 순수성, 대중성과 전문성을 배합하는 것이었다. 본문에는 현대문으로 대중성에 유의하였고, 각주에는 단순한 용어 해설이나 인물 소개를 넘어서 전문가에게도 손색없는 원본 비평을 시도하였다. 이러한 취지와 교감 원칙이 얼마나 합당한 것이며, 또 어느 정도 관철되었는지는 독자 여러분들이 판단할 문제이다. 꼼꼼히 한번 정독해 볼 것을 권유할 따름이다.


교감 작업이 지니는 의의와, 그 번잡한 수고에 대해 새삼 언급할 필요는 없을 것이다. 다만 뜻을 같이 하는 여러분들의 헌신적인 도움이 없었더라면 아마도 이 책은 제 모양대로 출간되지 못했으리라는 사실을 확인해두고 싶다.

『백범일지』 원문에 고문과 한자성어 등이 많이 구사되어 있어, 교감에는 국문학적 소양이 절실하게 필요하다. 창원대학교 국문학과의 김은영·강상순 선생은 본인들의 논문작업을 일시 유보하면서 안목 높은 도움을 주셨다. 교감작업에서 가장 기초적인 것은 역시 역사학적 지식이다. 성균관대학교 사학과 박사과정의 배경식 군은 임시정부 전공자로서 내가 감당할 수 없는 부분을 적절하게 보완해 주었다. 또한 홍소연 간사는 수많은 관련 자료를 우송해 주었고,

그 외에도 연보 정리, 교열·교정 등을 꼼꼼히 챙겨주었다. 이분들의 도움은 의례적 인사로 가름할 수 없는 동지적(同志的)인 것이었다.

『백범일지』가 포괄하는 다양한 내용 때문에 적지 않은 분들로부터 자문을 받았다. 동학과 갑오농민전쟁에 대해서는 원불교영산대학의 박맹수 교수님, 중국의 역사와 고전에 대해서는 창원대학교 사학과의 전형권 교수님과 정성일 박사님, 한말 정치사와 화폐에 대해서는 한국문화연구소의 이윤상 박사님 등이 아낌없이 자문에 응해 주셨다. 이 자리를 빌어 감사의 마음을 표하고자 한다.

돌베개 출판사의 한철희 사장은 1994년 초부터 높은 관심을 가지고 본인에게 새로운 『백범일지』의 출간을 적극 권유하였고, 김혜형 편집장 등 편집부 직원들도 이 책의 의의를 높이 평가하고, 공동작업의 일원으로 비상한 열의를 보여주었다. 창원대학교 사학과 대학원생 고지수는 여러 가지 번잡한 작업들을 도와주었다.

책에도 족보가 있다면, 이 책이 새로운 『백범일지』 가문 —— 예컨대 새로운 축약본이나 청소년을 위한 『백범일지』 등 —— 이 탄생하는 하나의 계기가 되길 감히 기원해 본다. 물론 이 책에도 손이 미치지 못한 곳이나, 심지어 잘못된 것도 있을 수 있다. 다만 현재로서는 정성을 다했으며, 미흡한 점은 앞으로 보완하겠다는 것을 분명히 약속드린다.

1997년 봉림산 자락
초여름의 신록 아래에서
도 진 순

# 참고문헌

## 1. 백범일지

### 1) 원본·영인본
원본: 『백범일지』, 소장가: 김신 장군.
영인본: 친필을 원색 영인한 『백범일지』, 집문당, 1994.

### 2) 등사본 · 필사본 · 추가본
등사본: 1929년 엄항섭이 등사한 『백범일지』 상, 소장처: 미국 콜롬비아대학 도서관.
필사본: 해방 이후 백범의 측근이 『백범일지』 상·하를 필사한 것, 소장가: 이석희
　　(李奭熙).
추가본: 해방 이후 백범이 구술한 하권 이후의 내용을 기록한 것.

### 3) 출간본
『백범일지』, 국사원, 1947.
『백범일지』, 교문사, 1979.
우현민 역, 『백범일지』, 서문당, 1989.
윤병석 직해, 『백범일지』, 집문당, 1995.
김학민·이병갑 주해, 『백범일지』, 학민사, 1997.

## 2. 사전

『고법전용어집』, 법제처, 1979.

『고어사전』, 남광우 편, 일조각, 1971.

『국어대사전』, 이희승 편, 1963(재판).

『독립운동사사전』 1·2, 독립기념관, 1996.

『독립운동사사전』 상·하, 이강훈 편저, 1985·1990.

『민족대백과사전』 1~28, 정신문화연구원, 1991~1995.

『민족생활어사전』, 이훈종 편, 한길사, 1992.

『방언사전』, 김병제, 평양: 과학백과사전출판사, 1980.

『브리태니커세계대백과사전』 1~27, 서울: 브리태니커·동아일보, 1992~1994.

『우리말 갈래사전』, 박용수 엮음, 한길사, 1989.

『우리말 용례사전』, 박용수 엮음, 서울대출판부, 1996.

『한국고사성어』, 한국고전신서편찬회, 홍신문화사, 1993(중판).

『한국고전용어집』 1, 한국고전용어사전편찬위원회, 세종대왕기념사업회, 1991.

『한국사회주의운동 인명사전』, 강만길·성대경 편, 창작과비평사, 1997.

『한문 명언·명구 대사전』, 구인환 외 3인 편, 성균서관, 1976.

『한화대자전』, 민중서관, 1977(14판).

『현대조선말사전』 상·하, 평양: 과학백과사전출판사, 1981.

『中國歷史大辭典: 淸史(下)』, 上海史書出版社, 1992.

## 3. 고전

『論語』, 『唐詩評論』, 『孟子』, 『史記』, 『史略』, 『書經』, 『詩經』, 『通鑑節要』 등.

## 4. 자료

### 1) 규장각 자료

#### ① 供招

「本郡 薪花坊 山砲 匪魁 白樂喜等 供案」, 1896. 2.

「海州 白雲面居 金昌洙 年二十一 供案」, 1896. 6. 27.

「海州居 金昌洙 年二十一 初招」, 1896. 8. 31.

「金昌洙 再招」, 1896. 9. 5.

「金昌洙 三招」, 1896. 9. 10.

「安岳郡 鷗河浦 店主 李化甫 年四十八 初招」, 1896. 8. 31.

「李化甫 再招」, 1896. 9. 5.

② 기타

起案(奎 No. 17277의 1, 法部 檢査局 編)

內部去來案(奎 No. 17994, 外部 編)

司法稟報 1(奎 No. 17278, 法部 編)

訴狀(奎 No. 17281, 法部 編)

仁川港案(奎 No. 17863의 2, 外部 編)

重犯供草(奎 No. 17289, 法部 編)

黃海道去來案(奎 No. 17986, 外部 編)

黃海道監營狀啓謄錄(奎 No. 15107, 備邊司 編)


2) 신문

『독립신문』, 『동아일보』, 『서울신문』, 『조선일보』, 『중앙신문』 등.


3) 자료

「甲午海營匪撓顚末」, 1895, 『東學亂記錄』 하, 국사편찬위원회.

「鷄林獎業團創立一件」, 明治29년(1896), 동경: 일본외무성 외교사료관.

「機密: 要視察人名簿」, 亞細亞局 弟2課, 大正14년(1925), 『한국독립운동사사료』
　　　17(일본편), 국가보훈처, 1996.

「金九の母子脱出に關する件」, 警務局 保安課, 1934.

「排日鮮人有力者名簿」, 『한국독립운동사사료』 19(러시아 극동 및 북만주 지역), 국
　　　가보훈처.

「別紙 第七號: 大韓民國臨時政府職員 選解任簿」, 『大韓民國臨時政府議政院文書』, 국
　　　회도서관, 1974.

「安重根事件 公判 速記錄」, 滿洲: 日日新聞社, 『안중근 유고집』, 역민사, 1997.

「仁川萩原事務代理發信原外務次官宛公信要旨」, 明治29(1986). 4. 6.

「仁川萩原事務代理發信小村外務次官宛公信要旨」明治29(1986). 6. 29, 7. 18.

「在京城加藤一等領事發信小村外務次官宛公信要旨」明治29(1986). 9. 16.

「韓國臨時政府職員曁眷屬僑民名冊」, 대한민국임시정부 주화대표단, 1945. 12. 8.

「黃海道 東學黨 征討 略記」

### 4) 자료집

국사편찬위원회, 1986~1993, 『한민족독립운동사자료집』 1~28, 별책 1~9.

국사편찬위원회, 1994, 『한국독립운동사 자료 26: 임정 편 11』.

김구(한인애국단) 편, 1932, 『屠倭實記』, 중국: 상해(엄항섭 다시 엮음, 국제문화협회, 1946; 범우사, 1989).

대한민국 국회도서관, 1974, 『大韓民國臨時政府 議政院文書』.

독립운동사편찬위원회, 1971~1975, 『독립운동사자료집』 1~9.

독립유공자편찬위원회, 1987~1990, 『독립유공자공훈록』 4~6.

안동김씨문중, 『安東金氏 翼元公派譜』 1.

추헌수 편, 1971, 『자료 한국독립운동』 1~2, 연세대학교 출판부.

金正明 編, 1970, 『朝鮮統治資料』 10, 東京: 韓國史料硏究所.

日本外務省, 『警察官ノ配置, 勤務, 在留民ノ保護取締: 韓國ノ部』(『한국경찰사』 2, 고려서림, 1989)

United States, Department of State, *Foreign Relations of the United States (1943~1954)*, Washington, D. C.

United States Armed Forces in Korea, *History of the United States Armed Forces in Korea*, Manuscript in Office of the Chief of the Millitary History, Washington, D. C. (영인본: 『駐韓美軍史』, 돌베개, 1988)

### 5) 회고 · 증언 · 전기 · 일기

김기석, 1970, 『남강 이승훈』, 세운문화사.

김홍일, 1972, 『대륙의 분노』, 문조사.

강만길 편, 1982, 『조소앙』, 한길사.

김재명, 1987, 「김원봉의 고투와 좌절」, 『월간 경향』 12월호.

김준엽, 1987, 『長征』, 나남.

김준엽 편, 1995, 『석린 민필호전』, 나남.

김학규, 1988, 「백파 자서전」, 『한국독립운동사연구』 2, 한국독립운동사연구소.

김형진, 1896, 『路程略記』.

노장시 편역, 1994, 『한뢰지 평전』, 지식산업사.

님 웨일즈, 편집부 옮김, 1984, 『아리랑』, 동녘.

님 웨일즈, 편집부 옮김, 1986, 『아리랑』 2, 학민사.

독립운동사 편찬위원회, 1976, 「이재명의 행적」, 『독립운동사자료집』 11.

박기성, 1984, 『나와 조국』, 시온.

백범전기편찬위원회, 1982, 『백범 김구: 생애와 사상』, 교문사.

선우진, 1992, 「임시정부의 귀국」, 『전환기의 내막』, 조선일보사.

안병무, 1988, 『칠불사의 따오기』, 법문사.

안중근, 1910, 「안응칠 역사」, 신용하 편, 1997, 『안중근 유고집』, 역민사.

이정식 면담, 김학준 편집·해설, 1988, 『혁명가들의 항일회상』, 민음사.

이현희 대담, 1986, 『한국독립운동증언자료집』, 한국정신문화연구원.

장준하, 1988, 『돌베개』, 사상.

정정화, 1987, 『녹두꽃』, 미완.

조경환, 1985, 『백강회고록』, 한국종교협의회.

조동걸, 1995, 『독립군의 길따라 대륙을 가다』, 지식산업사.

지복영, 1995, 『역사의 수레를 끌고 밀며: 항일무장독립운동과 지청천 장군』, 문학과
　　지성사.

최명식, 1979, 「안악사건과 3·1운동과 나」, 긍허전기편찬위원회.

최이권, 1977, 『최광옥 약전』, 동아출판사.

황현, 『梅泉野錄』(이장희 역, 한국명저대전집, 1978)

황현, 『오하기문』(김종현 역, 역사비평사, 1994)

Fitch, George A., 1967. *My Eighty Years In China*, Taipei: Mei Ya
　　International Edition.

## 5. 연구성과

강만길, 1991, 『조선민족혁명당과 통일전선』, 화평사.

국사편찬위원회, 1965, 『대한민국독립운동사』 1.

국사편찬위원회, 1990, 『한민족독립운동사 7: 대한민국임시정부』.

김상기, 1989, 「조선 말 갑오의병전쟁의 전개와 성격」, 『한국민족운동사연구』 3, 지
　　식산업사.

김상기, 1990, 「조선 말 의병전쟁 연구의 현황과 문제」, 『의병전쟁 연구』 상, 지식산
　　업사.

김승학, 1965, 『한국독립운동사』 상·하, 독립문화사.

김원용, 1959, 「재미한인 50년사」; 독립운동사편찬위원회 편, 1974, 『독립운동사자료 집』 8.

김준엽·김창순, 1967~1976, 『한국공산주의운동사』 1~5; 고려대학교 아세아문제연 구소.

김후경·신재홍, 1971, 『대한민국독립운동공훈사』, 한국민족운동연구소.

김희곤, 1995, 『중국 관내 한국독립운동단체 연구』, 지식산업사.

노경채, 1996, 『한국독립당 연구』, 신서원.

도진순, 1994, 「휘호로 본 백범 김구, 그 삶의 궤적과 진수」, 『월간 말』 7월호.

도진순, 1996, 「백범일지의 원본·필사본·출간본 비교연구」, 『한국사연구』 92, 한국 사연구회.

박맹수, 1996, 「최시형 연구: 주요 활동과 사상을 중심으로」, 정신문화연구원 박사학 위논문.

박민영, 1990, 「의암 유인석의 위정척사운동: 『소의신편』을 중심으로」, 『의병전쟁 연 구』 상, 지식산업사.

박성수, 1980, 『독립운동사 연구』, 창작과비평사.

방선주, 1989, 『재미한인의 독립운동』, 한림대 아시아문화연구소.

방선주, 1992, 「1930~40년대 구미에서의 독립운동과 열강의 반응」, 『한국독립운동과 윤봉길 의사』, 매헌 윤봉길 의사 의거 60주년 기념 국제학술회의.

서대숙, 현대사연구회 옮김, 1985, 『한국 공산주의운동사 연구』, 화다.

서울시사편찬위원회, 1979, 『서울 6백년사』 3.

서울특별시 중구, 1994, 『中歐誌』 상·하.

송찬섭, 1995, 「황해도지방 농민전쟁의 전개와 성격」, 『동학농민혁명의 지역적 전개 와 사회변동』, 새길.

스칼라피노·이정식, 한홍구 옮김, 1986, 『한국 공산주의운동사 1: 식민지시대 편』, 돌베개.

신용하, 1977, 「신민회의 창건과 그 국권회복 운동」 상·하, 『한국학보』 8·9, 일지사.

신용하, 1985, 『한국민족독립운동사 연구』, 을유문화사.

안악군민회, 1976, 『안악군지』.

윤경로, 1990, 『105인 사건과 신민회 연구』, 일지사.

윤병석, 1990, 『국외 한인사회와 민족운동』, 일조각.

염인호, 1993, 『김원봉 연구』, 창작과비평사.

이강훈, 1975, 『대한민국임시정부사』, 서문당.

이상찬, 1996, 「1896년 의병운동의 정치적 성격」, 서울대 국사학과 박사학위논문.

이영호, 1990, 「갑오농민전쟁 이후 동학농민의 동향과 민족운동」, 『역사와 현실』 3, 역사비평사.

이현희, 1991, 『대한민국 임시정부』, 한국민족운동사연구회.

임영태 편저, 1985, 『식민지시대 한국사회와 운동』, 사계절.

장석흥, 1989, 「조선민족대동단 연구」, 『한국독립운동사 연구』 3, 독립기념관 한국독립운동사연구소.

조동걸, 1989, 『한말의병전쟁』, 독립기념관 한국독립운동사연구소.

조동걸, 1989, 『한국 민족주의의 성립과 독립운동사 연구』, 지식산업사.

추헌수, 1989, 『대한민국 임시정부사』, 독립기념관 한국독립운동사연구소.

한상도, 1994, 『한국 독립운동과 중국 군관학교』, 문학과지성사.

한수익, 1989, 「해서 교육총회」, 『한국기독교사연구』 24.

한시준, 1993, 『한국 광복군 연구』, 일조각.

한우근, 1978, 「동학농민군의 봉기와 전투: 강원·황해도의 경우」, 『한국사론』 4, 서울대 국사학과.

小島晋治·丸山松幸, 박원호 역, 1988, 『중국근현대사』, 지식산업사.

胡春惠, 신승하 역, 1987, 『중국 안의 한인독립운동』, 단대출판부.

姬田光義·阿部治平 外, 1984, 『중국근현대사』, 일월서각.

# 인물 찾아보기